U1069677

中国彩票年鉴编辑委员会

2006

Yearbook of the Chinese Lotteries

中国彩票年鉴 2006

中国财政经济出版社

图书在版编目（CIP）数据

中国彩票年鉴．2006/中国彩票年鉴编辑委员会编．—北京：中国财政经济出版社，2007.4

ISBN 978－7－5005－9799－5

Ⅰ．中…　Ⅱ．中…　Ⅲ．彩票－中国－2006－年鉴　Ⅳ．F832.5－54

中国版本图书馆 CIP 数据核字（2007）第 040632 号

中国财政经济出版社出版

URL：http：//www.cfeph.cn

E－mail：cfeph @ cfeph.cn

（版权所有　翻印必究）

社址：北京海淀区阜成路甲 28 号　邮政编码：100036

发行处电话：88190406　财经书店电话：64033436

北京新丰印刷厂印刷　各地新华书店经销

787×1092 毫米　16 开　35.75 印张　703 000 字

2007 年 6 月第 1 版　2007 年 6 月北京第 1 次印刷

定价：180.00 元

ISBN 978－7－5005－9799－5/F·8513

（图书出现印装问题，本社负责调换）

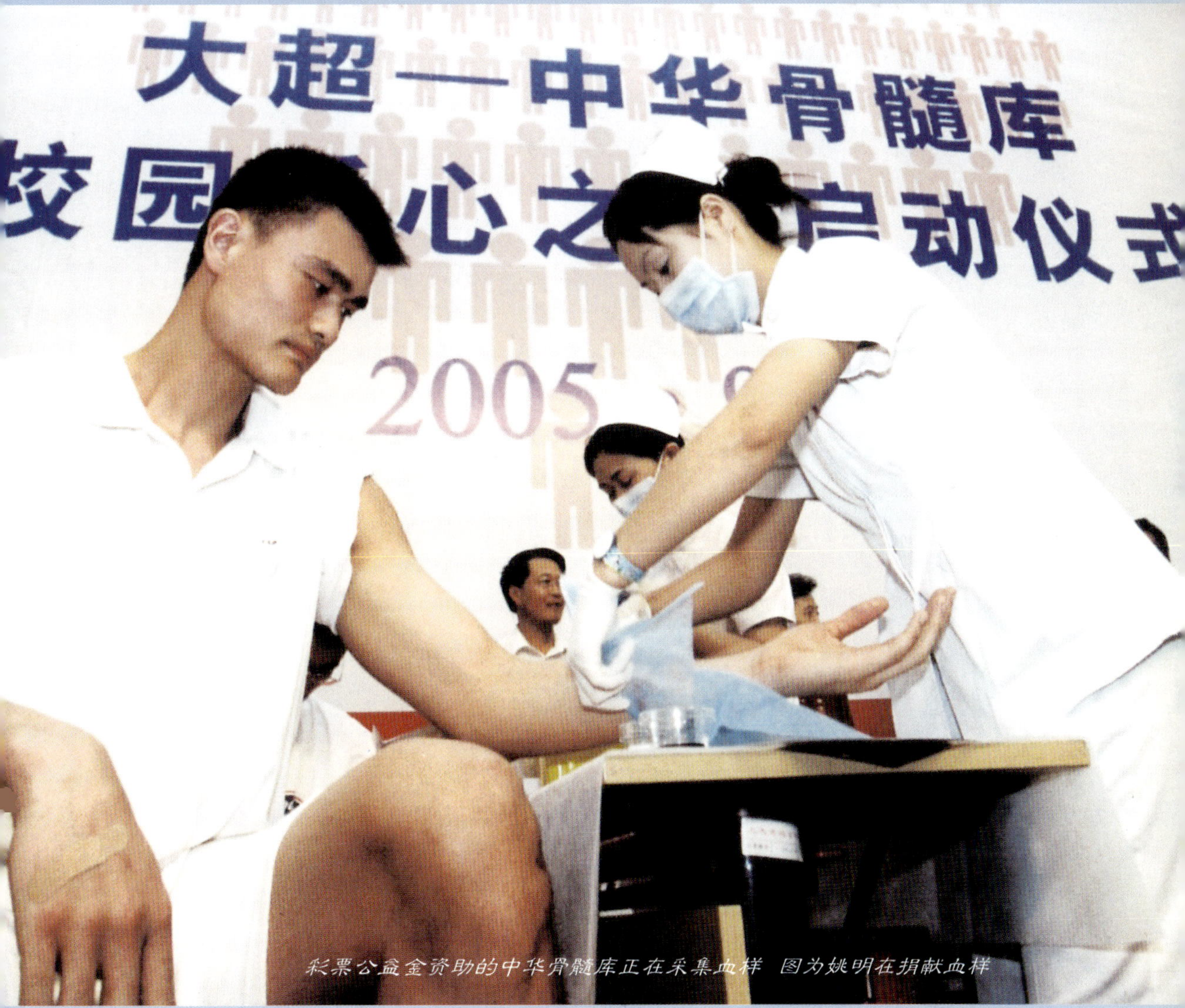

彩票公益金资助的中华骨髓库正在采集血样 图为姚明在捐献血样

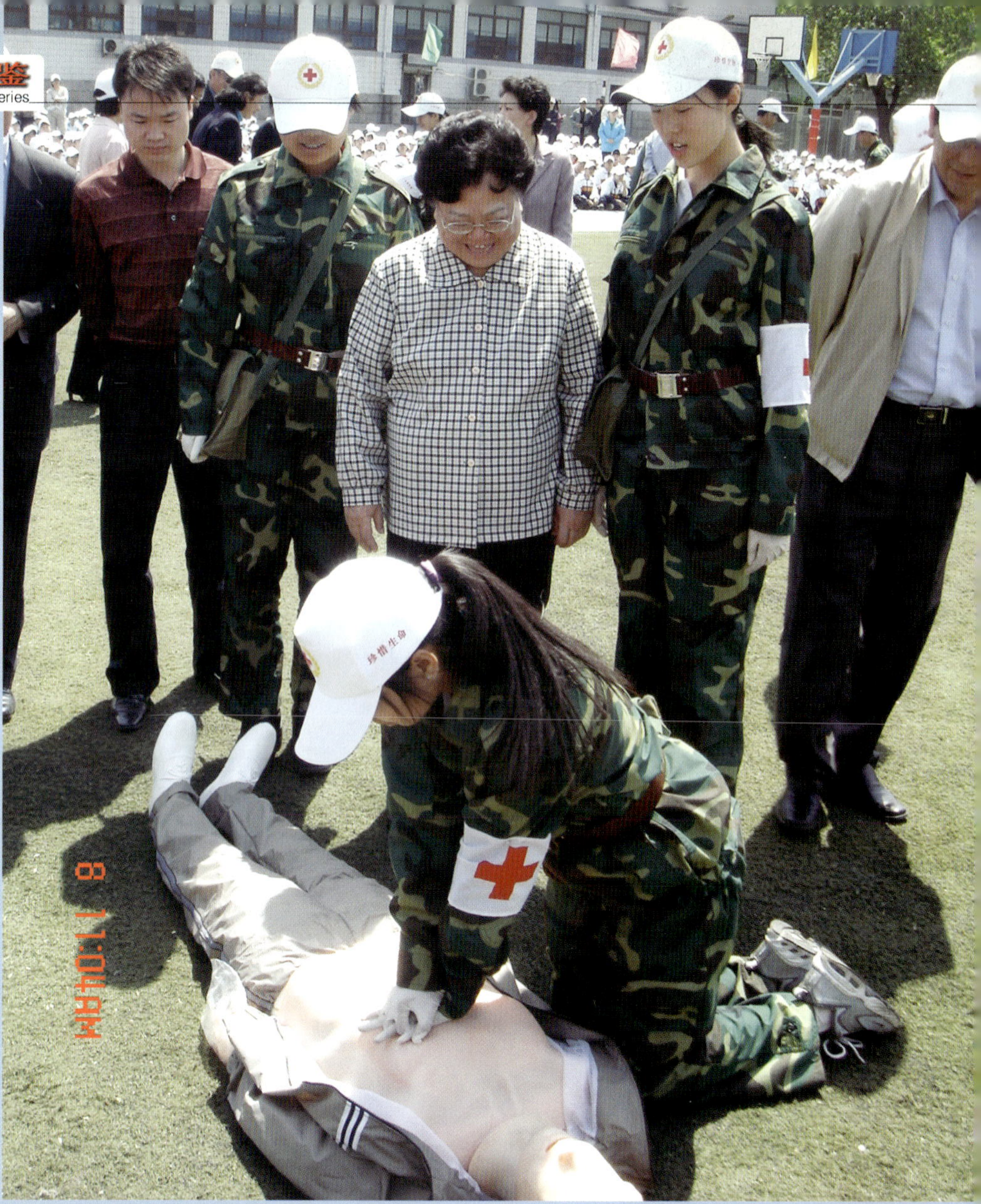

1. 彩票公益金资助的红十字救护师资培训
2. 彩票公益金资助的"红十字博爱送万家"内蒙古自治区的启动仪式

彩票公益金资助全国青少年学生校外活动

1.云南省玉溪市澄江县青少年宫

2.山东省诸城市实践基地的天文课

3.开展综合实践活动的陕西户县小交警

4.安徽省祁门县青少年校外活动中心的舞蹈课

1
2 3
4

1.新疆维吾尔自治区副主席贾帕尔·阿比布拉及民政厅党组书记莫涓为特困大学生发放资助款
2."明天计划"让武汉市儿童院的失聪孤童听到了天籁之声
3.2005年广东省福彩中心与中山大学岭南学院联合主办"广东省福利彩票宣传调研三下乡活动"

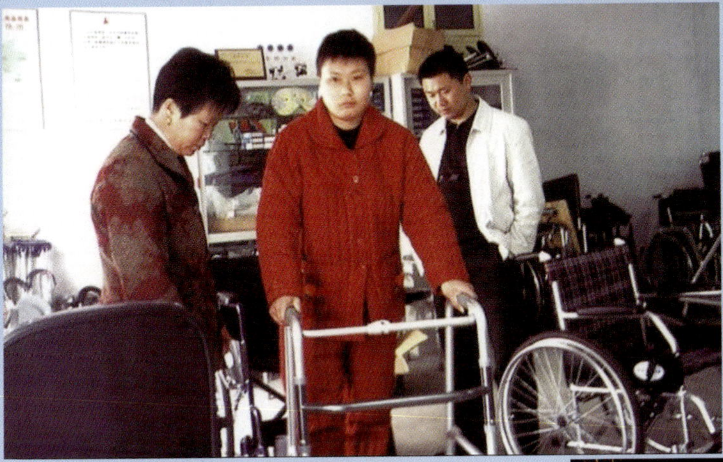

彩票公益金资助残疾人事业

1.国家医疗队送医下乡，为麻风畸残者上门服务

2.为贫困残疾人配发助行器

3.贫困精神病患者（左）免费服药后病情稳定

4.为贫困聋儿配发的助听器和耳模

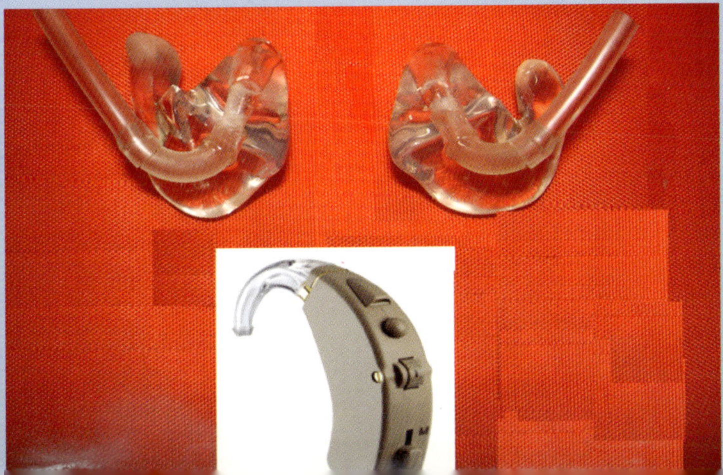

1.2005年10月竣工并投入使用的河北沧州全民健身活动中心是河北省第三个全民健身活动中心

2.云南威信县苗族少女在体彩公益金援建的篮球场上跳起欢快的舞蹈

3.2005年，福建体彩中心张帆书记一行赴闽西贫困山区"扶贫助教"，带去体彩人的一片真情

4．云南体彩中心将篮球架等送到泸沽湖畔的摩梭村寨

5．由体彩资助的云南楚雄州“体育彩票杯”篮球赛

6．由中国体育彩票资助的第四届陕西省大学生足球锦标赛

思乐数据 SINODATA
中信传媒
WORLD LOTTERY ASSOCIATION WLA
ISO9001
CCC

立足中国 放眼世界

永不停止创新的步伐
努力实现专业化、产业化、国际化
做一流的软硬件系统集成供应商和服务商

卓识 诚信 恒心 高效

深圳市思乐数据技术有限公司（以下简称思乐数据）是1998年3月成立的高新技术企业和双软认证企业。

思乐数据在中国彩票行业内率先通过质量管理体系ISO9001：2000标准认证，并成为彩票行业首家获得国家级计算机信息系统集成二级资质认证的企业,也是国内唯一加入世界彩票协会的系统及设备供应商。

思乐数据始终站在市场开拓的前沿，进行卓有成效的技术开发，形成了以软硬件开发、生产为龙头，系统集成为载体，具有高度专业化背景与竞争优势的现代企业运行机制。思乐数据自主研发的彩票软硬件产品已在全国14个省级单位投入使用。

思乐数据一贯坚持"以人为本、科学管理、不断改进、用户满意"的质量方针，为客户提供热情、及时、有效的服务。思乐人高度的责任感与事业心，确保了市场占有率稳步提升，品牌效应与日俱增，社会信誉蒸蒸日上，奠定了坚实的行业地位。

思乐彩票系列软件

思乐彩票系列软件是数十位博士、硕士等高技术人才集十多年的开发与实践经验，潜心研究开发的电脑彩票发行管理的综合软件平台。

- 思乐彩票热线系统软件
- 思乐数据福利彩票商业智能系统软件
- 思乐彩票自动开奖系统软件
- 思乐福彩积分卡软件
- 思乐彩票投注终端图形化交易软件
- 思乐KENO游戏软件
- 思乐彩票实时结算软件
- 。。。。。。

彩票投注机
SN-3000CQ

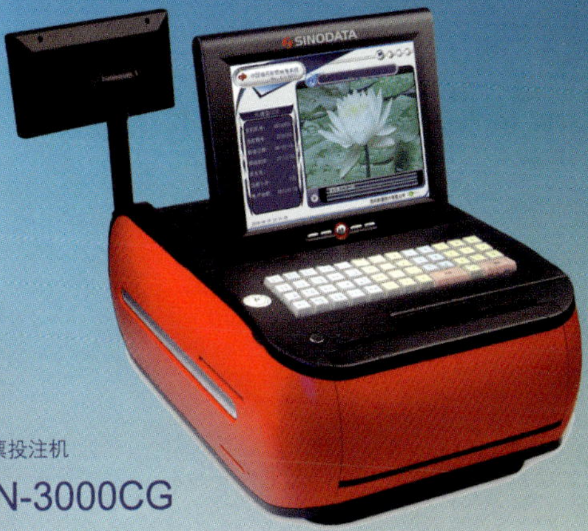

彩票投注机
SN-3000CG

地址：中国· 深圳市南山区南油天安工业区7座3楼B、C、D单元 邮政编码/Code: 518054 传真/FAX:0755-26521946 主页/Homepage:Http://www.sinodata.com.cn
Add: Unit B,C,D 3/F.,7 block Tianan Industrial Zone Nanyou Shenzhen , P.R.China 电话/TEL:0755-86210535 E-mail:sinodata@sinodata.com.cn

北京集太电脑科技有限公司
北京市东城区朝阳门北大街8号富华大厦D座12B
TEL:010－65546711；FAX:010-65546719 Http://www.GTECH.com

LOTTOMATICA

GTECH®

IntraDak
北京英特达系统技术有限公司
北京英特达系统技术有限公司
地址:北京市海淀区紫竹院路81号北方地产大厦708室
电话:86-10-88829878/79 传真:86-10-88829880
邮编:100089

单位名称：中国财政经济出版社财会年鉴出版中心　电话号码：010-88190969　010-88190907　单位地址：北京市海淀区阜成路甲28号 新知大厦907室　传真号码：010-88190908

BESTINFO

北京贝英斯数码技术有限公司

我们为福利彩票提供了：

- 福利彩票电脑发行系统；
- 福利彩票信息管理系统；
- 福利彩票营销分析系统；
- 福利彩票灾难备份系统；
- 福利彩票信息发布系统；

……

……

……

……

诸多大餐，敬请垂询

北京贝英斯数码技术有限公司
地址：北京市海淀区中关村南大街2号数码大厦B座1205室
电话：010-51667748　传真：010-82513207
网址：http://www.bestinfo.com.cn　邮编：100086

ONLY ONE AMBITION YOUR SATISFACTION

彩票　刮刮卡
世界品质　中彩印制

谨记嘱托
恪守使命

BZP®
SECURITY PRINTING
中彩印制

中国福利彩票发行管理中心　法国国家彩票集团　马来西亚成功集团
共同投资企业

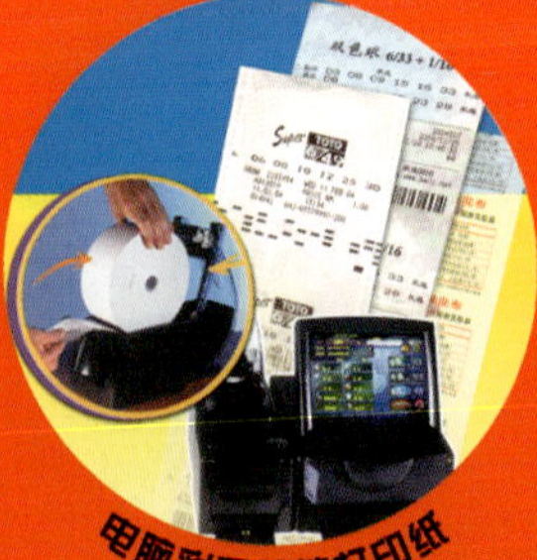

根植中国　融入世界的彩票印刷企业
安全可靠　更高性能价格比的产品

◆得益于中国福利彩票和法国国家彩票集团数十年的专业经验
◆采用经国际认证的高保安计算机彩票设计系统，与法国同步
◆引进与欧美一流彩票印制企业相同的高保安轮转生产方式
◆通过ISO9000国际质量认证
◆获得外商投资先进技术企业称号
◆彩票出口世界五大洲，成功通过国际市场鉴证

If you are looking for high security lottery tickets, our company has already printed over 10 billion of them. Our wide variety of products and experience in this domain means that whatever your budget we have a proposal that can meet your needs.

fax. (8610) 6788 1534
Tel: (8610) 6788 1533/9
www.lottery-bzp.com
E-mail:bzp-market@lottery-bzp.com
地址：北京经济技术开发区永昌北路16号 100176

北京中彩印制有限公司
BEIJING ZHONGCAI PRINTING CO.,LTD.

中国彩票年鉴2006

编 辑 委 员 会

主　任　王　军

副主任　王保安　孙　燕　鲍学全　王卫东　贾　杰　崔维德

委　员

娄曲果	陶汪泓	林　平	王柏泉	金小虎	董鑫萍
杨慕彦	张安胜	丁本森	常　伟	魏吉祥	张　忻
杨宗波	易继元	邢晓巍	杨知宇	任　军	孔建华
李树平	黎树源	单玉福	李文玉	牛履和	李　晖
桑国平	梁　智	曹双平	刘平波	朱小明	许国勋
李兰英	符礼伟	白春明	杜国顺	苑春纪	付丽娜
李德海	程家庆	杨文永	肖家兴	薛有全	戴　斌
王顺军	任治俊	崔利生	杨启伦	刘　芳	李嘉珍
张洪德	蒋志勇	赵景致	张　浦	王淑颖	谢晋达
孙　敏	胡海岩	王国黎	杨亚军	郭廷秀	高德中
王仲治	曲　扎	余建国	余国志	王家瑾	卢一兵
郭昌林	吕清涛	李　进	覃家明	王晓光	拉巴次仁
周名桨	杨之春	徐文忠	冯国贤	蒋　萌	陈世俊
谢隆进	张小新	李玉平	岳用书	吴　疆	赵玉林
刘维平	李少文	林守钦	史志英	邹志红	于利国
王　晶	薛　江	朱海滨	王宁生	郑晓玲	汪　彬
丰　庭		祁庆杰	尹明奎	蒋　强	谢亚斌
				郭士友	

中国彩票年鉴 2006

编辑出版工作人员

编辑工作小组

孙　燕　娄曲果　陈丽娟　顾兆霞　王守刚　纪雪蕾　李文博　陶汪泓

陈　吟　王彦浩　定立新

责任编辑

陶汪泓　纪燕渠　高　波

英文目录翻译

刘岳冶　黄　怡

英文校订

李巧平

封面设计

敬人工作室

版式设计

定立新

责任校对

李　丽

印制监督

刘春年

广告代理

北京映氏辉煌广告有限公司

编辑部电话

010－88190906

88190908

88190975（传真）

编辑说明

为方便读者阅读，现将《中国彩票年鉴2006》编写过程中的一些具体情况说明如下。

一、本书记载从2005年1月1日到2005年12月31日间中国彩票业的发展概况，汇集这期间的相关资料。书名中的“2006”是本书的编辑出版年号。

二、2005年是我国第十个五年建设计划的最后一年，为使读者对这个五年计划期间彩票业的发展情况有全面的了解和比较，本书专门增加了“‘十五’时期彩票市场发展与管理概况”一节。

三、“法规和文献”部分在用二级标题分为三大类后，主要按时间先后排序。在同一个二级标题下，则先按字号，后按时间排序；先排法律文件，后排部门文件；先排部门文件，后排其他文献。

四、彩票年鉴前几卷有专门的部分介绍彩票游戏规则和品种，本书中仍沿袭前几卷年鉴，保留了对各彩票游戏品种、开奖时间、开奖方式等情况的介绍，不过将它们调整到了第七部分“统计资料”中。至于彩票游戏规则，在财政部给彩票机构的批复文件中已有，本书不再将其单独列出。请读者留意这些变化。

五、本书“统计资料”大体保持了原有的格局，略做调整。除上面第四条说明所说的外，将原附在销售统计表中的对投注终端数量的统计资料单独提出来，成为“2005年全国各地区彩票机构投注终端数量一览表”，安排在“其他统计资料”项下。此外还减少了一些统计表，读者自可注意到，不赘述。

六、本书各章节在记述时，凡涉及数据的，一般满亿的以亿为单位，不足亿的以万为单位，保留两位小数，四舍五入。读者如采用数据，请以统计资料中的数字为准。

七、本书彩色插页中的图片由中国残疾人联合会、中国红十字总会、全国青少年校外教育工作联席会议办公室、中国福利彩票发行管理中心、国家体育总局体育彩票管理中心和部分省的财政部门提供。凡来稿中注明摄影者的，本书采用时予以署名。其他图片不再一一注明供稿机构。

本书彩票票样由中国福利彩票发行管理中心提供。2005 年中国体育彩票没有新的票样在市场上发行销售，因此本书体育彩票票样阙如。

本书编辑过程中，得到了各供稿单位、执笔人、联系人、作者和读者的关心、支持和帮助，而限于篇幅，各地提供的稿件未能全部采用，敬希见谅，并向大家致以诚挚的谢意。

中国财政经济出版社财会年鉴出版中心

二〇〇七年三月二十二日

目　录

一、前　言

二、2005年彩票市场发展概况

三、“十五”时期彩票市场发展与管理概况

四、法规和文献

五、探索与研究

六、大事记

七、统计资料

Contents

Ⅰ. Preface

Ⅱ. General Survey of Lottery Market Development in 2005

Ⅲ. Outline of the Development and Administration of Lottery Market during the Tenth Five-year Plan Period

Ⅳ. Regulations and Documents

一、前　言

2005年，中国彩票市场发展取得可喜成绩，全年销售彩票713.9亿元，同比增长88%，筹集彩票公益金247.2亿元，不仅成功扭转了2004年销量下滑的被动局面，而且彩票销售规模迈上了一个新台阶。

2005年，也是我国第十个五年建设计划期间的最后一年，回顾“十五”时期，在党中央、国务院的正确领导下，各级财政部门与彩票机构及其行政主管部门密切配合，共同努力，开创了中国彩票业发展的新局面。“十五”时期，全国销售彩票2 170亿元，筹集彩票公益金942亿元，分别比1987年至2000年彩票销售总量和公益金总量多出1 489亿元和544亿元，分别占1987年以来彩票销售总量和公益金总量的76%和79%。同时，彩票立法和彩票管理体制改革稳步推进，彩票管理制度体系初步建立，游戏管理政策逐步完善，游戏品种日益丰富，销售技术不断更新，销售成本大幅降低，市场监管进一步加强，政府发展彩票已成为筹集社会公益事业资金、满足人民群众多种娱乐需求、打击赌博犯罪活动的重要手段。

“十五”时期，虽然中国彩票市场发展与管理取得了一定成绩，但彩票立法、政府监管等方面还不适应彩票市场安全、稳定、健康发展的要求，中国彩票市场发展仍然任重而道远。一是中国彩票市场发展已近20年，但尚未建立起完备的法律制度体系，缺乏必备的法律和制度环境，彩票立法工作十分紧迫。二是受特殊的历史条件限制，政府与市场以及市场主体之间的关系不尽规范，影响了彩票市场运营效率和活力，市场运行机制亟待转换。三是彩票市场发展过多地依赖单一游戏品种支撑，市场结构不尽合理，市场基础比较脆弱。四是非法六合彩、地下赌球、以有奖销售等名义变相发行彩票的活动在一些地区仍比较泛滥，严重侵蚀了彩票市场，打击非法彩票活动是一场长期和艰苦的斗争。

“十一五”时期，按照十六届五中全会《国民经济和社会发展第十一个五年规划》的总体要求和部署，应当加快制定完备的彩票法律和管理制度体系，确立彩票的合法地位，为彩票业发展建立有序的法律制度保障；加快完善彩票市场运行机制，理顺政府与市场的关系，提高彩票市场运营效率，为彩票业发展建立有效的运行机制保障；培育和形成多领域、多层次、多类型协调发展的游戏品种格局，鼓励游戏创新和技术进步，发展安全、高效、便捷、文明的彩票消费模式；进一步强化市场监管，完善政府监管技术和手段，打击非法彩票等赌博活动，维护彩票市场正常秩序，确保彩票市场安全运营；注重社会效益的发挥，科学、合理、高效使用彩票公益金，建立彩票公益金合理分配和高效使用机制，形成彩票公益金与彩票市场良性促进的发展格局。

本年鉴完整、忠实地记录了 2005 年及“十五”时期中国彩票市场发展与管理的主要历程，希望能为彩票管理者、从业者，以及关心和研究中国彩票市场的人士提供全面、可靠的权威资料，为中国彩票市场的未来发展与管理积累宝贵经验。

二、2005年彩票市场发展概况

全国彩票市场发展概况

2005年，全国销售彩票713.9亿元，同比增长87.6%，成功扭转了2004年销量下滑的被动局面，销售规模迈上了一个新台阶，为“十一五”时期彩票市场发展奠定了良好基础。

一、彩票市场运行情况

（一）总体情况

2005年，全国销售彩票713.9亿元，比上年增加333.3亿元，增长87.6%，是彩票发行以来销售量最高的一年。除2月份受春节休市因素影响销量出现下降外，3至8月全国彩票销量出现了一个高速攀升的过程，月平均销量超过上年同期20亿元以上。特别是8月份，彩票单月销量达到85亿元，同比增长58亿元，增长214.2%。9月份以后彩票销量出现了比较明显的回落，月销量从85亿元降至56.7亿元，此后彩票市场销量稳定在60亿元左右。

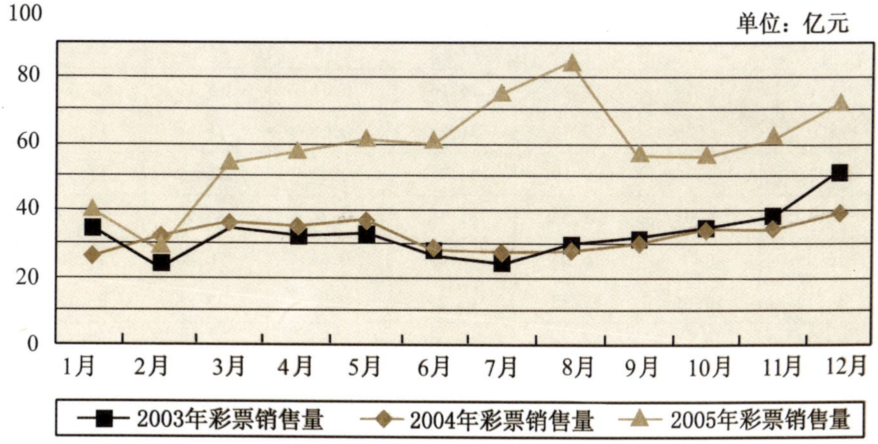

2003—2005年彩票销量走势对比图

（二）分彩票机构情况

2005年，福利彩票机构共销售411.2亿元，占整个彩票市场57.6%的份额，体育彩票机构共销售302.7亿元，占42.4%。

1. 福利彩票机构情况。

2005年福利彩票呈现稳中有升的态势，在1月份全国联网销售3D以后，销量起点相对上年同期有较大提高。虽然2月份受春节休市影响，销量出现下降，但从3月份开始，销量逐月提高，月均销量比上年同期增加10亿元以上。到7月份销量达到43.9亿元，同比增加26.7亿元，均为年度最高。8月至11月销量从高点回落，月销量维持在37亿元左右，年底出现季节性回升，达到43.5亿元，与全年销量最高的7月份大体持平。

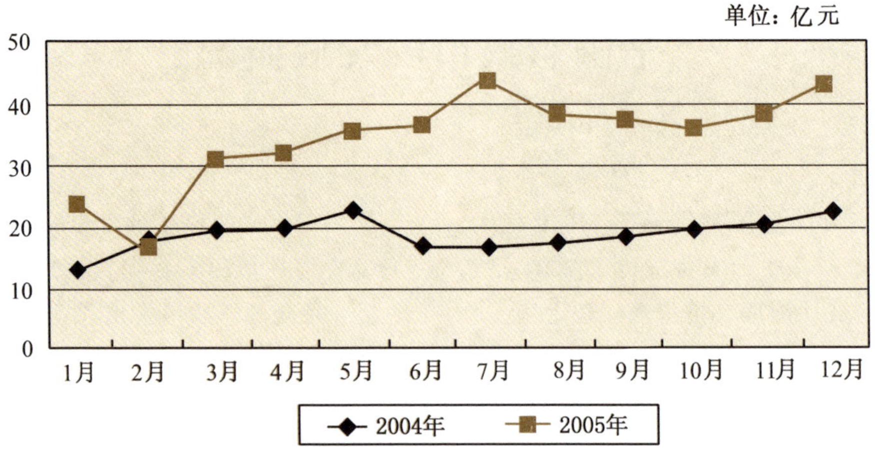

2004、2005年福利彩票销量走势对比图

2004、2005年福利彩票销量分月对比表

单位：亿元

月份	2004年			2005年			2005年与2004年相比	
	乐透	即开	小计	乐透	即开	小计	绝对值	百分比
1月	12.81	0.3	13.11	23.19	0.01	23.2	10.09	77.0%
2月	17.1	0.68	17.78	16.16	0.01	16.17	-1.61	-9.1%
3月	19.07	0.26	19.33	31.33	0.01	31.34	12.01	62.1%
4月	19.71	0.48	20.19	31.9	0.02	31.92	11.73	58.1%
5月	18.52	4.01	22.53	35.36	0.34	35.7	13.17	58.4%
6月	16.95	0	16.95	35.95	0.3	36.25	19.30	113.9%
7月	17.12	0.01	17.13	43.29	0.57	43.86	26.73	156.0%
8月	17.66	0	17.66	37.01	0.84	37.85	20.19	114.3%
9月	18.28	0.01	18.29	36.57	0.85	37.42	19.13	104.6%
10月	18.89	1.31	20.2	35.12	0.89	36.01	15.81	78.3%
11月	20.44	0.11	20.55	36.63	1.34	37.97	17.42	84.8%
12月	21.9	0.75	22.65	39.69	3.82	43.51	20.86	92.1%
总计	218.45	7.92	226.37	402.2	9	411.2	184.83	81.6%

2005年，全国各地福利彩票销量均较上年有所增长。山东省、广东省、黑龙江省、湖北省、辽宁省、北京市、河北省、浙江省、河南省、江苏省等地区的销量排在全国前十位，这十个地区的销量占福利彩票全国总销量的63.6%。有11个省的

增幅超过1倍，其中，黑龙江省销量增幅最大，达到2倍多。

2. 体育彩票机构情况。

2005年，体育彩票销量起伏比较大，全年大致可分为四个阶段：1月至2月销量相对较低，其中，2月份销量同比出现负增长。3月至6月，销量基本稳定，月销量维持在24亿元至26亿元之间，同比增加10亿元以上。7月至8月，销量出现大幅攀升，其中，排列3受彩民非理性投注的影响，8月销量达到47.1亿元，同比增加37.8亿元，增长4倍多，为近几年最高。9—12月，排列3非理性投注减少，彩民购彩心态重归理性，销量从高点回落，恢复平稳增长。

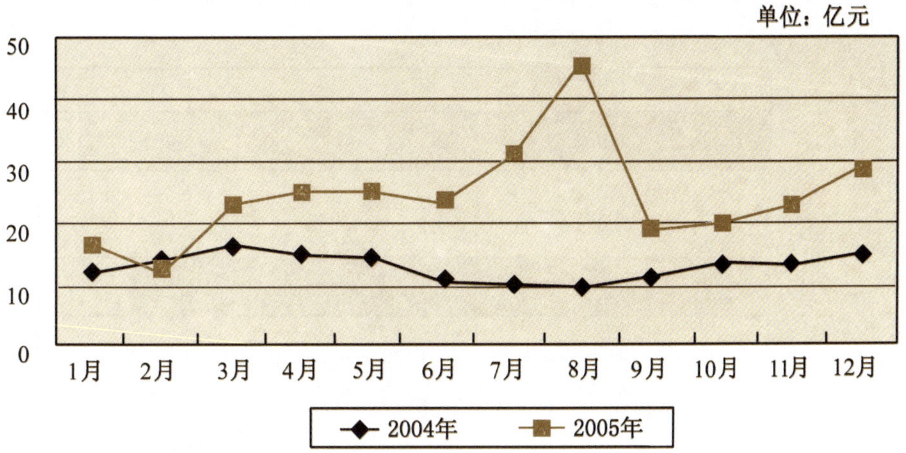

2004、2005年体育彩票销量走势对比图

2004、2005年体育彩票销量分月对比表

单位：亿元

月份	2004年				2005年				2005年与2004年相比	
	乐透	竞猜	即开	小计	乐透	竞猜	即开	小计	绝对值	百分比
1月	6.74	5.08	0	11.82	12.57	4.85	0	17.42	5.6	47.4%
2月	8.17	5.7	0	13.87	9.08	3.67	0	12.75	-1.12	-8.1%
3月	8.88	6.18	1.37	16.43	20.76	3.19	0	23.95	7.52	45.8%
4月	8.64	5.83	0.34	14.81	21.79	4.05	0	25.84	11.03	74.5%
5月	9.11	3.96	1.49	14.56	23.23	2.66	0	25.89	11.33	77.8%
6月	9.14	1.54	0	10.68	23.68	0.81	0	24.49	13.81	129.3%
7月	8.57	1.22	0	9.79	31.17	0.57	0	31.74	21.95	224.2%
8月	8.36	1.04	0	9.4	45.89	1.27	0	47.16	37.76	401.7%
9月	7.72	3.35	0	11.07	16.35	2.97	0	19.32	8.25	74.5%
10月	8.67	4.79	0	13.46	16.44	4.45	0	20.89	7.43	55.2%
11月	8.39	4.79	0	13.18	19.06	4.46	0	23.52	10.34	78.5%
12月	9.07	4.91	1.15	15.13	23.6	6.08	0.39	29.68	14.55	96.2%
总计	101.46	48.39	4.35	154.2	263.62	39.03	0.39	302.66	148.46	96.3%

2005 年，除海南省外，全国各地区体育彩票普遍增长，其中，黑龙江省、湖北省、浙江省、广东省、山东省、福建省、江苏省、河南省、河北省、辽宁省销量排名全国前列。有 16 个地区增幅超过 1 倍以上，其中，山东省、湖南省和黑龙江省增幅分别达到 491.4%、401.4%和 387.7%。

（三）分游戏品种情况

从总体上看，2005 年彩票市场仍是乐透（传统）型彩票一家独大，市场发展主要依靠乐透（传统）型彩票支撑。网点即开票和在线即开型彩票处于市场培养期，销量有限；足球彩票销量下滑势头虽然有所扭转，但仍未完全步出低谷。竞猜型和即开型彩票份额偏低，市场结构单一，市场基础仍比较脆弱。乐透（传统）型、即开型和竞猜型彩票分别占彩票销售总量的 93.2%、1.3%、5.5%。

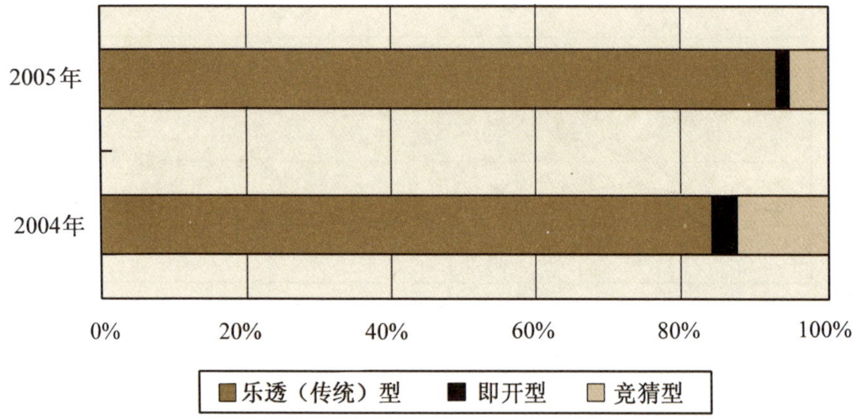

2005 年乐透（传统）型、即开型、竞猜型彩票市场份额与上年比较图

1. 乐透（传统）型彩票。

2005 年，乐透（传统）型彩票的市场主导地位更加明显，全年销售 665.6 亿元，比上年增加 345.9 亿元，增长 108.1%，市场份额比上年上升 9 个百分点。其中，M 选 N 玩法销售 243.3 亿元，数字型玩法销售 418.6 亿元，快速开奖类游戏销售 3.7 亿元。2005 年乐透型彩票销量增长迅速得益于 3D 和排列 3 的上市销售。3D 和排列 3 以玩法简单、固定设奖、趣味性强等特点，得到了彩民的认可，全年共销售 350.5 亿元，占彩票销售总量的 49.1%。其中，3D 销售 185.8 亿元，占福利彩票销售总量的 45.2%；排列 3 销售 164.7 亿元，占体育彩票销售总量的 54.4%。

2. 即开型彩票。

2005 年，即开型彩票仍处于市场探索阶段，全年仅销售 9.3 亿元，比上年同期减少 2.9 亿元，下降 23.5%。其中，福利彩票机构销售 2.2 亿元，体育彩票机构销售 0.39 亿元；在线即开型彩票销售 6.7 亿元，网点即开型彩票销售 2.6 亿元。在集中销售即开型彩票停止后，即开型彩票市场的发展主要依靠网点即开型彩票和中福在线即开型彩票支撑。2005 年，中福在线即开型彩票销售范围扩大到 24 个省份，116 个地、市，建立了 176 个销售大厅，装机4 404台，最高日销量 651.3 万元，显示出一定的市场潜力。

3. 竞猜型彩票。

2005年，由于竞猜型彩票产品老化，同时受地下赌球活动和周边地区赌球合法化的影响，竞猜型彩票销量仍在低位徘徊，全年仅销售39亿元，比上年同期减少9.4亿元，下降19.3%。其中，足球彩票销售37.7亿元（其中足球胜负彩28.6亿元，足球进球彩5.2亿元，足彩9场3.8亿元，北京单场竞猜足彩0.1亿元），篮球彩票销售1.3亿元。当然，竞猜型彩票市场出现了一些积极的变化：一是篮球彩票在全国上市销售，增加了竞猜型彩票的游戏玩法；二是足球彩票返奖比例从50%提高到65%，政策调整给竞猜型彩票市场带来一些活力，抑制了足彩销量大幅下滑的趋势。

（四）分地区情况

从2005年全国彩票市场销量排名来看，由于山东省、黑龙江省、湖北省、辽宁省、河北省、湖南省等地区彩票销量增长较快，使全国彩票销量排名发生变化：山东省首次超过广东省而位居全国第一，广东省第二，黑龙江省排名从上年的第十一位跃升至第三位，湖北省和辽宁省排名第四、五位。

从增长量和增幅看，全国有14个地区的增长量超过10亿元，山东省、黑龙江省、湖北省、辽宁省、河北省增长总量最多，分别比上年增加42亿元、39.9亿元、30.2亿元、19.4亿元和18.8亿元。黑龙江省、湖南省、陕西省、安徽省、内蒙古自治区增幅最大，均超过了140%。

从东、中、西部地区来看，中部地区增长势头强劲，原有彩票强省彩票销量所占比例下降，地区间发展不平衡的状况有所改观。增长最快的中部地区共销售257.1亿元，比上年增加155.6亿元，增长153.2%，市场份额由上年的26.7%上升到36%。东部地区共销售330.7亿元，比上年增加120亿元，增长57%，市场份额由上年的55.4%下降到46.3%。西部地区销售126.1亿元，比上年增加57.7亿元，增长84.4%，占全国彩票销量的17.7%，与上年基本持平。

二、彩票管理工作情况

（一）推进彩票立法和管理体制改革

2005年，国务院高度重视彩票立法和管理体制改革工作，将《彩票管理条例》列入了重点立法项目，温家宝总理批示要“继续推进彩票管理体制改革”。按照国务院的立法计划和温家宝总理的批示精神，财政部配合国务院法制办公室和中央机构编制委员会办公室（简称中编办）做了以下工作：一是经商国务院法制办公室同意，财政部对2003年报送国务院的《彩票管理条例（送审稿）》做了全面修改，形成了《彩票管理条例（财政部修改稿）》报送国务院法制办公室审查参考。二是财政部对推进彩票管理体制改革的必要性、目标方向和过渡措施等问题做了专题研究，向中编办报送了《关于改革现行彩票管理体制的意见》，并配合中编办研究推进彩票管理体制改革的思路。

（二）完善彩票游戏管理

一是经国务院批准，调整了彩票资金构成比例政策，将足球彩票和网点即开型彩票的返奖比例从50%提高到65%。二是支持彩票机构调整和改进彩票游戏规则，批准福利彩票机构在上海、深圳试点基诺游戏，扩大中福在线即开型彩票的试点地区，上市了网点即开型彩票新品种；批准体育彩票机构上市了篮球彩票，试点销售了足球彩票“单场竞猜”游戏，调整了足球彩票“胜负彩”游戏的竞猜场次和奖级设置，增加了足球彩票“任选九场”游戏。

（三）加强彩票市场监管

一是下发了《关于清理彩票机构对外合作项目的通知》，规范彩票机构对外合作行为，研究制定彩票机构对外合作管理制度。二是针对数字3游戏出现的销售过热情况，制定下发了《关于加强排列3、排列5和3D游戏风险管理的通知》，采取返奖总额控制和限注控制等方法，抑制彩民非理性投注，防范彩票机构财务风险。三是配合公安部等部门开展打击赌博活动专项行动，建立禁赌工作长效机制；配合最高人民法院等部门出台《关于办理赌博刑事案件具体运用法律若干问题的解释》，明确了未经国家批准擅自发行、销售彩票构成犯罪的，以非法经营罪定罪处罚。

（四）加强彩票资金管理

一是经国务院批准，调整了彩票公益金分配政策，制定了浙江省和湖北省举办中国艺术节的彩票公益金补助政策。二是完成了2004年彩票公益金清算工作，根据有关政策和管理制度，将中央集中的彩票公益金分配到了民政福利、体育、青少年校外活动场所建设、2008年北京奥运会、红十字事业、残疾人事业、农村医疗救助、城市医疗救助、社会保障基金等领域，并监督各领域资金的具体使用。三是批复中央级彩票机构财务预算，按时核拨经费，加强彩票机构财务监督。

三、彩票公益金筹集和分配情况

（一）彩票公益金筹集情况

2005年，全国共筹集彩票公益金247.3亿元，比上年增加114.1亿元，增长86%。其中，福利彩票机构筹集143.7亿元，体育彩票机构筹集103.6亿元。

（二）彩票公益金分配情况

根据国务院批准的彩票公益金分配政策，2005年筹集的彩票公益金将在2006年做如下分配使用：

中央与地方的分配。按照5:5的分配比例，中央与地方各分配彩票公益金123.65亿元。

中央集中彩票公益金的分配。中央集中的彩票公益金具体分配情况为：全国社会保障基金理事会73.71亿元，专项彩票公益金37.1亿元，民政部6.18亿元，国家体育总局6.06亿元，浙江省中国艺术节0.6亿元。其中，专项彩票公益金已分配20.5亿元，包括青少年学生校外活动场所建设及维护7亿元、2008年北京奥运会3.5亿元、中国残疾人联合会1亿元、补助城市医疗救助3亿元、补助农村医疗救助6亿元。

地方留成彩票公益金的分配。地方留成的彩票公益金123.65亿元，将福利彩票与体育彩票分开核算，坚持按彩票发行宗旨使用，由省级人民政府财政部门商同级民政、体育部门研究确定分配原则。

（财政部综合司供稿）

全国福利彩票市场发展概况

一、电脑票实现跨越式发展

2005年是福利彩票成绩斐然的一年，也是市场竞争达到白热化的一年。在这一年里，福利彩票通过抓基础、强管理、树形象，发行总量有了大幅度的上升，实现了跨越式的大发展。其销量之高，增长速度之快，市场开发之深，品牌影响范围之广均前所未有，创下了多项新记录。但随着2005年彩票销售的大发展，也出现了一些新情况、新问题，盘点2005年的彩票销售，分析得失，对今后彩票的发展具有极大的借鉴意义。

(一) 2005年电脑彩票销售概况

截至2005年12月31日，全国共销售电脑福利彩票402.20亿元，与去年相比增长了183.75亿元，增幅为84.12%。全年周均销量为7.73亿元。最高一周的销量产生在第29周，销售12.84亿元，最低一周的销量产生在第二周，销售5.10亿元。2005年电脑福利彩票的销量在2004年的基础上几乎翻了一番，创造了其上市以来的最好销售水平，其同比增长也创造了历史新高。

全国销售居前10位的省份是：山东53.14亿元、广东（不含深圳）32.28亿元、黑龙江30.29亿元、湖北27.25亿元、辽宁25.93亿元、北京20.72亿元、河北16.31亿元、浙江15.99亿元、河南14.93亿元、广西13.44亿元。其中黑龙江第一次进入三甲；河北在2004年首次进入前10名后，2005年再跃三级，排到了第7位；浙江则是首次进入10强。

占当地彩票市场份额居前10位的省份是：广西87.93%、海南75.92%、重庆74.07%、山东73.57%、新疆72.68%、贵州71.82%、上海71.20%、北京70.63%、山西69.71%、陕西67.65%。2005年福彩电脑票占当地彩票市场份额超过50%的省市达到了21个。

人均销售（不加权）居前10位的省份是：深圳476.50元、北京145.60元、黑龙江79.44元、上海74.07元、新疆67.16元、辽宁61.68元、山东58.51元、湖北45.50元、广东41.07元、天津39.87元。2005年人均购买量居前10位的省市与上年相比变化不大，不过人均购买投入的数额均在上年的基础上至少翻了一番。其中黑龙江的人均购买量排名前进了4位，天津则首次进入全国人均购买量排名的前10位。

增量居前10位的省份是：山东26.10亿元、黑龙江20.80亿元、湖北14.86亿元、辽宁10.98亿元、河北8.39亿元、浙江8.23亿元、广东7.48亿元、陕西7.05亿元、新疆6.53亿元、江苏6.51亿元。

销售增幅居前10名的省市是:黑龙江219.13%、陕西199.06%、山西179.04%、内蒙古149.40%、安徽140.92%、四川137.37%、天津121.04%、湖北119.90%、浙江105.98%、河北105.97%。2005年多个省市销量的增长在2004年的基础上实现了翻番，其中黑龙江、河北、浙江的增长最为明显。

2005年，全国32个省市中全年销售过10亿元的省份创纪录地达到了17个，其中山东超过50亿元，广东、黑龙江超过30亿元，20亿元以上的有湖北、辽宁、北京三个省市，在10亿元至20亿元之间的省市有11个：河北16.31亿元、浙江15.99亿元、河南14.93亿元、广西13.44亿元、江苏13.16亿元、新疆12.79亿元、上海12.04亿元、湖南11.42亿元、四川10.61亿元、云南10.61亿元。另外，销售额在5亿元到10亿元之间的有安徽、吉林、山西、深圳、重庆、内蒙古、江西等7个省份，销量在5亿以下的省市为8个。

（二）2005年电脑彩票销售的主要特点

2005年电脑福利彩票销售的市场情况基本呈现出三大特点，可以概括为：更高、更快、更强。

更高，表现在销量屡创新高，销量大破记录。

2004年电脑福利彩票销售了218.43亿元，2005年一举突破了400亿元大关，总销量达到了402亿元，净增180多亿元，增幅高达84%，其销量、增量、增幅均创历史最好水平。

2004年全年销售额超过20亿元的省市有2个，10亿—20亿元之间的4个，1亿—10亿元的有19个。2005年全年销售额超过20亿元的省市达到了7个，其中山东在50亿元以上，广东、黑龙江在30亿元以上，10亿—20亿元之间的11个，1亿—10亿元之间的13个。全国电脑票的销售呈现普遍上涨的态势，全国32个省市电脑票的销量均有所上升，而且很多省市的上升幅度突破了以往的记录，甚至翻了几番。

2005电脑福利彩票销量增长速度令人惊叹。2004年的最高周销量是5.09亿元，周均销量3.25亿元。这一记录在2005年的第二周就被打破了，当周销量为5.10亿元，之后周销售记录不断被刷新。据统计，2005年电脑票的周销售记录被刷新的次数高达13次，最高周销量达到了12.84亿元，周均销量为7.73亿元，均比2004年增长了一倍。

更快，表现在市场的变化快、竞争激烈，福彩机构的应对速度也在加快。

2005年，两家彩票之间的竞争表现得越发明显、直接。面对种种不利因素，福彩机构坚持按政策、按规则、按市场规律办事，面对瞬息万变的市场及时做出反应，采取积极的应对措施，通过竞争提升了各级福彩机构的应对能力、工作水平乃至整个福利彩票的形象。

不过应该看到的是，福利彩票的领先优势在缩小。与2004年相比，福利彩票的领先优势下降了4个百分点，而且2005年还有一些省市市场份额出现了负增长。这也给福彩敲了警钟，不能被胜利冲昏头脑，今后福彩还将面临很多的挑战，要继续保持严谨认真、求真务实的工作作风，加强基础建设以及管理工作，不断地自我完善。

更强，表现在福彩的社会形象、品牌优势进一步增强。

2004年10月18日率先在全国十几个省市推出的中国福利彩票3D游戏，在当年已初露锋芒，但尚处于初级开发阶段。2004年福彩两大全国玩法呈现出的特点是：双色球一枝独秀，3D含苞待放。

2005年，双色球仍保持着其特有魅力，销量稳步攀升；3D逐步“绽放”，光芒四射，经过一年的培育已成长为福利彩票的又一大知名品牌游戏。3D品牌的成功打造，增强了福彩品牌游戏的声势，原有品牌双色球与新品牌3D作为中国电脑福利彩票奇葩中的姊妹花，交相辉映，成为福利彩票的两大主要支柱。而与此同时，地方游戏也保持着稳定的增长态势。原有品牌游戏销量的稳固为电脑福利彩票的销售打下了扎实的根基，新品牌的崛起把电脑票的销售不断推向前进，新、老品牌共同造就了电脑福利彩票在彩市中的强势地位。

2005年电脑福利彩票的游戏结构更趋完善。大盘乐透游戏、小盘数字玩法以及省市中的一些中盘游戏，满足了彩民的不同需要，开辟出一个以全国性游戏为主，地方性玩法为补充，全国性游戏与地方玩法合理配置、共同发展的良好的市场发展格局。

（三）2005年电脑福利彩票实现跨越式发展的原因

2005年电脑福利彩票能够突飞猛进，是各级福彩机构再次抓住机遇，积极迎接挑战，不断根据市场实际进行自我转变、调整的结果。这主要体现在三个方面。

一是由分散销售到联合销售的转变。2005年全国联合销售的双色球和3D的总销量达到了316亿多元，占整个福利彩票总销量的78.8%，全国联合销售的游戏已成为电脑福利彩票的主要支撑力量。福彩机构也进一步认识到联合销售的优势，认识到全国性的品牌更具声势、更具影响力，也更利于福彩整体形象的建立。在彩票销售中应该充分发挥联合销售的作用，促使全国联合销售的游戏与地方性游戏合理配置，繁荣整个彩票市场。

二是由玩法营销到品牌营销的转变。福彩机构2004年提出的品牌战略，2005年开始真正落实到了彩票的实际销售中。福彩从以往单纯地推出一个玩法，简单地为一个玩法拓展市场的玩法营销，转变为在为开拓游戏市场的同时，加强对游戏内涵的挖掘，增强游戏知名度，树立游戏良好声誉的品牌营销。在实际的营销工作中既追求销量更注重社会效果，重视彩票机构应承担的社会责任，逐步建立起福利彩票的品牌效应，成效显著。

三是由对增长“点”关注到对增长“源”关注的转变。一直以来，为了追求高销量，福彩机构不断寻找彩票的增长点，把推出新游戏看作是实现彩票销量增长的主要方式。2005年福彩机构转变了这种思维模式，把工作重点放在对彩票增长“源”的探询上，不再一味地追求暂时的销量，而是从福彩市场的长远利益着眼，扎实做好基础工作，深度开发现有市场，挖掘彩票销售的增长“源”头，这是彩票能够保持持续增长的基础。2005年全国范围内开展的扩充投注站点的工作以及福彩专营店的建设工作等多项工作都体现了福彩对彩票增长“源”的开发。

彩票销量的增长“点”是有限的，随着彩票市场玩法的不断丰富，可推出的增长“点”会越来越少。而中国彩票这个大市场蕴涵的巨大潜力，主要依靠对增长“源”的不断挖掘。因此，加强管理，做好基础工作，通过完善各项工作深入地开发市场是福利彩票今后重点努力的方向。

二、双色球持续快速发展

截至2005年12月31日，中国福利彩票双色球全年共计销售153期，总销量为131.12亿元，是上年总销量的1.4倍，占福彩电脑票份额的32.6%。

（一）销售情况

2005年的双色球是在2004年实现90多亿元销量的基础上，在市场竞争异常激烈的情况下，实现稳定增长的，并且在下半年创出了周销量3.079亿元（第48周）和单期销量1.13亿元（第2005139期）的历史新高。2005年，双色球全年平均期销量为8 570万元，比上年的7 631万元增长了12.3%，周销量从年初的2.3亿元攀升至3亿多元，每周三期的销量从年初的“六、七、八”（指6 000万元、7 000万元、8 000万元，下同）格局攀升到“九、九、十”格局。周日的销量已稳定在亿元以上。

在联销的31个省份中，北京、广东排列前2名，年销量均超过11亿元，分别为11.9亿元和11.1亿元。销量在5亿—10亿元的有辽宁、浙江、上海、山东、湖北、江苏、云南、四川、河北9个省份；销量在2亿—5亿元的有黑龙江、河南、深圳、安徽、重庆、湖南、吉林、陕西、山西、江西、贵州、内蒙古、广西13个省份；销量在2亿元以下的仅有甘肃、天津、福建、海南、宁夏、青海、西藏7个省份。

随着销量的稳定增长，出奖的情况也呈现出良性循环。2005年双色球中出一等奖341注，全部是500万元，平均每期中出2.22注，是上年中出一等奖注数的1.79倍；二等奖中出4 736注，其中单注奖金80万元以上的303注；固定奖中出4.36亿注；特别奖（含快乐新春、快乐“十一”和快乐星期天特别奖）中出29 745注。

（二）市场情况

1. 进行“快乐假日”促销尝试，为2006年打造彩票假日文化奠定了基础。2005年中国福利彩票发行管理中心（以下简称“中福彩中心”）根据市场情况分别于春节和国庆期间推出了快乐新春和快乐“十一”的特别奖派送活动。这是双色球上市以来年度规模最大、持续时间最长、派送奖金最多的节日嘉奖活动。这两项活动增添了彩民在节日期间休闲娱乐的乐趣，特别是稳定了节日期间的销量。从春节的快乐新春嘉奖活动看，跨过春节后的3期与春节前的3期相比，销量平均仅下降4%，而2004年春节未进行嘉奖活动同比下降平均为16%。再从国庆节的快乐“十一”嘉奖活动看，往年国庆节期间的3期比国庆节前后的3期均有较大幅度的下降，2005年由于进行嘉奖活动，销量不但没下降，反而同比增加了2.8%。

2. 经受住了市场的严峻考验，彰显彩市航母的英雄本色。2005年，随着福彩

3D和体彩排列3小盘玩法的上市，市场竞争变得异常激烈，几乎达到了白热化的程度。由于是小盘玩法，这两个游戏发展迅猛，加之嘉奖促销频繁，力度大，很快成为中国彩市的新亮点。许多原有的玩法受到它们不同程度的影响，销量均有不同程度的下滑，甚至不得不退出市场。但在这期间，双色球却在正确彩票理念的引导下，依然保持独有的超级魅力，销量不但没有下降，反而稳步上升并屡创新高。真可谓：沧海横流，方显英雄本色。双色球已成为彩市的稳定器。

（三）营销宣传

为更好地体现双色球的公正性和公开性，中福彩中心于2005年4月启动了以“走近双色球”活动为核心的市场营销活动。即由各省级福彩中心组织，通过社会公开选拔，组成由省福彩中心人员（带队）、媒体记者、投注站销售员和公众代表参加的参观团，赴京参观双色球摇奖现场直播。在北京，中福彩中心市场二部工作人员向参观团介绍双色球有关情况、解答了各位代表提出的各种问题；在摇奖现场，参观团成员近距离接触摇奖器和摇奖球，参观开奖，与公证员和主持人合影，这一系列交流活动，使参观者消除了疑虑，增长了彩票方面的知识，明确了国家发行彩票的目的和意义，特别是对双色球摇奖的真实性有了更深刻的认识。截至2005年底，中福彩中心已接待了23个省市的48个参观团，共计1 700多人次。其中省市发行机构人员和投注站销售员近850名，媒体记者170多名，公众代表700余名；全国已有1 000多家投注站内均挂有销售员参观摇奖现场的留影照片。该活动在社会上引起了强烈反响，全国各大媒体争相报道这一活动，截至年底，仅9个月的时间，媒体报道这一活动的文章就达500余篇。11月15日，以“走近双色球”活动为背景，中国福利彩票发行管理中心在京召开了有社会知名学者、专家、中央和地方媒体记者、各省福彩发行机构管理人员、投注站代表、社会公众代表共50人参加的福利彩票诚信体系建设座谈会。这一会议的召开使“走近双色球”活动提升了一个档次。

一年来，双色球的营销宣传，始终坚持树立寓募于乐、多人少买、重玩轻博的正确理念，坚持科学的发展观和正确的舆论导向，在全面提升双色球品牌信誉的同时，也为全面打造福彩诚信体系做出了突出贡献。双色球已从最初的“救命球”、“健身球”发展成为现在的“绿色球”、“发展球”。

三、3D小游戏终成大品牌

在3D上市之初，中福彩中心曾提出了“五个一”的发展目标，即培育一种游戏，树立一个品牌，创造一次机遇，赢得一场竞争，把握一把标尺。经过一年的销售，这些目标实现了吗？2005年年底，答案揭晓。

（一）2005年3D销售情况

截至2005年12月31日，3D全年销售185.76亿元，占整个电脑福利彩票总销量的46.18%。2005年年初，3D全国扩容，销量的增长也日新月异，其最高单期销量达到了1.4亿元，最高周销量达8.8亿元，期均销量为5 188万元。

2005年3D全年销售超过1亿元的省

市达到了 27 个。其中排在前 5 名的省市是山东 31.96 亿元、黑龙江 21.22 亿元、湖北 17.56 亿元、辽宁 12.14 亿元、广东 8.57 亿元、河北 8.53 亿元。接下来依次是新疆 8.07 亿元、河南 7.35 亿元。陕西、湖南两省的 3D 总销量在 6 亿元以上，浙江、四川、吉林、江苏四省销量均在 5 亿元以上，北京、山西、安徽、云南 4 省市销量在 4 亿元以上，内蒙古、广西、江西、甘肃、天津、重庆、贵州、福建、深圳 9 省市的销量在 2 亿元左右。

2005 年 3D 在全国以及多数省市的电脑票销售中发挥了生力军的作用。全国有 19 个省市 3D 的销量在当地电脑票总销量中占据最大比重，其中 3D 销量占到其电脑票总销量 50% 以上的省市有 10 个，分别是：黑龙江 70.06%、陕西 64.95%、湖北 64.43%、新疆 63.05%、山西 60.52%、山东 60.15%、吉林 55.58%、湖南 52.99%、河北 52.28%、四川 50.05%。

到 2005 年底 3D 的单期销量在6 000万元左右，周销量保持在 4 亿元以上，全国周销量过千万元的省市有 15 个，期销量过百万元的省市有 19 个。其中，期销量在 400 万元以上的省市有 4 个，销售相对稳定；200 万—400 万元的有 10 个，100 万—200 万元的有 5 个，这 15 个省市是支撑 3D 销量能够保持在一个较高水平的中坚力量；期销量在百万元以下的省市有 13 个，市场潜力巨大，是下一个阶段的重点开发对象。

（二）2005 年 3D 市场情况

3D 是福彩 2005 年重点推出的新游戏。一年当中，3D 经历了走进市场、拓展市场、占领市场、稳固市场四个发展过程。在这个过程中，年初提出的五大目标逐一实现，同时见证了“五个一”所蕴涵的深刻意义。

1. 走进市场，培育一种游戏。3D 是一种游戏。不过 2005 年年初 3D 在全国范围内大规模扩容，迈出走进市场的第一步时，多数省市的彩民、投注站业主以及一些福彩中心的工作人员对这个游戏并不了解。

宣传、培训工作是这一时期的重中之重。3D 上市前，一系列炒作性宣传以及普及 3D 基本知识的培训让彩民对 3D 有了一些宏观上的认识。3D 上市后根据销售中的实际问题，福彩机构再次有针对性地展开了多轮更为深入的宣传、培训。其间，北京的历史数据、销售经验、管理办法为初期的开拓工作提供了一个基础性参考，北京优秀的 3D 销售员、站点业主奔赴全国各地讲授 3D 销售经验，为 3D 迅速打开销售局面做出了积极的贡献；湖北、新疆、山东等销售业绩突出的省市，其先进的做法也在全国迅速推广；一些迟迟打不开局面的省市到销售出色的省市取经，各省市之间互相交流学习，再根据自身市场的实际情况量体裁衣，有针对性地开展工作。各项工作的积极开展加快了 3D 开辟市场的步伐。

从 2005 年 1 月初至 5 月中旬 4 个多月的时间，3D 在全国基本打开了市场局面，彩民、站点业主、机构管理人员对 3D 完成了由陌生到熟悉再到喜爱的过程，一个深受彩民喜爱的游戏培育起来了。3D 的单期销量在这个过程中由1 000多万元上升到了5 000多万元。

2．拓展市场，树立一个品牌。3D是一个品牌。这个品牌是在不断自我完善、积极迎接市场竞争等诸多挑战的过程中历练成长的。

从2005年5月份起，已初步扎下根基的3D开始全方位拓展市场。随着彩民对3D了解的深入，购买热情空前高涨，3D销售不断升温，限号情况时有发生。与此同时，与同类玩法间的竞争日益加剧，“限号”与“不限号”之争成为彩市最受关注的焦点。这一时期，中福彩中心以及各省市福彩中心一方面恪守彩票从业者的社会责任，坚持限号，向彩民做好限号的解释工作；一方面通过站点、媒体等渠道对彩民购彩进行引导性宣传，劝导彩民理智投注。

5月中旬至8月中旬3个月的时间，是3D市场最为火爆、面临的竞争也最为激烈的一个时期。其间，3D的期均销量保持在7 000万元以上。彩民在这次购买热潮中，亲身体验了3D限号销售起到的规避风险的作用，认清了两种游戏的本质区别。随着“不限号”“稳赚不赔”等一系列提法的失信于彩民，福彩注重社会效果、富有社会责任感的种种做法使3D深得彩民的信赖，3D的品牌地位逐步建立并最终得到确立、巩固，品牌优势日益显现。

3．占领市场，创造一次机遇。3D是一次机遇。它给2005年的中国彩市注入了生机，引发了业界诸多深层次的思考。它为2005年福利彩票实现跨式发展提供了最强劲的推动力，并进一步优化组合了福彩的游戏结构；也给各省市的彩票市场带来一次蜕变的机会：2005年一些省市借助3D更上层楼，一些省市依靠3D成为彩市“黑马”，还有一些省市则由于3D的增长步伐相对缓慢，导致了其在2005年整个电脑票的销售相对落后。

2005年9月、10月份，3D的销售开始趋于稳定。这时3D的单期销量在5 500万元左右，几乎是竞争对手的两倍，把竞争对手远远地甩在了后面。作为一个全国性的著名品牌游戏，3D在整个彩票市场的影响力越发突出。面对不断扩大的市场需求，投注站点扩充工作再次被提上日程。早在2005年春节后就陆续展开的扩点工作，进入了快速运行阶段，很多省市在10月底已基本完成站点的扩充工作。在这次全国范围的扩点工作中，单个省市新增站点数量最多的达到了3 000个，少的在500个左右，多数省市新增的站点在1 000至2 000个之间。这些站点约有一半铺向城镇市场，增强了对城镇市场的开发力度。另外，3D的热销，也让站点的收益大幅度提高，使得站主在站点建设上增加了投入，为彩票销售创造了更为有利的环境。这些变化，都是基于3D的发展带来的。

4．稳固市场，赢得一场竞争。3D是一场竞争。2005年，3D的销售一直伴随着竞争对手施加的压力。其间二者互有赶超。经历了3D领先、对手超出、齐头并进、3D大比分胜出等几个阶段。最终3D赢得了这场竞争。

2005年全年3D的总销量为185.76亿元，占据市场份额的53.01%；排列3的总销量为164.68亿元，占市场份额的46.99%。

3D赢得了竞争不仅表现在其销量超出了对手20多亿元，更表现为3D作为一个品牌游戏在市场上占据了绝对优势。2005年11月至12月底，3D市场得到进一步稳固，其单期销量保持在6 000万元左右。这期间，竞争对手拿出3个多亿的资金连续搞嘉奖促销，促销力度前所未有。即便如此，3D的销售仍没有受到丝毫影响，市场依然平稳发展，显现了3D的品牌效应。

5. 贯穿始终，把握一把标尺。3D是一把标尺。3D是2004年福彩推出的一个新游戏，一个新游戏能否成功推行，能否在与对手争夺同一市场时胜出，取决于游戏的品牌、形象，而品牌、形象的优劣来自于游戏培育的每一个环节和细节。从某种意义上讲，3D销售的成败是对福彩系统建设、管理水平、营销策略、工作效率、服务质量、销售技巧等多个工作环节的全方位检验。

在2005年3D销售的过程中，3D的销售情况都在作为一把标尺，时刻检验着各级福彩机构的工作水平。事实证明，2005年福彩机构的工作是达标的，3D品牌的成功打造与福彩机构全体员工一年的辛勤工作密不可分。这一年福彩机构的工作人员异常辛苦，但工作是富有成效的；与此同时，各级彩票管理发行机构的工作效率、管理水平等多个环节均得到了很大的提升。

回顾3D游戏2005年销售取得的成就，不禁感叹这个新游戏旺盛的生命力。这里也有必要对其取得成功的原因做一个简单的分析，从而为接下来即将推出的其他新游戏提供一些借鉴。

3D成功推行的原因综合起来主要有三方面：一是3D的推出顺应市场的发展需求，适时而生，填补了彩市全国性的固定设奖数字型小盘游戏的空白。二是福彩系统扎实的基础工作做得很到位，为其快速成长创造了条件。三是走品牌之路的指导思想确保其能够沿着一个正确的方向前行。

四、在线即开票：厚积薄发　初露锋芒

2005年是中福在线即开型彩票扩大试点发行的一年，截至12月31日，全国共销售在线即开型彩票6.75亿元，已经建成并投入运营销售厅176个，范围涵盖24个省、116个地市，装机规模4 800余台，最高日销量700多万元，平均周销量1 300万元，最高周销量3 990万元。

在24个试点省市中，销售量居前5位的省份是：福建1.55亿元、河北1.34亿元、河南0.84亿元、山东0.73亿元、山西0.69亿元。河北省在电脑彩票翻番增长的情况下，中福在线即开型彩票也保持了强劲增长势头，总销量占据了全国试点省市榜眼位置。尤其难能可贵的是，在中福在线即开型彩票处于试点发行前期、市场开拓难度极大的时候，是河北省选择了在秦皇岛试点并一炮打响，紧接着又在廊坊进行了小型销售厅的试点，对销售厅的经营管理模式进行探索，为全国中福在线即开型彩票试点推广工作做出了突出贡献。同时值得一提的是福建省，其中福在线即开型彩票异军突起，占到全省福利彩票总销量的34.3%，有力地拉动了市场，为增强福利彩票市场竞争力起到了很好的推动作用。山东省在保持全国电脑彩票市场龙头地位的同时，中福在线即开型彩票销售同样火爆，全省7个销售厅销售7 300万元，单厅平均销售额1 043万元，高居前列。

如果说电脑彩票奖池累积、高头奖（500万元）是其优势的话，那么中福在线即开型彩票走的则是“短平快”的路子，2005年全年共中出奖金3.68亿元。其中，幸运扑克中出奖金2.11亿元，多级扑克中出奖金5 480万元，西游夺彩中出奖金9 768万元。彩票整体返奖率达到了54%。

（一）游戏开发保持优势，不断改进

中福在线即开型彩票游戏开发秉承“健康、娱乐为主，中奖为辅”的基本精神，引导彩民的理性投注行为，营造健康娱乐的投注环境。目前，已经开发上市四花选五、幸运五彩、开心一刻、幸运扑克、多级扑克、西游夺彩六款游戏，同时，根据市场实际运行情况不断对游戏进行改进，受到了普遍欢迎。设计开发新的适合市场需求的乐透类和数字类游戏将是下一步主攻的目标，如已开发完成的超级扑克、西周古迹等一系列游戏。

（二）系统建设保持稳定，不断优化

到2005年底，已建成的发行销售系统已经初具规模，中心系统可以支持2万—3万台投注终端机在线投注，发行网络覆盖全国24个省，监控系统可以对销售厅进行实时监控。从2003年第一个销售厅开业以来，发行销售系统运行稳定，没有发生大的事故，各项数据显示系统运行正常，市场反映良好，得到了各级彩票机构的认同和支持。

数据中心是整个在线即开票发行销售系统的核心，2005年8月份北京数据中心搬迁到新址，加强了对机房的建设，同时专用通信网络、多路监控系统配置、安全等都较以前有了大幅提高和改善，可以更好地保证发行销售系统安全稳定运行。

中福彩中心市场四部根据市场反映和实际情况，着重在系统扩容、增加系统支持容量，优化系统性能；加强系统监控和数据统计的功能，以及建设和加强客户技术支持中心，提高技术支持能力几方面做了大量工作，全力以赴保证发行销售系统稳定可靠运行。同时，积极引进国外先进的技术系统，优化现有系统各项数据指标，开发新的功能和软件，力争使中福在线即开票的发行销售系统成为具有国际水平、国内首屈一指的热线彩票发行系统。

（三）建章立制，规范管理

全国中福在线即开票实行“三级管理、市为基础”的管理体制，在实际工作中，始终坚持“管理第一，销量第二”的方针，严格遵守“五个统一”（统一发行销售、统一资金结算、统一购票方式、统一形象管理、统一服务规范），强化各级管理工作，制定了一系列的管理办法和管理制度。起草并以中彩中心名义下发了《关于春节期间做好中福在线即开型彩票销售工作的有关通知》（中彩发字［2005］19号）、《关于做好扩大中福在线即开型彩票试点工作的通知》（中彩发字［2005］28号）、《关于加强中福在线即开型彩票发行销售管理工作的通知》（中彩发字［2005］50号）、《关于进一步加强中福在线即开型彩票销售厅建设管理的通知》（中彩发字［2005］68号）、《关于加强中福在线销售厅安全管理的通知》（中彩发字［2005］84号）等若干文件，以加强对销售厅的规范化管理。同时，组织编写了《中福在线即开型彩票销售厅管理手册（试行）》，作为销售厅经营管理及实际操作的指南。

按照《中福在线即开型彩票销售厅申报审批流程》严格执行销售厅申报审批程序：所有拟申报的销售厅必须取得政府批文，并经过省福利彩票发行中心审核和中国福利彩票发行管理中心的批准后方可开工建设；销售厅必须由福利彩票机构直接投资、建设、经营管理，厅内资产归福利彩票机构所有；销售厅负责人必须是福利彩票机构的正式工作人员，其他人员可以是当地福利彩票机构直接聘用的人员；彩票机构向社会租赁销售场地的，必须与房产所有者直接签订租赁协议，不得经过第三方租赁。

. 对以上要求，大多数销售厅的建设和管理工作都能严格遵照执行，但是也存在一些不足之处。如个别地方没有严格执行中福彩中心的有关规定，操作不规范，甚至出现了变相转包、承包的情况；有的销售厅建设未严格按照《中福在线即开型彩票销售厅形象设计规范》执行，在品牌形象展示方面还存在一定差距。鉴于以上情况，根据《关于进一步加强中福在线即开票销售厅建设管理的通知》精神，中福彩中心市场四部对所有销售厅进行了一次整改，要求规范操作、严格管理，不得对外转包、承包，同时要求将销售厅建设费用支出单据、房屋租赁协议、房屋产权证明、聘用人员合同、销售厅负责人身份证明材料等复印件在规定时间集中汇总，达不到要求的必须整改，必要时停机，达标后再恢复销售；同时，对新上马的销售厅严格按照程序和规定执行，坚决堵住漏洞，防止不规范行为发生，为中福在线即开票的发展创造一个“干净”、规范的环境。

（四）营销宣传：正面引导，树品牌，塑形象

在实际工作中，福彩机构严格按照财政部《关于扩大中福在线即开型彩票试点发行范围等有关事项的通知》（财办综［2005］45 号）有关规定，在中福在线即开型彩票正式上市销售前，要求试点发行地区的福利彩票发行中心将销售实施方案报同级财政部门审核批准。同时，在对外宣传和公告中，注明财政部门的批准文件名称及文号。

做好中福在线即开票的正面宣传工作，树立中福在线的品牌形象，提高中福在线的品牌知晓度和美誉度，并逐步建立品牌的忠诚度。中福在线即开型彩票销售厅上市前，在各地政府的支持下，组织相关部门召开协调会、新闻发布会，并通过当地各大报纸、电视等媒体，发布中福在线即开型彩票上市的消息，正面报道宣传了中福在线即开型彩票的国家主办的特性，消除彩民对其合法性的疑虑，对中福在线即开型彩票公益、健康形象的确立有着至关重要的作用。

搭建信息沟通平台，建立通讯员制度，通过网站、电子邮件、有线广播等手段，加强内部沟通；编制《中福在线简报》，每周一期，内容包括销量排行、大奖统计、交流园地、意见反馈等几个版块，力争使《中福在线简报》既是信息发布的平台，也是各级福彩机构交流反馈的园地，加强中福彩中心、省（市）、销售厅的交流互动。

规范销售厅形象，严格按照《中福在线即开型彩票销售厅形象设计规范》的要

求建设销售厅，树立中福在线即开型彩票全国统一形象。同时在销售厅内营造一种健康向上的氛围，让彩民充分体会到中福在线即开票休闲娱乐的特点；树立全新的服务营销理念，明确服务就是营销，服务就是宣传，服务就是形象的观念。

五、即开票试点初具规模

2005年即开型彩票是“羞答答的玫瑰静悄悄地开”。盘点一下，一年销售了2.25亿元，占福彩全年总销量的0.5%。其中销售千万元的省、市7个：辽宁4 560万元，湖北4 010万元，上海3 020万元，湖南2 540万元，江苏2 260万元，贵州1 310万元，广西1 200万元。这些销售量的取得，主要是在9月1日即开型彩票奖金返还率政策调整后实现的。

2005年上半年，由于政策原因，即开型彩票只销售了数千万元，大部分省、市处于停销状态。经过中福彩中心的积极努力，2005年7月6日财政部出台《关于调整足球彩票和网点即开型彩票资金构成比例的通知》，自9月1日起，即开型彩票奖金返还率由原来的50%提高至65%，为低迷不前的即开型彩票市场注入了兴奋剂，使彩票业看到了即开型彩票生存发展的希望。

中福彩中心抓住这一有利契机，作了大量准备工作。首先，为了改变即开型彩票给人们造成的大奖组销售印象，重塑即开型福利彩票形象。经过多方论证，中福彩中心决定为采用新奖金返还率的即开型彩票取名“刮刮乐”，打造即开型彩票新品牌。其次，中福彩中心根据市场需求，组织设计了9种刮刮乐新彩票，推向市场。第三，制作了30余万份的宣传品及刮刮乐广告片，集中1个月时间，在全国各大媒体、互联网、双色球开奖期及8个省、市的所有销售点广泛宣传，形成市场热点。经过前期大量的准备工作，9月1日刮刮乐一上市，就受到彩民的追捧，销售红火。至年底，开通网点即开型彩票发行销售管理系统的7个省、市，在4个月的时间内，销售刮刮乐彩票1.2亿元，超过上年全年网点即开票的销售量。其中，辽宁销售4 100万元，湖北销售3 700万元，湖南销售2 400万元，江苏销售1 000万元。这一结果说明，政策的调整，品牌的重塑，彩票的变新，对网点即开型彩票销售市场具有明显的拉动作用，打开了网点即开型彩票发展的空间，坚定了彩票机构发展即开型彩票的决心。

奖金返还率的提高，确实给即开型彩票的发展注入了新的活力。截至2005年底，已有9个省、市开通了网点即开型彩票发行销售管理系统。还有很多省、市纷纷要求上市网点即开型彩票，并为2006年网点即开型彩票上市作准备。2006年，中福彩中心将继续扩大即开票市场，推动即开票系统建设，争取在20个省、市建成销售系统，基本形成市场规模，促使即开型彩票成为新的销售增长点。

（中国福利彩票发行管理中心供稿，唐启伟、朱子正、李士彬、石永建执笔）

全国体育彩票市场发展概况

一、体育彩票销量情况

2005年，全国体育彩票总销售额为302.55亿元，比上年同期的154.19亿元增加148.36亿元，增加了96.22%，创造了体育彩票销量的历史新高。其中：

乐透型（含数字型）彩票发行263.08亿元，占总发行量的86.95%，比上年的101.51亿元增加161.57亿元，增长159.17%。

足球彩票发行37.75亿元，占总发行量的12.48%，比上年的48.39亿元减少10.64亿元，减少21.99%。

篮球彩票发行1.33亿元，占总发行量的0.44%。

即开型彩票发行3 872.29万元，占总发行量的0.13%，比上年的4.35亿元减少3.96亿元，减少91.1%。

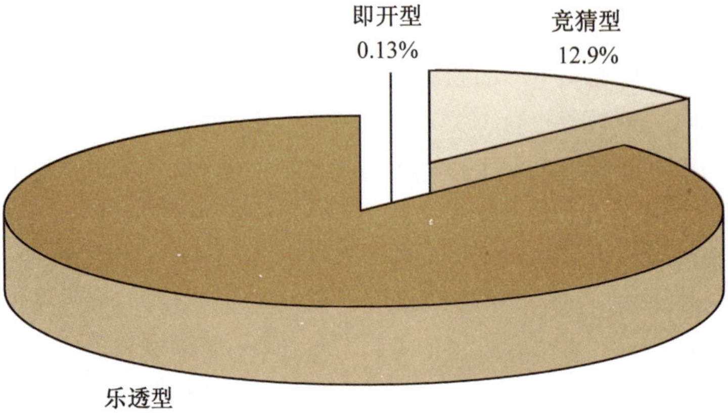

2005年体育彩票玩法结构图

从产品结构来看，全国联网排列3销售164.68亿元，占总销量的54.43%；排列5销售9.25亿元，占总销量的3.06%；七星彩销售29.32亿元，在总销量中所占比重为9.69%；M选N销售35.28亿元，占总销量的11.66%；数字型和四花选四销售24.55亿元，占总销量的8.11%；足球彩票销售37.75亿元，在总销量中所占的比重为12.48%；篮球彩票销售1.33亿元，在总销量中所占的比重为0.44%。排列3、排列5、七星彩、足球彩票和篮球彩票五种全国联网玩法的销量占全国电脑体育彩票总销量的80.19%。从统计数字不难看出，2005年体育彩票玩法占市场主导位置的是排列3玩法，其次为7位数，第三位为足球彩票胜负玩法。

二、2005年体育彩票市场主要特点

（一）排列3玩法成为2005年体育彩票销售的“排头兵”

2005年全国电脑体育彩票销量一直呈上升趋势，这主要是排列3玩法不仅实现了从起点到稳步增长的跨越，还出现了阶段性的销售高峰，8月单期销量最高时达到2.18亿元。排列3的成功之处在于发挥了奖金的最大效用。它采取固定奖金返奖，这是小奖组游戏玩法的核心所在。同时，根据市场需要，彩票机构不断采取有效的营销措施，维护了市场信心。排列3的成功，也改变了省市销量排名的格局，一些长期市场低迷的省市，借助排列3打了翻身战。例如：黑龙江省从2004年排名第13名，上升到2005年第1名，其排列3占到销量的84%。

（二）乐透型玩法保持市场稳定

为了整合资源，国家体育总局体育彩票管理中心（以下简称“总局体彩中心”）于2005年5月18日发行了全国联网的电脑体育彩票七星彩玩法。它以“趣味性高，号源丰富，投注简单，巨奖易中”等特点得到了全国彩民的喜好和追捧，究其原因：一方面是由于七星彩玩法简单有趣，投注方便自由；另一方面是该玩法中得500万的概率较高，同样中头奖，它比其他全国联网的大盘玩法要容易近1倍；其三，由于全国共享奖池，因此有雄厚的调节基金做保障。

（三）新赛季足球彩票销量有所回升

足球彩票玩法在2005—2006赛季进行了调整，根据财政部批准的返奖比例从50%提高到65%的政策，总局体彩中心制定了中国足球彩票胜负（14场和任选9场）和进球彩票新的游戏规则，使足球彩票更适合市场需求。新赛季初始，总局体彩中心还适时进行了派送活动。在一系列措施的推动下，足彩销量逐渐恢复到上年同期水平，有效地抑制住了足球彩票连续三年下滑的趋势。

（四）全热线系统建设工作进入攻坚阶段

全热线系统建设是2005年的工作重点，从年初确定方案到准备在全国范围内推广实施，各省市体彩中心给予了积极配合和支持。根据年初总局领导确定的“在确保安全的前提下，以最快速度、最大范围建成全热线系统”的原则，针对制约系统建设实施进度的诸多因素，各级体彩中心坚持整体推进，逐一突破。目前，四大区域分中心已完成系统切换，大部分省市完成了数据迁移工作，系统建设已进入攻坚收官阶段。但这种重大项目工作，总局体彩中心还是第一次做，在实施中遇到了许多预想不到的问题，一定程度上影响了系统建设的进度。2006年，全热线建设工作将进一步加快速度，尽早完成。

（五）新玩法研发工作进一步取得成效

经过反复酝酿，2005年3月18日，篮球彩票正式发行，在新赛季开始后，制定了单场胜负比分玩法游戏规则，确定了

广东、上海为试点省市。9 月，北京市足彩单场竞猜玩法正式推出。各地也纷纷提出其他竞猜型玩法的新思路。这些都标志着体育彩票竞猜型玩法已经进入一个新的创新周期。

针对体育彩票的特点及独有优势，对其他体育类竞猜对象（如 F1、赛马等）以及足彩固定返奖玩法方案和可行性进行了研究，制定了 F1 彩票的竞猜方案。就电话投注的管理办法及技术实施方案、建设模式等进行多次研究，修订了《中国电脑体育彩票电话投注管理办法》。

与此同时，总局体彩中心还对即开型彩票的游戏玩法、票面设计及设奖方案等进行了系统性的储备，开发了数十套票面精美、玩法通俗的游戏。就视频彩票的游戏规则、技术和业务管理框架、玩法介绍、开奖管理及市场预测等方面做了进一步研究。

（六）营销推广工作再上新台阶

2005 年，除做好新玩法的宣传和上市推广工作外，总局体彩中心进一步加大了体育彩票整体形象的宣传和营销培训工作力度。

1. 制定了《2005 年体育彩票整体宣传工作规划》及其实施方案，聘请了张怡宁、杜丽、朱启南作为体育彩票公益形象大使。

2. 与中国扶贫基金会联合设立了“中国体育彩票·新长城助学基金”，并在北京大学举行了签字仪式和爱心见面会，树立了体育彩票的公益形象。

3. 举办了全国“2005 体育彩票全民健身路径大赛”、“体育彩票杯 2006 中国南北长城元旦国际登高活动”，中央电视台进行了全程现场直播，极大地弘扬了体育彩票公益、健康、向上的社会形象。

4. 开放电脑体育彩票电视开奖现场，请彩民观看体育彩票开奖过程，开展中国体育彩票公正、诚信的系列报道和宣传。

5. 为整体提升体育彩票形象，进行了《体育彩票销售网点形象设计及包装方案》的规划设计，完成了《体育彩票销售网点形象设计及包装方案》（试行标准）。

6. 排列 3、排列 5 市场营销培训工作开展得扎实有效，在各省体彩中心的配合下，开展了大规模的分中心工作人员、营销人员和宣传干部培训，各地因地制宜地制作了各种培训教材，并下发到各销售网点。

（七）加强了销售安全防范工作

今年，为保证全热线系统建设工作顺利进行，降低故障率，提高故障处理反应速度，总局体彩中心采取切实措施，完善了机房电话值班制度、故障报告制度、情况通报制度，对出现的问题，准确定位，及时总结，保证了全热线系统建设和升级过程中，电脑彩票系统销售、计奖和相关业务正常进行。9 月，针对排列 3 销售中暴露出的一定的资金安全隐患，在全国组织了排列 3 销售安全工作大检查，经过调研，与建设银行共同设计了“彩银联网结算”业务流程，实现了网点上缴销售款与省中心下达销售额度挂钩，从根本上控制了网点欠缴销售款和空打票的问题，总局体彩中心已在上海召开现场会，总结、验收“彩银联网”结算模式，并将在全国推广。

（八）进一步加强了市场管理工作

2005 年，总局体彩中心通过完善制度，严格操作程序，降低了故障率，提高了故障处理反应速度，保证了全热线系统建设和升级过程中，电脑彩票系统销售、计奖、新玩法推出和派奖活动的顺利进行。加大了玩法研究和培训力度，全年共举办了十几起各类座谈会和培训班。总局体彩中心在重大事项上征求省市体彩中心意见，避免决策失误，使中心工作更加科学化、规范化，收到很好的效果，也受到省市体彩中心的欢迎。

（九）进一步完善了激励机制

2005年完成了《体育彩票表彰奖励办法》，解决了总局对各省市体育局奖励表彰的问题；另外，经过反复调研，解决了省市反映比较集中的中央发行费上缴比例问题；在财政部的支持下，还解决了多年来存在的两种彩票税收不一致的问题。

三、2005年体育彩票工作存在的问题

（一）体育彩票销量过多依赖单一玩法

排列3和七星彩同属数字型玩法，占据体育彩票的绝对比例。两种玩法形成了两种不同难度的玩法结构，在体彩市场拥有各自的彩民群体，占有不同的市场份额。但据国际彩票市场发展经验，排列3这种小奖组玩法的市场波动大，产品周期相对较短，同时也有一定的市场风险，不可能长期占据在高销量的平台上，派送活动结束后，销量可能会较大幅度下降。

（二）大盘乐透型玩法在全国体育彩票市场还没有一席之地

目前的体育彩票玩法结构还不尽合理，仅依靠排列3一枝独秀，尚缺少一个稳定的主打玩法。7位数玩法作为体育彩票的中盘玩法，虽然在一段时间成为体育彩票的“大盘”，期销量2 000多万元，但从现况看，销量一直徘徊在1 700万元左右。究其原因，主要有：奖组过小，大奖频出，部分期数出现空奖池及小奖池的情况，导致彩民购买欲望下降；主玩法已销售一年半，彩民群体相对稳定，但没有更多亮点吸引彩民。

（三）竞猜型玩法的市场还有待于继续挖掘

2005年9月，北京市试点发行足球彩票单场竞猜游戏，引起了广大彩民和社会各界的强烈反响，取得了很好的效果。但是由于受技术应用、风险控制等多种因素的限制，该玩法采用奖池浮动返奖，距离国际上通行的固定返奖玩法还有一段距离，不能满足与地下赌球争夺市场的需要。

（国家体育总局体育彩票管理中心供稿）

地方彩票市场发展概况

北 京 市

一、彩票销售情况

2005 年北京市彩票销售继续保持较高的增长速度，全年累计销售 29.66 亿元，比上年同期增长 28%，其中福利彩票累计销售 20.72 亿元，比上年同期增长 31.1%；体育彩票累计销售 8.94 亿元，比上年同期增长 21.4%，全年彩票销量名列全国第 10 名。

（一）福利彩票

北京市福利彩票的发行工作在 2005 年取得了骄人的成绩，全年彩票销售额达到 20.72 亿元，比 2004 年增长 31.1%，占北京市全年彩票发行总量的近 70%，筹集公益金 7.14 亿元，发行费 2.84 亿元。

2005 年双色球游戏继续保持在北京彩票市场的主导地位，销量已达 11.95 亿元，比 2004 年的 8.36 亿元净增 3.59 亿元。双色球销量占北京福彩销售总量的 57.7%，占北京市彩票总销量的 40.3%。双色球游戏全年共产生 35 注一等奖、462 注二等奖、5 264注三等奖，其中 64 注中奖彩票单注奖金在 100 万元以上。

3D 游戏起源于北京，并在全国推广开来，成为 2005 年全国最成功的数字型彩票游戏。北京 3D 游戏最大的特点就是一个字——“稳”。北京 3D 游戏全年销售 4.88 亿元，占北京福彩销售额的 23.6%，占北京市彩票销售总量的 16.5%，是北京市彩票市场的第二大彩票游戏。

快乐 8 游戏发展迅猛，日平均销售 100 余万元，是北京福彩 2005 年最具看点的一个游戏。开奖速度快，奖金固定，加上集中在茶馆、保龄球馆、KTV 歌厅、餐饮等以往被称为彩票“空白地带”的场所销售，因此快乐 8 游戏被称为白领彩票，为福利彩票开辟了一个与传统乐透游戏、双色球和 3D 不同的全新的彩票市场。全年快乐 8 游戏销售 3.37 亿元，占北京福彩销售总额的 16.3%，在整个北京彩票销售市场中也占到 11.4%，成为北京彩票市场第三大彩票游戏。

32 选 7 和 36 选 7 游戏作为北京电脑福利彩票的元老，还是拥有相当一批追随者，在 2005 年上半年仍然取得了相当不错的销售成绩。这两个传统游戏在 2005 年 1—6 月共销售3 112万元，共产生 6 个一等奖、18 个二等奖、479 个三等奖，其中有3注中奖彩票奖金超过100万元。2005年6月，根据市场的发展需求，北京福彩停止销售32选7和36选7彩票游戏，取而代之的是全新的彩票游戏两步彩。

2005年6月18日，两步彩上市。两步彩是国内首推的一种类似于福利彩票双色球的彩票游戏。它将传统36选7和32选7游戏相结合，分为一步和二步两个选号区，并首次在北京引入全复式、全机选的概念。尽管刚刚上市，两步彩游戏还是拥有了一定数量的彩民，销售呈现出上升的趋势。全年两步彩游戏共销售2 115万元，产生4注一等奖、143注二等奖、629注三等奖，具备了较大的发展潜力。

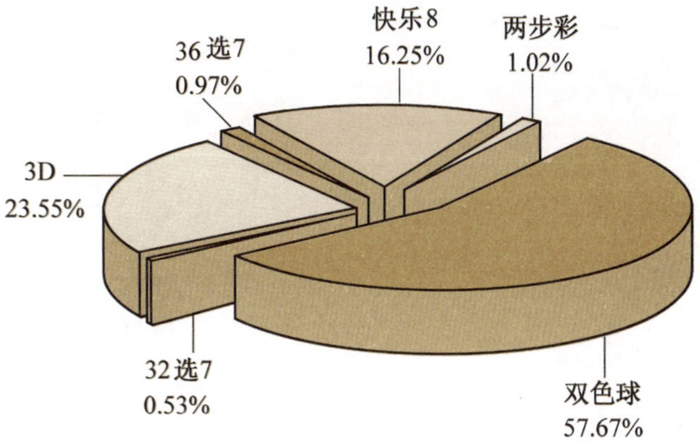

2005年北京市福利彩票各玩法销售比例图

（二）体育彩票

2005年北京市体育彩票销售8.94亿元，比2004年增加了1.58亿元，增长21.4%，占北京彩票市场的30%，名列全国体育彩票销量第14名。全年筹集彩票公益金2.85亿元，发行费1.31亿元。全年产生百万元以上大奖33注，其中500万元大奖15注，代扣代缴中奖奖金个人所得税4 309万元。

从彩票游戏分类上看，乐透型和竞猜型游戏分别占体育彩票销售总量的60%和40%，其中乐透型销售5.37亿元（具体玩法：36选7游戏销售1.21亿元，占13.51%，产生500万元大奖6注；排列3、排列5游戏销售3.10亿元，占34.7%；七星彩游戏销售1.06亿元，占11.86%，产生500万元大奖6注），竞猜型销售3.57亿元（足球胜平负游戏销售2.85亿元，占31.83%，产生百万元以上大奖18注，含500万元大奖2注；足球进球游戏销售4 738万元，占5.3%，产生百万元以上大奖3注；篮球彩票销售1 404万元，占1.57%；单场竞猜游戏销售1 097万元，占1.23%）。北京体彩竞猜型彩票销量占全国体彩竞猜型彩票的11.23%，居于前列。

从具体游戏玩法上看，2005年9月23日开始销售的“足球单场竞猜”游戏，上市仅3个月，销量已达1 097万元，实现了市场稳定起步；排列3、排列5自2004年11月21日天天开奖以来，在全国快速增长，成为各地方市场占有率较高的玩法。

北京地区排列 3、排列 5 的市场占有率超过了传统玩法 36 选 7、足球彩票和七星彩等游戏。七星彩游戏的销量比 2004 年增长 35.9%，主要有两个方面原因，一是 2004 年 5 月 18 日开始全国联网销售，激活了北京原 7 位数的市场。二是实行一周三次开奖以来，虽然单期销量走低，但总体销量有所增加。另外足球胜平负、36 选 7 和进球彩游戏分别比 2004 年降低了 16.4%、44.5%、45.5%。

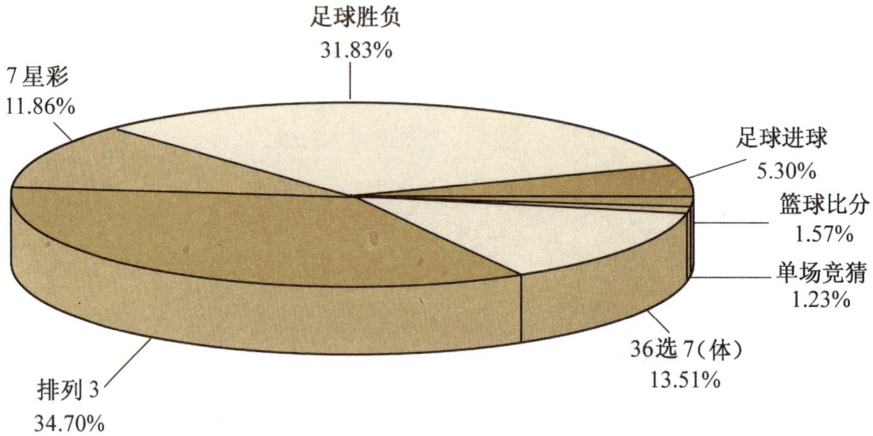

2005 年北京市体育彩票各玩法销售比例图

从各游戏玩法走势上看，36 选 7 游戏销量继续走低。主要是新玩法不断涌现，老玩法的市场逐渐被分流。在全国联网一统天下的彩票格局下，36 选 7 的提升仅凭区域力量难度较大；排列 3 游戏的销量波动较大，主要是受到部分彩民分析追号影响，同时销量伴随着促销活动产生起伏，对促销活动的依存度较高；足球胜平负和进球游戏由于受赛程影响，2005 年 5 月至 8 月仍是销售低谷，下半年的月销售形势略好于上半年，主要缘于财政部将竞猜型彩票返奖比例从 50%提高到 65%。这项政策的开放抑制了足球彩票的下滑趋势。2005—2006 赛季足球彩票还根据赛程调整了竞猜安排，实行一周两期，增加开奖次数，总销量略有提升，但单期销量有所下降，即使是周末的一期，销量也大大地减少，致使 2005 年销量比 2004 年有所降低。足球单场竞猜游戏于 2005 年 9 月上市，由于处于试销阶段，销售网点设置没有放开征召，首批准入仅有 130 个网点，但是该玩法优势十分明显，上市 3 个月每个单场竞猜的网点平均周销量就达到了6 000元，已超过足球胜平负玩法。足球单场竞猜游戏受到北京彩民的欢迎，主要有以下几个方面的原因：一是该玩法是基于全热线的销售系统支持。二是单场竞猜可在每一场比赛开赛前 5 分钟结束销售。三是单场足球彩票更灵活，从周一至周日，只要有足球比赛无论场次多少都可以竞猜。四是单场足球彩票依靠功能强大的信息发布平台，将实时 SP 值通过视屏告知彩民，引导投注。五是彩池赔率拥有独特的返奖优势。

二、彩票市场管理和发展情况

北京市财政局作为彩票市场的监管部门，继续履行监管职责，不断促进彩票市场的行为规范，不断加强彩票资金的收支管理。2005年北京市继续对彩票机构实行部门预算管理，对纳入部门预算管理的彩票资金严格审查，对彩票资金的收入和支出实行年初有预算、月月有登账、年末有决算的一整套资金管理方式，从而有效地对彩票资金进行了全方位的监控和管理。

北京市福利彩票2005年销售额突破20亿元大关，再创北京市福利彩票发行史的新纪录，创造了北京市福利彩票开通以来月月销售超过亿元的佳绩，在全国福利彩票销售中排名第6位。

2005年北京市福利彩票发行中心积极探索、规范管理，不断提高彩票发行工作，主要做了以下几方面工作：一是抓制度建设，完善规章制度。二是抓管理工作，规范销售网点的管理。三是抓品牌建设，开发新的游戏品种。四是抓素质教育，提高网点市场竞争能力。五是抓基础工作，改善网点环境。

2005年北京市体育彩票管理中心在全国彩票销售良好发展的态势下，管理能力和市场竞争力得到了锤炼和提升，销售收入也进一步提高。全年主要做了以下几方面工作：一是为适应市场需求，丰富玩法结构，北京体彩开拓创新，把国际先进的玩法和国情相结合，研究开发竞猜型彩票的新玩法——单场竞猜型彩票。2005年北京体彩首要任务就是将单场竞猜玩法推向市场，从5月的系统测试到7月、8月的市场预热，直到2005年9月23日的正式上市，单场竞猜游戏受到了社会各界的好评，并有望被国家体彩中心确定向全国推广。二是为了新玩法长久的生命力，研究配套的全热线销售系统，系统版本多次升级。经过近半年的完善，足球单场竞猜销售系统性能稳定，运行良好。三是以足球单场竞猜的推出为契机，北京体彩着力改变销售网点形象，一批统一设计、统一标识、形象醒目的彩票专营店在北京的大街小巷亮相，为彩民提供更加全面的服务。在专营店的建设上，北京体彩突破陈旧观念，倡导体彩和福彩和谐发展的理念，诚邀福彩加盟专营店，向彩民树立了国家彩票的良好形象。四是队伍建设是北京体彩中心近几年的重点工作，北京体彩中心对技术人才和管理人才的培养提到了前所未有的高度，培养和吸收了一批专业人才，使中心储备了软硬件系统开发、游戏玩法设计、市场推广等方面的人才。另外，北京体彩中心与英国、意大利、中国香港地区的博彩机构一直保持学习与交流。五是加强网点管理，提高服务水平。北京体彩中心对销售网点的管理采用有条件的末位淘汰制度，连续3个月的后40名网点被纳为淘汰对象，但中心给予其重新选择经营地址的机会，并在促销技巧方面予以指导，营造彩市良性竞争的氛围。

三、彩票公益金使用情况

2005年北京市共安排福利、体育和中央返还彩票公益金约2.28亿元。

2005年福利彩票公益金共安排1.19亿元，涉及项目48个。主要用于：社会福利事业4 573万元，社会福利企业740万元，社区建设4 300万元，孤老残困项目资金1 990万元，其他公益性项目 270 万元。

市级公益金资助的“大宝真情互动”电视栏目持续增长的高收视率，说明广大人民群众对公益事业的热情与关注，收到了很好的社会效益，也使更多的群体和个人得到了资助。

2005 年体育彩票公益金的预算共包含 12 个项目，资金安排9 000 万元。

2005 年北京市体育彩票公益金预算安排表

序号	项　　目	资金（万元）	备　　注
1	全民健身工程	780	政府办实事
2	全民体质监测工程	92.34	政府办实事
3	全民健身指导网	120	政府办实事
4	青少年体育俱乐部	127	
5	国际体育赛事	296.66	
6	修建训练场馆	5 000	
7	支持活动	200	
8	后备人才布局	1 000	
9	国民体制测定工作	24	
10	扶贫	100	
11	全民健身工程	960	
12	世界田径锦标赛场地改造经费	300	
合　　计		9 000	

2005 年安排中央返还青少年彩票公益金1 853万元，主要分为以下几类：一是少年宫、青少年科技馆或活动中心等青少年校外活动场所的建设及维护1 190万元；二是联系会议成员单位所属校外活动场所开展的重点项目 653 万元；三是其他青少年校外活动场所的建设及维护 10 万元。

（北京市财政局综合处供稿，路伟执笔）

天　津　市

一、福利彩票

（一）游戏品种

天津市福彩中心 2005 年销售的彩票有电脑型和即开型两类游戏，电脑型包括 6 个品种分别为双色球和 3D、15 选 5、15 选 3、25 选 5 和 25 选 2（25 选 5 和 25 选 2 已于 2005 年 3 月 1 日停止销售），即开型彩票包括传统型即开票和中福在线即开票。以上电脑型彩票除双色球游戏为每周

二、四、日开奖，其他游戏均为每天开奖。双色球和3D为全国联网游戏，统一摇奖；15选5、15选3、25选5和25选2为天津本地游戏，本地开奖。

（二）彩票销售情况

2005年天津市福利彩票发行中心销售福利彩票40 174.97万元，其中电脑型彩票40 151.03万元，即开型彩票23.94万元。与上年同期相比彩票销售额增加20 585.37万元，其中电脑型彩票增加21 986.23万元，即开型彩票减少1 400.86万元。目前各种彩票竞争的本质就是管理的竞争，年初市福彩中心确定了以管理促经营、向管理要效益的原则，经过努力，在内部管理、站点管理等方面完善了制度体系，为福彩销量的稳步上升提供了有利的保障。彩票销售额大幅增加有以下几方面原因：

1. 强化管理，向管理要效益。销售站的管理是彩票销售系统中一个重要的环节，福彩几年来的销量一直处在低谷，纵然有各种原因，但站点的管理是其中一个重要的因素，也是没有很好解决的一个问题。几年来市福彩中心对投注站实行的是粗放型管理，更多的是强调加快投注站的数量建设，对市场销量的拉动起到了一定积极作用。但随着投注站数量的迅速增加，销量的稳步提升，凸显出对投注站管理的不足，针对天津市投注站专营店少、站点形象差、销售员水平普遍较低的特点，确定了以优秀投注站评比为契机的投注站管理工作，起草并下发执行了2005年优秀投注站考核评比办法。

该办法主要突出了以下几点：一是改变了以销售总额作为评比的唯一条件，增加了销售增长百分比、投注站形象建设、销售员素质、遵守中心各项规章制度等增长和管理指标，使投注站参与程度更高，使投注站更注意自身素质培养。二是改变过去一年评比一次的做法，在全年共评比10次，每月评选出20个优秀投注站，采取流动红旗办法以示鼓励，获得5次以上的优秀投注站，作为2005优秀投注站，使优秀投注站评比贯穿于全年的管理工作当中，使优秀投注站的评比发挥了更大的作用。三是成立了优秀投注站考评小组，由市福彩中心主任牵头，各部门参加，每月到投注站打分，使投注站感受到市福彩中心的关怀，也使市福彩中心工作人员更了解投注站的情况，集中精力做好投注站的管理工作。

另外，市福彩中心还组织月度优秀投注站到北京参观双色球和3D开奖现场，到山东潍坊、河北秦皇岛参观学习，取得了较好的效果。通过一年的努力，天津市福彩投注站形象、专卖店数量、销售员的素质都有了一定的提高。

2. 加强了对投注站的培训。2005年针对彩票销售队伍的现状，强化了培训工作。在培训中采取集中培训与分散培训相结合、走出去与请进来相结合、现场会和彩民交流会及中心培训会相结合的办法，得到了彩民和投注站的拥护。2005年共组织不同形式的培训班31场次，参训人员1 552人次。

3. 新增游戏品种对市场的拉动。2005年1月1日全国联网游戏3D开始销售，针对该游戏的上市做了充分的准备工作，包括宣传、投注站销售人员的培训等，全年销售3D 17 809.05万元，成为2005年销售增长的主要动力。

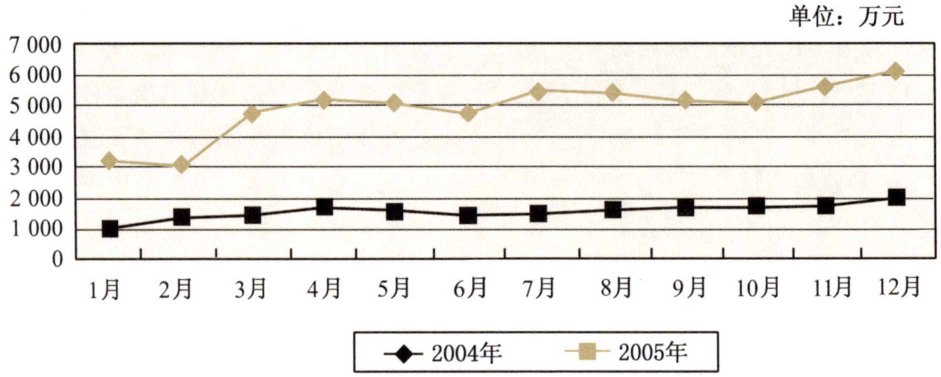

2005 年天津市福利彩票销量与上年同期比较图

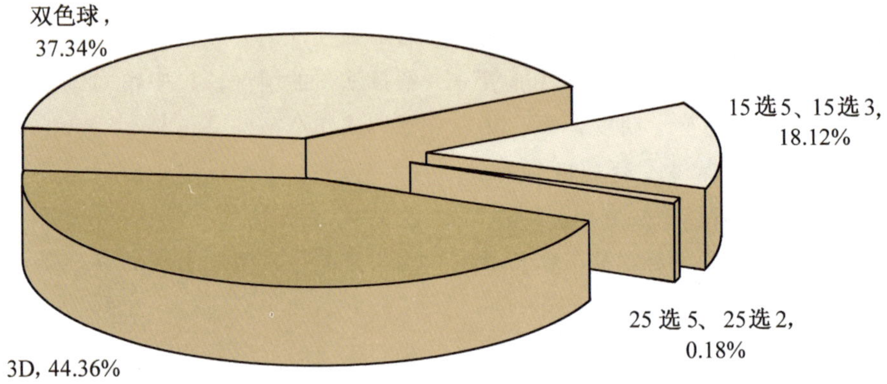

2005 年天津市乐透型福利彩票各玩法比例图

（三）中奖情况

全年总计有百万元以上大奖 6 注，其中，100 万元至 200 万元大奖 3 注，中奖额 425.73 万元；200 万元至 500 万元大奖 1 注，中奖额 336.50 万元；500 万元大奖 2 注，中奖额1 000万元。全年代扣代缴中奖个人所得税 759.94 万元。

二、体育彩票

2005 年，天津市共发行体育彩票 7.94 亿元，比上年的 5 亿元增长 2.94 亿元，增长 59%，创造了天津市彩票销售史上的新高。

2005 年，乐透（传统）型体育彩票销售 6.96 亿元，比上年增长 3.1 亿元，增长 80%；竞猜型体育彩票销售9 800万元，比上年减少2 000万元，减少 20%。2005 年乐透型和竞猜型体育彩票分别占销售总量的 88%、12%。

总体来说，2005 年天津市体育彩票的销售势头良好，特别是排列 3、排列 5 和七星彩有了大幅度的增长，同比分别增长了 67.86%和 34.4%。但是竞猜型彩票下降幅度较大，特别是足球彩票同比下降了 39.7%。

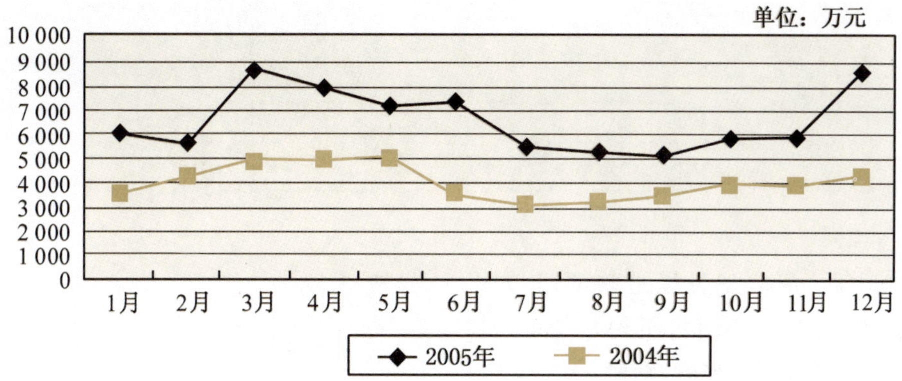

2005 年天津市体育彩票销量与上年同期比较图

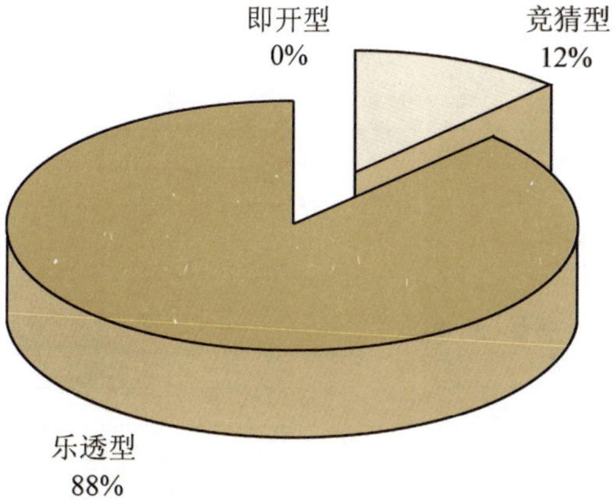

2005 年天津市体育彩票各类型比例图

三、彩票公益金的使用情况

2005 年天津市提取市级体育彩票公益金14 186万元。2005 年全年共拨付8 749万元，主要用于资助业余训练和比赛、补助体育场地维修、资助单项协会、全民健身工程、为旧楼区配建体育健身设施、资助全市群体体育活动等和备战全国十运会比赛经费及训练基地的建设等支出。

2005 年天津市提取市级福利彩票公益金7 030万元。当年支出5 600万元，主要用于“残疾孤儿手术康复明天计划”、社会福利设施改造、“星光计划”的维护管理和支持烈士陵园的建设等支出。

截至 2005 年，按照天津市彩票发行量占全国彩票发行总量的比重，中央返还天津市彩票公益金用于青少年学生校外活动场所建设及维护专项公益金，累计达2 880万元。按照财政部有关文件要求，财政部门会同市青少年校外场所联席会议拟订具体分配方案，并严格管理和监督返还公益金的使用，至 2005 年底，已经拨付公益金2 626万元。

（天津市财政局综合规划处供稿，张珂执笔）

河 北 省

2005 年，河北省各级财政部门与体育、民政部门及彩票销售机构密切配合，认真贯彻落实国务院和财政部有关彩票管理的有关规定，不断完善彩票管理制度，开创了彩票市场发展与管理的新局面，促进了河北省彩票市场的持续、快速、健康发展。

一、彩票销售情况

2005 年，河北省彩票销售量快速增长，共销售彩票 31.68 亿元，比上年增加 18.75 亿元，增长 145%。

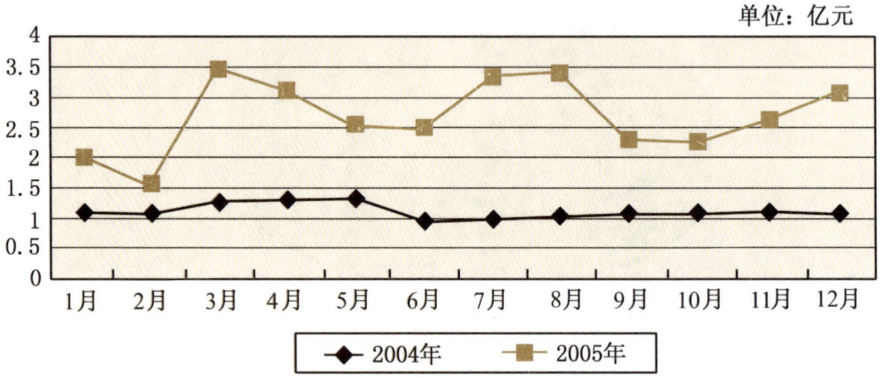

2005 年河北省彩票销售量与上年同期比较图

（一）福利彩票销售情况

1. 福利彩票总的销量情况。2005 年，河北省福利彩票销售 17.66 亿元，比上年增加 9.66 亿元，增长 121%，市场占有率为 55.7%。

2. 福利彩票分类型销售情况。2005 年乐透（传统）型福利彩票销售 16.31 亿元，比上年增长 8.39 亿元，增长 106%；即开型福利彩票销售 1.35 亿元，比上年增长 1.26 亿元。2005 年乐透型、即开型、竞猜型福利彩票在市场上所占份额分别为：92%、8%、0。

（二）体育彩票销售情况

1. 体育彩票总的销量情况。2005 年，河北省体育彩票销售 14.02 亿元，比上年增长 9.09 亿元，增长 184%，市场占有率为 44.3%。

2. 体育彩票分类型销售情况。2005 年乐透（传统）型体育彩票销售 13.34 亿元，比上年增长 9.38 亿元，增长 237%；即开型体育彩票销售 0.01 亿元，比上年减少 0.15 亿元，因 2005 年即开型体育彩票基本没有销售，不具可比性。竞猜型体育彩票销售 0.67 亿元，比上年减少 0.14 亿元，减少 17%。2005 年乐透型、竞猜型、 为：95%、5%、0。
即开型体育彩票在市场上所占份额分别

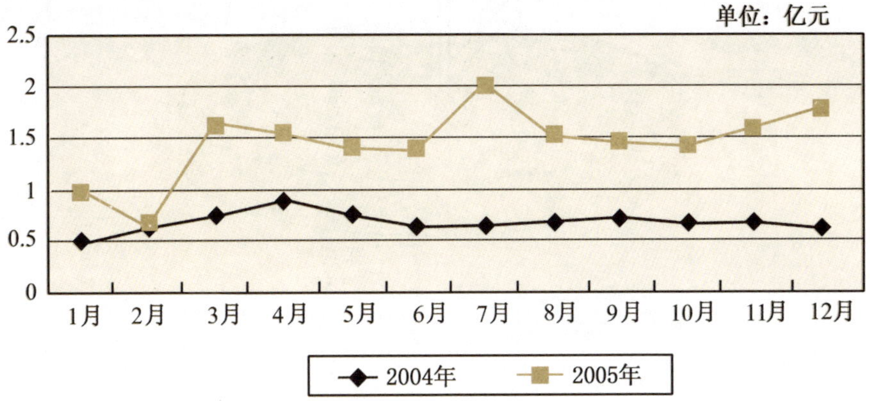

2005 年河北省福利彩票销售量与上年同期比较图

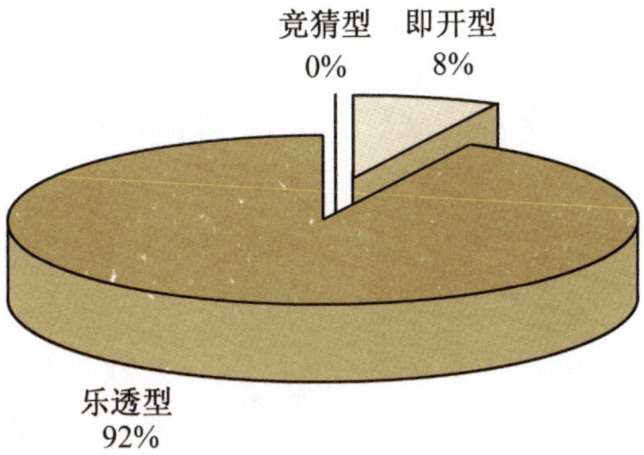

2005 年河北省各类型福利彩票市场份额图

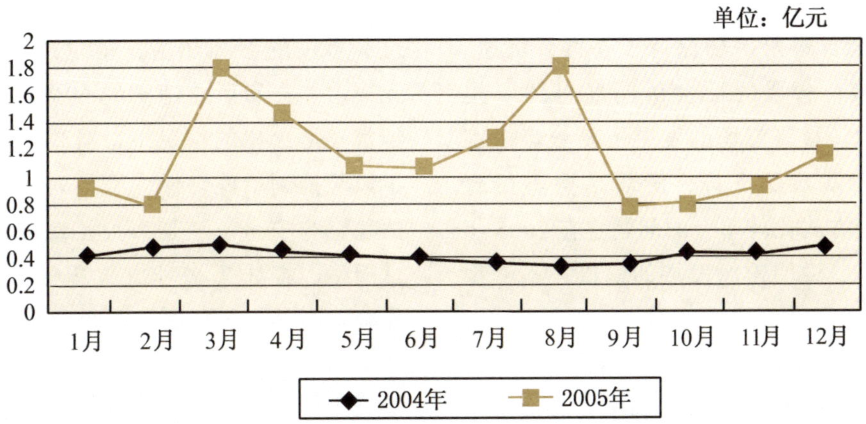

2005 年河北省体育彩票销售量与上年同期比较图

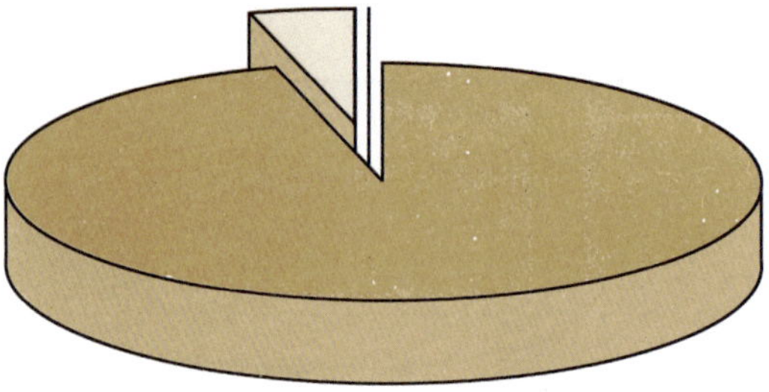

2005 年河北省各类型体育彩票市场份额图

二、彩票市场发展情况分析

2005 年，河北省彩票市场快速发展，福利彩票、体育彩票销量均创历史新高。福利彩票市场以双色球和 3D 游戏为主，特别是 3D 玩法销量增长迅速，超过了 2005 年以前占主导地位的双色球玩法，在整体销量中排在第一位，中福在线即开型彩票试点工作稳步推开，销量逐步扩大，成为河北省福利彩票市场新的增长点。体育彩票市场以排列 3 和七星彩为主，仅排列 3 玩法就占据了总销量的近 2/3，而七星彩玩法销量则略有下降。总的来看，2005 年全省彩票市场保持了持续、快速、健康发展，彩票的社会认同度得到了提高。同时，彩票市场的发展主要依赖个别乐透型游戏玩法支撑，游戏结构不尽合理，销售方式比较单一的问题也在 2005 年呈现出来，说明市场发展的基础还不够稳固。

（一）福利彩票市场发展情况分析

2005 年，河北省福利彩票市场取得了突破性进展。主要原因：一是积极推进乡镇布点工程，充分挖掘农村潜力，进一步开发了农村彩票市场。二是围绕“福彩助学”活动，加大宣传力度，进一步强化了福利彩票的品牌形象。三是中福在线试点工作成果显著，成为河北省福利彩票市场新的增长点。目前，全省已建成并开业的中福在线销售大厅有 24 个，周均销量稳定在 500 万元。

（二）体育彩票市场发展情况分析

2005 年，河北省体育彩票摆脱销售低谷，销量迅速增长，其主要原因：一是“西安宝马”事件的不利影响逐渐消除，体育彩票公信力回升。二是排列 3 玩法激发了彩民的参与热情，销量达到 9.51 亿元，占体育彩票总销量的 69%。在排列 3 销售异常火爆的情况下，财政部适时出台了风险控制措施，保障了排列 3 玩法销售的稳定与安全。三是加大了宣传力度，通过网络、媒体等多种方式积极开展宣传，使公众对体育彩票的认知度得到提高。

三、彩票公益金使用情况

2005 年，河北省共筹集彩票公益金

11.05亿元，其中省内留成5.5亿元。通过几年来的探索与研究，彩票公益金的筹集、分配和使用进一步规范，有力地促进了全省社会福利和体育事业的统筹协调发展。

（一）福利彩票公益金筹集和使用情况

2005年，河北省共筹集福利彩票公益金61 793万元，其中省级留成30 896.5万元。

省本级安排使用福利彩票公益金4 636万元，主要用于支持“星光计划”的实施，资助敬老院、福利院的建设和社会弱势群体，补助农村医疗救助工程。其中，“残疾孤儿手术康复明天计划”项目资金200万元，“福彩献真情爱心助学子”项目活动经费100万元，农村医疗救助资金50万元，敬老院、老年人服务中心维修改造补助资金460万元，社会福利机构购置维修资金3 826万元。此外还资助了1 200名考入高校的优秀贫困学生，进入大学深造。

（二）体育彩票公益金筹集使用情况

2005年，河北省共筹集体育彩票公益金48 712万元，其中省级留成24 356万元。

省本级安排公益金6 495万元，主要用于落实“全民健身计划”和“奥运争光计划”。其中，崇礼高原滑雪基地建设经费2005年投入1 500万元，累计投资2 000万元；沧州全民健身中心建设经费2005年投入500万元，累计投入2 500万元；训练服务中心综合楼建设经费800万元，摔跤拳击跆拳道运动管理中心基地建设经费800万元，体院场馆建设经费1 000万元，各市县体育场地维修经费460万元，第十届全运会奖励经费635万元，退役运动员安置经费200万元，补助市县体育场地维修经费200万元，全民健身器材购置经费200万元，“全民健身计划”实施经费200万元。

2005年，河北省还利用留成的彩票公益金资助了安利纽崔莱健身跑暨省会全民健身周活动、老年人体育健身大会、秦皇岛市全民健身大汇演、北戴河奥林匹克大道公园3 000人轮滑刷街等一系列群体活动，有效地推动了全省全民健身活动的广泛、深入开展。崇礼高原滑雪训练基地一期工程、水上训练基地一期工程和平山、涉县两个“雪炭工程”相继建成并投入使用，训练服务中心综合楼、摔跤拳击跆拳道运动管理中心廊坊基地也正在紧张建设中。这些项目的建成和投入使用，使河北省体育基础设施发生了质的飞跃，对于发展竞技体育、建设体育强省、发展群众体育、增强人民体质、构建和谐社会产生了积极的推动作用。

（河北省财政厅综合处供稿，孟凡乐、闵静执笔）

山　西　省

一、2005 年彩票市场发展情况

（一）分机构彩票销售情况

2005 年，山西省共销售彩票 12.28 亿元，比上年同期增加 7.05 亿元，增长 134.8%。其中，福利彩票机构销售 8.39 亿元，比上年同期增加 4.65 亿元，增长 124.3%，增幅居全国第 9 位，山西省福利彩票发行中心获得 2005 年度中国福利彩票发行管理中心表彰的组织工作二等奖、销售总量二等奖、销售进步三等奖、人均销量三等奖 4 个奖项；体育彩票机构销售 3.89 亿元，比上年同期增加 2.41 亿元，增长 162.8%，增幅居全国第 9 位。

（二）分类型彩票销售情况

2005 年，全省乐透型彩票销售 3.76 亿元，比上年同期增加 0.21 亿元，增长 5.92%；竞猜型彩票销售 0.46 亿元，比上年同期减少 0.09 亿元，下降 16.42%；赔率型彩票销售 7.37 亿元，比上年同期增加 7.24 亿元，增长 5 484%；即开型彩票销售 0.70 亿元，比上年同期减少 0.29 亿元，下降 29.23%。从分类型彩票的销售情况看，赔率型彩票销售绝对量和增长率都非常突出。绝对量突出主要是因为赔率型玩法适应市场，特别是适应农村市场、吸引彩民；增长率突出主要是因为赔率型玩法 2004 年 11 月才上市，全年销量基数低。乐透型彩票销售基本平稳，竞猜型和即开型彩票销售都有不同程度的下降。其中即开型彩票主要是由大奖组变为即开在线方式转换引起的。全年乐透型、竞猜型、赔率型、即开型彩票销售分别占彩票销售总量的 30.58%、3.77%、60.0%、5.67%。赔率型和乐透型彩票占据了彩票总销量的 9 成。

2005 年福利彩票销售情况：乐透型销售 3.04 亿元，比上年同期增加 0.39 亿元，增长 14.72%；赔率型销售 4.67 亿元，比上年同期增加 4.56 亿元，增长 4 245%；即开型销售 0.70 亿元，比上年同期减少 0.28 亿元，下降 28.45%。乐透型、赔率型和即开型在福利彩票销售总额中所占比重分别为 36.23%、55.66%和 8.34%。

2005 年体育彩票销售情况：乐透型销售 0.72 亿元，比上年同期减少 0.19 亿元，下降 20.88%；竞猜型彩票销售 0.46 亿元，比上年同期减少 0.09 亿元，下降 16.42%；赔率型彩票销售 2.71 亿元，比上年同期增加 2.69 亿元，增长 1 494%。乐透型、赔率型和竞猜形在体育彩票销售总额中所占比重分别为 18.51%、11.83%和 69.67%。

（三）分地区彩票销售情况

2005 年，从彩票销售绝对额看，太原仍然保持第一，为 2.98 亿元。销售超 2 亿元的有太原、运城两个市，销售在 1 亿—2 亿元之间的有临汾、晋中和晋城 3 个市，其余市销售在1 500万—7 000万元之间。5

个销售超亿元市合计销售9.62亿元，占全省总销量的近80%。

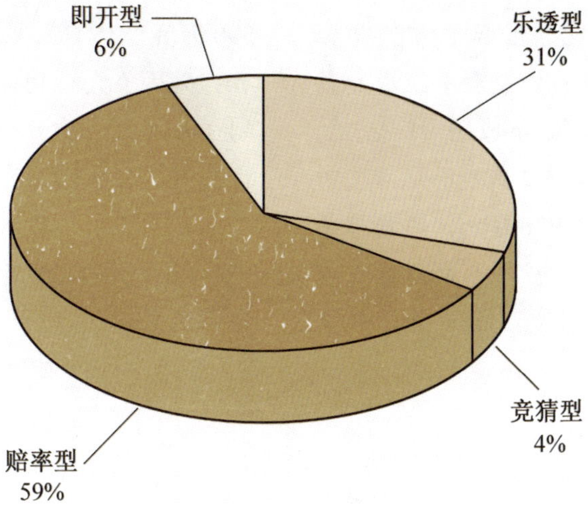

2005年山西省分类型彩票市场份额图

从增长幅度看，各市彩票销量总体呈大幅增长势头。其中，增长最高的为运城市，增幅为358.25%；增幅超过200%以上的有运城、晋中和临汾3个市，增幅在100%—200%之间的有晋城、长治两个市，其余6个市增长幅度都在40%—100%之间。

从增长贡献看，对增长贡献最大的是运城市，贡献度为25.6%；贡献度超过10%的运城、临汾、太原和晋中4个市的贡献度合计为74.3%。其余7个市的贡献度合计仅占1/4。

（四）彩票市场发展情况分析

2005年，山西省彩票销售实现了历史性突破和跨越式发展，为“十五”时期彩票销售画上了圆满的句号。这一年良好的彩票销售业绩的取得，首先是因为有良好的宏观经济运行和消费升级为彩票发行销售奠定了良好的发展基础。2001年以来的国民经济景气增长周期，起因于投资扩大的带动，但深层原因仍是消费升级所奠定的基础。2004年以前，主要表现为投资增幅高，能源原材料价格不断攀涨，但消费趋热的迹象也已经表露；进入2005年，消费增长明显，彩票作为一种消费行为，也进入繁荣阶段。其次是赔率型游戏规则的创新，使玩法更具趣味性，彩民也具有了一定的主动性，极大拓展了彩票销售市场范围，使彩票迅速进入农村市场。再其次是彩票销售机构的不断强化管理和山西彩票人的奋发努力，在其中起到了关键性作用。展望“十一五”时期彩票市场，受益于经济持续高速增长、人民收入水平提高、消费升级以及不断适合彩民口味、使彩民更具主动性的玩法不断推出，彩票市场发展的前景非常看好。

二、彩票公益金筹集、分配和使用情况

2005年，山西省共筹集彩票公益金

4.3亿元，其中福利彩票公益金2.94亿元，体育彩票公益金1.36亿元；上缴中央财政公益金2.15亿元，留归地方公益金2.15亿元。在留地方的公益金中，市、县分成1.43亿元，省级分成0.72亿元。2005年省级公益金支出2 908万元，其中福利彩票公益金支出1 978万元，体育彩票公益金支出930万元。福利彩票公益金支出主要项目有：明天计划310万元、养老服务示范220万元、福利机构748万元、救助站设施改造110万元、优抚助残等590万元。体育彩票公益金主要支出项目有：奥运争光计划460万元、全民健身计划340万元、体育设施建设100万元、体育扶贫工程30万元。

（山西省财政厅综合处供稿，贾富元执笔）

内蒙古自治区

2005年是内蒙古自治区彩票销售发行以来发展最快的一年。在财政部的大力支持下，自治区彩票事业沉着应对复杂的市场形势，以科学的发展观为指导，狠抓基础管理，努力寻找新的增长点，彩票事业健康发展，全区彩票销售发行迈上了一个新台阶。

一、彩票销售情况

2005年，全区共销售彩票9.34亿元，其中福利彩票机构销售5.51亿元，体育彩票机构销售3.83亿元。全区共筹集公益金3.27亿元。

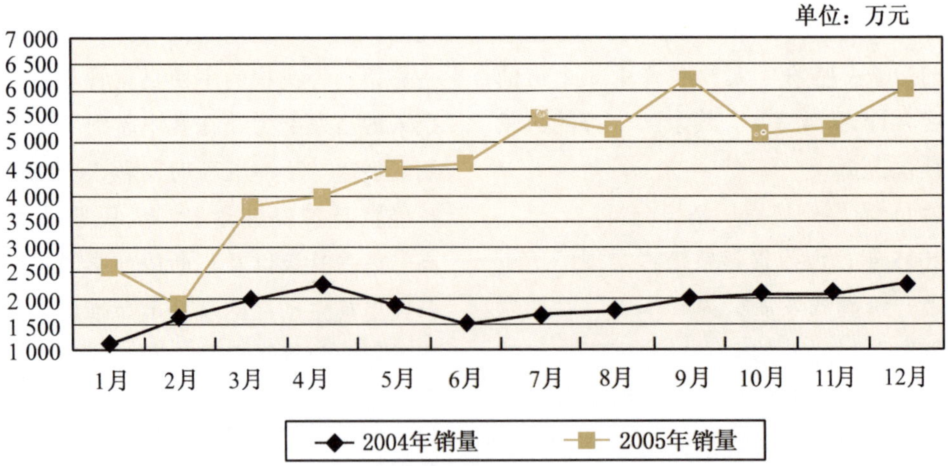

2005年内蒙古福利彩票销量与上年同期比较图

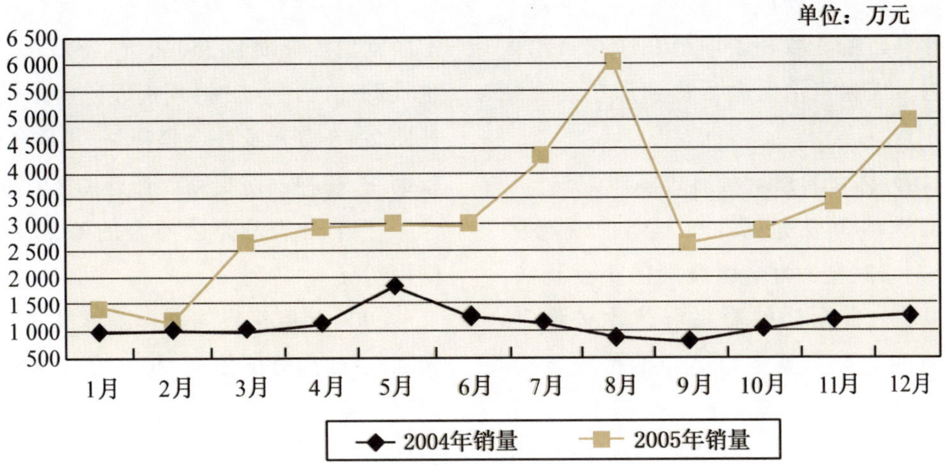

2005年内蒙古体育彩票销量与去年同期比较图

全区销售福利彩票5.51亿元，其中电脑型彩票5.49亿元，即开型彩票199万元。销售总量同2004年的2.34亿元相比，增长了3.18亿元，增幅为136%。筹集公益金1.93亿元。

全区销售体育彩票3.83亿元，其中乐透型彩票3.52亿元，竞猜型彩票3 064万元。销售总量同2004年的1.32亿元相比，增长了2.51亿元，增幅为190%。筹集公益金1.34亿元。

二、彩票市场发展情况分析

（一）电脑福利彩票实现跨越式发展

全年电脑福利彩票玩法相对稳定，有全国联销的双色球、3D和本区发行销售的22选5、35选7共4种玩法。其中全国联销的双色球销售2.27亿元，比2004年多销售了9 200万元；3D全年销售2.72亿元，比2004年多销售了2.71亿元；内蒙古风采35选7全年销售576万元，比2004年少销售了480万元；22选5全年销售4 444万元，比2004年少销售了2 878万元，形成了全国联销占90%、地方玩法占10%的发展格局。

（二）站点建设进一步加快

随着销量的迅猛增长，要求新建投注站的人越来越多。自治区福利彩票发行中心本着适度扩点、确保现有投注站盈利的原则，全区新建投注站428个，淘汰落后投注站66个，全区投注站总数已达1 351个。站点年均单机售票41万元。站点的形象化、标准化建设水平迅速提高，开机率达95%，全区标准化站点已达98%。

（三）全区中福在线即开票销售厅试点开通

中福在线即开票是经民政部、财政部批准，由中国福利彩票发行管理中心研制发行的无纸化视频彩票。按照中国福利彩票发行管理中心的部署，一直是在销售量较大的省市先行试点。为尽早培育内蒙古自治区市场，经过紧张筹建，全区第一个中福在线大厅于2005年11月14日在呼和浩特正式开通。截至12月底，已销售118.83万元，日均销量2.58万元。中福在线即开票在呼和浩特市的落户，丰富了区内彩票市场，填补了中福在线在自治区的空白，成为自治区今后福利彩票发展新的增长点。

（四）体育彩票玩法形式多样

M 选 N 玩法包括：22 选 5、29 选 7、33 选 7。22 选 5 为全国联网的小盘玩法，天天开奖。此玩法的彩民群体比较稳定。29 选 7 是电脑彩票上市至今的传统玩法，有较好的基础，一等奖的出奖频率高。数字型玩法包括：七星彩、排列 3、5，七星彩 2005 年月均销量在 140 万元，排列 3 销量占全年总销量 69.3%，2005 年月最高销量为 8 月份的 5 254 万元。

三、彩票公益金筹集、分配、使用情况

（一）福利彩票公益金的筹集、分配、使用情况

全年筹集的公益金总额8 177万元。上缴中央财政4 672.5万元，自治区本级统一分配下达盟市项目资金1 652.5万元，直接返还各盟市公益金1 852万元。

自治区本级统一分配下达盟市项目资金的使用情况：敬老院维修改造补助经费 300 万元、自治区盲人按摩培训医疗中心新建教学楼 180 万元、全国孤残儿童手术“明天计划”匹配资金 200 万元、乌兰察布市和兴安盟、阿拉善盟贫困家庭残疾儿童手术康复治疗资助金 250 万元、特困家庭大学生救助 30 万元、贫困残疾人危房维修改造补助 22.5 万元及社会福利院、儿童福利院、救助站、精神病院更新改造补助 830 万元。

（二）体育彩票公益金的筹集、分配、使用情况

2004 年度销售体育彩票形成的公益金在 2005 年度分配使用，2004 年全区体育彩票销售额合计13 171万元，形成公益金总额为4 610万元，其中上缴中央2 364万元，自治区本级1 296万元，盟市留存 950 万元。

2004 年度自治区级公益金 2005 年总支出1 046万元，其中承办国家级体育比赛和举办自治区级体育比赛共使用 107 万元；用于国民体质监测、全民健身活动、“雪炭工程”配套等使用 140 万元；优秀运动队训练设施改善使用 799 万元；本年结余 250 万元。各盟市使用公益金 950 万元，主要用于实施《全民健身计划纲要》，举办群体活动、运动会，添置群众体育设施器材、建设及维修群众体育活动场地；开展国民体质监测、体育场地普查、体育扶贫、资助青少年体育俱乐部等。

（内蒙古自治区财政厅综合处供稿，康小明执笔）

辽 宁 省

2005 年，在财政部、民政部和国家体育总局的领导下，辽宁省彩票市场管理工作从加大对彩票市场的监管力度入手，克服困难、锐意进取，并通过采取改善管

理、提高服务、创新技术和加大宣传等工作措施，不断开发彩票销售新的增长点，保证了辽宁省彩票市场有序、健康、稳定的发展。

一、彩票市场发展情况

2005年，辽宁省彩票共销售40.07亿元，比上年的20.64亿元增加19.43亿元，增长94.14%。其中，福利彩票销售26.64亿元，比上年的15.23亿元增加11.41亿元，增长75%，在全国居山东、广东、黑龙江和湖北之后列第5位，荣获2005年度中国福利彩票发行先进单位，分别荣获组织工作特等奖、销售总量特等奖、销售进步一等奖、人均销量二等奖和科学管理进步奖。体育彩票销售13.43亿元，比上年的5.41亿元增加8.02亿元，增长148%，名列全国第10位，荣获全国2005年度彩票销售组织工作优秀奖。分析辽宁省彩票市场发展，主要呈现以下三方面特点：

一是地域经济发展状况影响彩票市场销售份额。从市场地域结构上看，辽宁省彩票销售额与地域结构状况有直接关系，城市规模大、人口数量多、经济发达的地区，彩票销售所占份额就大。从辽宁省福利彩票销售情况看，以沈阳、大连为代表的辽东、辽南经济发展地区销售额占到全省的84%以上。其中，沈阳和大连占全省销量的47%，而辽西、辽北经济欠发达地区销售相对较差，销售额仅占全省的16%。体育彩票销售也是以省会城市沈阳和辽宁第二大城市大连为主导，2005年两城市占全省销量份额的48%，而经济较为落后的辽西北地区的锦州、朝阳、铁岭、阜新和葫芦岛五市的销量仅占全省销量份额的17%左右。各种游戏品种在不同销售区域的销量比例差异性也较大。大连市是足球彩票销售大市，沈阳则是乐透型彩票销售大市，中小城市则以小盘玩法为主。因此表明地域文化、经济、生活水平等对游戏品种的选择也具有差异性。

二是彩票游戏玩法结构决定彩票销售量的高低。从玩法品种结构上看，福利彩票的35选7、双色球和3D是2005年的主打品种，占全年销售额的86%。其中，35选7占10%，双色球占31%，3D占45%；29选7和25选4增加了好运彩玩法，销量相对稳定；中福在线和刮刮乐即开票的推出，也成为辽宁省2005年彩票市场新的增长点。体育彩票中小盘玩法受到彩民青睐，如排列3、排列5等都属于小奖组的玩法，中奖容易且单注奖金固定，虽然上市较晚，初期销量不高，但在2005年已成为主打品种，销量已达到9.28亿元，占全年总销量的69%。足球胜负玩法也是辽宁省体育彩票的重要品种，销售近2亿元，占全年销量的17.7%。22选5、29选7、33选7、任9场和足球进球等玩法销售情况也相对稳定。

三是适时调整彩票种类引导市场均衡稳定发展。从市场种类结构来看，辽宁省福利彩票中的乐透型彩票仍是主打彩票种类，2005年乐透型福利彩票销售25.9亿元，占市场份额的97%，而即开型仅占3%。彩票大奖组停止销售后，从目前情况看，网点即开型销售规模太小，今后在巩固电脑型彩票销售的同时，还要适时调整彩票种类，加大即开型彩票新品种的开发和新玩法的上市工作，不断提高即开型彩票在市场中的销售份额，使彩票销售结构更加合理。乐透型彩票依然是辽宁省体育彩票的主要游戏品种，2005 年销量为 10.9 亿元，占体育彩票市场份额的 81%。而竞猜型彩票虽然受竞猜场次经常变更、“火锅奖”、竞猜对象不固定等因素影响，销量仅占体育彩票市场份额的 19%，但如在返奖比例、竞猜对象、设奖办法等方面进行切合市场和彩民需求的调整，竞猜型彩票在辽宁省仍会有新的发展。

二、彩票市场管理情况

2005 年，辽宁省彩票市场管理始终坚持“以人为本、科学管理、开拓创新、争创一流”的工作方针，不断进行管理、技术、宣传、玩法和策略创新，并收到了良好效果。

一是管理创新。为了提升管理水平，实现规范化管理，辽宁省福利彩票机构于 2005 年 7 月启动了 ISO9000 质量管理体系认证工作。经过近 5 个月的努力，先后编制了《质量方针目标》、《质量手册》、《程序文件》、《作业文件》等一整套具有辽宁福彩特色的质量管理体系文件，并于 11 月获得正式认证通过。它标志着管理工作迈上了一个新台阶，实现了全省行业管理作业文件化、管理程序化、制度规范化。同时重视和加强投注站的规范化管理工作，对全省福彩、体彩投注站广泛开展了“达标、创优、晋星”活动，初步实现了灯箱、标识、牌匾、走势图、揭示板“五统一”。

二是技术创新。2005 年 5 月，辽宁省福彩研发了负载均衡热备份系统并成功投入使用，从根本上解决了单点故障引发整个网络系统瘫痪的问题，确保了电脑彩票销售系统的安全稳定运行。在刮刮乐网点即开票发行技术中，建立了相对独立的即开票网络销售系统，并在全省研制实施了车载 GPRS 无线销售系统和网点即开票的实时缴款系统，确保了刮刮乐彩票销售、兑奖的及时性和资金归集的安全性。为了规避 3D 彩票的风险，制定并尝试了动态放号的风险控制机制，使 3D 彩票销售走上了平稳健康发展的良性轨道，日销量长期保持在 600 万元左右，成为各玩法销量的“龙头老大”。辽宁省体彩也十分重视技术创新工作，研发、开通了电话投注合作项目，增加了新的彩票销售渠道。销售系统全热线终端机的通讯线路进户、网卡的安装工作也已基本完成。

三是宣传创新。为了壮大宣传声势，扩大覆盖面，增强宣传效果，辽宁省对彩票宣传队伍进行了整合，架构了包括媒体和自身宣传方式在内的全方位、立体化的宣传网络，初步形成了电视、电台、平面媒体、网络、大屏幕、自办小报等多位一体的宣传平台。辽宁省福彩抓住出资 440 万元资助1 832名贫困大学生的“福彩助学子行动”、“电脑彩票发行五周年”等契机，分别开展了较大规模的系列宣传活动，进一步弘扬了彩票发行宗旨，倡导了“购买福彩、奉献爱心、支持公益、共建和谐”的慈善意识，全面展示了公益金使用的成果，扩大了福彩的社会影响，树立了福彩的品牌形象。同时，财政部门也通过定期或不定期地发布财政信息的形式积极配合彩票机构加大彩票销售宣传力度。

四是玩法创新。在整合现有玩法的基础上，不断推出新玩法。2005 年 4 月中福在线即开票在辽宁省上市，辽宁福彩从长远发展考虑，制定了“积极筹备、稳妥推进、树立形象、安全运营”的发展战略，依托网通集团建立了先进稳定的网络传输系统。中福在线辽宁销售厅开业至今，不仅销售量一直较好，而且还成为辽宁省中福在线游戏技术、管理、服务的培训基地和实习场所。目前，全省已有10个中福在线大厅开业运营。其中抚顺销售厅自开业以来，一直位居全国日销量前10名。2005年9月，还在全省陆续推出了网点即开票销售，并且建立了一套具有辽宁特色的刮刮乐网点即开型彩票销售模式，启动了市场管理员制度；形成了以中心站为支撑向社会销售点辐射的树状销售格局；建立了相对独立的即开票网络销售系统，并在全省研制实施了车载GPRS无线销售系统和网点即开票的实时缴款系统，确保了刮刮乐彩票销售、兑奖的及时性和资金归集的安全性；在彩票的销售方式、配送体制上进行了创新与尝试，受到了中国福利彩票发行管理中心领导的肯定和表扬。

五是策略创新。为了壮大彩民队伍，扩大彩票市场覆盖面，2005年福彩开始了农村市场的开发，另外，还根据销售环境的变化，先后投入奖池资金近6 000万元，多次开展较大规模的派奖促销活动。为增强开奖信誉度和透明度，先后组织了5 000多名彩民到现场观摩摇奖。财政部门积极支持彩票销售工作，根据彩票市场情况，对两个彩票机构提出的“增加3D彩票组选奖金”、“33选7电脑体育彩票调节基金补足至500万元”和其他派奖等促销活动的申请及时予以批复。这些策略调整都为提升销量发挥了积极作用。

三、彩票公益金管理使用情况

2005年辽宁省共筹集彩票公益金13.8亿元，其中，上缴中央6.9亿元，省级留用3亿元，返拨各市3.9亿元。

彩票公益金按照“收支两条线”原则进行管理，收入全额上缴省财政专户，省本级公益金支出纳入部门预算管理，并严格按照国家规定的范围使用。

（一）福彩公益金筹集使用情况

2005年，辽宁省共筹集福彩公益金9.26亿元，其中上缴中央4.63亿元，省本级留用1.87亿元，返拨各市2.76亿元。

2005年省本级福利彩票公益金主要用于以下项目：“明天计划”项目投入150万元，为全省孤残儿童实施了康复手术治疗；安排全省优抚、社会福利事业资金3 038万元，使优抚、社会福利事业单位的基础设施得到了进一步改善；安排扶助老年人、残疾人、孤儿和其他困难群体资金1 135万元，解决了1万多人的就业问题，资助全省特困家庭中的肢残人员做矫形手术191例，解决城乡特困家庭学生就学2 000多人；安排城市救助资金4 000万元，解决城市140万人贫困居民冬季取暖和就医困难问题，帮助农村65万贫困群众解决就医难问题；支持社会公益、慈善事业投入资金115万元，完善了民政便民服务系统，全省总话务流量达17.8万人次，人工座席服务7万人次，开展紧急困难救助2.5万人次。支持社区建设安排资金500万元，为全省社区购置了1 000台微机，支持13个市社区基础设施建设工程，启动了全省万家社区图书室援建项目。

（二）体彩公益金筹集使用情况

2005年，辽宁省共筹集体彩公益金4.55亿元，其中上缴中央2.27亿元，本级留用1.15亿元，返拨各市1.12亿元。

支持实施“全民健身计划”投入1 411万元。一是投入290万元支持全省乡镇和社区建设群众体育设施，购置了200副移动篮球架和200套运动象棋，推动了群众体育事业发展。二是投入65万元扶持16家青少年俱乐部，为青少年的体育运动创造了更好的环境，推动了全民健身活动，培养了体育后备人才。三是投入150万元支持农民运动会、老年人运动会等群众性体育比赛。四是投入800万元支持建设网球馆建设，为普及城市群众体育活动创造了良好的运动场所。

支持实施“奥运争光计划”投入3 050万元。一是投入2 200万元用于省运动队参加第十届全运会比赛的器材、训练、聘用外教、科研等备战和预赛决赛的参赛经费，支持省运动队在第十届全运会比赛中取得了99枚奖牌（第四）、31枚金牌（第五）和总分1 867分（第五）的好成绩。二是投入216万元重点支持国家体育总局评定的18所体育后备人才基地，用于购置训练器材、改善教学环境、改造训练场馆。三是投入150万元用于集训运动员补助，每年为辽宁省专业运动队选拔了大批优秀后备人才进入省级专业队。四是投入484万元支持维修改造省蹼泳馆，大大增强了设施功能，为运动员训练提供了很好的训练条件。

（辽宁省财政厅非税收入处供稿，孙任东执笔）

吉林省

2005年，在各级财政、民政、体育部门和各级彩票销售机构的共同努力下，吉林省彩票市场运行健康平稳，彩票销售量实现了跨越式发展，创造了历史新纪录。

一、彩票总体销售情况

2005年，彩票市场虽然受到2004年“西安宝马案”等事件的负面影响和压力，但各级财政部门和彩票销售机构积极采取有效措施，努力消除不良因素的影响，维护了彩票市场的健康稳定发展。全省累计销售彩票16.82亿元，与上年同期相比增加8.67亿元，增长1.06倍；累计筹集彩票公益金5.85亿元；代扣代缴个人所得税3 292.6万元，达到历史新高。其中，福利彩票销售收入9.61亿元，占总销量的57%，同比增加4.66亿元，增长近1倍，累计筹集彩票公益金3.36亿元，代扣代缴个人所得税1 353.6万元；体育彩票销售收入7.21亿元，占总销量的43%，同比增加4.01亿元，增长1.25倍，累计筹集彩票公益金2.48亿元，代扣代缴个人所得税1 939万元。

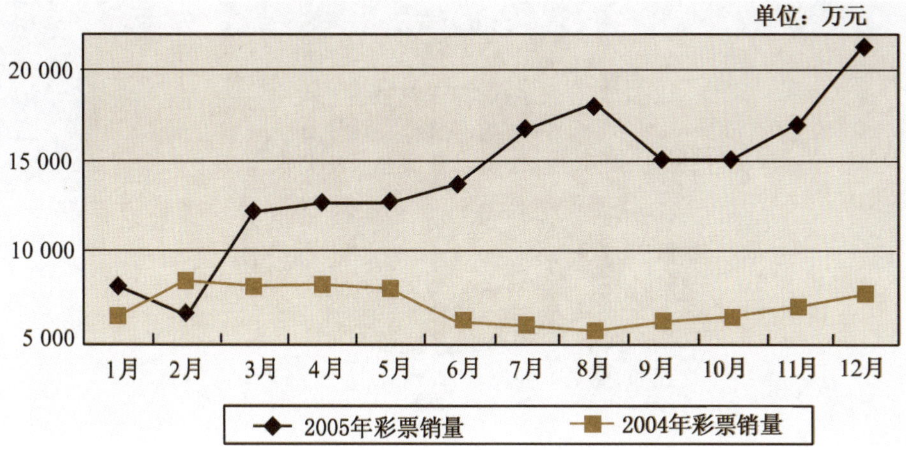

2005年吉林省彩票销量与上年同期比较图

二、彩票市场发展情况

2005年，全省彩票市场呈平稳上升态势，各玩法及各地销售总额增长幅度都达到了一个新的水平，整体市场发展较为均衡。从总体上分析，各地销售情况与各地经济状况关系较大，但同时也表现出各地玩法销售的不均衡，同一地区各种玩法的销售额相差较大，有待于加强系统宣传和培训引导，最大限度地缩小区域间、玩法间、城乡间、县域间的差距，引导彩票市场均衡发展，达到相互借鉴、取长补短、共同发展、整体提高的目的。

从吉林省彩票市场发展整体上分析，彩票市场趋于良性发展，市场潜力和发展空间较大。市场网点规模有待于加大，增加乡镇网点分布力度，扩大市场覆盖面，发挥其最大潜能。

在宣传工作上，做到了更新思路、采取新形式、寻求新突破，注重对彩票公益性的宣传，树立了彩票的公益形象和诚信形象，从根本上取信于民。另外将宣传和营销培训有机地结合，相互支持，相互促动，对彩票市场的良性发展起到了积极的作用。

（一）分类型彩票销售情况

1. 福利彩票销售情况。2005年，21选5销售8 347.30万元，与上年相比下降40%；双色球销售3.41亿元，同比增长19%；3D销售3 026.19万元，实现大幅度增长，与双色球一同成为福利彩票的支柱品牌玩法。

2. 体育彩票销售情况。2005年，体育彩票全国联网排列3、排列5销售4.39亿元（不可比）；全国联网七星彩销售1.01亿元，与上年同期相比下降了14%；全国联网29选7销售3 582万元，同比增长32%；全国联网22选5销售7 123万元，同比下降6%；全国联网足球彩票销售6 838万元，下降了24%；全国联网篮球彩票销售471万元，因上市时间短、玩法还需改进等因素影响，销售始终不高。

（二）分地区彩票销售情况

与上年同期相比，全省9个地区彩票销售量都有大幅度增长。长春地区彩票销售6.59亿元，吉林地区彩票销售3.31亿元，两地区分别占全省彩票总销售的38%

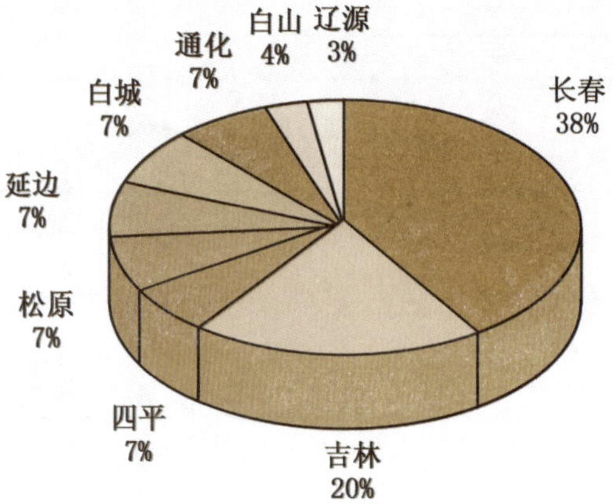

2005 年吉林省各地区彩票销量占全省销量比例图

和 20%。与上年同期相比，长春、吉林和白城地区销售增加额度较大，分别为 2.71 亿元、1.87 亿元和 8 775.73 万元，白城、松原和通化地区增长幅度较高，分别达到 320%、172%和 166%。

三、彩票资金管理情况

（一）加强彩票销售机构财务监管职能

一是各级财政部门普遍实行了对彩票销售机构的年度计划及年终决算的审核批复。二是严格彩票公益金和发行费用“收支两条线”管理，定期检查公益金和发行经费上缴情况，监督彩票销售机构按规定使用调节基金。三是加强对彩票销售机构财务的日常监督，定期检查财务收支情况，及时规范账务处理。四是加强了固定资产支出和计划外支出管理，严格审核压缩支出数额。同时，督促两个彩票中心对国家和省有关专项审计及检查中发现的问题进行限期整改，有效地促进了各级彩票销售机构财务的规范管理。

（二）加强彩票公益金归集使用管理

一是加强了彩票公益金的核算和清缴。按照规定对彩票销售机构所提取的公益金及时定期监缴入库，基本杜绝了截留、挤占、拖欠上缴的违规行为。二是加强对公益金收支计划的审批。各级财政部门普遍重视和加强了对本级留用公益金的管理，做到按计划、按规定严格审核，较好地履行了监管职能，使彩票公益金的使用效能不断加强。按照国家规定的比例，2005 年，全省彩票公益金支出11 234万元，其中，福利彩票公益金支出6 628万元，主要用于支持社区服务设施建设、“星光计划”、帮困助残和其他社会福利公益项目；体育彩票公益金支出4 606万元，主要用于支持全民健身、奥运争光体育场馆建设等项目。三是加强青少年学生校外活动场所建设国家资助和省里扶持项目资金的规范管理。2005 年，运用中央资助和返还省里的专项资金，扶持国家级青少年学生校外活动场所 3 个，扶持省级青少年学生校外活动场所 4 个。四是加强公益金使用的检查和跟踪问效。

（吉林省财政厅综合处供稿，李靖伟执笔）

黑龙江省

2005年，黑龙江省彩票市场迅猛发展，彩票销量突破了54亿元，较上年增长275%，位列全国第三。其中：福利彩票销量突破30亿元，由上年的全国福利彩票排名第八位，跃升为第三位，共募集公益金10.5亿元，代扣代缴个人所得税3 000多万元，为社会提供就业岗位1万余个；体育彩票销量突破24亿元，由上年的全国排名第十三位，跃升为第一位，共募集彩票公益金8.4亿元，代扣代缴个人所得税2 296万元，为社会提供近5 000个就业岗位。

一、福利彩票市场发展及管理情况

（一）销售收入实现跨越式增长，3D游戏一枝独秀

2005年黑龙江省福利彩票销售收入达到30.3亿元，较上年增长了216%，其中3D游戏销售收入达到21.22亿元，占总销售收入的70.04%；双色球销售收入4.71亿元，占总销售收入的15.56%；22选5销售收入1.99亿元，占总销售收入的6.56%；6位数销售收入1.41亿元，占总销售收入的4.67%；36选7销售收入9 548万元，占总销售收入的3.15%；即开型彩票销售收入72万元，占总销售收入的0.02%。

3D游戏的热卖是福利彩票销售猛涨的主要原因。2005年前3个月，3D游戏由于限号销售，许多彩民买不到自己合意的号码，影响彩票的销量。同时，由于3D游戏属于概率游戏，固定设奖，彩票发行机构存在一定风险。针对这种情况，黑龙江省福利彩票发行中心坚持“预测市场，适应需求，超前启动，创新研发”的技术发展理念，自主开发了智能化风险控制系统，完成了数字模型的建立，实现灵活控制限号，让少数大额倍投的人买不到彩票，一般彩民感受不到限号的“瓶颈”，随时都可以购买想买的号码。这样既防止了对大额投注彩民的伤害，又控制了彩票机构的风险，尤其是在高销量情况下热号中出后，全国各省福彩中心的3D游戏都出现了亏损，而黑龙江省的奖池处于持平状态，成功地避免了风险，得到了各方面的认可。3D的销量曾连续35天位居全国第一位，并且创造了期销量1 691万元的最高纪录。

（二）福彩投注站翻番，基本填补了城市空白点

为了满足越来越多的社会公众购买福利彩票的需求，特别是解决农村和乡镇彩民买彩难的问题，2005年，黑龙江省福彩中心以“铺满盖严”的布点战略为指导，向农村乡镇增设投注站，填补城市空白点，2005年共布设站点2 274个，使投注站总数由2004年年末的2 922个，增加到2005年年末的5 196个，做到万人以上的

乡镇至少 1 台投注机，并且逐渐向村屯延伸，基本满足了社会公众的买彩需求。投注站向乡镇村屯的延伸，使各地、市、县的福彩销量得到了很大的提高，据统计，2005 年黑龙江省福彩销量超亿元的地、市达到了11 个。

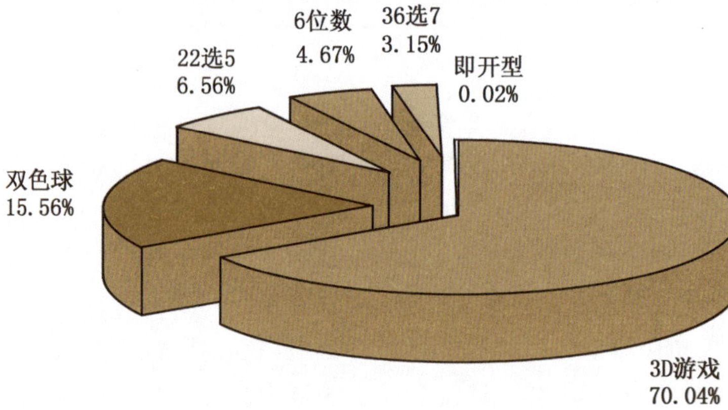

2005 年黑龙江省福利彩票各玩法销售比例图

（三）积极提高管理水平，加强管理网络建设

为提升福利彩票的管理水平，促进福利彩票事业健康和谐发展，2005 年，黑龙江省福彩发行中心提出了“程序化管理，文件化制约，网络化控制，人文化操作”的管理工作理念，在完成对省、地、市福彩中心 ISO9001：2000 国际质量体系认证贯标工作的基础上，将贯标工作向投注站延伸，到 2005 年年底投注站的贯标面已达到 20%。2005 年 7 月，黑龙江省福彩中心对 ISO9001：2000 国际质量管理体系认证工作按照 PDCA 循环模式完成了提档升级，顺利完成年检，初步完成了“省福彩发行中心——市福彩发行中心——福彩投注站管理员——福彩投注站”四位一体的管理网络建设。

二、体育彩票销售及管理情况

（一）销售增长迅猛，排列 3 销售呈现非理性火爆态势

2005 年黑龙江省体育彩票销量达到 24.16 亿元，较上年增长了 389%，其中排列 3 销售收入为 20.36 亿元，占销售总额的 84.25%；数字型销售收入为 1.52 亿元，占销售总额的 6.29%；22 选 5 销售收入为 5 648 万元，占销售总额的 2.34%；足球胜平负销售收入为5 010万元，占销售总额的 2.07%；七星彩销售收入为5 384万元，占销售总额的 2.23%；36 选 7 销售收入为2 760万元，占销售总额的 1.14%；6 + 1 销售收入为2 022万元，占销售总额的 0.84%；足球进球彩票销售收入为 849 万元，占销售总额的 0.35%；足球胜平负彩票任选销售收入为 719 万元，占销售总额的 0.3%；篮球彩票销售收入为 448 万元，占销售总额的 0.19%。

为扭转西安“宝马彩票案”后体育彩票所面临的不利局面，从 2004 年 12 月开始，黑龙江省体育彩票中心推出了“体育

彩票龙江行”系列活动，具体包括排列 3 玩法组选中奖赠送全民健身卡活动；“6 + 1”玩法住宅电话号码中彩色电视机活动；评比百强销售网点及三百佳销售网点等一系列活动。同时，黑龙江省体育彩票中心还在全省 13 个市（地）、农垦、森林工业系统和 60 多个县（市）召开各种培训、交流会议 70 多场。在各方的共同努力下，排列 3 期销量由当初的 10 多万元上升到最高单期销量3 999万元，创全国此类玩法单期销量最高纪录。

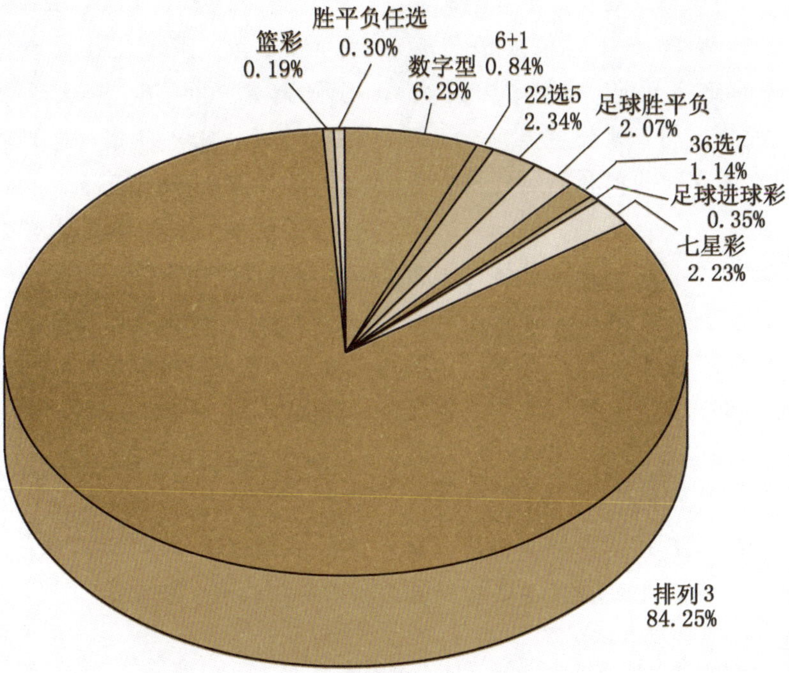

2005 年黑龙江省体育彩票各玩法销售比例图

（二）完善制度，采取有力措施，防范市场风险

在排列 3 销量提高后，尤其是在和值 14 长期未出，销售火爆的情况下，为了防止出现市场过热的现象，根据国家财政部文件精神，黑龙江省体彩中心通过新闻媒体和网点大力宣传国家关于规避排列 3 风险的有关文件精神，要求各销售网点都张贴理性投注提示牌，各销售员在售票中正确引导彩民，倡导理性投注。

（三）占领市场，扩大电脑体育彩票市场覆盖面

为适应电脑体育彩票的发展，根据市场的需求，2005 年黑龙江省体彩中心对齐齐哈尔、大庆、佳木斯、绥化等 6 个地、市电脑体育彩票的销售盲点进行了布点加密工作，共增加销售网点 180 多个，使全省销售网点达到了1 970个，基本上填补了电脑体育彩票销售的空白点。

三、彩票公益金筹集、分配和使用情况

（一）彩票公益金筹集情况

2005 年黑龙江省筹集彩票公益金 18.9 亿元，其中福利彩票公益金 10.5 亿元，其中上缴中央 5.3 亿元，地方留成 5.2 亿元；体育彩票公益金 8.4 亿元，其中上缴中央 4.2 亿元，地方留成 4.2 亿元。

（二）彩票公益金的分配情况

地方按 17.5% 留成的那部分福利彩票公益金，省本级与市（地）按销售额 6.5%、11% 的比例分配。这样，2005 年省本级可支配的福利彩票公益金为 1.9 亿元，市（地）可支配的福利彩票公益金为 3.3 亿元。

地方按 17.5% 留成的那部分体育彩票公益金，省本级与市（地）按销售额 8%、9.5% 的比例分配（齐齐哈尔市本级、大庆市本级为 7.5%）；地方按 11% 留成的那部分体育彩票公益金，省本级与市（地）按销售额 5%、6% 的比例分配。这样，2005 年省本级可支配的体育彩票公益金为 2 亿元，各市（地）可支配的体育彩票公益金为 2.2 亿元。

（三）彩票公益金使用情况

2005 年黑龙江省本级福利彩票公益金支出计划为8 500万元，主要用于支持各项福利事业发展，安排福利事业建设项目 103 个。2005 年省本级体育彩票公益金支出计划为5 980.7万元。其中用于群众体育 1 450万元；用于竞技体育 3 730.7 万元；用于筹备 2009 年世界大学生冬季运动会 800 万元。2005 年市（地）体育彩票公益金支出为 6 276.3 万元。用于群众体育 4 205万元；用于竞技体育 2 071.3 万元。群众体育使用方面，主要用于青少年体育活动、体育设施建设等方面；竞技体育使用上，齐齐哈尔市、牡丹江市主要用于筹备全国第十一届冬季运动会、黑龙江省第十一届运动会场馆建设。

（黑龙江省财政厅综合处供稿，于晓菲、薛辉执笔）

上 海 市

2005 年，上海彩票市场运行平稳，彩票销售扭转了近两年销量连续下降的局面，实现销售收入增长。

一、彩票销售情况

2005 年，上海彩票销售 17.73 亿元，比上年同期增加 2.55 亿元，增长 16.8%。福利彩票机构销售 12.35 亿元，比 2004 年增加 2.32 亿元，增长 23.25%，突破了多年来销量徘徊在 10 亿元的局面，实现了销量、市场份额和缴税额 3 个历史新高。其中，电脑票销售 12.04 亿元，即开票销售 3 100万元。体育彩票机构销售 5.37 亿元，比 2004 年增加 0.34 亿元，增长 6.81%。上海市体彩中心经过多方努力，克服了市场竞争激烈、玩法竞争力不强等困难，扭转了近两年销量连续下降的局面，实现了销售收入增长。2005 年上海市彩票市场运行有以下主要特点。

1. 彩票销售扭转了徘徊局面，下半年与上年同比增幅明显。2005年上半年彩票销售7.97亿元，与2004年上半年销量比基本持平；从2005年7月起彩票销售开始月月增长且增幅明显，下半年共实现销售9.76亿元，比2004年下半年销量增加2.12亿元，增长12.24%，下半年增加额占全年增加额的83.14%，彩票销售扭转了近几年来的徘徊局面。

2. 双色球、37选7、足球胜负和排列3成为上海市彩票的主流游戏品种。2005年上海市彩票销售游戏品种共有21个，实现销售收入17.73亿元。2005年双色球、37选7、足球胜负和排列3等4个彩票销售游戏品种实现销售12.19亿元，占总销量的68.75%，已成为彩票的主流游戏品种，对上海市彩票销量增长起着决定性作用。其中，双色球销售7.04亿元，占全市总销量的39.7%，37选7销售2.16亿元，占全市总销量的12.20%；足球胜负销售1.77亿元，占全市总销量的9.99%；排列3销售1.22亿元，占全市总销量的6.86%。排列3和双色球2005年销售量比上年增加3.19亿元，增长62.92%，不论是销量绝对额，还是增长速度都成为彩票市场的主流品种。

3. 乐透型彩票市场份额进一步扩大，竞猜型和即开型彩票的市场份额进一步缩小。2005年乐透型彩票销售15.03亿元，比上年同期销量增加3.52亿元，增长30.58%，彩票市场份额由上年同期的75.87%上升到84.76%，提高了8.89个百分点。竞猜型彩票销售2.34亿元，比上年同期销量减少0.79亿元，占彩票市场份额由上年的20.65%下降到13.21%，下降了7.44个百分点。即开型彩票销售0.36亿元，占彩票市场销量的2.03%，下降了1.45个百分点。彩票市场结构变化主要是由于双色球、排列3大幅度增长，竞猜型足球彩票市场持续低迷，篮球彩票形成不了市场，传统的大奖组即开型彩票停止销售后，新的网点即开型彩票和在线即开票还处于扩容试点阶段，彩票市场基本上处于乐透型独自支撑的局面。

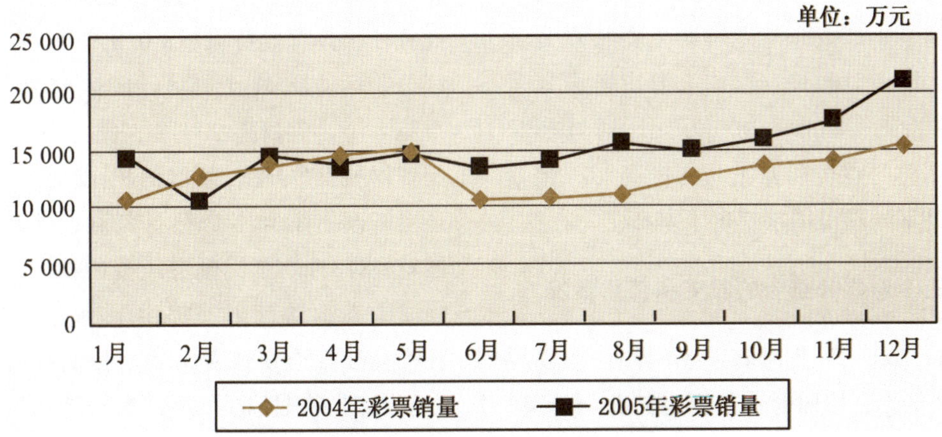

2005年上海市彩票销量与上年同期销量比较图

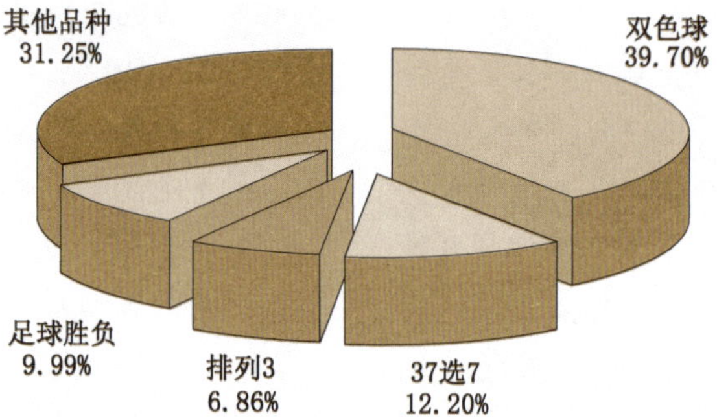

2005 年上海市彩票主流游戏品种市场份额图

二、彩票游戏品种的整合和开拓情况

2005 年上海体育彩票管理中心加大彩票游戏品种整合，为加强区域合作，达到强强连手、共享奖池、提高玩法的市场竞争力，5 月 2 日正式加盟了全国联网销售的 36 选 7，年底 22 选 5 完成了加盟全国联网销售。至此上海体育彩票管理中心所有玩法都实现了全国联网销售，降低了彩票的销售成本，提高了竞争力。

为使彩票销量保持稳定和持续增长，市福彩中心利用自身发展优势，在品种、结构和玩法上不断拓展，推出了在线即开票（视频彩票），加快了基诺彩票（快开型电脑票）试点。基诺彩票主要特点是开奖快、销售时间长。目前上海市已设置了 200 个站点，销售 1 900 万元。通过彩票游戏品种的整合和开拓，为提高彩票销量和满足不同彩民需求奠定了基础。

三、彩票公益金的收支和使用情况

1. 2005 年上海市共销售体育彩票 17.73 亿元，按照财政部规定的比例计算，2005 年筹集公益金 6.06 亿元。彩票公益金在中央和地方之间按 5∶5 比例分配，上缴中央财政 3.03 亿元，地方当年筹集公益金 3.03 亿元。

2. 2005 年上海市地方财政安排公益金支出 2.47 亿元。市本级 1.63 亿元，其中安排体育彩票公益金支出 0.45 亿元，福利彩票公益金支出 1.18 亿元。区县级 0.84 亿元，其中安排区县体育彩票公益金支出 0.26 万元，区县福利彩票公益金支出 0.58 万元。

3. 公益金使用情况及成果。2005 年公益金实际支出 2.40 亿元。其中体育彩票公益金支出 0.97 亿元，福利彩票公益金支出 1.43 亿元。

体育彩票公益金主要用于实施全民健身计划和奥运争光计划。2005 年安排全民健身社区体育健身设施8 058万元，新建社区公共运动场 41 个（累计已达 76 个），健身苑 6 个，健身点 203 个，健身中心 1 个，配置器材2 779件，新增面积 12 万平方米，还更新改造了 402 个健身苑点，更新改造器材2 818件。全民健身经费的投入，为实施“人人运动计划”提供了有力的保障，在推动社区群众体育活动、提高社民素质方面起到了积极的作用，为构建和谐社会和建设健康城市做出了的贡献。2005 年还安排了1 680万元奥运争光计划经费，用于训练场地设施维修、竞技体育专项经费和青少年后备人才培养。

福利彩票公益金主要用于15个社会福利事业发展项目，共支出公益金1.06亿元，其中包括资助市政府办实事：新增6 000张养老床位补贴、新（改）建300个标准化老年活动室补贴、“安康通”项目、居家养老服务补贴、市级医疗救助项目、市民政第三精神病院总体改扩建二期项目补贴、市教委2005—2006年康复专项资金、市总工会2005年度“退休职工住院补充医疗互助保障计划”、“上海市市民帮困基金”、上海市福利企业残疾职工内退补贴、市人口计生委计划生育特困人员扶助补贴、《真情关怀》栏目拍摄“扶老、助残、救孤、济困”项目的电视片、2007年第十二届世界夏季特殊奥运会、市残联2005年“7529”帮老助残项目等。公益金还投向了福利设施建设和直接服务于特殊困难群体的项目，进一步确立了福利彩票造福社会、利国利民的慈善形象。

（上海市财政局预算处供稿，黄永华执笔）

江 苏 省

2005年江苏省彩票市场呈现快速增长势头，全年共销售彩票33.21亿元，较2004年度增加12.27亿元，增长58.62%。其中，体育彩票销售19.57亿元，较上年增加6.14亿元，增长45.67%；福利彩票销售13.64亿元，较上年增加6.14亿元，增长81.82%。由于全国停止了集中销售即开型彩票，2005年全省只销售即开型彩票5 161.94万元，较去年减少1.19亿元，下降69.72%。剔除即开型彩票销售下降的因素，电脑彩票较去年销售增加13.46亿元，增长70%。其中体育电脑彩票增长55.3%，福利电脑彩票增长97.76%，取得了历史性突破。

一、2005年江苏省彩票市场呈现快速发展

2005年，体育彩票、福利彩票销售双双突破了历史新高，取得了电脑彩票销售总量较上年增长70%的好成绩。这主要得益于国家出台新的游戏品种及全国销售市场火爆的带动，全省彩票销售机构及其主管部门也尽了相当大的努力，主要做了以下几方面工作。

（一）理顺运行机制，强化基层管理职能

江苏体彩中心在2005年初创立了“2+1”的管理模式，即省市二级管理加县级专管员运行机制。受以往“二级管理”概念的约束，体彩销售机构一直强调中央、省二级管理职能，淡化了基层管理，导致近几年来体彩销售市场一直萎缩不前。通过长期、深入的调查研究，在省财政的倡导下，全省在县区级建立了专管员制度。此举解决了广大县、乡基层网点建

设与基层销售网点的管理与服务。2005年，新增体彩销售网点近2 000个，其中县、区及以下占51.3%，2004年7月、8月两个月新增站点销售1.36亿元，而新增的县、区网点销售占63.1%。可以说，新运行机制的建立开创了江苏体育彩票新的局面，同时也有效地解决了大量的机构、编制与人员经费问题。

（二）增加销售网点,扩大站点覆盖面

2005年省体彩中心、省福彩中心都进行了大幅度扩容，累计新增站点2 931个，较2004年底增长56.8%。其中体彩新增1 996个，当年新增销售额4.26亿元；福彩新增935个，当年新增销售额2.4亿元。新网点及时投入是2005年彩票销售增长因素中至关重要的原因。

（三）玩法结构不断优化，新的市场格局形成

2005年，江苏省体彩中心新增排列3、排列5两种玩法，江苏省福彩中心在全省各省辖市开通中福在线。经过多年的结构调整，目前省体彩已形成以7位数为基础，排列3为重点，排列5、22选5、足球彩票、篮球彩票为补充的格局；江苏福彩形成以双色球、3D为核心，以15选5、37选7、中福在线为补充的格局，江苏彩票市场已形成两种彩票各自突出重点、相互补充、互成体系的健康、平稳态势。

（四）加强培训工作，提高专业管理水平和素质

销售站是面向彩民的窗口，销售员的业务素质直接决定了彩民群体的稳固性和彩票的销售情况，因此全省在培训销售人员方面下了很大的功夫。2005年，省体彩中心和福彩中心多次组织了面向销售人员和各级管理人员的各种培训活动达5 000多人次，邀请专家传授先进的投注理念和实战方法；2005年省体彩中心编印了销售员知识手册，全面普及彩票基本知识；通过成立辅导员制度等方式，让销售员不仅会销售彩票，还能为彩民购彩提供参考意见，传授科学投资方式，真正起到了引导员、宣传员的作用。

二、江苏省彩票市场的特点

与全国火爆的市场行情相比，江苏省的最大特色是快中求稳、稳中加快。

（一）引导市场销售理念和舆论导向

同一个彩票市场存在两种彩票，竞争就不可避免。彩票管理部门在实施监管的同时，另一个重要的职能是指导。2005年下半年全国彩票市场3D、排列3销售火爆，江苏省体彩中心和福彩中心及时召开全省体育系统、民政系统彩票销售工作动员大会，省财政部门在鼓劲的同时，着重宣传了以下观点：第一，彩票事业的发展与兴旺不是一蹴而就的事，中国彩票市场的空间很大，要想占有更大的份额，只有靠信誉、靠品牌。第二，彩票是博彩业，在我国也是公益事业，对待彩民更要有爱心，要正确引导彩民科学、理智投资，绝不允许存有夸大、欺骗性和针对性宣传。这种理念得到了广泛认同，两家彩票销售机构一直能友好相处，使全省彩票市场健康、平稳发展，一年中没有出现彩民投诉等意外事故。

（二）抵制不正当营销手段，让利于彩民

在2005年火热的市场行情中，外地纷纷传入对销售站点大幅度加奖的“经验”。

对于这种要求，省财政部门坚决加以制止，认为这种对中间环节过度的奖励，只能引起市场恶性竞争，导致销售人员采取非正当手段。在抵制了不正当促销的同时，鼓励彩票机构在可能的情况下，采取适当的促销手段，让利于彩民。一年来，江苏省彩票市场出现了“遇热不爆，淡季恒强”的平稳上升势头，并创下了零销售费用增长、电脑彩票发行量较上年增长70%的可喜佳绩。

（三）做好销售资金的安全工作

2005年11月23日，省福彩机构正式实行了投注站实时预缴款制度。省体彩机构也暂时实行了大额款预缴制度，有效地保证了销售资金的安全。

（四）充分发挥市场监管与协调作用

《财政部关于加强排列3、排列5游戏风险管理的通知》下发后，引起部分彩票销售机构和彩民的议论，为避免引发风波，江苏省财政厅下发了《关于对体彩排列3排列5玩法中奖限赔情况进行补助请示的批复》，主要内容有：“考虑到部分彩民已形成长期投注行为，为避免因超奖限赔而可能导致法律与社会问题，同意调用一般调节基金总额不超100万元，用于最近一段时间排列3玩法的风险调控。”尽管没有发生超奖限赔现象，但社会各方面对这种为彩民利益着想、防患于未然的行为表示赞许。

江苏彩票市场有近1/3的站点是混合型经营，2005年7月、8月间，首先在个别地区出现同场不正当竞争，一些地方彩票机构单方面出台一些强制措施，禁止同站点销售对方彩票，形势迅速蔓延到多个省辖市。为保护广大投资者权益，整肃市场秩序，加强彩票销售管理，在深入调查研究的基础上，迅速下发了《江苏省财政厅关于整顿彩票销售站点有关事项的通知》。文件规定：彩票站点的整顿要充分尊重彩票销售机构双方及站点投资者的意愿。原则上采取“老点老办法”、“新点新办法”的处理原则。专营店形式的销售站点原则上分开经营，分离过程中如出现意见分歧，由当地财政部门协调解决。文件下发后，迅速平息了事态，维护了市场秩序。

三、彩票公益金筹集使用情况

2005年江苏省共筹集彩票公益金11.46亿元。其中体彩公益金6.74亿元，福彩公益金4.72亿元；上缴中央财政5.75亿元，下拨市县公益金3.27亿元（其中体育系统1.57亿元，民政系统1.7亿元）。体育彩票机构筹集基层体育设施建设资金3 920万元，省本级留存2.08亿元（其中体育系统1.41亿元，民政系统留存0.67亿元）。当年安排支出2.25亿元，其中民政系统安排支出6 500万元，安排的项目主要是省慈善总会资金2 000万元，省建老年公寓3 500万元，资助社会公益事业支出800万元，用于孤残儿童复明治疗费200万元；体育系统安排当年支出1.6亿元，除安排1 400万元用于全民健身工程、安排740万元奥林匹克后备人才训练基地配套资金外，全部用于全国“十运会”筹办工作。

为了进一步加快基层体育场馆建设，特别是贫困地区的建设工作，江苏省财政厅、体育局决定筹集部分体育彩票公益金设立基层体育设施建设专项资金。2005年共筹集资金3 910万元，当年分两批用于35个市县的62个项目，补助资金2 985万元，促进了全省基层体育事业的发展。

2005年利用国家返拨的青少年校外活动场所建设资金，资助全省26个市、县青少年校外活动场所建设，共补助资金4 190万元。通过政府采购，2005年已为16个已投入使用的市、县配置电脑、乐器等设备980多万元。至此，全省青少年校外活动场所建设工作已顺利进入尾声，圆满地完成了省政府下达的各项任务。

（江苏省财政厅综合处供稿，王少祥执笔）

浙 江 省

2005年是浙江省彩票市场格局发生较大变化的一年，曾经占据浙江省彩票市场半壁江山的集中销售即开型彩票全面退出历史舞台，电脑型彩票成为浙江省彩票市场的主要玩法。面对这一新的彩票市场形势，浙江省各级彩票工作者及时调整工作思路，转变工作重点，大力加强电脑型彩票销售网点建设，积极拓展电脑型彩票市场，力求挽回即开型彩票的损失，做大做强浙江省彩票市场。

一、2005年浙江省彩票市场销售情况

2005年，浙江省实现彩票销售额39.69亿元，比2004年增加16.74亿元，增长72.94%。其中，福利彩票实现销售额16.04亿元，比2004年增加7.82亿元，增长95.13%；体育彩票实现销售额23.65亿元，比2004年增加8.92亿元，增长60.56%。

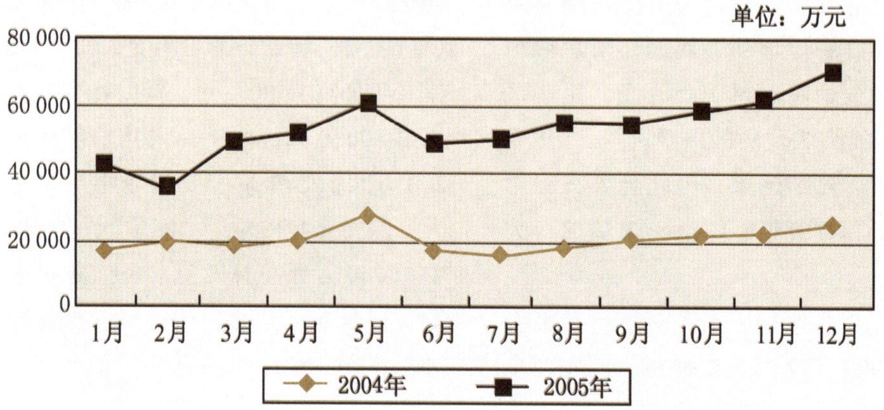

2005年浙江省彩票销量与上年同期比较图

通过对2005年与2004年每月彩票销量的分析，不难发现，剔除春节休市因素

影响，浙江省2005年彩票月度销量呈整体上升趋势，且比2004年同期有较大幅度的提高。

二、2005年浙江省彩票市场发展情况分析

2005年浙江省彩票市场运行稳定，销量再上新台阶，创纪录地达到了39.69亿元。其中电脑型彩票实现销售额39.62亿元，占全部彩票销量的99.8%，较2004年有大幅度的增长，完全摆脱了集中销售即开型彩票停止发行对浙江省彩票市场的不利影响，走上了一条以电脑型彩票为市场主体的集约型彩票发展之路，并显示出了良好的发展态势。2005年浙江省彩票市场发展主要有以下几大特点。

1. 浙江经济的快速发展是浙江省彩票销量稳步提升的物质基础。购买彩票作为百姓日常消费支出的一部分，在很大程度上受个人收入水平的影响，居民可自由支配的收入越多，购买彩票的能力和数量就会越大。近年来，浙江经济每年都以较快的速度增长，居民人均纯收入位居全国前列，这些无疑为浙江省彩票销量的稳步提升奠定了坚实的物质基础。

2. 浙江省广大彩民的支持是浙江彩票市场健康快速发展的群众基础。浙江省彩票销售工作的诚信公正，使彩票在广大彩民心中树立起了良好的形象，赢得了社会各界的广泛支持和认可，培育了一批数量可观而稳定的彩民队伍。利用彩票公益金建设的一大批社会公益设施也在很大程度上起到了对浙江彩票的宣传和推广作用，使浙江省彩票的品牌形象逐渐深入人心，为浙江省彩票销售的可持续发展奠定了坚实的群众基础。

3. 3D、排列3游戏发展迅猛，是浙江省彩票市场新的亮点。2005年，以福彩3D、体彩排列3为代表的固定设奖游戏，由于玩法简单、固定设奖，上市后迅速成为彩民购彩的新热点，并一度形成了彩民大规模追号购买的热潮，成为2005年浙江省彩票市场新的亮点和增长点。2005年，浙江省3D销售5.34亿元，占全年福利彩票总销量的33.3%；排列3销售6.878亿元，占全年体育彩票总销量的29%；3D和排列3二者销量总和为12.218亿元，占2005年浙江省彩票总销量的30.78%，成为浙江省彩票市场的又一股新生力量。

4. 双色球、6+1销量稳定，依然是浙江省彩票市场的主力。经过几年的培育和发展，浙江彩票市场逐渐形成了福彩双色球和体彩6+1两大具有影响力的品牌游戏。这两种玩法奖池大、销量高而稳定，在广大彩民中有较高的知名度和购买率，是浙江省彩票市场的主力。2005年，浙江省销售双色球7.57亿元，占全年福利彩票总销量的47.2%；6+1销售12.188亿元，占全年体育彩票总销量的51.5%；双色球和6+1二者销量总和为19.758亿元，占2005年浙江省彩票总销量的49.78%。

2005年浙江省彩票销售增长迅速，运行平稳，总体发展情况良好，实现了历史性突破。但同时也应清醒地看到，当前浙江省彩票市场结构还比较单一，乐透型彩票一枝独秀，即开型和竞猜型彩票发展迟缓，人均彩票购买金额还不是很高，浙江省彩票市场同时面临着挑战和广阔的发展空间。

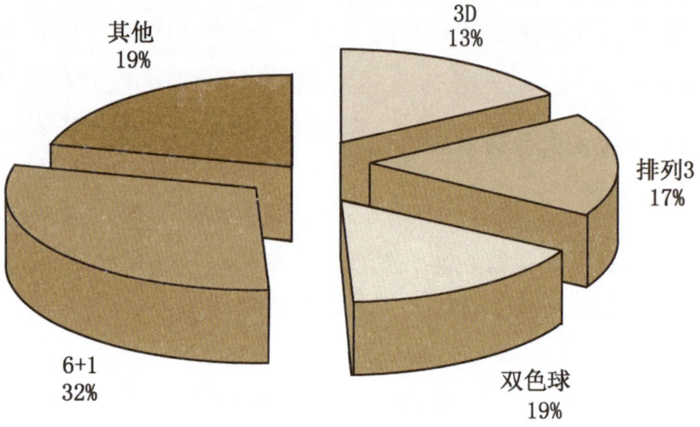

2005 年浙江省主要游戏品种市场份额图

三、彩票公益金的筹集、分配和使用情况

(一) 福利彩票公益金筹集、分配和使用情况

2005 年，浙江省共发行福利彩票 16.04 亿元，其中电脑型福利彩票 15.99 亿元，即开型福利彩票 503.44 万元。筹集福利彩票公益金 5.614 亿元，其中上交中央 2.805 亿元，省级留用 2.805 亿元。

2005 年，中央资助浙江省福利彩票公益金项目金额总计 307.93 万元。其中，“孤残儿童手术康复明天计划” 61.93 万元，医疗救助 120 万元，流浪少儿救助中心 76 万元，荣军医院老年关爱项目 50 万元。省级福利彩票公益金安排资助项目金额总计5 050万元，其中，资助敬老院建设2 100万元，资助社会福利院等福利事业单位建设1 720万元，资助光荣院、革命烈士纪念建筑物建设 700 万元，资助“残疾孤儿手术康复明天计划” 120 万元，资助社会救助、社区建设 410 万元。

2005 年全省福利彩票公益金共资助各类社会福利事业项目1 194个，公益金支出16 026.61万元。主要是：资助社会福利院等福利事业单位项目 155 个，资助资金 8 627.67万元。资助敬老院项目 574 个，资助资金4 654.22万元。资助光荣院和革命烈士纪念建筑等优抚事业单位项目 44 个，资助资金 678.18 万元。资助“社区老年福利服务星光计划”项目 124 个，资助资金 482.18 万元。资助社区项目 162 个，资助资金 405.19 万元。资助“残疾孤儿手术康复明天计划”、慈善事业、社会救助等项目 135 个，资助资金1 179.17万元。

上述公益金支出，较好地解决了各级政府对社会福利事业和农村五保对象、城市三无对象集中供养工作投入不足的问题，取得了显著的社会效益，为浙江省社会福利事业和社会保障事业的发展做出了积极的贡献，对促进社会的稳定及和谐发展起到了积极的作用。

(二) 体育彩票公益金的筹集、分配和使用情况

2005 年，浙江省共销售体育彩票 23.65 亿元。其中电脑型体育彩票 23.63

亿元，即开型体育彩票173.15万元。筹集体育彩票公益金8.155亿元。其中上交中央4.0775亿元，省级留用4.0775亿元。

2005年，中央返还用于资助浙江省的体育彩票公益金共计653万元。其中，宁波全民健身活动中心100万元，国家级社区健身俱乐部20万元，湖州环太湖全民健身基地300万元，舟山海洋全民健身基地200万元，第六批国家级青少年体育俱乐部24万元，国家级体育传统项目学校9万元。省级体育彩票公益金安排资助项目金额总计14 800万元。其中，“奥运争光计划”支出1.35亿元，主要用于改善训练生活条件；全民健身计划支出1 300万元，具体用于：建设全民健身中心200万元，建设全民健身工程300万元，建设青少年体育俱乐部136万元，补助大型群众体育运动会50万元，添置群众体育设施器材284万元，国民体质监测及群体科研等30万元，支持贫困地区全民健身计划300万元。

2005年浙江省体育彩票公益金支出总额为3.78亿元，主要用途为：一是用于落实“奥运争光计划”支出13 950万元，其中改善训练条件支出13 800万元，其他奥运争光支出150万元。二是用于落实“全民健身计划”支出2.39亿元，其中建设全民健身中心支出7 900万元，建设全民健身工程支出4 800万元，建设青少年体育俱乐部支出271万元，补助大型群众体育运动会支出2 150万元，支持群众健身各类活动支出2 600万元，添置群众体育设施器材支出2 584万元，国民体质监测及群体科研等支出190万元，维修群众体育场地支出2 900万元，支持贫困地区全民健身计划支出500万元。

体育彩票公益金对“奥运争光计划”尤其是对浙江省“五大百亿”重点工程子项目之一的杭州萧山体育训练基地的资助，在很大程度上缓解了浙江省预算内资金对该项目投入不足的矛盾，为创建浙江“体育大省”和培育奥运后备人才提供了有力的保证。浙江代表团在“十运会”上取得的29金、20银、12铜和金牌榜第6位及总分榜第8位的成绩，同样离不开体育彩票公益金的功劳。体育彩票公益金对“全民健身计划”的资助，使全省各地新建和改扩建了一大批全民健身设施，使人民群众切身体会到了彩票公益金“取之于民，用之于民”的宗旨，为有效开展全民健身运动、增强国民体质做出了贡献，取得了良好的社会效益。

（浙江省财政厅综合处供稿，郭昌林、孙继霞、张乐平执笔）

安　徽　省

2005年，在财政部的正确领导和大力支持下，在各级财政部门和民政、体育部门及其彩票机构的共同努力下，安徽省彩票市场健康发展，彩票销售收入大幅增长，全年实现销售收入19.72亿元，取得了历史性的突破。

一、彩票销售情况

2005年，安徽省共销售彩票19.72亿元，比上年同期增加12.07亿元，增长158%。其中，福利彩票销售10.08亿元，增加5.94亿元，增长141%；体育彩票销售9.64亿元，增加6.13亿元，增长188.2%。

2005年，全省乐透（传统）型彩票销售19.21亿元，比上年增加12.25亿元，增长176%；网点即开型、在线即开型彩票销售890万元，比上年减少810万元；竞猜型彩票销售0.42亿元，比上年减少900万元。

2005年，全省乐透（传统）型彩票占彩票销售总量的97.41%，比上年提高6.41个百分点；即开型彩票占彩票销售总量的2.13%，与上年基本持平；竞猜型彩票占彩票销售总量的0.46%，比上年下降6.54个百分点。

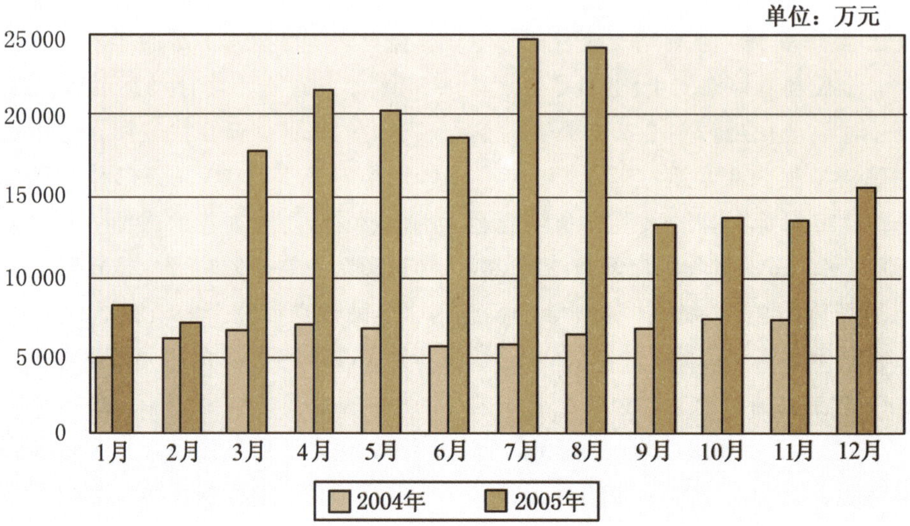

2005年安徽省彩票销量与上年同期比较图

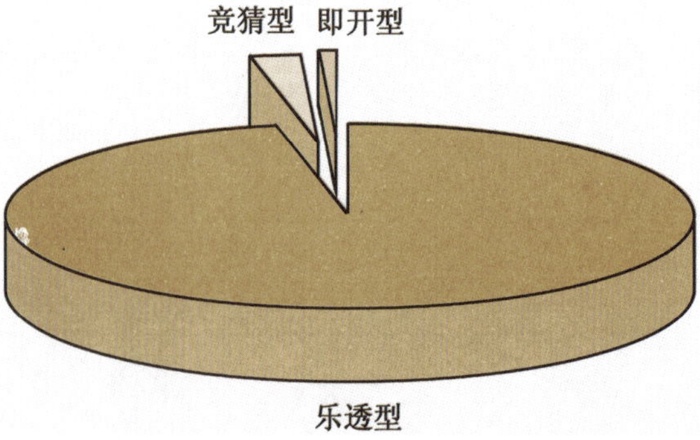

2005年安徽省各类型彩票市场份额图

2005年，安徽省各市彩票销售量均有较大幅度的增长。有6个市销售量超过亿元，分别是合肥、芜湖、阜阳、安庆、宿州、六安市。与上年销量相比，池州市销量增幅最大，达到521%。销量增幅超过100%的有池州、阜阳、亳州、六安、巢湖、淮北、安庆、宿州、合肥、宣城、马鞍山、铜陵、滁州等12个市。

二、彩票市场发展情况分析

2005年，安徽省彩票销售呈现以下几个特点：

1. 数字3游戏销量异军突起。2005年，数字3游戏累计销售11.34亿元，占全年彩票销量的58%，是拉动安徽省电脑彩票销量大幅增长的主要力量。从销售情况看，排列3和3D游戏有自身独特的优势，对彩民的吸引力较大。彩票销售机构适时采取措施，开展促销活动，加强站点培训，扩大彩民队伍，激发彩民购买热情，提高市场占有率，数字3游戏一举成为彩票游戏玩法中的“著名品牌”。

2. 双色球、七星彩玩法继续发挥支撑作用。2005年，双色球和七星彩的品牌形象深入人心，全年累计销售5.62亿元，占彩票销量的29%，比上年增长0.96亿元，增长21%。其中，双色球销量稳中有升，累计销售4.04亿元，增长52.7%。七星彩月度销量稳定，累计销售1.58亿元。在彩票销售机构的精心培育下，双色球和七星彩销售呈现稳步发展的良好态势，对稳定彩票市场起到了重要作用。

3. 竞猜型彩票销量占市场份额继续下滑。竞猜型彩票2005年销量与上年相比下降了17.6%，并随着全国竞猜型彩票销售下滑趋势继续下降。

4. 市场竞争日趋激烈。2005年，彩票市场竞争集中表现在3D和排列3两种玩法上，同质但不同的隶属关系，使市场竞争有时非常激烈。为了提高市场占有率，提高品牌吸引力，彩票销售机构从市场宣传、游戏特点、网点设置、网点佣金比例等方面全方位展开竞争。竞争一方面提升了品牌形象，增加了彩票销量，培育了彩票市场；另一方面，为防止误导性的宣传和非正常运作给彩票市场健康发展带来的不利影响，也加大了财政部门监管的压力。

5. 彩票市场存在不稳定因素。3D和排列3因其本身固定赔付的特性，容易诱发部分彩民的投机心理。伴随着部分彩民追号，彩票销量也跟着上升或下滑。由于数字型选3游戏销量占市场份额较大，其销量变动带动着整体彩票销售量上下起伏波动。

三、彩票市场管理情况

1. 积极支持彩票销售机构发行中福在线即开型彩票，丰富彩票游戏玩法，扩大彩票发行规模。

2. 加强彩票市场监管，组织开展彩票销售机构财务管理情况专项检查，要求彩票销售机构对检查中发现的问题进行整改。建立和完善彩票销售机构财务收支计划预决算制度和彩票销售统计月报制度，严格执行彩票公益金和发行经费实行收支两条线的管理规定。坚持电脑彩票安全监管定期报告和不定期抽查制度，清理即开型库存票，逐一核查登记，杜绝违规隐患。明确“正面宣传，合规宣传，宣传自己，互不诋毁”的宣传原则，有效地维护了彩票市场的稳定发展。

3. 支持彩票销售机构根据市场情况、彩民心理，及时调整玩法，开展促销活动，扩大彩票销售规模。

4. 积极做好青少年校外活动场所建设工作。按照工程进度，统筹安排，及时拨付资金，保障建设项目的顺利实施。

四、彩票公益金筹集、分配及使用情况

2005 年，全省筹集彩票公益金 6.9 亿元。其中上缴国家公益金 3.45 亿元，下拨市县公益金 2.04 亿元，省级留用 1.41 亿元。按照“扶老、助残、救孤、济困”的宗旨，各级民政部门大力实施社区老年福利服务“星光计划”，改造农村敬老院，支持农村医疗救助和城市医疗救助体系建设，加大困难群众救助资金投入，资助贫困生重返校园，促进社会主义新农村建设和社会福利事业的发展。各级体育部门紧紧围绕“全民健身计划”和“奥运争光计划”，开展公益活动。实施了全民健身路径工程、青少年体育俱乐部工程、晨晚练点示范工程、全民健身活动中心、国民体质监测工程等项目，建设水上训练基地，备战第十五届亚运会和第十一届全运会，有力地弥补了政府财政对体育事业直接投入的不足，为实施全民健身计划和奥运争光计划做出了应有的贡献。

（安徽省财政厅综合处供稿，邵勋、李燕执笔）

福 建 省

一、彩票市场发展情况

（一）彩票销售情况

2005 年福建省销售彩票 24.41 亿元，比 2004 年增加 5.07 亿元，增长 26.22%，销售总量居全国第 11 位。其中体育彩票销售 19.89 亿元，比 2004 年增加 2.69 亿元，增长 15.64%；福利彩票销售 4.52 亿元，比 2004 年增加 2.38 亿元，增长 111.67%。体育彩票和福利彩票在福建彩票市场上所占份额分别为 81.48% 和 18.52%。

（二）分类型彩票销售情况

2005 年福建省乐透（传统）型彩票销售 21.71 亿元，比 2004 年增加 3.63 亿元，增长 20.08%；竞猜型彩票销售 1.01 亿元，比 2004 年减少 0.25 亿元，下降 19.71%；即开型彩票销售 1.69 亿元，主要是 2005 年新上市的中福在线即开型彩票。

2005 年乐透（传统）型、即开型和竞猜型彩票分别占彩票销售总量的 88.94%、6.92%、4.14%。

（三）福利彩票销售情况

2005 年福建福利彩票的游戏品种有：双色球、20 选 5、3D、东方大乐透（37 选

7)、31 选 7 及中福在线即开型彩票。各游戏品种的总销量为 4.52 亿元，其中：中福在线即开型彩票为 2005 年新上市的游戏品种，全年销售 1.55 亿元，占福利彩票总销量的 34.41%；双色球全年销售 1.30 亿元，占福利彩票总销量的 28.76%，比 2004 年增加 6840.15 万元，增长 136.99%；3D 为 2005 年新上市的游戏品种，全年销售 1.03 亿元，占福利彩票总销量的 22.72%；20 选 5 全年销售3 834.62 万元，占福利彩票总销量的 8.49%，比 2004 年减少2 466.7万元，下降 39.15%；东方大乐透（37 选 7）全年销售1 973.18 万元，占福利彩票总销量的 4.37%，比 2004 年增加 280.24 万元，增长 16.55%；31 选 7 全年销售 573.48 万元，占福利彩票总销量的 1.27%，比 2004 年减少 897.32 万元，下降 61.01%。

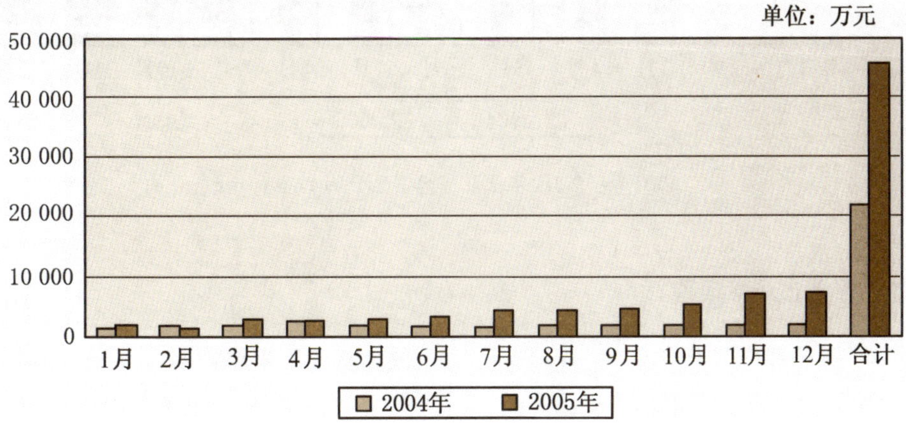

2004 年、2005 年福建省福利彩票月销量对比图

（四）体育彩票销售情况

2005 年福建体育彩票的游戏品种有：36 选 7、31 选 7、22 选 5、金银彩、七星彩、排列 3、足球彩票、篮球彩票及即开型彩票。各游戏品种的总销量为 19.89 亿元，其中：31 选 7 全年销售 6.89 亿元，占体育彩票总销量的 34.64%，比 2004 年增加 0.32 亿元，增长 4.87%；36 选 7 全年销售 6.09 亿元，占体育彩票总销量的 30.62%，比 2004 年减少 0.62 亿元，下降 9.24%；排列 3 全年销售 3.11 亿元，占体育彩票总销量的 15.64%，比 2004 年增加 3.06 亿元（排列 3 2004 年 11 月份才开始销售）；22 选 5 全年销售 2.19 亿元，占体育彩票总销量的 11.01%，比 2004 年减少 0.31 亿元，下降 12.4%；足球彩票全年销售 0.98 亿元，占体育彩票总销量的 4.93%，比 2004 年减少 0.28 亿元，下降 22.22%；七星彩全年销售4 620.22万元，占体育彩票总销量的 2.31%，比 2004 年增加 0.41 亿元，增长 881.63%；篮球彩票销售 281.81 万元，占体育彩票总销量的 0.14%；即开型彩票销售1 357.49万元，占体育彩票总销量的 0.68%（主要是以前年度销售的即开型彩票，在 2005 年度结算）。

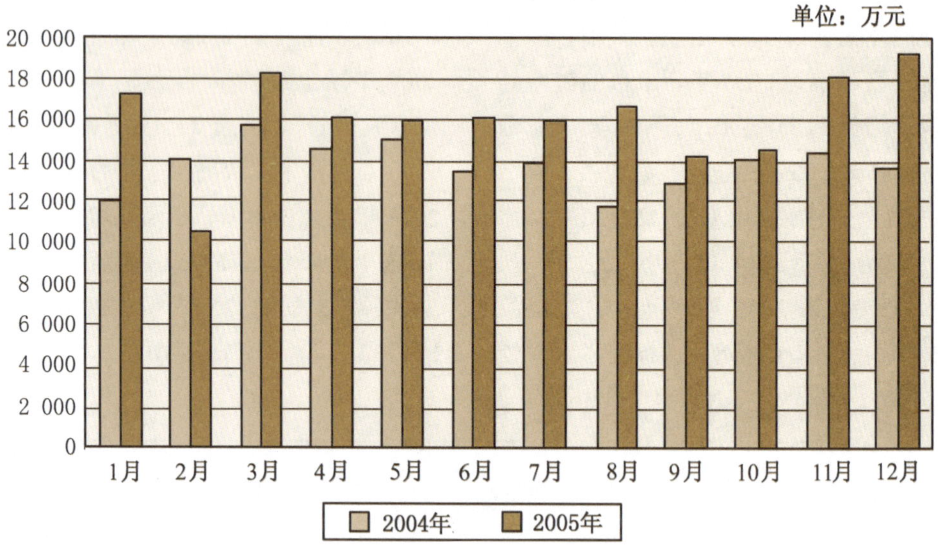

2004 年、2005 年福建省体育彩票月销量对比图

二、彩票市场管理情况

（一）财政部门监管情况

1. 加强彩票资金管理。根据国务院和财政部有关彩票资金管理制度规定，省级财政部门加强了对彩票资金的管理和监督，进一步落实彩票资金“收支两条线”管理，督促省级彩票销售机构将销售彩票所筹集的公益金和省级使用的彩票发行费及时足额上缴省级财政专户。同时，进一步健全彩票销售机构财务收支的预算管理，强化彩票销售机构的财务管理。督促彩票销售机构严格执行财政部制定的《彩票发行与销售机构财务管理办法》和现行有关财政财务制度规定，加强自身的财务管理，进一步规范彩票销售机构的财务行为。进一步完善彩票销售机构分配制度改革方案，实行工资总额与经济效益指标挂钩的分配办法。在工资总额控制的前提下，由彩票机构自主决定内部收入具体分配方式和方法。

2. 强化对电脑彩票安全性的监管，有效预防各种安全隐患。认真贯彻《财政部关于加强排列 3 电脑体育彩票和 3D 电脑福利彩票安全管理的通知》精神，督促彩票销售机构严格执行财政部规定，加强风险管理，严禁彩票销售机构自行购买彩票和组织彩民购买彩票，同时，加强对彩票销售机构数据安全管理情况的定期检查以及对彩票机构的开奖过程随机现场检查，以确保彩票销售的公正、公开。

3. 加强彩票市场监管。监督彩票销售机构严格执行财政部批准的游戏规则及发行销售方式，严格审批具体销售实施方案。积极支持彩票销售机构大力开发彩票市场，对彩票销售机构上报的各种彩票游戏规则和发行销售方式进行认真审核，并及时转报财政部审批。适时调整各种玩法的设奖方案，按规定核准动用调节基金开展阶段性派奖促销活动，丰富彩票市场，挖掘市场潜力。同时，加强对彩票市场竞争秩序的监督和管理，严格规范彩票机构行为，整顿彩票市场秩序。

（二）福利彩票销售机构管理情况

2005年，福建福彩系统以发展为第一要务，以加大福彩市场占有率、提升福利彩票销量为基本目标，狠抓规范管理，重塑福彩形象，采取各种积极措施，超额完成了年度发行任务。

1. 在电脑票管理方面，始终常抓不懈，既抓基础管理，又抓品牌建设。

（1）加强站点规范管理，提升福利彩票公信力。一是省福彩中心免费为每个投注站点设计、制作新的公告栏，进行站点布置的整顿，扭转站点的形象。二是建立资金归集、实时对账系统，加强对站点缴款的监控和欠款的管理，保证彩票资金的安全归集，减少站点经营者风险。三是在广泛征求意见的基础上，重新修订了《投注站代销协议书》和《投注站管理规定》，以规范站点管理。

（2）加大宣传力度，打造福彩“爱心”品牌。借助内部报纸《福彩快讯》和电视台《百万福彩》节目以及《海峡都市报》、《东南快报》和福建教育电视台等强势媒体，宣传中国福利彩票“扶老、助残、救孤、济困”的发行宗旨。相继推出关注农民工、关注贫困母亲、资助特困盲人技能培训、“六一圆梦”公益晚会、“把爱献给您——关注身边贫困教师晚会”、“春晖助学”资助贫困女大学生、关注残疾大学生就业、脑瘫儿、残疾儿童救治等社会公益活动，树立福利彩票公益形象。

（3）加强营销培训，开发彩民队伍，提高销售员素质。自6月1日起推出为时5个月的大型彩民互动活动——“走进双色球”活动，摇出幸运者彩民赴北京参加中彩中心统一组织的“走进双色球”活动。在站点培训方面，结合双色球和3D的特点，省福彩中心制定了统一的培训教材，邀请了中彩中心、北京大学高级讲师前往各地市举办了10余场营销培训讲座，对投注站销售员进行集中培训，提高销售人员的营销技巧。

2. 在中福在线即开票试点方面，认真按照中彩中心的要求，严格规范，逐步推进，培育好市场。

（1）2005年省福彩中心把中福在线试点工作当作今年福彩新的销量增长点来抓。在统一规划的基础上逐步推进，坚持“成熟一个、发展一个”的原则，保证中福在线可持续性发展。坚持当地政府不同意的不批、民政局领导重视不到位的不批、地点选择不理想的不批、管理人员素质不够的不批等原则，严加筛选把关。2005年已陆续在各地建设了12家销售厅，大多数销售厅销售情况良好，销量稳步增长。

（2）规范管理，切实保证安全运行。一是在销售厅宣传和形象设计上，充分体现中福在线系统的规范性，突出宣传福彩公益宗旨，突出中福在线的合法性及其政府行为性。二是建立和完善销售厅管理制度，制定了员工守则与各项规章制度，明确各项工作流程，并制定了员工考评制度。三是严格执行财务管理规定，现有销售厅的彩票资金按规定及时归纳到省福彩中心归集账户。四是加强销售厅安全保卫工作，大部分销售厅都加装了与公安系统联动的报警系统，防患于未然。

2005年福建电脑福利彩票双色球和31

选 7 两种玩法全年共诞生特等奖 9 注。其中 500 万元巨奖 5 注，200 万—500 万元大奖 1 注，100 万—200 万元大奖 3 注。

（三）体育彩票销售机构管理情况

2005 年，福建体彩以销售为中心，管理为重点，制定了一系列行之有效的促销措施，稳定销量；抓新玩法，突出新的增长点。销量在连续两年滑坡之后重新出现上升趋势。

1. 调整游戏规则和出台促销政策。2005 年 3 月，福建体彩中心率先对 31 选 7、36 选 7 玩法的游戏规则进行了调整，增设幸运奖，凡非胆拖复式票选中全部 7 个正选号码及 1 个特别号码，即中幸运奖，幸运奖与特等奖兼中兼得。同时，还先后对本地 31 选 7 和 22 选 5 玩法进行大派送促销活动。从 31 选 7 和 22 选 5 的调节基金中分别提取 300 万元和 400 万元，转入特等奖奖池进行大派送，由当期特等奖中奖者均分。

2. 制定彩票资金安全防范措施。福建体彩中心分阶段对彩票销售与资金安全常规工作全面检查。制定相关安全防范措施，严格执行额度控制管理办法，对销售站实行日销售 2 万元的额度控制；每天对日销量超5 000元的销售站电话催款；严格管理欠缴款销售站。针对销售站缴费环节上可能产生的安全隐患，福建体彩中心在全省开通了“缴费通”业务，保证资金及时解缴。同时还开通网上银行业务，对全省体彩中心的相关账户适时跟踪查询，规避资金风险。

3. 全面拓展宣传空间。2005 年福建体彩中心加大宣传力度，先后在福建新闻频道、福建教育台开辟了《天天体彩》专栏，又在福建经济广播电台等 3 家广播电台设立开奖讯息和与彩民互动的节目，在巩固原有报纸宣传阵地、强化与省城主流媒体合作的同时，在部分地市报纸上也开辟了体彩专版。此外，还通过公交路牌广告、大型场馆公益广告、站点宣传海报等宣传形式，使福建体彩的诚信和品牌在彩民心目中得以进一步延续。

2005 年福建电脑体育彩票 36 选 7、31 选 7、七星彩（福建区的）3 种玩法全年共诞生特等奖 152 注（其中幸运奖 1 注）。百万大奖占 72 注，其中 500 万巨奖 33 注。足球彩票福建省共诞生 382 注一等奖，其中百万大奖占 6 注。

三、彩票公益金使用情况

2005 年全省共筹集彩票公益金 8.48 亿元，根据中央、省、市、县分成比例，上缴中央彩票公益金 4.24 亿元，省级留成 2.23 亿元，返还各市县 2.01 亿元。其中，体育彩票公益金 6.90 亿元，上缴中央 3.45 亿元，省级留成 1.73 亿元，返还各市县 1.72 亿元；福利彩票公益金 1.58 亿元，上缴中央 7 903.36 万元，省级留成 5 013.45万元，返还各市县2 889.92万元。

（一）省本级体育彩票公益金使用情况

2005 年度省本级体育彩票公益金安排支出 1.17 亿元，具体项目如下：

用于落实“奥运争光计划”支出8 296 万元，包括：一线队伍训练费3 665万元，承办全运会预赛经费 85 万元，器材购置费 1 088万元，科研经费 584 万元，训练、比赛奖励经费 589 万元，全运会预赛和省运会筹备工作经费 390 万元，体育职业技术学院前期筹备、申办、专家认证等经费 90

万元，一线队伍训练场地建设费450万元，一线训练场地维修费155万元，省运会经费1 200万元。

用于落实“全民健身计划”支出3 408万元，包括：群众体育场馆建设1 300万元，群众体育活动经费1 783万元，群众运动会25万元，后备人才经费220万元，用于体育扶贫资金80万元。

（二）省本级福利彩票公益金使用情况

2005年度省本级福利彩票公益金安排支出1 469.14万元，其中：用于实施“星光计划”，扶持基层老年福利服务设施和活动场所安排支出318万元；用于实施“残疾孤儿手术康复明天计划”支出105.22万元；用于资助优抚、福利事业单位维修、改造支出225万元；用于补充农村、城市医疗救助基金100万元；用于“八一”慰问抗战老战士、“六一”慰问残疾儿童支出39.98万元；用于省老龄委资助老年人事业及重阳节慰问支出55万元；用于资助省老年人活动中心建设支出501.94万元；用于资助“助残工程”及残疾人运动会支出50万元；用于开展“福彩圆梦”及献爱心活动支出43万元；用于资助民办福利事业支出31万元。

（福建省财政厅综合处供稿，涂华旺执笔）

江　西　省

一、彩票市场发展概况

2005年度江西彩票市场进一步扩大，销售总量快速增长。全省共发行销售彩票13.37亿元，较上年增长142.7%，占全国彩票销售总量的1.87%，较上年提高0.25个百分点，其中，江西福利彩票占全国销量的1.25%，较上年下降0.47个百分点；江西体育彩票占全国销量的2.71%，较上年增加1.21个百分点。

一年来，根据财政部关于加强彩票管理工作的相关规定，江西省各级财政部门和民政、体育部门各司其职，协同管理，通过完善制度，进一步理顺关系，强化监管，严格整治，使江西省彩票市场得到有序发展。按照新的管理理念，顺应市场变化要求，积极挖掘潜力，加大游戏促销力度,适时开展多种形式的宣传活动,并将销售的触角延伸至乡镇,有效地扩大了彩民群体,增加了彩票销售量,极大地促进了江西省彩票事业的快速健康发展,也为推动江西省社会公益事业的进步奠定了基础。

（一）彩票销售情况

2005年度江西福利彩票销售5.16亿元，较上年增长69.2%，占到市场份额的38.6%，较上年下降14.7个百分点；江西体育彩票销售8.21亿元，较上年增长234%，占到市场份额的61.4%，较上年提高14.7个百分点。

分类型看，乐透（传统）型彩票销售

12.34 亿元，比上年同期增长 161.81%；竞猜型彩票销售 9 553.27 万元，比上年同期增长 15.49%；即开型彩票销售 723.52 万元，比上年同期增长 261.76%。这 3 种类型的彩票分别占江西彩票销售总量的 92.31%、7.15%、0.54%。

（二）彩票市场分析

2005 年江西彩票市场在全国市场的带动下得到快速发展，市场份额迅速扩大，销售总量实现了历史性的突破。市场运行表现出“老品种平稳运行、新游戏异军突起、试点项目不断扩张”的特点。

1. 老玩法成为彩票市场平稳发展的主要因素，是总销量大幅增长的重要方面。足球彩票和双色球自上市以来，一直支撑着彩票销量向上攀升，是江西彩票市场的主力军。2005 年江西足球彩票和双色球占到总销量的 25.4%，较上年增长 21.4%。其始终保持着旺盛的增长势头，有力地推动了彩票销量稳步向前。

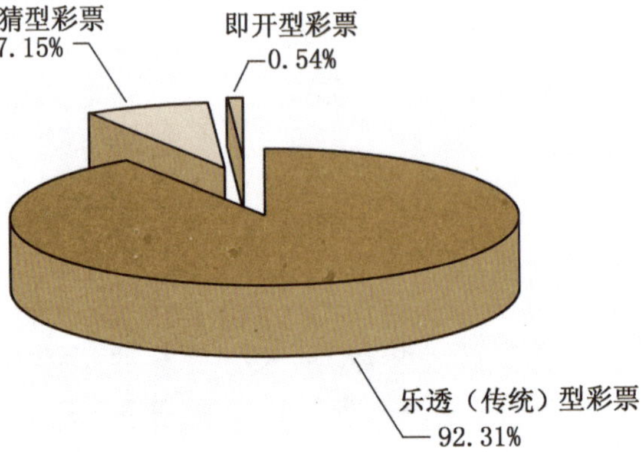

2005 年江西彩票市场份额图

2. 新游戏 3D 和排列 3 主导彩票市场的变化，是总销量大幅增长的生力军。由于 3D 和排列 3 游戏的玩法简单且固定设奖，一上市就引起大家的广泛关注，特别是在彩票销售机构不失时机地大力宣传和开发投注方式的情况下，使这种新游戏在短时间内就得到彩民的认可和追捧，并形成大规模追号购买的热潮，一度成为彩票市场的亮点和焦点。2005 年度在全国彩票市场的带动下，江西的 3D 和排列 3 游戏共销售 8.31 亿元，占总销量的 62.16%，分别占到福利彩票和体育彩票销量的 38.23% 和 77.21%，日均销量也达到 55 万元和 177 万元。

3. 中福在线试点的扩大是彩票销售的潜在增长点。2005 年江西新增 5 个中福在线即开型彩票销售大厅，经过半年的运作，各个销售大厅已基本上步入了正轨。这种销售方式日渐得到彩民的接纳，销量也在逐日上升，全年共销售 562 万元，较上年增长 181%。

二、彩票市场监管

（一）积极开拓彩票市场，不断促进彩票销售

为进一步促进彩票业的健康有序发展，逐步扩大彩票销售量，江西彩票销售机构认真研究彩票市场，主动借鉴外省的

成功经验，大胆实践，及时调整彩票品种，顺应彩票市场发展的需要。一是停止部分游戏的销售。江西体彩20选5曾一度受到彩民的青睐，为江西的彩票事业做出了一定的贡献。但由于其奖池小，不易聚集人气，2005年的销量一路下滑，直接导致该游戏入不敷出，经分析研究，及时报停这个已不适应市场需求的游戏。二是新增游戏品种，填补结构缺陷。在停止体彩20选5后，江西体彩市场上就没有小盘玩法，从结构上丢失了部分彩民。为此，江西报批上市了全国联网的体彩22选5，从而形成了一个完整的游戏品种体系。该玩法上市不足两个月就销售783.34万元，日均销售14.5万元。三是积极参与彩票改革试点。2005年江西省积极参加全国性的中福在线市级销售大厅扩点试点，同时正在申请对县市的试点，为该游戏在不同区域的推广总结经验。

（二）严格监管彩票市场，积极促进协调发展

一是建立联动监管机制，定期召开协调会议。为进一步促进彩票市场的健康有序发展，及时制止一些不和谐的营销行为，江西省财政厅定期召集省福利彩票发行中心、省体育彩票管理中心进行座谈，了解销售情况，掌握市场动态，分析发展走势，统一市场行为，确定工作重点，协调营销措施等。二是强化市场监管，严格彩票销售行为。2005年度江西彩票市场受到不当营销宣传的影响，彩民购彩行为不太理智，市场秩序一度出现混乱。江西省财政厅发现其中的违规行为后，及时与省级彩票销售机构进行沟通，采取措施予以制止，并要求彩票销售机构严格对照检查和清理，纠正已出现的问题。三是积极开展打击非法彩票等赌博活动的专项治理。为进一步严厉打击地下六合彩等非法彩票赌博活动，巩固已有成果，净化彩票市场环境，保障国家彩票的健康发展，切实维护好社会经济秩序，根据“江西省打击‘六合彩’等非法彩票赌博活动专项治理行动工作小组”的安排，继续组织对地下六合彩等非法彩票赌博活动突出的地方开展专项治理和打击。

（三）强化彩票机构财务管理，确保彩票资金安全

一是认真核批彩票销售机构经费预算。省财政厅认真履行监管职责，不断强化对彩票机构的财务监督管理，积极规范其收支行为，及时审核彩票销售机构报送的单位财务收支预决算，严格核批单位经费支出。二是及时调整比例，督促资金上缴。财政部决定从2005年9月1日起，调整足球彩票和即开型彩票的资金构成比例，调高这两种游戏品种的返奖比例。江西及时停止原有即开票的销售，全面统计和清理余票，按规定的资金比例催缴公益金和发行费。三是开展实时缴交资金工作。为防范资金风险，杜绝网点大量拖欠彩票销售款的现象，确保彩票资金及时、足额上缴省彩票中心，省福利彩票发行中心率先与工商银行合作，开发了“实时划款系统”并成功投入使用，成为保障彩票资金安全和杜绝其他违规现象发生的有效手段。

三、彩票公益金的管理

（一）彩票公益金的筹集分配

2005年，江西省实际筹集彩票公益金46 167.49亿元，其中，按照中央与地方各

一半的分配规定，上缴中央财政专户为23 083.76亿元。从分类来看，福利彩票公益金为18 073.21亿元，上缴中央财政专户9 036.61 亿元；体育彩票公益金为28 094.28 亿元，上缴中央财政专户14 047.15亿元。

（二）彩票公益金的使用

2005 年，江西福利彩票公益金总支出5 080.2万元，含国家资助款 530.2 万元，主要用于“三院”建设、大病医疗救助、“明天计划”、救灾设施建设等支出。其中，投入全省社会福利院、光荣院、敬老院设施建设的资金共计3 735万元，含国家资助款 405 万元，占到总支出的 73.5%；用于全省农村特困群众大病医疗救助 500 万元，占总支出的 9.8%；安排 505.2 万元启动“明天计划”帮助部分盲童复明，含国家资助款 85.2 万元，占总支出的 9.9%；投入 300 万元福利彩票公益金建设省级的救灾物资储备仓库，占总支出的 5.9%；安排 500 万元福利彩票公益金注入江西省扶贫济困基金，占总支出的 9.8%；另外，还安排了 40 万元的国家资助款项建设部分救助管理站。

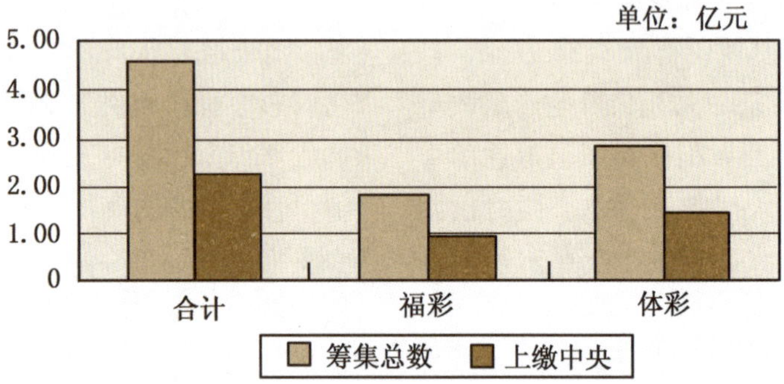

2005 年江西彩票公益金筹集情况

2005 年，江西体育彩票公益金总支出6 620万元，含国家资助款1 168万元，主要用于全民健身活动、体育场馆设施建设、大型体育赛事补助、“奥运争光”训练、国民体质监测等支出。其中，全民健身活动投入 2 080 万元，占总支出的31.4%；用于体育场馆设施的建设、改造和大型体育赛事训练3 360万元，占总支出的 50.8%；对承办大型体育运动会补助900 万元，占总支出的 13.6%；用于国民体质监测 280 万元，占总支出的 4.2%。

截至 2005 年，国家累计资助江西建设了 44 个青少年校外活动场所，核拨专项彩票公益金5 280万元；国家累计返还省安排建设青少年校外活动场所的专项彩票公益金2 215万元，已安排 18 个项目的建设。其中，2005 年度国家资助建设 11 个项目，核拨专项公益金1 320万元，返还专项公益金 506 万元，安排自建 2 个项目。从项目建设情况来看，目前有 8 个项目已竣工验收并投入使用，占总项目的 12.9%；已建成项目有 28 个，其中省级资助项目 8 个，占总项目的 45.2%。

（江西省财政厅综合规划处供稿，舒清执笔）

山 东 省

一、彩票市场销售情况及特点分析

2005年，山东省共销售彩票73.81亿元，占全国总销量的10.3%，比上年增长1.3倍，位居全国第一，并筹集彩票公益金25.74亿元。其中：福利彩票销售53.9亿元，占全国福利彩票销量的13%；体育彩票销售19.9亿元，占全国体育彩票销量的6.6%。

2005年山东省彩票市场销售情况表现出四个特点。

一是福利彩票和体育彩票销量均突破历史最高水平。2005年，在双色球和3D的共同拉动下，福利彩票销售连续攀高，不但超越28.8亿元的历史记录，而且突破50亿元大关。体育彩票则在排列3的有力拉动下，销量大幅度增长，全年销售额近20亿元，不但刷新了历史记录，而且超越以往各年度销量之和，实现历史性突破。

二是月销量波动幅度较大。1月份，全省彩票销量为3.3亿元，从2月份开始，在福彩3D和体彩排列3的拉动下，销量快速上升，3月份销量达到5.9亿元。从6月份开始，彩票销量直线上升，当月达到6.5亿元，7月、8月销量分别达到9.1亿元和11.6亿元。自9月份起，在经历了排列3和值14追号风波之后，市场逐渐趋于理性，销量高位回落并趋于平稳。第四季度月销量在5.5亿元上下徘徊，市场“虚增”泡沫基本被挤掉。

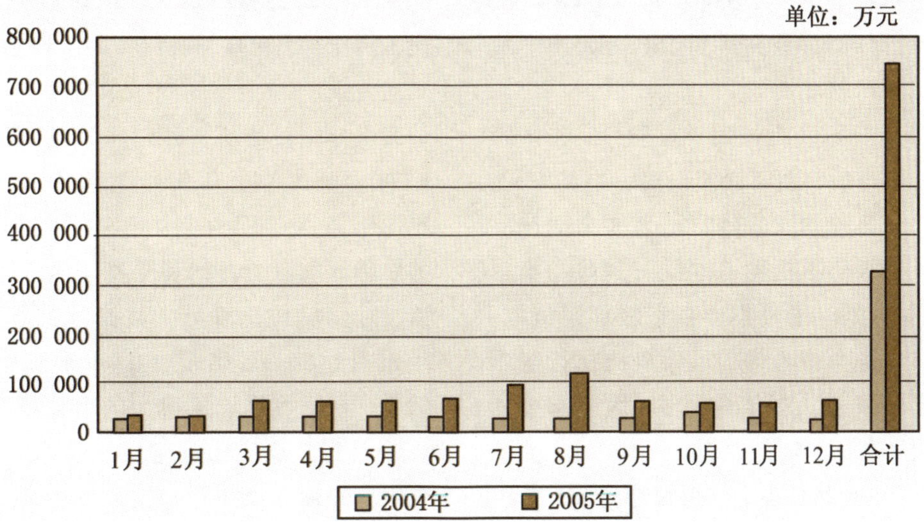

2005年山东省彩票销量与上年同期比较图

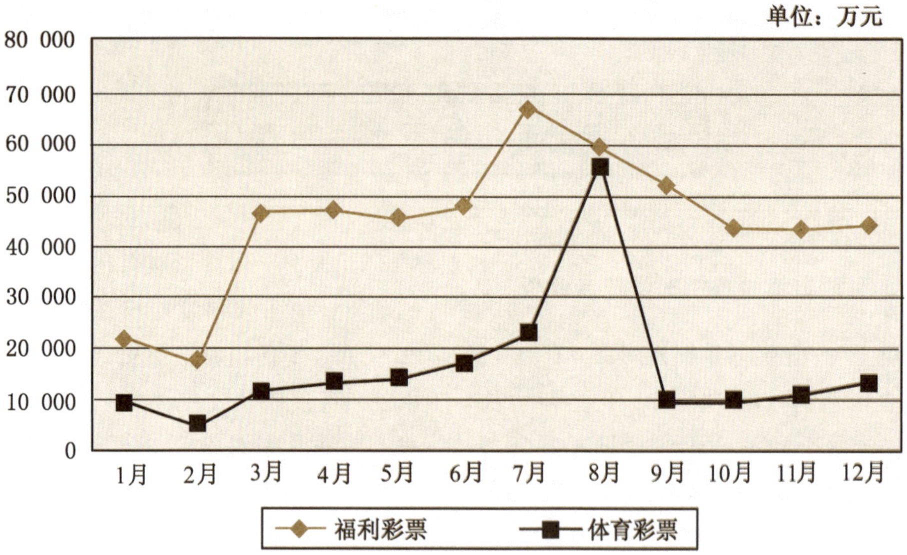

2005 年山东省彩票市场销售情况走势图

三是新的销售热点不断形成。2005 年，排列 3 成为体彩市场的主体票种，月销量平均 1.45 亿元，最高 5.5 亿元，全年销售 17.36 亿元，占体彩销量的 87%。8 月份，山东省福利彩票开始发行中福在线，相继在济南、青岛、潍坊三个市试点销售，月销量平均1 534万元，最高3 000 多万元，日销量最高达到 150 万元，形成福彩市场新的增长点。

四是市场风险加大。福彩 3D 和体彩排列 3 上市后，由于固定设奖，中奖率高，奖金兑付风险加大。体彩排列 3 全国统一销售，省级彩票机构基本没有风险；福彩 3D 的兑付风险主要集中在省级彩票机构，出于市场竞争的考虑，彩票机构执行限号规定不够严格，当年累积 3D 调节基金赤字超过 1 亿元。

（一）福利彩票市场销售情况及分析

2005 年，山东省福利彩票销售 53.9 亿元，筹集福彩公益金 18.87 亿元，列全国之首。山东省福利彩票的主要玩法有：电脑型福利彩票包括 30 选 7、36 选 7、双色球、23 选 5 和 3D 五种玩法；即开型福利彩票仅有中福在线一种玩法。

2005 年，山东省福利彩票各票种销售情况为：30 选 7 销售 8.39 亿元，比上年同期下降 38.5%；36 选 7 销售 1.93 亿元，比上年同期下降 37.7%；23 选 5 销售 4.31 亿元，与上年同期基本持平；双色球继续保持增长势头，月销售量基本稳定在 5 500万元左右，年销量达到 6.55 亿元，比上年同期增长 76.2%。3D 做为新上市的票种，前两个月走势平稳，从 3 月份开始，月销量快速攀升，最高达到 5 亿元，年销量达到 31.96 亿元，占福彩销量的 59%，同时也累积了很大的市场风险，主要原因是彩票机构没有严格执行“限号”规定。中福在线即开票销售作为新开发的票种，由于与国外的博彩手段非常接近，自 8 月份面市以来，就显示了很强的市场吸引力，月销量由最初的1 000万元左右增加到12月份的3 000万元以上，增势强劲，显现出很好的市场前景。

从2005年山东省销售情况分析，尽管福彩传统票种销售量有不同程度的下降，但由于3D的强势拉动，总销量增幅达89%，福利彩票的市场占有率为73%，比上年同期下降16.4%。说明尽管福彩销售绝对量增加，但是相对量有所下降，显现出山东彩票销售格局发生细微变化。

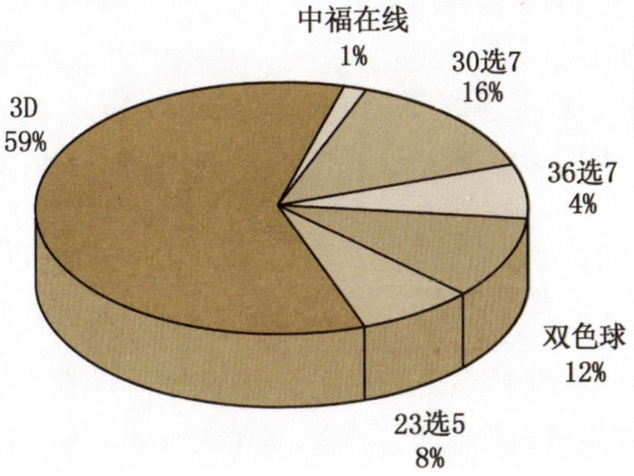

2005年山东省福利彩票各种玩法销售比重图

（二）体育彩票市场销售情况及分析

2005年，山东省体育彩票销售19.9亿元，筹集公益金6.88亿元，跃居全国第五。山东省体育彩票的主要玩法有：29选7、22选5、足彩胜负、足彩进球、七星彩、排列3、篮球彩票7种玩法。

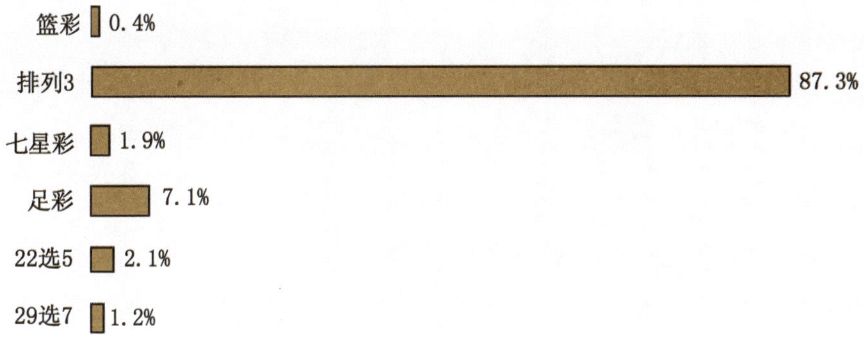

2005年山东省体育彩票各种玩法销售比重图

2005年，山东省体育彩票各票种销售情况为：29选7销售2 309.5万元，比上年同期下降7.4%；22选5销售4 151.5万元，比上年同期下降9%；足彩胜负、足彩进球销售1.42亿元，比上年同期下降19.7%；七星彩年销量达到3 763.8万元，比上年增长36.6%；篮彩是一种刚上市的竞猜型彩票，受彩民群体和游戏规则的影响，销售情况没有达到预期效果，全年仅销售282.87万元；排列3与福彩3D基本属于同一种彩票，日销量稳定在400万元左右，全年销售17.36亿元，占全省体彩销量的 87%,成为山东省体彩市场的主体票种。

从 2005 年山东省体育彩票销售情况看，尽管体彩传统票种销售量有不同程度的下降，但由于排列 3 一枝独秀，拉动全省体彩销量增长，一年的销量就相当于 2000—2004 年度全省体彩销量之和。2005 年山东体育彩票的市场占有率为 27%，比上年增长 16.4%。虽然体彩市场扩大，但山东彩票市场福彩强、体彩弱的格局没有根本性的改变。

二、彩票公益金管理和使用情况

2005年，山东省共筹集彩票公益金 25.7 亿元，根据财政部调整后的政策，中央与地方按照 5:5 比例分配彩票公益金，山东省上缴中央彩票公益金 12.87 亿元，地方留成 12.87 亿元。2005 年，山东省彩票公益金采用足额上缴、逐月返还的方式，共计返还 17 个市 8.25 亿元，省级留成 4.62 亿元。彩票公益金的上缴与分成全部通过财政专户系统进行。

（一）福利彩票公益金的管理和使用

2005 年,山东省共筹集福利彩票公益金 18.87 亿元;其中上缴中央 9.43 亿元,省级留成 2.64 亿元,返还地(市)6.79 亿元。

根据福利彩票公益金“扶老、助残、救孤、济困”的宗旨，按照省委、省政府《关于实施十项民心工程的意见》中“加快敬老院的改造和扩建，到 2007 年底基本实现五保集中供养”的要求，2005 年，分配省级福利彩票公益金共计 1.36 亿元，具体资助范围包括乡镇敬老院改扩建项目、国有社会福利院（儿童福利院）改扩建项目、县级政府所在地老年服务机构配套设施建设项目、首批省级养老服务社会化示范活动试点单位、优抚医院改扩建和配套设施建设项目、残疾人事业项目、“明天计划”项目、农村贫困残疾人危房改造项目等，其中乡镇敬老院、国有社会福利院改扩建项目资金约占 50%。

（二）体育彩票公益金的管理和使用

2005 年，山东省共筹集体育彩票公益金 6.88 亿元；其中上缴中央 3.44 亿元，省级留成 1.98 亿元，返还市县 1.46 亿元。

省级体育彩票公益金主要用于资助体育场馆建设、全民健身工程建设、省级以上大型运动会和竞技体育运动员训练经费补助等。根据《全民健身计划纲要》，2005 年省级体育彩票公益金重点支持的除第十一届全国运动会外，也为充分展示山东省群众体育健身设施的水平和档次，重点建设或改造一批集景观、绿化、休闲、健身为一体的全民健身精品工程和特色工程。共计分配省级体育彩票公益金 1.59 亿元，其中第十一届全运会、全民健身工程项目资金约占 67%。

（三）青少年学生校外活动场所建设与维护资金的管理和使用

2005 年，国家根据山东省彩票销量占全国总销量比重，返还山东省青少年学生校外活动场所建设和维护资金3 619万元，加上上年结余，共结存6 833万元。

根据《2000 —2005 年山东省青少年学生校外活动场所建设与发展规划》，省财政部在研究和调查后，安排 2005 年可资助项目共计 40 个，分配资金共计3 870万元。项目资金按照经济强县 80 万元、一般县 100 万元、欠发达县 140 万元的标准进行分配。对个别进展情况较好的已资助项目，按“以奖代补”的原则给予适当补助。尚未拨付的资金，全部结余在省级彩票公益金财政专户中。

2005年，国家直接安排山东省建设和维护校外活动场所1所，拨付专项资金120万元，根据专款专用的原则，省级财政已将上述专项资金全额拨付到冠县青少年活动中心。

为推动山东省青少年校外活动的全面开展，确保到2006年底圆满完成青少年校外活动场所规划建设任务，山东省出台了《关于切实加强青少年校外活动场所建设与维护资金管理的通知》，以加强对青少年校外活动场所建设和维护资金的管理监督。

三、彩票机构财务管理

2005年，山东省财政厅印发了《关于省级彩票机构财务管理有关问题的通知》，将山东省福利彩票发行中心、山东省体育彩票管理中心列为省级一级预算单位，在财务管理上实现了与其主管部门的脱钩，从体制上杜绝了行政主管部门占用彩票机构发行费用的行为，彩票机构财务管理逐步走上规范化的轨道。

（山东省财政厅综合处供稿，顾玲、罗斯维执笔）

河南省

2005年，河南省彩票销售取得了历史性突破，达到32.96亿元，比2004年增加16.85亿元，增长104.6%，筹集公益金11.5亿元，极大地促进了社会公益事业的发展。

一、彩票销售情况

（一）福利彩票销售情况

2005年，河南省福利彩票销售15.77

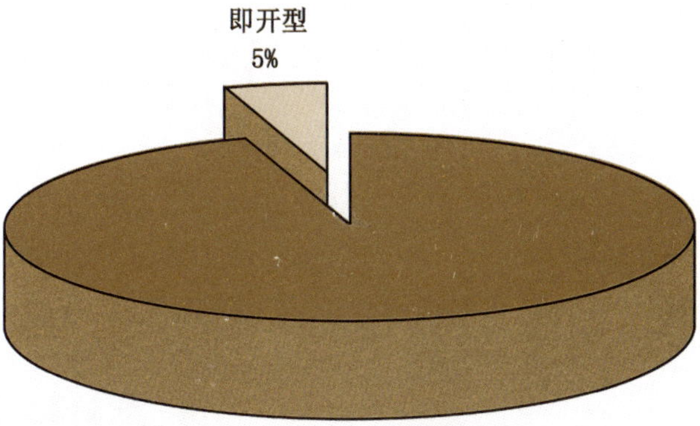

2005年河南省福利彩票类型份额图

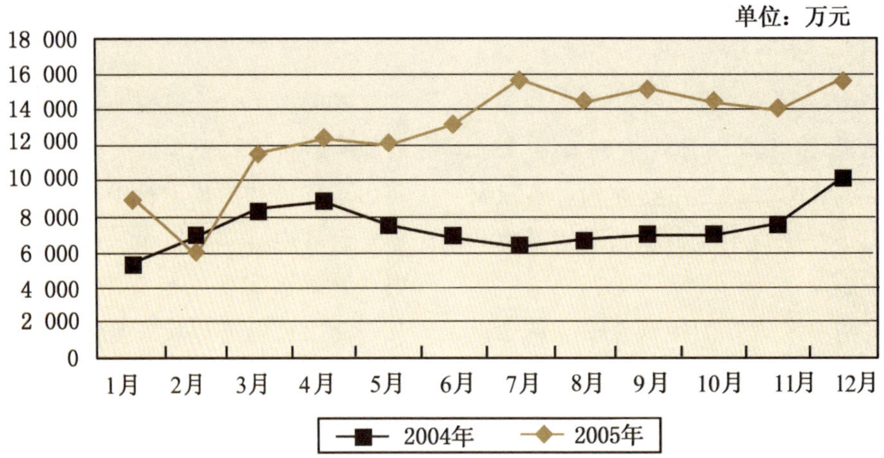

2005 年河南省福利彩票销量与上年同期比较图

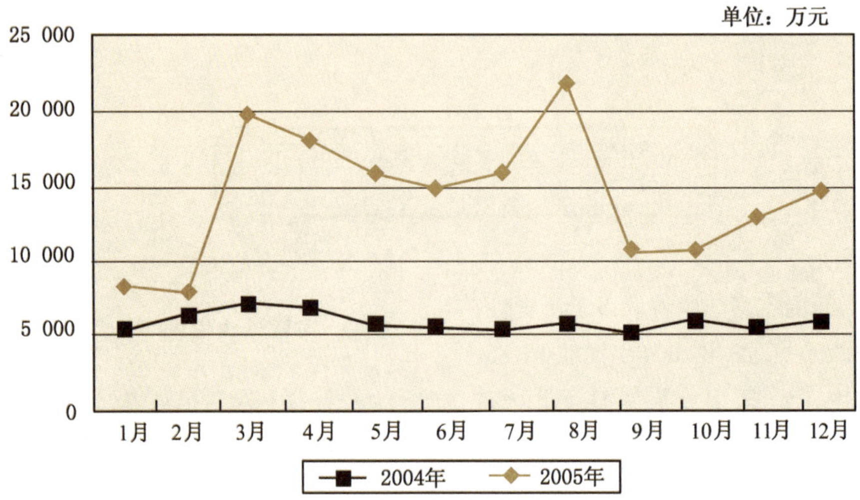

2005 年河南省体育彩票销量与上年同期比较图

亿元，比上年增加 6.6 亿元，增长 72.2%。其中，电脑型彩票销售 14.93 亿元，比上年增加 5.96 亿元，增长 66.5%，列全国第 9 位；中福在线即开型彩票销售 8 385万元，在全国 24 个试点省市中居第 3 位。

福利彩票各个品种全年销售中，3D 游戏呈现旺盛的市场活力，全年共销售 7.36 亿元，占福利彩票总销量的 46.7%；双色球稳中有升，全年销售 4.43 亿元，占 28.1%，比 2004 年增长 42.9%；22 选 5 经受住了市场严峻的考验，销售 2.7 亿元，占销售总量的 17.1%；36 选 7 则逐渐趋于老化，全年只销售4 323万元，仅占销售总量的 2.7%，根据市场发展趋势，于 2005 年 12 月 28 日终止了该玩法。

（二）体育彩票销售情况

2005 年，河南省体育彩票销售 17.2

亿元，比上年增加10.25亿元，增长147.5%。

体育彩票各玩法中，排列3、5一枝独秀，全年共销售12.61亿元，占体育彩票整个销量的73.3%；七星彩销售3.42亿元，占19.9%；21选5销售形势每况愈下，仅销售4 138万元，占2.4%；足球彩票普及程度尚低，全年销售6 501万元，占3.8%；篮球彩票尚属起步期，年销量仅807万元，占0.5%。

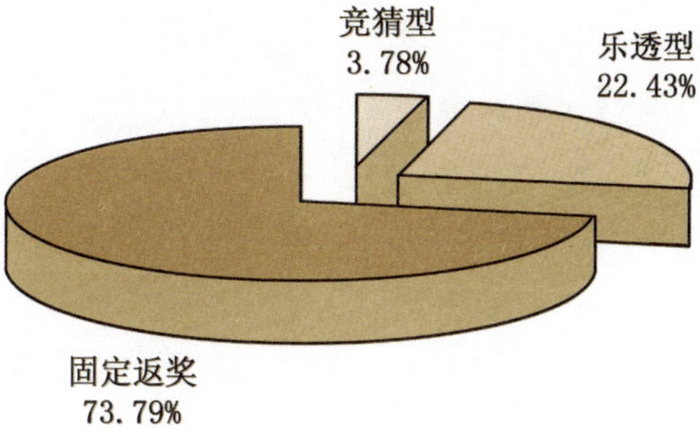

2005年河南省体育彩票类型份额图

二、彩票市场管理情况

（一）树立安全意识，加强安全管理

安全重于泰山，安全压倒一切。省财政厅一直将安全问题放在首位，彩票事业的发展离不开政府公信力。在每月的下基层访查中，将安全管理作为工作重点，查看彩票销售机构、数据管理、彩票资金归集情况，了解摇奖机具管理情况。彩票销售机构始终把安全生产放在第一位，采取多种措施加强安全管理。省体彩中心强化教育，要求全体员工从“讲政治、顾大局、保稳定、促发展”的发展高度来认识问题。2005年初，省福彩中心、体彩中心在与各个管理站签订目标责任时，都将安全生产郑重写进了责任书。省体彩中心将财政部《关于加强排列3排列5和3D游戏风险管理的通知》转发到各个管理站和销售网点，并根据排列3的特点，下发了《关于规范“排列3”宣传用语的通知》，充分利用《新体彩》媒体平台，刊登了《选3型彩票热销冷思考》、《“和值14”理性投注谨防资金缩水》等文章，修订完善了《河南省体彩中心安全生产工作制度》。省福彩中心将安全生产与事业发展紧密结合起来，多次强调要从发展角度认识安全生产的重要性，认真学习财政部《关于加强排列3排列5和3D游戏风险管理的通知》，积极采取措施，对3D游戏严格实行限号销售，同时加强销售资金收缴的安全管理，对销售网点实行销售额度控制，及时清缴销售资金。

（二）抓住拳头产品，搞好市场营销

2005年的彩票市场，突出表现为固定返奖游戏成为主打玩法。福彩3D游戏表现强劲，全年共销售7.36亿元，占河南省福利彩票销售总量的46.7%；体育彩票排列3全年销售12.61亿元，占河南体育彩票总销量的73.3%。河南省两个彩票销售机构认真做好市场调研，研究彩民需求，创新营销手段。在新产品固定返奖游戏的推广过程中，除了进行常规性的前期市场预热、造势、宣传外，把营销工作的重点转移到了销售队伍培训、派送促销和投注引导上面，全面提高销售队伍整体水平，科学合理引导彩民投注，在产品培育、启动期进行派送促销，刺激市场；在产品发展期进行投注技巧讨论和实践比赛，提高市场关注程度；在市场非理性膨胀期采取规范措施进行正确引导，降低市场热度。正是在营销手段上的不断创新，保证了拳头产品的快速发展。

（三）搞好网点建设，巩固发展基石

2005 年，河南彩票销售机构在做好市场营销的同时，大力促进彩票销售网点建设。对网点业主和销售人员进行市场营销业务培训，提高销售队伍的营销理念；强化专营店建设，提高专营程度；科学布点，加大覆盖面。到 2005 年底，福彩投注站达3 173个，比年初的3 081个增加了 92 个；体彩销售终端由年初的2 650台增加到2 681台，增加 31 台。

三、彩票公益金管理情况

2005年，河南省共筹集彩票公益金 11.49 亿元，其中福利彩票公益金 5.52 亿元，体育彩票公益金 5.98 亿元。

按照财政部确定的分配比例，筹集公益金总额的 50%上缴中央。2005 年，河南省上缴中央彩票公益金 5.75 亿元，其中，福利彩票公益金 2.76 亿元，体育彩票公益金 2.99 亿元。地方留用彩票公益金 5.75 亿元，其中，福利彩票公益金 5.76 亿元，体育彩票公益金 2.99 亿元。地方留用部分分配情况是：体育彩票电脑型按 6%、即开型按 20%、福利彩票电脑型按 8%、即开型按 18%返还市县，其余由省本级安排使用。2005 年返还市县彩票公益金 2.38 亿元，其中福利彩票公益金 1.35 亿元，体育彩票公益金1.03亿元。省本级留用彩票公益金3.37亿元，其中福利彩票公益金 1.41 亿元，体育彩票公益金 1.96 亿元。

彩票公益金全额上缴省级财政专户，纳入部门预算，实行“收支两条线”管理。彩票公益金收入实行省级统管，分配市县的彩票公益金由省财政厅会同民政、体育行政主管部门确定分配比例，通过财政专户逐级下拨。审计部门按照河南省财政厅、河南省审计厅联合下发的《关于加强彩票公益金使用监督管理的通知》，对彩票公益金使用情况进行审计监督，并向社会公布。

（一）福利彩票公益金使用情况

2005 年返还市县的福彩公益金主要用于社会救助、社会集中养老机构等社会福利、社会公益事业；省级留用的 1.41 亿元主要用于平衡全省社会福利、公益事业的发展。具体包括以下项目：

加大社会福利机构基础设施建设和维护资金投入。2005 年，全省共投入9 798万元，对全省 47 个福利院、28 个光荣院、252 个敬老院、17 个流浪人员救助站、15 个革命伤残军人康复医院等社会福利机构进行了基础设施维护或改造。

加速社区老年活动中心建设。用于全省 118 个社区老年活动机构的建设和改造，为老年人提供便利的社区活动场所。

用于商丘、开封、驻马店等市艾滋病高发区孤老和孤儿抚养机构的建设和艾滋病员救助。经省政府批准，省民政学校招收两个艾滋病孤儿培训班，共80人，学制3年，所需费用全部由福彩公益金承担。

安排795万元用于资助残疾人活动。用于为低视力、聋儿贫困患者免费配发助视器、助听器，组织康复辅导员培训，对贫困精神病患者实施救助治疗，组织残疾人运动员集中训练、比赛等等。

河南省民政厅、省慈善总会、省福利彩票发行中心发起组织了“福彩百万献真情，慈善助困心连心”活动，对全省城乡3 320户特困家庭进行资助。

配合民政部实施“明天计划”，对社会福利机构及社会上有特殊困难的儿童、残疾儿童进行康复手术和治疗，并捐赠日常生活用品。

补充省老年福利基金200万元。

同时，捐资修建“福彩希望小学”，开展了“爱心助学子”、“万家社区读书”等活动。

（二）体育彩票公益金使用情况

体彩公益金主要用于以下社会体育活动及体育基础设施建设。

举行河南全民健身周活动。配合国家体育总局开展“全国亿万群众健步走”系列活动，河南省体育局在焦作市举行了纪念《全民健身计划纲要》颁布10周年全国亿万群众健步走暨2005年全民健身周开幕式，举办了2005年河南省健身秧歌、大众广播操和健身路径比赛等活动。春节期间在洛阳伊川举行了河南省第三届农民篮球邀请赛。

成功承办第三届焦作国际太极拳交流大赛，来自22个国家和地区116支代表队的1 149人参加了本届太极拳交流大赛。

成功举行第十届全国运动会火种采集仪式以及“十运会”火炬传递活动。

施行河南县（市）公共体育设施以奖代补政策，加大全民健身工程的建设力度，实施了第九批38条健身路径、4条篮球专项路径和8条乒乓球专项路径工程，为第一、第二批全民健身路径更新器材，对新县“雪炭工程”进行验收，公开评估、实地勘察和报批了2005—2007年河南“雪炭工程”实施单位，南阳“全民健身活动中心”、登封“少林体育景观工程”开始施工建设。

拿出42万元对32所优秀省级体育传统项目学校进行了重点扶持，推动体育传统项目学校发展。

（三）青少年校外活动场所建设情况

2005年，国家扶持河南省青少年学生校外活动场所建设项目17个，扶持资金3 060万元；河南省利用国家返还资金安排项目8个，投入资金1 440万元，2005年河南省共用于青少年校外活动场所建设资金达4 500万元。

（河南省财政厅综合处供稿，何祖军、殷明执笔）

湖 北 省

2005 年湖北省财政部门进一步加大对彩票市场监管力度，规范彩票销售行为，维护彩票市场秩序，加强对彩票资金的管理，积极支持、配合彩票销售机构进一步强化市场营销、技术进步及安全管理，共同促进湖北省彩票市场在发展中规范，在规范中发展。

一、彩票销售情况

2005 年湖北省彩票市场发展迅速。全年销售彩票 51.73 亿元，比上年同期增加 30.18 亿元，增长 140.1%。销量排序上升至全国第 4 位。

（一）福利彩票销售情况

2005 年，湖北省福利彩票销售 27.81 亿元，比上年同期增加 12.57 亿元，增长 124.5%，销量再创历史新高，是湖北省福利彩票自 2003 年以来连续第三次飞跃。

各游戏品种销量为：3D 游戏 17.55 亿元，双色球游戏 6.52 元，22 选 5 游戏 2.30 亿元，32 选 7 游戏8 641.59万元。四种游戏销量所占比例分别为 64.44%、23.93%、8.46%、3.17%。从各玩法看，全国联销 3D 和双色球已成为湖北省福利彩票市场的重要支撑。

此外，2005 年湖北省销售即开型福利彩票5 638.85万元。其中利用电脑福利彩票销售网点和社会网点销售网点即开型福利彩票4 012.00万元，从 2005 年 5 月底陆续在武汉、黄石、仙桃、潜江、鄂州开通 6 个中福在线销售大厅，销售在线即开型福利彩票1 626.85万元。

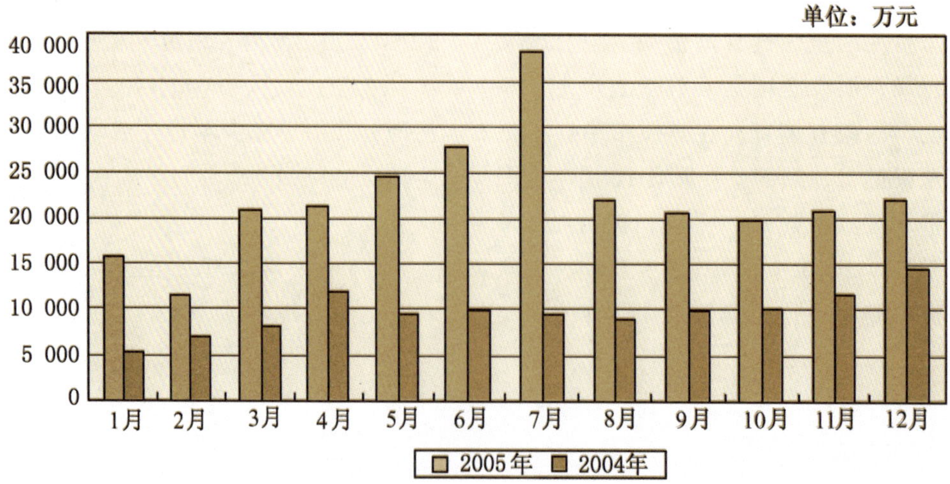

2005 年湖北省电脑福利彩票销量同比示意图

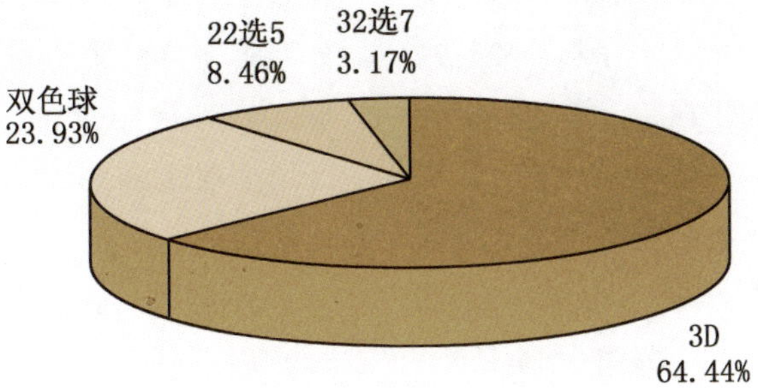

2005 年湖北省电脑福利彩票 4 种游戏销售比重图

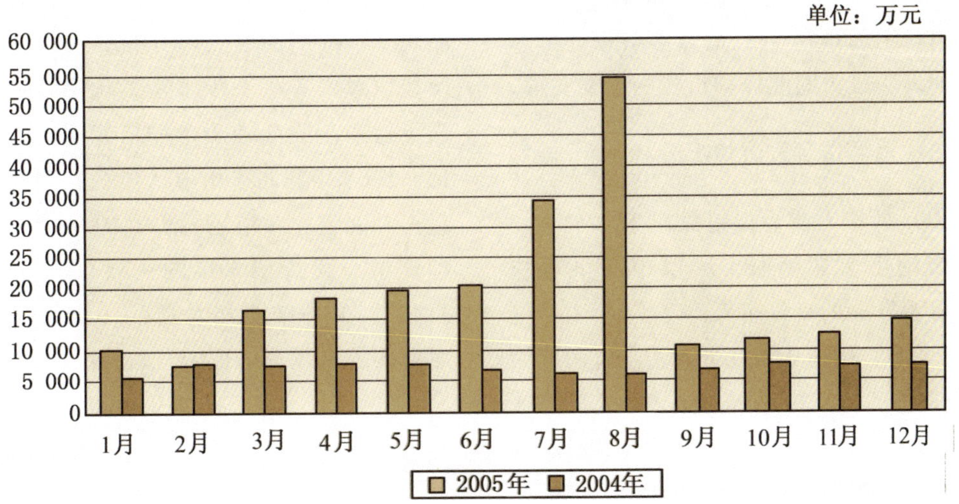

2005 年湖北省电脑体育彩票销量同比示意图

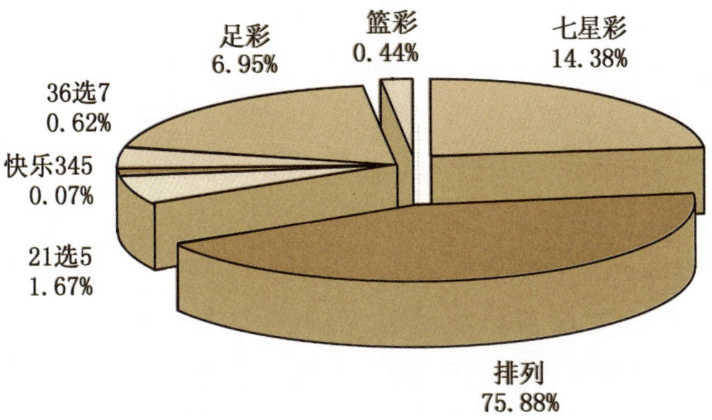

2005 年湖北省电脑体育彩票 7 种游戏销售比重图

（二）体育彩票销售情况

2005 年，湖北省体育彩票一举扭转了

2003 年以来销量持续下滑的不利局面，实现历史性突破。全年销售体育彩票 23.92 亿元，比上年同期增加 14.77 亿元，增长 161.3%。

各游戏品种销量为：排列 3、5 游戏 18.15 亿元，七星彩游戏 3.44 亿元，21 选 5 游戏 0.39 亿元，36 选 7 游戏 0.14 亿元。篮球彩票 0.10 亿元，足球彩票 1.66 亿元，快乐 345 游戏 0.017 亿元，7 种游戏销量所占比例如下图所示。从各玩法看，2005 年全国联销的排列 3、5、足球彩票和七星彩等 3 种玩法成为湖北体彩市场的主要支撑。

二、彩票市场发展情况分析

2005 年湖北省彩票销量在 3D、排列 3 强劲带动下大幅增长，彩票市场呈现快速、协调发展的良好态势。

1. 3D、排列 3 游戏带动了全省彩票销量的快速增长。2005 年 3D、排列 3 游戏由于玩法简单、设奖固定等特点得到彩民认可，销量屡创新高。两种游戏全年分别销售 17.56 亿元、16.70 亿元，占湖北省彩票销售总额的 66.23%，成为湖北省彩票销量的主要增长点。同时，在 3D、排列 3 强劲增长势头的带动下，其他游戏品种的销售也日渐活跃，全省彩票销量实现快速增长。2005 年湖北省彩票销量比 2004 年同期增长 30.2 亿元，成为全国彩票销售增量较大的三省份之一。

2. 全省福利彩票、体育彩票呈现快速、均衡发展的格局。2005 年湖北省福利彩票保持了 2003 年以来快速增长的发展势头，同比再增长 124.5%；湖北省体育彩票一举扭转了 2003 年以来销量持续下滑的不利局面，同比增长 161.3%。湖北省福利彩票、体育彩票的销量在全国同行排序分列第 4 位和第 2 位，在湖北彩票市场的份额分别为 53.76%、46.24%，湖北彩票市场呈现福利彩票、体育彩票快速发展、均衡共进的格局。

3. 游戏品牌逐步形成，但市场结构单一。2005 年，3D、排列 3、双色球成为湖北省彩票市场的热销品牌，三种游戏全年销售 40.78 亿元，占湖北省彩票销售总量的 78.83%，成为湖北省彩票市场的主要品牌。新推出的网点即开票、在线即开票及篮球彩票等进一步丰富了玩法结构，但由于这些游戏尚处于市场培养期，销量较低。2005 年湖北省乐透（传统）型彩票销量占湖北省彩票市场总份额的 95.5%，而即开型、竞猜型彩票的销量仅占 1.1%、3.4%，市场结构相对单一，市场基础相对薄弱，市场形势依旧严峻。

三、彩票公益金筹集、分配和使用情况

2005 年，湖北省筹集彩票公益金 17.95 亿元。其中，福利彩票公益金 9.68 亿元，体育彩票公益金 8.27 亿元，比上年增加 10.41 亿元，增长 138%。按照国家政策规定，上缴中央 8.975 亿元，本省留用 8.975 亿元。

2005 年，已分配各市（州）县福利彩票公益金 15 329 万元，已分配各市（州）县体育彩票公益金 6 603 万元。2005 年省级共安排使用福利彩票公益金 16 240 万元。其中，“福星工程” 7 700 万元，“残疾孤儿康复手术明天计划”经费 718 万元，农村贫困群众医疗救助资金 2 000 万元，农村特困户危房改造补助资金 2 000 万元，社会福

利机构新建、改扩建和维修改造补助资金1 000万元，省本级公益金项目2 822万元。2005年，省级体育彩票公益金共计安排使用5 369万元。其中，竞技体育项目1 567万元，群众体育项目1 453万元，青少年体育276万元，运动基地建设、维修项目1 291万元，退役运动员安置项目800万元。

2005年，中央返还湖北省青少年校外活动场所建设及维护资金1 981万元，用于省级青少年学生校外活动场所的建设和维护。

（湖北省财政厅综合处供稿，华伟执笔）

湖南省

一、彩票市场发展情况

（一）彩票销售成绩喜人

2005年，湖南省彩票销售取得有史以来的最好成绩，共销售彩票22.28亿元，比2004年增加14.19亿元，增幅为175.40%，为2001年彩票发行量的6倍。其中，福利彩票11.83亿元，比2004年增加5.83亿元，增幅为97.16%，为2001年福彩发行量的4.85倍；体育彩票10.45亿元，比2004年增加8.36亿元，增幅为400%，为2001年体彩发行量的8.16倍。筹集彩票公益金7.69亿元，比2004年增加4.86亿元，增幅为171.73%，为2001年彩票公益金的6.87倍。

湖南省2005年销售福利彩票和体育彩票所占比例分别为53%和47%。体育彩票所占市场份额上升了21个百分点，有明显提高。

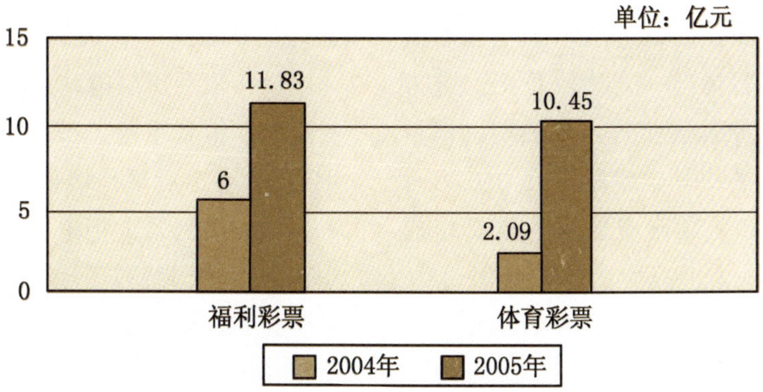

2005年湖南省福利彩票、体育彩票销售量与上年比较图

（二）彩票品种销量分析

1. 体育彩票品种销量分析。2005年，湖南省销售的电脑体育彩票全部为全国联网或区域联网玩法，全国联网彩票包括足

球彩票、排列玩法、七星彩、22 选 5、29 选 9 等，区域联网彩票有同花 5 及附加玩法千喜乐、36 选 7 等，品种涵盖竞猜、乐透、数字三大类型，其中尤以排列玩法、足球彩票、七星彩最受彩民欢迎。

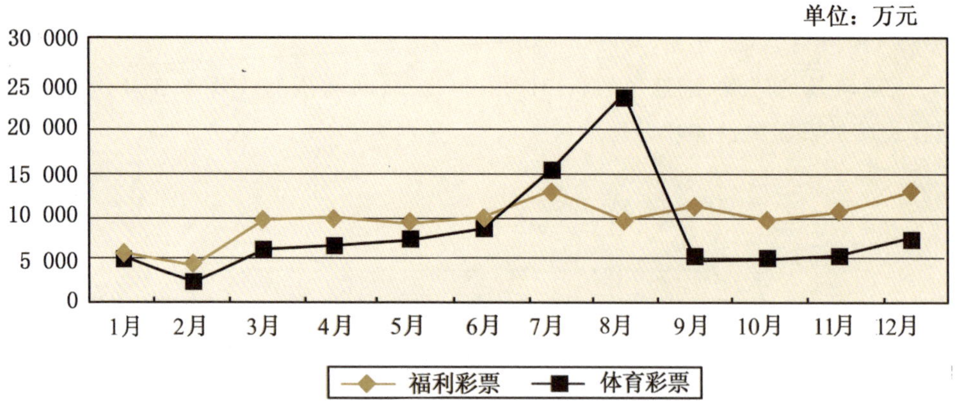

2005 年湖南省福利彩票、体育彩票销售走势图

（1）排列玩法。春节后通过派奖促销，排列玩法的月销量稳定在4 500万元以上；4 月份以后，体彩中心推出了排列 3 直选加奖 100 元的派奖促销活动，让排列玩法月销量稳定到5 000万元以上；此后，借助排列 3 大讲坛、“有奖大擂台”等活动，排列玩法销量不断攀升，再辅以网点奖励等手段，至 8 月达到最高峰 2.3 亿元。

（2）七星彩。自 2004 年 5 月七星彩上市以来，其销售情况一直比较稳定。进入 2005 年后，该玩法逐步进入成熟期，销量也十分平稳，平均月销量稳定在 350 万—400 万元左右，是湖南省体彩的重要组成部分。

（3）足球彩票。足球彩票仍然是湖南省体育彩票的重要玩法之一。2005 年 9 月，财政部将足球彩票的返奖率提高到 65%，并对部分游戏规则进行了修改，这一系列措施受到了广大彩民的欢迎。9 月份后，足球彩票销量明显提高，到年底其月销量达到全年最高点。而任选 9 场的上市也为沉闷已久的足球彩票市场带来了勃勃生机，这个小盘玩法上市后迅速得到了彩民的认可，销量逐步攀升。

2. 福利彩票品种销量分析。2005 年，湖南省共销售福利彩票 11.83 亿元。其中电脑票销售 11.42 亿元，同比增长 95%。新增了 684 台投注设备，使全省站点总数达到3 500多个，扩大销售 1.97 亿元。

（1）福利彩票电脑票 2005 年春节期间受影响，销量下降，节后逐渐回升，新开玩法 3D 春节后更是增长迅速。

（2）电脑票全年销售114 220万元，其中新上市全国统一开奖的 3D 彩票倍受彩民青睐，占全省电脑票总量的 52%，老玩法双色球也是稳步上升。湖南省玩法（35 选 6 + 1 和 22 选 5 等）只占总量的 18%。

（3）35 选 6 + 1 玩法春节后销量有所回稳，但 4 月份后受 3D 销量影响开始下滑。

(4) 进入2005年，22选5销量逐月下滑，7月份玩法修改，末奖由2元改为6元，再加上四喜乐派彩活动同时展开，使销售回升。10月后受3D等其他玩法销售增加影响，开始下降。

(5) 双色球春节过后销量开始回升，继续去年的上涨势头，夏季进入淡季略有回落；8月继续增长势头。

(6) 35选6+2好运彩3月份后受3D销量影响开始下降。

(7) 22选5好运彩3月份后受3D销量影响开始下滑。

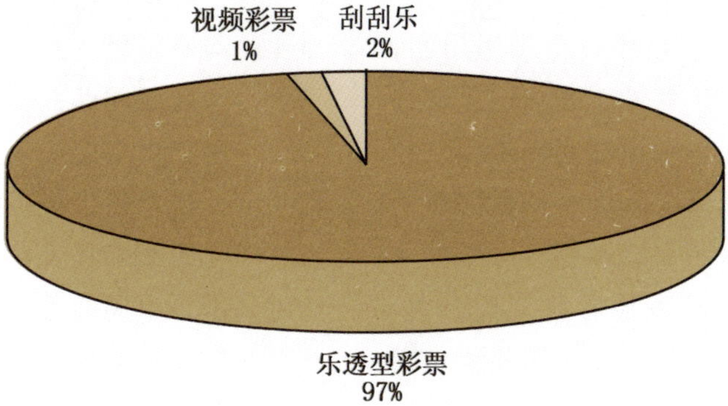

2005年湖南省福利彩票各票种销量比例

(三) 排列3和3D销售专题分析

1. 排列3和3D销售情况。2005年，湖南省排列3电脑体育彩票和3D电脑福利彩票销售形势大好，销量都在体育彩票和福利彩票的游戏品种中独占鳌头。其中尤以排列3更领风骚，2005年湖南省体育彩票之所以能从2004年的2.09亿元增加到2005年的10.45亿元，关键在于排列3从2004年的0.09亿元增加到2005年的8.07亿元，排列3对2005年体育彩票增长贡献率为95.45%。湖南省于2004年12月6日加入“中国福利彩票3D游戏”的全国联销，较体育彩票排列3上市时机稍晚，但经过湖南省福利彩票发行中心的不懈努力，2005年，湖南省3D福利彩票实现了6.05亿元的骄人成绩，占到湖南省福利彩票总销售量的51.14%。

2. 排列3和3D取得骄人业绩的原因分析。

(1) 加强领导，支持彩票发行工作。两个游戏上市之初，湖南省各级财政部门积极给予促销等方面的政策支持和工作指导；同时，各级党委、政府加大打击地下私彩的力度，为彩票市场的健康发展创造了良好的外部环境。

(2) 加强宣传，正确引导彩民购买彩票。湖南省两个彩票中心年初都将排列3和3D作为彩票销售新的增长点，在营销、宣传等方面加大了投入，做到了入市之前提前宣传、上市之日“火爆”宣传、入市之后长期宣传。同时利用电视、广播、报纸、网络等实行立体宣传，使排列3和3D游戏深入人心，逐步树立了品牌形象，进一步扩大了彩民队伍。

(3) 加强培训，激励彩民购买彩票。在新玩法上市以后，湖南省两个彩票中心聘请专家对各市州彩票中心主任和市场管理员进行了专业、系统的培训、传授营销技巧等。同时，进行了为期一个月的派彩活动，有效地调动了彩民的购买热情。

(4) 改革用人机制，增设营销网点，促进彩票事业发展。2005 年初，湖南省体育彩票管理中心推出了一系列改革：一是在省中心和市州管理站推行全员聘用制；二是明确各市州管理站站长的责、权、利；三是在全省大力推出“阳光工程”和“下乡工程”。前者是努力提高销售网点的服务意识和市场意识，后者是在全省县乡增设 100 多个网点，方便彩民购买彩票，填补销售空白区，有效地促进了湖南省彩票事业的发展。

3. 排列 3 和 3D 后期走势判断。排列 3 和 3D 玩法市场潜力较大，发展前景较为乐观。原因如下：一是两种游戏玩法盘子小，中奖概率较高，符合世界彩票发展规律；二是两种游戏玩法都有一定的彩民基础，深受彩民喜爱；三是专家预测两种游戏玩法很可能发展为我国发行量最大的彩票之一。

(四) 彩票市场的监管情况

1. 严厉打击地下六合彩等非法彩票，积极做好专项整治工作。地下六合彩赌博活动自 2003 年初从广东传入湖南省，继而迅速发展蔓延至全省 13 个市州的 37 个县 (市、区) 233 个乡镇。地下六合彩赌博活动的蔓延，给湖南省的经济发展、社会稳定、人民安居乐业带来严重危害，人民群众和社会各界反映十分强烈。省委、省政府高度重视，成立了由财政、公安、工商等部门组成的打击赌博活动整顿彩票市场秩序专项行动办公室，在全省开展了彩票市场专项整治行动，针对部分县市地下六合彩有所抬头的趋势，加大打击力度。据统计，2005 年湖南省共查处非法博彩和地下六合彩案件6 500多起，有力维护了湖南省彩票市场秩序。

2. 积极协调体彩、福彩两个机构之间的关系。随着彩票销售规模的扩大和彩票事业的不断发展，湖南省彩票市场出现了一些新情况和问题：有的彩票销售机构强行要求彩票销售业主实行彩票专营；有的使用不正当竞争手段损害同业者的正当利益；还有的散布不利于竞争对手的言论。为保证彩票市场的稳定发展和建立良好的市场秩序，湖南省财政部门着力于协调体彩、福彩两家的关系，通过多方面的协调工作，同时出台相应的加强彩票监管的文件，使有关部门消除了误解，化解了矛盾，促进了团结，形成了双赢的共识。

二、彩票公益金的筹集和使用情况

(一) 彩票公益金筹集和分配情况

2005 年，湖南省共筹集彩票公益金 7.69 亿元，其中福利彩票公益金 4.10 亿元，体育彩票公益金 3.59 亿元。上缴中央 3.85 亿元，安排市州 2.13 亿元，省本级 1.71 亿元。

(二) 彩票公益金使用情况

为保证公益金专款专用，湖南省财政部门加强了对公益金项目的计划管理，会同民政、体育等部门对公益金进行项目评审，使公益金的使用更趋规范合理，更好地发挥了资金的使用效益。

1. 福利彩票公益金使用情况。福利彩票公益金主要用于扶老、助残、救孤、济困项目。2005 年，全省共使用福利彩票公益金0.86亿元，资助低保、敬老院、社区服务中心、“星光计划”、“明天计划”等福利项目200多个，其中拿出100万元慰问贫困劳模、100万元慰问老区困难群众、200万元用于“明天计划”帮助盲童进行复明手术等，倡导了良好的社会风尚，有力地促进了社会福利和社会公益事业的发展，深受老百姓的好评。

2. 体育彩票公益金使用情况。体育彩票公益金主要用于实施“全民健身计划”和“奥运争光”计划。2005年，全省使用体育彩票公益金0.35亿元，其中，支持街道、社区等健身路径35个，体育场馆建设53个，健身点建设2个，补助2004年奥运会经费980万元。这些项目的建成，为推进湖南省全民健身运动、提高市民身体素质起到了积极的作用。

3. 中央返还公益金执行情况。中央返还青少年校外活动场所建设及维护资金744万元。安排7个省级项目，每个项目安排资金100万元，项目均在按进度进行。

（湖南省财政厅综合规划处供稿，陈为民、李容梅执笔）

广 东 省

一、彩票销售情况及分析

2005年广东省共销售彩票60.16亿元，比上年同期增长21.3%，位居全国第二，占全国彩票销售总量713.86亿元的8.43%，共筹集公益金20.5亿元。

（一）福利彩票销售情况

2005年全省福利彩票销售额为39.12亿元，比上年同期增长27.6%，位居全国第二，占全国福利彩票销售量411.21亿元的9.51%，筹集公益金13.68亿元。主要玩法有联网销售的电脑票双色球、南粤风采36选7（含好彩1）、南粤风采26选5（含好彩2）和3D；深圳市单独发行的有深圳风采35选7和快乐8；即开型福利彩票有中福在线即开票和网点即开票。

（二）体育彩票销售情况

2005年全省体育彩票销售额为21.04亿元，比上年同期增长11%，位居全国第四，占全国体育彩票销售量302.66亿元的6.95%，筹集公益金6.82亿元。主要玩法有足球彩票、排列3、排列5、七星彩、36选7。2005年11月至2006年2月底，广东省还自行研发上市了以美国男子篮球联赛为竞猜对象的“广东单场胜负比分篮球彩票”。

其中：

乐透型彩票销售11.77亿元，占总销量的55.95%，比上年的6.26亿元增长了88.12%。

足球彩票销售9.08亿元，占总销量的43.15%，比上年的12.25亿元下降了25.87%。

篮球彩票销售1 381.86万元，占总销量的0.66%。

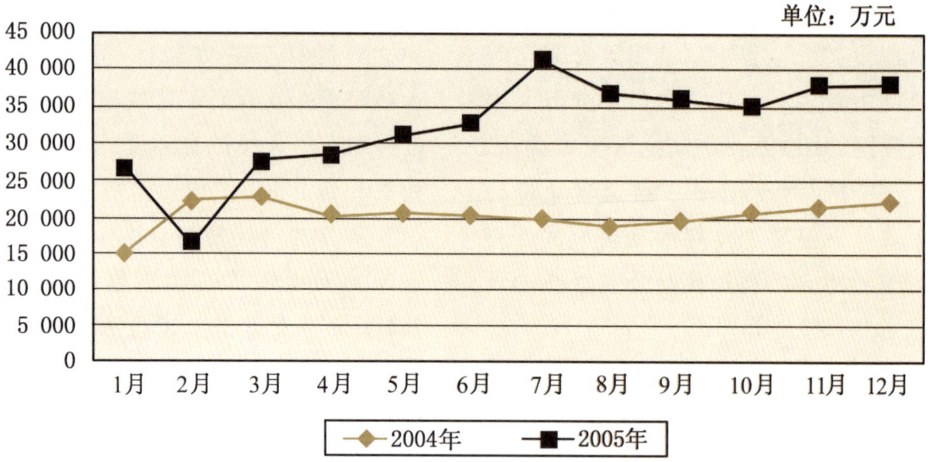

2004—2005 年广东省福彩销量对比图

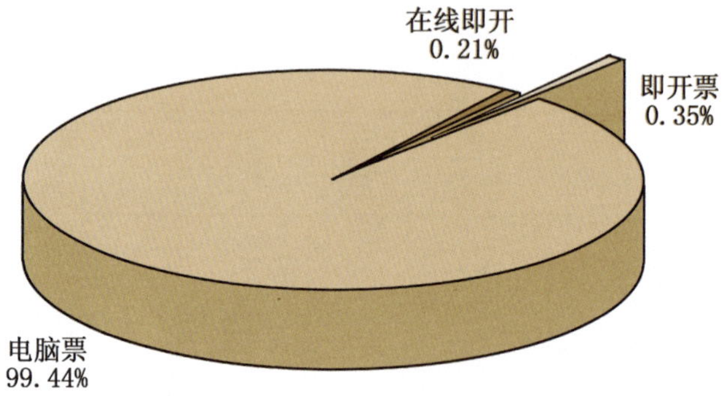

2005 年广东省彩票各类型销售比例图

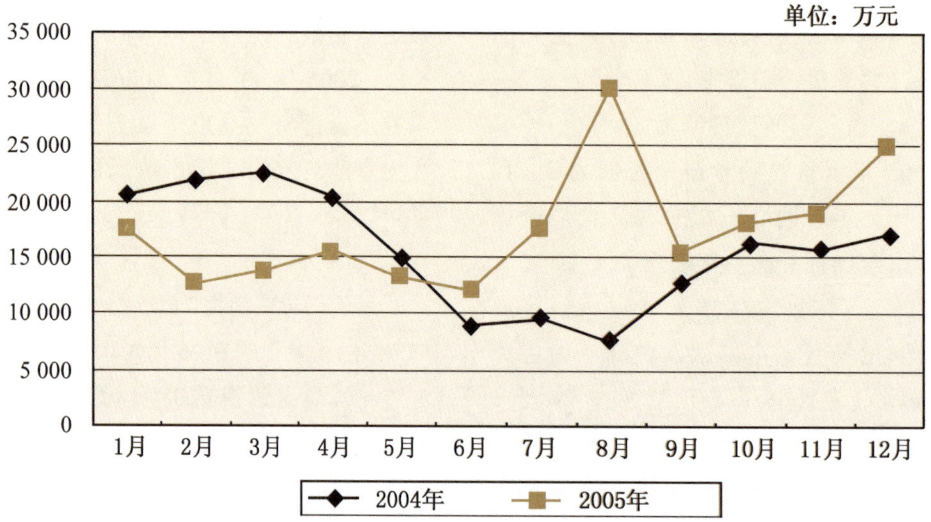

2005 年广东省体育彩票销售与上年同期比较图

即开型彩票销售 512.71 万元，占总销量的 0.24%，比上年的4 460.74万元下降了 88.51%。

2005 年广东省电脑型体育彩票游戏品种销量分别为：足球彩票胜平负 6.81 亿元，足球彩票进球 1.32 亿元，排列 3 为63 955万元，七星彩29 912万元，36 选 7为 1.8 亿元，足球彩票胜平负任选 9 场9 501万元，排列 5 为5 588万元，篮球彩票1 202万元，七星彩押大小 240 万元，广东篮球彩票 179 万元。

2005 年广东省体育彩票种类销量比例如下：乐透型彩票销售117 703万元，占总销量的 55.95%；竞猜型彩票销售92 167万元，占总销量的 43.81%；即开型彩票销售 513 万元，占总销量的 0.24%。

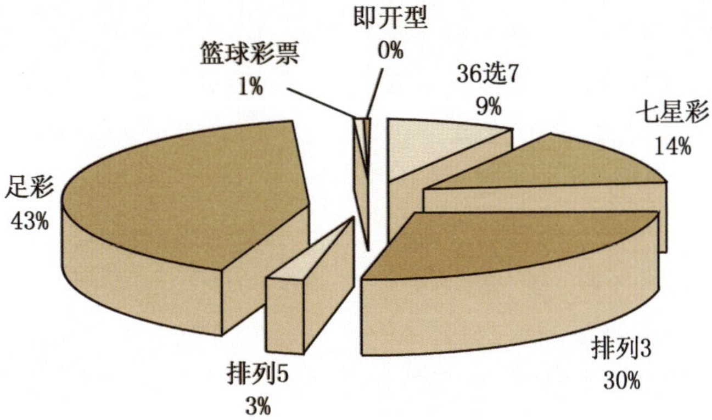

2005 年广东省体育彩票各玩法比例图

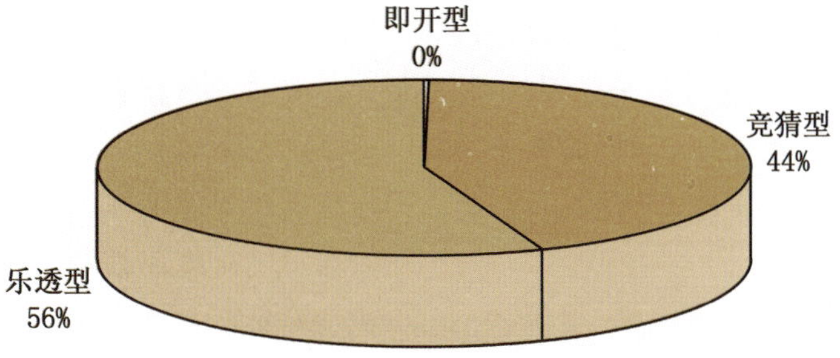

2005 年广东省体育彩票种类销量比例图

二、彩票公益金筹集、分配和使用情况

（一）福利彩票公益金

2005 年全省福利彩票共筹集公益金 13.69 亿元。其中上缴中央 6.85 亿元，地方留成 6.85 亿元。2005 年度省级福利彩票公益金留成9 714万元。

根据财政部、民政部《关于印发〈社会福利基金使用管理暂行办法〉的通知》第十五条社会福利基金的使用范围规定，以资助 14 个欠发达地区为重点，2005 年度省级福利彩票公益金（福利基金）主要用于资助福利院、敬老院、光荣院、社区服务中心等社会福利公益事业。同时，按有关规定，扣除20%用作残疾人事业专项资金、20%用于基本医疗救助经费3 885.6万元,2005年度省级社会福利基金实际可分配额度为5 828.5万元,另加上2004年度结转的省级福利基金393万元,2005年度省级社会福利基金共可分配额度为6 221.1万元。

对各类资助项目计划分配使用情况:一是资助敬老院建设,计划安排2 180万元,占35%;二是资助福利院建设(包括城市老人院、儿童福利院),计划安排620万元,占10%;三是资助光荣院、复退军人医院建设,计划安排620万元,占10%;四是资助社区服务中心建设,计划安排620万元,占10%;五是资助省级直属优抚福利单位建设,计划安排930万元,占15%;六是根据国家民政部统一部署的利用3年时间开展养老服务社会化示范活动,本年度计划安排350万元,用于开展居家养老服务示范活动(给予35个试点单位各资助10万元);七是计划安排250万元,用于"星光老年之家"建设项目;八是计划安排500万元用于"明天计划";九是计划安排150万元用于殡葬公益事业项目(主要用于14个欠发达地区绿色墓园建设启动资金)。

(二)体育彩票公益金

2005年全省体育彩票共筹集公益金6.72亿元。其中上缴中央3.36亿元,地方留成3.36亿元,加上2004年体彩公益金后备基金680万元后,2005年实际可使用体彩公益金为3.43亿元。

2005年,全省体育彩票公益金共支出34 203万元,省级支出13 525万元,各市支出20 678万元。其中用于支持"全民健身计划"共计支出20 280万元,包括用于全民健身中心建设865万元,建设全民健身工程2 253万元,建设青少年体育俱乐部756万元,补助大型群众体育运动会1 747万元,支持各类群众体育活动2 939万元,添置群众体育设施器材2 238万元,国民体质监测及群体科研支出2 007万元,支边扶贫支出639万元,维修群众体育场地4 156万元,其他用于不同层次业余训练支出2 675万元。支持"奥运争光计划"共计支出13 923亿元,包括用于举办国际大型运动会支出2 129万元,举办和备战国内大型运动会支出3 686万元,维修训练场地支出2 114万元,添置训练竞赛器材支出551万元,研制购进辅助设施支出27万元,改善训练生活条件支出3 067万元,其他支出2 348万元。

(三)中央返拨公益金

2005年中央返还广东省青少年学生校外活动场所建设及维护专项公益金4 562万元,广东省严格按照《中共中央办公厅、国务院办公厅关于加强青少年学生活动场所建设和管理工作的通知》及财政部、民政部、国家体育总局《关于增加彩票发行额及筹集青少年活动场所建设维护资金的通知》精神,将中央返拨彩票公益金切实用于资助全省山区青少年校外活动场所建设,为9个市(县)兴建了青少年宫,保证专款专用,并充分发挥了公益金的作用。

(广东省财政厅综合处供稿,陈蔚兰执笔)

广西壮族自治区

一、彩票市场发展概况

2005年，全区共销售彩票15.57亿元，比上年增加2.93亿元，增长23.18%。其中，福利彩票销售13.64亿元，比上年增加2.49亿元，增长22.33%；体育彩票销售1.93亿元，比上年增加0.44亿元，增长29.33%。

(一) 福利彩票市场发展情况

在年度总销量中，电脑彩票13.43亿元，占98.46%；即开型彩票0.21亿元，占1.54%。

通过对市场进行分析，可以发现如下情况。

第一，纵向衡量销量增长，横向对比排名后退。2005年广西福利彩票销量同比增长22.33%，但由于一些主流玩法销售效果不够理想，销售总量在全国的排名有所后退。

第二，全国联销比重上升，自有游戏份额下降。2005年广西福利彩票销量中全国联销份额占33.3%，同比增长16.6%；自有游戏所占比例从上年的83.98%下降到67.56%。其中，双色球销售1.83亿元，同比增长16%，占总销量的15.9%；3D销售2.34亿元，占总销量的17.4%。全国联销游戏奖池资金高、影响大、品牌效应好，广西按照上级全国联销为主、各地玩法为辅的方针，积极加入全国联销，促进了销售总量的增长。

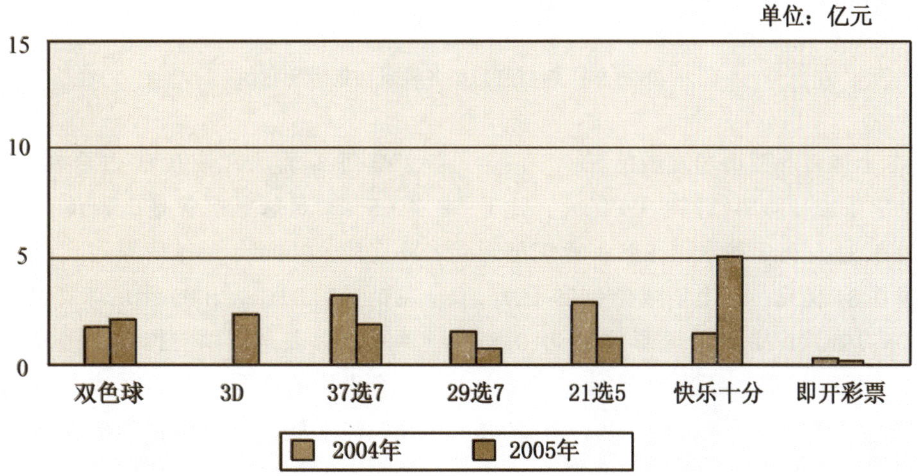

2005年广西福利彩票各种玩法销量与上年对比图

第三，赔率玩法销量增加，乐透游戏销量减少。37 选 7、29 选 7 以及 21 选 5 三种乐透类游戏曾是广西的支柱品牌，2004 年销量为 7.69 亿元，占年总销量的 67.69%。2005 年销量下降为 3.87 亿元，占总销量的 28.15%。与此同时，赔率游戏的快乐十分共销售 5.10 亿元，同比增加 3.72 亿元，增长 269.57%；年初上市的 3D 销售了 2.35 亿元。全年赔率游戏合计销售 7.45 亿元，占总销量的比例上升到 54.18%，上升了 42 个百分点。赔率游戏销量的上升，是利用市场手段打击私彩的结果。

第四，电脑彩票销量稳步增长，即开型彩票市场潜力加大。2005 年，广西的电脑福利彩票已连续 5 年稳步增长，即开型彩票发行仍处在低迷阶段，但在新情况下市场潜力已逐步显现。中福在线即开彩票有广泛的彩民基础，广西先后在柳州、南宁等市建立了 7 个销售厅，并率先采用 PC 服务器，充分利用了 ADSL 的带宽和稳定性，为系统扩容打基础，全年共销售彩票 800 多万元，从总体形势看，销量稳中有升。为了扩大即开型彩票销售，除在部分投注站、商店等场所进行网点销售外，还探索在城市繁华地段设点日常销售，在农村乡镇赶圩巡回销售。全区共销售网点即开型彩票1 000多万元。

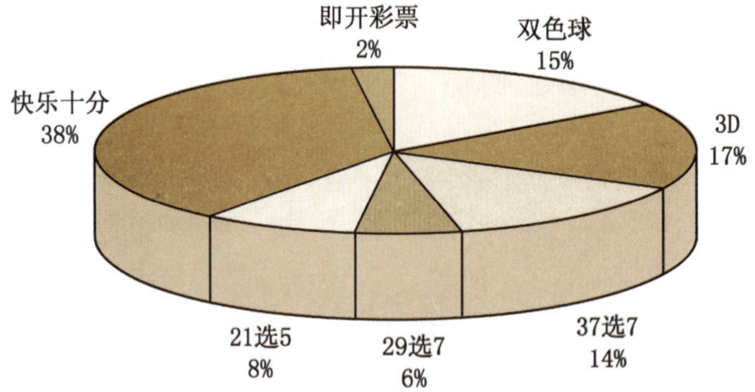

2005 年广西福利彩票各种玩法销量比重图

（二）体育彩票市场发展情况

全年乐透型彩票销售 1.09 亿元，比上年增加 0.86 亿元，增长 3.8%；竞猜型彩票销售 0.84 亿元，比上年减少 0.29 亿元，减少 25.7%。其中，足球彩票销售 0.83 亿元，比上年减少 0.30 亿元，减少 26.4%；篮球彩票销售 84 万元，系 2005 年新增品种。乐透型、竞猜型彩票分别占市场的 56.5%、43.5%。即开型未销售。

2005 年广西体育彩票的增长主要来源于排列 3 玩法，该玩法占全年总销量的 49.8%。足球彩票曾是广西体育彩票的重要支柱，2004 年足球彩票占广西体育彩票总销量的 83%，2005 年足球彩票比重下降到 43%。足球彩票与排列 3 构成广西电脑体育彩票的主要支柱。其他类型玩法因彩民关注度低，广西体育彩票管理中心的宣传投入也相应减少，故销量较低，比重仅占 17%，且与上年相比，均有不同程度减少。其中 36 选 7 比上年减少 308 万元，七星彩比上年减少 147 万元。2005 年新增篮球彩票每期仅数千元。同花 5 玩法因销量低，每期仅千元左右，于 3 月份停止。

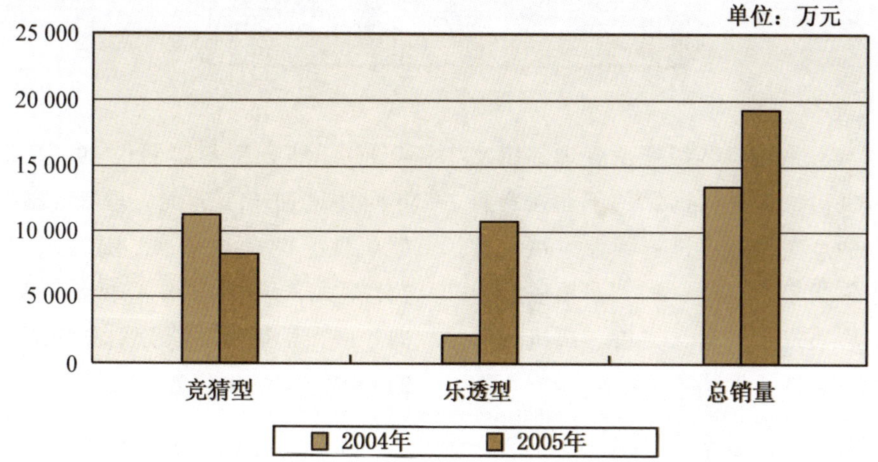

2005 年与 2004 年广西体育彩票乐透型与竞猜型销量比较

二、公益金筹集和使用情况

（一）彩票公益金筹集情况

2005 年，全区共筹集彩票公益金 5.38 亿元（福利彩票 4.76 亿元，体育彩票 6 242.62万元），其中上缴中央财政 2.69 亿元，地方留成 2.69 亿元。

（二）彩票公益金使用情况

2005 年自治区本级安排福利彩票公益金 1.91 亿元，资助社会福利和社会公益事业项目2 372个。其中，资助五保村建设项目2 172个，资金近 1.1 亿元；资助福利院建设和改造项目 86 个，资金2 055万元；资助光荣院建设和改造项目 3 个，资金 120 万元；资助敬老院建设和改造项目 73 个，资金1 485万元；资助殡仪馆建设项目 12 个，资金 490 万元；资助白内障复明救助工程资金3 000万元；资助其他社会福利和社会公益事业项目 25 个，资金1 005.88 万元。

2005 年自治区本级安排体育彩票公益金2 450 万元，其中用于全民健身计划 1 485万元，用于奥运争光计划 965 万元。

（广西壮族自治区财政厅综合处供稿，谢立丹、秦国华、陈然执笔）

海 南 省

2005 年，海南省各级彩票管理部门及彩票销售机构认真贯彻国家关于加强彩票市场管理的规定，以促进彩票业发展、扩大彩票销售规模为中心，加大彩票监管力度，规范彩票资金管理，支持彩票机构开发新品种，取得了明显成效。

一、彩票销售情况

2005 年，海南省彩票销售收入 1.84 亿元，比上年同期增加 512 万元，增长 3%。其中，福利彩票销售 1.39 亿元，比上年同期增加 940 万元，增长 7%；体育彩票销售4 562万元，比上年同期减少 433 万元，下降 9%。

2005 年，乐透（传统）型彩票销售 1.63 亿元，比上年同期增加 184 万元，增长 1%；即开型彩票销售 199 万元，比上年同期增加 111 万元，增长 126%；竞猜型彩票销售1 942万元，比上年同期增加 227 万元，增长 13%。乐透（传统）型、即开型和竞猜型彩票分别占彩票销售总量的 88%、1%和 11%。

二、彩票公益金使用情况

2005 年筹集彩票公益金6 313万元，其中福利彩票公益金4 820万元，体育彩票公益金1 493万元。彩票公益金严格执行中央彩票公益金使用方向和使用范围，由财政部门与民政、体育部门共同商定，上报省政府审批后执行。

1. 福利彩票公益金使用情况。福利彩票筹集的公益金上缴中央2 410万元，地方

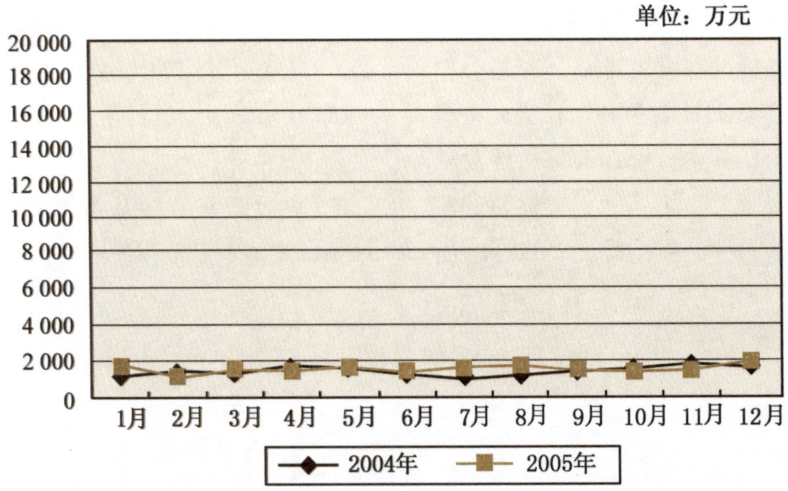

2005 年海南省彩票销量与上年同期比较图

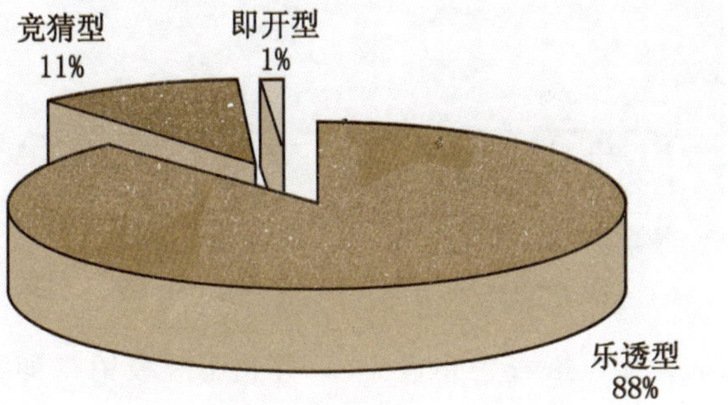

2005年海南省彩票各类型销量比例图

留存2 410万元。省级共使用福彩公益金652万元,其中用于"星光计划"配套资金100万元,新建省流浪少年儿童救助保护中心100万元,安排残疾人危房改造中央配套资金56万元,城市和农村特困户居民医疗救助资金100万元,"明天计划"配套资金175万元,万家社区图书援建经费21万元。

2. 体育彩票公益金使用情况。体育彩票筹集的公益金上缴中央745.5万元，地方留存745.5万元。省级共使用体彩公益金545万元，其中用于十运会比赛经费150万元、购置第十届全运会帆船帆板决赛专用器材100万元，建设省中心综合训练馆295万元。

三、彩票市场情况分析

1. 彩票市场运行平稳，且呈缓慢增长局势。双色球、3D、足球彩票胜平负和排列3是海南省彩票销售的主力军，推动彩票销量稳步上升。2005年这4种游戏共销售1.62亿元，其中双色球销售1.15亿元，3D销售2 149万元，足球彩票胜平负销售1 464万元，排列3销售1 116万元，分别占全年销售总额的62%、12%、8%和6%。由于双色球的奖金较高，玩法简单，比较受海南彩民的喜爱，3D和排列3玩法简单、固定设奖，容易被彩民接受，尤其是3D在全国火爆销售，也促进了海南3D的销售逐步增长，足球彩票胜平负玩法较有趣味性，因此在海南表现也不俗。

2. 市场开发程度较低，彩票玩法结构不合理。海南全省有800万人口，购买体彩、福彩的彩民约35万人左右，仅占总人口的4%。2005年全省人均购买彩票17元，低于全国平均水平。除了开发的力度不够外，主要还是受到私彩的冲击。

海南省体育彩票玩法种类繁多，共有12种，但没有自己的品牌和主力，收入较少，成本较大。海南省福利彩票销售情况较好，但主要依赖个别的彩票品种，而且玩法较为单一，市场发展基础不够稳定。

3. 彩票市场将呈平衡增长态势。我国经济将长期持续稳定增长，居民收入不断增加，彩票市场不断开拓创新，管理不断加强，是彩票市场发展的有利条件。但是，由于私彩的长期影响,彩票玩法不活,市场开发难度大,将制约海南省彩票市场发展。海南省彩票市场的发展,必须解放思想,开发新的彩票品种,提高返奖率。

(海南省财政厅综合处供稿，符礼伟、孔华执笔)

重 庆 市

2005 年，重庆市积极开拓彩票市场，加大打击非法或变相销售彩票行为的力度，强化彩票市场监管，规范彩票销售行为，彩票销量实现了历史性的突破，彩票市场发展情况良好。

一、彩票销售情况

2005 年重庆市共销售彩票 8.56 亿元，比上年增加 3.36 亿元，增长 64.7%。其中，福利彩票销售 6.26 亿元，比上年增加 2.52 亿元，增长 67.3%；体育彩票销售 2.3 亿元，比上年增加 8 400 万元，增长 58.1%，为国家筹集彩票公益金 3 亿元。

（一）分类型彩票销售情况

2005 年乐透（传统）型彩票销售 7.79 亿元，比上年增加 3.55 亿元，增长 83.7%；竞猜型彩票销售 7 400 万元，比上年减少 1 700 万元，下降 22.9%。2005 年停止了规模销售即开型彩票，仅销售在线即开型彩票 337.9 万元。2005 年乐透（传统）型、竞猜型、即开型彩票分别占彩票销售总额的 90.96%、8.65%、0.39%。

（二）分品种彩票销售情况

1. 福利彩票。2005 年重庆市福利彩票销售 6.26 亿元。其中，双色球销售 3.84 亿元，占销售总额的 61.3%。3D 销售 1.33 亿元，占销售总额的 21.3%。时时彩销售 6 212 万元，占销售总额 10%。20 选 5 销售 3 024 万元，占销售总额 4.8%。33 选 7 销售 1 325 万元，占销售总额的 2.1%。中福在线销售 388 万元，占销售总额的 0.5%。

2. 体育彩票。2005 年重庆市体育彩票销售 2.3 亿元。其中，排列 3 销售 1.16 亿元，占销售总额的 50.4%。足球彩票销售 7 173 万元，占销售总额的 31.4 %。七

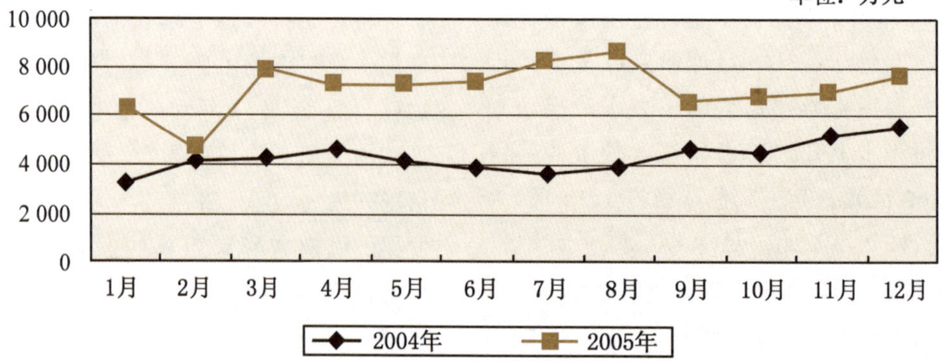

2005 年重庆市彩票销量与上年同期比较图

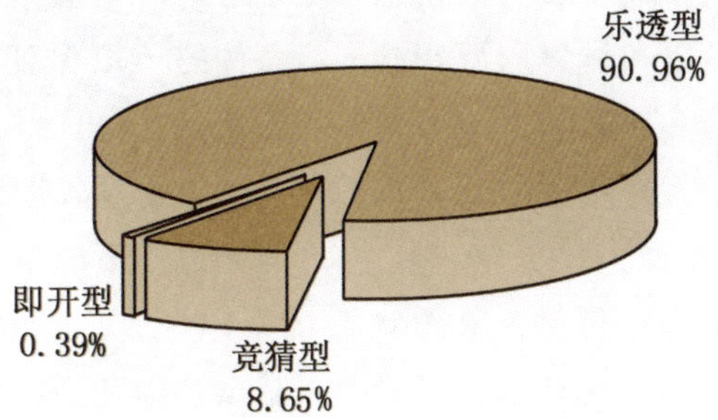

2005 年重庆市三类彩票市场份额图

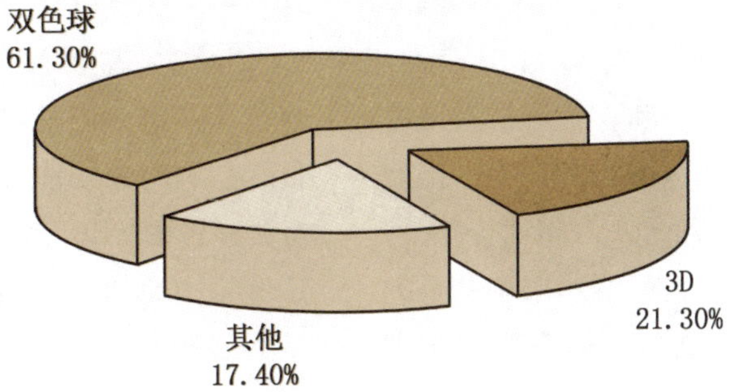

2005 年重庆市福利彩票各玩法市场份额图

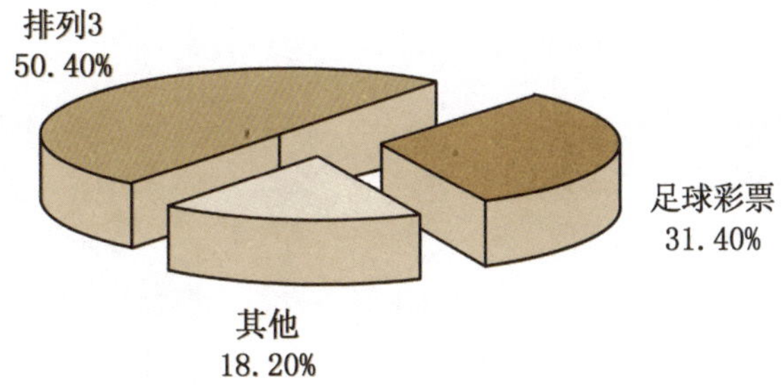

2005 年重庆市体育彩票各玩法市场份额图

星彩销售 2 682 万元，占销售总额的 11.7%。排列 5 销售 551 万元，占销售总额的 2.4%。36 选 7 销售 562 万元，占销售总额的 2.45%。篮球彩票销售 231 万元，占销售总额的 1%。

二、彩票市场发展情况

(一) 彩票市场发展情况良好

2005 年重庆市对外公布了打击非法或变相销售彩票举报电话，建立了举报奖励制度。在工商、公安部门的配合下，查处利用有奖猜谜变相销售彩票事件 1 起，制止和纠正商家利用有奖销售变相销售彩票的违规行为，现场查处并销毁了游戏室赌博机 120 台，维护了彩票市场的正常秩序，保证了彩票市场平稳运行。在双色球、

3D、排列3游戏的强劲带动下，彩票市场发展情况良好，福利彩票和体育彩票销量均有较大的增长。

（二）重庆市彩票销量快速增长，但与全国差距较大

3D、排列3游戏上市销售后，其游戏固定设奖的方式逐步得到彩民认可，购彩积极性较高。在7月和8月设置特别奖后，出现了彩民大规模追号购彩的状况，其中7月3D销售2 258万元，8月排列3销售2 824万元。之后，彩民购彩趋于理性，3D和排列3销售趋于平和，月均销量迅速回落至1 000万元左右。2005年3D、排列3全年共销售2.49亿元，占销售总额的29%。其中，3D销量占福利彩票总销量的21.3%，居于双色球之后；体育彩票排列3销量占体育彩票总销量的50%，超过足球彩票销量。但是，与全国相比，重庆市3D、排列3销售还存在较大差距，全国3D、排列3销量占销售总额的49.1%，重庆市为29%，相差20.1%。

（三）时时彩整改期间销售大幅下降

福利彩票时时彩在2005年前采取大卖场的形式进行销售，销售状况不理想，2004年全年仅销售324.7万元。经过市场调研和分析，2005年重庆市陆续增加了福利彩票时时彩的专营销售网点，至2005年6月，全市共有专营站点250个。随着专营站点的增加，时时彩的销售也逐步上升，1月份销售398万元，之后稳步上升，6月份销售943.27万元。6月份时时彩对外合作出现问题后，按照财政部、民政部的要求对时时彩进行整改，福利彩票发行中心对时时彩实行全面、直接管理，参与销售的中间代理商退出时时彩的经营管理。福利彩票发行中心对时时彩现有投注站重新审核，符合条件的予以保证，不符合条件的进行合理补偿后，退出时时彩销售。在此期间，时时彩销售受到较大影响，销量由7月份的585万元逐步下滑至12月的174万元。

（四）乐透型彩票市场份额扩大，竞猜型和即开型彩票销售状况不理想

2005年双色球销售平稳，月均销量维持在3 300万元左右，占福利彩票总销量的61.3%，占全市整个彩票销量的44.8%。3D、排列3占全年销售总额的29%，而足球彩票随着竞猜联赛赛制规律起伏，足球彩票胜平负1月销售728万元，逐渐下滑至7月份的112万元，之后逐步上升至12月份的1 069万元，足球彩票占全市彩票销量不足9%。篮球彩票仅占体育彩票销售的1%，占整个彩票销量的0.27%。福利彩票在线即开型彩票全市仅建3个销售大厅，销量有限。全市彩票销量的增长主要依靠双色球、3D、排列3的销售增长，乐透型彩票市场份额进一步扩大，即开型和竞猜型彩票的销售状况仍不理想。

（五）市场发展不均衡，福利彩票、体育彩票的差距进一步扩大

2003年重庆市体育彩票销售1.93亿元，福利彩票销售3.1亿元，差距为1.17亿元，体育彩票销量占福利彩票销量的62%，2004年体育彩票销量占福利彩票销量的38%，2005年差距继续扩大，体育彩票销量占福利彩票销量的36%，福利彩票市场份额远高于体育彩票。虽然近两年来体育彩票不断推出一些新的游戏品种，但游戏品种缺少拳头产品，一些游戏品种的销售状况极不理想，如七星彩附加游戏猜大小、篮球彩票、排列5、36选7每期销

量很小，有的游戏品种每期仅销售几百元。福利彩票市场份额越来越大，福利彩票与体育彩票的市场发展不平衡。

三、彩票公益金管理情况

2005年共筹集彩票公益金2.95亿元，其中福利彩票公益金2.19亿元，体育彩票公益金7 591万元。上交国家彩票公益金1.48亿元，市级彩票公益金留成1.19亿元，区县彩票公益金留成2 839万元。

2005年重庆市福利彩票公益金共安排1.1亿元。其中市级公益金支出9 046万元，主要用于资助社区建设“星光计划”1 165万元，残疾人儿童康复200万元，农村敬老院建设、五保家园建设600万元，社会福利院改建、救助站改造2 080万元，贫困地区困难群众救助180万元。

2005年重庆市体育彩票公益金共安排3 502万元。其中市级公益金支出2 584万元，主要用于“奥运争光”袁家岗体育中心建设1 423万元，全民健身大楼1 000万元，青少年体育活动基地配套、“两江四岸”全民健身工程等161万元。

（重庆市财政局综合处供稿，瞿定祥、李琦执笔）

四川省

2005年，四川省彩票市场稳定发展，管理制度日益完善，彩票销量快速增长，高于全国增长幅度，创“十五”期间彩票年销量新记录。

一、彩票销售情况

2005年，四川省销售彩票20.28亿元，比上年增加9.56亿元，增长89%，销量在全国排名第13位，比上年提升两位。其中，福利彩票销售10.67亿元，比上年增加6.1亿元，增长133.48%；体育彩票销售9.61亿元，比上年增加3.46亿元，增长56.11%。全省21个市（州）中，有16个市（州）增加幅度在100%以上，其中，阿坝、巴中、广安的增幅超过200%，成都、乐山、绵阳3个市销量分别超过亿元，3个市的总销售量为10.8亿元，占全省彩票销售的53.52%。

2005年，全省双色球、3D、7星彩、排列3等4种彩票共销售17.65亿元，占彩票总销量的87%。

（一）福利彩票销售及管理情况

2005年，全省福利彩票发行量突破10亿元大关。其中，双色球彩票继续保持增长势头，每月销售量稳定，月均销量达4 200万元，全年销售5.05亿元，比上年增加1.03亿元，增长25.7%。3D彩票异军突起，尤其从7月份开始，销量持续攀升，月均销售达4 400多万元，最高单月销量达1亿元，全年销售5.31亿元。天天乐彩票销售2 113.39万元，比上年减少545.44万元，下降20.51%。好运彩彩票销售 432.56 万元，比上年减少1 473.36万元，下降 77.3%。中福在线即开票销售 595.32 万元。

2005 年,双色球彩票销量占销售总额的 47%,3D 彩票占销售总额的 50%。这两种彩票的销量占福利彩票销售总额的 97%，成为福利彩票的主打产品。天天乐占销售总额的 2%,好运彩占销售总额的 0.4%,中福在线即开型彩票占销售总额的 0.6%。

2005 年，福利彩票市场快速发展，逐渐步入了良性、持续健康发展的轨道。彩票销售机构重点加强了基础建设和规范管理，狠抓了营销理念、营销手段的创新工作。一是加大对网点投注站营销的管理力度，通过开展各种卓有成效的培训，提高投注站人员的经营能力。二是高端营销做精做细，增加新闻报道和彩票专版。三是增强营销宣传的针对性，突出玩法本身所具有的特点。四是开发乡镇彩票市场初见成效。五是游戏品种较以前丰富，游戏玩

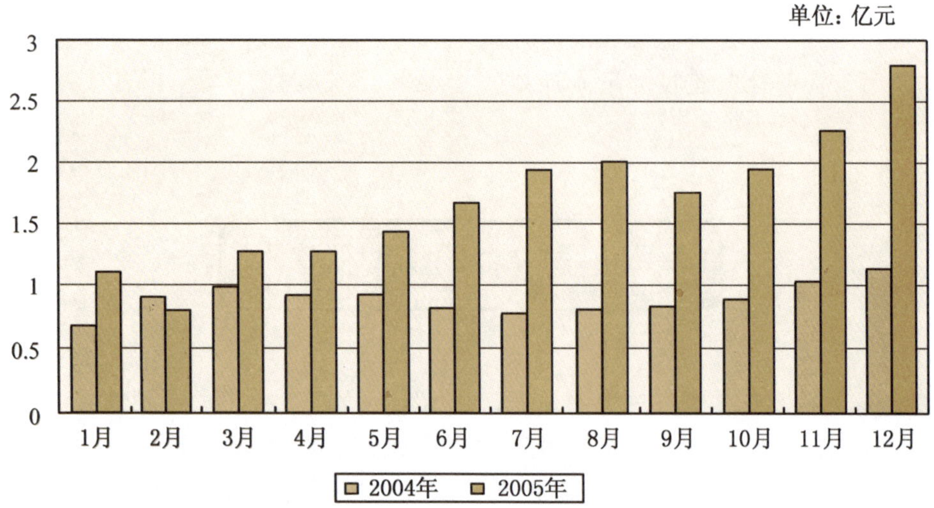

2005 年四川省彩票销量与上年同期比较图

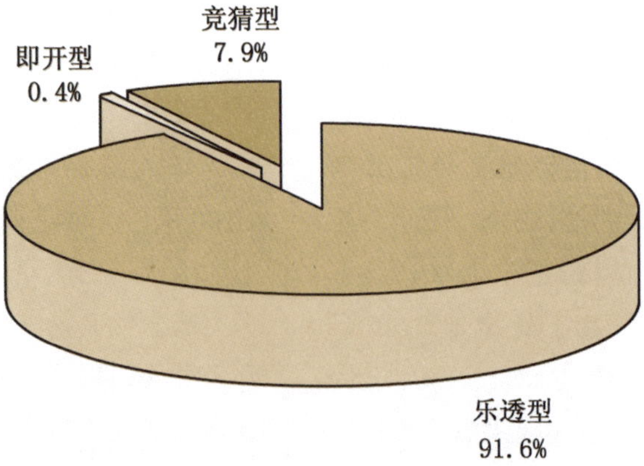

2005 年四川省各类型彩票市场份额图

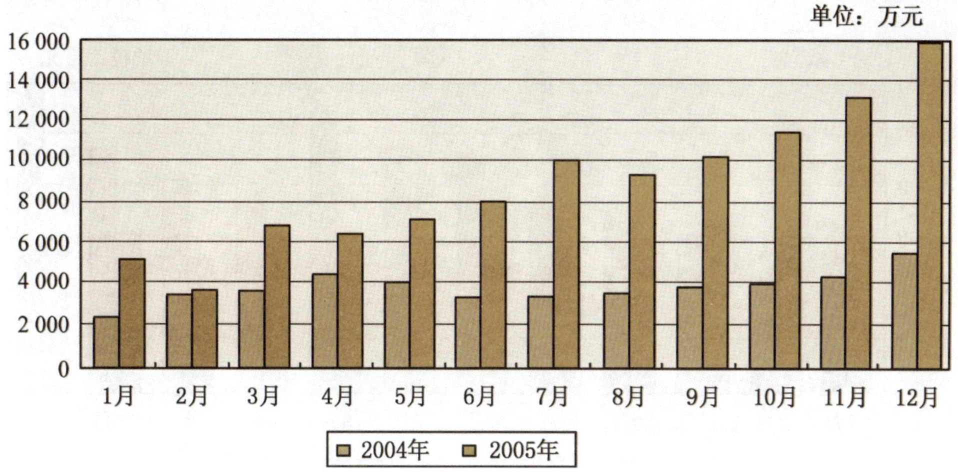

2005年四川省福利彩票销量与上年同期比较图

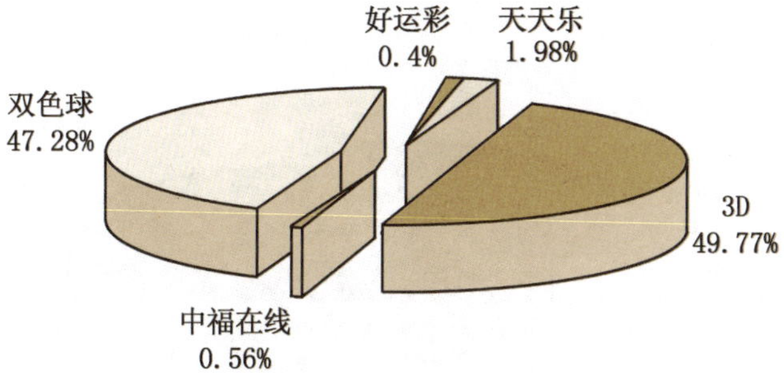

2005年四川省福利彩票各玩法销量比重图

法变化明显，满足了彩民不同的购买心理需求，有效地挖掘了彩票市场潜力。

（二）体育彩票销售及管理情况

2005年，在排列3彩票的强劲带领下，四川省体育彩票止跌回升。其中，排列3彩票凭着其规则简单、天天开奖等特点，迅速得到了市场的认可，月均销量达3 800多万元，最高单月销量达6 700多万元，全年销售量高达3.95亿元，成为2005年四川省体育彩票销售的主要增长点。七星彩彩票销售较为平稳，月均销量2 700多万元，单月最高销量为3 000万元，在全国的排名也较为稳定地保持在前3名。七星彩全年销售3.34亿元，比上年减少4 704.12万元，下降12.34%。足球彩票销售1.56亿元，比上年减少4 682.61万元，下降23.13%。其他彩票销售7 626.27万元。

2005年，四川省体育彩票乐透(传统)型玩法销售量达7.98亿元，占全年销售总量的83%；竞猜类玩法销售量为1.61亿元，占全年销售总量的16.72%；即开型分点销售271.47万元，占全年销售总量的0.28%。七星彩销量占销售总额的35%；

足球彩票占销售总额的16%；排列3占销售总额的40%；其他彩票占销售总额的9%。

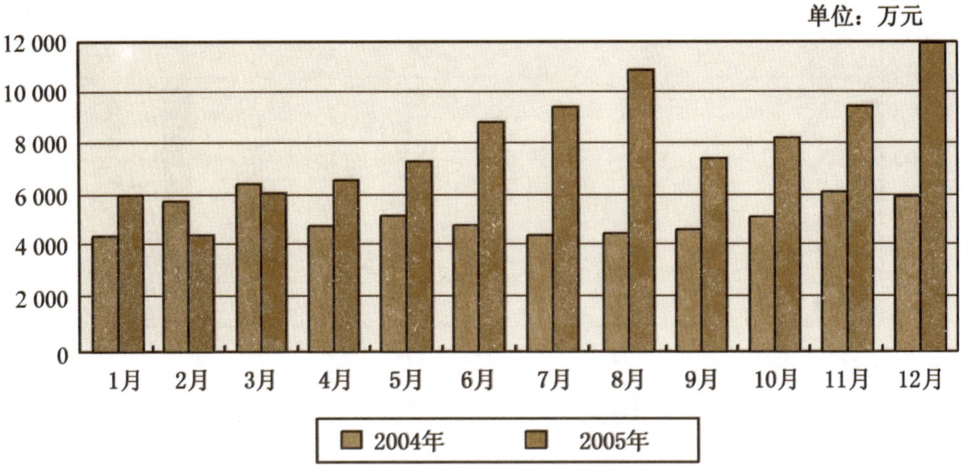

2005年四川省体育彩票销量与上年同期比较图

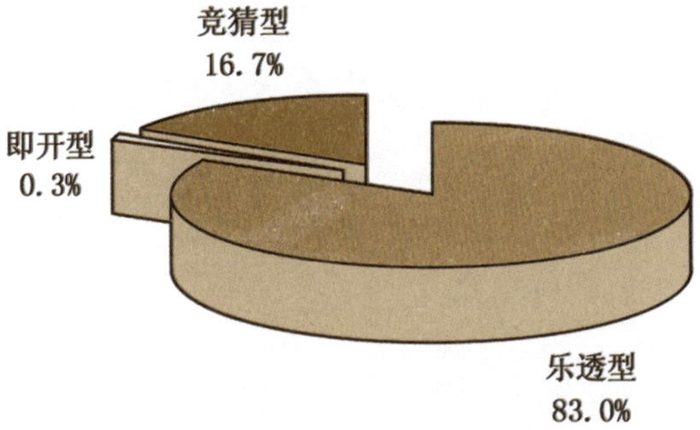

2005年四川省体育彩票各类型市场份额图

2005年，体育彩票销售机构在市场销售开局不好的情况下，严格管理，加强基础建设，加大宣传力度，扭转了不利局面，全年销量较上年止跌回升，取得一定成效。体彩销售机构重点抓了以下几项工作。一是狠抓宣传工作，通过在省内报纸、电视、电台等大众媒体刊发体彩专版、专栏节目，介绍以排列3玩法为重点的玩法规则、投注技巧、购彩趣事等，维持并不断扩大体育彩票的影响。二是强化销售点管理和建设。省体彩中心专门派出销售、宣传人员和部分管理站站长到其他省考察学习，并借鉴他们的成功经验，加强对销售点的培训和巡查帮扶，强化专卖店店面统一装饰和软件建设等。同时，进一步扩大体育彩票销售的覆盖面，及时调整销售网点位置，确保销售网点布局的科学、合理，全省销售网点总量增至1 600个左右。三是积极推进技术进步，对销售网点全热线进行升级改造，全面完成了销售人员培训、销售终端硬件升级和部分销售网点软件升级工作。部分销售网点于年底开通了全热线销售系统，为全面开通全热线销售系统打下了坚实的基础。

二、彩票市场运行情况分析

1. 销量大幅度增长，福彩、体彩均衡发展。2005年，双色球彩票销量继续保持上升势头。足球彩票返奖比例提高到65%后，销量也有一定幅度的提高，3D和排列3彩票增长势头强劲，扭转了全省2004年彩票市场下滑的局面。全年彩票销量增长高于全国增长幅度，销量在西部地区排列第一，创“十五”期间彩票年销量新记录。福彩、体彩市场份额由不平衡状态逐步达到基本平衡。

2. 3D、排列3游戏销售势头强劲，成为全省彩票销量的主力。由于玩法简单、固定设奖，3D、排列3游戏上市便得到了广大彩民的追捧。2005年3D、排列3游戏共销售9.26亿元，占全省彩票销售总额的45.67%。3D游戏月销量5 000多万元，最高达1亿元。排列3游戏月销量3 800多万元，最高达6 700多万元。

3. 加强彩票市场监管，促进彩票市场健康发展。2005年，在全省彩票市场快速增长的情况下，财政部门加强对彩票市场的监管，督促彩票销售机构进一步完善和规范彩票销售行为，确保彩票销售安全。针对3D和排列3游戏销售火爆的情况，为控制风险，抑制彩票购买中的非理性行为，根据财政部的规定，下发了对两种游戏加强风险管理的通知。同时，密切关注彩票市场动态，一经发现问题，及时与彩票销售机构沟通，纠正并规范销售行为。对彩票销售机构积极稳妥地开发彩票市场、系统技术更新以及票款安全的实时监控等工作给予积极的支持。两个彩票销售机构在完善内部管理、加强风险控制、营销宣传和投注站点的培训等方面做了大量的工作，采取了一系列措施，保证了彩票市场的安全运行。

三、彩票公益金管理及使用情况

2005年全省共筹集彩票公益金7.01亿元，比上年增长86.7%。其中，上缴中央3.5亿元，省级留成1.94亿元，返拨市(州)、县1.56亿元。彩票公益金由省彩票销售机构按月缴入省财政专户，省财政厅按照分成比例按季结算，通过财政专户核拨地方和上缴中央。各级财政部门对彩票公益金实行部门预算或收支两条线管理。由各级民政和体育部门编入部门预算或提出使用计划，财政部门根据公益金的使用范围进行审查后拨付使用。

2005年全省共筹集福利彩票公益金3.73亿元，比上年增长133.6%。其中，上缴中央1.87亿元，省级留成9 070.67万元，市（州）、县级留用9 604.25万元。全省全年福利彩票公益金共资助项目405个。主要用于新建和维护城市社会福利机构、“残疾孤儿手术康复明天计划”和农村医疗救助等民政福利事业。福利机构维修改造和添置设施设备后，床位数量逐年增加，院容院貌得到了较大改善，给收养对象提供了一个较为和谐、舒适的生活环境，扩大了入住率。全省国有福利机构已发展到92家，开放床位12 222张，在院收养10 086人，床位总数居全国第4位、西部第1位。在四川省民政干部学校合作举办了四川省孤残儿童中专班，使福利机构内100名完成了初中学业的孤残儿童能继续接受专业技能培训，提高了他们将来参与社会生活的能力。

2005年全省共筹集体育彩票公益金3.27亿元，比上年增长51.8%。其中，上缴中央1.64亿元，省级留成1.03亿元，市（州）、县留用6 037.77万元。体育彩票公益金主要用于全民健身计划、“奥运增光计划”、大型运动会和体育场馆修建维护等支出。省级公益金重点投入以下一些项目：一是对市（州）、县区体育场馆建设实施补助。2005年对全省124个体育场馆等基础设施建设补助资金1 500万元，极大地调动了地方投资积极性，改善了全省体育基础设施状况。二是对贫困地区、少数民族地区开展体育扶贫。2005年对全省36个国家级扶贫工作重点县投入体育扶贫资金200万元，受到了当地党政和群众的好评。三是对“雪炭工程”、全民健身路径、国家级青少年俱乐部匹配资金600万元，推动了群众体育的发展。四是投入体彩公益金1 000万元，为四川省备战及参加第十届全国运动会提供了有力的经费保障。五是在备战2008年奥运会、参加全国重大赛事、组织全省重大比赛和省优秀运动队训练、竞赛等方面安排了相应的体育彩票公益金支出，较好地保障了各项活动和赛事的顺利开展。体育彩票公益金的投入，有力地促进了全省体育事业的发展，收到了较好成效。

（四川省财政厅综合处供稿，袁旭执笔）

贵 州 省

2005年对于贵州省彩票业来说，是打好基础、搞好建设的一年。在这一年的时间里，贵州省彩票销售机构紧紧围绕开拓彩票市场的发展思路，牢固树立科学发展观，大力弘扬求真务实、开拓创新的精神，严格按照国家彩票的相关规定，采取各种有效措施，积极应对市场的各种变化，取得了较好的成绩，促进了贵州省彩票市场健康稳定发展。

一、彩票市场发展情况

（一）体育彩票销售情况

2005年贵州省累计销售体育彩票1.56亿元，比2004年增加5 200万元，增长50%；筹集体育彩票公益金5 183.45万元，比上年增加1 583.45万元，增长31%。竞猜型玩法销售5 084万元，占总量的32.4%；乐透型玩法销售1.06亿元，占总量的67.6%，其中，全国联网玩法足球彩票胜负彩销售4 139万元，足球彩票进球彩销售760万元，篮球彩票销售183万元，七星彩销售3 872万元，排列3排列5销售6 297万元，区域联网玩法36选7销售181万元，同花5销售254万元。共产生500万元大奖5注，百万元以上大奖3注，缴纳个人所得税1 073万元。

(二) 福利彩票销售情况

2005年贵州省累计销售福利彩票3.96亿元，比上年增加1.61亿元，增长68.8%。其中，电脑福利彩票销售3.81亿元，比上年增加1.46亿元，增长62.25%；即开型福利彩票销售1 531.14万元，比上年增长100%。筹集福利彩票公益金1.39亿元，比上年增加5 651.78万元，增长68.77%。代征中奖彩民个人所得税1 666万元。全省各市、州、地福利彩票销量均有不同程度的增长，福利彩票总销量占贵州省彩票销售总额的70.82%。销售总量再上新台阶。

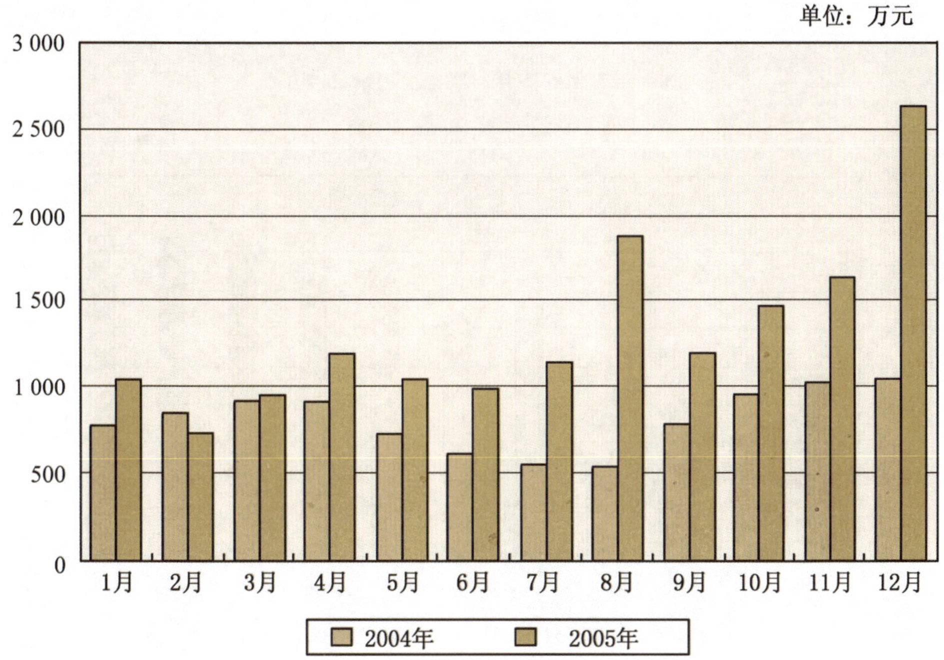

2005年贵州省体育彩票销量与上年同期比较图

2005年，全省发行电脑福利彩票品种共6种，其中，全国联销双色球玩法发行153期，销售2.44亿元，占福利彩票总销量的61.665%，比上年同期增加4 638.7万元，增长23.43%；3D玩法发行358期，销售1.09亿元，占福利彩票总销量的27.527%；云、贵、川三省联销天天乐玩法发行358期，销售2 357.35万元，占福利彩票总销量的5.95%，比上年同期增加133.26万元，增长5.99%；云、贵、川三省联销好运彩玩法发行204期，销售394.67万元，占福利彩票总销量的1%，比上年同期减少1 064.1万元，下降269.62%。

2005年，全省累计销售即开型福利彩票1 531.14万元，占福利彩票总销量的3.86%，其中，网点即开票销售1 317.63万元，占福彩销售总量的3.325%；中福在线即开票销售213.51万元，占福彩总销量的0.539%。即开型福利彩票在福彩销售总量中所占比例较小。

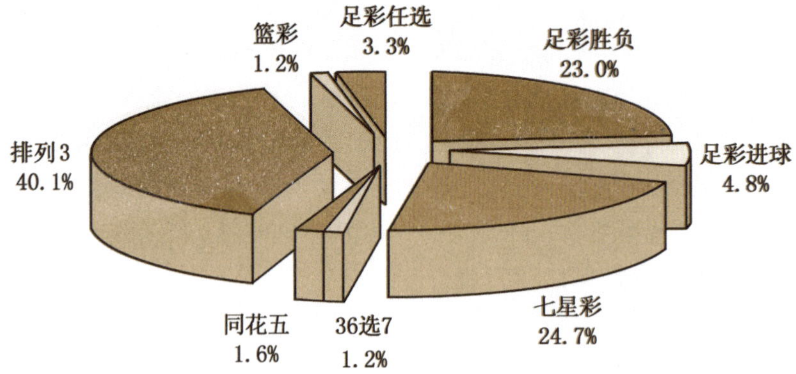

2005 年贵州省体育彩票各玩法销量占有率

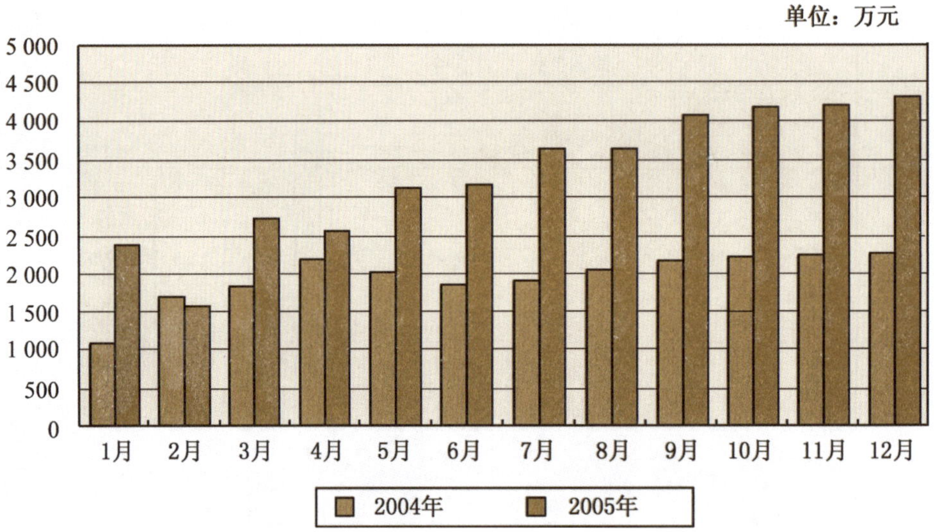

2005 年贵州省福利彩票销量与上年同期比较图

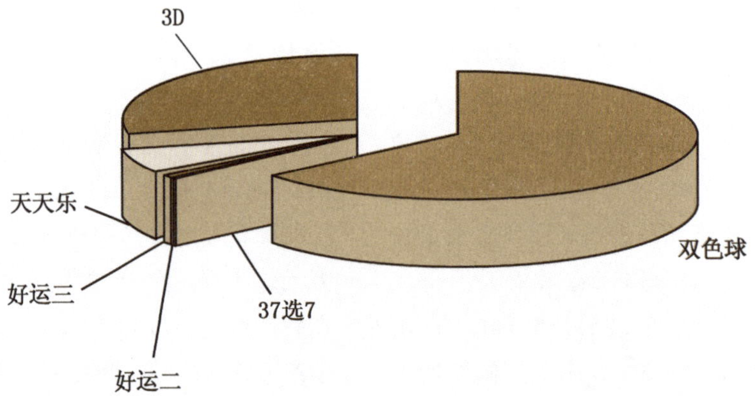

2005 年贵州省电脑福利彩票各玩法销量比例图

二、彩票市场分析

(一)福利彩票市场分析

2005年，贵州省电脑福利彩票依托双色球、3D玩法等品牌效应形成的冲力，充分发挥出销售主力军的作用，发行氛围浓厚，销量稳步攀升，保持了较好的增长势头，在全年福利彩票销售总量中起到了支撑全局的作用。双色球经过几年的市场培育，玩法深入人心，销量平稳增长，全年共销售2.44亿元。3D玩法于2005年1月1日上市销售后，便与双色球形成了合力，在较短的时间内，很快得到彩民认可，期销量从最初的3万元逐步提高到30多万元，最后稳定在50余万元，成为仅次于双色球玩法的优秀品牌。由于双色球、3D玩法积极发挥作用，福利彩票月销量增幅较大，由年初的2 368.75万元，增至年末的4 318.29万元。全年累计销售双色球、3D两种彩票3.53亿元，占全年福利彩票总销量的89.192%，成为福利彩票销量增长的主要力量。

网点即开票试点推广和中福在线即开票销售大厅建成并开通销售，丰富了彩市品种，弥补了大奖组即开型彩票停止销售后出现的即开票发行销售空白，适应了不同彩民的需要。但由于网点即开票和中福在线即开票仍处于市场培育时期，销量有限，导致目前彩票市场中电脑彩票一支独秀、市场结构单一、重心偏移、发展不均衡的局面。

2005年，福利彩票开展了以弘扬“扶老、助残、救孤、济困”发行宗旨为目的的“温暖贵州”系列公益活动、关注特殊群体献爱心“捐助活动”以及“3D百期真情回馈”活动、“走进双色球”见证开奖等活动，引发社会各界对福利彩票的普遍关注，社会反响强烈，提升了福利彩票的公众影响力、感召力和凝聚力，在一定程度上推动了福利彩票的发行销售，促进了销量的不断增长。

(二)体育彩票市场分析

2005年年初，贵州省体彩中心抓住排列3在全国热销的势头，根据贵州省彩票市场情况及时调整玩法，确定着重培育排列3，形成以七星彩为基础、排列3为主打产品、其他玩法为补充的玩法结构。首先，集中宣传该玩法，突出介绍该玩法的游戏规则、玩法特点、投注技巧以及自身所具有的独特优势，扩大该玩法在贵州省的影响。其次，用6个月的时间给网点增加该玩法销量2%的宣传费，以此特殊措施提高网点的销售积极性。第三，组织有关科(室)人员到兄弟省市学习、交流排列3的销售经验，加强全体人员业务技能培训，提高业务水平。第四，举办排列3巡回培训讲座38场，分别邀请省外排列3专家来黔讲课，提高体彩销售人员和彩民对排列3的认识以及选号技巧和投注水平。通过采取这些措施，使该玩法的销量有了明显上升，期销量由最初的1万—2万元，上升到最高100多万元，目前稳定在70万元左右。全年累计销售排列3(含排列5)6 297万元，占总销量的40%。该玩法对贵州省体育彩票全年销量的增长发挥了关键作用。

2005年贵州省竞猜型彩票销量占全年总销量的35%，说明竞猜型彩票在贵州仍有相当的市场，竞猜型玩法和体育运动紧密联系，为参与者提供了一个发挥自我才智和能力的舞台，让他们在欣赏高水平体育比赛的同时，还能感受中奖的快乐，这是省体彩中心加大宣传和占领市场的重要“武器”。

全热线建设是2005年体育彩票工作的重中之重，全热线的升级成功，使贵州电脑体育彩票技术更先进、覆盖面更广、销售时间更长，为新玩法的上市提供了条件，对销量的增长起了重要作用，同时，也标志着贵州省电脑体育彩票的发展进入了一个新的时期。

三、彩票公益金筹集、分配和使用情况

（一）福利彩票公益金筹集、分配和使用情况

2005年贵州省发行福利彩票筹集的福利彩票公益金上缴中央6 864.54万元，省级留存6 864.50万元。省级留成的福利彩票公益金中，支出4 286.9万元，结余2 577.64万元。

贵州省本着福利彩票公益金“扶老，助残，救孤，济困”的宗旨安排公益金，一是全年下划市州地2 626.9万元，省本级安排使用1 660万元，资助项目62个，为促进全省民政事业的健康发展做出了贡献。二是安排公益金1 210万元，资助社会福利院、儿童福利院、敬老院等各类社会福利机构新建改造项目49个，使全省服务城乡特殊困难群体的社会救助网络逐步建立。三是安排公益金200万元，资助已建成并投入使用的殡仪馆、殡仪服务站购置火化机11台、殡葬车3台，有力地促进了全省殡葬服务设施建设，全省殡葬改革呈现出加快推进的良好势头。四是安排公益金75万元，资助救助管理站基础设施建设3个，借助基础设施的进一步改善，全省救助管理工作逐步走上规范化、制度化。五是安排公益金175万元，资助其他社会公益事业，其中，资助100万元开展以救助社会关注的特困对象为主题的“福利彩票温暖贵州”大型公益活动，资助75万元用于农村贫困残疾人建房补助，使全省各项社会公益事业呈现齐头并进的良好势头。

（二）体育彩票公益金筹集、分配和使用情况

2005年体育彩票销售筹集的公益金上缴中央2 591.75万元，省级留成2 591.75万元。省留成的体育彩票公益金中，支出2 331万元，结余260.75万元。

贵州省体育彩票公益金用于“奥运争光计划”694万元，全民健身计划1 637万元。全民健身计划中主要用于地县体育场地设施建设补助、建设贵阳市全民健身中心、全省青少年体育俱乐部扶持资金、补助大型群众体育运动会、补助少数民族体育训练基地、补助全省老年体育场地建设、支持群众健身各类活动、全国第二次国民体质监测、支边扶贫等。

（贵州省财政厅综合处供稿，彭云执笔）

云 南 省

在财政部和省委、省政府的关心、支持下，经过各级体育、民政和财政部门的共同努力和配合，2005 年云南省彩票发行销售继续保持快速增长趋势，彩票公益金和发行费的使用管理进一步加强，彩票销售再创历史新高。

一、彩票市场发展情况

（一）彩票总销量快速增长，发展情况良好

2005 年全省财政部门积极配合福利、体育彩票销售机构，加大了对彩票市场的开发力度。积极参与全国、跨省区域联合销售电脑彩票，针对市场的需求，设置了不同难度游戏规则的彩票类型，丰富了彩票市场；进一步挖掘市场潜力，提高了彩民购买彩票的积极性，使全省彩票销售保持了快速增长的势头。2005 年，全省彩票销售达到 18.5 亿元，比 2004 年增长 60.9%，再创云南省销售彩票 17 年以来的最高记录。

（二）体育彩票销量增幅平稳，福利彩票销量大幅上升

2005 年，体育彩票全年销售 7.93 亿元，比 2004 年增长 34%。2005 年福利彩票发行销售增长势头迅猛，全年销售 10.55 亿元，比 2004 年增长 90%；其中电脑福利彩票销售 10.47 亿元，比 2004 年增长 202%，同时，电脑彩票市场份额、单机销量均创历史新高。

（三）福彩主打玩法销量快速增长，体彩主打玩法销量波动较大

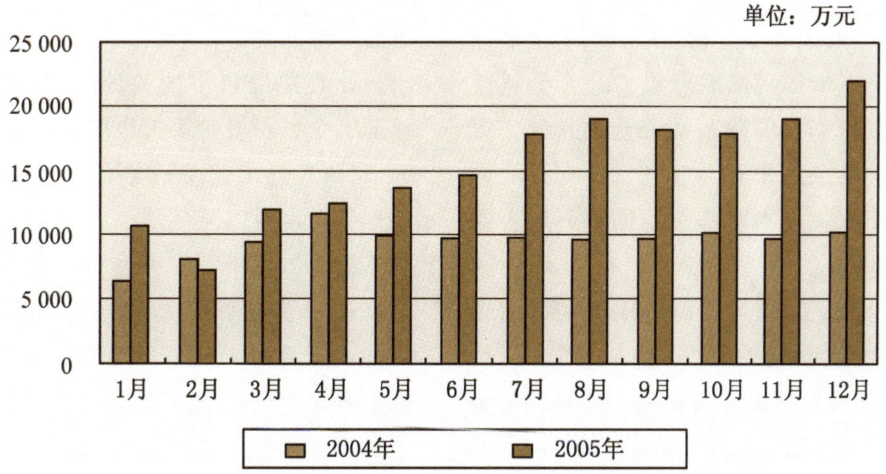

2005 年云南省彩票销量与上年同期比较图

2005 年，全省销售体育彩票游戏玩法共有 16 种，虽然较 2003 年增加了 10 种，但 2005 年体彩主打玩法七星彩销量却比上年同期下降 27%，占体彩市场份额的比例从 2004 年的 69%下降到 2005 年的 37%；2004 年底新上市的排列 3 玩法销量持续增长，占体彩市场份额的比例已达 43%，成为 2005 年体彩销量增长的支柱玩法。2005 年电脑福利彩票的主要品种双色球、3D、22 选 5 等玩法，销量一直保持了稳步增长的态势。特别是双色球玩法 2005 年销售 5.16 亿元，比上年同期增长 35.1%，居全省彩票销量榜首，占福彩市场份额比例已达到 49%；3D 玩法销量也保持了快速增长，占福彩市场份额比例已达到 42%；22 选 5 玩法自上市销售以来也一直保持比较稳定的销量，期均销量在 24 万元左右。这三种不同玩法销量持续增长，占全省彩票市场份额从 2004 年的 48%，增长到 2005 年的 57%，使云南省福利彩票销量比上年同期增长 90%。

二、彩票市场管理情况

（一）彩票公益金管理取得突破进展

为进一步体现国家彩票的社会公益性和国家发行彩票筹集公益资金的目的，促进全省社会公益事业和福利、体育事业协调发展，根据《财政部关于调整彩票公益金分配政策的通知》精神，经省政府同意，从 2005 年起，对福利、体育彩票公益金由省财政统筹建立彩票专项公益金。2005 年销售彩票筹集的福利、体育公益金（地方留成部分），用于资助和兴办涉及老、少、孤、残等社会福利服务项目，支持大型比赛、全民健身活动和社会保障事业；专项公益金用于其他社会公益事业的发展。

（二）彩票机构财务管理更加规范

全省建立了彩票机构预决算管理制度和彩票机构年度财务收支计划审批制度。通过加强彩票机构的预算管理和成本核算，使彩票机构降低了费用，彩票机构财务管理工作得到进一步加强。

（三）积极开拓市场、加强风险控制，彩票市场管理得到加强

为进一步开拓市场、提高销量，省财政厅积极支持彩票机构参与全国、跨省区域联合销售电脑彩票。在财政部批复同意电脑体育彩票排列 3、排列 5、足球进球和电脑福利彩票 3D 玩法全国联网销售后，省财政厅迅速批复了销售实施方案，为电脑彩票联网销售开通做好了充分的准备。两家彩票机构也抓住发展机遇，在市场营销、财务管理、对外宣传、站点管理、站点服务等方面采取了一系列的措施和办法，取得了明显的效果。同时，财政部门进一步加强彩票管理工作，完善各项规章制度，重点对彩票安全运行、资金监管等方面进行监控，联合公安、工商等部门及时查处彩票销售中的各种违法违规行为，保证了全省彩票销售工作平稳顺利进行。

（四）打击非法彩票等赌博活动专项治理行动取得明显成效

为严厉打击和取缔非法彩票等赌博活动，进一步整顿全省彩票市场秩序，从 2003 年下半年开始，省财政厅联合省公安厅、省民政厅、省工商局和省体育局，在全省范围内开展了扎实有效的严厉查禁和打击私彩、地下六合彩、赌球等赌博活动的专项治理行动。经过专项整治，打击非

法彩票专项治理行动取得了阶段性成果。到2005年底，全省共出动警力4万多人次，查处赌博案件2 200多件，抓获参赌人员4 000多人，查获赌资和罚款600多万元，各地还收缴了大量非法彩票的宣传资料和其他作案工具。通过开展专项治理行动，从源头上有力地打击了非法彩票等赌博活动,使非法彩票蔓延的势头得到了有效遏制,进一步规范了全省彩票市场秩序。

三、彩票公益金筹集、分配使用情况

（一）彩票公益金的筹集情况

2005年全省筹集彩票公益金达到6.48亿元，创云南省彩票销售以来的历史最高记录。彩票销售收入成为福利和体育事业发展的一个重要资金来源。其中，体育彩票累计筹集公益金2.78亿元，上缴中央1.19亿元，地方留成1.19亿元；福利彩票累计筹集公益金3.69亿元，上缴中央1.85亿元，地方留成1.85亿元。彩票公益金已成为云南省非税收入的重要组成部分，资助各类福利、体育公益事业项目1万多个，对促进云南省社会公益、体育、福利事业发展及弥补财政投入不足、减轻财政压力起到了积极的作用。

（二）地方留成彩票公益金具体分配办法

地方留成彩票公益金是按照“当年筹集、次年分配”的原则分配使用。总体分配方案由省财政厅商省体育局和省民政厅，报省政府批准后，由省财政厅行文下达。其中：省本级分配使用的彩票公益金，由省体育局、省民政厅提出项目计划，报省财政厅审核后报省政府批准实施；分配给各州、市的彩票公益金由省财政厅通过省级财政专户直接将资金拨付到各州、市财政局专户，相关州、市体育、民政部门编制资金使用计划，报同级财政部门审核后实施。专项公益金由省财政厅提出项目使用计划，报省政府批准后执行。省级和分配到各州、市的彩票公益金的分配、使用和监督管理，严格按国家有关彩票公益金文件规定执行。

（三）青少年校外活动场所资金及项目实施情况

2000年至2005年云南省得到中央扶持资金1.44亿元，扶持建设青少年校外活动场所项目79个，其中：中央直接安排的项目资金1.06亿元，中央扶持项目59个；中央返还省级自行建设资金3 816万元，扶持项目20个。到2005年底，已建成完工青少年校外活动场所60个，使云南128个县、市、区中118个县无青少年校外活动场所的局面得到较大改变，有力地促进了全省青少年学生校外教育工作的开展，为全省青少年德智体美等全面发展创造了良好条件。

（云南省财政厅综合处供稿,吴波执笔）

西藏自治区

2005年，西藏自治区彩票工作取得了长足的发展，各项制度日趋完善，管理进一步加强，销售业绩不断刷新纪录，彩票事业进入了一个全新的时期。

一、福利彩票

（一）基本情况

2005年西藏福利彩票销量达4 334.58万元，比上年增长18.71%，其中：双色球销售3 746.1万元，3D销售588.48万元。2005年共筹集福利彩票公益金1 500万元。中国福利彩票3D游戏2005年首次登陆西藏，从而使西藏福利彩票游戏形成了大、小玩法的合理搭配，进一步推动了西藏福利彩票的销售，最高月销量（12月）突破500万元大关。

2005年，西藏的福利彩票发行销售系统经过了再次扩容改造，投注站由原来的30个增加到91个，形成了一个覆盖全自治区（阿里地区除外）技术含量较高的全热线销售系统，为西藏福利彩票的发行销售打下了坚实的基础。为做好福利彩票的发行销售，自治区福利彩票发行中心主要从五个方面着手，首先是完善制度建设。西藏福彩中心紧密结合实际，在原有的基础上进一步完善了《西藏自治区福利彩票发行中心职责》、《西藏自治区福利彩票公益金使用管理暂行办法》、《西藏自治区福利彩票发行中心主任职责》、《发行销售部工作职责》、《财务部工作职责》等一系列规章制度，使福利彩票的各项管理工作逐步走上了规范化轨道。

其次是着力加强市场管理，树立福彩诚信体系。2005年西藏福彩中心从以下三个方面全面加强了市场管理：一是加强彩票队伍建设，从中国福利彩票发行管理中心请来高级教授，分别在拉萨和各地（市）举办培训班，培训福彩中心管理人员和彩票销售员，提高他们的管理能力和业务技能。二是提高服务质量，增强站点竞争力。以各种规章制度为基础，配之以切实可行的具体措施，规范投注站的操作流程，从彩票的处理，销售员的仪表、言行到宣传品的放置都纳入到规定的流程当中，从而提高了投注站的服务质量，也增强了投注站的竞争力，为确立福利彩票诚信体系打下了良好的基础。三是着力推进投注站的形象建设。各投注站悬挂和张贴统一的标识、标语以及宣传海报，并从2005年下半年开始，逐步推行投注站转入店内经营的办法。这些措施的落实，在公众当中树立了中国福利彩票良好的形象。

第三，适时调整游戏玩法结构。2004年以前，西藏福利彩票的游戏品种仅有双色球一个。双色球是一种超级乐透型玩法，虽然以其“大奖大、小奖多、全国联销、统一奖池、直播开奖”而深受彩民喜爱，但在小盘玩法上还是空白。西藏福彩中心抓住机遇，于2005年5月8日将全国联销的小盘玩法3D游戏引入，填补了福利彩票在小盘玩法上的空白，从而形成了西藏福利彩票游戏大、小玩法的合理搭配，进一步推动了西藏福利彩票的发行销售。

第四，强化宣传，打造品牌。宣传工作是彩票销售工作的一个十分重要的环节，宣传工作的好坏直接关系到西藏福利彩票的前途和命运。对此，西藏福彩中心采取了强有力的宣传措施，高举福彩“扶老、助残、救孤、济困”的发行宗旨，正确把握舆论宣传导向，着力打造双色球的品牌形象。一方面利用发行面较广的《西藏商报》、《拉萨晚报》、《西藏广播影视报》等主流报刊进行宣传；另一方面则利用西藏电视台、拉萨电视台等有关栏目进行宣传。为了让彩民对福利彩票的宗旨、意义、作用以及玩法、游戏规则等更加了解，还在西藏人民广播电台专门开办了《福彩天地》栏目进行宣传；除此之外，还通过制作标语、发放传单等宣传方式进行多层面、全方位的宣传。积极的宣传，收到了良好的效果，为西藏联销双色球电脑福利彩票营造了一个良好的舆论氛围。

第五，加强彩票发行费和公益金管理，切实维护福利彩票的宗旨和信誉。自治区福彩中心始终遵循福利彩票发行费、公益金财政预算外专户管理和“收支两条线”制度，在自治区财政厅的监督下，严格规范管理福利彩票发行费和公益金，认真履行检查监督职能，确保了福利彩票发行费、公益金的安全运行。

（二）公益金使用

1. 民政部部本级公益金投向使用情况。2005年西藏接受民政部部本级福利彩票公益金资助共1 244.76万元，其中：“十五”期间重点建设项目工程款800万元，西藏儿童福利院改扩建工程款162.54万元，拉萨市流浪儿童救助保护中心工程70万元，民办儿童福利机构改扩建工程110.99万元，部分农村敬老院改造工程74万元，救助管理站引导牌设置16万元，“明天计划”11.23万元。

2. 自治区级公益金投向使用情况。自治区共安排公益金100万元用于资助以下4所福利机构的维修改造：昌都地区儿童福利院25万元，贡觉县敬老院20万元，乃东县敬老院30万元，拉萨市城关区福利院25万元。

二、体育彩票

（一）基本情况

2005年度，西藏体育彩票共计销售1 358.87万元，比去年同期928.25万元增加430.62万元，增长46.39%。其中：乐透型彩票发行1 039万元，占体育彩票总销量的76.46%，比上年同期的531.11万元增加507.89万元，增长95.63%；足球彩票发行303.22万元，占总销量的22.31%，比上年同期的397.14万元减少93.92万元，减少23.65%；篮球彩票发行16.65万元，占总销量的1.23%。

截至2005年12月，西藏体彩共设30台终端机，分布在拉萨市区内。按照国家体育总局体育彩票管理中心的统一部署，西藏在游戏品种方面撤消了七星彩中的“猜单双”、“全家和”两种小盘玩法，新增篮球彩票、足球任选九场和22选5游戏。到2005年底，西藏体彩的游戏玩法分别有：七星彩及其包含的押大小、36 选 7、22 选 5、排列 3、排列 5、足球彩票胜负游戏、足球彩票进球游戏、足球彩票任选九场游戏和篮球彩票游戏，共计 10 种玩法。

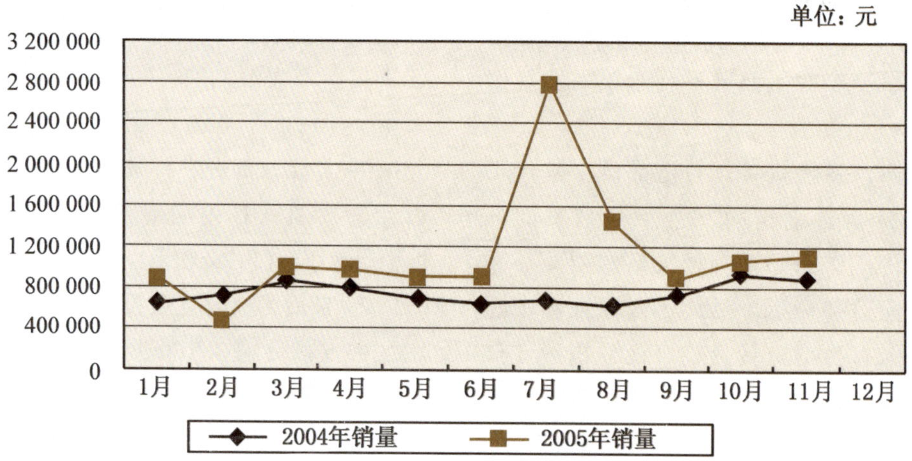

2005 年西藏体育彩票销量与上年同期比较图

综合分析各玩法彩票的销售量情况，总体来看，乐透型玩法销量所占比重上升，竞猜型玩法销量所占比重下降。全国联网玩法的销量有所提高，其中的主要原因是排列 3、排列 5 销量的提高。具体分析如下。

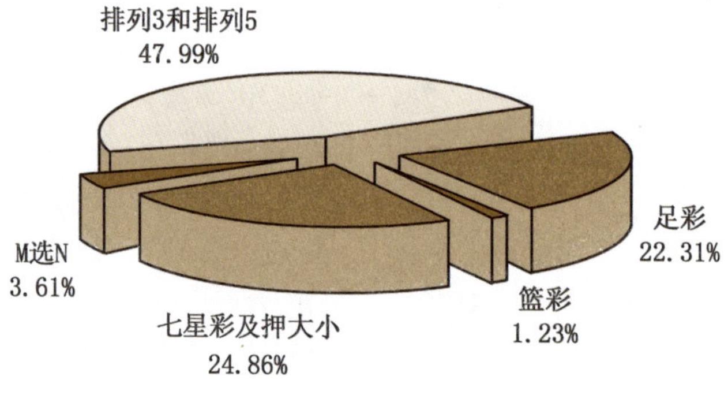

2005 年西藏体育彩票各玩法销量比例图

1. 乐透型。七星彩及其包含的小盘玩法押大小销售 337.77 万元，比上年同期的 495.42 万元减少了 157.65 万元，减少 31.82%。

全国联网 36 选 7 销售 25.57 万元，22 选 5 销售 23.48 万元。

排列 3 销售 577.12 万元，排列 5 销售 75.05 万元。

2. 足球彩票。足球彩票销售 303.22 万元，比上年同期的 397.14 万元减少 93.92 万元，减少 23.65%。其中足球胜负游戏销售 247.34 万元，比上年同期的 339.15 万元减少 91.81 元，减少 27.07%。

足球进球游戏销量 31.47 万元，比上年同期的57.69万元减少26.22万元，减少45.45%。

足球彩票任选九场为新增玩法，销量24.41万元。

3. 篮球彩票。因NBA赛程所限，篮彩只销售了六个月，销售量为16.65万元。

截至2005年12月份，西藏体育彩票上缴公益金454.72万元，比上年同期的324.89万元增加了129.83万元，增长39.96%。为国家创税20.05万元（代扣代缴偶然所得税）。

（二）体育彩票市场管理情况

1. 加强管理，规范体育彩票销售工作。西藏自治区体育彩票加入全国联网销售电脑型体育彩票已经有三年多的时间。西藏体彩中心始终遵循“公平、公开、公正”的原则，狠抓工作人员素质，提高工作人员服务意识，加强对销售、宣传、财务、技术等环节的管理，杜绝不符合政策规定的做法，提高了销售的安全性，规范了彩票市场的操作程序。

2. 加强财务监督，规范体育彩票资金的使用。从2004年10月份发行费用纳入财政专户，实行“收支两条线”管理以来，在自治区财政厅的监督、管理、正确指导下，体育彩票发行经费的筹集、分配和使用进一步得到了规范。区体彩中心认真做好日常资金的结算工作，并严格按照有关规定对彩票资金进行收缴，及时兑付中奖奖金，确保了彩票发行工作的顺利进行。

（三）公益金的使用情况

1. 体育彩票公益收入情况。2005年1至12月份，上报销售量为1 358.87万元，体育彩票公益金为454.72万元，因2004年多上缴了公益金7.59万元，在2005年扣除后实际公益金收入应为447.13万元。

2. 体育彩票公益金支出情况。拉萨、山南、林芝、昌都的重点业余体校办学费各地（市）各10万元整，共计40万元；聘请外籍教练经费14万元；购健身路径器材费40万元；全区开展各种群众体育性活动经费17万元；全民健身年各项活动经费20万元；登山学校学生培训费20万元；国民体质监测工作经费20.06万元。2005年体育彩票公益金支出合计：171.06万元。

（西藏自治区财政厅综合处供稿，张爱新执笔）

陕西省

2005年是陕西省彩票市场快速发展的一年，在各级相关部门的共同努力下，彩票市场的运行日趋规范，透明度越来越高，赢得了彩民的普遍信任和认可。

一、总体概况

全年共销售彩票16.92亿元，比上年期增长160.71%，创历史最高水平。其中福利彩票销售 10.68 亿元，较上年增长 196.67%；体育彩票销售 6.24 亿元，较上年增长 115.92%。筹集彩票公益金 5.8 亿元，其中上缴中央公益金 2.9 亿元，地方留成 2.9 亿元。

二、彩票市场发展情况

（一）福利彩票市场发展情况

2005 年，陕西省电脑福利彩票玩法有 4 种，共销售 10.68 亿元，占据了全省 63%的彩票市场份额。其中销售最好的是全国统销的 3D，共销售 6.88 亿元；其次是双色球，累计销售 3.39 亿元。电脑彩票陕西风采 33 选 7，持续下滑，期销量徘徊在 20 万元左右，全年销售 3 257 万元。2005 年 7 月在西安开通两个中福在线销售大厅，共有投注机 60 台，全年销售彩票 819 万元。

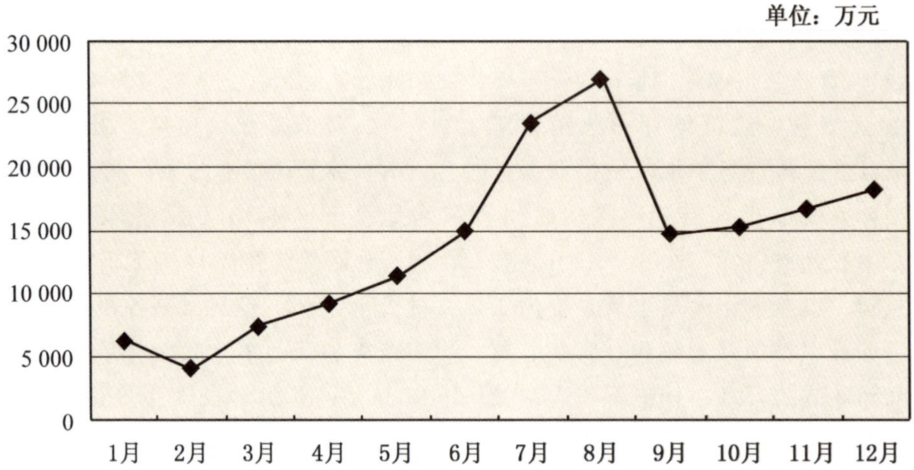

2005 年陕西省彩票销售情况图

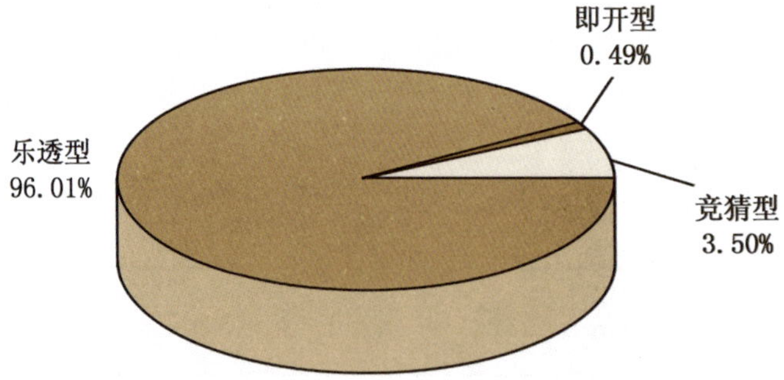

2005 年陕西省各类型彩票市场份额图

2005 年，传统的即开型彩票几乎退出陕西彩票市场，陕西省自有的玩法 33 选 7 由于市场的变化销量逐步下降，已到了亏本销售的地步，急需改造。3D 玩法以简单、易中奖等特点在彩票市场异军突起，占到半壁江山。双色球在 3D 的推动下，销量也逐步上升。中福在线在陕西省成功上市，取得了一定的经验，为今后在全省推广打下了坚实的基础。全国联销的玩法品牌响、奖池大，越来越走强。在市场开发方面，由于3D简单易行，适合农村市场，所以带动了农村市场的开发，全年乡镇新布设投注站200多台。

受销售量拉动，2005年福利彩票共筹集公益金3.7亿元，代扣代缴个人偶然所得税3 000多万元，创造了福利彩票在陕西发行18年来的新高。

（二）体育彩票市场发展情况

2005年，陕西省从西北区域联网跃上全国联网平台后，玩法结构和主打项目有了较大的变动。在陕西省体彩的8种玩法中，数字型玩法（排列3、排列5、七星彩、篮球彩票）占到全年销售额的73.2%，乐透型玩法（22选5、29选7和已经退市的35选7）占到全年销售额的18.67%，竞猜型玩法（胜负玩法、人选9场和进球玩法）占到全年销售额的8.16%。全年共发行体育彩票6.24亿元，筹集公益金2.14亿元。

2005年陕西体育彩票市场发展速度最快的非数字型玩法莫属。数字型系列玩法（排列3、排列4、排列5、排列7）由于在投注方法上基本相似，市场细分合理，目标群体明确，加上排列3、排列5玩法简单、投注灵活，不但获得了彩民的理解与认可，而且彻底改变了陕西彩民自电脑彩票问世以来投注M选N的习惯，因而吸引了相当一部分彩民。七星彩产生500万元大奖频率快，也有一批固定的彩民。押大小是七星彩的附加玩法，已于年底退市。排列3玩法简单，固定奖金1 000元，派送活动丰富多彩，是小户彩民的首选玩法；排列5的10万元单注奖金对彩民更具有博彩的吸引力。

2005年陕西体彩乐透型玩法变化较大。原西北区域联网的35选7退市。新推出的全国联网29选7玩法，虽然一等奖中奖率高，但由于奖组设置仅为156万元，因奖池累积较慢而影响了彩民的投注热情。曾是2004年陕西体彩主打玩法的22选5升级为全国联网之后，2005年依然在陕西彩民中具有相当的影响力，但其主打地位已经由排列3玩法取代。大中盘玩法（七星彩、足球进球游戏）市场的萎靡，一方面与彩民的持续购买力和玩法奖级设置有关，另一方面也与彩民主观分配投注资金比例和双色球在大盘玩法中的影响力有关。

足球彩票胜负玩法在本年度的销售始终处于波动状态，购买足球彩票的彩民主观性非常强，对五大联赛的关注程度远远高于其他联赛，对足彩玩法规则和竞猜对象的改革较为敏感，所以销售未达到常态化。虽然竞猜型彩票所占市场份额较小，但并不影响其玩法独占性和市场相对垄断的特点，因此发展竞猜型彩票不仅能凸现体育的特点，也保证了体育彩票结构的多样化。

三、彩票管理工作情况

1.加强彩票市场的管理和监督。为了促进彩票市场的健康发展，完善彩票机构的管理，按照财政部的要求，财政部门对彩票管理机构的宣传内容和宣传用语进行了规范，对电脑型彩票销售数据和开奖安全管理操作规程及制度建设等情况进行了检查，并定期到彩票机构的电脑机房和开奖现场检查其操作的规范性。按照有关彩票政策和管理规定，对彩票机构开展的各种派送活动进行了审批。对省福彩中心新推出的即开型彩票销售方式——中福在线开业前的技术准备等情况也按照财政部的要求进行检查和审批。对福彩和体彩两个机构在开发彩票市场方面存在的问题进行多次协调，制止了不利于彩票市场健康发展的行为。

2. 完善彩票管理规章制度。下发了关于加强彩票管理、彩票公益金管理和青少年校外活动场所管理的通知，在国务院和财政部有关彩票管理规定的基础上，对彩票管理规定进行了细化，提出了严格管理的要求，对彩票工作做得好的市区实行奖励制度。

3. 加强彩票资金收支预决算的管理。认真审核批复了2005年度省福彩、体彩两个彩票销售机构年度财务收支计划和省级彩票公益金收支预算；审核汇总了省福彩、体彩两个彩票销售机构上年度财务收支决算和省级彩票公益金上年度收支决算，按月汇总彩票机构月度报表，按月拨付彩票机构的发行费。

4. 大力宣传彩票公益性。通过媒体报导彩票公益金的使用情况和向困难群体、单位捐赠财物等活动，体现彩票“取之于民、用之于民”的宗旨。如每年各市用福利彩票公益金资助新入学的困难大学生，用体育彩票公益金在公共场所和校园建设健身设施，向强制戒毒所捐助体育健身器材等。福利彩票中心在诚信体系建设方面进行了新的尝试，在继续加强彩票发行内部监督和外部监督的同时，建立了社会监督员制度。体育彩票借助田亮等体育明星、各种体育赛事的冠名以及体育场馆的广告，宣传体育彩票的社会意义。

5. 开拓市场，提高福彩销量。一是积极扩容，进一步广大农村市场。全省投注机从年初在线运行的2 832台增加到3 280台，净增448台，增长15.82%。其中县以下农村市场增加135台。二是增加中福在线销售系统，西安两个销售厅的日销总量稳定在12万元以上。

6. 加强彩票一线工作建设。一是加强投注站的形象建设。利用统一标识、统一设计、统一包装，规范了投注站的形象，从而使陕西省彩票的整体社会形象得到了提升。二是加大投注站人员培训力度，提高投注站销售人员的整体素质。全年共组织各类大中型培训班80多次、小型培训班150多次。

7. 加强系统安全保障建设。一是省福彩中心新数据机房正式投入运行，销售技术系统全面升级。二是建成了省福彩中心到中国福利彩票发行管理中心数据骨干网络。三是省福彩中心完成了CDMN无线通讯方式的开发，为在有线通讯不便的偏远地区建立投注站创造了条件。四是筹建全热线销售系统，实现销售网络全面升级。

8. 强化管理和服务，推动各项工作制度化、规范化和程序化。一是省福彩中心率先启动了ISO9001：2000质量标准体系认证工作。二是省市两级实行了财务电算化，财务制度建设工作得到中国福利彩票发行管理中心的高度评价，先后两次在全国福利彩票财务会议上介绍经验。

四、彩票公益金使用情况

2005年陕西省彩票公益金共支持社会公益事业8 085万元。其中社会福利事业3 770万元，体育彩票公益金3 595万元，中央返还彩票公益金720万元。彩票公益资助的主要项目有：资助全省城乡福利机构更新改造项目45个，资金1 000万元；资助救灾物资储备仓库建设200万元；资助福利机构设备购置114万元；为全省社区开展低保工作配备电脑和打印机1 472套，资金946万元；用于城镇医疗救助1 000万元，“明天计划”工程省级配套194万元；社会福利机构经费和其他316万元。全民健身工程建设和活动经费499万元；南郊训练基地工程建设1 558万元；国民体质监测40万元；陕西省网球馆工程建设1 310万元；“奥运争光计划”138万元；国家级高水平后备基地建设50万元；青少年校外活动场所4个，资金720万元。这些项目有力地支持了社会福利、体育和教育事业的发展。

（陕西省财政厅综合处供稿，倪莉、冯海燕执笔）

甘肃省

2005年，甘肃省各级财政部门和彩票销售机构认真贯彻落实财政部的一系列管理规定和措施，及时开展彩票清理工作，切实加强彩票销售安全管理，认真防范游戏风险，规范彩票销售行为，努力扩大彩票销售规模，彻底扭转了2004年彩票销量下滑的态势，彩票销售快速增长，取得了历史性的突破。

一、总体概况

全省全年共销售彩票6.9亿元，比上年同期增加3.32亿元，增长92.96%。其中，福利彩票销售4.34亿元，比上年同期增加2.06亿元，增长90.38%；体育彩票

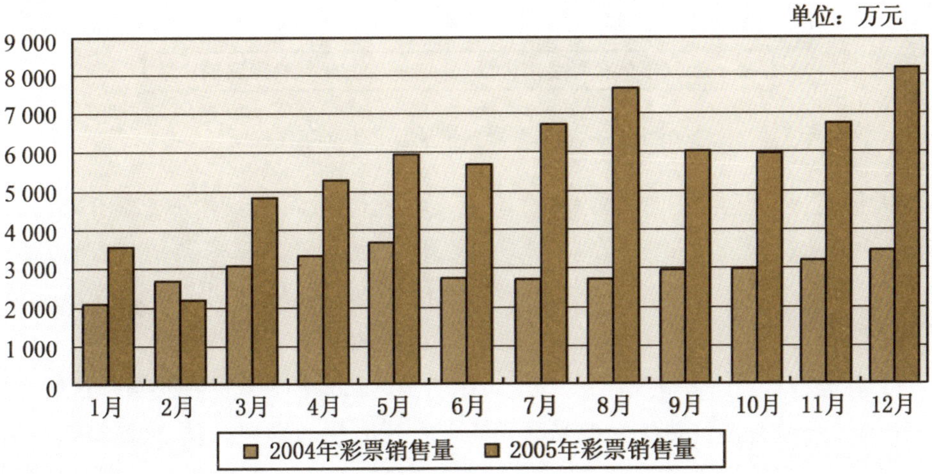

2005年甘肃省彩票销量与上年同期比较图

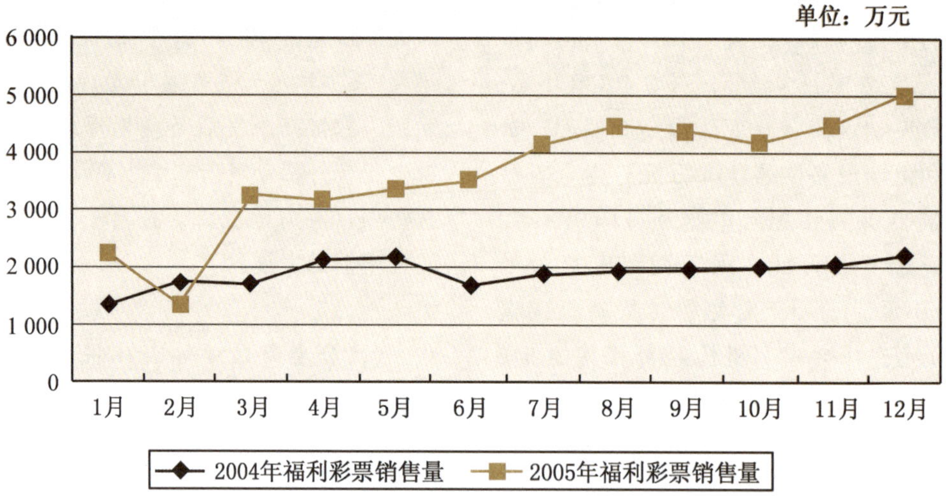

2005年甘肃省福利彩票销量与上年同期比较图

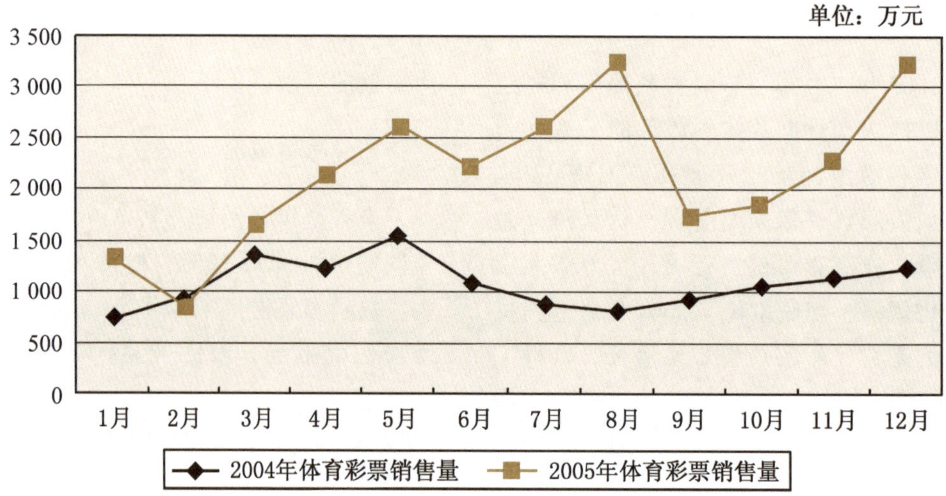

2005年甘肃省体育彩票销量与上年同期比较图

销售2.56亿元，比上年同期增加1.26亿元，增长97.49%。

二、彩票销售情况

（一）各类型彩票销售情况

2005年，全省乐透（传统）型彩票销售6.46亿元，比上年同期增加3.34亿元，增长107.24%；即开型彩票销售1 646.34万元，比上年同期增加528.37万元，增长47.26%；竞猜型彩票销售2 699.64万元，比上年同期减少743.5万元，下降21.59%。

（二）各游戏品种彩票销售情况

1.福利彩票。从2005年福利彩票销售情况来看，全国联销的游戏占据了主要份额，在全省福利彩票总销量中，双色球销售18 962万元，占总销量的43.7%；3D销售19 270万元，占总销量的44.4%；黄河风采（36选7、25选7、20选5）销售3 593万元，占总销量的8.3%。总体形成了全国联销游戏为主力、当地游戏为补充的发展格局。

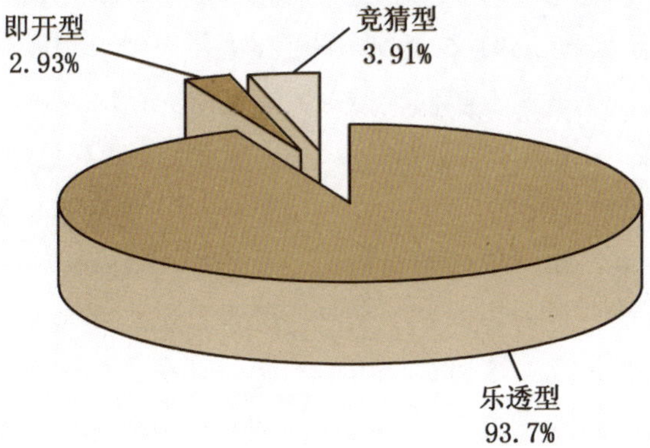

2005年甘肃省各类型彩票市场份额图

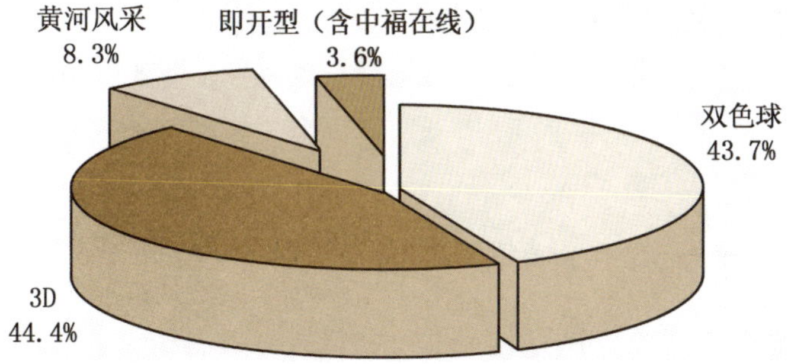

2005年甘肃省福利彩票各玩法份额图

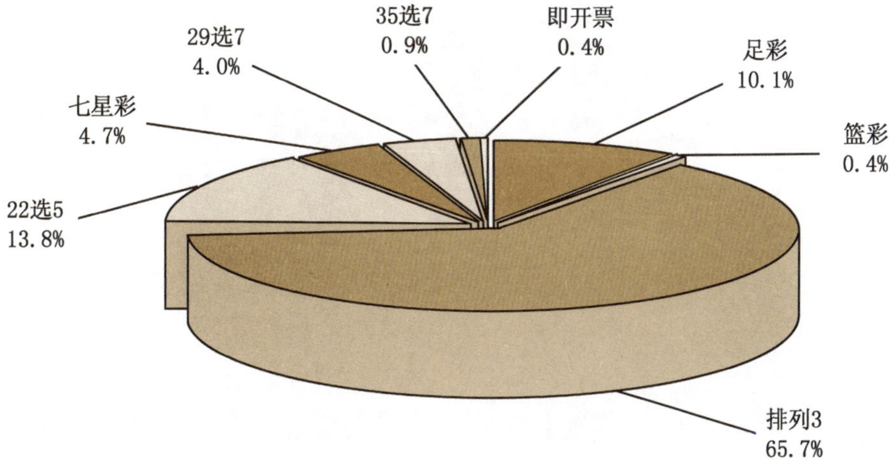

2005年甘肃省体育彩票各玩法份额图

2. 体育彩票。2005 年，甘肃省上市销售的体育彩票游戏种类较多，从销售情况看，排列 3 销售 1.68 亿元，22 选 5 销售3 527.97万元，小玩法游戏占据了近 80%的比重。足球彩票销售2 591.63万元，只占全年体彩销量 10.1%，比上年同期减少 851.51 万元，下降了 15.4 个百分点。

（三）各地区彩票销售情况

2005 年，全省各市、州彩票销售量均出现了较大幅度的增长，兰州、武威、庆阳 3 市分别以销量 3.02 亿元、5 986.55万元、4 672.56万元列居全省前 3 名。有 8 个市增加额超过1 000万元，其中，兰州、武威、庆阳、平凉增加最多，分别比上年同期增加 1.12 亿元、4 507.07 万元、3 203.87万元和2 986.46万元。平凉、武威、庆阳 3 市，分别比上年同期增长 330.23%、304.64%和 233.57%。

三、2005 年彩票市场运行特点

1. 彩票市场运行平稳，销量增幅较大，发展情况良好。2005 年，同全国彩票市场发展态势相似，甘肃省彩票发行销售一直保持着喜人的发展势头，取得了良好的销售业绩。在小玩法游戏（主要是 3D、排列 3）的带动下，全年销量接近 7 亿元，比上年净增 2. 06 亿元，创造了彩票销售新纪录。

2. 3D、双色球、排列 3 销量快速、稳定增长，对全省彩票销量增长起到了决定性的作用。2005 年，3D、双色球、排列 3 销量分别达到 1.93 亿元、1.9 亿元、1.68 亿元，在彩票销售总量中的比重依次为：29%、27% 和 24%，合计占总销量的 80%，成为全省彩票销售的主力军。

双色球上市以来，由于玩法新颖独特、趣味性强、奖池大、中奖金额高、奖金落地好，受到彩民的热情追捧。2005 年以来，甘肃省的期均销量一直保持在 120 万—160 万元之间，从每期售出的彩票张数来看，彩民队伍平稳。后半年，由于双色球一、二等奖频频中出，越来越受到彩民的青睐，销量也呈现出稳步上升的态势。

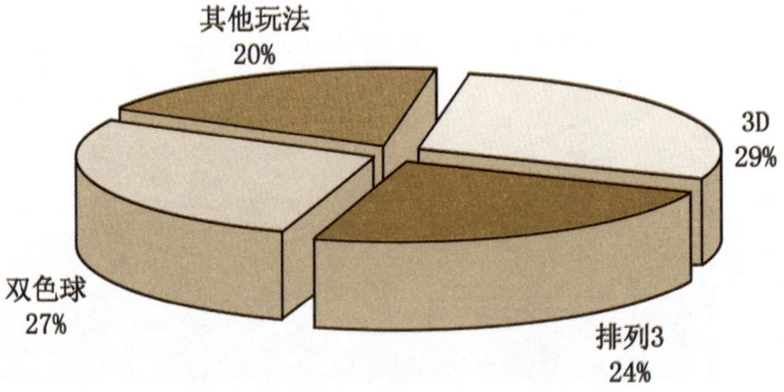

2005 年甘肃省彩票主要游戏品种市场份额图

2005 年，全国联销的 3D 游戏上市前后，通过在全省进行广泛的反复宣传、培训，深入投注站进行精心指导，辅之以对投注站销售的奖励措施，使 3D 销量逐步得到了提高，并屡屡出现喜人战绩，彩民对 3D 的投注热情也是与日俱增。

排列3于2004年11月上市后，就显示出了良好的发展势头。2005年8月份，彩民连续购买和值14的追号行为，使该玩法创造了日销量154万元、周销量1 146万元的记录，月销量也达到了全年最高的2 638万元。和值14开出后，彩民投注趋于理性，销量由大起大落转向平稳，销量稳步回升。

3. 各市、州彩票销量普遍增长，彩票市场占有率在地区之间有所调整，地区间发展不平衡的状况仍然存在。2005年，各地区所占市场份额由高到低分别为：中部（兰州、白银、定西、临夏）地区54.23%、河西地区24.86%、河东（平凉、庆阳、天水）地区17.03%、南部（甘南、陇南）地区3.88%。

全省彩票销售量增长最快的是河东地区，共销售彩票1.18亿元，比上年同期增加7 253.46万元，增长161.27%，占全省彩票销量的比例由上年同期的12.58%上升到17.03%。其中，平凉、庆阳两市的彩票市场占有率分别比上年同期上升了3.11和2.79个百分点。

河西地区共销售彩票1.71亿元，比上年同期增加1.01亿元，增长144.44%，占全省彩票销量的比例由上年同期的19.62%上升到24.86%。其中，武威市彩票市场占有率增幅最大，比上年同期上升了4.54个百分点，居全省之首。

中部地区共销售彩票3.74亿元，比上年同期增加1.47亿元，增长64.51%，占全省彩票销量的比例由上年同期的63.61%下降到54.23%。虽然兰州市彩票市场占有率比上年下降了9.34个百分点，但与其他市、州相比，仍具有绝对的优势，2005年销量占全省的43.97%，为居销量第二位的武威市的5倍。

南部地区销售2 675.34万元，比上年同期增加1 178.05万元，增长78.68%，占全省彩票销量的比例由上年同期的4.19%下降到3.88%。

4. 彩票市场结构发生变化，乐透型彩票市场份额进一步扩大，即开型彩票和竞猜型彩票的市场份额减小。乐透（传统）型彩票销售6.46亿元，比上年同期增加3.34亿元，增长107.24%，占彩票市场份额由上年同期的87.2%上升到93.7%，提高6.5个百分点。即开型彩票销售1 646.34万元，占全省彩票市场销量的2.39%，下降了0.7个百分点。竞猜型彩票销售2 699.64万元，占全省彩票市场销量的3.91%，下降了5.72个百分点。

彩票市场结构变化的原因，主要是小玩法带动了大市场，3D、排列3销售势头强劲，双色球销量稳定。同时网点彩票和在线即开票处于市场培养期，销量有限，足球彩票仍未走出销售低谷，致使乐透型彩票一家独大，市场结构单一。

5. 中福在线初见成效，在线即开票前景可观。中福在线即开票自2005年8月份试点销售以来，由于其玩法新颖，同时又具备了即开票即买、即开、即兑的特点，上市后就受到了彩民的关注和喜爱，销量平稳，逐步拥有了一批固定的彩民，8—12月累计销售1 515.12万元，占全年即开票销量的92.03%。鉴于在线即开票尚处于试点发行阶段，销售厅数量有限，不能完全满足彩民需求，也在一定程度上限制了销量。但从其发展趋势来看，随着销售点的增加和彩民对这种游戏的不断了解，其销售前景将十分可观。

四、彩票公益金筹集及使用情况

2005年，甘肃省共筹集彩票公益金2.4亿元，比上年同期增加1.15亿元，增长91.66%。其中，福利彩票公益金1.52亿元，比上年同期增加7 206.61万元，增长90.38%；体育彩票公益金8 801.82万元，比上年同期增加4 262.82万元，增长93.92%。按照中央和地方五五分成的公益金分配比例，上缴中央、省内留存公益金均为1.2亿元（其中福彩公益金7 590.3万元，体彩公益金4 400.96万元）。2005年，省内留存的公益金在省、市、县三级按以下比例进行分配：福彩7%、5%、3%；体彩9%、4%、4%。

（一）福利彩票公益金使用情况

2005年，民政部共投入甘肃省福利彩票公益金630.2万元。其中，资助社会福利机构100万元，“明天计划”项目安排资金490.2万元，安排救助资金40万元。

根据彩票公益金当年筹集、隔年使用的原则，2005年度甘肃省下拨市、县福利彩票公益金1 776.29万元。省本级全年支出1 773.20万元。其中，安排“星光计划”项目665万元，救助站改扩建项目55万元，新建社会福利机构项目400万元，“明天计划”项目353.2万元，用于资助贫困学生、特困复退军人160万元，其他公益事业140万元。

（二）体育彩票公益金使用情况

2005年，国家体育总局共投入甘肃省体育彩票公益金410万元，其中，体育扶贫资金210万元，青少年俱乐部48万元，高水平后备人才培养经费13万元，老年人体育场地建设30万元，青少年户外活动40万元，国民体质监测费3万元，第十届全国运动会火炬传递10万元，器材款6万元，兰州市体育公园50万元。全年共支出733.52万元，结余371.38万元。

2005年度甘肃省下拨市、县体育彩票公益金984.46万元。省级共安排使用体育彩票公益金1 045.53万元，主要用于全民健身计划方面的支出385万元，用于奥运争光计划专项支出200万元，用于修整和增建体育设施方面的支出301.5万元，用于体育扶贫工程支出93万元，“雪炭工程”配套资金150万元。

（甘肃省财政厅综合处供稿，马凌云执笔）

青 海 省

2005年是青海省彩票业稳定发展的一年，各彩票销售机构通过不懈努力，彩票销售突飞猛进，全年销售量突破2亿元大关，共销售彩票2.28亿元，比上年同期增加1.08亿元，增长90.08%。

一、彩票市场发展情况

（一）福利彩票

2005年共销售乐透型福利彩票近1.61亿元，比上年增加7 227.86万元，增长81.88%。筹集公益金5 619.18万元，再次创下青海省福利彩票销售新记录，连续4年创历史新高，在全省彩票市场以高达70%的市场份额处于领先地位。

目前福彩市场发行的乐透型彩票品种有：黄河风采20选5、25选7、36选7、双色球、3D。其中黄河风采三种玩法销售了387.05万元，比上年同期减少了641.09，下降62.35%。双色球销售了8 565.21万元，比上年同期增加857.75万元，增长11.13%。3D销售7 090.89万元。在这些玩法中，黄河风采三种玩法由于时间长、返奖率低，对彩民失去了吸引力，因此销量一路下滑。双色球经过两年来的市场培育，进入了市场成熟期，加上去年又增加了开奖次数，使双色球的销量稳中有升，现已成为青海省乐透型彩票的代表品牌。全国联销的3D玩法2005年元月份在青海省上市以来，由于该玩法趣味性强、中奖率高、开奖频繁，倍受青海彩民的青睐，使3D销量一路攀升，由最初期销量1万多元增至30多万元。3D玩法经受了市场的洗礼和同质竞争的考验，成为了青海省数字型彩票的主力品种。

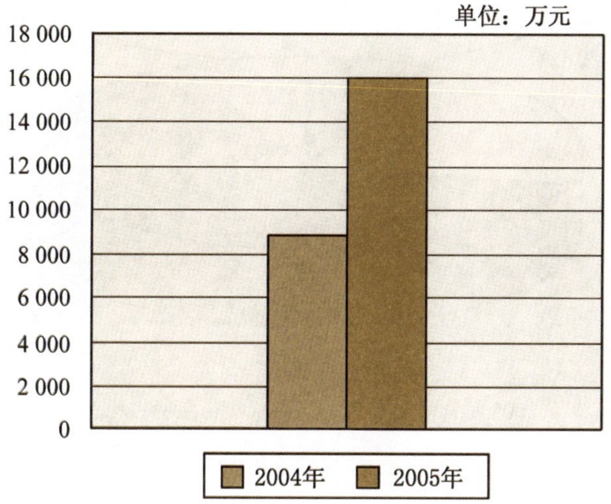

2005年青海省福利彩票销量与上年对比图

（二）体育彩票

2005年共计销售电脑体育彩票6 729.68万元，比上年增加3 569.73万元，增长113%，彩票销售网点已达210个。2004年底推出的排列3玩法在2005年销售4 096.26万元，占体育彩票总销售量的60.84%，奖池大、固定奖金、选号自主、玩法灵活刺激、娱乐性强、投注软件设计合理等特点是该玩法吸引彩民热情投注的主要原因。七星彩玩法作为老牌数字组合型玩法已经有了一批稳定的购买群体，由于该玩法较市场同类玩法概率相对较低，加之青海省中出 500 万元大奖 3 注，大大调动了彩民的购买热情，月销量也由 1 月份的 25.38 万元节节上涨，从 4 月开始月销量一直在 70 万元上下浮动，拥有稳定的销售额。篮球彩票虽然只销售了 6 个月，于 6 月份休市的 04—05 赛季中国篮球彩票从上市之初连出大奖，已经给广大彩民留下很深的印象，相信篮球彩票作为体育彩票的一支生力军将在不断地完善中成长和发展。足球彩票销售量为 567.19 万元，上半年足球彩票的销量并不乐观，一直在低谷中徘徊，7 月份财政部公布了关于提高足球彩票返奖率的政策，足球彩票返奖率提高至 65%，成为目前电脑彩票返奖率最高的玩法，由于事实上的返奖金额有了增加，加大了足球彩票的吸引力。同时国家体彩中心还配合推出了一系列对彩民有利的足球彩票新规则，如：胜负彩取消三等奖，一、二等奖奖金份量更足；进球彩分光当期奖金，在一等奖空缺的情况下，二、三等奖也有中 500 万元的机会；增设彩民期盼已久的胜负彩任选 9 场玩法，彩民可以自主选择自己喜爱的球队或者有把握的场次参与游戏，猜中 9 场即中奖。实行新规则之后，足球彩票市场又一次被激活并拥有了乐观的前景。

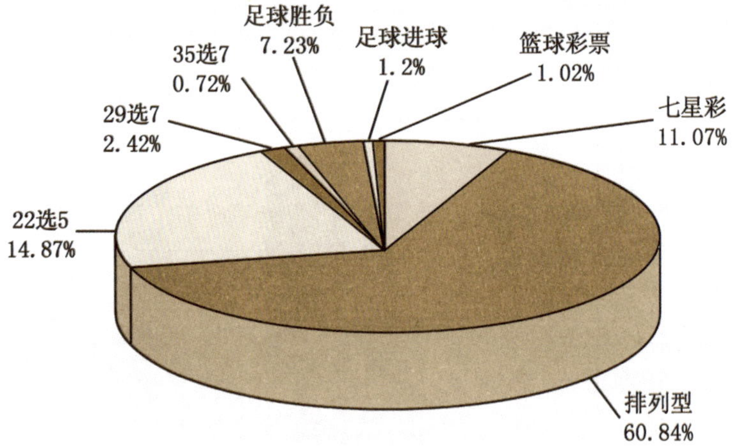

2005 年青海省体育彩票各玩法销量所占比例图

二、彩票公益金的使用情况

2005 年全省共筹集彩票公益金 7 974.56万元，其中上缴中央3 987.28万元，地方留用3 987.28万元。具体使用情况如下：

2005 年省级福利彩票公益金投入 1 330万元，其中，实施“星光计划”701 万元，实施“残疾孤儿手术康复明天计划”629 万元，对收养在福利机构和散居在社会的数千名残疾孤儿实施手术矫治和康复。这两个项目在全省范围的实施，实现了彩票发行和使用的良性互动。它直接惠及广大的老年人、残疾人、孤儿、五保户和优抚对象等特殊困难群体，充分发挥了行善积德、扶危济困、造福社会的作用，充分体现了福利彩票“扶老、助残、救孤、济困”的宗旨。

体育彩票公益金投入569万元，改造装修多巴国家高原训练基地的两栋招待所和4个训练馆，为备战2008北京奥运会给国家队创造了良好的训练、住宿、生活环境。

（青海省财政厅综合处供稿，马莉萍执笔）

宁夏回族自治区

2005年，宁夏与时俱进，开拓创新，不断完善各项制度，强化市场监管，加强对彩票机构的财务和彩票公益金的管理，采取有效措施，积极促进彩票业发展，努力把彩票业的蛋糕做大、做好，为宁夏回族自治区的社会福利、体育事业和经济发展做出了贡献。

一、挖掘潜力，努力扩大发行量

2005年是宁夏彩票史上辉煌的一年，体育彩票首次突破亿元大关，创造了销售1.58亿元的好成绩，超过了全区12年体育彩票销售量的总和；福利彩票积极开拓市场，在上年突破亿元大关的基础上，更上一层楼，实现了全年销售1.87亿元的好成绩。全区全年共销售彩票3.45亿元，人均购买彩票近50元，超过了全国人均购买彩票的水平。这充分说明，彩票机构和每位从事彩票业的人员，都付出了极大的努力，说明广大彩民对社会公益事业的关注和支持，更说明宁夏彩票业的发展有着非常广阔的前景。

二、加强管理，规范彩票销售行为

由于国家对彩票发行的重视，宁夏和全国一样，彩票发行的管理工作也逐步趋于规范。财政部门不断完善管理制度，强化监管措施，彩票机构认真执行有关规定，自觉接受财政部门的监管，不断完善内部管理，积极向规范化管理的方向努力，管理水平有了很大的提高。

1. 发行与销售能严格按规定执行。各彩票机构从游戏规则的设置、销售方案的报批、资金缴拨、奖金兑付以及信息宣传和市场运作等都基本能按规定执行。个别由于政策理解上的偏差造成的不规范行为，一经指出也能及时纠正，全区的彩票市场保持了健康稳定的发展秩序。

2. 内部管理制度逐步健全。各彩票机构按照市场经济的原则和彩票行业的运行规则，自我约束，自我完善，建立健全了各项内部管理制度，强化了日常管理措施，调动了职员和投注站工作人员积极性，增强了服务意识，有力地促进了彩票销量的稳步上升。

3. 财务管理更加规范。进一步完善了“收支两线管理”。对彩票机构的财务收支实行计划管理，彩票机构在年初上报收支计划，财政厅审批后按月执行，简化了管理程序，保证了经费按时拨付。对公益金实行了自治区统一管理，部门计划使用，按比例缴拨的办法，规范了彩票机构的财务和公益金的管理。各彩票中心都能按规定及时解缴彩票资金。财政厅通过财政专户按照规定的比例及时上缴下拨公益金，按月拨付发行费。

三、与时俱进，不断改进各项工作

宁夏彩票业在各方面的共同努力下，正在逐步发展，特别是近两年取得了较为显著的成绩，为自治区的社会福利、体育事业和经济发展做出了一定的贡献。但是，和彩票大省相比，无论在销量上或管理上还有一定的差距，工作中还存在一些不足之处，需要进一步改进。

1. 虽然电脑彩票为彩票市场注入了活力，但即开型彩票却相对萎缩。从 2005 年的销售情况看，全区共销售各类彩票 3.45 亿元，其中即开型彩票只有 30 多万元，仅占销售总量的 0.1%。因为电脑彩票的销售主要集中在城镇，而开发农村市场的潜力，目前条件下还要靠传统型彩票。自治区两个彩票中心虽然都采取不同形式做了一些尝试，但效果都不很理想。在即开型彩票的销售上思路不够开阔，方法不够灵活，销售方式单一。对在市场经济条件下彩票市场特点和彩民的消费心理缺乏研究，没有充分挖掘市场潜力。今后，要在即开型彩票的销售上动脑筋，想办法，采取有效措施，努力改善目前的低迷状况。

2. 严格执行各项管理规定。发行销售彩票既是一种政府行为，又是一项经济活动，要充分认识它的严肃性和复杂性。在大的方面要认真执行各项政策，坚决杜绝各种违规违法行为，小的方面也要严格按规定办事，避免工作中的随意性。

3. 积极配合，严厉打击私彩。宁夏虽然尚未发现像发达省区那样大的私彩现象，但各种以有奖销售、竞猜等为名的小型私彩活动在各市、县时有发生，扰乱了彩票市场的正常秩序。财政部门会同彩票机构，在当地工商和公安等有关部门的配合下，对部分市、县、区的私彩活动进行了调查处理。但由于缺乏相应的法规依据和执法手段，打击力度不够，致使私彩活动至今仍然存在。财政部门将协同有关部门，研究制定行动方案，在全区开展一次大规模的扫除私彩行动，净化彩票市场，保证宁夏彩票市场健康有序地发展。

4. 搞好协调，共创宁夏彩票业的辉煌。福利和体育两种彩票的存在，既形成了劳动竞赛的格局，客观上也存在着争夺市场、利益竞争的关系。在操作和运行中难免发生撞车现象。因此，财政部门注意发挥监督、协调和引导的作用，促其加强交流，团结协作，从比较中找差距，在竞争中谋发展，共创辉煌。财政厅多次召开有彩票机构和主管部门参加的彩票工作座谈会，组织大家共同总结彩票工作情况，座谈交流彩票发行、销售和管理中的经验和做法，共同分析宁夏彩票市场的前景和潜力，探讨如何在西部大开发的新形势下，积极促进宁夏彩票业发展和加强彩票公益金管理的新思路，为宁夏的社会福利、体育事业和经济发展做出贡献。

（宁夏回族自治区财政厅综合处供稿，马瑞学执笔）

新疆维吾尔自治区

在自治区各级彩票机构工作人员的努力和自治区相关部门的热情服务及大力监管下，2005 年新疆销售彩票达 18.19 亿元，比 2004 年的 8.13 亿增加 10.06 亿元，增长 123.7%。彩票销售快速增长，为国家和自治区筹集了大量公益事业发展资金，2005 年自治区共筹集彩票公益金 6.33 亿元，有力地促进了自治区社会福利、体育等社会公益事业的发展。

一、彩票销售情况

（一）彩票销售完成计划情况

2005 年自治区彩票销售计划为 8.4 亿元，其中福利彩票销售计划为 6.5 亿元，体育彩票销售计划为 1.9 亿元。截至 12 月底，彩票销售额为 18.19 亿元，完成计划的 216.54%。其中，福利彩票销售额为 12.81 亿元，完成计划的 197.07%；体育彩票销售额为 5.38 亿元，完成计划的 283.12%。

（二）彩票销售基本情况

2005 年，自治区福利彩票销售 12.81 亿元，比上年的 6.44 亿元增加 6.37 亿元，增长 98.9%，占全区彩票销量的 70.43%；体育彩票销售 5.38 亿元，比上年的 1.69 亿元增加 3.69 亿元，增长 218.5%，占全区彩票销量的 29.57%。

从彩票种类分析，福利彩票销售 3 月较 2 月增长较多，3 月至 7 月呈逐步上升的趋势，7 月至 10 月逐步下降，10 月至 12 月明显地上升；体育彩票销售额 1 月至 8 月呈逐步上升的趋势，9 月份明显地下降，10 月到 12 月有所上升。

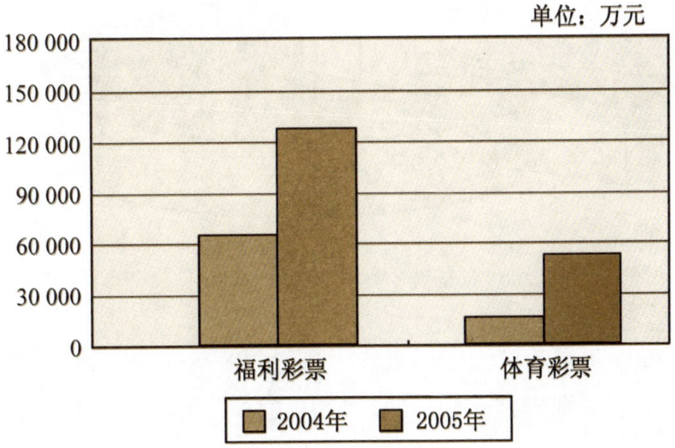

2005 年新疆彩票销量与上年比较图

从各玩法全年累计销售情况分析，福利彩票 3D 销量为最高，占福利彩票销售额的 62.98%，10 选 7 销量为最低，占福利彩票销售额的 0.82%；体育彩票排列 3 销量为最高，占体育彩票销售额的 69.96%，蓝球彩票（3 月份起发行）销量为最低，占体育彩票销售额的 0.73%（即开型分散销售除外）。

福利彩票 3D、35 选 7、25 选 7 三种玩法占福利彩票销售额的96.52%，其他玩法占3.48%；体育彩票排列3、足球胜平负、七星彩、22 选 5 四种玩法占体育彩票销售额的 92.89%，其他玩法占 7.11%。

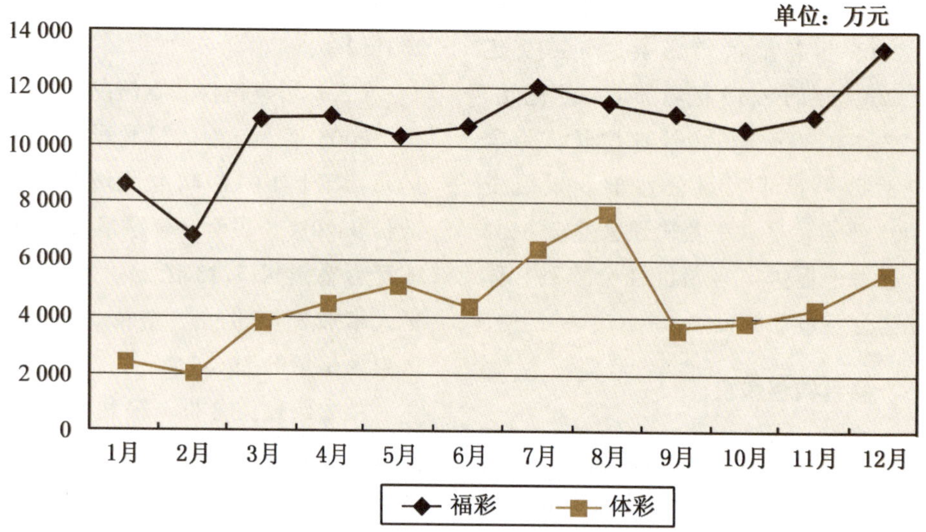

2005 年新疆彩票销量走势图

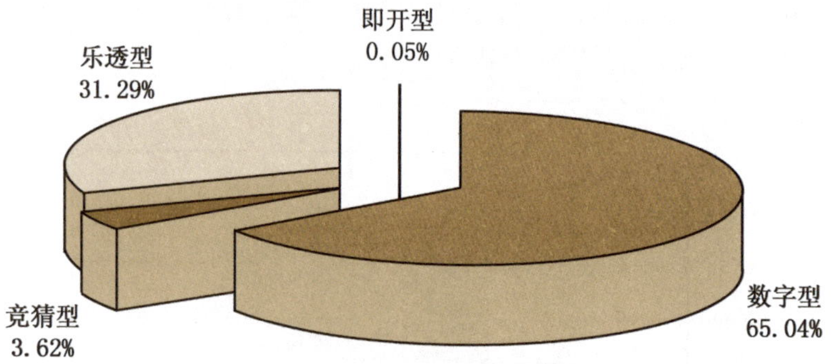

2005 年新疆各类型彩票市场份额图

从分类来看，2005 年自治区发行乐透型彩票56 913万元，竞猜型彩票6 585.75 万元，数字型彩票118 305.02万元，即开型彩票 88.24 万元，这 4 种彩票在市场上所占份额分别为：31.29%、3.62%、65.04%、0.05%。其中，福彩发行乐透型彩票 47 424.86 万元、数字型彩票 80 673.49万元，这两种彩票在市场上所占的份额为37.02%、62.98%；体彩发行乐透型彩票9 488.14万元、竞猜型彩票6 585.75万元、数字型彩票37 631.53、即开型彩票88.24万元，这4种彩票在市场上所占份额为17.64%、12.24%、69.96%、0.16%。

（三）彩票资金分配情况

2005年全区彩票筹集公益金及税收收入6.7亿元，其中筹集彩票公益金6.33亿元，个人所得税3 654万元。从业人员从事彩票销售取得的收入为1.27亿元。按彩票代销费7%、销售终端机2 785台和从业人员5 500人匡算，自治区彩票销售终端机从业人员月平均收入约3 800元。

二、努力促进彩票销售健康、快速发展

彩票是国家筹集社会公益事业发展资金的重要手段。自治区进一步提高了对加强彩票管理工作的认识，从培植财源和增加自治区可用财力的高度出发，以自治区社会事业发展筹措更多建设资金为着眼点，积极采取措施，努力促进彩票销售健康、快速发展，推动自治区彩票事业的发展。

1. 合理确定彩票销售计划。根据福利彩票、体育彩票2004年销售情况和2005年彩票市场的发展，在充分调研的基础上，经与两家彩票机构协商，将2005年彩票销售奋斗目标确定为10亿元。

2. 调动社会各界力量打击私彩。自治区主动同《新疆日报》、《新疆经济报》、《新疆都市报》、《消费晨报》等自治区主要平面媒体联系，组织了一次打击私彩新闻发布会，并草拟了相关的宣传提纲，公布了举报电话，使社会形成了树立国家彩票、打击私彩的良好风气。新闻发布会的举办取得了明显的成效，对发行私彩和非法有奖销售举报的数量不断增加。对举报的问题，及时同当地财政部门联系，委托当地财政部门配合有关部门予以查处。通过打击私彩，为国家彩票的健康、有序、稳定增长提供了良好的发展环境。

3. 维护彩票市场公平竞争。针对以往各彩票销售机构存在的相互诋毁、攻击、在公开宣传物上分析对方玩法，从而诱导彩民的行为，自治区研究制定了管理制度，采取有效措施，加强对各彩票销售机构在平面媒体宣传的监督审查。对审查发现的问题，及时反馈各彩票销售机构，要求彩票销售机构加以纠正。通过对各彩票销售机构宣传材料的审查，规范了各彩票销售机构的不正当竞争行为，引导彩票销售机构之间公平竞争，从而为自治区彩票事业的健康有序发展奠定了基础。

4. 利用调节基金积极促进销售。根据彩票市场周期，采取在彩票销售淡季使用调节基金的手段，适当刺激彩票市场，增加彩票销售，从而避免彩票销售大起大落，影响彩民的购买热情。

三、进一步加强彩票公益金管理

2005年，自治区从健全制度、加强监督等方面入手，积极采取措施逐步规范彩票公益金管理。

1. 为确保公益金收入及时足额上缴自治区财政彩票专户，自治区采取了以下做法：一是制发办法，从制度上进行规范。二是建立对账制度，按时与彩票机构、国库处就公益金的上缴及入库情况进行核

对。三是督促彩票机构每月10日缴清上月欠缴公益金，防止彩票机构滞留彩票公益金收入。近年来，自治区未出现彩票机构迟缴、欠缴彩票公益金的问题。

2. 为提高公益金使用效益，自治区采取了以下做法：一是按照财政支出管理要求，制定了公益金支出管理办法。二是按照办法试编了体彩公益金支出预算。三是按照财政专项支出管理办法，对公益金资助项目审核，成熟一个、安排一个。四是试编了体彩公益金决算。通过进一步规范对彩票公益金预算编制、项目审核和资金拨付的管理，提高了彩票公益金的使用效益，支持了自治区社会福利、体育等公益事业的发展。

3. 合理安排使用彩票公益金，促进社会公益事业发展。2005年，自治区安排拨付彩票公益金资助资金8 300多万元，其中，安排5 600多万元用于资助建设了一大批社会福利院、敬老院、儿童福利院、老年活动中心等福利设施，拨付1 560万元用于农村和城市医疗救助，下达了1 100多万元用于全民健身、“奥运争光计划”，有力地促进了全区民政、体育等社会公益事业的发展。

4. 加强青少年校外活动场所建设管理。为加快场所建设进度，尽快发挥场所作用，自治区采取了以下做法：一是规范资金拨付程序，充分发挥资金杠杆作用。二是通过交互检查、督办、扣款等方式，加大督促检查力度。三是对场所建成后的管理进行探索。几年来，在财政部和校外联席会议的大力支持下，自治区青少年学生校外活动场所匮乏的局面有所改观，全区青少年学生校外活动也有序开展起来。

（新疆维吾尔自治区财政厅综合处供稿，刘玉剑执笔）

三、“十五”时期彩票市场发展与管理概况

“十五”时期全国彩票市场发展与管理概况

“十五”时期，在党中央、国务院的正确领导下，全国各级财政部门与民政、体育部门及其彩票机构高举邓小平理论和“三个代表”重要思想伟大旗帜，认真贯彻党的十六大和十六届三中、四中、五中全会精神，密切配合，共同努力，开创了我国彩票市场发展与管理的新局面。

一、彩票市场发展回顾

“十五”时期，我国彩票市场快速发展，销售规模迈上新台阶，彩票立法稳步推进，管理制度日臻健全，销售技术不断进步，市场监管进一步加强，彩票的社会认同度得到提高，彩票公益金促进社会公益事业发展成效明显，为“十一五”时期彩票市场发展与管理奠定了良好基础。

（一）彩票销售快速增长，彩票市场雏形初步形成

2000年全国销售彩票181亿元，2005年销售714亿元，年销售额增加533亿元，增长294.5%，年均增长25%。“十五”时期，全国累计销售彩票2 170亿元，占1987年发行彩票以来销售总额的76%，是“十五”时期以前（1987—2000年）的3.2倍，是“九五”时期的4倍。其中，福利彩票机构销售1 145亿元，占52.8%；体育彩票机构销售1 025亿元，占47.2%；乐透型、即开型和竞猜型彩票分别销售1 798亿元、122亿元和250亿元，所占比重分别为83%、6%和11%。“十五”时期，培育了双色球、足球彩票、数字3等品牌游戏，初步形成了全国联网、区域联合、地区特色，以及乐透型、数字型、竞猜型、即开型共同发展的市场格局。截至“十五”期末，已建立起覆盖全国的电脑销售系统，投注终端13万台，从业人员25万人以上，彩票市场雏形初步形成。

（二）彩票立法稳步推进，管理制度日臻健全

“十五”时期，国务院连续五年将《彩票管理条例》列入立法计划，高度重视彩票管理体制改革问题。财政部分别向国务院和国务院法制办公室报送了条例送审稿和财政部修改稿，国务院法制办公室积极开展立法审查工作。财政部组织专门力量，积极配合中央机构编制委员会办公室等部门研究推进彩票管理体制改革。“十五”时期，根据《国务院关于进一步规范彩票管理的通知》的要求，财政部制定了一系列管理制度，一是制定《彩票发行与销售管理暂行规定》、《即开型彩票发行与销售管理暂行规定》，初步确立了彩票市场的基本运行秩序；二是制定《彩票发行与销售机构财务管理办法》、《关于彩

票发行与销售机构执行〈事业单位会计制度〉有关问题的通知》，初步建立了统一的彩票资金及彩票机构财务管理核算办法；三是制定《关于加强电脑系统发行与销售彩票安全管理的紧急通知》、《关于加强排列 3、排列 5 和 3D 游戏风险管理的通知》，初步形成了抵御和规避市场风险的机制。

（三）彩票管理政策逐步完善，销售技术不断进步

“十五”时期，彩票管理政策逐步完善，销售技术不断进步，游戏品种日益丰富，销售成本总体上从 20%下降至 15%。在彩票政策管理方面，财政部主要调整了彩票发行额度管理政策和彩票资金构成比例政策。2001 年，“九五”时期的“绝对额度管理”政策调整为“弹性额度管理”政策；自 2005 年起，取消了额度管理政策。2002 年，彩票资金“固定比例”政策从返奖 50%、公益金 30%、发行费 20%，调整为返奖 50%、公益金 35%、发行费 15%；2005 年，“固定比例”政策调整为“灵活比例”政策，即在坚持比例返奖和返奖不超过 75%的前提下，由财政部根据彩票市场的发展需要和彩票游戏的特性，确定不同游戏资金构成的具体比例。“十五”期间，财政部支持彩票机构建立起覆盖全国的电脑销售系统，并逐步实现从离线系统向热线系统的升级改造，稳步开发了在线即开销售系统、二维条码网点分散销售系统等，彻底改变了彩票销售主要依靠手工作业的状况，提高了彩票市场的安全管理水平，为丰富彩票游戏品种奠定了技术基础。

（四）彩票公益金使用领域逐步拓宽，分配机制更加合理

“十五”时期，彩票公益金的提取比例总体上从 30%提高到了 35%，彩票公益金规模稳步扩大，使用领域逐步拓宽，分配政策和管理制度进一步完善，对促进社会公益事业的发展起着越来越重要的作用。

“十五”时期，全国累计筹集彩票公益金 743 亿元，占 1987 年国家发行彩票以来公益金总额的 79%，是“十五”时期以前（1987—2000 年）的 3.7 倍，是“九五”时期的 4.7 倍。在公益金分配政策上，“十五”期间曾有过两次调整，即从部门分配政策调整为部门基数加增量分配政策，后又调整为中央与地方按比例分配政策，初步形成彩票公益金与彩票市场良性互动的发展机制。在分配政策调整的同时，公益金使用领域从原有的民政福利和体育事业，逐步拓展到青少年学生校外活动场所建设、2008 年北京奥运会、红十字人道主义救助事业、残疾人事业、城乡医疗救助和社会保障基金等领域，进一步体现了国家发行彩票筹集公益资金的目的，促进了全国社会公益事业的统筹发展。为确保彩票公益金的专项使用和规范管理，还先后制定了《全国青少年学生校外活动场所建设及维护资金管理办法》、《中国红十字会总会彩票公益金管理办法》等制度。

（五）政府监管力度加强，彩票市场秩序改善

“十五”时期，在财政、民政、体育、公安、工商、审计等部门的通力合作下，彩票市场的政府监管力度进一步加强，彩票市场发展的整体环境得到改善，有力地

保障了彩票市场持续稳定健康发展。这期间主要做了三方面的工作，一是严格审核彩票游戏和彩票机构财务，规范彩票机构销售行为，对部分彩票机构的财务管理进行专项检查和审计，严肃查处一些彩票机构的违规行为，维护彩票参与者的合法权益。二是稳妥处理了扬州"彩世塔案"、西安"宝马案"和贵阳爆炸案等几起恶性案件，以及双色球开奖录像补拍事件等几起安全管理事件，严厉惩处了有关违法犯罪人员，严肃追究了有关责任人的责任，维护了社会稳定、政府信誉和彩票公信力。三是财政部、公安部等部门联合开展了打击非法彩票等赌博活动专项行动，建立禁赌工作长效机制，最高人民法院等部门出台了非法发行销售彩票的司法解释，维护了彩票市场正常秩序。

二、我国彩票市场发展形势和主要问题

当前，我国彩票市场正在步入持续、稳定发展阶段，但彩票立法、管理体制、政府监管等方面还远不适应形势发展的要求，市场和政府抵御风险的能力不强，非法彩票等赌博活动屡禁不止，社会公益事业对彩票的期望值越来越高，社会对彩票的认识不尽统一，彩票市场还存在一些需要引起高度重视的问题，突出表现在五个方面。

（一）彩票立法滞后

我国彩票市场发展已近20年，至今尚未建立起完备的法律制度体系，政府管理彩票仍然依据国务院发布的通知以及部门制定的规章制度，法律层次和法律效力明显不适应监管需要。自1994年起，国务院曾多次将《彩票管理条例》纳入立法计划，但由于相关部门意见不尽统一，彩票立法工作停滞不前。彩票法律或法规的缺失，使得彩票的合法地位无法确立，彩票市场准入和退出机制难以建立，彩票市场主体的关系和市场秩序缺乏规范，政府管理彩票长期处于无法可依的被动局面。长此以往，不仅不利于彩票市场的制度化和规范化管理，而且会大大制约着彩票市场的健康发展。

（二）彩票市场运行机制不顺

我国现行彩票管理体制是在特殊历史背景下逐步形成的。2000年以后，这一体制的结构是：财政、民政和体育部门共同管理，由隶属于民政、体育部门的国有事业单位负责组织彩票的销售。在这种以行政管理为主导、分散发行和多头管理的体制下，彩票市场运行机制不顺，表现在：一方面，彩票运营政企不分、政事不分，彩票市场的错位、越位、缺位问题比较严重，发行成本偏高，筹资效率低下，政府监管难以到位；另一方面，为了规避经营风险，一些地方的彩票机构违规对外合作，不仅严重冲击国家彩票垄断地位，带来严重的经营风险，而且违规操作产生的道德风险、市场风险又容易转化为政府的政治风险，彩票公信力的缺失极易影响到政府信誉和社会稳定。近年来相继发生的扬州"彩世塔案"和西安"宝马案"等重大彩票舞弊案就是明显信号。

（三）彩票市场发展还存在一些不稳定因素

一是彩票市场发展主要依赖乐透型游戏支撑，游戏结构不尽合理，销售方式比较单一，市场发展的基础还不稳固。二是

非法彩票等赌博活动继续呈现扩大势头，活动区域已蔓延到内陆地区，组织手段已演变为利用电话、传真、互联网和银行电子结算系统等工具组织跨区域的大规模赌博活动，不仅严重冲击国家彩票市场，而且已成为严重的社会不稳定因素。三是网络代购、电话信息台、手机短信或媒体有奖竞猜，以及商业有奖销售等变相或违规发行销售“准彩票”的行为仍然存在，误导社会对彩票的认识，有的甚至危害到青少年学生，破坏彩票市场正常秩序。

（四）彩票管理不适应市场发展需要

一是政府监管力量薄弱，彩票游戏管理比较粗放，审核缺乏专业技术人员，致使游戏品种繁杂，生命力不强，影响了彩票游戏的公正性和安全性，以及彩票市场的可持续发展。二是政府监管手段滞后，缺乏专门的技术标准和相应的销售监控系统，难以有效控制彩票游戏的刺激性，规避市场风险，保证数据和资金的安全。三是政府对彩票的宣传及宣传监管力度不够，既没有建立起全面、客观、公正的宣传渠道，又没有建立起相应的宣传监管制度，导致“猜号秘笈”等非法宣传资料遍布市场，如果任由欺诈信息误导群众，容易引发投机心理甚至犯罪，影响社会稳定。

（五）彩票资金管理还不尽规范

一是尚未制定全面的彩票资金管理办法和相应的资金结算体系，使得与彩票销售相关的各项资金的安全性受到严重影响。二是随着经济和社会的不断发展，社会公益事业对公益金的需求越来越强烈，教育、环保、农业、扶贫等部门不断向国务院要求发行专门为本部门筹集资金的专项性彩票，给国家统一彩票管理和规范市场运营形成较大压力，彩票公益金分配仍面临较大矛盾。三是彩票发行费“收支两条线”管理不尽彻底，彩票机构财务、会计、统计等制度不尽完善，彩票机构财务管理和财政部门的监督比较粗放，影响了彩票机构财务管理的安全和效率。

三、“十一五”时期的彩票市场发展

根据彩票市场发展面临的形势和存在的问题，按照十六届五中全会《国民经济和社会发展第十一个五年规划》的总体要求和部署，“十一五”时期彩票市场发展与管理的总体思路、发展目标和主要任务如下。

（一）总体思路

以邓小平理论和“三个代表”重要思想为指导，坚持社会主义市场经济的改革方向，按照政企分开、政资分开、政事分开的原则，加快推进彩票管理体制改革；加快制定完备的彩票法律和管理制度体系，确立彩票的合法地位，为彩票业发展建立有序的法律制度保障；继续强化彩票市场监管，确保彩票市场安全、稳定、协调、健康运行；更加注重社会效益的发挥，科学、合理、高效使用彩票公益金，形成彩票公益金与彩票市场的良性互动发展机制。

（二）发展目标

一是稳步扩大彩票销售规模，到2010年，争取彩票销售规模在2005年的基础上翻一番。二是调整和优化彩票市场结构，逐步提高即开型和竞猜型游戏的比重，到2010年，争取即开型和竞猜型两类游戏的市场份额能提高到三成。三是努力降低销售成本，扩大彩票公益金筹集规模，到2010年，争取彩票发行费总体比例降低至12%—13%，彩票公益金筹集规模翻一番。

（三）主要任务

一是按照社会主义市场经济原则和彩票业发展规律，加快推进彩票管理体制改革，完成彩票立法，理顺政府与市场的关系，建立科学化、规范化、法制化的彩票市场运行机制。二是建立健全彩票管理制度，建立彩票市场准入、退出机制和惩罚制度，规范彩票市场主体的活动和行为，保护彩票活动参与者的合法权益。三是完善政府监管技术和手段，建立彩票游戏专业评审制度和彩票销售实时监控系统，加大彩票市场监管力度，打击非法彩票等赌博活动，维护彩票市场正常秩序。四是完善彩票游戏管理政策，培育和繁荣多领域、多层次、多类型协调发展的游戏品种格局，鼓励和支持游戏创新和技术进步，发展安全、高效、便捷、文明的彩票消费模式，努力扩大彩票市场规模，确保彩票公益金稳步增长。五是按照公益性、广泛性等原则，建立彩票公益金合理分配和高效使用机制，形成彩票公益金与彩票市场良性互动的发展格局，促进社会公益事业健康发展和先进文化建设，支持构建社会主义和谐社会。

（财政部综合司供稿）

“十五”时期全国福利彩票市场发展与管理概况

中国福利彩票自1987年发行以来，截至2005年12月31日，全国累计发行约1 630亿元，筹集公益金536亿元。尤其是“十五”期间，共销售福利彩票1 145亿元，与“九五”期间发行销售358.65亿元相比，净增长高达786亿元，增长率为219%。年销售量由2000年的89亿元跃升至2005年的411亿元，年销售量平均递增40%，创造了五年翻两番的辉煌业绩。

苦练内功　实现跨越

“十五”期间，全国福利彩票机构，正确把握福利彩票的发展方向，积极理顺各个方面的工作关系，狠抓规范管理，锐意开拓创新，努力扩大发行，谱写了从小到大，由弱变强的历史新篇章。在这五年中，各级机构高举社会福利旗帜，秉承“扶老、助残、救孤、济困”宗旨，坚持“公平、公正、公开”的原则，福利彩票的理论建设和舆论导向发生了积极变化，管理体制和运行机制得到了巩固和完善，发行方式走向了全国联合销售，发行成本由20%降低到了15%以下，市场份额由前两年的42%上升到后两年的58%以上,年发行量由"九五"期末的89.88亿元攀升到了2005年的411亿元,年平均递增40%,累计发行1 145亿元,五年实现了翻两番。同时,完成了电脑彩票技术系统热线改造,研发培育了双色球、3D、视频彩票、KENO彩票、网点即开票等品牌游戏和新票种,初步奠定了福利彩票可持续发展的工作基础。

完成了发行方式的转变。2001年10月19日,随着西藏电脑福利彩票销售系统的开通,全国各省、自治区、直辖市就全部都有电脑票在销售了。至此,从大奖组集中销售向电脑网点分散销售的转变初步完成。2004年11月19日,福建省电脑福利彩票系统热线系统投入运行。至此,全国电脑福利彩票系统热线升级工作全部完成。随着电脑彩票销售站点的增加,逐步覆盖至全国城镇乡村,至2005年底,全国共有销售网点7万多个。福利彩票各个品种,包括网点即开票,均全面实现了电脑网络管理,为福利彩票事业的历史性突破奠定了坚实的基础。

联合销售形成品牌。"十五"期间,中国福利彩票发行管理中心(以下简称"中福彩中心")加快了全国福利彩票主干网络建设步伐,形成了福利彩票发行销售规模效益。与此同时,不断开拓创新,加快开发研究福利彩票新品种和新玩法,先后推出了联合销售的双色球和3D两大全国性品牌游戏。2005年,双色球和3D共销售316.96亿元,占全国福彩总销量的77%。这两种游戏是福利彩票自主创新的品牌,在很大程度上丰富了福利彩票品种和玩法,培育出了福利彩票新的增长点,极大地增强了福利彩票的核心竞争力。

形成了稳定的市场管理格局。"十五"期间,福利彩票形成了横向由民政部门、财政部门和发行机构组成的三个管理系统,纵向有中央、省、地(市)三个层次的"九宫格"结构的管理体制;建立健全了以中福彩中心统一福利彩票发行销售管理,省级中心承销,地(市)级机构为基础的销售网络;建立了一支近15万人的专业销售队伍,以及完善的彩票游戏开发和业务培训体系。到"十五"期末,福利彩票有乐透型、数字型、中福在线即开型、网点即开型等多种类型、数十个游戏玩法品种,初步形成了良好的市场管理格局。

安全运行　健康发展

保持社会稳定,关系我国社会主义现代化建设的全局。"十五"期间,福利彩票的发行工作应该始终站在全局的高度,不仅在微观方面保证彩票发行工作中的技术安全、营销安全、资金安全等,还要在宏观方面防范社会风险,营造良好社会环境,服务于和谐社会的构建。福利彩票的社会属性是公益性、伦理性、群众性和娱乐性的统一。福利彩票的游戏性是实现发行目的的必要手段。坚持彩票的游戏性,始终着眼于通过提高彩票游戏本身的趣味性,提高彩票的魅力,把彩民的幸运心理引向娱乐、游戏心理,从而引导更广泛的社会民众参与到社会福利、社会救助的社会公益事业中来,实现福利彩票的发行目的。

福利彩票坚持"扶老、助残、救孤、济困"的发行宗旨,走中国特色彩票发展之路。在游戏设计上,牢固树立"绿色"

意识。坚持走大众化的幸运型彩票路线，坚持“小面值、小几率、小风险”的“绿色”彩票设计理念。良好的公众形象是福利彩票事业安全、健康发展的基石。随着福利彩票发行量的大幅度攀升，彩票已经成为人们生活中的热点话题，引起了社会各界的普遍关注。当前，我国彩票市场的舆论导向中，博彩因素似嫌偏重，已经影响到部分彩民的购票趋向。福利彩票将为社会营造一种寓募于乐、多人少买、重玩轻博、健康有序的彩票市场氛围，让广大群众健康、娱乐购彩。在运营管理上，始终坚持诚信原则。诚实守信是数千年来中华民族的传统美德。在当今社会，信用是市场经济得以运行的一个重要基础。党的十六届三中全会通过的《中共中央关于完善社会主义市场经济体制若干问题的决定》中明确提出，要建立健全社会信用制度。对于彩票而言，失去诚信将无以生存。彩票行业是一个诚信要求极高的行业，它关系到亿万群众，关系到社会和谐稳定，应当上升到政治、法律高度认识。

福利彩票　诚信至上

“十五”期间，各级福利彩票机构坚定地树立诚信理念，把严肃的诚信体系建设作为第一重务抓紧抓好。

首先，完善彩票专营专卖机制，确保彩票公办。禁止非国家指定的彩票专营机构参与彩票销售管理，维护国家彩票权威。我国福利彩票本质属于有奖募捐活动，是传统慈善募捐与当今社会市场经济相结合的科学的方式，以募捐为本，以彩票销售为促进手段。彩票机构按照国家规定的返奖比例向彩民公平合理地返还、分配奖金，所筹集的公益金交给政府。在这一过程中，彩票机构只是一个组织者，并不是坐庄者。所以，彩票机构与彩民不是博弈关系，没有直接的利益冲突。部分彩民之所以对彩票机构心存疑虑，与彩票机构角色上的错位和少数企业参与彩票销售管理有直接关系。因此，福利彩票的诚信建设应当从完善专营专卖体制入手。

第二，完善技术安全防范机制，确保彩票游戏公平。从游戏原理和技术层面排除一切人为作弊的可能，确保彩票发行安全和人人机会均等，这是彩票诚信体系建设的最重要环节。我国福利彩票在游戏的选择上考虑到公平、公正，考虑到彩民的心理反应，考虑到社会的影响，所以绝对不会选择存在规律性的游戏，坚持的是开奖号码随机产生，没有规律性的幸运型彩票路线。

第三，完善机构内控自律机制，确保操作公正。彩票机构的自律机制始于忧患，收获诚信。

各级彩票机构把诚信建设纳入员工培训的重要内容，培养诚实守信、敬业爱岗的职业道德，建设诚信至上、善待彩民的行业文化，强化员工的角色意识。此外，全国福利彩票机构还深入开展 ISO－90000 质量体系认证活动，从而提高福利彩票发行管理工作的标准化、规范化、程序化、制度化水平，使之成为福利彩票诚信体系建设的一部分。

第四，完善监督制约机制，确保开奖过程公开。

现行的彩票监管是行政监管，而行政监管实际上是一个战壕里的监管，是彩票内控机制的延伸。监管部门与彩票发行部门利益相关，监管部门给彩票发行部门下任务，有时候可能还要一起抓发行。因此，要完善彩票的治理结构，就要形成裁判员、运动员和教练员各司其职、各负其责的相互制衡的机制，中国彩票才会走向规范。

社会监督是以彩票机构的阳光操作为前提的，是社会公众知情愿望与彩票机构自我公示愿望的不谋而合，彩票操作方面的透明度与彩票的诚信度是成正比的。

总而言之，福利彩票诚信建设的重点是要建立四道防线，即游戏公平、机构公办、操作公正、过程公开，四道防线依序排列，使诚信建设的关口尽量前移。

高扬公益旗帜　秉承发行宗旨

福利彩票发行与公益金的使用是互动互益的。福利彩票的发行宗旨就是公益金使用的方向，公益金的使用体现福利彩票的发行宗旨。彩票销售规模越来越大，所筹集的公益金就会越来越多。

“十五”期间，通过发行福利彩票，共筹集社会公益金近400亿元，其中一半左右上缴国家财政，主要用于补充社会保障基金的不足；另一半则纳入财政专户管理，全部用于“扶老、助残、救孤、济困”等社会福利和社会公益事业。由民政部本级留用的公益金，在“十五”期间主要用于“星光计划”和“明天计划”。

“星光计划”光耀九州。从2001年开始实施的“星光计划”，到2004年6月的3年间，在全国分3批超计划完成了32 000多个“星光老年之家”建设项目，取得了令全社会瞩目的成绩。“星光计划”3年总投入134.86亿元。总体上看，“星光计划”3年的投资规模比预计的要大，项目建设数量比预期的要多，建设速度比预想的要快，社会反响更是比预想的要好。如今，3万多个“星光老年之家”如繁星一样遍布祖国大江南北，星罗棋布，熠熠生辉，为千千万万的老年人送去了幸福安康，体现了人民政府施政为民、以人为本的指导思想，被人民群众盛赞为“民心工程”和“德政工程”。

“星光计划”的成功实施，为初步建立老年人福利服务体系奠定了基础。实施“星光计划”前的调查统计表明，我国社区老年福利服务设施总体上是十分匮乏的。2000年底，社区居委会已建老年福利设施的仅占32.91%，缺口很大，而最贴近老年人生活，需求最大的又恰恰是社区中的这些福利设施。“星光计划”在全国城乡建成的3万多个“星光老年之家”项目中，街道和社区项目占总数的83%，贯彻了“星光计划”实施方案提出的“立足社区、面向老人、方便实用、小型分散、星罗棋布”的原则，达到了老年人在自己的家门口就近就便享受到方便、快捷、实惠服务的目的。如今，“星光计划”建设起来的社区老年服务设施，在很大程度上改善了老年人的生活娱乐条件，美化了社区环境，活跃了社区气氛，提高了社区居民的生活质量，受到广大老年人和社区居民的热烈欢迎，为构建中国特色的养老福利服务体系初步奠定了基础。

“星光计划”的成功实施，推动了包括老龄工作在内的社区建设的深入开展。许多地区以实施“星光计划”为契机，实行社区建设与“星光计划”同步规划、同步设计、同步建设。通过“星光计划”建设起来的“星光老年之家”，不仅成为“老有所养、老有所医、老有所教、老有所学、老有所为、老有所乐”的载体，而且也深受社区广大居民群众的热烈欢迎，成为发展社区公益事业的重要载体。

“星光计划”的成功实施，为社会主义精神文明在基层社区的广泛深入传播提供了阵地。各地以“星光老年之家”为载体，把先进文化和文明健康的文体活动引入社区，广泛开展歌曲合唱、戏剧表演、舞蹈、秧歌、腰鼓、时装表演、书画、健身、知识讲座等多种形式的群众活动，丰富了老年人的日常生活，激发和展示了老年人热爱祖国、热爱生活、健康向上的精神风貌。

“星光计划”的成功实施，也有效地推进了社会福利事业的社会化进程。各地在实施“星光计划”过程中创造的多种所有制成份举办、多种方式管理运营、拓展多样化服务内容和服务项目等一系列经验和做法，为下一步推进社会福利机构“公办民营”和“民办公助”的改革提供了有力的指导和有益的借鉴。

“明天计划”托起明天的太阳。“残疾孤儿手术康复明天计划”是2004年启动的，面向残疾孤儿实施的一项救助行动，也是此后3年内民政部福利彩票公益金投向的重点。据2004年统计，在全国各类社会福利机构收养的5.4万名孤儿和弃婴中，49.6%患有残疾，其中有一多半可以通过手术进行矫治和康复，即具备手术适应症。此外，每年还将有一些新入院的、需要手术治疗的残疾孤儿。同健康儿童相比，这些残疾孤儿在身体发育、精神和心理发育及人格健全发展等方面都存在较大差距，就学和长大后就业、婚姻等方面也将面临更大困难。实施“明天计划”的目的和目标就是为这些残疾孤儿回归家庭、回归社会创造条件，从2004年以后的3年内，每年民政部从发行中国福利彩票募集的彩票公益金中拿出1亿元，各省、市、自治区从省级留用彩票公益金、地方财政和社会捐赠等渠道筹集1亿元，3年共筹措6亿元，确保为2.8万名，力争为3万名残疾孤儿有效实施手术矫治和康复。

截至2005年底，“明天计划”在全国共为13 000名孤残儿童实施了手术。在第一年度，全国有9 149名残疾孤儿接受了手术康复矫治，实际支出经费约为1.15亿元(不包括地方用于手术的捐赠款)。其中，民政部“明天计划”捐款支出353万元，民政部本级福利彩票公益金支出6 642万元。2006年1月，民政部已下拨7 000万元福利彩票公益金，作为第二年度的资助款项。

（中国福利彩票发行管理中心供稿）

“十五”时期全国体育彩票市场发展与管理概况

“十五”期间，经过各级体育部门和全国体育彩票工作者的共同努力，体育彩票工作取得了历史性的成就，游戏研发、技术进步、队伍建设、营销宣传等各项工作都有了实质性的进展，体育彩票得到了迅猛发展。2001—2005 年，体育彩票累计销售 1 024.8 亿元，是前 7 年销量总和的 5.3 倍。体育彩票正在成为促进我国公益事业发展的重要力量。

一、市场发展基本情况

（一）市场经历了波浪起伏的变化

2001 年，体育彩票借助电脑彩票销售系统的全面铺开，延续了前几年的上升势头，实现了年销售量大幅度提高，比 2000 年增长了 65%。2002 年，足球彩票成功发行，体育彩票年销量首次突破了 200 亿元。但 2003—2004 年，体育彩票发行销售工作遇到了前所未有的困难，进入资源整合和调整年，历史上首次出现了销量下滑的情况。2005 年，依靠新增游戏，体育彩票销量再次突飞猛进，全年销售 302.55 亿元，创造了体育彩票有史以来的最高记录。销售量突破 10 亿元大关的省市也从 2000 年的 2 个发展到 2005 年的 11 个。经历了市场发展的跌宕起伏后，体育彩票在积累经验、发现问题、解决问题的过程中，发行销售系统日趋成熟，积蓄了更大的发展潜力。

“十五”期间体育彩票发行量表

年　份	发行量（亿元）	比上年增长幅度（%）
2001	149.3	65
2002	217.52	46
2003	201.23	-7
2004	154.2	-23
2005	302.55	96
合　计	1 024.8	

（二）销售系统不断扩充

从 1996 年起，体育彩票在坚持“统一管理、统一软件、统一发行”的基础上，开始逐步建设电脑彩票系统。2001 年，系统建设速度大大加快，在原来的基础上，又有 7 个省区扩建了 6 个电脑体育彩票分中心。到 2001 年底，在全国共建立了 27 个分中心。之后，各地不断调整和优化销售网点布局，纠正了电脑体育彩票开通初期不可避免的盲目性。到 2005 年底，销售系统拥有终端机47 759台。

（三）彩票玩法创新

玩法是彩票的生命线。"十五"期间是体育彩票创新速度最快、成果最显著的时期。2001年，中国首次推出竞猜型彩票——足球彩票。这之后，体育彩票机构根据市场的需要，不断调整竞猜对象和竞猜方法，陆续推出了足彩进球彩、篮球彩票、胜负9场足彩、北京单场竞猜足彩等玩法；在乐透型彩票方面则开发了七星彩（及附加玩法）、金银彩、同花5、排列3、排列5等玩法。新玩法的推出，大大丰富了彩票品种。其中"排列3"作为全国统一销售的小盘固定返奖玩法，在2005年的彩票市场上显示了特殊的活力，全年销量164.68亿元，占据了体育彩票全年总销量的一半以上。

（四）大力推进彩票技术进步

电脑体育彩票原有的销售系统是1997年开发的，受很多因素的影响，技术水平已经很难适应体育彩票未来长远发展的需要。为此，从2002年底开始，体育彩票机构开始进行电脑销售系统核心技术的接管和自主开发，目的是要开发一套技术起点高、功能齐备、多种投注方式并存的自行开发、自主管理的全热线电脑体育彩票销售系统，构建体育彩票新型的服务保障体系。这一系统预计2006年投入使用，将为体育彩票集约化、高水平发展提供有利条件。

（五）竞猜型彩票独树一帜

经过精心准备，2001年足球彩票成功上市，使体育彩票无论从玩法结构上，还是市场管理上都发生了质的飞跃。足球彩票是彩票玩法与体育运动项目的结合，是真正意义上的体育彩票。全社会对足球彩票寄予了很高的期望，给予了极大的关注。足球彩票上市后，体育彩票销售量迅速增长，当年体育彩票就占据了全国市场的绝对优势。同时，足球彩票的成功发行，不仅丰富了体育彩票市场，补充了新鲜血液，促进了体育彩票总体销售量的提高，而且有力地打击了"私彩"。由于足球彩票采用了全国统一发行的销售、管理手段，在理论和实践上推动了体育彩票全国联网格局的形成和发展。

（六）销售资源整合显现成效

为提高体育彩票科学管理水平，改变粗放式经营模式，自2003年开始，国家体育总局体育彩票管理中心探索实施"区域一体化"的战略，发挥集约优势，加强区域联网，先后开通了西北、东北、泛珠江三角洲地区、西南等区域的联合销售网，联网后各相关省区市的销量有了明显增长。从总体上看，"区域一体化"能够比较好地实现资源共享，降低成本，增强抗风险能力，提高彩票销量和效益。2004年，在市场持续低迷的情况下，西南6省区、泛珠江三角洲地区、华东地区和东北地区的同花5、东方金银球、联网36选7、联网22选5和联网29选7等玩法陆续开通，抑制了市场的下滑。2005年，联网工作力度进一步加大，全国联网销量比重从最初的3%上升到2005年的87%，充分显示了"区域一体化"的强大优势。

（七）整体宣传渠道不断完善

"十五"期间，体育彩票高度重视市场营销宣传工作。在体育彩票宣传工作上，坚持"突出目的、明确目标，精心策划、力求规范，掌握主导、强调统一"的思想，充分有效地调动社会各方面的积极性，不断扩大宣传覆盖面，在中央电视台、中央人民广播电台、中国体育报、中国体彩网等主流媒体上建立了稳定的信息传播平台。随着全国联网销售范围的扩大，有效地整合了各地开奖媒体，将全国联网玩法开奖节目集中到 CCTV5 专栏播出，提高了体育彩票的品牌形象，加强了开奖的安全管理，节约了成本。

（八）即开型彩票分散销售从试点走向全面铺开

分散销售试点开始于 1999 年。从 2001 年开始，大部分省市陆续开始即开型彩票分散销售的网点布局工作，当年设计了 24 种新版即开型彩票，实现了即开型彩票品种的更新和换代。2002 年日韩足球世界杯比赛期间，首次尝试发行了世界杯即开型彩票，该彩票是以体育竞赛为竞猜对象设计的新型即开型体育彩票，是被动型游戏与体育比赛的首次结合，是开发彩票新品种的一次有益尝试和探索。

（九）市场管理日趋科学化

市场的不断扩大，对管理工作提出了越来越高的要求。体育彩票机构始终坚持国家体育总局制定的“三严”方针，注意加强市场监管，严格按照财政部和体育总局的有关规定组织销售活动。在返奖比例、兑奖方式以及宣传口径方面，坚持公平合理的市场竞争，注意维护体育彩票良好的社会形象。“十五”期间，体育彩票各级机构通过完善制度，严格操作程序，保证了各项工作顺利进行，降低了故障率，提高了故障处理反应速度，保证了体育彩票各项工作的顺利进行；先后制定并完善了《2001 年全国体育彩票发行工作先进单位表彰奖励办法》、《中国电脑体育彩票开奖（摇奖）管理暂行办法》、《全国联网电脑体育彩票开奖工作流程》、《中国电脑体育彩票摇奖突发事件处理办法》、《突发事件应急预案》等，出台了《体育彩票表彰奖励办法》；解决了省市反映比较集中的向国家体育总局体育彩票管理中心上缴发行费比例的问题；在财政部的支持下，解决了多年来存在的两种彩票税收不一致的问题。

（十）彩票国际交流日益增多

近五年来，国际彩票业发生了深刻的变化，对我国彩票业的发展具有示范性的意义，为我国研究未来体育彩票的发展提供了方向和思路。为此，“十五”期间，体育彩票逐年增加了出席和组织国际会议、聘请国外专家进行培训、国际交流和互访等，对世界彩票销量名列前茅的国家进行业务考察，重点学习竞猜型彩票领域先进的操作与管理经验，引进玩法管理的新模式，探讨进一步开展技术合作的可能性，促进我国彩票业的发展。

二、“十五”期间体育彩票工作中的主要问题

（一）个别地区在某些环节的管理上存在严重的松懈问题

2001 年湖北“4.20 事件”、2004 年西安“宝马彩票案”在不同程度上暴露了体育彩票在队伍素质和管理方面存在的问题，一些地方管理松懈、思想麻痹、监管不力，甚至出现职务犯罪，这些对体育彩票的公信度是一个重大的打击，给体育彩票的声誉造成了恶劣影响。虽然发生事件的省、市通过积极整改、建章立制、加大管理力度的实际行动努力挽回负面影响，

但事件本身却为体育彩票机构敲响了警钟，使大家认识到，体育彩票队伍整体素质与管理水平需要进一步提高，对此必须常抓不懈。

（二）管理体制、运行机制与市场的矛盾日益严重

随着体育彩票事业的发展，管理体制、运行机制与市场之间存在的矛盾越来越突出，在局部地区已经开始制约着体育彩票事业的发展了。目前，各级体育彩票机构都属于事业单位性质，而在实际工作中常常反映出这种行政管理方式与市场实际运作之间的不适应。例如：市场反应速度慢，整体集约化程度不高，抵御风险的能力不强，等等。从持续发展的角度讲，体育彩票应该采取措施，创造有利于市场运作、有利于促进销售量提高的管理和运行机制，努力提高体育彩票的整体发展水平。

（三）开发创新的路子不宽，速度不快

体育彩票在玩法上需要继续开发与创新，系统需要整合与优化，发行方式和销售方法需要进一步改进，市场营销需要不断加强，无形资产的开发需要进一步研究探索。目前体育彩票在全国彩票市场上虽然占有重要份额，但市场同质性高，竞猜型彩票还存在空白，电脑体育彩票和即开型体育彩票在玩法开发上还很不够。体育彩票应该结合体育的特点，不断开发新的玩法，摸索新的发行方式和销售方法，进一步提高营销意识，提高整体策划、市场推广水平。在电脑体育彩票系统方面，也需要进一步整合与优化。

（国家体育总局体育彩票管理中心供稿）

"十五"时期地方彩票市场发展与管理概况

北 京 市

一、引言

"十五"期间，北京市彩票销售收入保持了稳中有升的发展趋势，销售总量达到111.1亿元，年均增长超过13%，彩票机构筹集发行费14.83亿元，筹集社会公益资金36.6亿元，除上缴中央的公益金外，地方留成公益金达17.44亿元，"十五"期间共安排公益金支出18.52亿元(含中央返还)。在财政、民政、体育、公安等部

门的团结协作下，“十五”期间北京市彩票市场运行安全、稳定。

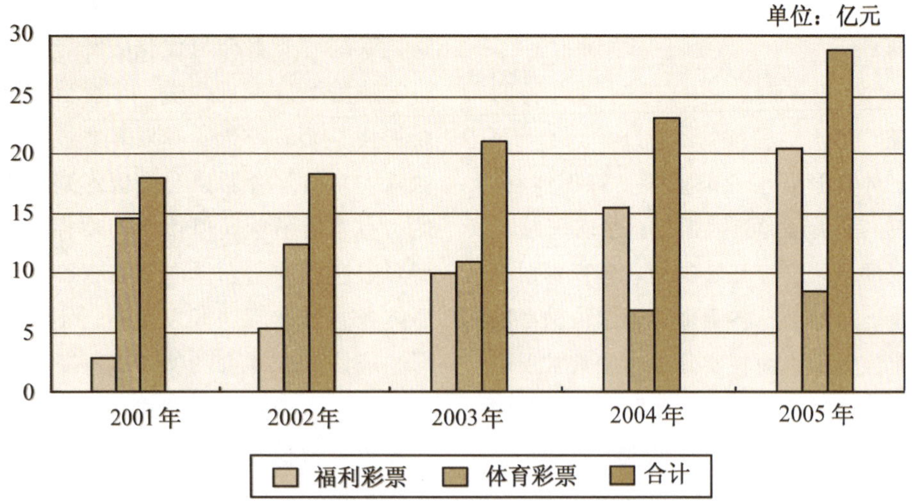

北京市 2001—2005 年彩票销售情况

二、“十五”期间发展概况

北京市彩票市场销售的彩票主要分为电脑型和即开型，即开型彩票 2005 年已经停止销售。游戏品种有体育彩票的 36 选 7、足球进球彩、足彩胜负平、单场竞猜、七星彩、篮球彩票和排列 3，以及福利彩票的两步彩、3D、快乐 8 和双色球。

（一）“十五”期间彩票的总体销售趋势

“十五”期间北京福利彩票销售额呈上升趋势，而体育彩票则呈下降趋势。这其中有由主观原因，也有客观的因素，但是，两家机构五年的销售总量基本平分秋色，这也说明市场规则在无形中起着重要的平衡作用。

2001—2005 年北京市福利、体育彩票销售情况

单位：亿元

项　　目	2001 年	2002 年	2003 年	2004 年	2005 年	总计
合　　计	18.3	18.7	21.3	23.2	29.6	111.1
其中：福利	3.3	5.6	10.1	15.8	20.7	55.5
体育	15	13.1	11.2	7.4	8.9	55.6

（二）彩票机构的市场、销售情况

北京福彩自 2000 年开始采用网点销售电脑彩票为主的方式，替代以往大奖组即开型彩票的传统销售方式。销售模式的变化，必然带来管理模式的改变。北京福彩在“十五”期间不断钻研管理模式，采取从市中心到区县中心、从区县中心到分组分片、从分组分片再到各个销售网点的分级管理体系。这样一来，管理更加合理也更加严格，为彩票市场安全稳定地持续发展创造了良好的前提条件。北京福利彩票销售额在此期间出现两次高速增长，一次是2003年较上年一下增长了13.9%，另一次是2005年较上年增长27.6%，5年间年均增长率超过13%。这两次高速增长都不同程度地与彩票游戏的增加和调整有关。

北京体彩由于先天设备原因以及西安“宝马事件”等的影响，自2001至2004年销售呈逐年下降趋势，2005年由于设备的逐步更新及游戏结构的调整等因素，销售好于上年，开始呈上升趋势，2005年较2004年上升了20%。2005年，北京体彩为推出单场竞猜游戏，搭建了全新技术平台，研发了全热线销售系统。该系统的优势体现为：系统架构逻辑集中、功能强大，容错性较好。针对出现的各种情况，例如由于比赛临时取消、提前、推迟，导致的退票，比赛球队胜平负悬殊过大导致的奖金倒挂等各种问题的处理都具有良好的容错性。该系统采用一个数据库架构，可以随时统计出该玩法的销售情况，并以此推算出实时SP值，作为彩民的投注参考。

（三）彩票公益金的收支情况

“十五”期间，北京市彩票公益金随着彩票销售收入的增加以及提取比例的增长，呈逐年上升趋势。五年间，共筹集公益金36.6亿元，其中：上缴中央19.16亿元，地方留用17.44亿元（不含中央返还）。

“十五”期间北京市共安排彩票公益金支出18.52亿元，其中：福利彩票公益金6.13亿元，体育彩票公益金12.39亿元（含中央返还）。

（四）公益金支出具体项目情况

福利彩票主要用于四个方面：一是在社会福利事业方面支出2.99亿元，二是在社会福利企业方面支出0.2亿元，三是在社区项目资助方面支出1.9亿元，四是在救济孤老残疾方面支出0.9亿元。

体育彩票主要用于三个方面：一是在全民健身方面支出4.3亿元，二是在奥运争光方面支出1.69亿元，三是在修建场馆方面支出2.39亿元。

中央返还的公益金主要用于三个方面：一是在奥运项目方面支出3.16亿元；二是在红十字项目方面支出547万元；三是在青少年活动场所方面支出6 698万元，其中安排区县青少年项目支出达到4 818万元。

（五）彩票机构财务管理情况

在全国，北京市率先将彩票机构纳入了部门预算管理体系，从2003年起将彩票机构提升为一级预算单位，发行费上缴财政专户，编制部门预算，按照部门预算核定的支出额度，再根据上缴发行费的具体数额核定拨付彩票机构事业经费。几年的改革试点表明，这种对彩票机构实行编制部门预算的管理方式还是起到了积极作用的。

2001—2005 年北京市彩票公益金筹集情况表

单位：亿元

	2001 年	2002 年	2003 年	2004 年	2005 年	合计
一、彩票公益金总计	6.07	5.75	7.55	7.97	9.99	37.33
其中：福利	0.97	1.74	3.37	5.34	7.14	18.56
体育	5.10	4.01	4.18	2.63	2.85	18.77
二、地方留用公益金	3.32	2.82	3.25	3.56	4.49	17.44
其中：福利	0.52	0.76	1.45	2.30	3.20	8.23
体育	2.80	2.06	1.80	1.26	1.29	9.21
三、上缴中央公益金	2.75	2.93	4.30	4.41	5.50	19.89
其中：福利	0.45	0.98	1.92	3.04	3.94	10.33
体育	2.30	1.95	2.38	1.37	1.56	9.56
四、中央返还公益金	0.1145	1.371	2.2112	0.1958	0.2194	4.1119
青少年	0.1145	0.2	0.17	0.1853	0.2131	0.8829
红十字	0	0	0.0492	0.0055	0.0063	0.061
奥运会	0	1.171	1.992	0	0	3.163
补助体育	0	0	0	0.005	0	0.005

三、彩票市场监督管理的指导思想

第一，以国家政策为依托，稳定首都彩票市场。根据财政部《彩票发行与销售管理暂行规定》和《彩票发行与销售机构财务管理办法》等规定，加强彩票市场和彩票资金的监管。

第二，注重日常监督管理，保障彩票销售真正做到公平、公开、公正。

第三，配合公、检、法等部门，严厉打击非法彩票。

四、对彩票市场发展的认识

1. 对彩票机构财务的管理，“预算”和“计划”办法各有长短。北京市财政部门通过管理实践认为，对彩票机构实行“部门预算”和“收支计划”的管理办法，各有优势和不足：“收支计划”较为灵活，可约束力相对较弱；“部门预算”约束力强，但灵活性较差。所以财政部门在选择管理方式时，还要具体的实际情况。

2. 建立健全法律体系，依法发展彩票

事业。彩票是一种利弊共存的博彩形式，西方发达国家的彩票史已经证明了要使彩票事业得到健康的发展，必须通过健全法律法规予以规范。我国的彩票业从兴起到初具规模，当前正面临着制度空缺、立法严重滞后的境地。对此，有关方面要通过深入的调研，逐步建立健全我国的彩票法律、法规，确立我国彩票的合法地位、明确政府控制的形式和程序、指明彩票所筹公益金的使用方向和范围、划清公彩与私彩的界限、制定彩票市场监管的手段、细化并明示对私彩的处罚尺码。

严格彩票公益金管理。要充分认识到彩票事业的发展，公益金规模不确定，社会公益事业需求增加和彩票公益金特定用途之间可能产生的矛盾，在地方权限内，积极参与彩票管理制度规章的修订，做好调研工作，为完善公益金制度提出合理化建议。同时，要建立健全公益金的分配、使用和审计制度，提高彩票公益金使用的透明度。

3.改革发行销售体制，提高资金使用效率。一是改变彩票发行与销售机构的部门色彩，实行发行与销售方式的市场化。二是在推出新游戏玩法时，实行两机构竞标方式，逐步降低发行费比例，提高公益金比例，建立发行费浮动机制。

4.调整现有彩票玩法，不断丰富彩票品种。一要从"粗放型"向"集约型"转变，尽快将目前的电脑彩票进行全国联网、全国统一开奖，根据市场的情况，合理布局，解决重复设点的问题，提高彩票的集约化程度。二要根据我国彩票的发展形势，不断推出新类型的彩票投向市场，以满足广大彩民的需求。同时，也要对现行彩票玩法进行调整，保留有生命力的玩法，调整弱势品种。

5.加大资金效益宣传，培养扩大彩民队伍。一是注重宣传我国发展彩票业的重要意义、公益性和娱乐性，将人们的投机心理与支持社会发展、参与慈善和体育等公益事业联系起来，澄清人们在彩票观念上的误区，不断扩大我国的彩民队伍。

二要注意宣传有关彩票中奖的概率知识，用正确的新闻舆论引导彩民，从而稳定彩民的心态，使彩民理性参与博彩活动，将购买彩票当成一种文化消费来对待，而不是赌博。避免由于心态失衡产生对个人、对家庭、对社会的不利后果。

三是要降低宣传成本，努力提高宣传效果。应把握好宣传投入、经费使用、项目审定以及宣传方式等宣传诸环节。

四是要加强彩票公益金使用效益的宣传。彩票公益金从其本质来说是老百姓的钱，是老百姓对社会公益事业的捐助，不同于一般性预算收入和预算外资金。因此，公益金的使用必须公正、透明，公益金的使用方向和效益情况要予以公告，提高彩票公益金使用效益和透明度。

（北京市财政局综合处供稿，路伟执笔）

天 津 市

一、制度建设和对彩票市场的监督管理

为做好对彩票市场的监督管理工作，规范彩票销售行为，“十五”期间，天津市财政局及时转发了财政部关于彩票机构财务和资金管理、彩票发行和销售管理等方面的文件，认真贯彻执行文件精神，结合本地情况提出具体要求。从2002年6月起，两个彩票机构的销售收入已经纳入市级财政专户，实行财务收支计划管理。同时严格执行彩票管理制度，加强对彩票销售活动的监督管理，避免彩票机构间的恶性竞争，防止彩票机构发布不实信息误导彩民，规范彩票市场的竞争行为。

为维护天津市正常的经济秩序，保持社会稳定，促进社会主义精神文明建设，2003年初，天津市财政局会同天津市公安局等五部门联合发布《关于转发〈财政部 公安部 工商总局 民政部 体育总局关于坚决打击赌博活动 大力整顿彩票市场秩序的通知〉的通知》，对天津市清理整顿彩票市场工作进行布置。通过清理整顿工作，揭露赌博活动的危害性，增强群众的法制观念，提高全社会自觉抵制非法六合彩、赌球等赌博活动的意识，树立国家彩票的公益形象，建设健康的彩票文化。

二、彩票公益金的使用管理

“十五”期间，天津市累计销售彩票44.9亿元，提取彩票公益金14.6亿元，上缴中央7.2亿元，地方留成7.4亿元。其中，体育彩票销售35.2亿元，提取彩票公益金11.8亿元，其中上缴中央5.8亿元，市级收入6亿元；福利彩票销售9.7亿元，提取彩票公益金2.8亿元，其中上缴中央1.4亿元，市级收入1.4亿元。

地方留用的彩票公益金，分别按照财政部、国家体育总局、民政部、中国人民银行印发的《体育彩票公益金管理暂行办法》和《社会福利基金使用管理暂行办法》规定的用途分配使用。

体育彩票公益金主要用于落实《全民健身计划纲要》和《奥运争光计划纲要》，安排上述两项用途的资金比例为6∶4。“十五”期间，市级安排支出5.25亿元，主要用于：补充备战奥运会和第九、第十届全国运动会经费1.61亿元，新建蓟县训练基地5 352万元，新建河东区全民健身中心4 600万元，各种全民健身工程5 322万元，支持区县体育场馆改造2 883万元，资助大专院校和高中示范校体育场地建设2 905万元，维修改造市跳水馆、复康路游泳馆、市人民体育馆3 124万元，资助体育中心二期工程1 600万元，维修改造市体工队和韩家墅、付村等体育训练基地等6 640万元等。

福利彩票公益金主要用于：资助为老年人、残疾人、孤儿、革命伤残军人等特殊群体服务的社会福利事业，支持社会服

务、社会福利企业和其他社会公益、慈善事业的发展；对老化、陈旧的社会福利设施以及社会福利事业单位的维修改造予以适当资助；对公众关注、有利于弘扬社会主义精神文明、能体现扶弱济困宗旨的其他社会公益事业给予适当资助。“十五”期间，市级安排支出8 966万元，主要用于：烈士陵园改造4 600万元，建设第一老年公寓1 800万元，市养老院北楼建设 380万元，市直属福利企业改造 510 万元，区县敬老院、养老院、老年人活动站等福利单位改造、维护1 535万元等。

按照财政部规定，2000—2005 年增发彩票筹集的公益金用于青少年活动场所建设及维护。为充分发挥这部分资金的使用效益，市财政局会同市青少年校外教育工作联席会议制定了《天津市青少年校外活动场所建设项目专项资金管理办法》。该办法规定，校外建设专项资金主要用于支持建设青少年校外活动场所和原有场所的维护、补助和必要设备的购置。在专项资金使用中，用于基建项目的资金，由市财政局按照审定的项目预算和项目施工进度及时拨付资金；用于购置设备的资金，原则上由财政部门集中管理，采用政府采购的方式集中购置设备。

为建立健全天津市青少年校外活动场所建设和维护的管理机制，在2005 年前建成一批具有先进水平和示范功能的青少年学生校外活动场所，市财政局积极配合市青少年校外教育工作联席会议制定了《2000 年—2005 年天津市青少年学生校外活动场所建设与发展规划》。

“十五”期间，财政部累计返还天津市彩票公益金2 880万元，按照工作进度已经拨付资金2 626万元。由于彩票公益金的支持，天津市青少年校外活动场所的设施条件得以改善，为丰富青少年课余生活提供了良好阵地。

三、彩票市场的基本情况

（一）体育彩票

“十五”期间，天津市体育彩票由每周一种玩法一次开奖发展到每周十几种玩法几十次开奖，其品牌得到了方方面面的认可。国家体育总局、天津市政府、市人大、市政协、市体育局领导都多次莅临天津体育彩票管理中心指导工作，并对体育彩票在天津市创造出的巨大社会效益、经济效益给予了高度的评价。

天津市体育彩票管理中心为了增加开奖的透明度，及时向彩民发布中奖信息，多年来保持着与电视台、电台、各大报纸的合作，主动接受媒体和彩民的监督，积极捍卫着体育彩票“公开、公平、公正”的品牌形象，得到了天津彩民的一致认同。五年间，天津体育彩票为体育事业、社会公益事业做出了积极的贡献，同时也创造了众多的“幸运富翁”。截至 2004 年10 月，天津体彩造就 500 万元的特等奖 66注、100 万元的大奖 49 注、10 万元的大奖499 注，万元的大奖5 000余注。五年间举办二次开奖及各类促销活动 30 余次，共计投入资金8 000多万元，有力地稳固了天津体彩的市场地位。

销售网点是体育彩票的前沿阵地。电脑体育彩票从启动之初的 8 个区 350 个网点，到一年之后 18 个区1 000个网点的建立，体育彩票在天津得到了飞速的发展。专营店、服务站、旗舰店等多种经营模式的探索，既丰富了网点的形式，实现体育彩票销售工作良性、健康的发展，也适应了体育彩票未来市场化经营的发展需要。

为了提高体彩销售网点的服务意识和水平，从2001年9月开始，市体彩中心每年在全市范围内举办一次“优秀体彩销售网点”表彰活动。对优秀网点，市体彩中心除了物质奖励之外，还提供免费到外省市交流、培训、学习先进经验的机会。2004年中心首次对全市销售网点进行了有关市场营销的培训。2004年3月举办的“金手指”销售员技能大赛也是市体彩中心推出的一项面向全市体彩销售员的重要活动。市体彩中心还推出了一系列针对销售网点的奖惩制度，从根本上刺激了销售网点的竞争意识。在市体彩中心的管理和引导下，销售网点普遍由被动型的“要我发展”向“我要发展”的主动型销售方式转变，把经营彩票当作自己的职业来干，当作自己的企业来经营，当作自己终生的事业去拼搏。

（二）福利彩票

天津福彩从补充新玩法、系统升级、延长投注时间、加大培训力度四个方面入手，来达到提升福彩销量的目的。在玩法方面，取消30选7，推出25选5；在技术方面，为进一步与全国福彩系统接轨，为3D将来上市打造更好的销售平台，市福彩中心在不影响销售的情况下，通过加班加点对全市投注机实行了全热线升级；在销售时间方面，因为技术的进步，双色球的销售截止时间延长到了开奖日的18:45，15选5的销售截止时间延长到了开奖日的19:15，极大地方便了彩民的投注；在培训方面，市福彩中心不仅对全市所有投注站展开了不定期的大规模培训，更是加大了对中心工作人员的培训力度，通过营销、技巧、思维方式的多方面培训，中心人员的整体工作素质明显提高，管理模式和方法的多样化，对于站点和彩民也产生了极为重大的影响。

比较技术上的开发和技巧上的培训，天津福利彩票发行中心更重视的是对品牌的诚信形象建设，从多个方面展开了诚信建设。一是技术保障诚信；二是社会监督保障诚信；三是开奖透明度保障诚信；四是开辟诚信窗口，进行挂牌经营。首先中心将彩票投注机的维修与保养全部移交给厂家，建立了维修站，全市各区县都配有专门的维修人员，大大提高了机器维护效率，确保了投注机的正常售票。其次，通过一系列的严格规章制度，完善中心对投注站的规范化管理；为了规范物资发放渠道，确保渠道畅通，中心在全市建立了28个服务站。此举不仅方便了投注站的物资领取工作，也进一步统一和减轻了福彩中心的发放工作。

天津福彩在宣传工作的针对性和时效性上大下功夫，形成了声、像、图、文、信息多方位、多层次、多渠道并行的格局，力求以最少的投入达到最佳的宣传效果。福彩的开奖信息和相关消息在电视、报纸、手机短信、声讯台、网站和站点宣传牌等媒体上连年持续宣传，针对临时出现的重大情况，再利用传单、海报、横幅等媒体有重点地进行集中性宣传。比如抓住双色球改为一周三次开奖的契机，以报纸、电视、电台等新闻媒体为先头，发表题为“双色球造富运动提速”的文章进行预热，然后印制海报和传单分发投注站直铺终端彩民，同时在各主流媒体刊登广告，最后再利用网络进行深化宣传和追踪报道。这样的宣传，效果明显，使双色球周销量有较大幅度提升。

"十五"期间，市福彩中心积极开拓新的公益活动渠道，与《每日新报》社、中国银行等单位陆续合作开展了"爱心助学行"和"爱心再就业课堂"等项活动。其中"爱心助学行"先后使400多名贫困学生得到救助，每一名受助学生在未来3年甚至更长的时间里会有专人资助他们上学，有的学生还可以在资助者的帮助下一直上完高中、读完大学。

天津市福彩中心还联合4家企业在天津市社会福利院共同举办见证爱心——残障人士画作义卖活动，体现出福利彩票发行中心真心为社会弱势群体服务的宗旨，取得了良好的社会效果和反响。

（天津市财政局综合规划处供稿，张珂执笔）

河 北 省

"十五"时期，全省各级财政部门与民政、体育部门及彩票机构密切配合，共同努力，开创了彩票市场发展与管理的新局面，全省彩票市场快速发展，销售规模迈上新台阶，管理制度日臻健全，销售技术不断进步，市场监管进一步加强，彩票的社会认同度得到提高，利用彩票公益金支持社会公益事业的发展，收到了明显效果。

一、彩票销售情况

"十五"时期，河北省彩票业已初步形成了双色球、足球彩票、排列3等品牌游戏玩法全国联网、区域联合，以及乐透型、数字型、竞猜型、即开型共同发展的市场格局，投注终端达6 000多台，电脑彩票销售系统已覆盖全省，从业人员达1万人以上。这种不断拓展市场的局面，直接促进了彩票销量的快速提高。"十五"时期，全省累计销售彩票77.36亿元，比"九五"时期总销量的10.41亿元，增加66.95亿元，增长近6.43倍。其中：2001年销售7.83亿元，2002年销售12.31亿元，2003年销售12.61亿元，2004年销售12.93亿元，2005年销售31.68亿元，年均递增高达41.8%。

（一）福利彩票销售情况

"十五"时期，电脑型福利彩票从无到有，从小到大，由弱到强，发展突飞猛进，带动整体销售规模迅速扩大。全省累计销售福利彩票39.16亿元，比"九五"时期福利彩票总销量的5.93亿元，增加33.23亿元，增长5.61倍。其中：2001年销售2.55亿元，2002年销售4.9亿元，2003年销售5.89亿元，2004年销售8.16亿元，2005年实现了历史性突破和跨越式发展，销售17.66亿元，年均递增62.17%。

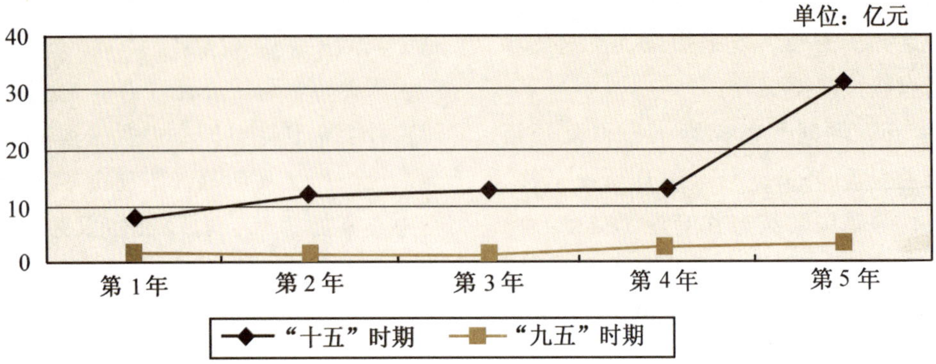

"十五"时期河北省彩票销量与"九五"同期比较图

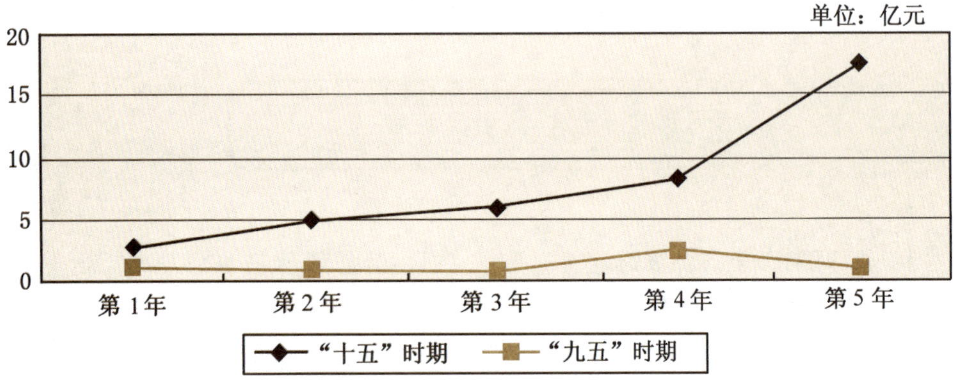

"十五"时期河北省福利彩票销量与"九五"同期比较图

（二）体育彩票销售情况

"十五"时期，中国电脑体育彩票游戏玩法花样不断翻新，全省共发行数字型、29选7组合型、足球彩票、篮球彩票等12种玩法，累计销售体育彩票38.2亿元，比"九五"时期体育彩票总销量的4.48亿元，增加33.72亿元，增长7.53倍。其中：2001年销售5.28亿元，2002年销售7.41亿元，2003年销售6.72亿元，2004年销售4.77亿元，2005年销量快速增长至14.02亿元，年均递增27.65%。

二、彩票市场发展情况分析

"十五"时期，河北省福利和体育两家彩票机构，互相尊重，良性竞争，从各自彩票总销量看，市场占有率分别为50.39%和49.61%，基本实现了共同发展。从彩票市场总体管理上看，财政部门主要做了四方面的工作。一是严格审核彩票机构游戏玩法，规范彩票销售行为，对彩票机构的财务管理进行专项检查和审计，严肃查处违反规定的行为，并根据市场发展情况，适时出台了符合河北彩票市场发展的政策及规章制度。二是支持彩票机构建立起覆盖全省的电脑销售系统，并逐步实现从离线系统向热线系统的升级改造，彻底改变了彩票销售主要靠手工作业的状况，提高了彩票市场的安全管理水平。三是及时掌握市场行情，加大投入力度，增加投注终端网点建设，不仅增加了彩票销量，而且解决了部分下岗人员再就业问题，为缓解就业压力，维护社会稳定，做出了贡献。四是在财政、民政、体育、公安、工商、审计等部门的通力合作下，开展了打击非法彩票等专项行动，建立了禁赌工作长效机制，彩票市场的监管力度进一步加强，彩票市场发展的整体环境得到改善，有力地维护了彩票市场的正常秩序，保障了彩票市场持续稳定健康发展。

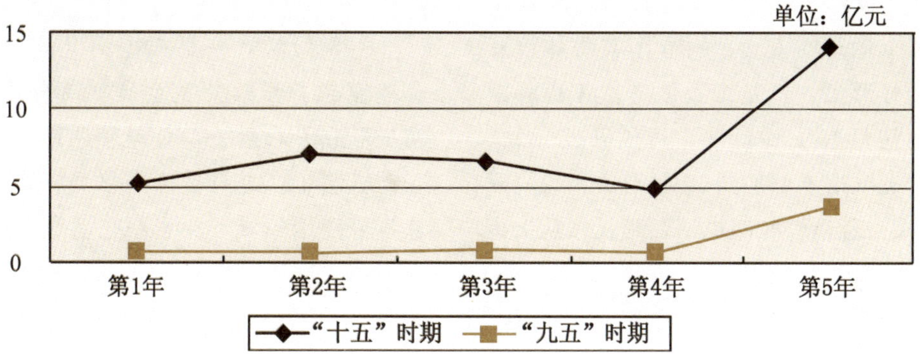

"十五"时期河北省体育彩票销量与"九五"同期比较图

（一）福利彩票市场发展情况分析

"十五"时期，"科技创新、游戏创新、管理创新"是河北省福利彩票发展的灵魂。起初，河北福利彩票采用的是准热线销售系统，存在着销售数据传输不够安全的隐患，而且终端不能承载多种游戏、彩民不能通兑奖项等问题。为了克服这些弊端，河北省福利彩票发行中心组织技术人员进行科技攻关，率先进行全热线销售系统升级改造。在彩票玩法上，省福彩中心通过不断探索和调整，形成了29选7、20选5和排列7并存的游戏格局，参加了全国双色球和3D的联网销售，满足了彩民的不同需求。作为一种小盘玩法，福彩3D在2005年充分显示了独特的魅力，由于天天开奖、中奖率高，3D期销售量由最初的20万元迅速上升到了200万元、300万元甚至600万元，与此同时返奖率也屡屡创记录。2005年，河北省福彩中心建成了24个中福在线销售大厅，成为河北省彩票市场新的销量增长点。秦皇岛市中福在线销售厅作为销售试点，为全国的中福在线销售提供了经验。同时，福利彩票机构还积极推进乡镇销售站点的布点工程，进一步开发农村彩票市场。围绕"扶老、助残、救孤、济困"宗旨，加大宣传力度，进一步强化了福利彩票的品牌形象。通过全面贯彻实施ISO9001：2000国际质量管理标准，福利彩票发行管理工作初步实现了制度化、规范化、科学化。

（二）体育彩票市场发展情况分析

"十五"时期，河北省体育彩票销量曲线呈波浪型。2003年、2004年受西安"宝马事件"的影响，销量一度出现下滑趋势。河北省体育彩票管理中心克服种种困难，不断加强制度化、规范化建设，有力促进了全省体育彩票市场的持续、健康发展。一是严格管理。针对彩票市场逐年扩大的状况，相继开发了银行对账、销售数据查询系统，公益金专项费用统计和折旧费核算软件，不仅具备了多种模块化管理功能，提高了办事效率，而且还保证了彩票资金运行的安全，树立了我省体育彩票的良好形象。二是细致服务。体育彩票上市之初只有1种玩法，每周开奖1次，到“十五”期末增加到12种玩法，每周开奖39次，且销售时间也不断延长。从上市之初的每日14:00停售，发展到“十五”期末的每日18:30停售。通过丰富玩法，增加开奖频度和延长游戏时间，调动了广大彩民的购买热情，创造了显著的经济效益。三是科学合理地设置站点。在不断探索市场规律的基础上，通过科学论证，到“十五”期末，体彩终端机已覆盖全省95%以上的县区，并搭建了专用通讯网络，既保证了体育彩票销量的平稳增长，又使得彩民队伍不断扩大。四是技术创新。河北省体彩中心在全国首家使用富士通终端设备，并在反复研究试验的基础上，攻克了受北方沙尘天气影响的除尘技术难关，极大地提高了设备的使用寿命，从而在技术上保障了电脑体育彩票销售系统的安全性和可靠性。

三、彩票公益金使用和管理情况

随着彩票市场的扩大和彩票销量的增加，河北省彩票公益金筹集规模稳步提高，使用领域逐步拓宽，分配政策和管理制度进一步完善。“十五”时期，全省累计筹集彩票公益金26.65亿元，比“九五”时期彩票公益金筹集量的3.12亿元，增加23.52亿元，增长7.53倍。其中：2001年筹集2.35亿元，2002年筹集4.31亿元，2003年筹集4.41亿元，2004年筹集4.53亿元，2005年筹集11.05亿元，年均递增47.27%。

主要做法：一是根据河北实际情况，合理确定了彩票公益金省、市分成比例，初步形成了彩票公益金与彩票市场的良性互动机制。二是打破部门格局，拓宽彩票公益金使用领域。在彩票公益金主要用于支持福利和体育事业发展的基础上，逐步拓展到支持青少年学生校外活动场所建设、残疾人事业、农村最低生活保障、城乡医疗救助等领域，进一步体现了国家彩票发行的宗旨，促进了全省社会公益事业的统筹协调发展。三是不断探索和完善加强彩票公益金管理的制度措施，研究制定了符合全省实际情况的彩票公益金管理规定和办法，规范了公益金的使用和管理，充分发挥彩票公益金的经济效益和社会效益。

（一）福利彩票公益金使用和管理情况

“十五”时期，全省共筹集福利彩票公益金13.58亿元，比“九五”时期福利彩票公益金销量的1.78亿元，增加11.8亿元，增长6.63倍。其中：2001年筹集0.77亿元，2002年筹集1.71亿元，2003年筹集2.06亿元，2004年筹集2.86亿元，2005年筹集6.18亿元，年均递增68.54%。

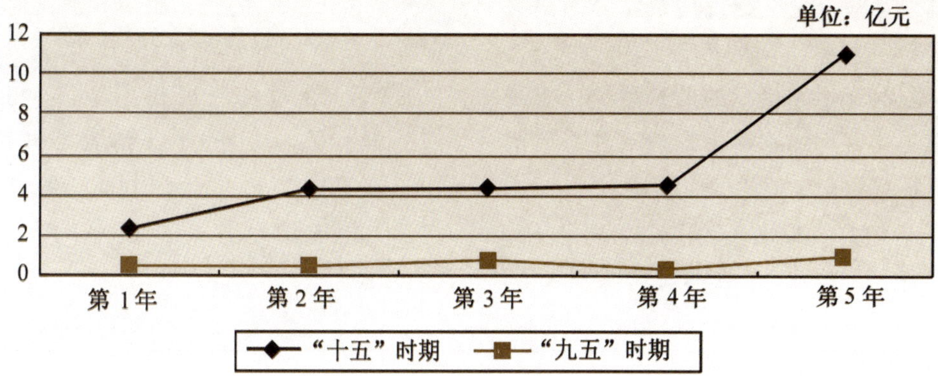

“十五”时期河北省彩票公益金与“九五”同期比较图

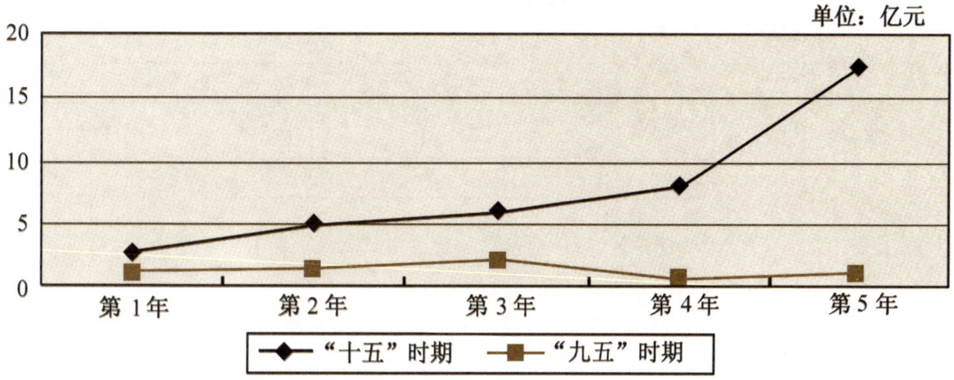

“十五”时期河北省福利彩票公益金与“九五”同期比较图

“十五”时期，全省利用留成的福利彩票公益金，重点资助了以下社会福利事业。一是按照民政部的部署，资助“社区老年服务星光计划”；二是资助了社会福利院、敬老院、光荣院、优抚医院和革命烈士陵园等福利事业单位项目；三是资助了“残疾儿童手术康复明天计划”；四是开展了“福彩献真情，爱心助学子”活动，使3 600名贫困学生得到资助，迈进了大学校门；五是资助慈善事业，筹备建立了慈善专项资金。充分体现了福利彩票“扶老、助残、救孤、济困”的发行宗旨，发挥了良好的社会效益和经济效益，受到了人民群众的高度评价，促进了全省社会福利事业的发展。

五年间，按照财政部和民政部的有关政策精神，全省逐步加强和规范了福利彩票公益金的使用管理。一是督促各级福彩机构严格按规定及时将福利彩票公益金缴入财政专户，做到专户存储，专项管理。二是实行“使用编预算，拨付按计划”的管理方法，并坚持贯彻始终，规范了日常管理程序，提高了公益金使用的计划性和合理性。三是坚持区别轻重缓急、突出重点项目的原则，科学安排最急需资助的公益项目，使有限的资金真正用在“刀刃”

上，充分发挥公益金的使用效益。四是财政、审计、监察、民政等部门密切配合，加强对公益金使用情况的监督检查，提高公益金使用管理的水平，维护福利彩票的信誉，推进福利事业的健康发展。

(二) 体育彩票公益金使用和管理情况

"十五"时期，全省累计筹集体育彩票公益金 13.07 亿元，比"九五"时期体育彩票公益金筹集量的 1.34 亿元，增加 11.73 亿元，增长 8.72 倍。其中：2001 年筹集 1.58 亿元，2002 年筹集 2.6 亿元，2003 年筹集 2.35 亿元，2004 年筹集 1.67 亿元，2005 年筹集 4.87 亿元，年均递增 32.42%。

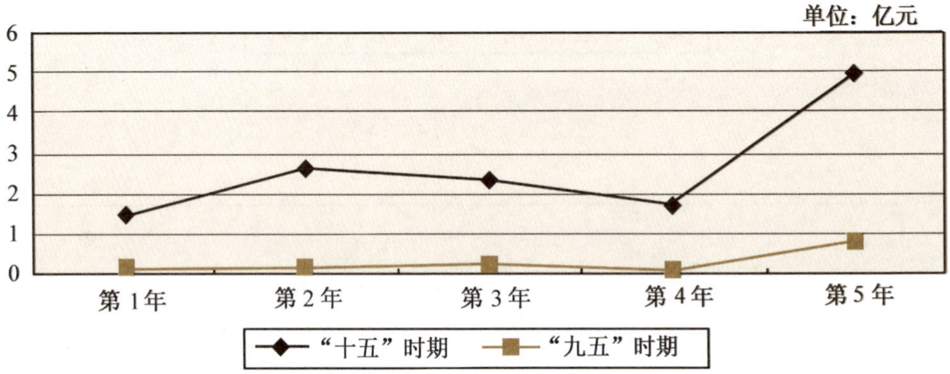

"十五"时期河北省体育彩票公益金与"九五"同期比较图

"十五"时期，全省利用留成的体育彩票公益金，重点支持了"全民健身计划"和"奥运争光计划"的实施。体育彩票公益金对"全民健身计划"的资助，使全省各地新建和改扩建了一大批形式多样、规模各异的全民健身设施，全民健身路径遍布全省 11 个设区市和 138 个县(市)，受到广大群众的普遍欢迎，使人民群众切身体会到了体育彩票公益金"取之于民、用之于民"的宗旨，为有效开展全民健身活动、增强国民体质做出了贡献，取得了良好的社会效益。按照集中财力办大事的原则，相继在石家庄市、廊坊市、沧州市、秦皇岛市修建了 4 个省级全民健身活动中心。特别是建于省会石家庄市的全民健身活动中心，建筑面积达9 000平方米，建有室内游泳馆、乒乓球馆、健身房、保龄球馆等设施，自 2002 年 7 月正式投入运营以来，深受广大人民群众欢迎。仅 2005 年到该中心活动的就达 54.75 万人次，已成为群众健身的重要场所。

全省还利用留成的体育彩票公益金，组织千人以上的大型群众体育活动 300 多次，举办了河北省省直机关新世纪首届运动会，第五届残疾人运动会，第六届少数民族运动会等一系列大型群众体育活动和比赛。先后资助承办了全国首届妇女健身展示大赛、中国（秦皇岛）体育健身展示大会、全国老年人健身展示大会。

体育彩票公益金对"奥运争光计划"的资助，很大程度上缓解了财政预算内资金投入不足的矛盾。全省利用留成的体育彩票公益金安排运动员安置经费 600 万元，安置退役运动员 298 人，有效解决了运动员的后顾之优。崇礼高原滑雪基地、河北省水上训练基地、奥林匹克体育中心等体育训练基地和各市一批体育场馆相继建成并投入使用,为创建河北体育大省和培育奥运后备人才提供了有力保证。

“十五”时期,河北省财政和体育部门逐步加强和规范了彩票公益金的使用管理,保证了体育彩票公益金的安全、有效使用。一是结合河北省实际情况,按照事权和财权相匹配原则,合理确定体育彩票公益金省、市分配比例,为全省体育事业统筹协调发展奠定了基础。二是认真编制公益金年度使用预算,细化公益金项目管理,为更加科学、合理地分配和使用彩票公益金,更好掌握彩票公益金使用情况提供了保证。三是采取自查和抽查相结合的方式,对彩票公益金使用情况进行监督检查,确保了公益金使用的安全性和合法性。

(河北省财政厅综合处供稿,孟凡乐、闵静执笔)

山 西 省

一、市场发展情况

(一)销售总量

“十五”是改革开放发展的重要时期,彩票事业也得到了迅猛发展。2005 年,全省彩票销售 12.28 亿元,比 2000 年的 0.64 亿元,增长了 18.2 倍,年均增长 80.6%,“十五”期间累计销售 32.19 亿元。其中,福利彩票 2005 年比 2000 年增长了 16.1 倍,年均增长 76.5%,“十五”期间累计销售 23.7 亿元;体育彩票 2005 年比 2000 年增长了 24.9 倍,年均增长 91.8%,“十五”期间累计销售 8.49 亿元(见下表)。

(二)销售方式

“十五”时期之前,山西彩票只采用大奖组即开型销售方式,销售方式单一。2000 年 12 月 26 日,“三晋风采”电脑福利彩票的开通,标志着山西省彩票销售开始迈进电脑化的崭新阶段;2001 年 5 月 28 日,电脑体育彩票销售的正式开通,标志着山西彩票销售全面进入电脑化新的阶段。2005年5月26日,首个在线即开票

山西省“十五”期间彩票销售情况表

单位:亿元

	2000 年	2001 年	2002 年	2003 年	2004 年	2005 年	十五期	年均增长
福彩	0.49	5.32	3.49	2.76	3.74	8.39	23.7	76.5%
体彩	0.15	0.63	0.91	1.58	1.48	3.89	8.49	91.8%
合计	0.64	5.95	4.40	4.34	5.22	12.28	32.19	80.6%

销售大厅在太原正式启用，这标志着即开型彩票也迈入了电脑化销售时代，彩票销售由此形成方式多元化格局。截至“十五”时期末，福利彩票销售方式主要有电脑福利彩票、在线即开彩票和网点即开型彩票三种。其中，电脑福利彩票投注站点达到1 400个；在线即开型彩票销售大厅达到 10 个，分布于 9 个市；2004 年全国统一暂停大奖组即开票销售后，山西省有一些零星的网点即开票在销售。体育彩票销售方式主要有电脑体育彩票和网点即开票两种。其中，电脑体育彩票投注站点达到1 033个。

在销售方式多元化的同时，山西彩票机构不断加大技术革新的力度。电脑福利彩票于 2003 年年中，从准热线改造成为全热线，并不断进行技术升级，为保证彩票数据的安全性和可靠性奠定了坚实的技术基础。电脑体育彩票在 2005 年也进行了全热线改造的相关准备工作，预计在 2006 年下半年可望完成准热线向全热线升级的技术改造。

在销售方式多元化的同时，彩票机构也在不断加强游戏品种的开发创新，通过不断的探索实验，逐步形成适合山西彩民人群的游戏品种结构。电脑福利彩票上市的首个游戏品种为 31 选 7。该玩法对 2001 年彩票销量的大幅提升起到了决定性作用，但随着时间的推进和市场需求的不断变化，该玩法的吸引力也在逐步减弱。省福彩中心审时度势，不断淘汰旧的玩法，开发新的品种，逐步形成了适合市场需求的合理的玩法结构，确保了彩票销量的稳定增长。截止到“十五”期末，福利彩票的主要玩法有三种：双色球、3D 和在线即开。这三种玩法 2005 年的销量占到福彩总销量的 95.4%。电脑体育彩票上市的首个游戏品种为 30 选 7，后经逐步地推陈出新，目前其玩法结构也基本适应市场需求。截止到“十五”末期，体育彩票的主要玩法有排列 3、排列 5、全国 22 选 5、足球彩票、篮球彩票、七星彩等。这些玩法中，排列 3 是支柱玩法，其 2005 年的销量占体彩总销量的 2/3；足球胜负平、全国 22 选 5、七星彩和全国 29 选 7 是 4 个重要玩法，4 种玩法的总销量占全部总销量的 1/4。

二、管理组织情况

（一）基础管理显著增强

随着彩票销售规模的逐步壮大，彩票销售机构的基础管理工作显著增强。一是各级民政、体育部门领导对彩票机构和彩票销售的关心和重视程度越来越高，开始把彩票工作作为部门“一把手”工程，列入重要目标加以考核，而且强化管理指导、协调重大问题、出台考核办法、制定奖励政策，为加强彩票销售机构的基础管理工作奠定了基础。二是彩票发行销售机构管理机制逐步健全，秉承彩票发行宗旨，不断完善发行管理机制、安全保障机制和诚信运营机制，通过建立全省各县（区）的固定投注站点和在线即开销售大厅，以及具有一定规模的专业销售队伍，完善了发行管理机制；通过狠抓销售人员培训、技术升级改造、资金归集管理以及 ISO9000 质量认证等工作，加强了安全保障机制；通过精神文明创建、行风评议、诚信教育等手段，加强了诚信运营机制。

（二）制度建设逐步完善

“十五”时期，随着销售方式的逐步拓展和销售规模的逐步扩大，彩票发行销售的管理制度也逐步予以完善。一是逐步建立和完善岗位职责、开奖流程、通讯数据库小型机例行检查以及安全数据核查备份制度，使监督责任明确，保证了系统的健康运转，两个彩票机构实现了五年开奖各操作步骤无差错的目标。二是两个彩票机构均通过了ISO9000质量认证，使两彩工作标准化、制度化、规范化、程序化水平全面提高。三是省福彩出台了《关于站点规范化建设的指导性意见》，建立起新增站点必须是专营店以及站点末尾淘汰制度，使新增站点成活率和数量不断提高。四是改革投注站点的“先销售、后交款”的资金结算办法，建立了“实时交款系统”，较好地实现了投注机零欠款目标，最大限度地减少了发行销售过程中的资金风险问题。

（三）经营机制创新发展

一是全力打造“公平、公正、诚信”的品牌形象。省福利彩票发行中心为了打造“公平福彩、慈善福彩”的品牌形象，先后组织了“走近双色球”、“寻找千万巨奖得主”和“爱心2005”等活动。“走近双色球”，即组织部分彩民和优秀投注站代表及媒体记者，进京零距离接触双色球和3D摇奖，共同见证福利彩票“公开、公正、公平”原则，消除彩民对开奖的疑虑，提高了福彩运作的透明度和美誉度。“寻找千万巨奖得主”，即通过多种全国性的媒体，上下联动，寻找2005060期未领奖的2注500万元大奖得主，使山西福彩的诚信形象轰动山西乃至全国。“爱心2005”，即省福彩中心与山西电视台公共频道联合策划推出的面向特困失学儿童、特困劳模、特困家庭、特困残疾人等六类特困人群的百万公益金资助节目，共播出资助节目28期，资助各类特困人员201名，营造了山西福利彩票良好的舆论氛围。二是加大投注站营销培训力度。两个彩票中心几年来都把开展营销培训、提高站点营销素质作为重要工作常抓不懈，每年都邀请中国福利彩票发行管理中心和国家体育总局体育彩票管理中心讲师、外省市优秀投注站代表和中心主任为山西各地投注站营销骨干授课，同时，还抽调在彩民中威信较高的彩评人士、优秀站点销售员组建营销讲师团，分赴基层对销售人员和彩民进行面对面的培训。全省两个彩票机构几年来先后组织培训达1 000余场，促进各种游戏得以迅速推广。

（四）市场监管逐步加强

自2000年财政部门承担起彩票监管职责以来，“十五”期间，全省各级财政部门，不断强化监管职能，加强制度建设，逐步把彩票发行销售与资金管理纳入规范管理的路子。五年来，财政部门主要在以下四个环节不断加大管理力度。

一是国家彩票的安全与诚信监管。这一方面，采取的主要手段是加强日常监督检查工作。对电脑彩票的销售，坚持定期和不定期地对公开信息、数据安全、开奖器具和开奖过程进行监督检查；对即开式彩票的销售，销售地财政部门坚持场场实地全方位监督，并特别注重对二次抽奖的监督。

二是打击非法彩票，为国家彩票的发行销售创造良好环境。这一方面，采取的主要手段是，建立各级打击非法彩票活动的长效组织机构，并通过日常主动检查和根据举报线索重点打击相结合的方式建立对非法彩票的打击机制。财政部、公安部《关于开展打击非法彩票等赌博活动专项治理行动的通知》下发以来，省财政厅会同公安厅及时转发，并要求各地建立长期的打击非法彩票的领导机构和工作机构，建立举报电话和举报奖励制度，建立日常主动巡查和查处举报案件制度。通过这一制度的实施，有效遏制了非法彩票活动，保证了全省彩票市场的健康运行。

三是把好业务环节关，即做好对国家彩票发行销售的业务监管。这一方面，主要是坚持严管理和重服务相结合的原则。“严管理”目的在于保证彩票发行销售秩序。在审核电脑票游戏规则和销售方式，审批大奖组即开票发行销售方式时，始终是按照财政部《彩票发行与销售管理暂行规定》、《即开型彩票发行与销售管理暂行规定》和《关于加强彩票市场监管的紧急通知》的有关规定，严把审核、审批关。“重服务”目的在于最大程度地促进彩票的销售。主要是努力提高办事效率，尽可能缩短审核、审批时间，以使彩票销售能够抓住最有利的时机。

四是把好资金管理关。这主要包括账户、机构财务和公益金使用的监督管理。在资金账户管理方面，主要做法是，把好资金解缴程序关，彩票发行销售机构的销售收入（除及时兑出的即开票奖金外）要全部及时缴入彩票发行收入过渡户，然后通过收入过渡户，分解分缴奖金支出专户、发行费支出专户和财政公益金专户。把好上缴财政专户关，彩票发行费和公益金要保证按规定按时上缴财政专户，实行“收支两条线”管理。在机构财务管理方面，主要做法是，严格机构财务预算管理，坚持对彩票发行销售机构的管理费用实行预算管理，各级彩票发行销售机构下一年度的费用预算，要在本年度末报同级财政部门审批，并按照审批后的预算在下一年度按季分期拨款。严格机构财务收支管理，按照财政部《彩票发行与销售机构财务管理办法》，监督彩票机构的各项收支严格执行财务管理规定。在公益金管理方面，主要做法是，制定了《山西省彩票公益金使用管理办法》，对公益金筹集及专户管理、公益金使用范围及管理、公益金使用计划、公益金使用申请、公益金的监督等方面作了规定，规范了公益金管理。

（五）公益金使用惠泽社会

“十五”期间，全省共筹集彩票公益金 11.3 亿元，其中，上缴中央 6.4 亿元，全省地方分成 4.9 亿元。在地方分成中，省级分成 1.6 亿元，市县分成 3.3 亿元。全省分成的彩票公益金均按财政部、民政部制定的《社会福利基金使用管理暂行办法》，国家体育总局、财政部、中国人民银行制定的《体育彩票公益金管理暂行办法》，以及山西省财政厅制定的《山西省彩票公益金管理暂行办法》有关规定，支持了社会福利事业和体育事业的发展。“十五”期间，省级共支出彩票公益金近 1.07 亿元，其中，福利彩票公益金7 578万元，体育彩票公益金3 114万元。福利彩票公益金支出中，用于“星光计划” 5 250万元，“明天计划” 610 万元，养老服务示范 220 万元，福利机构 748 万元，救助站设施改造110万元，优抚助残等590万元，非典慰问50万元。体育彩票公益金支出中，用于"奥运争光计划"1 353万元，全民健身计划1 403万元，体育设施建设661万元，体育扶贫150万元。

（山西省财政厅综合处供稿，贾富元执笔）

内蒙古自治区

"十五"期间，是内蒙古自治区彩票事业实现跨越式发展的5年，整个"十五"期间，自治区累计销售彩票18.26亿元，不仅在销量上实现了历史性跨越，而且在发行方式上也实现了由大奖组现场规模人工销售为主到主要采用电脑网络销售的历史性变革，完成了彩票事业发展进程中的第二次创业。

一、"十五"期间彩票销售情况

"十五"期间，内蒙古自治区共销售福利彩票11.16亿元，其中：2001年销售5 474万元，2002年销售1.08亿元，2003年销售1.69亿元，2004年销售2.33亿元，2005年销售5.51亿元。五年间为发展社会福利事业筹集公益金近3.9亿元。

"十五"期间，内蒙古自治区销售体育彩票近7.1亿元，其中：2001年销售988万元，2002年销售6 051万元，2003年销售1.25亿元，2004年销售1.32亿元，2005年销售3.83亿元。五年里通过体育彩票的销售共筹集公益金5 668.8万元。

"十五"期间各类型彩票销售情况：乐透型是传统型彩票，自2004年排列3上市以来，该类型彩票销售呈上升趋势，"十五"期间排列了销售量为5.24亿元；竞猜型彩票被部分彩民所接受，"十五"期间销量达到1.58亿元，即开型在"十五"期间销售很不稳定，销量为5 008万元，2004年停止销售。

"十五"期间，自治区所属各盟市累计销售彩票的情况分别是：呼和浩特市2.58亿元；包头市2.7亿元；乌海市4 933万元；赤峰市3.65亿元；呼伦贝尔市2.75亿元；兴安盟6 148万元；通辽市2.04亿元；锡林郭勒盟7 733万元；乌兰察布市5 538万元；鄂尔多斯市1.08亿元；巴彦淖尔市7 589万元；阿拉善盟2 580万元。

二、彩票销售管理制度及政策

1. 各级彩票销售组织机构、人员及管理情况。内蒙古自治区各级福利彩票销售组织机构是由原社会福利有奖募捐委员会办公室演变而来的。从2000年开始，自治区设"内蒙古福利彩票发行中心"，12个盟市设"有奖募捐委员会办公室（以下简称"募办"）"，个别旗县也设置了隶属民政局管理的募办机构。2001年4月8日，内蒙古风采电脑福利彩票销售系统开通后，12个盟市改设“福利彩票发行管理中心”，共有员工66人，与此同时，旗县的募办机构全部撤销。自治区和盟市两级福利彩票发行机构实行条块结合的管理体制。管理以块为主，下级福利彩票发行机构接受上级发行机构的业务指导，到“十五”末，自治区福利彩票发行管理中心内设4个科级部室，有在编员工和聘用员工23人；12个盟市的福利彩票发行管理中心共77人。

内蒙古自治区体育彩票管理中心在全区12个盟市设立盟市管理站，由各盟市体育局代管。管理站站长由当地体育局指派人员担任，下设维护员、对账员，管理站主要负责对当地体彩终端销售机进行管理、业务指导和维护等工作。

2. 各级彩票销售机构经费来源、运行情况。自治区各级彩票发行机构均为自收自支性事业单位。经费主要来自按彩票销售额规定比例提取的发行费。2003年以前各盟市彩票中心只能勉强维持运行，其中兴安盟、锡林郭勒盟一直处于亏损状态，个别年份连员工的工资都发不了。从2004年起运转状况开始好转，2005年全面扭亏为盈。自治区级的两个彩票中心，为开通电脑票而进行设备投入时采用的是融资办法，由于需要逐年还款，“十五”期间一直处于亏损状态。

3. 自治区彩票机构对盟市彩票机构、投注站的管理情况。自治区彩票机构对盟市实行业务指导与督促，盟市除自行组织大奖组即开票销售外，对电脑彩票投注站主要从建站标准上把关，在业务培训和宣传、日常管理、数据传输、销售款催缴等方面加以管理。自治区彩票中心与投注站之间直接签订销售合同。

4. 自治区制定的福利、体育彩票管理规章和文献。“十五”期间，自治区福彩机构制定的管理规章有：《内蒙古自治区即开票大奖组销售操作规程》、《内蒙古风采电脑福利彩票销售网络管理办法》、《内蒙古风采电脑福利彩票投注站财务管理规定》、《内蒙古风采电脑福利彩票兑奖办法》、《内蒙古风采电脑福利彩票注销票、作废票、兑奖票处理办法》、《内蒙古风采电脑福利彩票投注站管理规定》等。

自治区体育彩票机构制定的管理规章和文献有：《内蒙古中国电脑体育彩票管理办法》、《内蒙古中国电脑体育彩票财务管理办法》、《内蒙古电脑体育彩票票务管理规定》、《内蒙古中国电脑体育彩票投注站管理规定》、《内蒙古中国电脑体育彩票销售终端机操作守则》、《内蒙古中国电脑体育彩票销售员管理规定》、《内蒙古中国电脑体育彩票管理站工作职责》等。

三、彩票公益金管理情况

“十五”期间，内蒙古自治区公益金管理一直按照财政部统一制定的政策办理留存、上划、分配、使用等相关手续，没有再制定其他有关公益金的管理制度政策。五年间，全区共筹集公益金4.06亿元。其中：上划中央2.32亿元；自治区本级统一分配重点项目资金8 700万元，分配下达各盟市3 200万元（尚有2005年公益金5 500万元没有分配使用）；应返还盟市8 700万元，已返还盟市4 575万元（尚有2005年公益金4 125万元没有返还，留自治区财政国库内）。

"十五"期间，内蒙古自治区公益金使用的具体情况如下。

1. 2001—2003 年，全区的公益金重点用在实施"星光计划"上，建设社区"星光老年之家"。全区在"星光计划"上总共投资 1.26 亿，其中国家民政部下拨资助 5 320 万元，自治区解决配套资金 820 万元，盟市旗县投资 6 200 万元。全区共建成投入使用社区"星光老年之家"543 个，深受广大人民群众欢迎。

2. 2004—2005 年利用彩票公益金实施孤残儿童手术康复治疗的"明天计划"。截至 2005 年年底全区投入"明天计划"的项目资金共 865 万元，有 368 名孤残儿童接受了手术康复治疗，成为了健康儿童。其中有 30%的儿童已被国内、国外的家庭收养、寄养，回归家庭，享受到家庭父母的温暖。"明天计划"不仅为这些孤残儿童解除了终身的残疾痛苦，而且为他们回归家庭，走上社会，发展自己，创造了一个更加美好的明天。

3. "十五"期间，在保证为国家重点项目安排配套实施经费的同时，更新、改造、维修了社会福利院、儿童福利院、精神康复医院、救助管理站、光荣院、敬老院等公益性社会福利机构，共投入资金 8 856万元。其中自治区本级公益金投入项目补助金2 236万元，盟市旗县投入6 620 万元。新建社会福利机构 82 所，改造维修 68 所，新增床位4 260张，大大缓减了自治区社会福利机构床位少的供需矛盾，为全区老年人、残疾人、孤儿、流浪乞讨人员、优抚对象、五保户、特困家庭大学生等特困群体解决了生存、生活、上学等困难，为社会稳定、构建和谐内蒙古做出了较大的贡献。

4. 内蒙古自治区自 1995 年起开始在部分盟市试点发行体育彩票，2002 年开通电脑体育彩票销售。"十五"期间共筹集公益金 2.5 亿元。

体育彩票公益金主要是为落实"全民健身计划"和实施"奥运争光计划"以及其他社会公益事业提供资金支持。在"十五"期间自治区本级所筹集的公益金用于全民健身计划的项目包括：资助群体健身活动，体育下乡，全民健身宣传和国民体质监测，全区体育场地普查，推广健身气功等活动；用于奥运争光计划的包括：资助武川基地综合训练馆、体工一大队射击馆、奥林匹克训练馆建设，资助备战第十届全国运动会运动队场馆维修和改善训练等。

5. 全区各盟市体育行政部门"十五"期间共筹集公益金5 668.8万元，用于开展全民健身计划的项目包括：支持群众健身活动，举办群体活动和运动会；添置群众体育设施器材，建设及维修群众活动体育场地；国民体质监测、体育场地普查、体育扶贫；资助青少年体育俱乐部开展活动等。

四、技术进步情况

经过认真的筹备，2001 年 4 月 8 日，内蒙古电脑福利彩票计算机网络销售系统正式开通。首批上市销售的游戏品种为乐透型 32 选 7 玩法，首批入网的投注站共有1 000 个，整个系统为准热线电脑彩票销售系统。

2004 年 9 月 20 日，内蒙古电脑福利彩票全热线销售系统建成并投入使用，全区 1 050个投注站实现了实时在线销售。销售的彩票品种有：全国联销的双色球、电脑福利彩票22选5和35选7三个游戏品种。同年11月2日经中国福利彩票发行管理中心验收通过，成为国内各省中比较先进的热线系统。

2005年底，电脑彩票“实时交款系统”建成并顺利开通，全区1 350个投注站变过去的预支销售为预存款销售，实现了投注站销售零欠款的目标。同时“十一五”期间除按中国福利彩票发行管理中心技术规范要求进一步做好销售网络的优化和完善工作外，还将着手建设“负载均衡热备份”系统，实现彩票发行销售的安全运行和健康发展的期望目标。

五、市场监管情况

根据全国彩票工作会议精神，自治区按照财政部的要求，设计了监督、检查表格，并会同自治区福利彩票发行中心，每月对电视台的全部摇奖过程进行现场监督，要求现场的公证人员和摇奖人员签字，做到公开、公平、公正，提高了彩票摇奖的透明度。

加强对彩票机构的财务管理。自治区财政厅狠抓了自治区级两个彩票机构的财务管理工作，使自治区彩票机构的财务工作步入正轨。彩票机构在指定的国有银行开设资金专户，用于归集销售彩票的全部资金；财政部门按照“收支两条线”原则，对彩票公益金实行直接拨付，资金通过各级财政部门的彩票公益金专户直接拨付到具体项目。五年间，彩票资金管理工作有了明显改进。

自治区民政厅、体育局对返还的公益金进行监督管理，严格规定公益金的用途，定期进行检查，防止公益金被挪用、占用。

（内蒙古自治区财政厅综合处供稿，康小明执笔）

辽宁省

“十五”时期，辽宁省有效地克服了“非典”疫情和西安“宝马事件”等不利因素的影响，基本实现了彩票资金管理规范化、市场运行有序化、系统建设科学化。全省彩票销量持续、稳定增长，彩票管理的各项工作取得了辉煌成就。“十五”时期，全省共销售彩票113亿元，比“九五”时期的12.1亿元增加100.9亿元，增长834%。其中，福利彩票销售73亿元，比“九五”时期的10.3亿元增加62.7亿元，增长608%，占全省彩票市场份额的65%；体育彩票销售40亿元，比“九五”时期的1.8亿元增加38.2亿元，增长2122%，占全省彩票市场份额的35%。

一、彩票资金管理工作情况

“十五”时期，辽宁省全面贯彻落实国务院和财政部的有关规定，高度重视彩票资金的安全运行和管理工作。

一是建立了彩票资金专户。2002年，通过建立辽宁省财政厅彩票资金专户，保证了彩票及时足额纳入专户管理，增强了财政监管力度，强化了彩票资金"收支两条线"管理，有效规范了彩票资金收支行为，彩票公益金和发行费入专户率达到百分之百。

二是实现了彩票资金省级统一结算。2002年辽宁省将彩票公益金和发行费全部纳入专户管理后，其上缴和下拨由省财政厅统一进行。保证了资金运行安全。

三是规范了彩票资金收支行为。各级彩票中心的年度财务收支计划，由财政部门统一核定，统一批复下达。支出计划的执行建立了层层审批制度，追加支出预算，由部门申请，财政分管处室审核，厅领导签批，彩票机构的收支行为得到了进一步规范。

四是建立了彩票机构销售年、月报和年度审计制度。

五是积极配合、支持彩票发行与销售工作。为解决即开型福利彩票的运输和管理困难，财政部门为其安排282万元购置31台面包车和3 200个彩票箱；为扩大彩票销售，财政部门对彩票机构提出的促销活动请示及时予以批复；为了做好宣传工作，财政部门定期或不定期地发布彩票发行与销售信息，加大宣传力度。

二、福利彩票发展概况

"十五"期间，辽宁省福利彩票销量实现了历史性突破，共销售福利彩票72.7亿元。其中，电脑彩票70.3亿元，即开型彩票（含中福在线）2.4亿元。曾多次荣获组织工作特等奖、销售总量特等奖、销售进步一等奖、人均销量奖和科学管理进步奖等奖项，2005年还被民政部评为中国福利彩票发行先进单位。

"十五"时期，辽宁省福利彩票发行中心高度重视管理和制度建设工作，通过建章建制推动各级机构的科学化、正规化建设，通过技术创新提高管理水平，确保彩票事业稳定、健康发展。

一是实施了管理紧贴市场策略。几年来，全省福彩机构始终坚持"以管理促发行，向管理要效益"的科学发展观。大连市福利彩票中心，以强化投注站管理为重点，将机器的维修维护、热敏纸配发、宣传和业务培训等项工作按区域实行了责任包干和上门服务，有效地促进了销量增长，"十五"期间年销量始终位居全省第一。营口市福彩中心始终坚持"决胜终端"战略思维，培养和锻炼出了一支指挥顺畅、能打硬仗、具有一定凝聚力和战斗力的投注站队伍。抚顺市从发展战略的高度出发，不断加大对"兼营站"的治理力度，彩票销量从2004年的0.68亿元，一跃上升到2005年的1.18亿元，增长73%以上。

二是实施了管理创新策略。为了实现彩票发行销售工作的规范化管理，不断提升管理水平，从2002年开始，辽宁省福彩中心对各市中心实行了百分考核办法。此项工作的开展，对推动和激发基层彩票机构管理工作上水平和销量逐年增长发挥了重要作用。2005年7月，辽宁省福利彩票发行中心启动了ISO9000质量管理体系认证工作，经过近5个月的努力，于当年11月获得正式通过，这标志着辽宁省福彩中心已步入规范化管理轨道。

三是实施了可持续发展策略。彩票市场瞬息万变，彩票营销策略必须适应市场的需要而不断调整。2004年丹东市把新上市的3D游戏作为营销重点，在对投注站进行培训的基础上，将培训面扩展到彩民，使3D游戏销量一路攀升，成为全省的一匹黑马。与此同时，还及时增设农村销售网点，而农村销售网点已成为该市彩票销售新的增长点。为了进一步拓展市场，各市抢抓机遇，利用中福在线和网点即开票新玩法上市的有利时机，调整彩票产品结构布局。到“十五”末期，全省已有10个中福在线大厅开业运营。其中抚顺销售厅自开业以来，一直位居全国日销量的前10名。

四是实施了投注站标准化建设策略。“十五”时期，辽宁福彩始终坚持打造强势品牌战略，新建站点要求做到“五统一”，即“统一标识、统一站牌、统一灯箱、统一公告板、统一外观”，使全省福彩投注站向着标准化管理的目标迈进。另外还特别重视提高投注站人员素质，每年对投注站人员都要采用集中、分散、以会代训等方式进行培训，定期或不定期地组织投注站人员现场观摩学习，为投注站创建一种互动式的学习环境，使全省投注站人员的服务质量、业务能力、管理水平得到了全面提升，并涌现出一大批全国优秀投注站和全省星级站和优秀站。

五是实施了技术创新策略。“十五”时期，辽宁省福彩发行中心研制开发了全热线销售系统，建立了实时缴款系统，完善了负载均衡热备份系统，实施了3D动态限号技术功能，使辽宁电脑福利彩票发行销售网络系统一直在全国处于领先地位。

三、体育彩票发展概况

辽宁省体育彩票自1989年首发，已走过了16个年头。当辽宁体育彩票发展的历史车轮驶入“十五”时期，获得了前所未有的成功和辉煌。

“十五”期间，辽宁省共销售体育彩票40亿元。比“八五”、“九五”时期十年总销量的2.7亿元增长了1 381%。国家、省、市共获得公益金近14亿元，代缴个人所得税2.12亿元，中得百万以上大奖110注，其中500万元大奖29注。

“十五”之第一年，是辽宁体育彩票发行史上具有划时代意义的一年。省体彩中心将电脑体育彩票销售区域由4个市扩展到全省联网，果断改变电脑彩票的玩法，采取35选7组合型游戏品种，并将保底奖金设为500万元。这一举措一经推出即获成功，周销量从150万元增至400多万元。10月份上市销售的足球彩票，将全省体育彩票周销量推向全国各省体彩的前列。2001年辽宁共销售体育彩票3.57亿元，比上年的0.7亿元增加2.87亿元，增长了410%。2002年乘胜追击，加大对足球彩票的营销宣传力度，将29选7玩法在中央电视台五频道摇奖，并多次进行节日奖金大派送等活动，使当年销量一举超过10亿元大关。

“十五”期间，辽宁的体育彩票也经历了潮起潮落的跌宕。2002年国家取消彩票奖金保底，对乐透型玩法销量的影响在2003年凸现出来，35选7和29选7两个玩法在大奖中出奖池回零后，销量陡然降到最低。足球彩票则因“火锅奖”频出，直接降低了彩民投注的热情。“非典”爆发，也对彩票销售带来了较大的影响。当年全省共销售体育彩票7.7亿元，比上年下降了22.5%。至2004年，辽宁体育彩票年销量下滑至“十五”期间的最低谷。

2005年辽宁体彩中心确定以排列玩法为扭转下滑趋势、提高销量的突破口，并抓住排列3新玩法上市初期的有利时机，全力实施新玩法的市场启动攻势，使排列3玩法日销量迅速增长，占全年体育彩票各玩法总销量的67%。

“十五”期间，辽宁省体育彩票发行管理工作经历了三个主要阶段。

一是摸石过河，探索中求发展。电脑体育彩票是于2000年7月在辽宁开始上市发行的，起初只有4个城市共800个投注站销售。次年的2月，全省14个市联网销售，销售终端达到1 600台，紧接着在当年6月份又增加终端700台。如此规模的销售终端在当时各省体彩中少见，而这样规模的销售终端数量以及科学合理的布局，为体育彩票在市场竞争中站稳脚跟奠定了扎实的物质基础。

二是强化内涵，走可持续发展之路。2003年初，在事业初具规模的情况下，辽宁省体彩进行了体制改革和机制创新。经过两年的运行，理顺了省市两级的财务关系，经费管理的效益得到最大化。

为建立一支懂管理、会经营、彩票业务精通的高素质团队，省体彩中心建立了人员定期考核培训制度。还经常利用去外省考察学习的方式，增长员工的见识，开阔眼界，提高素质。

完善电脑彩票玩法结构，倾力实施区域联网销售，是“十五”中期辽宁体彩在市场营销上的战略选择。至2004年，辽宁体育彩票市场形成了以竞猜型足球彩票为龙头，全国联网七星彩、金银彩和本省玩法35选7为大、中盘，区域联网29选7和21选5为中、小盘的玩法结构，既有每周开奖一次的玩法，也有每周开奖三次的玩法，还有天天开奖的玩法，各玩法各具特色，基本满足了不同彩民不同的购彩喜好。

三是抓住机遇，一往无前。2005年是“十五”的最后一年。辽宁体彩确定了“抓住机遇，以排列3为突破口，以服务于投注站、服务于彩民为指导思想，以开展多种形式的切实有效的培训促销为手段，打一场体育彩票品牌营销攻坚战”的工作重点及思路。至当年年底，排列3（含排列5）共销售8.9亿元。

四、彩票公益金筹集和管理情况

“十五”时期辽宁省共筹集彩票公益金39亿元。其中，福彩公益金25.2亿元，体彩公益金13.8亿元。按照公益金分配政策，所筹集的公益金，上缴国家21.3亿元，省本级留用7亿元，返拨各市10.7亿元。彩票公益金按照“收支两条线”原则进行管理，收入全额上缴省财政专户，省本级公益金支出纳入部门预算管理，并严格按照国家规定范围使用。

（一）福彩公益金筹集使用情况

“十五”时期，辽宁省共筹集福彩公益金25.2亿元。其中，上缴国家13.8亿元，省本级留用4.1亿元，返拨各市7.3亿元。

“十五”期间省本级福彩公益金用于

资助社会福利事业和社会公益、慈善事业，取得了较好的社会效益。2002 年至 2004 年实施了“星光计划”，省本级累计投入5 747万元，建设改造老年福利服务设施2 328个。从 2004 年 6 月开始，实施了残疾孤儿手术康复“明天计划”，已为 200 多名病残孤儿进行手术治疗，让他们恢复了光明。用于改造全省优抚、社会福利事业单位的投资共计6 970万元，改造 28 个社会福利机构，完成了 26 个中心敬老院的新建、改造任务，对 6 个省级革命烈士纪念建筑物进行了维修改造。实施了扶助老年人、残疾人、孤儿和其他困难群体项目，2004 年、2005 年共投入1 030万元，解决城市“三无”（无依靠、无劳动能力、无生活来源）老人、低收入困难老人的养老问题。从 2003 年开始，累计投入 170 万元，资助全省特困家庭中的肢残人员做矫形手术 483 例。2001 年至 2003 年安排 622 万元，用于慰问、救助困难群体。2003 年投入 50 万元资助朝阳地区困难群众白内障患者进行复明手术。支持社会公益、慈善事业，2004 年、2005 年投入 225 万元，在全省开展了“96100”民政电话便民服务系统工程建设。截至 2006 年 5 月底，全省总话务量达 17.8 万人次。2004 年投入 40 万元，开通了“160666”地名地址电话查询号码，提供地名地址、企业信息、电话号码、公交线路、列车车次、民航航班等 20 多项内容的咨询服务。从 2003 年开始共资助省慈善总会 110 万元，组织开展了为全省贫困唇、腭裂患者义务救治活动。启动了全省万家社区图书室援建项目，2005 年出资 70 万元，补助1 000个社区图书室，用以购买图书。

（二）体彩公益金筹集使用情况

“十五”期间，辽宁省共筹集体彩公益金 13.8 亿元。其中，上缴国家 7.6 亿元，省本级留用 2.8 亿元，返拨各市3.4 亿元。省本级体彩公益金实际支出 1.74 亿元。

1. 支持实施全民健身计划投入5 851万元。一是投入2 561.6万元，兴建了 8 批 434 套全民健身工程路径，建设健身苑角 100 个，在全省建立了 12 个每个投资总额超过百万的户外市民健身中心；二是投入1 091万元，支持建设了丹东市健身中心、朝阳市老年人体育活动中心、阜新市健身工程，每年参与健身活动人数逾 50 万人次。扶持青少年俱乐部建设 83 个，为青少年体育活动创造了较好的环境，推动了全民健身活动。三是投入1 986万元，支持了各类大型体育比赛开闭幕式、各项活动的筹备、组织、实施，确保了运动会的圆满成功；支持各类体育协会的体育活动，促进了各类体育协会的发展。

2. 支持实施奥运争光计划投入 1.15 亿元。一是投入9 040万元，用于辽宁省运动队参加第十届全国运动会和省第九届运动会比赛的器材、训练、聘用外教、科研等备战和预赛决赛的参赛。二是投入1 470万元，支持省体育运动技术学院田径馆改造、省航海运动学校修建水上运动场、垒球场和省蹼泳馆维修改造、省军事体育陆上运动学校购置抛靶机及枪弹库监视系统改造、省体育训练中心场馆设施维修等。三是投入 180 万元，支持全省举办了 25 个大项 42 个分项的 84 次青少年比赛，16 000余名青少年运动员参加了比赛，赛后组织了2 400余人次的集训，选拔优秀运动员 400 余人。四是投入 800 多万元，重点支持国家级18所高水平体育后备人才基地建设和省直训练单位近30个项目专业队集训运动员1 200人次。

（辽宁省财政厅非税处供稿，孙任东执笔）

吉 林 省

"十五"时期，全省各级财政部门会同民政、体育部门不断加强彩票监管工作，规范彩票发行销售行为，开展打击非法发行彩票和赌博的专项治理活动，大力维护彩票市场秩序；各级彩票销售机构不断改进彩票销售办法，采取切实有效措施，积极组织彩票销售工作，促进了彩票市场的平稳运行，彩票销售实现历史性突破。

一、"十五"时期彩票市场发展概况

2001—2005年，全省累计销售彩票44.65亿元，年均增长36%。其中：电脑彩票销售41.85亿元，即开型彩票销售1.29亿元。全省累计筹集彩票公益金15.34亿元。

（一）福利彩票销售管理

"十五"期间，吉林省福利彩票实现了跨跃式发展，共销售福利彩票25.1亿元，年均增长30%，市场占有率达到55%；其中，电脑彩票销售24.23亿元，即开型彩票销售8 740.84万元；筹集公益金8.62亿元；为社会提供4 000多个稳定的就业岗位。同时，各方面销售管理工作都得到了不断加强。

一是销售管理基础工作得到加强。各级民政部门和福彩销售机构狠抓市场研究，通过开展大规模的市场调研，制定市场应对方案。为使省市销售管理人员能力不断提高，省福彩中心经常召开业务工作会议，或组织到兄弟省市考察学习；还通过组织讲师团进行直接业务培训、组织各市州深入县市培训等，使销售队伍素质得到全面提升。省福彩中心对投注站提供的服务有：投注机巡检、宣传品发放、备品供应、来信来访接待和业务培训等。通过这些服务工作，调动了各站业主和销售员的积极性。

二是销售系统安全稳定性得到加强。销售系统安全稳定运行，是确保福利彩票发行工作持续稳定发展的基础。为此，福彩机构从源头抓起，采取有力措施保证系统设备安全稳定运行，做到没有科学论证的彩票品种不上市，没有安全保护措施、存在潜在危险的活动不举行。开展安全意识教育，在业务培训时传授防盗打、防伪造、防解密、防作弊、防破坏方面的知识。对摇奖现场、电脑管理系统中心机房以及可能存在潜在故障的工作环节制定了规范性工作流程和重大事故处理预案，对中心机房和摇奖设备实行双机热备份。建立了省、市福彩中心和系统供应商二级维修维护机制，通过技术改造建立了中心机房销售系统防止外部入侵的检测系统。建立了一整套较为健全的安全管理机制，以有效地防止事故发生，并确保一旦有突发事故，能够快速反应，迅速解决。

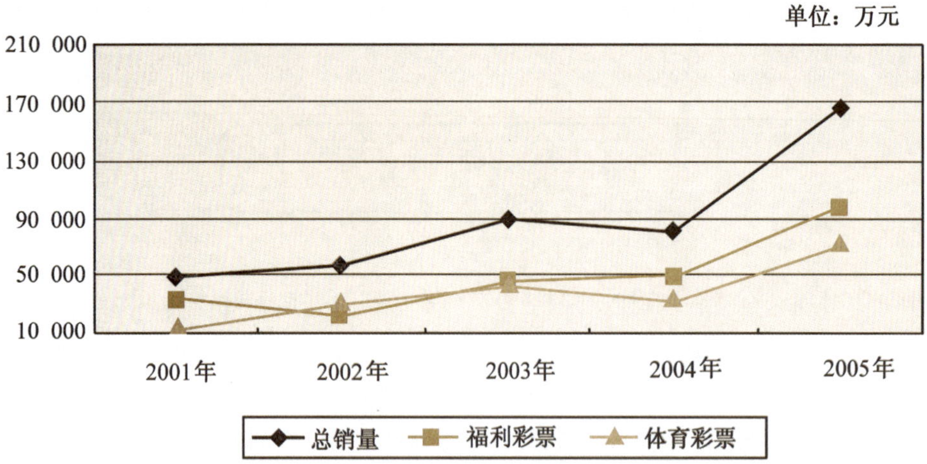

2001—2005年吉林省彩票销售情况图

三是福利彩票形象宣传得到加强。电脑福利彩票上市以来，一直按照“扶老、助残、救孤、济困”的宗旨进行市场营销。在省内主流媒体开辟福彩专版，通过建立吉林福彩网站、投注机下载、组织彩民和销售员代表赴京参观摇奖现场、下发各站点宣传品等形式进行系列专题宣传，力求使营销宣传工作达到多渠道、多样式、多视角、多层面的整体效果。在宣传理念上，坚持“坚守宗旨、公平竞争、规范宣传、诚信为本”，特别是在3D游戏的市场促销方面，坚决不做误导，严格按照游戏规则诚信宣传、坚持限号，制止一些彩民非理性倍投的做法，使市场销售工作控制在理性范围之内，没有出现大的市场波动和因彩民非理性倍投而造成的不良影响，赢得了彩民的赞誉，巩固了彩民队伍，稳定了福利彩票的市场秩序，夯实了福利彩票的市场基础。

（二）体育彩票销售管理

“十五”期间，吉林省各级体育彩票机构和销售人员，克服困难、扎实工作，使吉林省体育彩票事业得到了长足发展，为体育事业和社会公益事业做出了突出贡献。全省累计销售体育彩票19.55亿元，年均增长48%，市场占有率达到45%。其中，电脑彩票销售19.13亿元，即开型彩票销售4 174.48万元；筹集公益金6.73亿元；为社会提供4 000多个稳定的就业岗位。五年来，吉林省体育彩票管理工作始终把“安全第一、诚信为本、管理至要、宣传为先”作为指导方针，执著打造吉林体彩诚信、公益的品牌。各级体育彩票销售机构通过建章立制和系统培训，提高了人员的整体业务素质；通过市场调研，广泛听取意见，不断提升管理和服务水平，为吉林省体育彩票的持续发展奠定了坚实的基础。

一是在应对挑战中起步。吉林省体彩中心坚持以市场为导向，以技术改造为支撑，完善各项规章制度，销售管理由粗放型向集约型转变，狠抓管理细节，从一点一滴入手，力求务实到位。省体彩中心对原有机房设备进行系统改造和升级，使电脑彩票销售在技术上有了有力保障；在宣传政策上正确引导彩民树立风险意识，理性投注彩票，少买常购，稳定彩票市场；在销售额度方面建立了严格的审批制度，按章办事；在兑奖方面制定了科学的兑奖制度，理顺了相关程序；在人员培训方面建立了科学、有效的培训体系。

二是在联网销售中寻求创新。吉林省体育彩票管理中心率先发起东北区域的联网销售，开创了区域联网销售的先河，给以后的全国联网销售打下了基础。完善了分支站联系人和目标考核管理办法，实行了下放投注站管理权、调整投注站玩法佣金比例、调整省市的发行费比例等一系列改革措施，极大地促进了体育彩票销售工作的开展。

三是在打造品牌中成长。吉林省体育彩票管理中心在销售机构之间大力开展业务交流和信息传播活动，不断互相借鉴，提高销售水平，增强服务意识，并且开展了一系列回报广大彩民的社会公益活动，树立了体育彩票新形象。

二、彩票市场监管工作

（一）进一步健全完善彩票监管制度

自2000年彩票监管工作移交财政部门以来，针对监管经验不足、监管制度不健全等实际情况，省财政厅把建立和完善各项彩票管理制度作为一项重要工作，在深入贯彻国家彩票管理相关规定和办法的同时，多次组织两个彩票中心领导和有关人员开座谈会，并深入到彩票机构、彩票投注站进行调查，研究分析彩票销售和管理中存在的问题，提出加强彩票销售和管理的意见和建议，先后建立健全了彩票销售方案和销售额度分配审批制度、发行销售统计月报制度，制定下发了《吉林省彩票发行及销售安全管理防范暂行办法》、《吉林省即开型彩票销售管理暂行办法》等规定，在规范销售、培育发展公平有序的市场环境方面发挥了积极作用。

（二）加大了彩票市场监管力度

一是加强了对彩票销售全过程的监督和管理。各级财政部门采取定期检查和不定期抽查相结合的办法，对彩票销售机构的中心机房及办公楼的安全防范情况进行检查，发现问题及时纠正处理，做到防患于未然。二是监督彩票销售机构认真执行彩票管理规定，健全完善相应的内部管理制度、安全防范措施和处理突发事件预案制度，加强彩票安全销售意识和社会责任意识。三是严格查处彩票发行和销售中的违规行为，严厉打击非法发行和销售彩票的活动。按照财政部、公安部统一部署，在全省组织开展了打击非法彩票等赌博活动的专项行动，收到了很好效果。同时，深入到彩票销售部门和市县开展调查研究及专项检查，严肃查处违纪问题，提出改进措施和整改意见；加大宣传力度，设立监督举报电话，积极受理群众举报，增强了社会各界和群众对彩票市场的监督力度，取缔了一些地方以有奖销售形式变相发行彩票的活动，妥善处理了彩票市场中的违规事件。通过以上措施，净化了彩票市场环境，维护了彩票市场的秩序，为全省彩票市场创造了良好的销售环境。

（三）加强与彩票机构的协调配合

财政部门在认真履行监管职能的同时，不断提高服务意识,加强与彩票机构的工作联系,增强相互理解和支持,为彩票发行销售工作做好政策引导和服务,及时解决彩票机构工作中的困难和问题。省财政厅对彩票机构报送的发行经费使用等申请性文件限期批复,对审计与监督检查中发现的违规问题及时沟通和纠正,不断规范和完善彩票销售行为和彩票机构财务管理,共同维护和促进彩票市场健康发展。

(四)加强彩票销售机构财务监管职能

一是各级财政部门普遍实行了对彩票销售机构的年度计划及年终决算的审核批复。二是严格彩票公益金和发行费用“收支两条线”管理，定期检查公益金和发行经费上缴情况，监督彩票机构按规定使用调节基金。三是加强了彩票机构财务的日常监督，定期检查财务收支情况，及时规范账务处理。四是加强了固定资产支出和计划外支出管理，严格审核压缩支出数额。同时，督促彩票中心对国家和省有关专项审计及检查中发现的问题进行整改，有效地促进了各级彩票销售机构财务的规范管理。

三、彩票公益金使用情况

“十五”期间，吉林省各级财政部门会同民政、体育部门不断加强彩票公益金的归集使用管理，主要做了四个方面的工作。一是加强了彩票公益金的核算和清缴。按照规定对彩票机构所提取的公益金及时定期监缴入库，基本杜绝了截留、挤占、拖欠上缴的违规行为。二是加强对公益金收支计划的审批。各级财政部门普遍重视和加强了对本级留用的公益金的管理，做到按计划按规定严格审核，较好履行了监管职能，彩票公益金使用效能不断加强。2001—2005 年，全省彩票公益金支出 3.78 亿元，有力地支持了各项公益事业的发展和重点项目的建设，有效地发挥了彩票公益金的经济效益和社会效益。其中，福利彩票公益金支出 1.89 亿元，主要用于支持社区服务设施建设、“星光计划”、帮困助残和其他社会福利公益项目，支持了全省社区、省老年公寓、省孤儿学校、农村残疾人危房改造等公益建设。截止到“十五”时期末，体育彩票公益金支出近 1.89 亿元，主要用于支持全民健身、奥运争光体育场馆建设等项目。五年间，吉林省体育彩票公益金投入设立全民健身工程共 969 个，建设了 3 个市级全民健身中心，5 个县级全民健身中心，59 个健身广场和体育公园，195 个社区室内健身房，415 条健身路径。此外，体育彩票公益金还有力地支持了体育设施建设，弥补了大型体育赛会经费的不足。三是加强青少年学生校外活动场所建设国家资助和省里扶持项目资金的规范管理。2001—2005 年，运用中央资助和返还省里的专项资金，扶持国家级青少年学生校外活动场所 14 个，扶持省级青少年学生校外活动场所 23 个，青少年学生校外活动场所维护项目 24 个，项目建设支出5 218万元。四是加强公益金使用的检查和跟踪问效。

（吉林省财政厅综合处供稿，李靖伟执笔）

黑龙江省

“十五”期间，黑龙江省彩票事业快速发展，销量、技术、管理等方面工作均跻身全国前列。“十五”期间黑龙江省彩票销售收入达到107亿元，共筹集公益金37亿元，极大地支持了社会福利救助和体育事业的发展。

一、福利彩票市场发展及管理概况

(一) 彩票销售和公益金筹集使用成绩斐然

自2000年7月18日上市“龙江风采”电脑福利彩票以来，黑龙江省“十五”时期销售福利彩票60.71亿元，共募集公益金20.96亿元，代扣代缴个人所得税1.8亿元，为社会提供就业岗位14 000余个。2000年黑龙江省福利彩票销售达到1.5亿元。2001年，黑龙江省福利彩票销售实现4.17亿元，一改过去在全国福彩机构排名倒数几位的落后局面，位居全国第十二位。2002年，黑龙江省福利彩票销售实现6.77亿元，比上年增长了62.35%，电脑票销量跃居全国第六位。2003年黑龙江省福利彩票销售达到8.4亿元，居全国第六位。2004年黑龙江省福利彩票销售突破9.5亿元。2005年，黑龙江省电脑福利彩票销量实现大幅度的跨越，年销量突破30亿元，销量排名全国第三位，人均销量全国第一，增长份额全国第一。

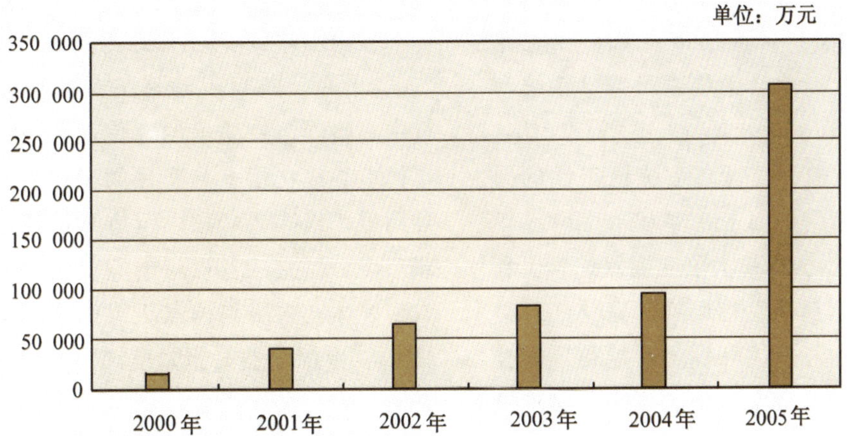

“十五”时期黑龙江省福利彩票销售量统计图

“十五”期间，黑龙江省仅省本级就已经投入使用福利彩票公益金3亿多元，共资助了321个社会福利项目。在开展的“星光计划”项目中，共资助各地建成使用726个星光老年之家，“明天计划”中已对360名残疾孤儿实施了康复手术。

（二）彩票技术工作取得重大突破

黑龙江福彩始终坚持“预测市场，适应需求，超前启动，创新研发”的技术发展理念，于2000年年初开始筹措上市电脑彩票，经过周密的市场调查，权衡利弊，在国家没有投入一分钱的情况下，通过市场运作，自筹资金3 000余万元，自行研制开发了全国第一套电脑彩票全热线销售系统，并成功运营。经专家鉴定，该系统功能和技术达到同行业先进水平。该系统被原民政部多吉才让部长称赞为“中国福利彩票事业的一次革命”，民政部李学举部长赞誉为“中国福利彩票史上的一次创举”，并被民政部授予技术进步一等奖。中国福利彩票发行管理中心陈传书主任提出，黑龙江的技术工作要为全国福彩的销售系统升级工作提供技术支持。2002年至2003年期间，黑龙江省福彩中心先后为浙江、深圳福彩中心的彩票系统改造提供了技术支持。2003年至2004年期间，黑龙江省先后两次对这套系统进行技术系统升级，对ISDN、X.28线路进行VPDN、GPRS线路改造，在提高系统稳定性的同时，每年可节约费用150多万元。2005年3D热卖期间，为了最大限度地保护彩民利益，规避彩票系统发行风险，黑龙江省福利彩票发行中心自主开发了智能化风险控制系统，完成了数字模型的建立，实现灵活控制限号，有效防范了财务风险。在3D热号被开出以后，全国大部分省市福彩中心的奖池都出现了亏损，而黑龙江省却还有节余。

（三）彩票管理工作实现科学化转变

2003年7月，黑龙江省福利彩票发行中心通过了ISO9001：2000国际质量管理体系认证，规范及汇编各项制度，完成了该管理体系认证的贯标工作，初步树立起“龙江风采”电脑福利彩票的品牌形象，实现了福利彩票管理工作经验化操作向科学化管理的转变。中国福利彩票发行管理中心主任陈传书对此给予很高评价并号召全国福彩机构向黑龙江省学习，将通过ISO9001：2000质量体系认证作为福彩管理工作达标的标志。2004年，黑龙江省福彩中心分期对14个地、市中心的工作人员进行了ISO9001：2000国际质量管理标准贯标培训，对全省投注站销售人员进行了业务培训。2005年黑龙江省福彩中心以全面推进和巩固ISO9001：2000国际质量管理体系为目标，以运行ISO9001：2000国际质量管理体系为基础，进一步完善制度建设，按照PDCA循环模式对ISO9001：2000国际质量管理体系进行了一次全面的提升。

（四）彩票宣传工作取得显著成效

“十五”期间，黑龙江省福利彩票发行中心始终坚持诚信的宣传理念，将宣传工作重心放在培养与彩民的亲和力上，倡导用零花钱购买彩票，营造重玩轻搏的购彩环境。黑龙江省福彩中心积极协调各级宣传媒体，先后与国家级媒体《中国社会报》、《中国公益时报》、《中国福利彩票》杂志，省级媒体黑龙江省电视台、黑龙江交通广播台、《生活报》、《晨报》、传呼台，市级媒体哈尔滨电视台、《新都市报》、《新晚报》建立了合作关系。于2000年7月创建了黑龙江省福利彩票网站，并且在2002年、2005年先后两次对网站进行全面改版和升级。这些媒体以最快的速度发布福利彩票发行销售的动态趋势、中奖结果、彩市趣闻，为全省各地、市的宣传提供最新信息资料。

黑龙江省福彩中心对与彩票相关的敏感事件，在宣传工作上反应迅速。2004年西安"宝马案"发生后，为巩固福彩市场，黑龙江省福彩中心在全省分别开展了"走近福彩——彩民看福彩"活动和"走近福彩——记者看福彩"活动，增强了彩民对福彩的信任度。同时黑龙江省福彩中心还大力宣传大庆市投注站经营者李秀清和绥化市张建坤的事迹，为福彩经营者树立了诚信经营的形象。2005年11月，松花江污染事件发生后，哈尔滨市供水出现紧张状况，黑龙江省福彩中心和哈尔滨市福彩中心联手，发挥福彩投注站覆盖面广的优势，为全市4.6万户低保户送去饮用水。

（五）彩票玩法搭配日趋合理

"十五"期间，为了满足彩民不断增长的购彩需要，黑龙江省福彩中心先后上市五种新玩法，同时不断增强老玩法的吸引力。2000年7月黑龙江省上市32选7玩法。2001年初，针对32选7玩法难累积大奖、缺乏吸引力的情况，经请示获批准后，黑龙江省将32选7改为36选7，同时将一等奖保底奖金由88万元提高到208万元。2001年1月，黑龙江省利用热线系统的优势，在全国率先开通了手机和电话等辅助投注系统，开辟了新的彩票销售渠道。2001年8月，黑龙江省推出福彩首个排列式6位数新玩法，设置新鲜刺激的末等奖隔位、对序中奖的游戏规则。2002年7月15日，黑龙江省为了纪念"龙江风采"电脑福利彩票发行两周年，推出22选5新玩法。2003年9月，黑龙江省在全国范围内第二批上市双色球玩法，填补了超级乐透型玩法的空白。2004年11月18日，黑龙江省上市了玩法简单、中奖率高、开奖频率快的中国福利彩票3D游戏。至此，黑龙江省福利彩票玩法形成了超级玩法双色球、大盘玩法36选7、中盘玩法6位数、小盘玩法22选5、特殊玩法3D的合理结构，活跃了彩票市场，彩民投注热情不断高涨，使得福彩销量也屡创新高。

（六）站点布设工作取得重大突破

2000年7月18日，黑龙江省电脑福利彩票上市，最初的站点总数为753个，2001年增长为1 220个，2002年增长到1 644个，2003年增长到2 280个，2004年增长到2 859个。2005年由于3D的热卖，黑龙江刮起了彩票旋风，省福彩中心抓住这个机会，向农村和乡镇增设投注站，添补城市空白点，截止到2005年底，黑龙江省投注站总数近5 200个。

二、体育彩票市场发展和管理概况

"十五"时期是黑龙江省体育彩票市场从培育开发走向成熟壮大的重要时期。"十五"期间黑龙江省体育彩票销售收入达到46.8亿元，筹集彩票公益金16亿元。

2002年4月8日，足球彩票在黑龙江省正式发行，首期销售了313万元，销量列新发行足球彩票省市的前列。2002年7月15日，黑龙江省新增了小盘玩法21选5，初步形成了体育彩票大、中、小四种玩法共存的立体组合格局，2002年全年销量达到了5.07亿元。

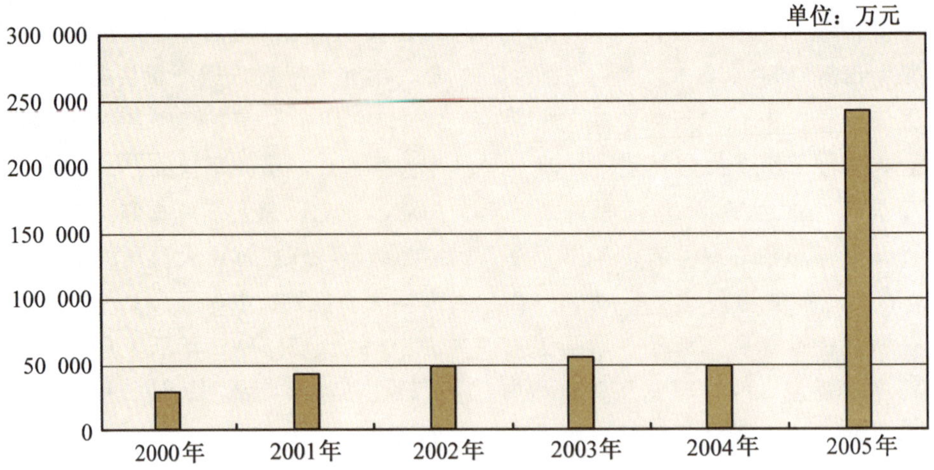

“十五”时期黑龙江省体育彩票销售统计图

2003年借中国电脑体育彩票发行三周年的契机，黑龙江省推出35选7新玩法，调整6+1游戏规则，推行29选7三省一区联网热销，克服了“非典”带来的影响，全年销量达到了5.58亿元。

2004年陕西“宝马彩票案”发生后，彩票的公信力受到重大打击，财政部在全国范围内停止了即开型彩票的销售工作。针对这种情况，黑龙江省采取了积极的应对措施，同时推出了七星彩、金银彩两种新玩法，实现了29选7、21选5的区域联网销售，35选7改版加入11省区联网销售等措施。2004年黑龙江省体育彩票销量为4.95亿元，较上年下降7.6%，是全国降幅最低的省份之一，2004年总销量在全国31个省、自治区、直辖市中列第十三位，较2003年前进一位。

2005年是黑龙江省体育彩票销售取得历史性突破的一年，为扭转陕西“宝马彩票案”后体育彩票所面临的不利局面，从2004年12月开始，借中国电脑体育彩票发行五周年的契机，黑龙江省大力推出了“体育彩票龙江行”系列活动，取得了可喜的成果，并以24亿元的销售额列全国第一位。

“十五”期间，为适应业务发展需要，黑龙江省还新增了“中国电脑体育彩票农垦分支站”和“中国电脑体育彩票森工分支站”，全省分支站达到了15个，全省电脑体育彩票销售网点由1 118个增加到1 970个，全省13个市（地）的66个县（市）和农垦、森工系统都设置了电脑体育彩票销售网点。在扩大市场覆盖面，增加销售额的同时，黑龙江省努力建立了一支能打硬仗的体育彩票管理发行骨干队伍，全省13个地市和农垦、森工系统全部成立了彩票管理机构，各县（市）也成立了相应机构，配备了专兼职人员，形成了从省到市（地）、县（市）的三级体育彩票发行网络和组织机构，一批有后劲、会管理、懂政策的体育彩票工作人员在体育彩票销售工作中得到了锻炼，发挥了骨干作用。

（黑龙江省财政厅综合处供稿，于晓菲、薛辉执笔）

上 海 市

“十五”期间，上海彩票市场快速发展，销售规模迈上新台阶，市场监管进一步加强，管理制度不断得到完善，销售技术全面升级，彩票的社会认同度得到提高，彩票公益金促进社会公益事业发展成效明显，为“十一五”时期彩票市场发展与管理奠定了良好基础。

一、“十五”期间彩票销售快速增长，社会经济效益明显

“十五”时期上海累计销售彩票84.81亿元。“十五”时期5年的彩票销售量，占上海近17年来全部彩票销售量的66.35%，“十五”时期5年的彩票销售量是“十五”时期以前12年销售量的2倍。“十五”时期上海累计筹集公益金28.75亿元，其中上缴中央财政15.11亿元；“十五”时期筹集的公益金是“九五”时期公益金的2.3倍。“十五”时期上海累计代扣代缴个人所得税4.06亿元。截至“十五”期末，上海建立起覆盖全市的电脑销售系统，共有投注终端设备3 370台，比“九五”期末的1 829台净增1 541台，五年来终端设备增长84.25%。由于销售设备的增加和规模扩大，“十五”时期末，上海约有7 000多人从事彩票销售，彩票业的社会效益和经济效益明显。

二、彩票制度建设不断健全，彩票市场管理进一步规范

为了不断提高彩票的公信力，树立诚信的品牌形象和良好的社会形象，“十五”时期，上海财政部门和彩票销售机构制定了一系列的规章制度。在加强彩票资金管理方面，制定了《关于加强和完善彩票机构财务及彩票资金管理的通知》。在确保彩票销售市场的安全方面，市财政局在2002年制定了《关于进一步加强彩票市场监管的通知》，市体彩中心在2001年制定了《关于加强销售点管理的六项措施》，市福利彩票中心制定了电脑福利彩票投注站管理办法等12项制度。为规范彩票机构的管理，2003年初上海体彩中心配合市体育局法规处制定了《上海市体育彩票管理暂行办法》，2004年对这一办法进行了修订完善，汇总了中心的全部规章制度。

三、加快培育适应市场需求的彩票品种和游戏

“十五”期间，上海彩票游戏品种开发遵循市场规律，不断探索培育适应市场需求的彩票品种和游戏，基本形成了“以

电脑票为主导，即开票为辅助”的市场格局，在原有的投注方式上，新增了电话、网上等投注方式，培育出了双色球、排列3等游戏品种，游戏品种和销售手段的多样化，使彩票发行始终保持了旺盛的生命力。

1. 丰富电脑票新的玩法。上海福利彩票2001年推出了“高积宝”乐透游戏幸运37，加快了天天彩开奖频率，从“每天一期、开奖一次”调整为“每天两期、开奖两次”。2001年10月22日，足球彩票闪亮登场，迅速引爆了上海体育彩票市场，并且成为上海电脑体育彩票的主打品牌。2003年，上海尝试与江、浙两省进行区域联合销售幸运37，共同打造长江“金三角”福利彩票品牌。2003年上海开始组织双色球销售。这一彩票品种在以后几年中成为上海的品牌游戏，仅2005年，双色球单个游戏销售量就达7个亿。2004年福彩机构将“江浙沪大乐透”更名为“东方大乐透”，并扩大至福建、安徽、江西三省，联网销售；2003年5月23日，上海体彩中心推出小盘乐透玩法22选5，为了进一步增加22选5的吸引力，2004年4月18日上海体彩中心对22选5进行改版，经财政部批准的新版22选5增设了一个奖级，并实行3连号和4连号的长效加奖。

2. 翻新传统即开型套票。继续创新发行了风靡全国的“上海风采”系列大转盘票种，并且在图案、设奖等方面有了更大的突破。2001年，发行了受市民欢迎的“福”、“寿”、“财”、“爱”系列套票，大胆尝试买一本套票拥有2 100次中奖机会的促销办法。之后，又改变了原有的票面设计，推出了“马”、“羊”、“猴”、“鸡”等生肖套票、生肖贺年卡。同时，开发“三星高照”、“欢天喜地”、“吉祥如意”等主题套票，保持了“上海风采”的特色品牌。

2003年10月“中国福利彩票网点即开票”在上海试点销售，标志着上海完成了从原来传统手工即开票到电脑即开票的转变。2004年，网点即开票进行了扩容，又推出了与开奖电视节目《喜从天降》相结合的“喜来堂”彩票。网点票的推出，改变了原有的“板凳、桌子加雨伞”的落后销售方式，确保彩票运行安全。

3. 更新彩票销售方式。为挖掘市场潜力，满足不同层次彩民的需求，上海福利彩票运用现代技术，采取多样化方式，满足不同层次彩民购买彩票的需求。如利用手机的短信投注、固定电话投注、银行卡投注等电子类彩票，让彩民投注更快捷、更安全。2001年6月，推出了“足不出户、可靠安全、日夜服务”的81666电话投注，之后彩票机构又与交通银行、农业银行、广发银行等多家银行合作，推行银行卡投注。2001年10月28日，在“中华第一街”南京路步行街上，开设了上海第一家颇具规模的福利彩票专卖店，内设半小时开奖一次的时时乐，不仅开创了福利彩票销售的新形式，而且向社会展示了集购彩、休闲、娱乐于一体的福彩新形象。

四、不断提高销售系统技术含量，确保安全运行

在1998年电脑体育彩票销售系统开通以后的很长一段时间，上海采用的一直是半热线的销售系统。与全热线系统相比，半热线数据中心不能即时获得销售信息，

彩民获得的小额中奖不能在全市通兑，不能最大限度地延长当期投注的截止时间，不能支持一些新的玩法，操作不方便。这种系统在一定程度上影响了体育彩票的社会形象，影响了体育彩票的销售量。2004年经国家体育总局体育彩票管理中心批准，在上海首先进行体育彩票热线销售系统试点，上海体彩中心成立了热线工作小组，积极开展热线系统的前期准备工作，并与上海电信大客户部签订了协议书，配备了中心机房系统管理员和网络管理员，按照国家体彩中心 IT 部的实施计划，通过近一年的努力，2005 年 3 月 1 日凌晨，第一张中国电脑体育彩票热线系统售出的彩票在上海体彩中心机房诞生，从 3 月 6 日起，各区县的彩票销售终端机陆续并入热线销售系统，5 月 15 日全面停止非热线销售。至此，上海实现了体育彩票销售系统热线销售。

福利彩票机构在“十五”期间自行研发热线投注系统，2000 年上半年，通过国际招标，从美国 AWI 公司引进了全热线销售系统，并于当年 6 月 26 日完成了升级换代工作，从此，先进的全热线销售系统在上海正式投入运行。之后，上海福利彩票发行中心自行研发热线投注系统，经过近一年的筹备、设计、研发、制造、集成、测试和在线运行，在 2001 年 9 月利用该系统开通了高频率开奖的“天天彩”选 3 (俗称“时时乐”)，并利用这套热线销售系统支援西藏、柬埔寨电脑彩票投注系统的建设。

同时，福利彩票机构为提高开奖设备安全和可靠性，自行研发了“MDM－2002A 音乐摇奖机”，并于 2002 年 9 月 8 日通过专家鉴定，不仅为短开奖周期的时时乐数字型游戏的摇奖提供了安全、可靠的摇奖设备，而且使摇奖机品种趋向多元化，摇奖过程更具趣味性。

五、彩票公益金和发行费的管理

“十五”时期是财政部门履行彩票管理职责的起步时期，2000 年上海市财政局与人民银行上海分行完成了彩票监管职责的交接。在资金管理方面，财政部门监管初期主要是对公益金加以管理，而对彩票公益金、业务费和其他收入的全面管理是在“十五”时期的 2002 年开始的。在这期间，上海市按照国家政策逐步建立起适合本地实际的规定和办法，使彩票资金运转管理有序、健康、平稳。

1. 公益金管理。彩票公益金实行由市级财政部门统一管理的办法：彩票机构按销售比例取得的公益金全额上缴市财政局专户，上缴财政部或下拨区县财政局的公益金通过市财政局专户进行核拨。“十五”期末上海市彩票公益金在中央与地方间的分配政策是，在本市区域内销售的体育、福利彩票所取得的公益金，中央和地方之间实行 50∶50 分配；公益金市和区（县）的分配，电脑福利彩票和体育彩票公益金按销售收入的 5% 下拨区（县）财政局，区（县）销售的非电脑彩票公益金除上缴中央的 50% 外，留成地方的全额下拨各区（县）财政局，市本级不集中非电脑彩票公益金。公益金使用实行市、区（县）分级管理，市级公益金使用由市财政监管，区（县）级公益金使用由区（县）级财政监管。

“十五”时期上海市销售彩票筹集公

益金 28.75 亿元，其中上缴中央财政部 15.11 亿元，地方筹集可安排使用的彩票公益金为 13.64 亿元。“十五”期间，留在地方的体育彩票公益金 60% 用于全民健身，40% 用于奥运战略，有力地支持了上海“全民健身计划”和“奥运争光计划”的实施；福利彩票公益金主要用于“扶老、助残、救孤、济困”，其中包括对老年人活动室、日托所、养老机构等的资助，市民大病重病医疗救助，福利院的改建，安老助残资助则主要用于居家养老补贴和全市退休老人的医疗救助。

2. 发行费及其他资金管理。上海彩票销售机构负责销售的彩票按规定比例计算所取得的发行业务费，由本市彩票销售机构直接扣除上缴国家彩票发行中心的发行费以及扣除代销点销售业务费后，纳入地方财政部门“收支两条线”管理，即收入上缴财政专户，支出通过财政预算核拨。对其中纳入地方财政部门管理的电脑彩票发行费，统一缴入市财政局专户；纳入地方财政部门管理的非电脑型彩票发行费，按照市或区（县）彩票机构的销售量分别计算，纳入同级财政专户管理。

其他资金主要包括：彩票销售点上缴的设备折旧收入、销售点购买打印纸收入、利息收入，以及上级部门拨款收入和省际之间联合销售彩票资金划转收入等。这些收入不纳入财政专户，但作为彩票机构的收入来源，必须编入彩票机构收支计划报财政部门审批，实行计划管理。

（上海市财政局预算处供稿，黄永华执笔）

江 苏 省

“十五”期间，江苏共销售彩票 127.41 亿元，其中体育彩票销售 84.92 亿元，福利彩票销售 42.49 亿元。在销售总量中，电脑乐透型彩票占 82.28%，足球彩票占 7.28%，即开型彩票占 10.44%。整体销售形势，2003 和 2004 年处于谷底，2005 年快速增长，一举突破历史新高，并呈快速、稳定发展态势。

一、“十五”期间江苏省彩票机构管理

（一）财务会计制度建设与管理

2000 年初，根据国家统一布置，省财政厅接管了彩票监管工作。财政厅为此进行了充分调研，并首先对彩票机构的财务、资金进行系统性、规范化管理，制定了相应的制度。

2001 年 9 月份，江苏省财政厅下发了《关于彩票销售机构财务收支预算及资金实行财政专户管理有关问题的通知》。按照这个文件的要求，从 2002 年度起，省级两个彩票机构财务收支全额纳入了部门预算管理，作为省级一级预算单位，由财政厅综合处实施管理工作。

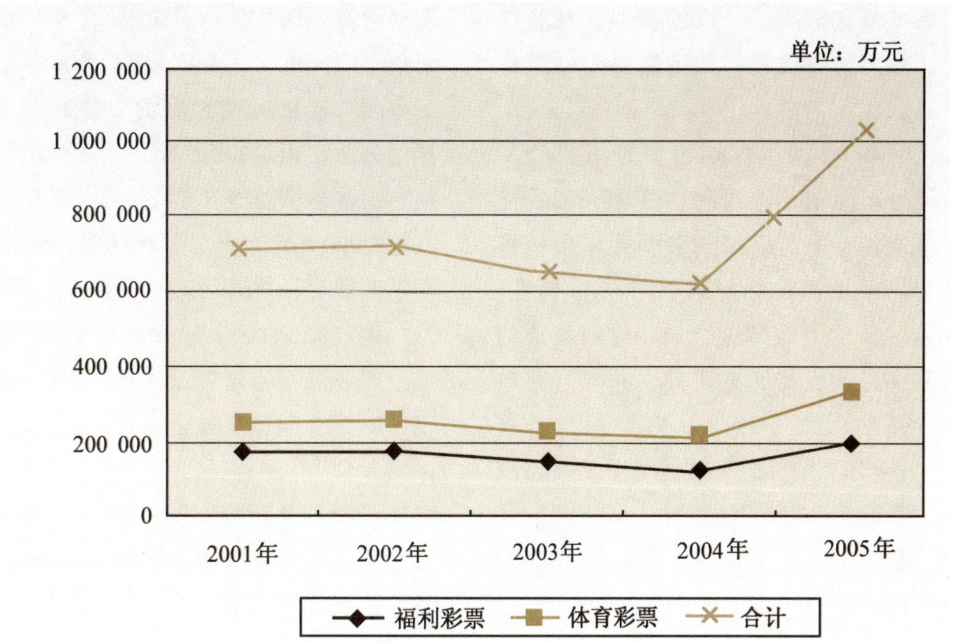

“十五”期间江苏彩票销售走势图

2002 年财政厅又先后转发了财政部《关于加强和完善彩票机构财务管理及彩票资金管理的通知》和《关于印发〈彩票发行与销售机构财务管理办法〉的通知》，并分别制定了补充规定。

根据上述财政部的文件精神，国家彩票机构也制定了相应的财务核算制度。江苏省财政厅配合省彩票机构认真研读，并立即组织全省彩票机构财务管理人员学习、贯彻。此后，全省彩票机构实行了统一的财务会计制度，并逐步走上了规范化管理的轨道。

（二）彩票市场管理

财政部印发的《彩票发行与销售管理暂行规定》，为加强彩票管理，规范彩票机构行为，发展彩票事业制定了统一政策，省财政厅在转发文件的同时，分别组织省级两个彩票机构和全省财政综合部门学习贯彻；彩票机构针对各自的薄弱环节，制定相应的整改措施；财政部门针对重点环节，统一研究、部署，共同做好江苏彩票市场管理工作。

针对社会上私彩猖獗的现象，江苏省财政厅多次拟发、转发打击私彩的文件：2001 年元月下发了《进一步整顿彩票市场秩序打击私彩活动的通知》，2002—2003 年转发了《财政部　公安部　工商总局　民政部　体育总局〈关于坚决打击赌博活动　大力整顿彩票市场秩序的通知〉、《财政部　公安部关于开展打击非法彩票等赌博活动专项治理行动的通知》。财政部门还经常配合公安、各级彩票机构等现场打击私彩，针对一些地方政策、界线掌握不准的情况，江苏省财政厅下发了《关于如皋陈跃兵、李江英等人摇奖及有奖猜谜行为是否私彩赌博行为的函》，明确加以界定。通过全省长期、一致的努力，私彩现象在江苏大为收敛，彩票市场得以健康稳步发展。

2003 年 11 月，深圳市彩世塔投资发展有限公司经销彩票过程中作弊，案发扬州。这使各有关部门深刻警觉到集中销售即开型彩票的风险和加强管理的重要性。2004 年，配合财政部综合司，省财政部门先后多次深入现场调查研究，并根据财政部《即开型彩票发行与销售管理暂行规定》，制定了实施细则和具体操作规程，设立了江苏省即开型彩票销售风险调节基金，从制度上堵塞了漏洞，同时在规程中明确了财政部门的分工和职责。

江苏彩票市场的健康稳定，除政策上平衡，制度上约束外，省级两个彩票机构之间能相互信任，友好相处也是重要原因。多年来，财政部门多次组织两个机构主要负责人及相关人员一起研究和交流，保持机构之间公平、友好竞争，共同维护、开发市场。

从 2002、2003 年起，省级财政部门分别对省福彩、体彩中心进行目标管理责任制考核，达到或超过标准的给予一定奖励，大大提高了两个机构的管理水平和责任心，对彩票市场的稳定发展起到至关重要的作用。

（三）彩票公益金筹集与管理

“十五”期间江苏共筹集彩票公益金 44.5 亿元，应上缴中央财政 24.1 亿元，省本级留成 8.28 亿元，下拨市县 12.12 亿元。其中体育彩票公益金省本级留成 6.73 亿元，主要用于承办第十届全国运动会，“十五”期间从省本级体育彩票公益金中拿出了 5 个亿用于场馆建设；资助其他地区“十运”场馆建设资金8 000多万元；用于全省全民健身工程的资金7 600万元；用于全国、省级运动大会的资金3 500万元；其他公益支出3 000多万元。“十五”期间共支出体彩公益金 7.21 亿元，较收入多支出近5 000万元。市、县级体彩公益金多用于本地体育设施建设和全民健身工程。

福利彩票公益金省本级留成主要用于：省级老年公寓建设项目6 000万元；助残、助学、助孤等社会福利事业支出5 500万元。全省“十五”期间新建、改建、扩建和资助各类社会福利、社会公益事业项目10 162个，为推动江苏福利事业的发展做出了积极的贡献。

“十五”期间国家返拨江苏青少年校外活动场所建设资金共 1.3 亿元，实际投入 1.331 亿元。这些资金资助全省各市、县（区）活动场所建设项目 70 个，其中新建项目 51 个，改扩建项目 10 个，资助设备补助项目 9 个。新建项目建设共 45.5 万平方米，地方自筹资金 6.2 亿元，这些项目 70% 以上基本完工，工程开建率达 100%。至此，江苏 95% 以上的市、县（区）都建设了青少年校外活动场所，基本完成了江苏省委、省政府下达的任务。

江苏青少年校外活动场所建设工作始于 2003 年，设有新建、改扩建、设备补助三类不同的资助标准。新建项目的资金分三批核拨，即：开工、封顶、验收合格后。

对青少年校外活动场所设备的配置，江苏试行了全省统一配置的新办法。先由各地申报所需品种，省财政厅统一汇总后，由政府采购中心进行资格招标，每样品种选择 2 至 3 个厂商，再将相关资料发送到设备配置单位，由他们自主选择、谈判，确定后在规定时间内报送省财政厅汇总、签署合同、监督送货、资金结算等。目前已进行了3批43个活动中心的设备配置，设备资金总额2 450万元。这种政府采购方法，在江苏省属首创，现已广泛应用。

二、"十五"时期江苏体彩市场发展与管理概况

"十五"期间江苏省体育彩票销售84.92亿元，其中乐透型电脑彩票销售70.6亿元，足球彩票销售9.27亿元，即开型彩票销售5.03亿元，市场占有率达66%。

"十五"期间，江苏体育彩票从实际出发，在充分了解市场需求之后及时对各类玩法进行优化调整，共有8种新玩法上市，对7位数、足球彩票2种玩法进行了调整，停止了29选7、4+1、东方金银球、金银彩4种玩法的销售。经过5年的探索和实践，江苏体育彩票已由7位数单一玩法支撑市场的格局逐步演变为以7位数为基础，以排列3为重点，以足球彩票、篮球彩票为特色，以22选5、排列5玩法为补充的玩法结构。

"十五"期间，江苏省体育彩票管理中心遵循市场经济规律，从彩民的需要和心理入手，寻找提高销量的突破口，通过采取各种营销措施，科学积极地扩大销售规模，有效地推动了体育彩票的销售。

1. 通过促销派送活跃市场。江苏省体育彩票管理中心始终将促销派送作为一项重要的营销措施，"十五"期间共进行49次促销派送活动，单期销量均有不同程度的增长，巩固扩大了彩民群体。

2. 突出重点，扩大宣传，实现营销工作新突破。利用宣传阵地，不断提升体彩形象，扩大体彩影响，树立品牌意识。"十五"期间，江苏省体育彩票借助各类媒体平台，每年在各大媒体发表大量文章，提升体育彩票知名度。在电视台开辟专栏，在播出现场开奖的同时，还邀请体彩专家举办专题性讲座，提高彩民的购彩兴趣。除了借助公共媒体之外，"十五"期间，先后创办了《江苏体彩》、《彩民广场》、《体彩之友》等报刊，创建了江苏体彩网，建立了通讯员制度；还配合各种玩法，举办丰富多彩的活动，增强彩民和销售人员的兴趣。如2005年，省体彩中心联合各市体育彩票管理中心开展了"排列3城市联赛"和"足彩竞猜城市联赛"两大活动，增强了体彩的人气，促进了销售。

3. 加强培训工作，提高专业水平和工作能力。"十五"期间，省体彩中心组织了大量的培训，以提高工作人员的专业水平，增强实际工作能力，从而全方位推动营销工作。2002年、2003年每年培训达5 000多人次，邀请专家传授先进的投注理念和实战方法；2005年编印了销售员知识手册，全面普及彩票基本知识；通过建立辅导员制度等方式，让销售员不仅会售票，还能为彩民提供参考意见，起到引导员、宣传员的作用。

2005年成立专管员队伍是江苏体彩的一项创新。为使这支队伍发挥纽带和桥梁的作用，2005年4月和7月省体彩中心组织了几次培训活动，各市中心也进行了一系列的培训。

4. 科学布点，扩大销售规模。"十五"期间，省体彩中心从市场需求出发，寻找

销售空白点，合理调配市场资源，全省销售站点由1 300个增加到4 500个，管理和销售人员从3 000人增加到近万人。其中2001年增加了500个销售点，2003年增加300个，2004年新增700个。2005年开展的大规模布点工作，按照公开申报、择优录取的方式，深入细致，因地制宜，用不到4个月的时间，新增了2 000个站点，弥补了各市特别是县区的销售空白点，优化了市场格局，对扩大体彩销售范围起到了积极的作用。

“十五”期间，江苏省体育彩票管理中心在大力推进营销工作的同时，还注意在摸索中不断完善各项制度建设。

1. 加强省、市、县三级联动，提高工作效率。省体彩中心经过深入调研、反复讨论，最终确立了省、市、县三级联动加专管员的管理体制，通过定期下发《工作简报》、《销售情况通报》等途径及时做到信息互动，提高工作效率。

2. 加强基础建设和站点管理。“十五”期间，省中心从加强基础建设入手，制定了包括站点、销售员、业主的一系列管理规定，完善了对销售点、销售人员的考核制度、奖惩制度，以强化服务质量，提升销量。针对2005年新成立的专管员队伍，省中心制定了《江苏省电脑体育彩票专管员工作考核实施办法》和《江苏省电脑体育彩票专管员工作监督检查实施办法》。2004年、2005年对销售点进行了形象包装，2005年统一销售员的着装，实行挂牌上岗。

3. 完善内部管理，强化服务质量。做好财务工作、确保资金安全一直是江苏体育彩票安全工作的重点之一。为此，除了定期组织财务人员进行培训、交流之外，省体彩中心及时与合作银行落实各项缴款结算工作，在会计核算、财务收支、结算等方面均制定了明晰规范的制度，保障了每年工作的顺利完成。

技术维护是一项重要的体彩日常工作。自2001年起，省体彩中心针对技术维护、终端机维修、数据安全等环节制定了相应的规章制度，并且不断加以完善。2005年，省体彩中心制作了终端机数据快速上传软件，出台了使用管理办法，同时，加强机房管理和设备巡查，积极改进了安全措施。

从2005年12月开始，江苏省体育彩票终端机开始分批切换到热线销售系统。热线切换的成功，不仅让江苏体彩的销售时间得以延长，促进了销量增长，而且实现了通兑，大大方便了彩民购彩和兑奖。

三、江苏福彩“十五”时期市场发展与管理概况

“十五”期间，江苏福利彩票共销售42.44亿元，筹集社会公益金14.85亿元。五年间，江苏福彩从玩法开拓、销售管理、彩票宣传、技术创新、强化服务等方面入手，多措并举，获得了发展。

（一）以市场为导向，积极探索彩票的发展方向

“十五”期间，江苏福利彩票确立了以电脑彩票为主力，以即开彩票和中福在线为两翼，三管齐下，全面发展的思路。

电脑福彩发行之初，由于对彩票市场把握不准，省福利彩票发行中心在如何提高彩票销量上存在着误区，致使彩票销售工作走了一些弯路。在调整思路，充分调研与分析之后，省福彩中心决定在玩法上

以培育、调整、补充为主，并通过延长销售时间、增加开奖频次、开展多种促销活动等措施，顺利渡过了玩法调整期，使彩票销售得以稳步增长。据统计，“十五”期间，全省福彩投注机数由2 292台上升至3 720台，单机年平均销量由21.7万元上升至39.3万元，周销量由1 000万元上升至3 117万元。累计销售电脑福利彩票34.17亿元，产生各类奖项7 601.7万注，其中奖金10万元以上的522注，百万元以上的118注，500万元以上的45注。

2004年4月，依托电脑票投注站点进行销售的新型网点即开票（又称刮刮乐）首先在南京试点销售。这是一种利用二维条码技术、用激光扫描设备进行销售和兑奖的即开票。它杜绝了伪票的产生，有效地维护了彩票发行部门的信誉和彩民的利益。南京市选择了60个市口较好、懂宣传、会营销的电脑票投注站点作为首批站点进行试点销售。截至2005年12月底，全省13个市共有1 251个站点开通销售新型网点即开票。

中福在线即开型彩票是一种新型视频彩票。2005年3月，江苏省第一个中福在线销售大厅南京夫子庙销售厅开业，开业首日销量达到1.5万元。同年底，连云港、徐州、泰州、无锡、常州、盐城、扬州、宜兴、江都等地也有13个销售大厅相继建成并开业，销量稳步上升。截至2005年12月底，全省有中福在线投注机289台，共销售中福在线0.25亿元，日均销量15.6万元。

（二）夯实管理基础，确保福彩安全有效运行

“十五”期间，江苏福彩始终坚持“一手抓发行，一手抓管理”的方针，建立并完善了一系列规章制度。于2005年开展了ISO9001质量认证工作，并在该年度完成了培训和编写各层次文件等工作。对销售站点，本着“整顿、调整、巩固、提高”的工作思路，对全省月销量在4 000元以下的站点进行了清理整顿。同时要求各市实行分片包干销售站点的管理制度，变“等待上门”为“服务上门”，变“单纯性管理”为“指导性服务”。为加强对福彩销售资金的管理，省福彩中心两次开展了对全省投注站销售款的清理工作，两次对缴款方式进行了改革，到2005年12月1日正式实行投注站实时预缴款制度，保证了销售资金的安全。

（三）引进先进技术，开辟福利彩票新的销售途径

为提高彩票销量，省福彩中心进行了一系列的技术升级改造工作。一是实现“一机多彩”。二是相继开通了复式投注、胆拖投注和包号投注等，增加了玩法的娱乐性和趣味性。三是积极改进销售系统，实行在线销售。四是推出了手机投注。2005年3月18日，江苏福彩与江苏移动合作，在江苏地区率先推出了手机投注。首批开通手机投注的有南京、南通、盐城、镇江四市，使足不出户就能玩彩成为现实。

（四）加大宣传力度，提升福利彩票品牌形象

五年来，江苏以报纸、电视、电台、江苏福彩网为载体，有计划、分层次、有侧重地对福利彩票进行宣传。除对玩法、投注技巧、中奖花絮、资金使用等进行不间断的报道宣传外，还通过开展一些互动性的活动，让福彩与彩民零距离接触。

此外，为了让福利彩票“扶老、助残、救孤、济困”的宗旨深入人心，省市

福利彩票发行中心还配合省民政厅开展一系列公益活动来宣传福彩。“十五”期间，在全省开展了“福彩百万送温暖活动”、“爱心助才行动”、“福利彩票爱心环省行动”等，并在2001年6月制作近600把遮阳伞，投放到南京、南通、常州、泰州、宿迁等地市民广场、公园等处。同年8月，又为南京28条线路的1 000辆公交车安装了窗帘，为炎热中的乘客送去了凉爽。一个个爱心行动，一次次福彩善举唤来了广大群众对福彩的关心与支持。

（江苏省财政厅综合处供稿，王少祥执笔）

浙 江 省

“十五”时期是浙江省彩票市场逐步走向成熟的时期，是浙江省彩票销量稳步提升的时期，是浙江省彩民队伍不断扩大的时期。“十五”的五年，浙江省彩票市场经历了集中销售即开型彩票的辉煌，遭受了“非典”疫情对彩票市场的打击，受到西安“宝马案”等恶性事件的不利影响，但最终还是迎来了电脑型彩票的迅猛发展，浙江彩票市场以更加积极的姿态迈向“十一五”的新时期。回顾“十五”时期浙江彩票市场的发展历程，有值得总结的经验，也有需改进的不足，对于广大彩票工作者而言，这些在实践中积累起来的认识是宝贵的财富，对其加以分析和总结将有助于“十一五”时期浙江的彩票销售和管理工作。

一、“十五”时期浙江省彩票市场发展基本概况

（一）浙江省彩票销售情况

“十五”期间，浙江省共发行销售彩票121.22亿元。按彩票种类分，其中福利彩票（以下简称福彩）销售43.51亿元，占总量的35.89%；体育彩票（以下简称体彩）销售77.71亿元，占总量的64.11%。按彩票玩法分，即开型彩票销售19.2亿元，占总量的15.84%；电脑型彩票销售102.02亿元，占总量的84.16%。经过五年的发展，浙江彩票市场逐渐形成了以福彩双色球和3D、体彩6+1和排列3等游戏品种为代表的，由全国联网、区域联合、地区特色游戏构成的，涵盖大、中、小盘玩法在内的，各具优势、相互促进、协调发展的彩票销售格局。

（二）浙江省彩票市场建设基本情况

“十五”时期，在浙江省各级政府的领导下，在各级财政部门和彩票发行销售机构的共同努力下，浙江省彩票市场运行安全、平稳、有序，彩票销量逐年平稳增长。彩票机构从抓网点建设入手，不断进行技术改进，切实加强彩票发行销售安全管理，实现了彩票机构有序竞争、彩票销量逐年增长、彩票市场稳健发展的良好局面。

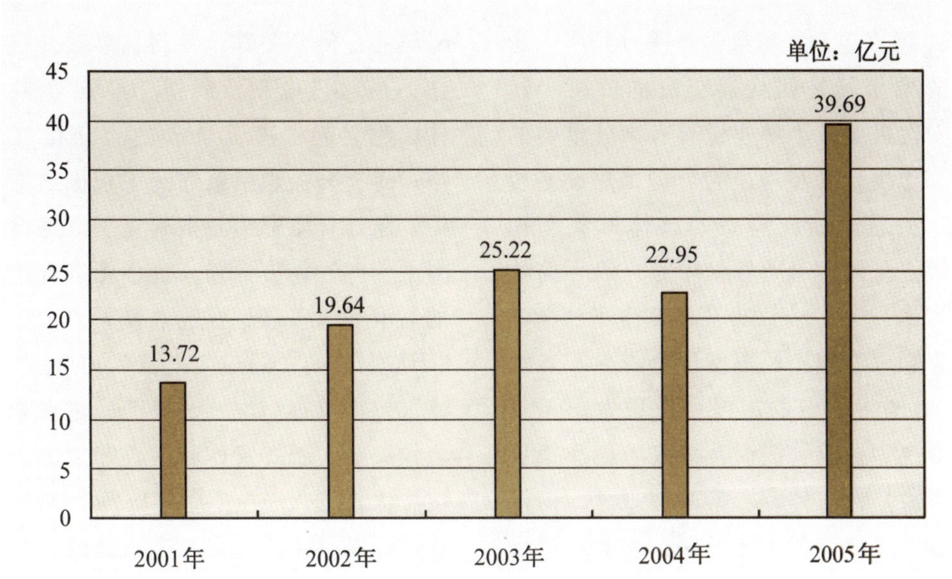

2001—2005 年浙江省彩票年度销售情况图

2001—2005 年浙江省主要游戏品种销量表

单位：亿元

年份	福利彩票				体育彩票					其他福利和体育彩票
	双色球	3D	15 选 5	福彩即开型	6＋1	排列 3	29 选 7	足彩	体彩即开型	
2001 年	0	0	0.61	3.83	4.95	0	1.33	0.63	1.35	1.02
2002 年	0	0	1.38	3.5	6.99	0	2.51	3.09	1.75	0.42
2003 年	1.2	0	1.4	5.23	7.75	0	1.79	3.67	1.99	2.19
2004 年	4.58	0.33	1.9	0.46	8.01	0.079	1.01	2.56	1.02	3.001
2005 年	7.57	5.35	1.82	0.05	12.18	6.87	0.99	2.06	0.02	2.78
合　计	13.35	5.68	7.11	13.07	39.88	6.949	7.63	12.01	6.13	9.411
比　重	11%	5%	6%	11%	32%	6%	6%	10%	5%	8%

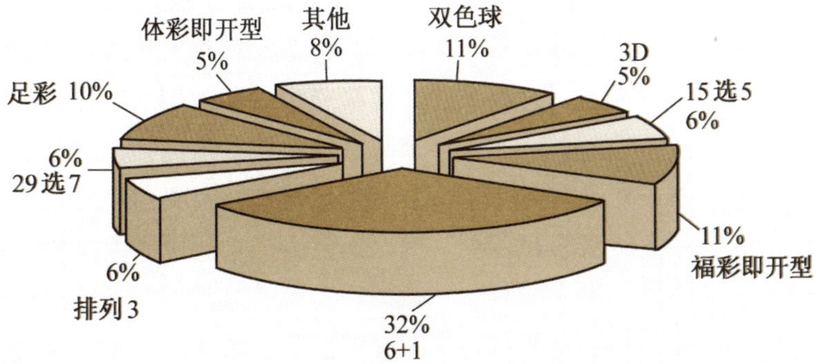

2001—2005 年浙江省主要游戏品种市场份额图

1. 网点建设。彩票销售网点是广大彩民和彩票市场之间沟通交流的桥梁和纽带，对促进彩票市场建设具有十分重要的意义和作用，其布局是否合理，建设是否规范，关系到浙江彩票的整体形象和销量。浙江省体育彩票管理中心（以下简称浙江省体彩中心）于2004年制定了《浙江省体育彩票管理中心电脑体育彩票布点规范》，对销售站点的申报和设置做出了具体的规定和要求。同时，为改善体彩销售网点形象，树立体育彩票品牌观念，浙江省体彩中心还详细制定了网点视觉形象设计及包装细则和方案，印制了《浙江省体育彩票销售网点形象手册》，在浙江省范围内以专营店、准专营店、店中店和柜机点四类形式对网点进行宣传包装，既考虑个体差异，又保证了整体形象统一，达到了聚集人气、提升销量、树立品牌的目的。浙江省福利彩票发行中心（以下简称浙江省福彩中心）在重视城市设点的同时，还大力在农村富裕乡镇以福利彩票专卖店、俱乐部和兼营店等形式广泛设点，方便了城市和农村彩民就近购买彩票。据统计，“十五”期间，浙江省体育彩票销售网点从2001年的800个增加到2005年的1 650个，福利彩票销售网点从2001年的777个增加到2005年的3 051个，这些网点基本覆盖了全省范围。

2. 对外宣传。做好彩票的对外宣传工作，是稳定现有彩民队伍和发展新彩民的有效途径，也是树立彩票形象、提升彩票销量的重要手段。浙江省福彩中心坚持以“扶老、助残、救孤、济困”为发行宗旨，形成系统内和系统外宣传的格局，成立了专门的宣传公关部，专门从事对外宣传工作，并通过电视、广播、报刊等多种媒体，建立起了覆盖全省的大众化宣传网络，对提升福彩销量起到了积极的推动作用。浙江省体彩中心则确立了以媒体合作为主，广告宣传为辅，整合所有宣传资源的宣传思路，以提升体育彩票的品牌。“十五”期间，通过与浙江省内30多家媒体（包括电视、电台、报纸）建立紧密的合作关系，浙江省体彩中心陆续推出了各玩法大派送及6+1周年庆等系列促销活动，并以召开新闻记者座谈会的形式加强媒体宣传，效果明显。同时，还精心策划和运作了相关玩法上市的重大题材宣传。通过对这些活动和题材的策划，以及电视开奖节目、专题节目，电台专题节目，报纸新闻专版、中奖公告，销售点张贴海报，浙江体彩网的网上信息宣传，加上部分报纸、电视、电台的广告宣传，全方位、立体式、多渠道的宣传手段使浙江体彩销量由2001年的8.26亿元增加到2005年的23.65亿元，增长186.3%，步入了快速发展的新阶段。

3. 技术进步。“工欲善其事，必先利其器”。不断做好技术进步工作对于保障彩票的安全发行具有十分重要的作用。浙江省福彩中心于2003年引进了全热线实时销售系统，该系统的投入运行，实现了全省各销售网点的通买通兑，延长了销售时间，而且由于全热线实时销售系统的每笔数据都实时传送到中心机房认证，因此，不会产生数据丢失的现象，保障了彩民的投注权益。此外，为进一步拓展发展空间，浙江省福彩中心还投入相当的资金购置了大容量的服务器，根据市场的变化，升级了投注机的软件，由原来的 DOS 系统升级成 LINUX 系统，并新增倍投功能，为下一步增加网点和游戏品种奠定了基础，提升了福利彩票销售系统的技术保障能力。浙江省体彩中心则通过进行软件的结构性更新、配置高性能的计算机服务器等技术措施，提高了整个体育彩票销售系统平台的技术性能。2006 年年初，省体彩中心也完成了电脑体育彩票销售系统的热线改造。至此，浙江省彩票销售系统全部完成了全热线改造，彩票销售更加安全、快捷、方便，也为浙江彩票的进一步快速发展打下了坚实的技术基础。

4. 安全管理。彩票安全发行是彩票事业发展的生命线，做好安全管理工作对于彩票市场的健康可持续发展具有十分重要的意义和作用。为保障彩票的安全发行，浙江省体彩中心建立和完善了一系列安全规章制度和操作规范，把安全责任落实到人，并不断强化职工以预防为主的责任安全意识，同时，建立健全各类应急预案，防患于未然。浙江省福彩中心则先后出台了《大奖组安全处置预案》、《关于加强大奖组安全销售工作的紧急通知》、《浙江省即开票发行应急事件处置预案》、《中福在线销售大厅突发事件应急预案》、《关于加强安全工作的通知》等一系列安全管理方面的文件，重点加强了机房、开奖现场的安全管理，规范操作流程，实行部门以上领导值班制度。同时还加强同金融单位的工作联系和配合，由银行负责兑付中奖奖金，保证了彩票资金的安全。由于措施有力，责任到人，浙江省福彩中心近年来实现了彩票的安全无事故发行。

二、“十五”时期浙江省彩票市场管理概况

(一) 彩票管理制度建设基本情况

自 2000 年正式接手彩票监管工作以来，浙江省财政厅始终把彩票管理制度建设作为加强彩票监管工作的基础和前提来抓，经过几年的努力，已基本建立起了一套较为完善的彩票管理方面的规章制度，确保浙江省彩票管理工作有章可循。

1. 加强彩票市场管理方面的制度建设，以制度规范彩票监管工作。自 2000 年财政部《关于接收彩票监管职能有关事项的通知》下发后，浙江省财政厅转发了财政部的文件并对浙江的彩票监管工作提出了明确而具体的要求，为以后的彩票监管工作指明了方向。2003 年，浙江省财政厅出台了《关于规范即开型彩票销售管理的通知》，对即开型彩票的销售计划审批、方案申报、票券调拨、对外宣传等各环节做出明确规定，确保了浙江省即开型彩票发行的安全有序。2003 年，针对以非法六合彩、赌球等形式进行的赌博活动在浙江省内又有所抬头的情况，浙江省财政厅联合公安、工商、民政、体育等部门成立了工作小组，下基层进行实地调研，并及时转发了国家有关部门《关于坚决打击赌博活动大力整顿彩票市场秩序的通知》，对在浙江省内有效打击各种形式的非法彩票活动，保护国家彩票市场正常秩序做出了全面的部署。2004 年财政部下发了《关于暂停集中销售即开型彩票的通知》，浙江省财政厅根据通知要求，及时布置省级彩票销售机构和各地财政部门对即开型彩票市场进行全面清理整顿，并将清理情况以

《关于贯彻落实财政部〈关于2004年全国集中销售即开型彩票清查情况的通报〉的通知》下发，给浙江的集中销售即开型彩票工作划上了一个圆满的句号。近年来，为积极扶持浙江的彩票事业发展，浙江省财政厅还先后出台了《关于同意数字传统型5位数电脑福利彩票上市销售的复函》、《关于同意20选5组合型电脑体育彩票上市销售的通知》、《关于同意“数字3”电脑福利彩票上市销售的复函》和《关于同意“排列3”电脑体育彩票上市销售和停止销售“东方金银球”玩法的复函》等一系列批准新玩法上市销售的文件，有助于建立满足不同社会阶层、不同购彩需求的合理的游戏品种格局，提升了浙江省彩票总体销量，为浙江省彩票事业的可持续发展奠定了基础。

2. 加强彩票资金及彩票机构财务方面的制度建设，以制度确保资金运作安全。2000年，浙江省财政厅接手彩票监管工作不久，为准确了解两家省级彩票机构的财务情况，做到心中有数，为以后的财务管理工作提供依据，即委托会计师事务所对两家省级彩票机构进行审计，并对发现的有关问题提出了整改要求；2002年，为加强对彩票机构财务及彩票资金监管，浙江省财政厅又结合浙江省实际转发了财政部《关于加强和完善彩票机构财务及彩票资金管理的通知》；2005年，为进一步规范彩票发行和销售机构财务行为，全面掌握“十五”期间彩票机构财务运行情况，浙江省财政厅又委托会计师事务所对两家省级彩票机构近年来的财务收支情况进行了审计，对有关问题提出了整改意见和要求，并形成了《关于对省福利彩票管理中心财务检查中有关问题整改意见的通知》和《关于对省体育彩票管理中心财务检查中有关问题整改意见的通知》；浙江省财政厅还积极指导彩票机构做好内部财务制度建设，建立健全内部管理制度，制定了会计人员内部岗位责任制度、单位内部报销管理制度、政府采购审批制度、固定资产管理办法、销售管理站兑奖的流程及要求等。

（二）彩票公益金管理基本情况

“十五”期间，浙江省共筹集彩票公益金41.65亿元。其中福利彩票公益金14.96亿元，体育彩票公益金26.69亿元；上缴中央21.35亿元，本省留用20.3亿元，支出共计17.37亿元。

彩票公益金管理是彩票监管工作中一项十分重要的工作，自从2000年接手彩票监管工作以来，浙江省财政厅一直在探索如何改进和提高对彩票公益金管理工作的有效管理方式和做法，经过几年的实践，逐步形成了三点共识：一是制度建设要先行，制度是管理的保证，没有完善的彩票公益金管理制度，加强管理就只是一句空话；二是资金管理要加强，资金管理是彩票公益金管理的核心和重点，必须高度重视；三是项目管理要规范，随着彩票公益金资助项目的不断增多，加强对项目的管理显得日渐重要，这也逐渐成为了对公益金管理的一项延伸管理内容，而且随着彩票公益金数额和受资助领域的不断扩大，这项工作会显得越来越重要。

1. 制度建设。健全的彩票公益金管理制度是加强和规范彩票公益金管理的基础和前提。浙江省财政厅在彩票公益金管理方面先后出台了《浙江省用于青少年校外活动场所建设的彩票公益金使用管理办法》、《浙江省福利彩票公益金使用管理暂行办法》、《浙江省体育彩票公益金资助扶贫项目资金管理暂行办法》等一系列规范性制度，为用于民政、体育等方面的公益金管理工作提供了政策依据，有利于从制度源头上规范公益金管理。

2. 资金管理。随着彩票公益金规模的不断扩大，如何提高彩票公益金使用的科学性、合理性、透明性，就成了加强和规范彩票公益金管理的关键，浙江省财政厅主要从四方面着手进行管理。一是要求各公益金使用部门认真细致地编制公益金年度使用计划（预算），对公益金实行总量控制、合理分配；二是要求彩票发行销售机构严格按照财政部《彩票发行与销售机构财务管理办法》的有关规定，按时、足额将彩票公益金上缴财政专户；三是及时会同民政、体育部门根据实际情况，确定彩票公益金年度省、市（县）资金分配比例，为资金的及早结算创造条件；四是根据彩票公益金资金分配方案，通过财政专户系统及时地进行彩票公益金的上解下拨和资金核算等工作。

3. 项目管理。随着彩票公益金资助项目的不断增多，加强项目管理成为彩票公益金管理的一项十分重要的内容。在这方面浙江省财政厅主要做了三项工作：一是出台了彩票公益金项目管理方面的一系列文件，明确了项目申报程序、申报材料、项目资金的拨付等内容。二是在程序上进行规范，事前把好项目申报关，各级财政综合部门对有关公益金项目申请的相关材料进行认真的审核；事中把好项目论证关，对公益金项目进行科学的论证，包括系统内部的可行性论证，还有专家论证、实地考察论证等，确保申请项目符合有关文件要求；事后把好项目监督关，建立项目绩效考评和监督检查制度等，督促使用单位切实管好、用好彩票公益金，力求发挥最大社会效益。三是以彩票公益金资助项目为载体，专门安排部分彩票公益金用于制作有“国家彩票公益金资助”字样的标志栏（牌）、公告宣传栏（牌）等，安放于公益金资助的项目周围，让彩民和广大群众切实了解彩票公益金“取之于民，用之于民”的使用原则和宗旨，从而起到更好地宣传彩票、支持彩票的作用。

回首“十五”，浙江的彩票销售和管理工作成绩喜人，令人振奋，展望“十一五”，浙江的彩票销售和管理工作充满希望，值得期待！

（浙江省财政厅综合处供稿，郭昌林、孙继霞、张乐平执笔）

安 徽 省

“十五”期间，在全国彩票市场发育不断加快的背景下，安徽省彩票市场稳步发展，销售规模迈上新台阶，管理制度日益健全，销售技术不断创新，市场监管不断加强，彩票公益金使用效益不断提高，彩票销售和监管工作跃上了一个崭新的平台。

一、彩票销售快速增长

2001年，全省销售彩票5.98亿元，2005年销售19.72亿元，5年间年销售额增加13.74亿元，增长229%，年均增长135%。“十五”期间，全省累计销售彩票46.58亿元，比“九五”期间的总销量增长4.35倍。“十五”时期，安徽初步形成了“以全国玩法为主导、以区域玩法为纽带、以省内玩法为补充”的市场格局。截至“十五”末，已建成覆盖省、市、县、乡镇的电脑销售系统，投注机5 400多台，彩票销售网络基本形成。

二、管理制度日益健全

2001年，《国务院关于进一步规范彩票管理的通知》发布后，安徽省按照财政部要求，结合实际制定了彩票机构月报制度、收支计划预决算制度、电脑彩票安全监管定期报告制度等，从彩票资金和机构财务管理，以及市场安全和风险控制等方面，用制度加以规范，推动了彩票市场的发育。同时，彩票机构不断加强内部管理制度建设，相继建立了网点缴款实时人工监控制度、电脑福利彩票注销票管理制度、机房值班和交接班制度、机房安全制度等，规范操作行为，确保安全运营。

三、销售手段不断创新

一是彩票销售手段从手工操作发展到电脑销售，电脑销售系统又从离线系统升级到全热线系统；开奖方式由手工开奖发展到电子开奖，彩票销售的安全性和透明度日益提高。市场的发育催生着技术创新，技术创新又进一步加快了彩票市场发育的进程。二是分别开通了安徽福彩和安徽体彩网站，搭建网络宣传平台，利用网站宣传彩票游戏玩法，树立品牌形象，进一步提高销量。三是加强与媒体合作，利用电视台、电台、报纸专刊等，广泛宣传彩票知识，激发彩民购买欲望。四是组建彩票协会，发展民间团体组织，培养稳定的彩民群体，拓宽发展空间。

四、市场监管不断加强

“十五”时期，安徽省积极采取措施，不断加大彩票市场监管力度，规范彩票市场行为。

2001年，安徽组织开展了全省彩票发行和公益金上缴财政专户情况调查，建立了彩票销售和兑奖情况月报制度，不定期检查彩票机构开奖摇奖器具及数据安全管理防范措施，堵塞管理漏洞，杜绝事故隐患。

2002年，以贯彻落实《彩票发行与销售管理暂行规定》为重点，对彩票机构的彩票游戏规则、发行销售方式、新增游戏玩法及开展的促销活动，均报财政部审核批准。统一取消了所有设立奖池的彩票品种的保底奖金，严格审批即开型彩票发行销售额度，规范销售行为。

2003年，以强化彩票管理基础工作为重点，抓基础，保安全，促发行。坚持“培育彩票市场，避免恶性竞争”的原则，严格即开型彩票销售审核程序，避免在同一地区同时发行两种即开型彩票，减少发行过程中的不安定因素。支持彩票机构进行技术改造，支持彩票机构将网点布局由市、县延伸至乡、镇，开拓农村市场，协调解决了彩票机构在网点设置和调整上发生的一些分歧，引入市场机制实现网点资源的优化配置。

2004年，以加强彩票安全管理、维护国家彩票公信力为重点，建立了即开型彩票分季度轮流销售制度，电脑型彩票安全监管定期报告和不定期抽查制度，对全年集中销售的即开型彩票销售情况进行了全面清理和检查，逐一核查登记即开型彩票的库存票，不定期检查电脑系统销售彩票数据和开奖安全管理情况。

2005年，财政部门及时化解彩票机构之间恶性竞争的隐患，明确了“正面宣传，合规宣传，宣传自己，互不诋毁”的宣传原则。支持彩票机构发行“中福在线”即开型彩票，丰富彩票游戏玩法，扩大彩票发行规模。同时，每年会同公安、工商、文化、广电等有关部门组织查处违规变相发行彩票行为，维护彩票市场的正常经营秩序。

五、彩票公益金管理使用效益不断提高

一是按照财政部规定，自2002年6月份开始，全省的彩票公益金通过省级财政专户统一归集、分配，按照“收支两条线”的规定，实行收支预算管理。二是理顺了即开型彩票的公益金的财务管理关系，制定了《关于调整即开型彩票公益金缴拨方式的通知》，规定了即开型规模销售彩票的公益金由市级彩票机构统一集中，即开型网点销售彩票的公益金由省级彩票机构统一集中。三是适应省直管县财政体制要求，彩票公益金直接下拨市、县财政专户，提高资金使用效益。四是加强公益金项目管理，对重大支出项目实行跟踪检查，保障彩票公益金用于社会公益事业。

“十五”期间，全省筹集公益金8亿多元，有力地支持了社会事业的发展。体育彩票公益金紧紧围绕“全民健身计划”和“奥运争光计划”，实施了全民健身路径工程、青少年体育俱乐部工程、晨晚练点示范工程、全民健身活动中心、国民体质监测工程等一批亟需建设的体育项目。新建和改扩建了一大批体育场馆和训练基地，更新了体育设施，改善了运动员住宿条件，弥补了政府财政对体育事业直接投入的不足。福利彩票公益金重点支持了残疾人事业、农村医疗救助、城市医疗救助等。据民政部门提供的数据，仅2002—2004年，全省利用公益金建成1 277个“星光老人之家”，48所农村敬老院，为189名孤残儿童实施了矫治康复手术，为2 000名肢残人员购置了轮椅，资助了300名贫困大学生。除此之外，“十五”末期按照国家的统一部署，彩票公益金又加大了向青少年校外活动场所建设项目的投入。

回顾“十五”期间安徽省彩票的发展历程，其间积累了许多宝贵的经验，概括起来就是：形象求善、技术求新、管理求严的稳健发展方式；公益性、群众性、娱乐性有机统一的特色发展之路；善待彩民、亲民善举的人文发展观念；公平、公正、公开、公信相融合的市场开拓理念；政纪严明、监督严格、管理精细的体制创新。这些发展思路和实践经验，为安徽在新的平台上争取更大的飞跃打下了良好的基础。

（安徽省财政厅综合处供稿，邵勋、李燕执笔）

福　建　省

一、彩票销售情况

“十五”期间，福建共销售彩票133.53亿元，比“九五”期间的29.47亿元增加104.06亿元，增长353.10%。其中体育彩票销售109.12亿元，比“九五”期间的15.94亿元增加93.18亿元，增长584.57%，实现了福建彩市历史性的突破。其中2001年至2004年连续四年销售量名列全国前二。五年间体育彩票共诞生523注百万元大奖，其中500万元大奖占209注。福利彩票“十五”期间销售24.41亿元，比“九五”期间的13.53亿元增加10.88亿元，增长80.41%。“十五”期间，体育彩票和福利彩票在福建彩票市场上所占份额分别为：81.72%和18.28%。

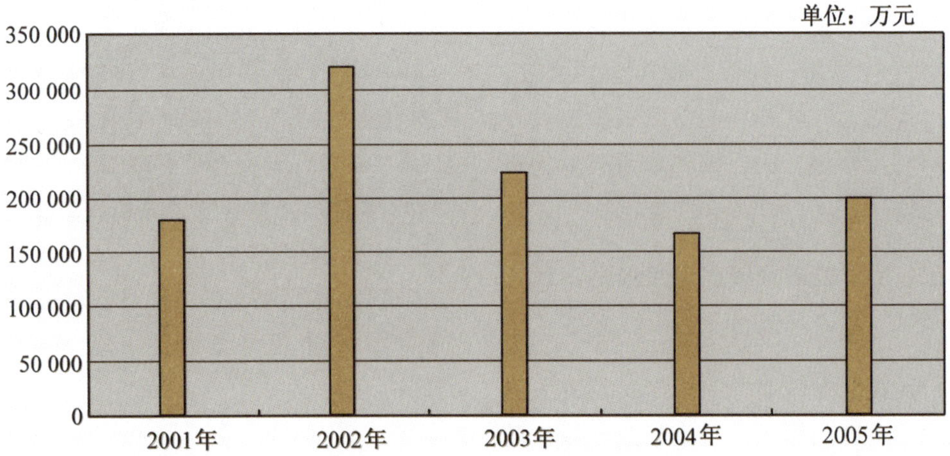

福建省体育彩票2001—2005年销量图

二、彩票市场管理情况

（一）体育彩票机构管理情况

“十五”期间，是福建省体育彩票相对高速发展的阶段，福建体彩中心连续五年荣获“全国体育彩票工作先进单位”称号。与此同时，福建体彩中心在强化品牌意识、注重队伍建设、着力玩法创新、加大有效宣传和推进规范管理等方面都取得了长足进步。

1. 健全制度，加强宣传，确保各项工作安全有序地进行。

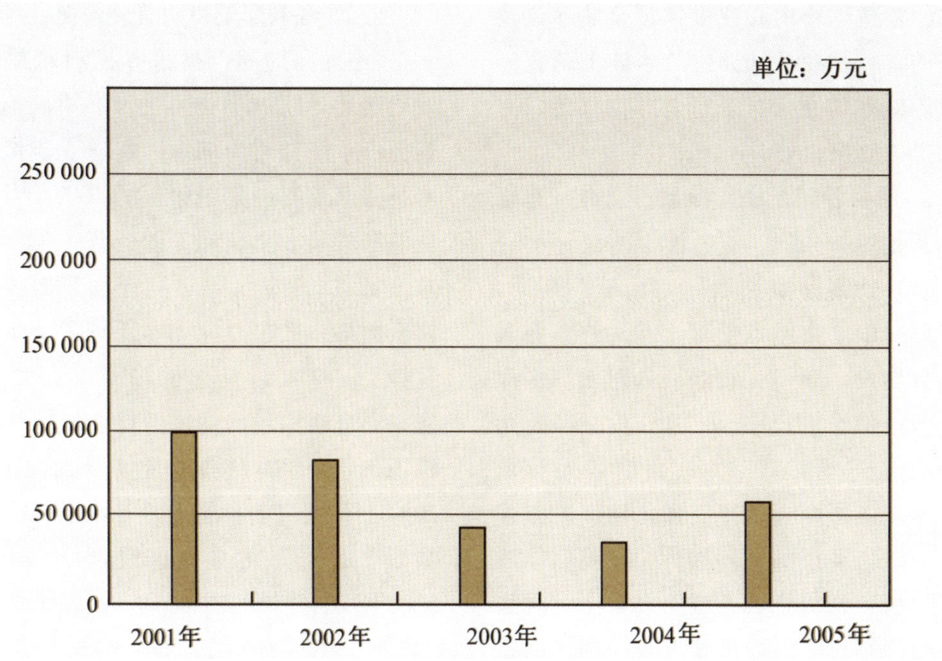

福建省福利彩票 2001—2005 年销量图

（1）建立健全规章制度。"十五"期间，福建体彩中心不断完善规章制度，先后出台了《关于当前技术与设备管理的若干规定》、《福建省体育彩票管理中心分中心管理补充规定》、《关于成立突发事件应急工作小组和建立突发事件报告制度的工作实施意见》等制度。

（2）密切关注彩民心声。"十五"期间，福建体彩中心从大处着眼，小处着手，制定相关"密切关注彩民心声"的措施，注意广开言路，通过发放征求意见表，多方听取意见，密切关注彩民心声。制定并细化了一系列便民措施。在福建经济广播电台开通"体彩摇奖号码现场报号"节目，开通福建体彩开奖号码短信定制，让彩民能够在第一时间收到福建体彩的开奖号码；免费为彩民提供每天两版（周末四版）的"体彩快讯"宣传单，让彩民能够及时了解最新资讯。

（3）全力出台各项促销政策。在"十五"期间，福建体彩中心及时调整和出台相关玩法及促销政策。先后推出中盘玩法 31 选 7 全国联销的足球彩票小盘 22 选 5 全国联销的七星彩、排列 3 和篮球彩票，又分别对福建省主打玩法 31 选 7 和 36 选 7 玩法的游戏规则进行了调整，增设幸运奖，同时还每年对 36 选 7、31 选 7 和 22 选 5 玩法开展促销活动等。

（4）制定站点奖励政策。福建体彩中心分别在 2004 年和 2005 期间，开展"奖励中得百万以上大奖站点"的活动，即对每票中 100 万元以上大奖的销售站给予 5 000元至 2 万元不等的奖励，大大激发了一线站点负责人和销售人员的营销斗志，极大刺激了福建体彩各玩法的销量上涨。

（5）宣传渠道全面开花。在"十五"

期间，福建体彩中心注重体彩公益形象及品牌的宣传，在各种介质的媒体上结合体彩阶段性宣传重点，进行全方位宣传，立体造势，效果显著。

2. 严格管理，提升形象，全力打造福建体彩品牌。

(1) 加强网点建设。“十五”期间，福建体彩中心在站点管理上，从两方面入手进行建设。第一，站点形象建设。多次对全省销售站进行整改，并作为一项长期重点工作进行。第二，站点销售人员培训。福建体彩中心坚持用强化培训的方式来巩固销售队伍的营销能力，在确保本地传统玩法营销培训的基础上，对全国玩法进行重点培训。还注重培养分中心培训人员，再由这些人下站点小规模巡回讲课，并将培训教材免费发放全省销售站。

(2) 强化工作人员的素质。在“十五”期间，福建体彩中心对中心的工作人员进行了一系列培训和考核。中心制定了《福建省体育彩票管理中心管理制度汇编》和《福建省体育彩票管理中心分中心管理补充规定》，要求工作人员要以全心全意为站点和彩民服务的理念为指导，做好站点管理与服务工作。

(3) 制定系列摇奖设备安全管理制度。“十五”期间，福建体彩中心专门增设摇奖彩球室，并由2人专门管理：定期进行维护保养，开奖前开机运行检测，确保摇奖机在摇奖过程中运行稳定；实行一门三锁，单人单锁、两人共同开锁的严格制度；保证在开奖前由两位公证人员检查摇奖球三项指标。另外还完成了福建体彩中心电房双回路改造工程，有力地保证了体彩大楼办公与摇奖用电，消除安全隐患。

（二）福利彩票机构管理情况

“十五”期间，福建省福利彩票事业发展迅猛。以2001年1月9日电脑福利彩票销售系统开通为标志，实现了计算机技术条件下福利彩票销售额的腾飞，当年销售电脑彩票6.9亿元、即开票1.11亿元，总销量（8.1亿元）名列全国第四位，增幅全国第一；2002年基本保持了上年的良好势头，全年销量达6.75亿。2003年福建福彩遭遇市场滑坡，销售点出现大量退机现象，全年电脑票销量仅为2.08亿元。2004年，通过多种努力，基本上解除了电脑票“崩盘”的危机，销量止跌转稳。2005年，电脑票稳中有升，周销量回弹到600万—800万元间，加上中福在线试点的成功，年度总销量实现比上年翻番。

1. 成功地创建了覆盖全省城乡的电脑彩票销售系统。

2000年以前，福建省的福利彩票主要以即开型大奖组销售为主。2000年上半年，省民政厅领导抓住全国电脑福利彩票市场启动的契机，做出开通电脑票的重大决策。到2001年底，全省福彩的电脑投注站点已经扩展到2 600多个，覆盖了全省大部分乡镇。2003年遭遇市场危机，出现大面积站点退机现象，通过种种努力，到2005年底，站点数保持在1 250台左右。经过5年的时间，整个电脑销售网络整体运行情况良好，符合网络安全要求，其间2003年4月还开发了手机投注方式，2004年底系统升级为全热线系统。

2005年4月25日，全省第一个中福在线销售厅在省福彩中心大楼试点运行，一周后，单厅销量跃居全国第一，从而推动了视频彩票在福建的迅速发展。

2. 以市场为导向，建设有福建特色的销售管理体制。

随着电脑福利彩票系统的顺利运行，省福彩中心根据市场发展的需要，实行了一体化的垂直管理模式，按一级核算、二级机构、三级管理的架构重新组建发行管理体制。在明确管理制度的基础上，实行动态的定岗定员制度，科学而灵活地设置内部机构和岗位数额，并以此为基础实行工效挂钩的分配制度。通过订立和完善一系列的规章制度，加强了各地管理站的分级管理，并向片长和小组长延伸管理，使整个销售系统指挥有效、政令畅通。

五年来，省福彩中心坚持加强对基层销售网点的管理和服务。在管理方面实行严管重罚，只要站点出现违规行为，就一查到底，并对照规章制度实行关机、罚款、通报直至取消销售资格。通过抓好常规性检查和突击性抽查，落实投诉反馈制度，确实把系统的监督机制运作起来。在服务方面，省中心为基层站点和彩民提供多层次综合服务：免费向站点提供各种走势图、报纸、优化组合软件等，邀请全国福彩营销讲师团高级讲师到省内各地讲课，提升站点的营销水平，提高销售员的整体素质。

3. 树立一个体现爱心宗旨的福彩品牌形象。

在营销策划上，省福彩中心有一个始终明确的思路：打造福彩品牌。结合公益金的使用，中心每年都推出多项"爱心救助工程"系列活动，在群众中引起很大反响。省中心联合强势媒体，加大了福彩爱心宗旨的宣传力度。与《海峡都市报》、《福州晚报》、《东南快报》、《福建经济快报》、《福建日报》、《福建工商时报》、《海峡周报》、《东南早报》以及各地市报纸都有或紧密或松散的合作，在东南电视台《记者行动》、福建电视台《九点看财经》、《福建新闻联播》等栏目适时播出福彩新闻数百条、大小电视专题片近百部（集）。

4. 进一步加强资金管理，逐步建立起一套完备的人、财、物管理制度。

2001 年起，福建福彩中心实行了一级核算的财务管理制度。为规范财务管理，出台了《管理站财务结算办法》、《投注站财务管理办法》、《办公费用管理暂行规定》、《经费开支审批程序》、《电脑票票据处理办法》等财务规章制度，还全面实行了会计电算化对审计中发现的一些问题，积极采取整改措施。一是从 2001 年 5 月起，实行全员聘用制，以岗定员，以才定位，同时配合以定期不定期的人员考核制度，实现人员能上能下，能进能出，合理流动。二是改变原有省、地、县三级彩票发行中心块块管理的格局，建立省中心—市管理站—片组长的垂直管理模式。市管理站站长人选由市民政局推荐，经省中心考核聘用，管理站经费由省中心统一核拨。三是强化成本管理意识。中心万元以上物品的采购均由中心招标小组货比三家确定。对管理站的费用实行成本控制，由难以控制的实报实销报账制改为按机台数和销量下拨经费。同时建立中心财务内控制度，控制日常开支。

（三）财政部门监管情况

1. 彩票市场监管情况。

"十五"期间，省财政部门认真贯彻落实国务院和财政部有关彩票管理的法规、规章，全面强化彩票监管职能，认真履行各项监管职责，不断完善彩票管理制度，以确保彩票市场的健康有序发展。

一是监督彩票机构严格执行财政部批准的游戏规则及发行销售方式，严格审批具体销售实施方案。积极支持两家彩票机构大力开发彩票市场，对彩票机构上报的各种彩票游戏规则和发行销售方式进行认真审核，及时转报财政部审批；适时调整设奖方案，按规定核准动用调节基金开展阶段性派奖促销活动；加强对即开型彩票销售的管理，对彩票机构彩票领用、库存、销售收入、返奖、资金上缴等情况进行不定期检查，并深入即开型彩票销售现场进行监督检查，发现问题及时予以纠正和解决。

二是加强对彩票市场竞争秩序的监督和管理，严格规范彩票机构行为，及时制止彩票机构擅自销售新品种等违规行为，及时查处彩票机构在彩票宣传和信息发布上的违规行为。根据财政部和公安部通知精神，会同省公安厅联合部署在全省范围内开展打击地下六合彩以及赌球等违法犯罪的专项治理行动，维护彩票市场的正常秩序。督促彩票机构制定科学严格的电脑彩票销售数据和开奖安全的管理操作规程，经常深入彩票摇奖现场，对开奖过程进行随机现场检查，保证电脑彩票销售的公正和安全，维护国家彩票的公信力，促进彩票市场健康发展。

三是认真研究彩票发行销售管理中出现的新情况、新问题，积极探索彩票管理体制改革。在深入调查研究、广泛征求意见的基础上，提出了彩票管理体制改革的思路和意见，并上报省政府，希望能通过改革真正实现“部门彩票”向“政府彩票”的转变。

2. 彩票资金管理情况。

“十五”期间，福建财政部门根据国家有关规定，结合本省实际，逐步建立并完善了彩票资金管理制度。

一是根据国务院和财政部有关彩票管理法规，起草制定了《福建省彩票公益金管理暂行办法》，建立公益金独立预决算体系，全面实行彩票资金的“收支两条线”管理。销售彩票所筹集的公益金，实行省级统管，统一由省级彩票机构集中缴入省级财政专户，由财政综合部门负责切块分配。彩票发行费实行分级管理：全省联网的电脑型彩票发行费实行省级统管，即开型彩票发行费实行分级管理。财政部门负责作好彩票公益金的解缴入库、切块分配、资金拨付等工作，并对彩票发行费和公益金使用情况进行监督管理和检查。

二是强化彩票机构的财务管理。根据《彩票发行与销售机构财务管理办法》和现行有关财务制度规定，制定下发了《关于进一步加强彩票销售机构财务管理的通知》。对彩票机构的日常公用支出实行费用率和费用总额控制的管理办法，以省级彩票机构为单位，由财政主管部门核定下达日常公用支出费用率和费用总额指标，一年一定。在费用总额控制的前提下，由彩票机构按照有关规定自主安排支出。

三是加强彩票机构人员支出管理。根据国务院、财政部的有关规定精神和省政府领导关于加强彩票资金管理的批示精神，会同省人事厅，对彩票机构现有人员状况及现行工资、奖金、福利等开支情况进行调查摸底，研究制定彩票机构分配制度改革方案，试行工资总额与经济效益指标挂钩的分配办法。在工资总额控制的前提下，由彩票机构自主决定内部收入具体分配方式和方法。

三、彩票公益金使用情况

"十五"期间，全省共筹集彩票公益金45.36亿元，根据中央、省、市、县分成比例，上缴中央彩票公益金24.42亿元，省级留成10.7亿元，返还各市县10.24亿元。其中：体育彩票公益金共筹集37.22亿元，上缴中央20.22亿元，省级留成8.26亿元，返还各市县8.74亿元；福利彩票公益金共筹集8.14亿元，上缴中央4.2亿元，省级留成2.44亿元，返还各市县1.5亿元。

（一）省本级体育彩票公益金使用情况

"十五"期间，省本级体育彩票公益金安排支出6.5亿元，具体项目有：一线运动队伍外出训练比赛经费1.47亿元；体育器材购置0.3亿元；体育科研0.11亿元；训练、比赛奖励经费0.25亿元；体育后备人才培养经费0.4亿元；省运会及其他运动会经费0.3亿元；体育职业技术学院建设经费0.88亿元；举重、皮划艇激流、帆船、女排、游泳等基地建设经费0.63亿元；体育场馆及训练场地维修等经费0.53亿元；省游泳跳水馆、体育馆建设经费0.67亿元；全民健身活动经费0.96亿元。

（二）省本级福利彩票公益金使用情况

"十五"期间，省本级福利彩票公益金安排支出1.53亿元，具体项目有：用于实施"星光计划"项目支出9 324.4万元；用于实施"残疾孤儿手术康复明天计划"支出160.79万元；用于资助优抚、福利事业单位维修、改造支出1 330万元；用于补充农村、城市医疗救助基金和城镇居民低保经费294.45万元；用于省老龄委资助老年人事业支出129.98万元；用于资助省老年人活动中心建设支出3 111.94万元；用于资助"助残工程"及残疾人运动会支出514.16万元；用于开展"福彩圆梦"及献爱心活动支出432.92万元。

（福建省财政厅综合处供稿，涂华旺执笔）

江　西　省

"十五"时期，江西彩票市场快速发展，销售规模不断壮大，管理制度日趋完善，市场监管进一步加强，彩票公益金促进社会公益事业发展成效明显。通过彩票机构的不懈努力，监管等部门的扶助，彩票业越来越多地受到社会的关注，彩票已逐渐成为社会经济生活中的一个重要内容。

一、彩票市场快速成长

2000年江西彩票销售1.21亿元，2005

年销售额为13.37亿元，年销售额净增12.16亿元，增长10倍，年均递增61.67%。“十五”期间，江西累计销售彩票34.98亿元，其中，电脑彩票共销售32.4亿元，年均递增30.68%。“十五”时期止是江西彩票市场的高速发展期，由原来单一的即开型彩票，发展为即开型、数字型、乐透型和竞猜型彩票并存的市场格局，形成本省、全国和区域相结合的多层次游戏体系，建成以省级福利和体育彩票机构为中心的两套电脑彩票销售热线系统，培育和打造出强有力的彩票销售队伍，布设遍及江西范围的电脑彩票销售投注终端机3 600多台，已初步形成覆盖江西境内的多层次、多品种、有竞争、有协作的彩票市场。

二、规章制度进一步健全

“十五”时期，根据《国务院关于进一步规范彩票管理的通知》及财政部制定的彩票发行与销售管理、机构财务管理、彩票市场管理等规定，江西省财政厅从实际出发，及时确定了江西贯彻落实国家规定的相关措施。一是将彩票市场的监管职责纳入各级财政部门，进一步明确财政部门的管理范围和服务内容。二是及时设立财政彩票专户，为清算彩票资金和管好用好专项资金提供必要的保障。三是严格游戏规则变更的审批程序，切实规范彩票机构的销售行为，充分进行市场调研和可行性分析，以使新游戏能更好地适应市场和彩民的需要。四是完善彩票销售和财务报表制度，定期报送彩票销售和资金情况报表，为掌握和研究分析彩票市场及其趋势，强化监管提供依据。五是形成机构经费预、决算申报审批制度，进一步规范机构的资金支出使用，严格按照国家财务会计的规定控制支出标准，防止乱支滥用。六是建立机构间的协调会议制度，不定期地召开座谈会，了解彩票市场动态，分析存在的矛盾和问题，协调解决遇到的难题，不断强化对彩票市场的全程监管。

三、管理体制有效完善

“十五”期间，江西的彩票销售技术不断进步，资金监管逐步完善，管理模式更为切合实际需要，初步形成彩票市场良性发展机制。一是支持省级彩票销售机构建立起覆盖全省的电脑投注彩票的销售系统，并将离线系统改造为热线销售系统，彻底改变了彩票销售手段落后的状况，提高了彩票市场的安全管理水平，也为丰富彩票游戏品种奠定了基础。二是调整彩票销售管理体制，改各地管理的模式为省级彩票机构直接管理，并在各设区市设立分支管理站，既提高了管理效率又节约了管理成本。三是理顺彩票机构财务管理关系，对所有彩票销售分支管理站实行核定支出、省级报账的管理办法。四是改革资金核算形式，对彩票发行费和公益金按照“收支两条线”的原则，实行定期清算、财政专户管理的办法，形成规范、快捷的彩票资金缴拨管理关系。五是建立新的彩票资金结算系统，利用现有银行结算体系，实行全省彩票销售资金实时划款制度，为加强彩票市场的监管和防范资金风险提供了必要的保障。六是切合实际制定彩票公益金的分配办法，积极支持各地社会公益事业的建设，既保证重大项目和重要政策项目的集中建设，又能充分调动各地销售彩票的积极性。

四、市场监管有序规范

“十五”时期，按照国家赋予的职责，财政部门会同民政、体育、公安、工商等部门加强对彩票市场的监管，净化市场环境，促进国家彩票健康持续发展。一是规范彩票机构的销售行为，强化其自律意识，严格审核彩票游戏促销方案，防止恶性竞争，及时制止彩票机构在营销中的各种违规行为，严禁使用不正当手段或办法销售彩票，切实维护彩民的合法权益。二是要求各级监管部门采取有效措施，坚决取缔以各种形式销售的私彩，对所谓的“学生彩票”、“电影彩票”、“猜球游戏”、“二次开奖”等非法彩票，发现一起查处一起，切实堵住非法彩票流入江西彩票市场的途径。三是严厉打击地下六合彩赌博活动。根据国家统一部署，省财政、公安等部门成立了专项治理行动联合协调小组，建立了长效工作机制，相互沟通协调、密切合作、各司其职，充分发挥职能优势，在全省范围内联合开展了多次打击地下六合彩赌博活动的专项行动，依法追究了一批庄家、赌头和为首分子的刑事责任，教育了广大群众，在省际边界的乡镇、农村形成围墙之势，有效地遏制了地下六合彩赌博活动的蔓延势头，维护了社会稳定、政府信誉和国家彩票公信力，促进了国家彩票的健康、有序发展。

五、社会公益事业迅速发展

“十五”期间，江西彩票销售稳步增长，筹集的彩票公益金不断增多，彩票公益金的专项使用和规范管理，为加快社会公益事业及和谐社会的建设发挥着越来越重要的作用。五年间，全省累计筹集彩票公益金 11.93 亿元，年均递增 66.28%。其中，上缴中央财政 6.29 亿元，年均递增 96.18%；省级销售机构累计代扣代缴个人偶然所得税 1.12 亿元。五年间，江西用省级彩票公益金支持了 655 个敬老院的新、扩建，向省慈善总会注入了 1500 万元建立扶贫济困基金，投入了 700 万元用于盲童的复明，安排了 300 万元建设省级救灾物资储备仓库，投入 690 万元用于省级体育运动场馆设施的维修改造，提供了 570 万元资金补助江西承办的全国农民运动会及省内大型体育赛事，投入 1.01 亿元资助了 78 个县（市、区）新建青少年校外教育活动场所，并且每年安排了 500 万元彩票公益金用于农村特困群体的大病医疗救助支出等等，进一步促进了江西各项社会公益事业的统筹发展。

（江西省财政厅综合规划处供稿，舒清执笔）

山 东 省

一、彩票市场销售情况及特点

“十五”期间，山东省共销售彩票194.83亿元，占全国彩票总销量的9%。分类别看，五年间福利彩票销售156.33亿元，占全国福彩总销量的14%；体育彩票销售38.5亿元，占全国体彩总销量的4%；分票种看，电脑型彩票销售187.4亿元，即开型彩票销售7.43亿元。

“十五”期间山东省彩票市场销售的特点：一是彩票销量居于全国前列。“十五”期间，山东省彩票年销售量占当年全国彩票销量的比重在8%—10%之间，平均为9%。其中，2002年是山东省彩票销售量开始快速增长的一年，比上年增长46.3%；2003—2004年，山东省彩票销售市场较为平稳，年销量基本稳定在28.5亿元左右；2005年是山东省彩票市场取得辉煌成绩的一年，销售量比上年增长1.3倍，位居全国第一，占全国总销量的10.3%。二是电脑型彩票拉动彩票市场销售。“十五”期间，山东省电脑型彩票销量占当年山东省彩票总销量的比重在93%—99%之间，年平均为96%；即开型彩票占当年彩票总销量的比重在1%—7%之间，平均为4%。三是福利彩票销售市场占有率高。“十五”期间，山东省福利彩票的市场占有率平均为80%。山东省体育彩票的市场占有率平均为20%。

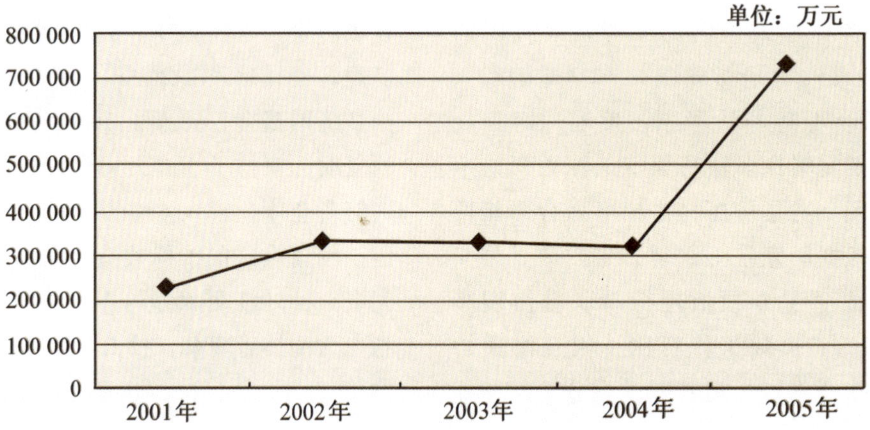

“十五”期间山东省彩票销售情况图

（一）福利彩票市场销售情况及分析

“十五”期间，山东省福利彩票累计销售156.33亿元，各年度销售量分别为

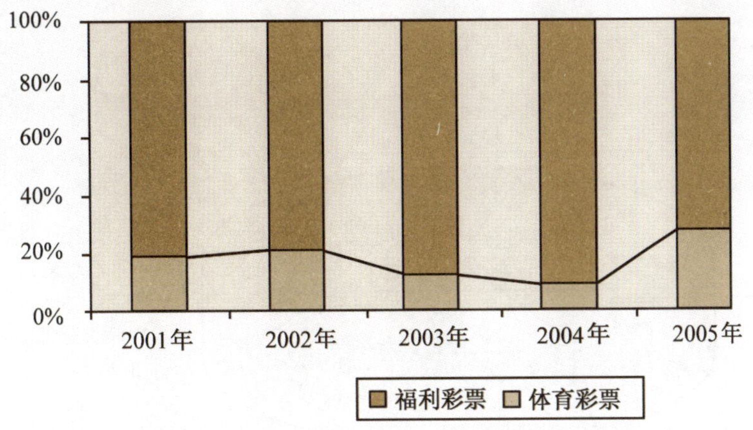

"十五"期间山东省两个彩票机构销售比重图

18.53亿元、26.59亿元、28.81亿元、28.49亿元和53.9亿元，一直位居全国前列。其中，2005年突破50亿元大关，居全国第一位。

分类型看，"十五"期间，电脑型福利彩票累计销售149.87亿元，占"十五"期间山东省福利彩票销售量的96%；即开型福利彩票累计销售6.46亿元，占"十五"期间山东省福利彩票销售量的4%。

分票种看，"十五"期间，山东省福利彩票先后有七个票种上市销售，分别是30选7、36选7、双色球、23选5、3D、中福在线即开等。销量占"十五"期间总销量的比重较高的玩法为30选7（占50%）、3D（占20%）、23选5（占12%）三种。

（二）体育彩票市场销售情况及分析

"十五"期间，山东省体育彩票销售共计38.5亿元，各年度销售量分别为4.26亿元、6.76亿元、4.21亿元、3.37亿元和19.91亿元。其中，2005年是山东省体育彩票实现历史性突破的一年，全年销售额近20亿元，比上年增长4.9倍，销量相当于2000—2004年度全省体育彩票销量之和。

分类型看，"十五"期间电脑型体育彩票共销售37.53亿元，占"十五"期间山东省体育彩票销售量的97%；即开型体育彩票共销售0.97亿元，占"十五"期间山东省体育彩票销售量的3%。

分票种看，"十五"期间山东省体育彩票共有10个票种先后上市销售，分别为29选7、35选7、23选5、21选5、22选5、足彩胜负、足彩进球、七星彩、排列3、篮球彩票。销量占"十五"期间总销量的比重较高的玩法为排列3、足彩胜负、29选7三种。

二、彩票监管情况

"十五"时期，是山东彩票市场培育、壮大、成熟的时期。财政部门在这一时期逐步完善彩票监管制度体系，不断加大监管力度，全省彩票销售秩序良好，彩民队伍稳步扩大，市场日趋成熟。

（一）建立健全监管制度体系

2002年，省政府下发了《关于贯彻国务院国发[2001]35号文件　进一步规范

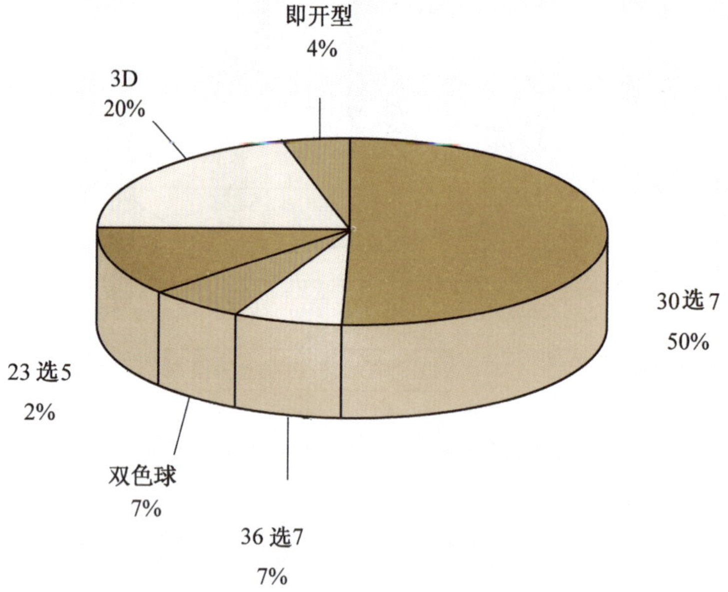

“十五”期间山东省福彩分玩法销售图

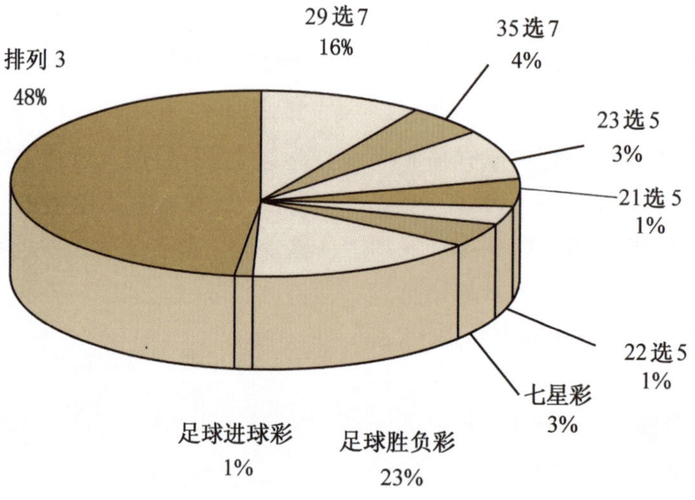

“十五”期间山东省体育彩票分玩法销售图

彩票管理的通知》，规定了省、市财政、民政、体育、公安、工商行政管理以及福利、体育彩票发行机构的职责，进一步明确财政部门是彩票发行销售的监督管理部门，负责彩票机构财务、彩票市场和彩票公益金的监督管理，并责成省财政厅制定彩票机构财务、彩票发行与销售和彩票公益金管理办法。省财政厅据此陆续制定了有关管理制度，基本建立了彩票监督管理政策体系。

1. 健全了彩票市场监督管理制度。2002年，根据《财政部关于印发〈彩票发行与销售管理暂行规定〉的通知》精神，制定了符合山东省情况的9条补充规定。2003年3月，制定下发了《关于进一步加强即开型彩票销售管理的通知》，对即开型彩票的领取、销售、核销、资金结算、销售时间和场地的选择等均做出了详细明确的规定。2003年4月下旬，针对“非典”疫情在全国的肆虐与蔓延，及时以明码电报形式下发了《关于立即停止以大奖组方式销售即开型彩票的通知》。2003年12月，根据即开型福利彩票试点销售情况，转发了《即开型福利彩票实物设奖管理办法》，并制定5条补充规定；同期还以鲁财综［2003］81号文件转发了财政部《即开型彩票发行与销售管理暂行规定》，并根据山东实际，做出了6条补充规定。2004年5月，以鲁财综［2004］42号文件转发了《财政部关于加强集中销售即开型彩票发行销售管理的紧急通知》，根据山东即开型彩票市场的实际，做了10条补充规定，保障了即开型彩票的市场秩序。在电脑彩票市场监管方面，2003年8月，根据多年来形成的电脑彩票信息公告不及时、不全面的现实情况，制定下发了《关于规范电脑彩票摇奖信息公告格式的通知》。2004年8月，转发了财政部《关于加强电脑系统发行销售安全管理的紧急通知》，建立了月度系统检查和数据传输、备份等签转备案制度，明确了彩票销售数据传输、储存、摇奖、查询各环节的安全责任和防范措施。2005年5月，转发了财政部《关于加强排列3电脑体育彩票和3D电脑福利彩票安全管理的通知》，针对山东市场上出现的“空打”现象、“非限销售”现象，提出了政策措施，责成彩票机构按月向省财政厅报送“市场销售情况和存在的风险”分析报告，强化机构风险防范意识。

2. 建立了彩票公益金使用管理制度。2002年6月下发了《关于清理省级彩票机构资金账户的通知》，对省级福利和体育彩票机构的彩票资金账户进行全面清理，对彩票资金实行“收支两条线”管理。8月份下发了《关于青岛市福利彩票公益金分成比例和上缴财政专户问题的通知》，重新明确了省与青岛市在彩票公益金方面的分成比例。2004年12月，省财政厅印发了《山东省彩票公益金管理使用暂行办法》，对彩票公益金的筹集、缴户、分成、管理，使用范围和方向、使用申请和审批，违反规定的处理与收回、使用与监督等做出了明确规定。

3. 建立了彩票机构财务管理制度。根据财政部相关文件的精神，省财政厅2002年制定下发了《关于加强和完善彩票机构财务及彩票资金管理的通知》，2004年下发了《关于省级彩票机构财务管理有关问题的通知》，从财务制度上实现了彩票机构与行政主管部门的脱钩。

“十五”期间，通过分类建立各项有关彩票监督管理制度，日常彩票监管做到了有法可依，依法管理。

（二）打击非法彩票活动，促进彩票市场健康发展

“十五”期间，山东彩票市场秩序良好，稳定健康发展，没有出现集中销售六合彩、万字票等非法彩票活动，也没有发现以山东省为庄家所在地的大规模赌球活动。但在鲁南个别乡镇出现了利用集市场所和国家彩票摇奖器械进行类似彩票游戏的有奖竞猜活动。2003年，按照财政部、公安部等五部门的统一部署，山东省开展了严厉打击非法彩票等赌博活动专项治理行动。省财政厅与公安厅、工商行政管理局等部门密切配合，从调查清理入手，针对上述地方的非法有奖竞猜活动，开展专项整治工作，没收了组织者的摇奖工具和非法所得，彻底铲除了这种非法行为。

三、彩票公益金筹集、分配和使用情况

“十五”期间，山东省筹集公益金约64亿元，按照中央制定的分成比例，上缴中央公益金32亿元左右(从2002年起从财政专户上缴28.12亿元)，省里留成31.6亿元。

根据国务院和山东省政府文件的要求，山东省财政厅、民政厅、体育局联合制定了《山东省彩票公益金管理使用暂行办法》，对彩票公益金的构成、管理、使用原则和范围、使用申报程序、资助项目管理、监督检查等，都做出了明确规定，为彩票公益金的管理使用提供了基本依据。

“十五”期间山东省彩票公益金地方留成统计表

单位：万元

年　度	福　彩	体　彩	合　计
2001年	30 797	6 563	37 360
2002年	39 885	10 204	50 089
2003年	44 121	6 368	50 489
2004年	43 467	5 831	49 297
2005年	94 333	34 379	128 712
合　计	252 603	633 344	315 947

注：数据摘自《中国彩票年鉴2005》。

（一）福利彩票公益金的管理和使用

截至2005年，山东省共筹集福彩公益金60.8亿元（其中“十五”期间筹集福彩公益金共计50亿元左右），其中，上缴中央31.1亿元，省、市、县留用29.7亿元。

在福彩公益金的使用上，各级财政部门严格使用范围，严格审批程序，确保福彩公益金全部投入社会福利和社会公益事业，取得了显著成效。据统计，截至2005年底，全省福彩公益金用于社会福利和社会公益事业的资金有29.4亿元。其中，资助设施类项目9 478个，投入资金27.7亿元，新增设床位71 603张，新增建筑面积156.6万多平方米；资助非设施类项目投入1.7亿元，资助对象达50.6万多人。

1. 城乡社会福利社会设施方面，累计

投入 20.56 亿元，新增床位64 258张。一是自 2003 年起，组织实施“双百工程”，重点建设100处县级老年福利服务中心和100处乡镇敬老院；二是实施全省农村敬老院维修改造工程，计划用3年时间对全省1 800余所敬老院进行改扩建，截至2005年底，省级共投入福彩公益金8 000万元；三是社会福利院改扩建项目，全省30处社会福利院中，已有17处完成改扩建，省级投入公益金4 500万元。

2. 社区服务设施方面，组织实施了“社区老年福利服务星光计划”，累计投入3.02亿元，建设项目2 832个。在具体组织实施过程中，各级民政部门坚持以街区、城镇老年福利服务设施为重点，突出“五个结合”（与社区建设相结合，面向社区；与精神文明建设相结合，争创示范性窗口；与城市整体规划相结合，科学论证，合理布局；与老龄工作相结合，开展多种形式的为老服务活动；与发动社会参与相结合，广泛筹集社会资金），取得明显成效，很多“星光老年之家”成为广大老年人的乐园，被誉为“民心工程”、“德政工程”。

3. 优抚安置设施方面，累计投入2.64亿元，资助项目443个。近年来，为弥补经费不足，全面提高优抚事业单位的服务能力，山东利用福彩公益金资助省内优抚医院、烈士陵园等优抚事业单位的基础设施建设，有效改善了环境条件，受到了军队、地方领导和广大优抚对象的一致好评。

4. 非设施方面，累计投入1.73亿元，资助对象506 212名。其中资助福利机构孤残儿童23 896名，投入885.05万元；残疾儿童特殊教育投入1 379.07万元，资助22 827人；爱心献劳模投入304.8万元，资助1 493人；捐资助学投入3 357.41万元，资助36 194人；“明天计划”投入786.3万元，资助5 860人。

除此之外，还有农村医疗救助、社区图书室援建、农村贫困残疾人危房改造、残疾人救助等项目。

（二）体育彩票公益金的管理和使用

据统计，截至2005年，山东省共筹集体彩公益金约13亿元，其中上缴中央约10亿元，省、市、县留用约3亿元。

省级彩票公益金主要用于资助体育场馆建设、全民健身工程建设、省级以上大型运动会、全民健身工程建设、群众体育活动、全民健身大型系列精品项目、国民体质监测、青少年业余体育训练及体育后备力量培养和竞技体育运动员训练补助等方面。

在实施体育彩票公益金援建项目的实践工作中，山东省体育局积极探索，不断总结经验，完善实施办法，做了如下工作。

1. 制定发展规划。实施体育彩票公益金援建项目建设是一项长期的工作任务，制定一个全面、详细、切实可行的发展规划，不仅可以明确发展方向和目标，而且也会有相应的保障措施和办法，从而保证项目顺利健康地建成。山东体育彩票公益金项目援建规划分为两个阶段，第一阶段是到2005年，工作目标有五点。一是在全民健身工程建设方面实现139个县（市、区）均有健身路径的目标。这一目标已提前两年完成。二是17市均配建一处位置合理、环境靓丽、人群集中、面积较大、设施齐全、功能完备的省级健身工程，每个工程仪器材经费投入就达到50万至75万元。这一目标已实现 70%。三是为全省所有的街道办事处配置 5 万元以上的室外健身器材。这一目标已实现 40%。四是经济发达的市率先建设全民健身活动中心。已经建成的和正在建设的有 3 所。五是逐步规范和扶持发展健身站点，把健身活动的服务送到最基层，力争到 2005 年在全省建成2 000个农村文体大院。规划的第二阶段到 2010 年，力争在 60% 的乡镇（1 000 个）至少安装一套 12 站的健身路径，在省、市、县三级规划建设不同规格和档次的市民健身中心，在社区、乡镇建设健身苑，全面提升全民健身设施水平。

2. 突出“质量”这个中心。为严格把好项目建设质量关，对各地申报的项目必须进行实地考察，充分论证后择优确定。对器材的选购、配置更是严格把关。明确规定所购器材必须是国家体育总局公开招标的企业生产的健身器材，必须是国家体育总局质检中心检验合格的产品。省体育局对所订购的器材进行认证，符合要求，才准予施工建设。

3. 建立两项制度。一是建立援建项目的申报制度，二是建立检查验收制度。申报制度的建立，明确了援建项目的主客体关系，明确了各自的职责和任务，同时，配套资金也有了可靠的保证，可以使工程建设顺利进行。检查验收制度的建立，能够保证国有资产的完整，及时发现存在的问题，消除隐患，防止因器材损坏而造成的人身伤害事故。

4. 强化四类管理。在全民健身工程方面，一是建立捐赠协议书机制。明确省体育局、市体育局和受赠单位三者之间的权力和责任，明确产权关系，增强责任意识和服务意识。二是建立运行模式机制。如济宁市、日照市、德州市的“围管式”，淄博市、青岛市、威海市的“园林式”，东营市的“物业管理式”以及分布在街道、乡镇的“自然松散式”等；三是建立激励机制。制定评比表彰条件和标准，每两年评选表彰一次全民健身优质工程。四是建立监督检查机制。每两年对配建的健身工程进行监督检查，对未执行捐赠协议书规定的，责其限期整改，对存在安全隐患的健身器材要及时维修，对已无维修价值的器材实行报废。因管理不善而造成一定负面影响的，减少下一批对该市的配建数量，直至取消捐赠名额。

（三）青少年学生校外活动场所建设与维护资金的管理和使用

中央决定，“十五”期间国家拿出 20 亿元，根据各省彩票销售量占当年全国彩票销售量的比例返还，由地方安排用于本省青少年校外活动场所的建设。根据山东省彩票销售量，“十五”期间，国家共返还山东省青少年学生校外活动场所建设和维护资金 1.63 亿元。另外，拨付项目基建资金和采购资金 360 万元，扶持山东省 2 个项目。由此，“十五”期间，山东省可用于青少年学生校外活动场所建设和维护的专项彩票公益金共计 1.66 亿元。

根据山东省《2000—2005 年山东省青少年学生校外活动场所建设与发展规划》，全省共规划项目 129 个，其中各市和每个县（市、区）各有一所，资助资金原则上市级项目 100 万元、经济强县 80 万元、一般县 100 万元、经济欠发达县 140 万元。截止 2005 年底，山东省已从国家返还的彩票公益金中，分四批资助各类新建、易地重建、改扩建项目共121个，累计拨付资金1.33亿元，结余2 963万元，结余的资金将用于资助剩余17个条件尚不成熟或未开工项目。另外，拨付中央扶持项目基建资金240万元，结余资金120万元为配置设备款，将等到项目基建完成并验收合格后，统一采购配置设备。由此，"十五"期间山东省已用于青少年学生校外活动场所建设和维护的专项彩票公益金共计1.36亿元，结余3 083万元。

为加强专项资金管理，提高资金使用效益，财政部门按照财政资金精细化管理的要求，转发了《全国青少年学生校外活动场所建设及维护资金管理办法》，研究制定了《山东省彩票公益金管理使用暂行办法》，并在总结近年来青少年校外活动场所建设与维护资金管理经验教训的基础上，2005年出台了《关于切实加强青少年校外活动场所建设与维护资金管理的通知》，进一步规范各市青少年学生校外活动场所建设项目申报程序，明确要求对项目资金设专账进行管理和核算，并实行报账提款制度，根据项目计划和施工进度，及时拨付资金。同时，积极推行政府采购、集中支付、招投标等先进管理制度，不断改进财政支持方式，选择比较好的项目，采取"以奖代补"的方式给予奖励补助。

（山东省财政厅综合处供稿，顾玲、罗斯维执笔）

河 南 省

"十五"时期，河南省财政厅在彩票市场监管工作中，坚持严格管理、客观公正、提高效率、稳定发展的理念，树立大局观，以确保销售安全、社会稳定为工作重点，及时协调和解决彩票市场出现的各种矛盾和问题，确保彩票市场发展环境，为彩票机构排忧解难，始终保持彩票市场稳定、和谐发展。

2001—2005年，河南省共销售彩票98.12亿元，其中福利彩票销售46.25亿元，体育彩票销售51.87亿元。筹集彩票公益金33.52亿元，其中：福利彩票公益金15.83亿元，体育彩票公益金17.69亿元。5年共上缴中央彩票公益金17.56亿元，地方留用15.96亿元。

一、做好市场调研，搞好市场开发

2000年初，彩票监管职责移交财政部门后，省财政厅认真做好彩票市场调研分析，积极支持彩票机构创新彩票销售方式，2000年9月、10月，电脑福利彩票、电脑体育彩票分别上市，标志着河南彩票市场进入快速发展时期。2001年是"十五"第一年，河南省抓住有利时机，依托电脑销售彩票的先进手段，精心组织，广泛宣传，当年实现销售15.44亿元，比2000年的2.75亿元，有了大幅度提升。电脑型彩票上市后初见成效，使彩票机构增强了信心，彩票机构在深入调查的基础上，积极搞好市场开发，2002年彩票销量比上年增长了14.5个百分点。电脑彩票起步阶段，市场尚不成熟，彩民队伍不稳定，彩票品种结构也不尽合理，诸多问题在电脑彩票上市一段时期后逐步显现出来，2003年销量较上年有所下滑。2004年初，河南省积极对部分游戏品种进行调整，国家对集中销售的即开型彩票实行实物兑奖有所放开，在销售形势一片大好的情况下，发生了“宝马事件”。针对西安“宝马案”给彩票市场带来的不利影响，河南省财政厅及时召集彩票机构对彩票市场形势、彩票品种的市场销售态势进行分析。一方面依据市场需求变化，进一步调整彩票品种和结构，适应市场需求推出新的玩法。体育彩票开发了快乐系列玩法、10选3、10选5，对体彩6+1数字玩法加以改造，加入全国联网销售；福利彩票增加彩民喜欢的21选5幸运系列，积极筹划符合市场需求的3D玩法。另一方面加强彩票公益性及电脑彩票客观公正方面的宣传，强化彩票的社会公信力，提高广大彩民对彩票的信任度。到第四季度扭转了彩票销售下滑的局面。2004年，河南省彩票销售在极其困难的情况下，维持了上年的销量并略有增长。

河南省2001—2005年彩票销售情况表

单位：万元

			2001年	2002年	2003年	2004年	2005年	历年合计
销售总额	合计		154 390.98	176 796.70	159 270.29	161 142.77	329 627.49	981 228.23
	福利彩票	电脑型	65 423.07	64 377.74	67 276.52	89 654.63	149 274.75	436 006.71
		即开型	6 013.00	3 716.78	6 359.25	2 001.44	8 384.54	26 475.01
		小计	71 436.07	68 094.52	73 635.77	91 656.07	157 659.29	462 481.72
	体育彩票	电脑型	79 751.77	106 039.26	85 448.68	69 482.56	171 968.20	512 690.47
		即开型	3 203.14	2 662.92	185.84	4.14	0.00	6 056.04
		小计	82 954.91	108 702.18	85 634.52	69 486.70	171 968.20	518 746.51

二、加强培训，提高监管人员和销售队伍整体素质

财政部门接手彩票监管业务时，对彩票的认识相对模糊。为尽快了解彩票业务，省财政厅将有关政策法规印制成册，分发至县以上财政部门，同时采取专业培训、以会代训、召开专题研讨会等方式，提高财政部门彩票监管人员的业务水平。

彩票机构更加注重对管理人员和销售业主的培训。从营销理念、营销手段等方面入手，对网点业主和销售人员进行业务培训，不断提高销售队伍的整体素质。

三、专项打击非法彩票和赌博活动

河南省彩票监管部门和彩票机构认识到，我国彩票事业要在短期内有长足发展，必须要有一个良好的市场环境。随着

彩票业的不断发展,一些不法之徒开始利用少数人的中奖心理,以欺骗的手法,私自发售"电影彩票"、"有奖猜谜"等非法彩票,或代售境外彩票,扰乱了我国彩票市场秩序。为净化彩票市场,打击非法彩票和赌博活动,2002年7月,河南省各级财政部门、彩票机构与当地公安机关密切合作,在私彩灾区开展了打击私彩活动,取缔非法彩票销售点11个,收缴私彩用具14套,收缴非法资金26万元,另有一部分私彩销售点闻风而逃。2003年上半年,地下六合彩、百家乐、赌球等地下赌博活动开始猖獗,严重扰乱了社会经济秩序,毒化了社会风气,冲击了国家彩票市场,威胁了社会稳定。按照财政部、公安部的部署,河南省财政厅会同公安部门组织了声势浩大的打击非法彩票等赌博活动专项治理行动,破获各类赌博案件546起,收缴赌资87.96万元,抓获涉案人员2 849人,处理了一批非法设立私彩进行赌博的不法分子,弘扬了社会正气,净化了彩票市场。通过两次大的治理行动,河南省财政厅认识到,要保证彩票市场良好的秩序,必须建立彩票市场监管的长效机制和快速反应机制,及时掌握全省各地私彩现象,随时进行打击。2003年9月,河南省财政厅在全省财政系统建立了通讯联系网络,各级财政部门明确彩票市场专管人员,将专管人员的联系方式印发成册,发给所有专管人员,并设立举报电话,为群众举报提供便利。为鼓励广大群众反映私彩线索,省财政厅、公安厅出台了《河南省举报非法彩票活动有功人员奖励办法》,动员全社会的力量,广辟线索来源,严厉打击非法彩票、聚众赌博等违法犯罪活动,以净化社会风气,维护社会稳定。

四、加强即开型彩票市场监管,确保彩票市场稳定

财政部门接管彩票监管职能的初期,主要任务是控制彩票发行销售额度,当时以销售即开型彩票为主。2000年后期,随着电脑型彩票的上市销售,即开型彩票占有的市场份额越来越少。2001—2003年,河南省即开型彩票占有的市场份额分别只有6%、3.6%、4.1%。2004年,即开型彩票销售恢复实物设奖后,河南省彩票机构准备重新启动即开型彩票市场。河南省财政厅经过认真分析和研究市场销售中可能出现的问题,从制度入手防范风险,及时会同省民政、体育部门下发了《河南省有纸即开型彩票销售管理暂行规定》,对销售中的关键环节如奖品设置、抽奖、兑奖、代理商资格审查、资金结算等,作了详细的操作规定,确保河南省即开型彩票集中销售的安全与公正。"宝马事件"发生后,对即开型彩票的销售影响很大,5月份财政部暂停即开型彩票集中销售后,河南省及时全面停止即开型彩票集中销售,并对2004年的销售活动进行清理检查,对发现的问题责成有关部门整改,有效维护了河南省彩票市场的秩序。

五、加强财务管理,确保彩票资金管理规范化

为加强彩票机构财务管理,结合彩票机构自身的业务特点,从2005年起,河南省财政厅将彩票机构作为一级预算单位进行管理,财务收支不再纳入行政主管部门的部门预算,直接在省财政厅开户,经费实行"收支两条线"管理,各管理站作为省级彩票机构的派出单位，其财务管理实行报账制。

六、加强彩票公益金使用管理，提高政府彩票公信力

河南省彩票公益金按照政策要求实行“收支两条线”管理，收入实行省级统管，省级彩票机构负责归集彩票公益金，按月全额上缴省级财政专户。省财政专户根据国家下达的上缴比例定期缴至中央财政专户。省留部分由省财政厅会同民政、体育部门按规定比例和各省辖市销量进行分配。彩票公益金实行预算管理，由使用彩票公益金的部门编入其年度预算，经财政综合部门审核后并入部门预算，细化到项目的，编入可执行指标，不能明确项目的，编入不可执行指标。年度执行中，可执行指标由部门预算管理处审核拨付；不可执行指标由使用单位提出具体项目，经综合处审核后拨付。为确保专款专用，加强使用监督，省财政厅、审计厅以及民政厅、体育局等公益金使用部门定期组织检查。为健全公益金监督体制，2004 年，省财政厅、审计厅下发了《关于加强彩票公益金使用监督管理的通知》，对彩票公益金的部门监督、财政监督、审计监督、社会监督做了具体规定，进一步规范了彩票公益金的使用和监督办法。

（河南省财政厅综合处供稿，何祖军、殷明执笔）

湖北省

“十五”期间，湖北省财政部门与彩票机构立足于“打基础、管长远、保安全、促发展”，加强管理与协调，狠抓市场营销，强化市场监督，确保安全运营，共同促进湖北彩票市场的健康、和谐、稳步发展。

一、彩票市场发展概况

“十五”期间是湖北彩票市场在探索中前进，在前进中发展，在发展中完善的关键时期。

（一）彩票销量快速增长

“十五”期间，湖北省共计销售彩票 115.96 亿元，是“九五”时期的 5 倍多。其中，电脑型福利彩票销售 51.91 亿元，即开型福利彩票销售 3.17 亿元；电脑型体育彩票销售 60.40 亿元，即开型体育彩票销售 0.48 亿元。五年间，彩票销量由“十五”初期的年销量 9.96 亿元增加到“十五”末期的年销量 51.73 亿元，年均递增 104.84%。特别是 2004 年和 2005 年，湖北彩票销量快速增长，连续创下历史新高，两年销量占“十五”期间彩票销售总量的 63.19%。具体情况如下图。

（二）彩票市场快速发展

1. 游戏品种不断推新，市场布局进一步优化。2001 年后，全国联销的双色球、足彩、3D、排列 3、排列 5、篮彩（以篮球比赛情况为竞猜对象的彩票）等游戏陆续上市，湖北省内的福利彩票22选5、32选7、好运彩和体育彩票21选5等游戏适时调整推出，体育彩票36选7加入了区域联销，一些不适应市场的玩法被及时调整叫停……游戏品种的不断推陈出新使湖北彩票市场逐步建立了全国联销、区域联合、地方特色等各具优势的游戏相互补充、相互促进，大盘、中盘、小盘游戏协调发展的市场布局。

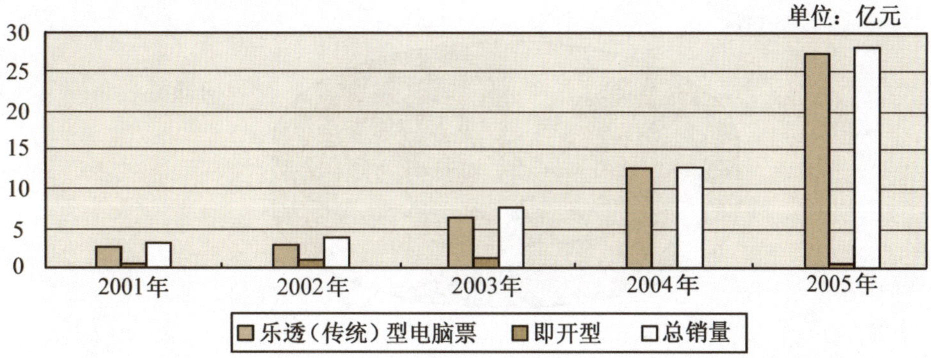

“十五”期间湖北省福利彩票销售情况

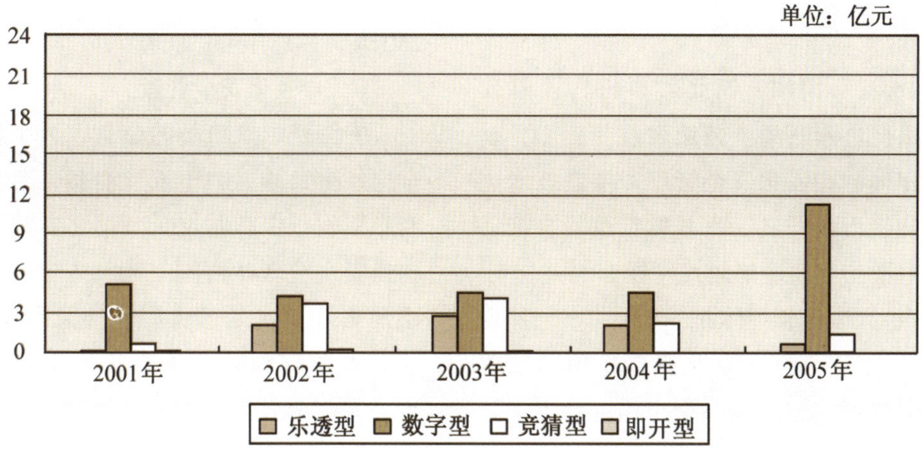

“十五”期间湖北省体育彩票销售情况

2. 游戏类型不断丰富，市场品牌初步形成。经过5年的发展，游戏类型已由传统的电脑票发展到传统（乐透）型电脑票、竞猜型电脑票、网点即开票、视频在线即开票等多类型的彩票；经过市场的锤炼，双色球、3D、排列3、七星彩、足彩等玩法成为湖北彩票市场的主打品牌，引领湖北彩票市场快速发展。

3. 销售网络不断扩大。“十五”初期湖北彩票销售站点主要集中在大、中城市的中心城区，经过 5 年的发展，彩票销售站点已由“十五”初期的 700 个（福彩 400 个、体彩 300 个）增加到5 853个（福彩3 460个、体彩2 393个），彩票销售网络由大、中城市扩展到全省各市（州）、县（市），并延伸到乡镇、农村。

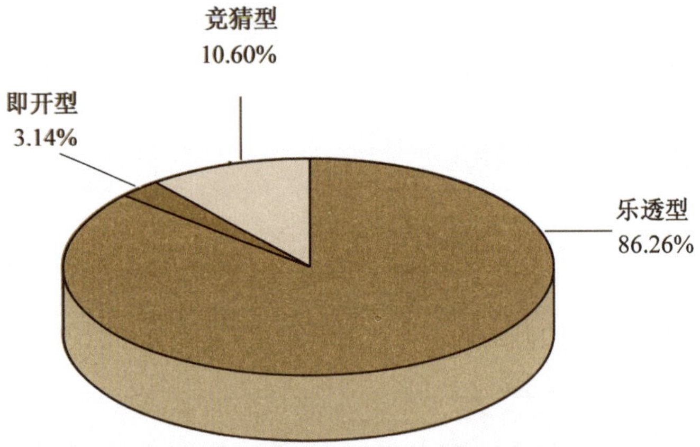

“十五”期间湖北省各类型彩票市场份额图

二、彩票管理概况

“十五”期间，湖北彩票机构及财政部门以促进彩票事业持续发展为核心，改革管理体制，强化安全管理，推进技术进步，加快市场开发，完善彩票监管，推动湖北彩票市场实现跨越式发展。

（一）改革管理体制

“十五”期间，湖北彩票机构通过改革管理体制，进一步健全机构，壮大了队伍。湖北省福利彩票管理中心正式成立于 2000 年，2001 年 3 月进行管理体制改革，按行政区域设立了 16 个市、州电脑福利彩票管理站，实行垂直管理。湖北省体育彩票管理中心正式成立于 1997 年，2002 年进行管理体制改革，设立 14 个分中心实行垂直管理。彩票机构实行垂直管理后，采取竞争上岗的用人机制，面向社会公开招聘选拔优秀人才充实彩票发行队伍。到 2005 年底，福彩发行中心的工作人员有 250 人，体彩中心的工作人员有 130 人。

（二）强化安全管理

安全是彩票市场的命脉，为了筑牢安全这条生命线，“十五”期间，湖北省福利彩票发行中心制定了《湖北省福利彩票销售安全管理办法》、《湖北省电脑福利彩票开奖日技术处理流程和应急预案》。湖北省体育彩票管理中心提出“彩票无小事、安全全方位”等安全管理理念。通过建立网点—分中心—省中心—机房的层层责任制保证数据安全；通过聘任各市、州人大代表为体育彩票“人民监督员”，全方位监督市场安全；通过推行“零欠款制度”保证资金安全。2005 年 7 月，体彩排列玩法出现销售高峰，湖北彩票市场面临严峻挑战。湖北体育彩票管理中心在严格执行各项安全管理制度的同时，及时制定各项紧急工作预案，上下联动，责任到人，排查隐患，严密防范，确保了湖北省体育彩票在高位高危期间的平稳着陆。

（三）推进技术进步

"十五"期间湖北省彩票机构抓住战略机遇进行技术更新，推进技术进步。省福利彩票发行中心于 2003 年 10 月底率先完成了系统的全热线升级改造。省体彩中心 2005 年实现了全热线销售，并承建了武汉国家区域数据中心。销售技术的不断更新大大提高了运行的安全性，延长了销售时间，降低了管理成本，为进一步整合玩法资源构建了更为广阔的技术平台，为玩法的变化出新提供了更加灵活的发展空间。

（四）加快市场开发

1. 充分发挥站点功能，进一步挖掘市场潜力。彩票机构主要做了三方面的工作。一是强化站点建设，提升站点形象。"十五"初期，彩票销售站点主要散布在街边巷口，投注条件较差。2003 年，省福利彩票发行机构印发《湖北省福利彩票投注站建设实施方案》，制定了《投注站专营店形象建设标准》；湖北省体育彩票管理中心 2002 年、2004 年两次修改、完善了《湖北省电脑彩票销售网点管理办法》。通过站点的"退路进店"、"亮化工程"等系列举措，专营店逐步取代了路边店，投注环境大为改善，投注站点的整体形象得到提升。二是强化站点培训，提高站点营销水平。省福利彩票发行中心每年培训站点销售人员2 000人次，体育彩票发行中心每年培训站点销售人员1 900人次。三是强化站点激励机制，充分调动站点的积极性和创造性。湖北省福利彩票发行中心制定《投注站争先创优奖励办法》，开展站点创优争先活动；湖北省体育彩票管理中心制定《明星销售网点评选标准及办法》，开展明星站点的评选活动。

2. 创新游戏品种，进一步激发市场活力。针对不断变化的市场需求，彩票机构深入市场、广泛调研，积极研发适应湖北彩票市场的新玩法。湖北省福利彩票发行中心 2003 年推出的好运彩、体育彩票管理中心 2002 年调整推出的 7 位数等，一上市即成为市场的亮点，有效地补充和活跃了湖北彩票市场。

3. 丰富营销手段，进一步拓展市场空间。一是及时抓住市场契机，捕捉市场亮点，加强营销推广，打造市场品牌。二是借助主流媒体、主题社会公益活动展开全方位立体宣传。通过在主流媒体上开辟专版、专刊，推广品牌；通过开展一些颇具影响力的活动增强社会对彩票的了解和认识，烘托品牌。三是印发各类宣传手册、宣传单投放到销售站点，扩大宣传。通过印发各种玩法介绍、投注指南，扩大彩民群体，使彩民对各种玩法有更深刻的了解。四是针对市场变化，适时举办促销活动，聚集人气，推动销量的提升。

（五）强化彩票市场监管

1. 强化对彩票市场安全行性的监管。财政部门始终把彩票的安全性放在监管工作的首位，一是督促彩票机构进一步健全安全保障措施、排查安全隐患、制定风险预案，确保彩票发行安全、销售安全、技术安全、资金安全；二是不定期监督、检查安全管理的执行及落实情况，针对彩票发行销售过程中出现的一些不安全隐患、不稳定因素，及时提醒彩票机构采取措施进行防范；三是密切关注彩票市场的发展变化，防止发生社会群体性事件的发生。2005 年体彩销售高危期间，财政部门及时深入了解市场动态，指导体彩发行机构制定、完善各项防风险预案，对化解市场风险、消除市场隐患、维护社会稳定发挥了积极的作用。

2. 强化对彩票市场公正性的监管。公正性是彩票市场生存和发展的基石。财政部门一是督促彩票机构维护彩票信誉，加强彩票公正性宣传，引导彩民合理投注。二是严格按国家规定审批彩票机构销售实施方案及促销活动方案，监督彩票机构严格执行国家彩票游戏规则。三是督促彩票机构严格按照财政部关于即开型彩票销售管理的有关规定，对即开型彩票尾票进行核销，并坚持到销票现场进行监督。

3. 不断加大对非法彩票的打击力度。“十五”期间，财政部门与公安机关等有关部门密切配合，开展打击各种非法彩票的专项活动，及时制止变相发行彩票的行为，努力维护全省彩票市场秩序和社会稳定。

(六) 加强对彩票机构财务及彩票资金的监管

“十五”期间，为切实优化彩票机构支出规模，加强彩票机构的会计核算与成本控制，进一步提高彩票机构的财务管理水平，财政部门一是督促彩票机构严格按照国家规定时间及比例将彩票资金缴入财政专户，实行“收支两条线”管理。2004 年将两个彩票中心由二级预算单位提升为一级预算单位，并将彩票机构的发行费支出纳入国库集中支付。二是强化了对彩票机构财务收支计划的管理。对彩票机构财务收支计划采取“二上二下”的审核程序，逐步提高其财务收支计划的科学性、完整性；对人员经费、公用经费实行标准定额，逐步规范彩票机构的基本支出；对业务支出从可行性、科学性、合理性上严格把关，科学控制彩票机构的发行成本。三是按计划分月核拨彩票机构用款。四是委托信誉较好的审计机构对彩票机构的年终财务报表进行报表审计，对彩票机构财务收支计划的执行情况进行决算审计，使发行费的使用更加科学、规范。

三、彩票公益金管理及彩票公益事业发展概况

(一) 彩票公益金管理概况

“十五”期间，湖北省财政部门进一步强化彩票公益金管理，积极促进民政福利、体育公益事业及青少年校外活动场所的全面发展。一是结合全省公益事业发展的实际需要，会同民政、体育部门，制定和调整彩票公益金的分配政策，确保彩票公益金的合理使用。二是健全彩票公益金管理制度。针对 2004 年公益金审计中发现的一些问题，与民政部门联合下发了《关于进一步加强福利彩票管理的通知》、与省体育局联合下发了《关于进一步加强体育彩票公益金使用管理的通知》，对地、市级彩票公益金实行专项预算管理，实行国库集中支付。三是不断加大青少年校外活动场所建设项目的监管力度。2004 年配合省教育部门对全省第一、二批青少年校外活动场所的建设项目进行专项检查验收，评出了一批建设、管理、效益好的典型，对建设、管理较差的项目提出了整改意见；2005 年，为了促进项目尽快建成，

与省教育部门共同组织了对全省青少年校外活动场所建设情况的一次全面调查、核实，彻底摸清了现状，找出了存在的问题，提出了整改意见，完善了有关管理措施。

（二）彩票公益事业概况

"十五"期间湖北省共筹集彩票公益金 38.5 亿元，其中筹集福利彩票公益金 17.92 亿元、体育彩票公益金 20.58 亿元。彩票公益金及时补充了各级政府对社会福利事业、体育事业的财力的投入，使全省福利事业、体育事业达到了一个新的水平，促进了经济发展和社会进步。

1. 福利彩票公益事业发展概况。"十五"期间福彩公益金投入的项目均取得了较好的社会效益，达到了预期的目的。2001 年启动的"社区老年福利服务星光计划"，省级投入福彩公益金 500 万元，兴建了1 660个集老年娱乐室、阅览室、健身场所于一体的"星光老人之家"，受益老人达 60 万；2003 年启动的"福星工程"，对农村"五保"老人实行集中供养，省级投入福彩公益金 1.6 亿元，新、改、扩建了乡镇福利院1 867个，使全省农村福利院总数达到2 436所，集中供养"五保"人数由 2002 年底的 4.3 万人增加到近 16 万人，集中供养率达 76%，有效解决了农村五保老人面临的供养资金到位难、住房难、日常生活料理难、有病医疗难、心理交流难五大难题；2004 年启动"孤残儿童手术康复明天计划"，省级投入福彩公益金1 152 万元，成功地为1 368名残疾儿进行了手术治疗。

2. 体育彩票公益事业发展概况。"十五"期间，湖北省级累计使用体育彩票公益金 4.5 亿元。其中，用于实施奥运争光计划 1.6 亿元，用于实施全民健身计划近 8 000万元，用于体育场馆建设 2.1 亿元。

体育彩票公益金的补充，促进了湖北竞技体育的蓬勃发展："十五"期间，湖北运动员共获世界冠军 15 个，亚洲冠军 23 个，全国冠军 94 个。此外，通过加大对湖北优势运动项目和重点运动场馆建设项目的彩票公益金投入力度，使省优秀运动队的训练条件得到了很大改善。

体育彩票公益金的投入，促进湖北省群众体育的蓬勃发展："十五"期间，湖北省建设全民健身路径（苑）国家级、省级1 337条，小篮板[①] 1 120幅，乒乓球台 850 个，国民体质监测器材 107 套，国民体质监测车 1 辆，国家级全民健身中心 3 个，省级全民健身中心 7 个，国家级全民健身俱乐部 1 个，省级全民健身俱乐部 25 个，以上设施的兴建，促进了各地活动的开展和后备人才的培养。

体育彩票公益金的投入，促进了湖北农村体育事业的蓬勃发展。"十五"期间利用体彩公益金兴建了兴山县体育馆、秭归县体育馆、宜昌市宜陵区游泳馆、巴东县体育场、麻城市体育馆、恩施自治州民族体育馆；建设了"两打两晒（赛）"[②] 运动场 82 个，农民体育项目基地 30 余个。

3. 青少年校外活动场所建设项目发展概况。"十五"期间，湖北省利用国家返还的彩票公益金7 214万元与省财政每年配

① 小篮板指非正式比赛用、非标准的简易篮球架。
② 两打两晒（赛）指建于农村的体育场地。农闲时用来打球、比赛，农忙时用于打场、晒谷。

套的资金300万元规划建设82个省级青少年校外活动场所，已建成23个。由于各级领导的高度重视，全省青少年学生校外活动开展得有声有色：每年有近150万人次参加各种校外教育活动；有5所青少年活动中心受到上级表彰，其中沙市青少年活动中心、武汉市青少年宫被中央文明办等六部委命名为“全国青少年校外活动示范基地”；京山县等3所青少年学生校外活动中心获中共中央宣传部等十部委颁发的中国青少年社会教育“银杏奖”的“优秀团队奖”。

（湖北省财政厅、民政厅、体育局、福利彩票发行中心、体育彩票管理中心供稿）

湖　南　省

一、“十五”期间湖南省彩票销售情况

“十五”时期，湖南省彩票发行机构积极适应改革要求和市场形势，始终以市场为导向，及时调整发行策略，不断开拓市场；各级财政部门寓管理于服务之中，积极配合民政、体育部门，采取有效措施，确保彩票发行和销售工作平稳有序进行。

（一）创新管理体制，优化彩票机构人力资源管理

回顾“十五”时期，湖南省彩票销售发行经历了一次人事体制的改革过程。2001年，湖南省福利彩票发行中心率先实行企业化目标经营管理，对中心人事制度进行了全面改革，建立了适应市场竞争的新体制。同年，湖南省体育彩票管理中心应时而动，将原来各地体育行政部门成立彩票销售办公室、业务归口省中心的省市两级共管方式，改为在省以下设立体育彩票管理站、由省体彩中心垂直管理的模式。2004年，省体彩机构又实行了全员聘任制，各部门工作量化管理，各司其职、各负其责，完成了适应市场经济的新型体制。

（二）创新销售方法，苦练彩票销售发行内功

在严格遵循《财政部关于认真做好彩票发行和管理工作的通知》的前提下，彩票发行机构以彩民的需求为突破口，紧紧围绕和扣住市场需求，在发行策略、游戏规则、奖级设置、选点布点、营销策划、中奖兑奖等各个环节，迭出新招。2001—2005年，全省彩票销售喜报频传：彩票上市品种不断增多，游戏规则也日趋完善；销售网点不断增加，站点规模日趋扩大；彩票销售情况逐年攀升，筹集的彩票公益金日益增加。福利彩票销售网点数由2001年的1 000多家增加到2005年的3 550多家。体育彩票销售网点数由2001年的200多家增加到2005年的1 700多家。

“十五”期间，湖南省共发行彩票48.20亿元，筹集彩票公益金16.53亿元。

“十五”时期湖南省彩票销售情况

单位：亿元

年　份	福利彩票	体育彩票	彩票销售合计	彩票公益金
2001	2.44	1.28	3.72	1.12
2002	4.29	1.93	6.22	2.18
2003	5.58	2.31	7.89	2.71
2004	6.00	2.09	8.09	2.83
2005	11.83	10.45	22.28	7.69
总　计	30.14	18.06	48.20	16.53

（三）创新宣传方式，激活彩票销售发行市场

湖南省福利彩票发行中心和湖南省体育彩票管理中心采取多种形式，狠抓营销宣传工作，通过“湖南福彩”、“湖南体彩”网络宣传，与电视台共同举办《福彩天地》、《惊彩500》等现场直播节目以及与《湖南日报》、《三湘都市报》、《长沙晚报》等报刊创办彩票专栏等一系列营销策划活动，树立起湖南彩票公平、公正、公开的品牌形象，扩大彩票在社会生活中的影响，使彩民队伍不断增加，销量不断上升，确保了湖南省彩票销售市场健康有序发展。

（四）创新发行理念，积极抢占农村彩票市场

在稳定发展湖南城市彩票市场的同时，湖南省福利彩票发行中心和湖南省体育彩票管理中心把眼光瞄向了广大的农村市场。为迅速开辟农村市场，丰富广大农民的娱乐生活，湖南省福利彩票发行中心将福利彩票投注站延伸到经济基础较好、有着良好彩票发行前景的乡镇，站点的年平均机销量由2000年的不足5万元增长到2005年的29万元，极大地推动了福彩事业的发展。2005年，湖南省体育彩票管理中心正式启动“下乡工程”，在全省县乡体育彩票销售空白区新增终端机数百台。此举不仅受到了当地农民的欢迎，又收到了打击地下六合彩的成效。

二、“十五”期间湖南省彩票管理制度及政策情况

“十五”期间，湖南省主要在落实职责、理论探索、完善制度上下功夫，强化彩票管理。

（一）落实职责，加强对彩票管理工作的组织领导

根据《财政部关于认真做好彩票发行和管理工作的通知》和《关于认真做好地方彩票监管工作的通知》文件精神，2001年8月，湖南省财政厅明确彩票管理工作

统一归口财政综合规划部门管理，主要业务包括彩票发行与销售额度的控制、彩票市场的监督、彩票资金的分配、彩票公益金的安排使用和彩票发行机构财务管理，从职责分工层面理顺了职能关系，强化了财政部门管理彩票的统一性。

（二）结合实际，加强彩票管理制度建设和理论研究

1. 撰写了《现代彩票》一书。2001年，湖南省财政厅会同湖南省福利彩票发行中心和体育彩票管理中心合编了20余万字的《现代彩票》一书，填补了全国彩票理论研究出版物空白，得到了财政部的充分肯定。

2. 编辑整理了《彩票管理文件汇编》一书。2002年，为便于湖南省各级财政、民政、体育部门从事彩票管理和发行销售人员了解和掌握彩票管理政策和相关业务，湖南省财政厅收集、整理了财政部门接管彩票监管工作以来的彩票管理文件，并且按彩票市场监管篇、彩票游戏规则篇、彩票资金管理篇和专项资金管理篇分类编辑，提供了一个直观的学习平台，得到了财政部综合司领导的重视和兄弟省市同行的好评。

湖南省财政厅会同省福彩和体彩中心以及省青少年校外教育工作联席会议办公室根据《现代彩票》和《彩票管理文件汇编》编写彩票培训教材，同时，对全省相关工作人员开展了多次业务培训，增强人员业务素质，提高了全省彩票发行和彩票资金管理的整体水平。

（三）完善制度，加强彩票资金和彩票机构财务管理

1. 不断完善规章制度。湖南省财政厅根据财政部的有关规定，印发了《湖南省财政厅关于加强彩票资金和彩票机构财务管理的通知》、《湖南省财政厅关于彩票公益金和发行机构财务管理有关问题的通知》等文件。文件明确了彩票发行额度管理；彩票发行方式和游戏规则报批程序；大奖组销售期间，财政部门派人进行现场监督制度；彩票发行报告制度。

2. 切实加强彩票资金和彩票机构财务管理。湖南省每年都在全省范围内开展彩票资金和彩票机构财务专项检查，对检查出的问题按照相关规定严肃处理，并督促相关单位认真整改，严肃了彩票资金和彩票机构财务管理。2005年，湖南省财政厅会同省青少年校外教育工作联席会议办公室对全省43个青少年校外活动中心项目进行了一次全面检查，对检查情况在全省通报，责令违规单位限期整改。严肃了财经纪律，有效地保证了青少年校外活动中心项目建设的顺利完成。

三、“十五”期间湖南省彩票公益金管理情况

“十五”时期，湖南省为切实加强对彩票资金和彩票机构财务管理，根据有关规定，对彩票公益金和发行费实行“收支两条线”管理，建立了彩票机构财务收支计划制度和财务报告制度。对彩票机构的支出控制在彩票机构的收入之内，对发行经费的使用，实行计划审批。同时，强化彩票公益金的管理。通过对彩票公益金管理实行“统一筹集、比例返还、计划审批、专户缴拨、社会监督、分级管理”的办法，逐步完善了彩票公益金的筹集、分配、使用和监督制度。“十五”期间，湖

南省彩票公益金支出达9.45亿元，其中用于青少年校外活动场所建设的资金达1.36亿元。

(一) 福利彩票公益金使用情况

福利彩票公益金主要用于扶老、助残、救孤、济困项目。"十五"期间，全省共筹集福利彩票公益金4.6亿元，资助低保、敬老院、社区服务中心、"星光计划"、"明天计划"等福利项目7 000多个。特别是2004—2005年连续两年将重点资助600所农村敬老院建设作为认真贯彻落实湖南省政府为民办八件实事的具体体现。同时，拿出50万元慰问贫困劳模、200万元慰问老区困难群众、300万元用于"明天计划"帮助盲童进行复明手术等，有力地促进了社会福利和社会公益事业的发展，深受老百姓的好评。

(二) 体育彩票公益金使用情况

"十五"期间，全省使用体育彩票公益金3亿元，其中：为街道、社区等建成健身路径262个，体育场馆建设85个，健身点建设15个，补助2004年奥运会经费1 500万元。这些项目的建成，为推进湖南省全民健身运动，提高市民身体素质起到了积极的作用。

(三) 青少年校外活动场所建设管理情况

根据《中共中央办公厅 国务院办公厅关于加强青少年学生活动场所建设和管理工作的通知》和《中共湖南省委办公厅 湖南省人民政府办公厅关于加强青少年学生活动场所建设和管理工作的通知》，湖南对项目资金加强管理，省青少年校外教育工作联席会议发布了《关于印发〈湖南省青少年学生校外活动场所建设项目申报办法〉等有关规定的函》，明确中央直接安排的专项资金和中央返还专项资金的使用范围、拨款程序和拨款原则，要求专项资金要专门用于青少年校外活动场所的建设和维护，严禁截留挪用。在上报项目和安排专项资金时，对国家重点扶贫县和省政府重点扶贫县实行倾斜政策。对专项资金严格执行资金使用和管理办法，按照规定程序和项目施工进度拨付资金。"十五"期间，湖南省共计安排国家级青少年活动场所项目55个，省级项目30个。

四、"十五"期间湖南省彩票发行技术进步的情况

"十五"期间，湖南省彩票发行机构主要侧重于通过一系列技术手段的提高来降低系统设备的故障率，切实保障全省彩票资金的安全管理。

首先是系统不断升级，确保数据安全。2001年，湖南省福彩中心通过对福彩投注数据存储系统进行升级，取消了SYBASE复制服务，取消了二级中心存储数据的模式，减少了数据风险，提高了安全性。2003年10月，省福彩开始准热线到全热线的升级工作，到2004年1月，完成了全部切换工作。升级完成后，全省福利彩票投注站由以前的间歇拨号传送数据变成了实时传送数据，避免了投注站数据损坏、网络中断或其他自然灾害造成彩民彩票数据丢失的现象，从而保护了彩民利益，保障了福利彩票的正常发行。

其次是开通实时缴款系统，确保资金及时上缴。2005年，省福彩中心建成开通了福利彩票银行实时缴款系统，加强了对站点欠款和站点销售权的控制，使站点缴

款更加及时准确，避免个别站点恶意拖欠现象，保障了福利彩票资金的按时上缴。

五、“十五”期间湖南省彩票市场的监管情况

（一）积极做好专项整治工作

1. 及时查处各种违规发行和变相发行销售彩票的行为。2001年，针对湖南省个别彩票机构用即开型中奖彩票进行中一赔十“投注式”玩法、擅自改变游戏规则等现象，省财政厅及时予以制止与处理，并发出《湖南省财政厅关于切实加强彩票发行和销售监管工作的紧急通知》，以杜绝此类事件的再次发生。

2. 严厉打击地下六合彩等非法彩票。湖南省地下六合彩赌博活动自2003年初从广东传入，继而迅速发展蔓延至全省13个市州的37个县（市、区）233个乡镇。地下六合彩 赌博活动的蔓延，给湖南省的经济发展、社会稳定、人民安居乐业带来严重危害，人民群众和社会各界反应十分强烈。为此，省委、省政府高度重视，成立了由财政、公安、工商等部门组成的打击赌博活动整顿彩票市场秩序专项行动办公室，在全省开展了彩票市场专项整治行动。特别是2004年6月7日在全省深化打击地下六合彩电视电话会议后，全省各地对地下六合彩实施了毁灭性打击。据统计，2004年全省共查处地下六合彩赌博案件6 428起，查获涉赌人员14 574人，已处理13 522人。专项行动取得了阶段性胜利，成为湖南省加强彩票市场监管的重要成果。2005年，湖南省共查处非法博彩和地下六合彩案件6 500多起，有力维护了湖南省彩票市场的秩序。

（二）坚决制止违规行为，促进彩票市场健康发展

随着彩票发行规模的扩大和彩票事业的不断发展，湖南省彩票市场出现一些情况和问题:有的彩票销售机构强行要求彩票销售业主实行彩票专营,有的使用不正当的竞争手段损害同业者的正当利益,还有的对社会散布不利于竞争对手的言论。针对上述存在的问题,湖南省财政部门通过通报批评、完善制度、协调关系等多方面的工作,使有关部门消除了误解,化解了矛盾,促进了团结,形成了双赢的共识,有力地促进了彩票市场的稳定发展。

（湖南省财政厅综合规划处供稿，陈为民、李容梅执笔）

广 东 省

一、彩票市场发行、销售、市场监管及技术进步情况

（一）彩票发行、销售情况

“十五”期间广东省共发行彩票266.86亿元,每年平均增长23%，为国家筹集公益金91亿元。其中销售福利彩票148.68亿元，筹集公益金51亿元；销售

体育彩票118.18亿元，筹集公益金40亿元。从2002年至2004年，广东省彩票销量连续三年获得三个全国第一：福彩第一，体彩第一，总量第一。基本实现了彩票市场健康、稳定、可持续发展。

广东省“十五”期间彩票销量表

单位：万元

票种＼年度 销售额	2001年	2002年	2003年	2004年	2005年
福利彩票	172 421	302 256	314 536	306 365	391 173
体育彩票	143 100	340 400	298 400	189 500	210 400
合　计	315 521	642 656	612 936	495 865	601 573

（二）市场监管情况

广东省财政部门认真贯彻落实科学发展观，围绕“三个规范”、“两个确保”、“一个坚持”的工作目标（即规范市场运作、规范财务管理、规范网点建设，确保销量稳步增长、确保市场安全健康，坚持例会制度），加强监管，促进彩票市场健康发展。

在市场监管方面，注重规范彩票机构在游戏规则设置、销售方式、开奖及兑奖、媒体宣传、社会公告等方面的行为，制定了《广东省彩票摇奖程序管理暂行办法》，对摇奖设备的管理、摇奖过程的管理、公证人员的职责等都做出明确规定。

在财务管理方面，一是积极推行彩票机构财务管理体制改革，提高彩票机构的运作效率和发展能力。二是规范财务管理，强化对彩票机构财务活动的监管。严格按规定对彩票发行费和公益金实行“收支两条线”管理，并加强对彩票机构发行费支出的监管。为有利于彩票事业的长远发展，从2003年起，将省福彩和省体彩两

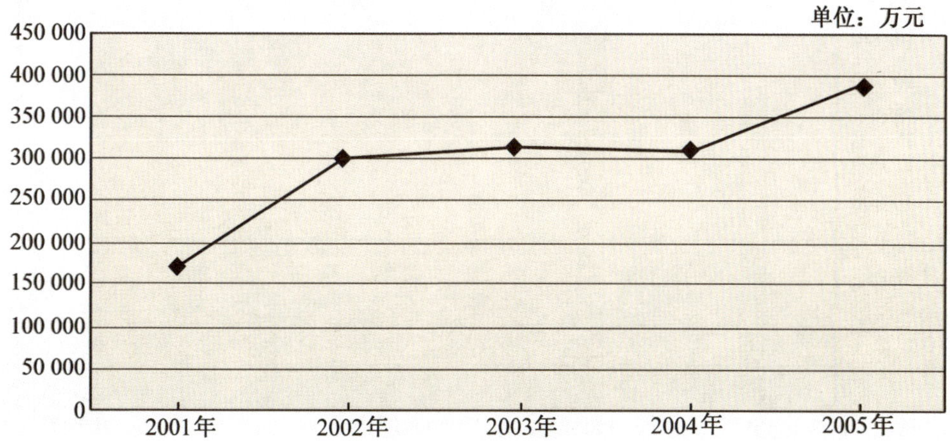

“十五”期间广东省福利彩票销量情况图

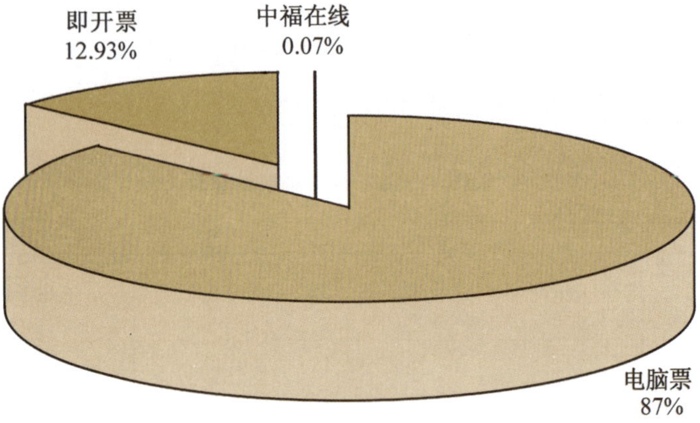

"十五"期间广东省福利彩票各票种销售比例图

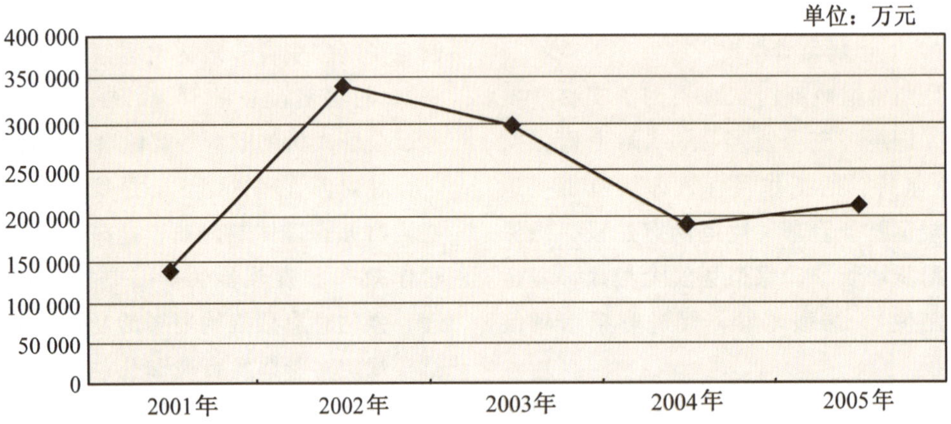

"十五"期间广东省体育彩票销量图

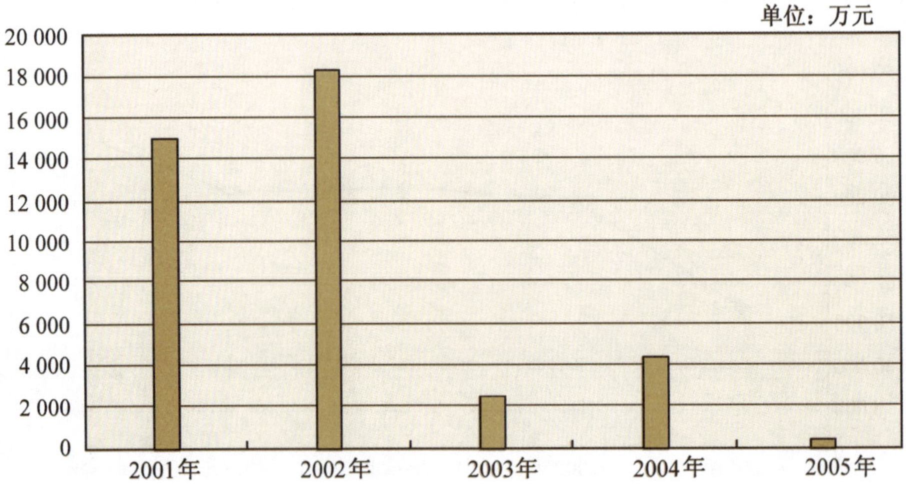

"十五"期间广东省即开型体育彩票销量图

个中心作为省一级预算单位来编制部门预算，细化了财务预算管理，按照“统筹安排，量入为出，确保重点”的原则，严控人员经费和日常支出，重点保证业务支出和事业发展。三是建立健全考核机制，完善奖励办法，制定了《广东省彩票销售机构工作年度综合考评奖励试行办法》。四是加强资金管理，制定了《关于加强彩票销售终端机押金管理的通知》。

在安全管理方面，一是对风险大、组织成本高的个别玩法从严控制，确保安全；二是全力支持彩票机构加强全热线建设和软件技术的升级改造工作，在彩票机构部门预算中安排一定的资金用于技术开发、系统维护、数据备份等费用，为市场安全运行提供技术保障；三是强化内部管理，要求彩票机构建立和完善内部管理制度，并狠抓落实。

在打击私彩、净化彩票市场环境方面，积极支持和配合公安部门开展严打私彩的专项行动。一是筹集专项经费400万元，用于补助公安系统打击私彩活动经费、设立群众举报奖励基金等；二是会同省公安厅制定了《关于印发〈广东省举报私彩违法犯罪活动有功人员奖励办法〉的通知》和《关于广东省举报私彩违法犯罪活动有功人员奖励办法的补充通知》，鼓励群众踊跃举报；三是加大了宣传力度，加强了相关部门以及粤、港、澳三地的沟通、协调，共同形成打击私彩的合力。

广东省还坚持每两个月召集两个彩票中心开例会的制度，每次例会有一个中心议题，如研究市场监管、网点建设、财务管理、安全管理、宣传促销、打击私彩等等，共同谋划广东彩票业的发展大计。

（三）技术进步情况

先进的技术设备及销售系统是彩票销售的重要保障。“十五”期间是广东省彩票销售技术开拓创新，加快发展的时期。

广东省福利彩票发行中心在2000年提出了统一玩法规则、统一硬件标准、统一运行软件、统一管理模式、统一实施监控的“五统一”原则，对原销售系统进行升级改版，并经批准代替了原来的传统型电脑福利彩票。系统硬件设备选用IBM公司的高端产品S7A小型机等，系统应用软件采用经中国福利彩票发行管理中心（简称中彩中心）认证的彩票销售系统。2004年2月，建成了全国第一个通过中彩中心验收的热线系统，全省6 000多台投注机全部更换为一体化投注机，同时销售系统也由准热线升级为全热线销售系统，并实现了全省电脑福利彩票小奖通兑，成为“十五”期间全国实现此项服务的唯一省份。为保障销售系统数据的绝对安全，2005年12月广东省还完成了全国福利彩票第一个异地灾备系统建设项目的设计、论证和招标工作，并计划于2006年上半年投入使用。

广东省体育彩票管理中心配合国家体育总局体育彩票管理中心技术部和中体彩公司顺利完成了全省销售系统软件、操作平台的转换工作。为做好全热线的升级改造工作，2005年4月，经批准在广州设立了华南区域国家数据中心，目前所辖广东、福建、湖南、广西、海南等华南五省的销售系统已全部由半热线系统升级到热线系统。

二、彩票公益金筹集、分配和使用情况

广东省严格按照财政部、民政部《关

于印发〈社会福利基金使用管理暂行办法〉的通知》和国家体育总局、财政部、中国人民银行《关于印发〈体育彩票公益金管理暂行办法〉的通知》规定，加强对彩票公益金的监管，充分发挥公益金的作用，有利地支持了全省社会福利、体育、教育等公益事业的发展。

（一）福利彩票公益金

“十五”期间，广东省共筹集省级福利彩票公益金 3.88 亿元（不含深圳），其中 20%用于残疾人事业专项资金，20%用于基本医疗救助经费。以 14 个欠发达地区为资助重点，5 年来投入福利事业、优抚事业、社区建设服务事业和其他社会公益事业的省级福彩公益金共 2.33 亿元，资助项目 4 930 个，其中资助“星光计划”5 786万元，项目 3 215 个，占总支出的 25%；资助福利事业2 710万元，项目 542 个；资助优抚事业1 735万元，项目 347 个；资助社区建设服务事业2 135万元，项目 427 个；资助其他社会公益事业 1.1 亿元，项目 399 个。在 2003 年抗“非典”的斗争中，省级福彩公益金共资助 610 万元。这项行动，充分体现了福利彩票取之于民，用之于民的宗旨，树立了福利彩票良好的公益形象。2004 年从福彩公益金中拿出 52.99 万元，资助广东省 11 个经济欠发达市共 757 个社区建设图书室。

（二）体育彩票公益金

“十五”时期，广东省共使用体育彩票公益金 13.73 亿元，其中用于资助《全民健身计划纲要》7.84 亿元，包括用于建设全民健身中心支出1 985万元，建设全民健身工程支出 1.57 亿元，建设青少年体育俱乐部支出2 301万元，补助大型群众体育运动会支出2 656万元，用于支持各类群众性健身活动支出近 1.4 亿元，用于添置群众健身器材设施支出7 167万元，用于国民体质监测及群众体育科研等支出4 586万元，用于支边扶贫支出2 910万元，用于维修群众体育场地设施支出 1.94 亿元，其他用于支持不同层次业余运动训练支出7 733万元。支持“奥运争光计划”支出共计 5.88 亿元，包括举办和备战国际、国内大型运动会支出 2.76 亿元，用于维修训练场地支出 1.65 亿元，添置训练竞赛器材支出 1 263万元，研制和购进辅助设施支出 52 万元，用于改善训练生活条件支出 1.02 亿元，其他支出3 108万元。

（三）中央返拨公益金

“十五”期间，为认真贯彻落实江泽民同志关于“尽可能设法多建设一些健康的青少年活动场所和设施”的指示精神，广东省积极利用国家每年返还的彩票公益金为全省广大青少年学生提供校外活动场所。几年来，共新建青少年宫项目 57 个，投入资金 1.82 亿元，并投入 474 万元为 10 个原有的妇儿活动中心和青少年宫进行维护及增添设备，还举办了两期培训班，培训青少年宫建设、管理人员及教师 175 人次。彩票公益金为加强青少年学生的素质教育及青少年的健康成长贡献了力量。

（广东省财政厅综合处供稿，陈蔚兰执笔）

广西壮族自治区

一、彩票市场发展概况

"十五"计划期间，广西彩票经历了从弱到强，从小到大的发展历程。2001—2005年，全区共销售彩票59.71亿元（电脑彩票57.39亿元，即开型彩票2.32亿元），其中福利彩票机构销售50.08亿元，体育彩票机构销售9.63亿元。筹集彩票公益金20.61亿元。

（一）福利彩票

"十五"时期，广西福利彩票发行中心从市场需求出发不断创新电脑福利彩票游戏玩法。2001年1月，将35选7改为37选7，同年11月推出29选7，2002年8月又推出天天开奖的21选5，使福彩游戏结构不断趋于合理。为打击日益猖獗的地下六合彩和竞猜广西风采特码的外围私彩，于2003年5月和2004年9月先后推出了好运彩和快乐十分，这是广西利用市场手段打击私彩的有益尝试，其中好运彩获民政部创新奖。快乐十分上市16个月销售8亿多元，占同期广西福彩销量的42%，发展前景良好。遵照上级彩票机构"全国联销为主，各地玩法为辅"的方针，2003年底和2005年初先后加入了双色球和3D的全国联销，并通过努力逐步扩大了全国联销市场份额。2001—2005年5年间，广西电脑福利彩票的年销量从2001年的5.57亿元上升到2005年的13.43亿元，年销量呈逐年稳步上升趋势。

"十五"期间，在做好电脑福利彩票销售的同时，广西福利彩票发行中心克服困难，不断探索即开型福利彩票的销售方法，共销售即开型彩票1.93亿元。2005年，先后开设了7个中福在线销售大厅，当年销售在线即开型彩票800多万元。大奖组销售停止后，广西积极探索网点即开票销售，除在部分投注站、商店等固定场所销售外，还探索了在城市繁华地段设点日常销售，在农村乡镇赶圩巡回销售。2005年销售灵活设奖的网点即开型彩票1 200多万元。中福在线和网点即开型彩票将成为今后一个时期内广西福利彩票的新增长点。

（二）体育彩票

电脑彩票是"十五"时期广西体育彩票的主要品种。2001年元月9日，广西电脑体育彩票正式销售，玩法为排列6+1，首期销量137万元。此后，广西电脑体育彩票玩法不断扩充和变革，先后推出过35选7、四花选四、30选7、22选5、20选5、36选7、28选7、同花五、金银彩、七星彩、排列3、排列5等多种类型的乐透型电脑体育彩票。2002年4月广西正式获准销售足球彩票，引入了竞猜型的电脑体育彩票。这是广西电脑体育彩票发展过程中重要的里程碑。足球彩票是深受广大群众欢迎的彩种，第02014期足球彩票销量

707 万元，创造了“十五”时期广西电脑体育彩票单期销量的最高纪录。2005 年 3 月，竞猜型彩票品种又增加了篮球彩票。

由于区域联网和全国联网可以节约成本，奖池大，对彩民的吸引力大，自 2002 年以来，广西电脑体育彩票寻求玩法整合的路子，所有玩法于 2004 年全部并入了区域联网或全国联网。

“十五”时期，广西乐透型电脑型体育彩票销售 4.3257 亿元，占体育彩票总销量的 46.9%；竞猜型电脑体育彩票销售 4.8937 亿元，占 53.1%。

随着电脑体育彩票的兴起，即开型体育彩票渐渐没落。集中规模销售的难度加大，销量也逐渐降低，市场份额仅占 5%。

二、彩票市场管理情况

“十五”时期，广西财政和彩票主管部门，不断加大对彩票市场的监管力度，支持彩票销售机构加强管理、创新技术、改善服务，保证了全区彩票市场的健康发展。

（一）加强监督管理，强化服务意识

“十五”时期，各级财政部门作为彩票市场监管机构，通过建立健全各项管理制度，不断完善对全区彩票市场和彩票机构的监管。

1. 加强制度建设。根据《国务院关于进一步规范彩票管理的通知》，自治区人民政府印发了《自治区人民政府关于进一步规范彩票管理的通知》，为确保广西彩票市场健康发展奠定了基础；自治区财政厅先后转发了财政部制定的《彩票发行与销售机构财务管理办法》、《彩票发行与销售管理暂行规定》等一系列规范性文件，改变了广西彩票发行十几年来管理制度不统一的状况，为福利彩票和体育彩票公平竞争创造了良好的政策环境。

2. 逐步规范对彩票机构发行和销售彩票行为的管理。认真执行国务院和财政部有关彩票的各项管理制度，强化监管和提高服务并举。通过建立健全有关申报制度，使游戏申报、资金使用等逐步纳入规范化、制度化轨道；同时采取措施，大力支持彩票销售机构开拓市场、扩大销售。

3. 加强彩票资金管理。建立彩票机构财务收支计划审批和公益金使用报批制度，彩票发行费和公益金严格执行“收支两条线”管理。对彩票公益金的管理，一是严格执行国家政策，量入为出，突出重点，切实做到专款专用；二是健全制度，完善程序，规范管理；三是加强监督检查，防止资产流失。五年来，各级财政和民政、体育主管部门经常组织全区性的检查活动。2005 年，自治区财政监督管理部门组织了对全区 2003 年以来福利彩票发行收入和公益金收支情况的专项检查。

4. 打击非法彩票，维护市场秩序。一是根据财政部、公安部的部署，多次配合公安部门组织开展全区性的查处打击非法彩票专项治理行动，并与自治区公安厅联合发布了《广西壮族自治区举报“私彩”违法犯罪活动有功人员奖励办法》，遏止了非法彩票在广西的蔓延趋势。二是加强对彩票市场的监管，维护彩票市场正常秩序。根据国家有关政策规定，对个别地方发行非法彩票的行为及时制止，严肃处理。

（二）技术创新，确保发行安全

技术创新是控制经营风险、保证彩票

销售安全的重要手段。广西福利彩票发行中心为了确保彩票销售安全，不断加强销售系统技术改造。一是在全国率先进行将准热线销售系统改造升级为全热线销售系统的技术改造，提高了系统的运行速度和安全性能；二是开发完善快乐十分电子摇奖系统，增强了电脑彩票的科技含量和娱乐功能；三是根据各种游戏玩法的市场需求适时开设复式、胆拖、包点等投注方式，为实现投注方式多样化提供技术保障；四是开发投注站实时缴款结算系统，有效降低经营风险，保证资金安全；五是在中福在线即开彩票管理方面创新，提出并运用宽带虚拟拨号专用网的通信方式，采用 PC 作为柜员、监控一体机，充分利用了 ADSL 的带宽的稳定性，为系统扩容打下基础。

广西电脑体育彩票自 2001 年正式销售以来，一直使用半热线销售系统，2005 年下半年起，根据国家体育总局体育彩票管理中心的统一部署，开始着手进行全热线系统升级的筹备工作。为加强管理，广西体育彩票管理中心技术部于 2002 年开发了中心管理系统软件，在中心各部门和各分中心安装使用，管理者对全区网点信息、业务销量、缴款情况等进行共享，并通过消息系统互相发送信息，方便快捷，对内部管理起到了很好的辅助作用。

（三）营销创新，打造品牌形象

为了培育彩票市场，广西福利彩票发行中心不断推出形式多样、内容新颖的宣传营销活动。组建风采艺术团，深入基层为群众义演；大力宣传优秀投注站业主，树立诚信经营形象；组织中出百万大奖的投注站业主在泥模上按下掌印，并将泥模烧制成瓷砖陆续镶嵌在"见证福彩"墙上；邀请彩民到每周六的电视摇奖直播现场观看摇奖；与有关市县民政部门一起兴建"福彩示范五保村"，提升福利彩票的社会形象；建立"福彩助学基金"；建立具有用户管理、新闻投稿、稿件审查、新闻发布等功能，集网络与数据库最新技术于一体的彩票新闻快速发布系统，新闻信息处理效率和宣传工作质量都得到较大提高。广西体育彩票管理中心每年举行"体彩杯"体育竞赛活动，推动全区全民健身活动的开展。

（四）管理创新，增强发展后劲

1. 彩票机构的设置上按照自治区中心——市管理处（分中心）——投注站的三层构架建设，实行垂直管理，避免了自治区中心和市级行政主管部门双重管理下管理处（分中心）运作不顺畅、行动不快捷、市场反应慢、步调不一致的情况。两个彩票中心坚持和不断深化人事制度、分配制度和彩票发行管理体制改革，按业务发展需要成立了相关业务部门，定岗定职，明确各项岗位职责。

2. 建立健全各项管理制度。两个彩票中心制定并完善岗位、行政、财务、业务工作职责、技术操作规范、宣传工作等一系列管理制度，实行工作绩效考核制度，逐步形成规范化管理、企业化运作的模式，确保彩票销售系统的安全运行。为了提高管理工作标准化、制度化、规范化、程序化水平，广西福利彩票发行中心还于 2005 年 4 月启动了 ISO9001 质量体系贯标工作，经过北京某质量管理认证中心现场认证，于 2005 年 12 月 26 日取得了"质量管理认证证书"。

3.在站点管理方面始终坚持一手抓管理，一手抓服务，对长期管理不善、形象不佳、业绩差甚至有违规行为的投注站做出限期纠正或终止销售权的处理。广西福利彩票发行中心还开通了“11831111”热线服务电话，处理投注站业主业务咨询、投诉和投注机维修等事项，回答彩民的提问。广西体育彩票管理中心制定了销售点管理规定，从业务、技术操作和数据传送、财务上的催缴款、营销宣传等各方面加强对销售点的培训和管理，同时各分中心的技术员对销售点的终端机维修保养、故障解决、宣传品发放等提供优质服务。

4.在财务监督方面，严格实行经费预算管理制度，努力增收节支。广西福利彩票发行中心对日常支出采取“四定点三统一两控制”制度，即定点采购、定点加油、定点维修、定点接待，统一计划、统一招标、统一管理，着重加强对行政办公费用和在彩票销售过程中的各种耗材的核算管理，努力创建节约型企业。

三、彩票公益金使用情况

“十五”期间，全区共筹集彩票公益金20.61亿元（福利彩票17.31亿元，体育彩票3.3亿元），其中上缴中央财政11.02亿元，地方留成9.59亿元。“十五”期间全区地方留存彩票公益金资助项目资金支出8.19亿元，促进了全区福利和体育事业的发展。

（一）福利彩票公益金

2001年至2005年，全区福利彩票公益金地方留成收入共8.05亿元。自治区本级安排彩票公益金7.47亿元，资助了社会福利和社会公益事业项目6 266个。其中：资助“五保”村建设项目4 639个，资金2.41亿元；资助公办及民办福利院建设和改造项目388个，资金1.3亿元；资助乡镇敬老院849个，资金1.42亿元；资助光荣院建设和改造项目83个，资金3 410万元；资助殡仪馆建设项目30个，资金1 670万元；资助其他社会福利和社会公益事业项目277个，资金1.83亿元。截至2005年底，全区实际已完工的“五保”村是5 589个，完成的公办福利院41个，完成光荣院建设52个，殡仪馆建设项目1个，完成其他社会福利和社会公益项目277个。

“十五”期间，广西充分发挥福利彩票公益金的作用，首创了“五保”供养模式、率先启动了“残疾孤儿手术康复明天计划”、实施“白内障患者复明救助工程”，并资助各地兴建、改造、维修福利院、老年公寓、光荣院、敬老院、社区老年活动中心和社区读书援建等社会福利和社会公益事业项目建设，为促进广西的社会稳定和经济发展发挥了重要作用。

（二）体育彩票公益金

2001年至2005年，全区体育彩票公益金地方留成收入共1.54亿元，其中自治区本级8 935万元，市县6 465万元。自治区本级安排体育彩票公益金7 264万元，其中用于全民健身计划4 333万元，包括：资助建设全民健身活动中心8万元，建设全民健身工程1 047万元，资助青少年体育俱乐部97万元，补助大型群众体育运动会857万元，支持各类群众健身活动320万元，添置群众体育设施器材803万元，国民体质监测和群体科研62万元，支边扶贫

24万元，建设及维修群众体育场地1 115万元。用于"奥运争光计划"2 931万元，包括：资助参加全国运动会及办赛388万元，维修训练场地1 276万元，添置训练竞赛器材68万元，研制和购进辅助设施81万元，改善后备人才基地训练生活条件1 118万元。

（广西壮族自治区财政厅综合处供稿，谢立丹、秦国华、陈然执笔）

海南省

"十五"时期是海南彩票事业发展的重要时期。海南省财政厅加大彩票市场监管力度，加强彩票的制度建设和管理，指导和监督彩票销售机构，支持彩票市场开发。海南省民政厅、海南省文体厅积极配合、支持彩票销售机构奋发进取，勇于开拓，同心协力做好彩票发行销售工作，为海南省彩票事业的发展做出了积极贡献。

一、"十五"时期彩票销售情况

五年来，海南共发行销售彩票7.24亿元，其中：电脑型彩票销售5.81亿元，即开型彩票1.43亿元；筹集公益金2.45亿元。

五年间，海南福利彩票共销售3.57亿元，其中：电脑型彩票2.86亿元，即开型彩票0.71亿元，筹集公益金1.23亿元，拥有销售网点720个，提供就业岗位2 000个。

五年间，海南体育彩票共销售3.67亿元，其中：电脑型彩票2.95亿元，即开型彩票0.15亿元，筹集公益金1.22亿元，拥有销售网点300个，提供就业岗位600个。

二、"十五"时期彩票管理情况

（一）财政管理制度及政策

2000年1月，财政部《关于接收彩票监管职能有关事项的通知》下发后，省财政厅接收并行使了本省彩票市场行政管理职能，依法行使彩票市场、彩票发行额度管理及彩票发行销售方案审批、彩票公益金的使用和分配职能。2003年2月省财政厅下发了《关于加强彩票管理的通知》，规范了海南彩票发行和管理工作，要求任何市县、部门和单位不得擅自发行和变相发行彩票，各种彩票的游戏规则及发行方式必须报经财政部审批；彩票公益金实行省级统一缴拨，彩票发行经费缴入同级财政专户，按"收支两条线"制度进行管理；彩票机构要加强财务收支管理，严格控制发行费用，加强财务会计信息资料的管理。按照文件的要求，海南省彩票部门存在的财务收支混乱，管理薄弱状况，个别单位会计账实不符、账表不符，不严格遵守和执行彩票财务制度等问题逐一得到纠正。

为了更好地行使海南省彩票市场行政

管理职责，加强彩票公益金及发行经费的管理，2003 年 12 月省财政厅制发了《关于进一步规范和加强彩票管理的通知》明确划分了海南省财政厅和海南省彩票管理中心具体职责。海南省财政厅负责管理彩票发行额度、审批彩票发行销售方案、监督彩票公益金的分配和使用。海南省彩票管理中心负责协助省财政厅依法监管彩票市场，指导稽查打击非法彩票的活动，协助省财政厅对彩票销售的合法性、程序合规性进行审查和监管，督促公益金、发行经费及时足额上缴，提出扩大彩票发行的意见和建议。

（二）海南省福利彩票管理情况

1. 领导重视，创造环境。“十五”初期，省福利彩票发行中心（以下简称为“福彩中心”）曾发行过“海南风采”48 选 5 乐透型、15 选 5 小乐透、6 + 1 传统数字型 3 种彩票，但由于海南的彩票市场不规范，对福利彩票的发行造成较大影响。2002 年全省福彩销售仅3 296万元，2003 年仅销2 068.6万元。面对这样的局面，省民政厅党组召开会议，专题研究福彩发行问题，决定成立“海南省福利彩票工作领导小组”，厅长任组长，分管副厅长任副组长，厅党组明确提出把福利彩票发行工作当作民政部门的“一把手”工程。2003 年 10 月，海南省加入双色球全国联销的行列，为加快上市，厅领导身体力行，率先垂范，发行方案的制定、网点建设的规划实施等重大问题都由厅党组会议决策，为福彩的发行营造了良好的环境，使福彩在激烈的市场竞争中打开了新局面。2004 年，海南销售福利彩票 1.34 亿元，创造海南有史以来的最高纪录。2005 年，销售双色球、3D 彩票 1.39 亿元，保持了稳定的发展。

2. 夯实基础，抓好站点。五年来，海南福彩中心针对市场较小，网点布局不合理、管理不到位、单机销量偏低的情况，对原销售站点进行规划调整，销售终端机由 2001 年的 150 台增加到 2003 年的 464 台，2005 年又增加到 720 台。为了提高站点的管理、营销水平，海南福彩中心一是抓好站点的培训工作，对全省 720 个投注站业主和销售员进行一年四期的定期专题业务培训；二是抓好站点形象建设，对不规范、销量低的站点进行调整，采取措施，切实提高销量。

3. 加大宣传，扩大影响。五年来，海南福彩中心利用《海南日报》、《海口晚报》等开设福彩专版；在省电视台、海口电视台公共频道设“阳光无限”和“福彩与你同行”福彩专题，以不同形式天天报道福彩信息和开奖公告。2004 年创办了《福彩之声》专刊，刊登国家的彩票政策、公益金使用等信息，定期发到彩民手中，受到彩民欢迎，效果良好。2001 年以来，海南福彩中心共印制宣传单、海报、彩票号码信息图等约 800 万份，宣传横幅6 000 条，出动彩车宣传 50 辆（次），有效地扩大了福彩的影响，提升了福彩形象。

4. 依靠制度，规范管理。海南福彩中心先后制定了《海南省福利彩票发行中心领导分片联系工作制度》、《海南省电脑福利彩票投注站技术维修服务首问负责制度》、《海南省电脑福利彩票信息通报反馈制度》、《海南省电脑系统发行销售福利彩票安全管理规程》、《海南省各市县福彩办工作考核办法》、《海南省福利彩票投注站管理规定》和《海南省福利彩票发行中心机房管理制度和突发事故应急预案》等10项制度。这些制度明确了省、市（县）销售机构和投注站的职责，保证了全省电脑福利彩票销售的规范管理和高效运行。

5. 加强管理，确保安全。为了贯彻落实民政部2001年提出的"以电脑票为主，以即开票和电视票为两翼，三管齐下，全面推进"的发展方针，海南福彩中心建立了计算机中心机房，保证了当时发行的"海南风采"电脑彩票的正常运转。为适应福利彩票发展趋势，2002年，海南福彩中心扩大改造了中心机房的规模，2004年根据中国福利彩票发行管理中心的要求，又更新了一批关键设备，确保了全热线系统的安全运营，为多种新玩法同时运行提供了技术支持。开通了实时交款的技术窗口，确保彩票资金足额按期上缴，对逾期欠款实行自动停机管理，保证彩票正常销售和资金结算的安全运行。

6. 管好资金，确保安全。海南福彩中心在"十五"期间加强彩票资金的管理工作，做好彩票资金的上缴管理。对公益金、发行费的管理使用，严格执行国务院、财政部、民政部的规定，实行"收支两条线"管理。公益金按时足额上缴，从未以任何理由和方式拖欠、截留，发行费的使用则接受省审计厅、省财政厅和省会计管理中心的监督，确保了资金的安全。

（三）海南省体育彩票管理情况

1. 坚持以人为本，注重制度建设，实施科学管理，提高全员素质。海南省体育彩票管理中心（以下简称"体彩中心"）树立"人是决定因素"的管理理念，注重从业人员职业道德的培养和综合能力的提高。建立岗位责任制，对岗位职责做了明确细化的规定；实行目标管理，以绩效考核促进工作；制定重大工作事项的议事程序，建立科学决策管理机制；制定重大突发事件应急预案，提高对重大、突发事件的迅速应对和正确处理能力。海南体彩中心坚持管理出效益，强调具有责任意识和执行能力，因为这是保障制度建设，落实规章制度，实施有效管理的核心。内部实行岗位问责制，对各项工作实行层级管理和考核；对外实行首问责任制，向社会公布省中心的办公地址、电话，及时受理和妥善处理各类问题。

2. 不断创新体育彩票宣传形式，拓宽"公益体彩"的宣传渠道。以"公益体彩"作为体育彩票宣传的核心理念，积极主动与全省各大媒体合作，强化宣传舆论导向功能，扩大宣传影响力。积极推进体育彩票与社会公益事业的密切联系，引导彩民在参与体育彩票消费、娱乐的同时，参与社会公益活动。

3. 注重市场调研，强化营销管理，增强市场竞争力。成立省体彩中心市场调研小组，实施以海口地区为主，以各市县为基础的全面调研。在市场调研的基础上，认真分析评估，积极申报适合海南省彩市需要的多种玩法。为提高销售效益，海南体彩中心对销售站进行分类设置，按照专营、主营、兼营三个层次，在不同的区域合理地设置销售站，努力提高对不同需求彩民群体的服务质量，以吸引彩民更加关注体育彩票。

4. 牢固树立彩票销售"安全为天"、"资金为重"的管理意识，切实做好彩票的安全管理工作。海南体彩中心就系统操作、维护，设备检查、维修制定了明确、细化的工作制度和操作流程。同时，在销售站的管理中制定了明确细化的销售责任和规范操作程序，并加强日常监督和管理。“十五”期间，海南体彩中心严格遵守彩票销售和资金管理的各项规章制度，实现了安全、规范的资金管理。

三、海南省彩票市场监管情况及政策

五年来，省委、省政府在规范海南彩票市场、打击私彩方面做了一系列工作。2001 年 3 月，部署了在全省范围内开展打击取缔私彩的“百日大战”行动；2002 年 4 月省社会治安综合治理委员会组织开展了为期 3 个月的专项治理行动；2004 年 10 月省政府办公厅向市县政府转发了省综合治理办公室等单位的打击取缔私彩治理方案的通知；2005 年 3 月，按照全国打击赌博犯罪活动的部署，省综合治理委员会把私彩作为海南赌博的主要活动之一加大力度予以打击，极大地遏制了私彩。省财政厅积极参与省政府组织的上述打击私彩专项治理活动，发挥自身职能，一方面加强对公彩发行过程的监管，另一方面加强督促指导，依靠当地政府稽查和打击私人彩票营销活动。2001—2003 年，省彩票管理中心组织了四支稽查队伍，在全省范围内，开展稽查和打击私彩活动，取得较好的效果。2004 年省彩票管理中心精简了人员，把工作的重点转移到加强督促指导上，充分依靠市县政府的力量打击私彩。据统计，2001—2005 年，全省取缔私彩摊点14 708个，查处私彩人员7 948人，罚没1 675万元。

“十五”期间，海南在打击私彩方面逐渐形成了一级抓一级，层层落实责任制的工作方式，各地区、各职能部门分工协作，各司其职，而且在打击私彩采取的措施上，各有特色。2001 年省纪委、省监察厅发布了《关于共产党员、国家工作人员参与私彩活动党纪政纪处分暂行规定》，这在全国来说，属首创；2005 年省人民政府还专门发布了《关于严厉打击发行印制销售购买非法彩票行为的通告》。许多市县在专项治理的同时，广泛进行舆论造势，利用宣传车、电视广播、张贴标语、悬挂横幅等形式宣传打击私彩。一些地方还组织秧歌、快板表演小分队、老人琼剧团、业余琼剧团在群众广场举行“打击私彩”琼剧公演，使广大群众受到教育，收到很好的社会效果。

（海南省财政厅综合处供稿，孔华、符礼伟执笔）

重庆市

“十五”期间，重庆市共销售彩票 27.07 亿元，其中，福利彩票 18.3 亿元，体育彩票 8.77 亿元。分类型看，销售电脑彩票 25.52 亿元，即开型（含在线即开型）

彩票1.55亿元。五年间为国家筹集公益金9.2亿元。

一、认真执行彩票政策，加强彩票市场监管

“十五”期间，重庆市认真执行国务院和财政部彩票管理政策，加强和规范彩票发行及管理工作。财政部门通过严格审查彩票游戏规则及发行销售方案，定期检查电脑彩票销售系统安全性和彩票销售、开奖情况，现场监销彩票废票等，履行彩票市场监管职能。

按照财政部工作部署，2001年重庆市财政局会同公安、监察、质量技术监督、民政、体育等部门，在相关新闻媒体的监督下，对重庆市两家彩票机构电脑销售系统的安全性以及安全保障措施进行了全面检查，以有效地消除各种安全隐患。根据《财政部关于加强电脑系统发行销售彩票安全管理的紧急通知》，建立了电脑系统发行销售彩票定期检查制度。重庆市财政局还定期检查地方开奖的时时彩、33选7、20选5游戏的开奖过程，并形成书面检查记录存档。

财政部《即开型彩票发行与销售管理暂行规定》下发后，重庆市财政局结合重庆市实际，提出了若干贯彻意见，下发彩票机构执行。财政部恢复部分地区即开型彩票实物设奖试点后，重庆市财政局严格按照规定的程序对彩票机构的设奖方案、彩票机构与协作商的协议和奖品采购合同进行审查。按照《财政部关于暂停集中销售即开型彩票的通知》，委托中介机构对两家彩票机构2004年上半年发行销售即开型彩票的情况进行了检查，并就检查出的问题与两家彩票机构交换了意见，责成彩票机构限期整改，同时将检查结果上报财政部备案。

按照财政部要求，对两家彩票销售机构的对外合作情况进行了认真清理，并提出处理意见上报财政部。2005年针对福利彩票中心对外合作销售中存在的问题，及时向财政部、民政部汇报，尽量减轻由于个别新闻媒体不实报道给彩票市场造成的负面影响和冲击。同时，按照财政部、民政部和重庆市政府专题会议纪要的要求，督促福利彩票中心对时时彩对外合作销售中存在的问题进行彻底整改，消除了安全隐患，规范了彩票机构的对外合作行为。

二、严厉打击非法彩票，维护彩票市场正常秩序

“十五”期间，重庆市严厉打击和取缔各种非法或变相彩票，制止和纠正违规发行彩票的行为，维护彩票市场的正常秩序。

2001年，重庆市长寿县（现长寿区）出现非法彩票销售活动，重庆市财政局接到举报后，立即进行调查并督促长寿县财政局会同县民政局、县公安局、县工商行政管理局联合查处，收缴非法彩票销售活动工具，没收非法所得。2002年，重庆市梁平县合兴镇出现利用有奖猜谜变相发行彩票的违法活动。重庆市财政局接到举报后，立即责令梁平县财政局会同县公安局进行查处，收缴了非法发行彩票的工具，退还了参与群众的投注资金，对有关人员进行了严肃处理。2003年，忠县少数不法分子利用政策漏洞，搞名为有奖猜谜的活动，实则利用高额赔率诱惑群众，诈骗群

众钱财。重庆市财政局接到举报后，立即通知忠县财政局会同当地公安机关进行制止和查处。

2003年按照财政部、公安部在全国范围内开展打击地下六合彩和赌球等赌博活动专项治理行动的工作部署，重庆市财政局会同市公安局成立了专项治理行动联合领导小组，组织公安警力集中力量对全市赌博活动实施了打击。据统计，全市共出动警力12 500余人次，检查各种重点部门、场所5 900余处，查处非法发行彩票案件3件，赌球7件，利用“啤酒”机赌博82件，其他赌博治安案件530件，治安处罚1 876人，刑事拘留20人，收缴各种赌资折合人民币117万元。

2005年为贯彻国务院关于打击赌博违法犯罪活动专项行动会议精神，重庆市人民政府专项督导组前往部分区县进行督察，向社会公布了打击非法或变相发行彩票的举报电话，建立举报奖励制度。在公安、工商部门的配合下，查处江津市白沙镇不法分子利用有奖猜谜变相销售彩票的活动，制止和纠正永川市某商家利用有奖销售发行“衣彩卡”的违规行为。为净化中福在线即开型彩票的销售环境，现场查处并销毁了游戏室赌博机120台。

三、建章建制，规范彩票机构财务管理

“十五”期间，按照财政部有关规定，财政部门进一步加强和完善了彩票机构的财务管理。通过强化彩票机构财务收支计划编制管理，促使彩票机构严格控制各项支出，确保彩票机构业务活动的正常开展。

2001年，重庆市财政局制发了《关于加强和完善彩票机构财务及彩票资金管理的通知》，将彩票机构的发行费纳入财政专户，实行“收支两条线”管理。2005年将两家彩票机构的发行费和公益金纳入非税收入收缴系统进行征管。

根据财政部办公厅《关于彩票停止销售后奖池资金和调节基金余额处理办法的通知》，要求两家彩票机构按照规定设置一般调节基金。使用一般调节基金，两中心报财政部门批准后方可动用，并每季度末向重庆市财政局报送“彩票调节基金使用、结存情况表”。

2004年，根据财政部对重庆市两家彩票机构财务管理情况的检查结论和处理决定，重庆市财政局督促两家彩票机构进行纠正，并对处理决定的事项逐一落实。同时，责成两家彩票机构加强对彩票销售过程的财务管理，严格执行彩票管理的各项规章制度。2005年将两家彩票机构的采购事项纳入政府采购，通过政府采购系统，福利彩票机构完成了2006年彩票销售终端机和彩票销售软件系统、HP小型机维护、电子开奖设备及软件的采购。

四、加强市场引导，积极开拓彩票市场

“十五”期间，重庆市两家彩票中心根据机构性质和市场定位的特殊性，加强市场引导，加强对外宣传，通过改善销售网点环境和加强销售人员素质培训，强化了销售网点的建设，提高了工作效率。“十五”期末，重庆市共有福利彩票投注站1 465个，体育彩票投注站920个。“十五”期间，重庆市除2002年彩票销量略有下滑

外，后三年的彩票销量均呈上升趋势。

"十五"期间，重庆两个彩票机构不断调整电脑彩票游戏玩法，以适应市场需求。2002 年重庆市福利彩票发行中心将同质性游戏 32 选 7 和 37 选 7 进行了调整，用小盘乐透 20 选 5 游戏取代 32 选 7 游戏，修改了 37 选 7 的设奖方案。2003 年 2 月，重庆市作为全国第一批省市加入到全国联网的双色球电脑福利彩票销售中，销量达到全国中上游水平，在重庆市彩票销量中占有较大的市场份额。2004 年 2 月，改 37 选 7 游戏为 33 选 7。同年 11 月，推出了全国联网销售的 3D 玩法，12 月重庆自行开发的快节奏基诺型电脑彩票时时彩上市销售。

2001 年，在重庆销售的电脑体育彩票仅有 30 选 7 和足球彩票两种游戏。至 2004 年，先后曾有十几种不同玩法的电脑体育彩票在重庆市销售。2002 年 7 月，体育彩票推出 21 选 5 小盘游戏；2003 年 10 月推出 15 选 5 游戏；2004 年 2 月推出足球彩票全国联网进球彩游戏，5 月推出全国联网七星彩及附加游戏，7 月推出全国联网金银彩游戏，10 月推出 13 选 5 加 4 选 1 和 13 选 5 两种游戏，11 月推出全国联网排列 3 游戏，12 月推出 36 选 7 游戏；2005 年推出足球彩票任选 9 场、排列 5 和篮球彩票等等。

在即开型彩票销售方面，两家彩票销售机构利用各自优势，采取多种营销模式，加大宣传力度，促进销售。2002 年，福利彩票中心推出了重庆 8 区 1 县统一销售、同时派奖的亿元福利彩票大联销活动，同年 12 月，福利彩票中心和江北区 64 个社区居委会开展"星光彩票走进社区"活动，当年销售即开型彩票2 349万元。2003 年重庆市福利彩票发行中心制定并实施了以"2003 重庆福彩狂欢周"为龙头，占领主城区，抓好"三峡库区大奖组"策略，全市 33 个区县（市）组织销售即开票大奖组，共销售5 001.8万元。体育彩票中心利用公众媒体拓宽体育彩票与基层民众的接触，充分发挥"两江四岸"全民健民活动开展等资源优势，合理进行即开型彩票销售布局，2002 年销售即开型彩票2 912.9万元，2003 年销售1 619.9万元。受西安"宝马案"影响，财政部决定从 2004 年 5 月 15 日起暂停集中销售即开型彩票，当年重庆市即开型福利彩票仅销售 86 万元，即开型体育彩票销售 363 万元。

五、加强彩票公益金的使用监管，促进社会公益事业发展

"十五"期间，重庆市财政局加大彩票公益金的催收力度，根据重庆市彩票市场的发展情况，会同有关部门合理确定彩票公益金市与区县的分成比例和使用方向，进一步加强彩票公益金的使用监管，促进了社会公益事业的发展。"十五"期间，重庆市共筹集彩票公益金 9.2 亿元，其中，福利彩票公益金 6.2 亿元，体育彩票公益金 3 亿元；上缴国家 4.8 亿元，市级分成 2.9 亿元，区县分成 1.5 亿元。

"十五"期间市级福利彩票公益金共安排 1.9 亿元，其中，用于资助社区建设 4 608万元，社会福利院、老人公寓新建及改扩建7 821万元，改扩建农村敬老院建设、"五保"家园1 563万元，资助优抚单位 505 万元，资助在乡老复员军人大病医疗补助 600 万元，城镇、农村医疗救助

500万元，资助救助站、殡葬单位改造及设备购置782万元，贫困地区困难群众救助慰问727.8万元，孤残儿童医疗手术费280万元。区县公益金主要用于乡镇敬老院建设及设备购置，贫困山区农村社区建设以及福利救济专项支出等项目计1亿元。

“十五”期间市级体育彩票公益金共安排1亿元，其中，用于重庆奥林匹克体育场、游泳跳水馆建设7 120万元，全民健身工程1 000万元，重庆市体育馆场地维修维护600万元，三峡库区“雪炭工程”284万元、青少年体育活动俱乐部配套资金77万元，全民健身长廊建设218万元。区县体育彩票公益金用于开展全民健身活动，弥补运动会经费等项目计4 330万元。“十五”期间，重庆共建成市级大型体育场馆1个，区县体育场馆18个，全民健身路径290条，全民健身基地6个，青少年俱乐部55个，充分发挥了体育彩票公益金的作用。

（重庆市财政局综合处供稿，李琦执笔）

四 川 省

“十五”时期，四川省彩票市场进一步规范，管理制度进一步完善，销售技术不断进步，销售规模逐渐扩大，彩票公益金促进全省社会福利和体育事业的发展，支持全省92所青少年校外活动中心的建设成效明显。彩票业的发展，解决了部分人的就业问题，为国家缴纳税收3.25亿元。

一、彩票销售情况

“十五”时期，四川全省累计销售彩票69.41亿元，占1988年发行彩票以来的61%，比1988—2000年彩票销售总量增长54.6%。其中，电脑型彩票销售65.30亿元，即开型彩票销售4.1亿元。福利彩票销售21.38亿元，体育彩票销售48.03亿元。“十五”时期，全省累计筹集彩票公益金23.48亿元。

2001年，全省销售彩票14.45亿元。2002—2004年彩票市场处于下滑趋势，2002年销售11.67亿元，较上年下降19.3%。2003年双色球彩票上市，提高了福利彩票销量，全省销售彩票12.28亿元，较上年增长5.2%。2004年受西安“宝马案”的影响，销售彩票10亿元，较上年下降18.6%，销量为“十五”时期最低。2005年，新上市的3D和排列3游戏销售火爆，使全省彩票销量达20.28亿元，成为“十五”时期销量最高的一年。

从彩票销售的类型情况看，“十五”时期，全省乐透型彩票销售53.96亿元，竞猜型彩票销售10.54亿元，即开型彩票销售4.91亿元，分别占销售总额的78%、15%、7%。

（一）福利彩票销售情况

“十五”时期，福利彩票累计销售21.38亿元，占1988年发行福利彩票以来

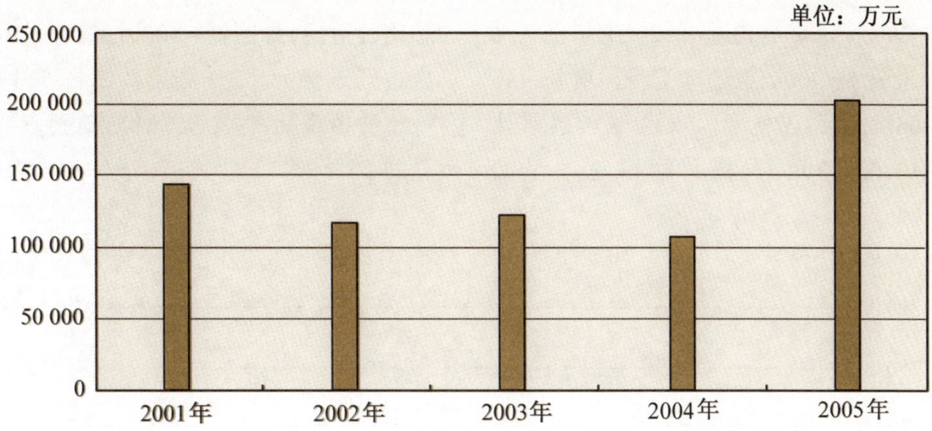

2001—2005 年四川省彩票销量统计图

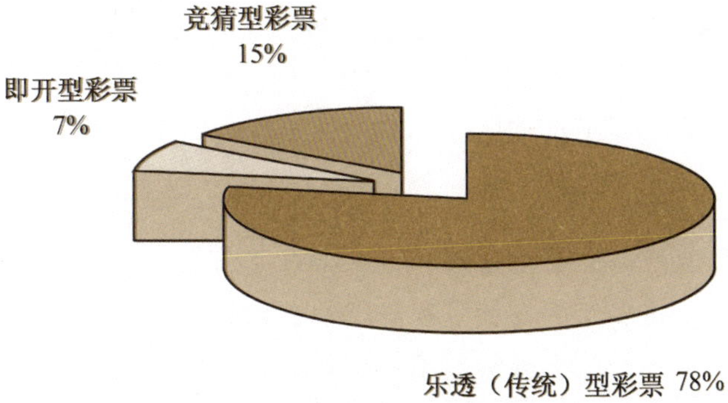

"十五"时期四川省各类型彩票市场份额图

的 50%，年均增长 13.6%。"十五"期间，四川福利彩票经历了艰难曲折的发展过程。2001 年，四川电脑福利彩票年销售 1.6 亿元，较上年下降 62%。2002 年跌至最低谷，仅销售 5 800 余万元。2003 年，四川福利彩票抓住双色球上市发行的良好契机，在总结前两年工作教训的基础上，加强制度建设，狠抓站点管理和市场营销等各项基础性工作，取得了较为显著的成效。2003—2005 年，全省电脑福利彩票年销量三年三大步，实现了跨越式发展。2003 年电脑福利彩票年销售 1.6 亿元，较上年增长 1.89 倍；2004 年达到 4.47 亿元，较上年增长 1.69 倍；2005 年首次突破 10 亿元大关，达到 10.6 亿元，较上年增长 1.37 倍。5 年共销售电脑型福利彩票 18.9 亿元，占福利彩票销售总量的 88%，即开型彩票 2.48 亿元，占福利彩票总量的 12%。

"十五"时期，福利彩票先后推出了 35 选 7、22 选 5、22 选 7、6 + 1、29 选 7、双色球、天天彩、好运彩和 3D 等 9 种游戏玩法。其中，双色球彩票 2003 年上市后，逐渐得到彩民的认可，销量稳步上升。由最初月销量150万元，上升到月均销量2 950万元，最高达5 200万元。年销量由2003年的1.6亿元，上升到2004年的4亿元，增长1.5倍，2005年达到5亿元。双色球彩票累计销售10.63亿元，占福利彩票总销量的50%。3D游戏在2005年刚一上市便受到彩民的追捧，月销量4 400万元，单月最高销售达到1亿元。3D彩票共销售5.3亿元，一年的销量就占"十五"时期福利彩票总销量的25%。

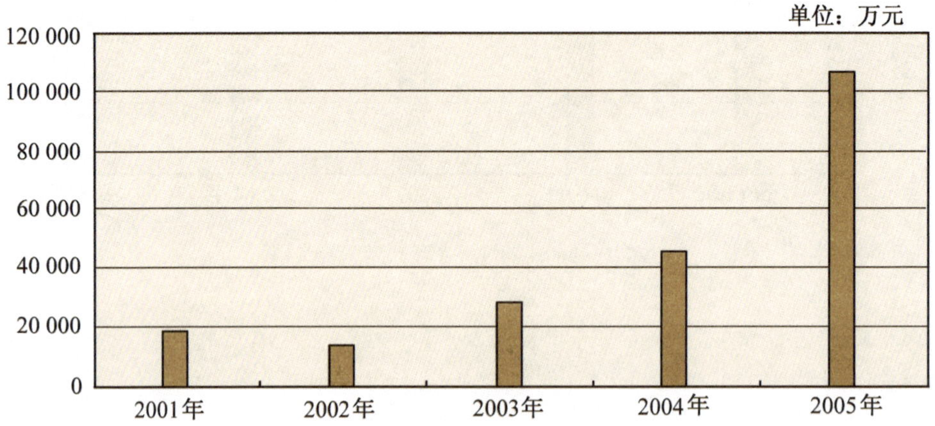

"十五"时期四川省福利彩票销量统计图

（二）体育彩票销售情况

四川体育彩票靠着严格的安全管理和精益求精的工作作风，在多年的发展过程中，做到了全程安全运行，是全国为数不多的未受到国家体育总局体育彩票管理中心违规通报的省（区、市）中心之一，每年均受到国家体育总局体育彩票管理中心的表彰。四川体育彩票也是西部地区唯一一年销售量突破10亿元的省份。

"十五"时期，四川体育彩票累计销售48.03亿元，占1994年发行体育彩票以来的67.5%。其中，电脑体育彩票销售46.40亿元，占彩票销售总量的96.6%，即开型体育彩票销售1.63亿元，占销售总量的3.4%。2001年，四川体育彩票以12亿余元的销售额排名全国第五位，也是全国体育彩票年销售量突破10亿元大关的五个省（市）之一。2002年，四川体育彩票销售量再次突破10亿元，排名全国第七。2003年四川体育彩票销售9.41亿元，比上年下降8.6%。2004年受西安"宝马案"的影响，销售6.16亿元，比上年下降34.5%。2005年四川体育彩票抓住排列3游戏销售火爆的机遇，加强宣传营销力度，当年销售彩票9.61亿元，比上年增长56%。

"十五"时期，四川体育彩票先后推出了四花选四、足球彩票胜负游戏、足球彩票进球游戏、七星彩、排列3、排列5、36选7、22选5、足球胜负彩票任选9场游戏等玩法。其中，七星彩游戏从上市以来一致受到彩民的喜爱，是四川体育彩票的主打产品，销量也在全国联销中排名靠前，5年累计销售29.49亿元，占体育彩票总销量的61.4%。排列3游戏在2004年底上市，月销量仅300万元左右。2005

年加大了对排列 3 游戏的宣传营销力度，月均销量达3 800多万元，最高单月销量达6 700多万元，累计销售 4 亿元，该游戏成为四川体育彩票销售的新增长点。足球彩票 2001 年上市以来，销售基本平稳。2002年和 2003 年销量增幅较大，2003 年销售达 3.31 亿元，是 5 年中销量最高的一年。足球彩票累计销售 10.5 亿元，占体育彩票总销量的 21.86%。即开型彩票销售 1.63 亿元，占销售总量的 3.4%。

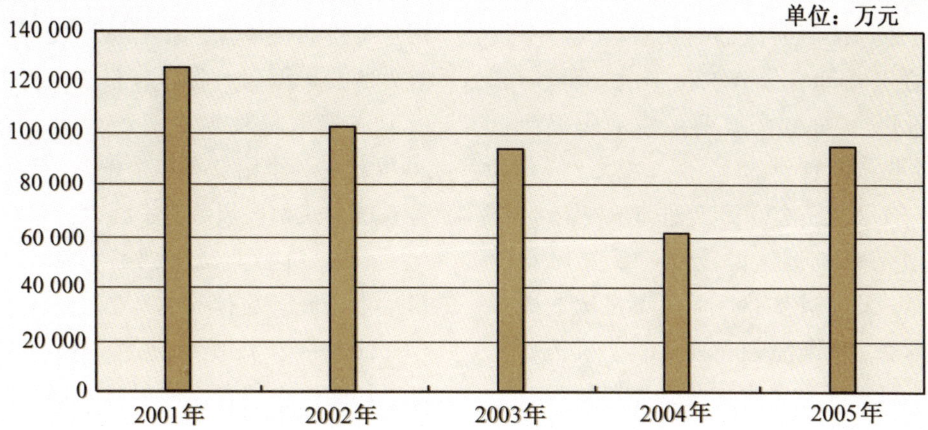

“十五”时期四川体育彩票销量统计图

二、彩票市场管理情况

（一）健全制度，规范管理

“十五”期间，省财政厅根据国务院和财政部制定的彩票管理制度及规定，相继转发并制定下发了一系列彩票管理制度和办法，从游戏规则的审核报批、彩票销售、数据传输、开奖、兑奖、票款安全、风险管理到彩票公益金、发行经费“收支两条线”管理、调节基金管理等方面都做了明确的规定。尤其是《即开型彩票发行与销售管理办法》的制定，完善了即开型彩票发行的审核报批、资金结算及账户管理，从政策上和制度上进一步规范了即开型彩票的销售行为。2004 年，财政厅对全省集中销售即开型彩票的销售情况、彩票机构与协作商的合作情况、即开型彩票的抽奖与兑奖管理、弃奖处理、奖品设置与采购以及财务收支等情况进行了清理检查，并对部分即开型彩票特、一等奖的获得者进行了抽查回访。为了保证电脑彩票销售安全，省财政厅要求彩票机构就各工作环节制定并报送操作规程，并不定期到彩票机构对电脑彩票发行销售及数据安全情况施以监督管理。彩票机构对彩票的销售、兑奖、数据收集、开奖等工作环节均制定了严格的安全管理措施和操作规程。省体育彩票机构还制定了各类突发事件的处理程序及办法，汇编成《预警制度》发放到中心各部门和管理站，并与省公证处一道对电脑型彩票的公证内容、公证程序以及各个环节均加以完善，明确责任。

（二）关注市场动向，维护市场秩序

2005 年，四川 3D 和排列 3 彩票销售异常火爆，彩票机构在销售宣传中存在着舆论导向把握不当，宣传有失公正等问题。对此，省财政厅及时召集彩票机构学习相关文件，加强沟通，要求彩票机构妥善处理好与竞争对手的关系，构建和谐、良性的竞争环境，并纠正和规范销售行为。同时，按照财政部的要求，及时下发《关于加强排列 3 排列 5 和 3D 游戏风险管理的通知》，抑制彩票购买中的非理性行为，加强风险管理。

（三）强化资金管理,促进票款安全

“十五”期间，财政部门认真履行管理职责，及时清算并督促彩票机构上缴彩票公益金，不断完善和规范彩票机构财务收支计划管理和“收支两条线”管理。为了提高彩票资金解缴率，保证资金安全归集和管理，省彩票机构与银行、电信等部门合作，建立了彩票投注站实时缴款系统，对彩票销售资金的解缴进行实时监控，按制度对彩票投注站加大清理欠款力度，有力地保证了彩票资金安全和及时归集。同时，还制定出方便快捷的彩票资金查询及核对办法，为全省1 000多个投注站提供账务往来查询。

（四）完善机构管理体制，推进销售技术进步

省彩票机构在“十五”初期，相继建立了上下协同、权责清晰的垂直管理的市（州）彩票管理站。管理站在省彩票机构的统一领导和部署下对所辖销售网点进行管理，提供技术维护，负责宣传和兑奖工作。彩票机构垂直管理模式，有利于加强内部管理，促进彩票市场的发展。2005 年，省福利彩票机构又进一步深化管理体制改革，将各市（州）管理站改建为福利彩票发行分中心。同时，财政部门积极支持彩票机构推进技术进步，促进彩票销售技术创新和管理创新。全省福利和体育彩票销售系统技术已全面升级，实施全热线销售，开通了边远地区彩票销售系统，延长了全省彩票销售时间，为全省彩票发行销售工作的整体推进和可持续发展提供了有力的技术保障。省体育彩票机构圆满完成了成都区域数据中心的建设工作。到 2005 年底，全国已有 9 个省、市、区的销售系统与成都区域数据中心进行了对接。

（五）打击非法彩票赌博活动，促进彩票市场健康发展

2003 年，按照财政部、公安部等五部、局的统一部署，四川省开展了严厉打击非法彩票等赌博活动专项治理行动。省财政厅与公安厅等部门密切配合，从调查清理入手，针对非法彩票等赌博活动的具体情况，突出重点，部署了专项整治工作。各地成立了专项治理行动联合领导小组，结合本地实际，采取强有力的措施，查处了多起地下赌球和非法六合彩赌博案件和涉案人员，缴获了部分赃款和作案工具。全省专项治理行动工作取得了一定成效，为国家彩票发行创造良好的外部环境和推动全省彩票市场健康发展起到了积极的作用。

（六）加强宣传，提升形象

“十五”期间，彩票机构充分利用报纸、电视、电台等新闻媒体和路牌灯箱、公交车身、街头宣传活动等户外广告进行宣传，树立国家彩票的社会公益形象，维护国家彩票的公信力。2004 年，省体育彩票机构开展了公正、公开、公平宣传月活动和四川体育彩票发行十周年暨电脑型体

育彩票发行五周年专题宣传活动。还邀请电视台拍摄制作了多期反映电脑体育彩票公开、公正、公平性的电视片在电视台播放。省福利彩票机构坚持"决胜终端"的工作方针，狠抓对投注站的管理和服务，其散布在全省的大部分投注站均为专门场地、专人销售的彩票专营店。同时，彩票机构加大对投注站人员的培训力度，不定期地对销售点业主和销售人员进行游戏规则、技术操作、宣传及销售技能、管理要求等方面的系统培训，全面提高销售人员的业务素质和服务意识，提高服务质量，构建诚信体系，促进彩票市场稳定发展。

三、彩票公益金管理及使用情况

"十五"时期，四川省累计筹集彩票公益金23.48亿元，占1988年发行彩票以来的64%，比1988—2000年增长74%。5年共上缴中央彩票公益金12.30亿元，省级留成5.6亿元，返拨市（州）、县5.58亿元。筹集的彩票公益金为全省社会福利和体育事业的发展以及青少年校外活动场所建设做出了积极贡献。

"十五"期间，四川省财政厅逐步取消了民政、体育部门的彩票公益金过渡户，由彩票机构直接将公益金缴入省级财政专户，实行全省统一管理。省财政厅根据财政部确定的分配比例，将中央分成的公益金上缴至中央财政专户。按照省财政厅和省民政、体育部门当年共同确定的分成比例，将市（州）分成的公益金拨至市（州）财政专户。各级财政部门对彩票公益金实行了部门预算或"收支两条线"管理，加大对彩票公益金的执行和监督检查力度，保证彩票公益金的专款专用，不断提高彩票公益金使用的社会效益和经济效益。

"十五"时期，全省共筹集福利彩票公益金7.39亿元，其中，上缴中央3.82亿元，省级1.38亿元，市（州）县级2.19亿元。财政和民政部门先后制定了《四川省社会福利基金筹集使用管理办法》和《"星光计划"项目实施管理暂行办法》等规范性文件，建立了福利彩票公益金管理使用备案制度。2002年民政部门派出检查组对部分市（州）的"星光计划"专项资金和福利彩票公益金的管理使用情况进行

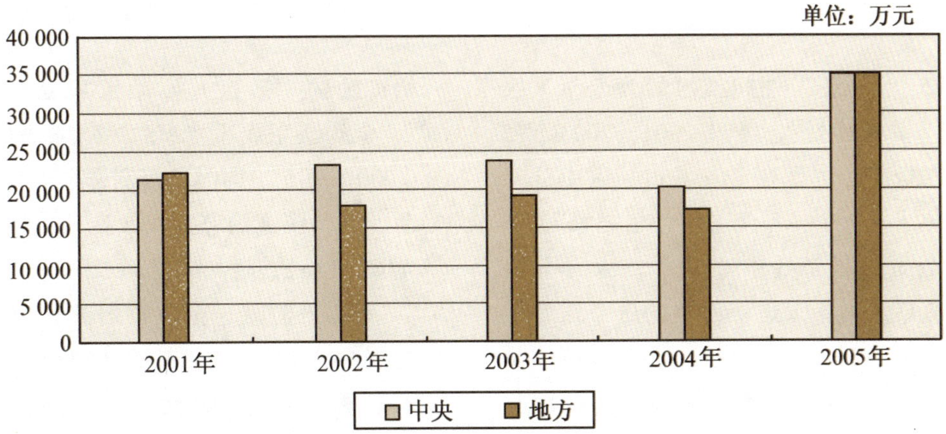

"十五"时期中央与四川省彩票公益金分成情况

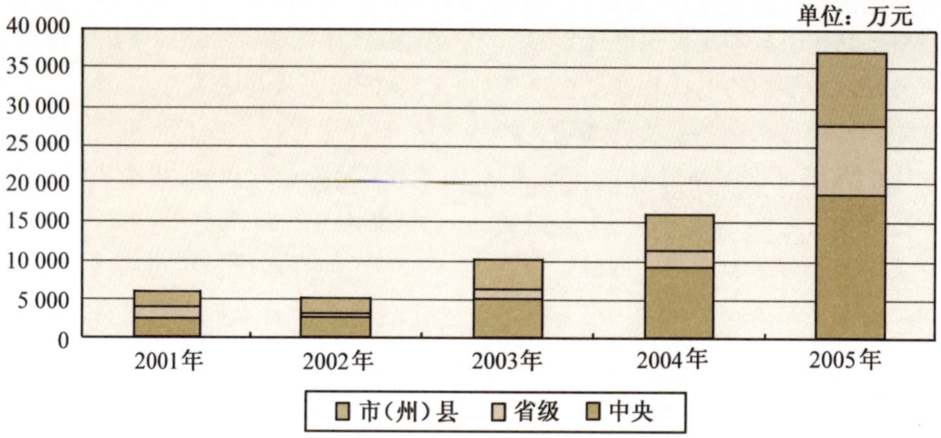

“十五”时期四川省福利彩票公益金分配情况

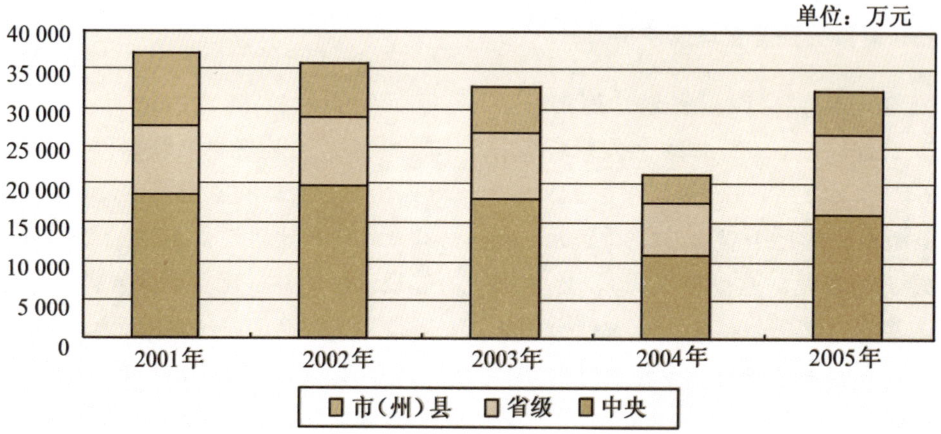

“十五”时期四川省体育彩票公益金分配情况

了检查。“十五”期间推出的为老年人服务的“星光计划”，经过 2001—2003 年 3 年的积极努力，已在全省城市社区中分三批建成了 658 个“星光老年计划之家”，基本覆盖了全省主要中心城市的大部分社区，把广大老年人迫切需要的服务送到了他们的家门口，得到了社会各界，特别是广大老年人的普遍称赞。“星光老年计划”工程成为建设时间长、投入资金多、覆盖面广、社会效益好的福利工程。于 2004 年开始实施的“残疾儿童手术康复明天计划”，全省已完成手术2 570多例，投入资金6 000多万元。同时，福利彩票公益金还资助了福利设施的修建、改造及设备配置等 446 个项目，增加床位2 662张。

“十五”时期，全省共筹集体育彩票公益金 16.09 亿元，其中，上缴中央 8.48 亿元，省级 4.22 亿元，市（州）县级 3.39 亿元。5 年间，省级共支出体育彩票公益金 4.84 亿元用于“奥运争光”计划、全民健身计划、“雪炭工程”、体育扶贫、青少年体育俱乐部建设和体育场馆建设及维修补助。体育彩票公益金的投入，有力地促进了全省体育基础设施及各项体育事业的发展。用于“奥运争光”计划的1.25亿元，较大程度地改善了四川省竞技体育的训练、竞赛条件，使全省各地向国家队、省运动队输送了一大批优秀体育人才，使川籍体育健儿在奥运会、亚运会上摘金夺银，为国争光，使四川省代表团在第十届全国运动会上取得了团体总分1 326.25分、金牌12枚的好成绩，实现了“总分保七争六，金牌超上届，保持西部第一，誓夺道德风尚奖”的目标。用于全民健身计划的1.19亿元，资助四川省成功承办了第三届全国大学生运动会、第四届全国农民运动会、第二届全国体育大会等全国性大型运动会，举办了全省各类群众体育比赛，促进了群众体育活动的蓬勃发展，初步建成四川省国民体质监测网络，建成国家级青少年体育俱乐部143个及活动营地1个。用于全省实施体育场馆设施建设的2.4亿元，新建了180多个体育场、馆、房、池和千多条全民健身路径，维修改造了一大批体育基础设施，较大地改善了体育基础设施状况。在国家体育总局的扶助下，四川建成两个国家级全民健身中心和七个“雪炭工程”项目。

（四川省财政厅综合处供稿，袁旭执笔）

贵州省

“十五”时期，贵州省紧紧围绕开拓彩票市场的发展思路，积极应对市场的各种变化，狠抓规范管理，锐意创新，通过积极拓展彩票发行领域，寻找新的销售增长点，加大基础设施建设力度，加强营销宣传和销售队伍业务素质的提高，努力挖掘市场潜力，搞好安全发行等多种措施，使全省彩票事业得到持续、稳定、健康的发展。

一、“十五”时期彩票销售情况

（一）“十五”时期体育彩票销售情况

“十五”期间贵州省共计销售体育彩票8.98亿元，其中电脑彩票销售8.06亿元，即开型彩票销售9 263万元。特别是2000年电脑体育彩票在贵州成功发行后，年销量首次突破亿元大关，达到1.5亿元，其中电脑彩票1.05亿元，即开型彩票4 500万元。2001年，销量更是节节攀升，总销量达2.12亿元，其中电脑彩票1.95亿元，即开型彩票1 763万元，这是“十五”期间销量最好的一年，创历史最高纪录。2002—2004年，连续三年受一些不利因素的影响，贵州体育彩票一直处于低迷态势，销售严重受挫，销量大幅下滑，徘徊在亿元左右，分别为1.25亿元、1.47

亿元、1.04 亿元。特别是 2004 年降幅最大，与 2003 年相比，整体销量减少了 4 299万元，这是自贵州开通电脑体育彩票以来，销量最低的一年。进入 2005 年，贵州省体育彩票管理中心加大工作力度，找准切入点，积极调整支撑市场格局的玩法，扭转了销售势头，特别是在当年第四季度，体育彩票销售呈现出较大的增长势头，其中 12 月单月涨幅最大，共计销售 2 613万元，增长 61.86%，列全国 31 个省市区涨幅首位，当年总销量达 1.56 亿元。

（二）“十五”时期福利彩票销售情况

“十五”时期全省累计发行销售福利彩票 10.01 亿元，共筹集福利彩票公益金 3.44 亿元。其中：电脑彩票销售 8.47 亿元，占销售总量的 84.55%；即开型彩票销售 1.55 亿元，占销售总量的 15.45%。

“十五”期间，贵州省福利彩票谱写了从小到大，由弱变强的历史新篇章。在彩票发行销售形式上，由本省自成体系走向了参与全国联销和参与区域联合的道路。特别是 2003 年以来的 3 年，是贵州省福利彩票销售走出低谷，步入发展快车道的时期。这 3 年福利彩票销售量连年持续增长，逐年跨跃式递增。市场份额由“十五”初期的 36.5%，至“十五”期末达到了 70.82%。

二、“十五”时期的彩票管理

（一）“十五”时期的体育彩票管理

在具体工作中，省体育彩票管理中心制定了各种管理规定，如：《贵州省体育彩票销售管理办法》、《贵州省体育彩票管理中心财务管理办法》、《贵州省中国电脑体育彩票销售网点管理规定》、《贵州省中国电脑体育彩票销售网点违规处理规定》、《开奖厅管理规定》、《摇奖机具管理规定》、《投诉奖惩制度》等，用规章制度来规范工作中的各种行为，自觉接受社会、彩民、网点的监督，提高服务意识。

随着业务量的不断增加，贵州省体育彩票工作机构不断健全，管理人员队伍不断扩大。为保证体育彩票销售工作的顺利进行，贵州建立了体育彩票工作站，配备了管理人员，健全了管理网络，制定了《贵州省电脑体育彩票网点建设方案》、《电彩网点整合实施方案》。到 2005 年底，全省共有电脑体育彩票网点 800 个以上。同时，为提高体育彩票形象，逐步走向专业化、正规化、市场化，鼓励现有网点进行改造，向专卖店方向发展，制定了《彩票专卖店资金扶持办法》，凡是进行专卖店改造，一律给予一定的资金扶持，还规定新增网点必须是专卖店。到 2005 年底，全省专卖店从 52 个增加到 218 个，占全省网点数的 30%。

为充分调动职工和各工作站的积极性，制定了《2005 年贵州省电脑体育彩票销售任务分配方案和奖励办法》，将全省网点按行政区域分片，以解决网点在销售过程中出现的各种问题，提升网点销量。

（二）“十五”时期的福利彩票管理

“十五”时期，贵州省福利彩票发行中心认真贯彻执行国务院《关于进一步规范彩票管理的通知》，坚持“一手抓发行，一手抓管理”，狠抓制度建设，先后制定了《贵州省电脑福利彩票投注站管理办法》、《贵州省电脑福利彩票投注站建设标准》、《贵州省电脑福利彩票兑奖管理规定》、《贵州省福利彩票技术管理规范》、《贵州省福利彩票销售员管理办法》和《贵州省电脑彩票注销管理办法》等。

在福利彩票管理体系方面，2002年建立了8个直属贵州省福利彩票发行中心统一管理的市（州、地）电脑彩票网点管理站，网点管理站实行“一级核算、二级机构、三级管理”的组织体系，大大提高了电脑彩票应对市场的快速反应能力。2004年，贵州省福利彩票积极引入ISO9001：2000国际标准化质量管理体系认证，为确保质量管理体系标准能够得到有效落实，建立了规章制度和约束机制，彩票发行管理工作进一步规范化、制度化、系统化、科学化。管理体制和管理制度的不断完善，对促进福利彩票发行起到了积极的推动作用。

三、“十五”时期彩票公益金管理

（一）“十五”时期体育彩票公益金管理

“十五”期间贵州体育彩票共筹集公益金3亿元，省级提取公益金1亿多元。利用这些公益金，贵州省在全民健身活动和竞技体育的建设上投入了大量资金。从2000年开始，贵州省体育局利用公益金在清镇投资2 000万元分别修建了贵州清镇体育训练基地、红枫湖水上运动训练基地。这两个基地各项配套设施完善，建有四星级运动员公寓和宾馆，可承办世界性和全国性的大型比赛。2001年4月，红枫湖水上训练基地被国家体育总局命名为“国家水上运动管理中心贵州红枫湖亚高原水上训练基地”。

在培养体育人才方面，公益金也起到举足轻重的作用，每年贵州省体育局都要给各训练单位和各地（州、市）体育局划拨上千万元公益金，专门用于培养运动员。经过长期不懈的努力，贵州健儿在一些传统优势项目上保持着一定的实力，并在各重大赛事上取得了优异的成绩。拳击运动员邹市明继2003年夺得世界锦标赛银牌、2004年奥运会铜牌后，在2005年世界锦标赛上又夺得金牌，实现了我国男子运动员在身体接触的对抗性项目上金牌零的突破，产生的轰动效应，极大地鼓舞了贵州运动员备战北京奥运的干劲。

2001年，国家体育总局开始实施“雪炭工程”。国家体育总局共划拨1 610万元的“雪炭工程”专项资金，300万元的彩票公益金专项用于发展贵州省的体育事业，同时贵州也匹配了890万元彩票公益金，配合国家体育总局做好本省革命老区、少数民族地区和贫困地区体育设施的建设，体现了体育彩票“取之于民、用之于民”的宗旨。

（二）“十五”时期福利彩票公益金管理

“十五”时期，全省共筹集福利彩票公益金3.43亿元，其中上缴中央1.78亿元，全省留成1.65亿元。五年来，全省共投入彩票公益金1.23亿元，资助各类社会福利和社会公益事业项目603个，其中：社会福利项目527个，安排资金1.12亿元；救助管理项目17个，安排资金296万元；殡葬管理项目26个，安排资金424万元；其他社会公益项目33个，安排资金391万元。

在福利彩票公益金的分配使用过程中，全省各级受资助的机构都严格遵循福利彩票公益金的相关管理使用规定，坚持专款专用，确保福彩公益金切实用于社会福利事业及各项社会公益事业，并取得良好的社会效益。省民政厅、财政厅随时做好资金的跟踪监管工作。2005 年底，省民政厅还着手拟定了《贵州省民政厅福利彩票公益金资助项目管理办法》，准备进一步规范福利彩票公益金的审批、分配、管理、使用，认真贯彻“公开、透明”的原则，自觉接受社会对彩票公益金的监督，使福彩公益金真正来源于社会、服务于社会。

四、“十五”时期技术进步情况

(一）“十五”时期体育彩票技术进步情况

2000 年 6 月中国电脑体育彩票在贵州正式发行销售后，彩票玩法由过去单一的即开型玩法发展到电脑、即开两种玩法，年销量首次突破亿元大关，体育彩票在贵州取得了长足的进步。

从 2005 年 12 月起，全省体育彩票所有网点全热线升级工作全部完成。全热线的升级成功，使贵州省电脑体育彩票技术更先进、覆盖面更广、销售时间更长，为新玩法的上市提供了条件，对销量的增长起了重要作用，同时，也标志着贵州省电脑体育彩票的发展进入一个新的时期。

(二）“十五”时期福利彩票技术进步情况

“十五”时期，贵州省福利彩票加大对电脑彩票数据系统的建设，先后投入3 000余万元完成了电脑福利彩票中心机房建设和销售网络平台建设。与电信部门携手合作，铺设了两条 2M 数字电路和1 200余条 VPDN 在线销售专线，完成了准热线销售系统升级为全热线销售系统的工作。经过几年不断的改造与完善，电脑福利彩票销售数据系统达到了国内先进水平。

“十五”期间，贵州省福利彩票围绕“质量与数量并举”的站点建设思路，完成了网络终端发展由“数量规模型”向“质量效能型”的转变，在经济条件好的中心城市，积极开展专卖店、专营店、销售大户室的建设。在贵阳市和各地区中心城市建设了一批具有示范带动作用的福利彩票投注形象店，扩大了福利彩票的社会影响，提高了福利彩票的市场竞争力。投注站点数量也得到较快的发展。“十五”期末，全省投注机正常开机数达到1 200余台。

五、“十五”时期彩票机构财务管理

(一）“十五”时期体育彩票机构财务管理

在体育彩票财务管理上，省体彩中心严格按照财政部、国家体育总局体育彩票管理中心有关彩票发行与销售的管理规定，准确核算和汇总彩票销售款，按时足额上缴公益金、管理费和印制费，认真履行监管职能，做好预决算及兑奖工作，并根据需要，制定了《确保贵州省电脑体育彩票销售款安全的措施》、《确保贵州省电脑体育彩票销售安全的补充措施》等管理措施，对销售网点实行销售额度控制，财务、业务部门和银行核对网点存款情况，对不及时存款的网点一律不发放额度，对出现欠款行为的网点，无论任何原因，一律作停机处理，以确保彩票销售款及时回笼。

(二）“十五”时期福利彩票机构财务管理

"十五"时期，贵州省福利彩票发行中心严格按照财政部、民政部、中国福利彩票发行管理中心制定的福利彩票发行管理规定，加强福利彩票财务管理，按时足额上缴福利彩票资金，确保福利彩票销售资金安全运行，不出差错，配合财政部门、民政部门做好福利彩票公益金的管理和使用。为搞好福利彩票资金的管理，贵州省福利彩票发行中心根据财政部、民政部、省财政厅和民政厅的管理规定，制定了《贵州省福利彩票网点管理站财务管理办法》、《网点管理站兑奖备用金管理规定》、《福利彩票资金结算管理制度》、《福利彩票货币资金管理制度》等，有效地保证了福利彩票资金的安全运行，促进了贵州省福利彩票事业的健康发展。

（贵州省财政厅综合处供稿）

云南省

"十五"时期，云南彩票销售总额为57.63亿元，共筹集公益金19.63亿元。其中，体育彩票销售33.48亿元，筹集公益金11.36亿元；福利彩票销售24.15亿元，筹集公益金8.27亿元。彩票发行销售在激烈的市场竞争中实现了持续发展，销量逐年稳步提升。云南省彩票发行销售机构从云南的实际出发，以"安全为本，销量第一"为指导思想，以建设管理和销售两支队伍为核心，以技术支撑、产品开发、营销策划、网点建设、资金管理、行政后勤等为业务内容，根据彩票市场的发展需要，先后进行了一系列改革和创新，先后实行了定岗、定员、双向选择、竞争上岗、责权利下移等一系列改革。在市场营销中，以服务彩民为中心，以"取之于民，用之于民"为宗旨，以公益金使用为龙头，加强网点基础建设，以创新的方式推广品牌。

一、彩票发行概况

随着现代技术的广泛应用，云南彩票品种也不断丰富。从单一的传统型发展到传统型、即开型、即开传统型结合和电脑型四大类，数十个品种，上千种票面。电脑彩票玩法从单一的组合型玩法发展到排列型、竞猜型等多种玩法，设奖方式从浮动加固定到单一的固定设奖，开奖模式从每周一次开奖到每周多次开奖。电脑体育彩票游戏2001年有30选7和6+1两种玩法，到2005年已经发展为排列3、七星彩、排列5、足彩胜负14场、足彩胜负任选9场、6场半全场胜负、4场进球、36选7、30选7、同花5、千禧乐和篮球彩票等12种游戏的玩法结构。电脑福利彩票品种"十五"期间共推出云南风采30选7、34选7、29选7，三省联销的37选7（好运彩）、22选5（天天乐），全国联销的双色球、3D等7个品种。值得一提的是，上述玩法中，全国联销福彩双色球在 2003 年 2 月 16 日上市销售后，就异军突起，一路走高，迅速成为福利彩票的领军玩法，一举成为全国彩票市场的第一品牌玩法。在它的品牌效应带动下，福彩销量一路攀升。从上市销售到 2005 年年底，历时 2 年 8 个半月的时间，云南共销售双色球 10.21 亿元。全国联销的 3D 2005 年 1 月 1 日上市销售后，在全国一下就掀起了一股 3D 热，3D 成为第二支拉动福彩销量飙升的小玩法彩票，趣味性成了该玩法的主要卖点，从开始销售到 2005 年底历时 1 年，云南共售出 4.34 亿元。

二、彩票销售概况

整个“十五”时期，云南彩票发行销售呈跨越式发展，处于高位增长态势。2001 年销售总额为 8.79 亿元，2002 年销售总额为 9.01 亿元，2003 年销售总额为 9.88 亿元，2004 年销售总额为 11.47 亿元，2005 年销售总额为 18.46 亿元。其中体育彩票销售额 2001 年为 6.24 亿元，相当于前六年云南体育彩票销售总额的 3.16 倍；2002 年销售额为 6.29 亿元，比 2001 年增长 0.94%；2003 年销售额为 7.1 万元，比 2002 年增长 12.86%；2004 年，由于受到陕西“宝马案”的强烈冲击，加之福利彩票率先全面实现销售系统的全热线切换，导致当年全国体育彩票销量全线下滑，云南体育彩票销量较 2003 年下降 16.79%，只有 5.91 亿元的销售额，并按财政部的要求暂停了即开型体育彩票规模销售；2005 年，云南体育彩票销售额达 7.92 亿元，比上年增长 33.98%。福利彩票 2001 年、2002 年、2003 年、2004 年、2005 年年销量分别为 2.55 亿元、2.72 亿元、2.78 亿元、5.56 亿元和 10.55 亿元。在经过前 3 年的调整期后，云南省福利彩票从 2003 年第三季度开始走出低谷，销量逐步攀升，到 2004 和 2005 年进入飞速发展期。

从市场占有率来看，2001 年，由于体育彩票率先实现了电脑彩票的销售，市场份额急剧上升，云南彩票市场的占有率从 2000 年的 11.48% 上升到 71.14%，福彩市场占有率只有 28.16%；2002 年，体彩市场占有率为 69.86%，福彩为 30.14%；2003 年，体育彩票的市场份额处于历史最高水平，达到 72.10%，福彩市场占有率只有 27.90%；2004 年起，云南体育彩票所占本省彩票市场份额开始逐年下滑，从当年的 51.65% 下滑到 2005 年的 43.08%，而福彩则从 2004 年起异军突起，市场占有率 2004 年到了 48.35%，2005 年超过体彩市场占有率，达到 56.92%。

三、彩票销售机构的体制改革

为紧随市场的变化，“十五”期间，彩票发行机构进行了一系列的内部机构体制改革，使之不断适应彩票市场的发展。

省体彩中心从 2001 年实施目标责任考核开始起步，2002 年推行直管模式，在全省 16 个州市建立分支机构，实行省中心直接管辖，一切紧紧围绕市场。2003 年底，又推出省中心中层干部及分支机构负责人竞争上岗制，通过演讲、民主测评、考试考核等方式，组建了一批有能力、有干劲、适应市场竞争的体彩骨干队伍。在省中心内部，所有中层干部竞争上岗、职工双向选择，不以文凭发工资，不以在编不在编领薪水，而是以岗定酬，基本做到了事事有人管、人人都管事。同时，在州市分支机构将“领头羊”的业绩与收入挂钩，建立动态管理模式，形成灵活有序的分配激励机制。同时，大胆将责权利下移，让分支机构在承担一定的销售任务和安全责任的同时，充分享有相应的人权、财权和分配权。云南省体育彩票销售机构“九五”期末的状况是：1 名兼职主任、2 名专职副主任、3 名工作人员，机构内部设办公室、各州市没有分支机构。经过 5 年的摸索和发展，到 2005 年已成为有 1 名主任、2 名副主任、100 多名职员的彩票销售管理机构，机构内设办公室、业务科、财务科、宣传科、技术科和保卫科等共 6 个科室，下设 16 个分支机构，销售网络覆盖全省 128 个县（市、区）及部分大型乡镇。

省福利彩票发行中心为了提高服务质量，规范质量管理，树立福利彩票品牌，维护福利彩票公信度，增强市场竞争能力，稳定地向彩民提供合格的产品和完善的服务，于 2004 年 10 月率先开始着手 ISO9001：2000 质量认证工作。结合福彩中心工作的有关要求及所要达到的目标，组织全体员工对 ISO9001 质量管理标准认证体系进行学习、培训。经过近一年的努力，省福彩中心顺利通过了 ISO9001：2000 质量认证，并于 2005 年 8 月 11 日取得了《质量管理体系认证证书》。在组织机构方面，福彩则保持了分级负责的结构，在州市建立了中心。省中心人员只有 20 人，下设 6 部 1 办，分别为市场一部、市场二部、宣传部、技术部、财务部、培训部及办公室。

四、技术革新促发展

从“十五”期间云南省彩票的发展历程可以看出，彩票销量之所以能实现历史性突破，首先得益于先进科学技术的应用。2001 年 4 月 6 日，云南体育彩票率先在省内发行电脑体育彩票，抢占了市场先机，当年体育彩票销售额和市场占有率都得到了飞速提升。随后，云南省体彩中心一直以技术改进来促进市场发展。2005 年 6 月 25 日，率先实现了销售系统的全热线升级，成为继上海之后全国第二家成功实现全热线升级的省市。这一升级解决了云南地形复杂、数据抢救极其不便的难题，使一直以来困扰云南体育彩票销售机构的数据安全问题得到了缓解。随着全热线销售技术平台的搭建，云南省体育彩票销售率先延长了销售时间、实现了通买通兑，省中心及其下属分支机构可以从日常繁重的数据抢救工作中解脱出来，全力以赴地投入到体育彩票市场营销中。

2006 年 5 月 12 日，经过国家体育总局体彩中心、省体彩中心、建设银行三家反复沟通、不断研讨及改进，成功研发了额度自动控制系统。该系统的顺利实施，实现了网点销售自动冲减额度、存款及兑奖自动增加额度、网点可实时查询缴款明细及当前额度等，使彩票销售机构的资金安全和网点对账问题得到了很好的解决。

云南省福彩中心于 2001 年与思乐公司合作建成了电脑福利彩票准热线销售系统，2003 年 5 月对电脑福利彩票准热线销售系统进行全面改造。电脑销售系统的引入使福利彩票进入一个历史性变革时期，电脑福利彩票成为福利彩票的主流销售方式。它与即开型大奖组彩票销售形式相比的优点在于，管理规范和高效，便于集约化经营；实时不间断的销售，销售站点覆盖到城区的大街小巷及部分乡镇，便于彩民购买彩票，有效地避免了大奖组集中销售方式带来的诸多隐患。

五、公益金筹集与使用

云南彩票的兴旺发展成为了云南社会公益福利保障事业、体育事业发展的助推器。

2001至2005年，云南省体育彩票共筹集体育彩票公益金11.36亿元，除上缴中央6.04亿元外，地方留存5.31亿元。留存资金主要用于扶持州、市、县体育设施建设、开展全民健身活动、竞技体育训练比赛、体育后备人才培养等。其中，实施国家体育总局“雪炭工程”项目7个、省级“雪炭工程”项目18个、省级“健康促小康工程”项目12个、体育扶贫项目80个；还用于补助“小康体育特色县”6个、全民健身活动中心1个及多条全民健身路径。同时，体彩公益金还为省级训练单位场地建设和维修、云南体育健儿备战全国运动会、备战2008年北京奥运会昆明高原体育训练基地建设做出了很大贡献。

“十五”期间，云南省福利彩票共筹集公益金8.27亿元。资助的主要项目有：城乡福利院、敬老院等福利机构的建设及改造项目83个，资助1 271万元；为城镇老年人服务的“星光计划”项目477个，投资地方留成福彩公益金4 747万元；为500名残疾孤儿进行了康复治疗手术，资助843万元；残运会资助1 131万元；“爱滋孤儿救助”资助591万元；救助管理资助1 053.2万元；另外，对福利企业、城乡困难群众医疗救助、社区服务、英烈基金、特困补助、贫困生助学、殡葬事业等都进行了不同程度的资助。代扣代缴彩民中奖个人偶然所得税2.4425亿元，解决社会劳动就业人数3 000多人次。

六、创新发展，心系全国彩票市场

云南虽然地处边疆，但云南彩票不以地域封闭自我，始终心系整个中国彩票的发展，积极参与推动全国彩票市场。2004年上半年，在云南一度非常火爆的6+1出现了特等奖频出、奖池金锐减的情况，面对压力，云南体彩中心清醒地认识到，6+1必须通过联网做大奖池，提高抗风险能力，降低运行成本，才能重新在市场中再现生机和活力。为此，云南省体彩中心竭力推动6+1玩法联网，并且积极参与了6+1全面升级为七星彩的整个筹备工作。2004年5月18日，七星彩正式实现全国联网销售，成为当今全国彩市中的一支生力军。

省福彩中心则是大力推动全国联销双色球和3D。促成全国联销双色球在2003年2月16日上市销售，全国联销3D在2005年1月1日上市销售。同时，云南省福彩中心还牵头实现了三省联销天天乐22选5和好运彩。

七、着力营销，树立彩票销售独特品牌

销售点是彩票面向大众的直接窗口。自彩票在云南发行销售以来，云南始终抓住了以销售点树品牌这个龙头，从销售点布局、店面形象，到从业人员素质，展开

了一系列的建设。

“十五”期间，云南省彩票销售机构根据市场需要进行布局，同时大力倡导专营店，推崇专营店数量和质量并举，统一店面形象标识，出资扶持网点形象建设。通过几年的工作，云南省彩票专营店的数量和质量都得到了快速提升，专营店到2005年底发展为2 850个，其中体彩专营店1 100多个，福彩专营店1 750个。云南电脑彩票专营店的比例已经占到全省网点数的70%以上。

硬件搭起平台，还需软件跟上。在市场营销方面，全省彩票销售机构坚决贯彻实施“决胜终端”策略。省体彩中心依托培训讲座、业务交流、技能比武等形式不断提高全省电脑体育彩票终端从业人员的专业素质。2005年初根据排列3上市后的市场格局，专门组织考察组赴黑龙江、河南等地考察，随后于5月中旬在省内全面铺开培训。截至8月底，全省共进行了800多场次排列3的专场培训，先后印发了6款30多万份有关排列3的促销资料，极大地推动了排列3在云南的销售。为了挖掘足彩市场，云南省体彩中心别出心裁地组织开展了昆明、楚雄、曲靖三地足球彩票胜负游戏竞猜擂台赛，促进了相互交流，取得了一定的社会反响，为足彩销量的回升起到了推动作用。省福彩中心则是采取了几项具体措施：一是加强“帮扶”工作。2005年初省中心加强了对2004年全年销量不到10万元以下站点的帮扶工作和整改工作，结合“保持共产党员先进性教育活动”的开展，由省中心领导带头，充分调动各州、市力量，分成六个工作小组深入昆明及各州、市进行帮扶。通过走访、调查研究，给站点出主意，对症下药，根据各帮扶站点不同的情况提出相应的整改措施，专门下达整改通知书，要求站点增添相应的硬件设施，悬挂、粘贴醒目的宣传标志；在改善内部环境、强化服务意识、提高营销技能的基础上，用服务感动彩民，靠真情启动爱心，以3D为突破口实现站点销售量的提升。二是根据实际需要增补站点，不断弥补现有空白点，争取乡镇和农村市场，“十五”期间全省福彩投注机数量已经扩至1 750台。三是强化站点培训工作。自3D上市以来，省福彩中心先后三次在全省范围内对投注站点销售人员进行营销宣传和业务素质的培训，涉及全省各州、市站点。培训工作根据市场发展情况编印教材，培训中突出玩法品牌，主要以3D玩法为主，兼顾双色球玩法，提高投注站销售人员对福彩各种玩法的理解程度、销售技巧和宣传水平，发挥投注站一线宣传员的作用，从而提高销售人员的服务理念、服务意识、业务技能。同时严格了站点的管理制度，抓管理、要效益。从培训后销量增长情况来看，培训效果已经逐步显现。

另外，云南省福彩于2005年6月23日在昆明市金实路开通了第一个中福在线即开型彩票销售厅——金实中福在线销售厅，销售中福在线即开型彩票。经财政部和中国福利彩票发行管理中心批准，云南省中福在线销售终端机规模为1 000台，省中心将抓紧时间在全省16个州、市开展中福在线销售厅的建设工作，在今后几年陆续开通营业。

八、突出宣传，建立健全推广渠道

为了不断完善及强化体育彩票健康、良好的品牌形象，突出“健康、快乐、时尚、参与”的主题，在社会生活的各个方面极力渲染体彩的氛围，加深体彩的渗透力。省体彩中心与省内多家报刊形成了长期合作关系：在电台开办体彩栏目，在电视台播出开奖节目，开通手机查询等。通过报纸、广播、电视、英特网、电话等各种方式的宣传，为彩民提供了全方位的信息服务。

省福彩中心则是始终高扬中国福利彩票的公益大旗，突出福利彩票公益性形象，加大了对福利彩票的宣传工作。一是大力推广和培育全国联销3D玩法，进一步完善和稳定了玩法结构。通过10个月的发展，3D日销量已由上市初期日销量20多万元发展到2005年底的日销量170万元左右。3D的上市，使云南省电脑福利彩票玩法结构更为合理，建立了3D和双色球大小玩法共存的品牌优势。二是从高端上通过不同媒体，大力弘扬福彩公益性形象，加大对各种玩法的宣传力度，同时继续实施“决胜终端”策略，建立了高端、终端以及州、市等多级宣传网络。在高端方面，仍以《都市时报》、《春城晚报》、《云南彩票报》等报纸和电视台、广播电台为宣传介质，基本保证每天都有福彩的新闻或专版宣传文章。终端则以投注站点为重点，有针对性地编印了宣传材料——“福彩宝典”、《云南省电脑福利彩票投注站营销手册》以及举办培训等形式，稳定彩民群体。营销宣传方面，除了继续抓好昆明的宣传之外，有效拓展了各州、市的宣传工作，如楚雄、版纳、红河、保山、大理、文山、思茅、怒江、丽江、德宏、临沧和玉溪等12个州、市的报纸，基本保证每周有1~2篇福彩宣传文章的刊登。

（云南省财政厅综合处供稿）

陕 西 省

“十五”期间，陕西省认真落实国务院和财政部关于加强彩票监管的规定，积极推进彩票发展，扩大彩票发展规模，加大彩票监管力度，支持技术研发和销售网络的升级改造，规范彩票资金管理，彩票的社会认同度得到了提高，彩票公益金促进社会公益事业取得了明显效果，为“十一五”时期彩票市场发展和管理奠定了良好基础。

一、彩票销售快速增长，彩票发行规模不断扩大

2000年陕西省彩票销售1.53亿元，2005年销售16.92亿元，5年间年销售额增加1.54亿元，增长9倍。“九五”时期，陕西省共销售彩票5.8亿元，“十五”时期，销售彩票43.6亿元，比“九五”时期增加37.8亿元，增长5.5倍。彩票销售范围由城市扩大

到农村和山区，截至"十五"期末，全省设置彩票投注终端机3 231台，建立起了覆盖全省的电脑销售网络。"十五"时期，共筹集公益金 15 亿元，支持项目3 000多项，有力地支持了社会公益事业的发展。

二、认真落实国务院和财政部关于彩票管理的各项规定

"十五"期间，陕西省财政部门根据《财政部关于印发〈彩票发行和销售管理暂行规定〉的通知》，承担起了监督和控制彩票发行额度、审批彩票发行和销售方案的工作职责。根据《财政部〈彩票发行与销售机构财务管理办法〉的通知》，加强对彩票资金的管理。包括：①对彩票销售收入的管理。按照财政部规定，彩票销售收入缴入财政专户，实行"收支两条线"管理，彩票机构财务实行收支预决算制度。②对彩票公益金的管理。彩票公益金实行省级集中管理的办法，按预算外资金实行财政专户储存管理。年终按财政部规定的比例在中央和省、市之间进行分配。彩票公益金实行年收支预决算制度。③对青少年校外活动场所建设和维护资金的管理。由省财政厅通过省级财政预算外资金专户将资金拨付到项目所在市（区）财政预算外资金专户，市（区）财政部门按项目预算和工程进度分期拨付到项目所在县（区）财政专户，项目所在县（区）财政部门对项目资金设立专账进行管理和核算。对场所建设资金，市（区）财政部门按工程进度拨付时，预留10%的工程款，在工程验收合格后拨付。对设备配套资金，中央扶持项目由中央统一采购设备，省级扶持项目，由陕西省青少年校外教育工作联席会议办公室和陕西省财政厅协商统一采购设备。

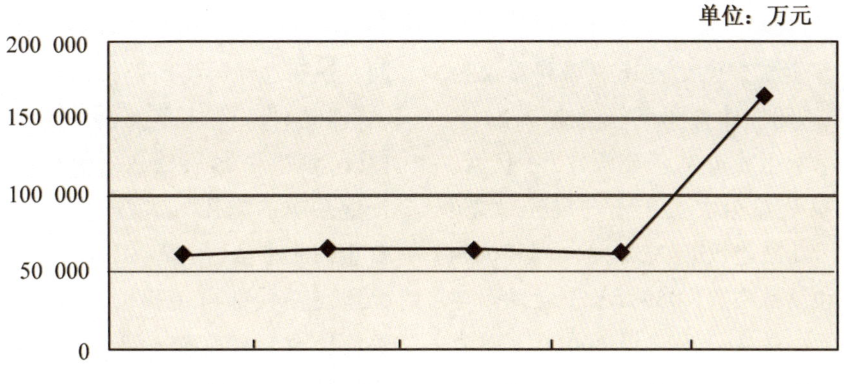

"十五"期间陕西省彩票销售情况图

三、加强彩票市场的管理和监督，建立规范的彩票发行秩序

1. 规范彩票市场秩序，加强彩票销售机构内部管理制度建设。

按照彩票管理规定，财政部门要求彩票机构对其开展的各种派送活动进行清理，在内部建立彩票销售管理制度，包括

即开型彩票管理、电脑型彩票销售系统安全管理、电台摇奖管理、兑奖管理等管理制度，并在财政部门备案。对彩票机构在开发彩票市场、开展工作等方面存在的问题进行协调，规范了彩票机构对外合作项目的管理，取消了不符合规定的对外合作项目，制止了不利于彩票市场健康发展的行为。

2. 加强彩票销售现场的监督检查，确保彩票销售安全。

按照财政部的要求，省财政部门对彩票管理机构的各种宣传进行了规范，并定期对彩票销售机构销售彩票情况，包括数据备份保存安全、开奖安全、规范操作、摇奖器具保管等情况进行检查，确保彩票发行的公平、公正和公开。

四、不断提高彩票公益金使用效益，促进社会公益事业发展

“十五”时期，陕西省彩票公益金支持社会公益事业 5.2 亿元。其中福利彩票公益金 1.82 亿元，体育彩票公益金 2.24 亿元，青少年学生校外活动建设 1.13 亿元。陕西省彩票公益金主要用于“星光计划”社区老年活动站建设6 625万元，福利机构更新改造和设备购置5 059万元；救助站建设 250 万元；救灾仓库建设 300 万元；省救灾救助和社会福利中心建设3 000万元；为社区开展低保工作配备电脑 947 万元；城镇医疗救助1 000万元；“明天计划”工程省级配套 370 万元；资助贫困大学生 230 万元;社会福利机构经费和其他 443 万元;全民健身活动3 846万元,俱乐部等配套 324 万元,国民体质监测支出 258 万元,陕西省网球馆建设工程款4 300万元;奥运争光计划支出7 909万元;国家级高水平后备基地支出 100 万元,南郊训练基地建设工程款5 676万元;青少年学生校外活动中心建设 63 个项目,资金 1.13 亿元。

五、彩票销售和管理逐步规范，销售技术不断改进

（一）福利彩票

2001 年，销售系统从 dos 升级到 liunx，系统安全性能得到提升。

2002 年，实现多玩法运行，增加了新玩法，丰富了彩市品种；增加了手机投注、电话投注方式，为彩民投注提供了更多更好的购买手段。

2003 年，实现了彩票系统热线销售，解决了投注机数据安全问题。在陕西电信系统首家采用 adsl 组建企业专网，在全国福彩系统首家采用 adsl 通讯方式实现了销售系统热线运行，投注机数据安全问题得到解决，全省各地据以实现了统一销售时间、通买通兑、实时监控销售情况等。

2004 年,完成了投注站预交款系统的建设,解决了彩票销售资金安全问题。预交款系统的应用,改变了先销售后交款的资金回收办法,实现账上有钱可销售,账上无钱现交钱即可销售的资金回收新办法。这使资金管理变被动为主动,既减轻了资金管理的难度,又保证了销售资金的安全。

2005 年，完成了中心机房的改造，提高了整个销售系统的安全运行能力。全热线销售系统的运行，使销售系统的故障点从投注机端转移到了省中心机房。为了增强中心系统的安全，陕西福彩在全国福彩机构中率先采用数据集群、负载均衡、光纤存储等技术建立了新机房，同时实现了

新老机房异地双系统运行，极大地提高了福彩系统的安全性。

（二）体育彩票

2001年，体育彩票销售系统为半热线型，彩票销售的缴款结算周期较长，在销售额度管理、销售数据上传、销售资金的归集等方面均存在一定的安全隐患。为了适应彩票市场的发展，省电脑型体育彩票销售系统在2005年12月由半热线销售系统升级为全热线销售系统。销售系统的全面升级，全热线销售系统的开通，为陕西体彩提升销量提供了一个新的支撑点。销售时间的延长，满足了彩民的购彩需求；保证销售数据的安全，避免了无效票的出现。新技术的应用突破了边远乡镇布点难的技术瓶颈，使体育彩票进一步扩大了覆盖面，满足了广大人民群众的需求。

（陕西省财政厅综合处供稿，倪莉、冯海燕执笔）

甘肃省

“十五”时期，甘肃省各级财政与民政、体育部门及其彩票机构密切配合，以促进彩票业发展，扩大彩票发行规模为核心，建立和完善彩票管理制度，规范彩票市场和彩票资金管理，彩票市场发展迅速，彩票销售规模不断扩大，彩票销售技术不断进步，市场监管能力不断提升，为“十一五”时期彩票市场发展与管理奠定了良好的基础。

一、彩票市场发展情况

（一）彩票销售量大幅度增加

“十五”时期，甘肃省彩票销售快速增长，取得了历史性的突破。2000年全省销售彩票4 646.9万元，2001年销售2.46亿元，2002年销售4.2亿元，2003年全省销售4.32亿元，2004年销售3.58亿元，2005年销售6.9亿元。2005年年销售额比2000年年销售额增加6.43亿元，增长了13.85倍，年均增长169.16%。

2001—2004年5月，甘肃省彩票销量稳步增加，福利彩票、体育彩票均呈现持续增长态势，形势喜人。2004年4月发生西安“宝马案”后，彩票市场受到较大影响，体彩、福彩销售额均大辐下降，6月份比上月减少986万元，下降26%。由于财政部及时采取了一系列有效的监管措施，彩票市场并没有一蹶不振，福彩、体彩先后于当年7月、9月便走出了销售低谷，销量逐步回升。2005年，即彻底扭转了2004年销量下滑的态势，彩票销售快速增长，并取得了历史性的突破。彩票销量的高速增长，标志着彩票市场逐步走向成熟。

“十五”时期，全省累计销售彩票21.46亿元，占1988年发行彩票以来总销量的76.41%，是“十五”时期以前（1988—2000年）的3.27倍，是“九五”

时期的 4.88 倍。

（二）彩票游戏品种日趋丰富，市场格局初步形成

2000 年，国务院第 84 次总理办公会议决定，适度扩大彩票发行规模，把发行彩票作为筹集社会保障资金的重要手段之一。此后，甘肃努力扩大彩票销售规模，在搞好即开型彩票销售的同时，以甘肃为龙头，全国第一家跨省区福利彩票联网销售系统——甘青宁“黄河风采”电脑福利彩票和第一家跨省区体育彩票联网销售网络——甘青联合销售电脑体育彩票先后于 2000 年 10 月和 2001 年 9 月正式上市发行。电脑彩票的应运而生，为甘肃彩票市场注入了活力，并因此形成了以双色球、3D、排列 3、足球彩票等几种游戏为龙头，乐透型、数字型、竞猜型、即开型共同发展的市场格局。

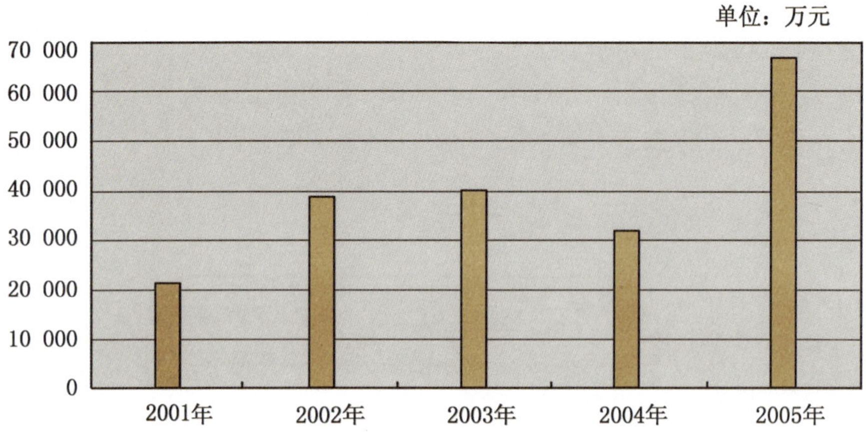

2001—2005 年甘肃省彩票销量统计图

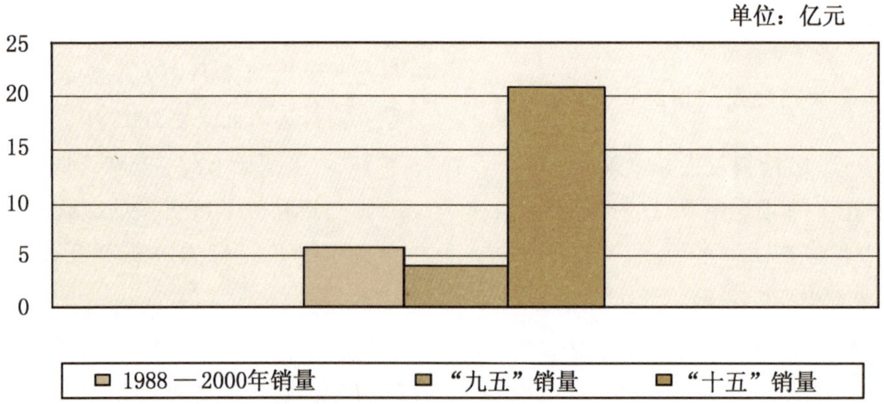

“十五”时期甘肃省彩票销量与以前年度对比图

1. 福利彩票发展情况。

福利彩票从最初的只有一个7位数组合式游戏，到基本形成以3D、双色球、36选7、20选5为主导，兼顾25选7及好运彩，连同"中福在线"，甘肃省福利彩票已基本形成了品种多样的市场新格局。截至2005年底，"十五"期间全省销售电脑福利彩票15.6亿元，筹集公益金5.3亿元。

32选7占尽市场先机。2000年10月18日，电脑福利彩票32选7在甘肃上市，首期便以销售120多万元的成绩创造了当时的销售纪录。进入2001年11月份，32选7的销售势头越来越好，销量猛增，周销量、单期销量和单机销量的记录一次又一次被刷新。2001年第92期单期投注总额突破千万元大关，为1 126万元，平均单机销量超过1万元。这些期销量过千万的佳绩，令32选7显得霸气十足，也为甘肃福利彩票再攀高峰做出了贡献。

20选5这个小盘游戏，2002年8月23日上市首期销量达800多万元，天天产生万元户。

"双色球"——彩市超级航母。该游戏2003年2月16日上市后，逐步赢得了甘肃彩民的关注和支持，上市不久，即成为著名的品牌游戏，被誉为"中国彩市超级航母"。2004年，双色球更进一步发展成为甘肃彩市年销量第一的彩票。2005年双色球平稳发展，销量达1.9亿元，占全年总销量的45.5%。

3D——"鱼雷快艇"销售进入佳境。福彩3D是2005年1月1日开始在甘肃发行的，当年销量已达到1.92亿元，占总销量的46%，成为全省彩市的领跑者。在3D的带动下，庆阳市和平凉市销量突飞猛进，分别成为全省福彩工作上下半年的亮点，全年销量分别为3 309万元和3 071万元，较去年同期增长256%和389%。

2. 体育彩票发展情况。

2001年9月25日，电脑体育彩票在甘肃正式上市发行，与青海省的销售网络联网也成为全国第一个电脑体育彩票联网销售网络。首批在省内建立区域管理分站7个，在全省13个市、州设立销售网点近700个，投入筹备资金1 811万元，建立了满足甘肃、青海、宁夏三省区联网的中心机房销售系统，并于2002年3月实现了甘、青、宁三省区域联网。2001年电脑体育彩票上市3个月销售1 280万元，是2000年全年即开型彩票销售额的130%。电脑体育彩票上市之初，面临上市晚、发行成本高、销售量徘徊不前等诸多困难，经受了严峻的市场考验。针对这种局面，省体彩中心积极研究和分析市场动向，努力探索市场规律，在甘、青、宁三省联网的基础上，于2003年6月份实现了陕西、甘肃、宁夏、青海和山西六省区联网销售，停销数字型6+1游戏、增加了22选5游戏。通过整合体育彩票资源，联网后6个月的销量（7 631万元）比联网前6个月的销量（4 735万元）增加了2 896万元，增长61%。

2004年，在原有的西北区域联网22选5、30选7、35选7和全国联网足球彩票4种玩法的基础上，又新增了全国联网足球进球彩、七星彩、金银彩、排列3、排列5等新游戏。其中排列3已发展为体育彩票的主打玩法，2005年销售1.68亿元，占当年全省体彩总销量的65.95%，占“十五”时期电脑体育彩票总销量的40.2%。

经过不断调整、优化，到2005年，体育彩票形成了由排列3、22选5、足球彩票、七星彩、29选7、35选7、篮球彩票等7种玩法组成的销售格局。

（三）销售网络、系统更加完善，销售技术不断进步

“十五”期间，甘肃省电脑彩票系统，成功实现了从离线系统向全热线系统的升级改造，彻底改变了彩票销售主要依靠手工作业的状况。

电脑体育彩票由起初的甘、青、宁3省统一发行、统一玩法、统一奖池、统一开奖，发展到6省联网、13省联网乃至全国联网销售，5年实现了3次大的更新和升级，发展成为全国联网全热线销售网络系统，运行稳定可靠，为体育彩票的可持续发展提供了有力的技术保障。

电脑福利彩票于2004年5月18日顺利完成了甘、青、宁3省（区）1 900多台机器的全热线升级改造。在此基础上，出色完成了新游戏及游戏调整的准备、测试、开通工作。先后完成25选7、好运彩的技术升级工作；配合中国福利彩票发行管理中心完成了双色球一周两次开奖改为一周三次开奖；在确保电脑彩票正常销售的情况下，完成了3D上市的技术升级和全国骨干网的基础建设，完成了数据机房部分设备的更新换代，在多次技术升级和技术改造中确保了设备的正常运行，做到了安全无事故。同时，在各方面的配合下，于2005年2月正式开通了手机投注业务。

（四）推动经济和社会发展，创造良好社会效益

“十五”期间，全省共筹集3.24亿元公益金用于全省社会福利、体育事业，有效地弥补了各级政府财力的不足。彩票业还带动了全省广告、电信、印刷等行业的发展，为推动经济和社会的全面发展注入了活力。五年中，为社会创造了3 000多个就业岗位，上缴国家个人所得税1.06亿元。

二、彩票市场管理情况

“十五”期间，在财政、民政、体育、公安、工商等部门的通力合作下，甘肃省彩票市场的政府监管力度进一步加强，彩票市场健康有序发展。

一是建立健全了相关的彩票管理制度。按照财政部《彩票发行与销售管理暂行规定》、《彩票发行与销售机构财务管理办法》、《即开型彩票发行与销售管理暂行规定》和《关于加强电脑系统发行销售彩票安全管理的紧急通知》，结合甘肃实际，实行了彩票游戏规则审批制度、信息公布制度、开奖公告制度、彩票销售报告制度、彩票机构销售情况月报制度、彩票资金专户管理制度、彩票机构财务预决算制度、彩票机构财务报表月报制度等一系列制度、办法，这些制度对彩票游戏规则审定、彩票发行、彩票销售活动的组织、彩票销售资金管理、彩票机构财务收支行为等各环节都做出了明确规定，为彩票市场的健康有序发展提供了制度保障。

二是加强了对彩票机构的财务管理，实行了彩票机构财务收支预决算制度。财政部门本着激励与约束相结合的原则，对彩票机构财务收支计划进行核定。年终，

各级彩票机构将经过国家审计机关审计的财务报告和审计报告一起报送同级财政部门。

三是完善了彩票资金财政专户，强化彩票资金"收支两条线"管理。彩票公益金统一通过省级财政专户上缴下拨，彩票销售收入按规定比例直接缴入同级财政，理顺了彩票资金的缴拨体制。

四是严格彩票公益金使用管理，强化财务监督。按照财政部确定的各年度公益金上缴中央的比例，省财政厅会同省民政厅、省体育局分别确定彩票公益金省内留成部分的分配比例。按照"谁组织销售谁受益"的原则将即开型彩票公益金省内留成全部给直接组织销售的地、县使用，同时积极做好彩票公益金上缴中央和下拨地县的资金缴拨工作。各级财政部门严格按照公益金管理办法规定，对公益金使用实行收支计划管理，加强彩票公益金使用的监督检查和跟踪问效。对青少年校外活动场所建设项目，财政部门严格项目选择、审定、申报程序，切实发挥监督职责，要求项目县严格执行国家规定的基本建设程序，制定科学合理的项目资金预算，实行项目法人制、工程监理制、政府采购制、投资评审制等基本建设管理制度，确保工程进度和工程质量，严格按照项目进度拨付资金，认真开展日常监督检查，确保项目资金专款专用。

五是不断规范彩票机构销售行为，确保彩票销售安全。财政部门明确了彩票游戏规则和销售方式的报批程序、审批权限，及时制止了彩票机构拟擅自改变游戏规则的行为，督促彩票机构按规定程序报批游戏规则；纠正了彩票机构发布"预计销售额和奖金额"一类信息的违规做法，下发了《关于严格彩票机构信息公布管理有关问题的紧急通知》，将信息公布制度化；对全省电脑彩票的安全防范措施进行了全面的检查，督促彩票机构制定科学严格的电脑系统数据和开奖安全管理操作规程，建立健全相应的管理制度。严格执行彩票开奖、验奖、兑奖、系统及数据管理工作规定，确保电脑彩票销售安全；西安"宝马案"后，组织各级财政部门，通过自查与抽查，对全省2004年1月1日以来举办的11次集中销售即开型彩票活动进行全面清理检查，对检查出的一些问题和管理中存在的不足及时整改；对全省集中销售即开型彩票以及网点即开票的调拨、销售、库存以及资金分配情况进行了清理，按规定做好彩票封存、核销工作，监督销毁剩余即开型彩票，组织彩票机构做好资金结算工作；对2002年1月1日至2005年2月28日销售的电脑彩票进行全面清理，整合、优化彩票游戏规则，努力开发适合市场需求的彩票品种，促进彩票市场健康快速发展。

六是努力做好彩票销售统计和彩票市场调研、分析工作。定期编制汇总彩票销售月报。及时掌握彩票销售动态，并对体育彩票排列3和福利彩票3D游戏的销售情况以及市场变化特点和原因进行全面分析，预测今后的市场走势，有针对性地提出加强市场监管的政策建议报告。

七是严厉打击非法彩票，维护合法彩票的正当权益和市场秩序。2002年，会同省工商局、公安厅下发了《关于进一步加强彩票市场管理　坚决取缔非法变相彩票的通知》，采取果断措施及时制止了有关部门拟在2002年“五一”节期间发行“有奖明信片”的活动，维护了彩票市场的正常秩序。2003年，按照《财政部 公安部关于开展打击非法彩票等赌博活动专项治理行动的通知》的统一部署，甘肃省财政、公安部门密切配合，广泛深入地开展了打击整治非法彩票等赌博违法犯罪活动的专项治理行动，取得了良好的效果。

三、彩票公益金筹集和使用情况

“十五”期间，甘肃省累计筹集公益金7.37亿元，占甘肃省发行彩票以来总销量的78.92%，是“十五”时期以前（1998—2000年）的3.74倍，是“九五”时期的5.59倍。

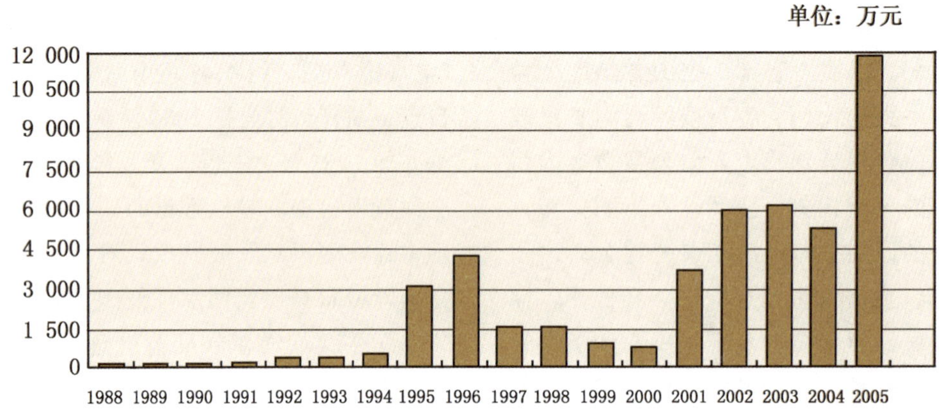

1988—2005年甘肃省彩票公益金统计图

“十五”期间，全省共筹集福利彩票公益金5.3亿元。除上缴中央3.1亿元之外，省内留成的近2.2亿元福彩公益金，使一大批孤、老、残、幼等弱势群体得到了救助，使一批社会福利事业和福利企业得到扶持。五年来，民政部和省上共投入福彩公益金达1.2亿元，安排“星光计划”项目616个。全省74个县（市、区），大中城市73%的街道有了老年福利服务中心，46.5%的社区有老年福利服务站（点）。“星光计划”的实施，建立和完善了基层老年福利服务网络，达到了为居家养老提供支持，为社区照料提供载体，为老年人提供服务和娱乐场所的目的。从2004年起实施了为孤残（病）儿童进行手术治疗的“明天计划”。到2005年底，全省“明天计划”已为377名儿童实施了医疗手术，投入福彩公益金500多万元。同时全省投入福利彩票公益金2 900多万元，改善了全省现有60多个福利院、儿童院、精神病院、荣军院以及100多个敬老院的基础设施和生活条件；“十五”期间共投入福利彩票公益金4 600万元，主要用于解决受灾群众的生活困难。安排省本级留成彩票公益金1 400多万元，先后资助城市“三无”（无依靠、无劳动能力、无生活来源）老人、孤儿、特困残疾人、特困复退军人、特困劳动模范、甘肃籍特困大学生、城市下岗职工特困户、农村特困户、部分地区的失学儿童等数千名。

“十五”期间，甘肃省共筹集体育彩

票公益金2.16亿元，上缴中央1.12亿元，省内留成1.04亿元。体育彩票公益金的投入使用，极大地改善了体育基础设施，为群众体育活动提供了资金支持，同时也使业余训练工作得到了加强。五年来，全省投入资金1 796万元建成健身路径344条，投入资金608万元建成37个青少年俱乐部，省级配套180万元建成篮球场700个，总投资1 750万元的“雪炭工程”建设了5个体育场馆。开展了“农村体育年”和“体育三下乡”活动，举办各类群众体育竞赛活动约5 000次以上，参加的人数达到250万人（次）。全省参加经常性体育锻炼的人数由1995年的700万人增加到2005年的900万人。省级先后完成了省自行车赛场、省射击馆、省网球馆、省全民健身综合馆、省清水训练基地、刘家峡水上训练基地等10多个综合体育场馆的新建或维修，投资300万元对省体校田径场进行改造，投资360万元翻新改造曲棍球场。同时，每年安排100多万元体育彩票公益金用于改善基层业余训练条件，提高基层业余训练的积极性和运动成绩，为省优秀运动队输送人才提供了有力保障。

（甘肃省财政厅综合处供稿，马凌云执笔）

青海省

“十五”期间是青海省彩票工作适应社会主义市场经济建设需要，不断加大改革力度并取得显著成效的五年；是沉着应对挑战，抓住机遇，赢得自身发展壮大的五年；是实现彩票销售任务跨越式发展的五年。五年来，全省累计销售彩票近5.18亿元，筹集彩票公益金1.81亿元，对促进全省福利事业和体育事业的发展起到了积极的推动作用。

一、“十五”时期彩票市场发展情况

（一）福利彩票

回顾青海省福利彩票工作走过的五年历程，经历了艰苦创业、逐步完善、稳步发展三个阶段。十五初期，按照社会主义市场经济建设的要求，青海省福利彩票工作走向了新一轮的艰苦创业阶段。这一时期也是青海省福利彩票工作赢来良好发展机遇的时期，从2001年到2002年，省福利彩票发行中心把筹建“黄河风采”电脑福利彩票销售系统列入重要日程，用较短时间建成了“黄河风采”彩票销售系统，使福利彩票的销售进入了一个新的发展时期，彩票销量开始逐步回升。与此同时，在面对即开型彩票市场不景气的情况下，全面开拓新的工作思路，拓展电脑彩票市场占有份额，确立了电脑彩票的主力军地位，为青海省福利彩票事业的发展与壮大打下了基础。这一阶段累计销售彩票2 250万元，首次创下了新的销售纪录。在此后的两年里，随着电脑彩票销售方式的成熟和市场规模的扩大，福利彩票逐步进入了

外树形象、内强素质、创新玩法、开拓市场的完善阶段。青海省积极引入全国联销的双色球玩法，淘汰了销量不断下滑的32选7玩法，更新为36选7玩法，及时推出了25选7玩法，丰富了福利彩票品种。与此同时，进行了电脑福利彩票热线系统改造工作，延长了电脑福利彩票的销售时间，从而打开了青海福利彩票工作适应市场经济发展的新局面。通过采取创新玩法，加大宣传力度等措施，全省福利彩票年销售额达到了1.6亿元，实现了青海省福利彩票的跨跃式发展。“十五”期间，青海省福利彩票的发行保持着年均大于100%的递增速度，使“十五”末期的彩票销售数量与“九五”末期的470万元相比增加了34倍。这不仅标志着青海省福彩工作迈向了一个新的发展阶段，而且直接带动了社会福利事业的快速发展。

（二）体育彩票

在“十五”初期，青海省彩票发行受到地域广阔、人口稀少、经济发展滞后等客观原因的制约，无力单独发行电脑体育彩票，2001年在国家体育总局体育彩票管理中心的支持下，青海与甘肃、宁夏三省区联网发行电脑体育彩票。当年青海省电脑体育彩票销售网点只有30个。2002年按照市场需求，在人口密集、经济相对发达、交通和通讯条件较好、具有一定彩票市场基础的地区，合理布设电脑彩票的销售网点，全省3州1地3市设立了电脑体育彩票销售网点，销售网点发展到102个。电脑体育彩票上市后，三省先后联合推出了6+1、33选7、30选7、21选5等多种形式的玩法，体育彩票市场销售更加活跃。2003年为了促进销售，体育彩票机构积极开拓市场，在抓好电脑体育彩票的同时，又抓好即开型体育彩票的销售工作。这是因为虽然即开型体育彩票销售量不是太大，但是对彩票可以起到较大的宣传作用。2003年由于“非典”肆虐，电脑体育彩票销量一度下滑，为制止电脑体育彩票销量下滑，青海省又与陕西、甘肃、宁夏、新疆、山西六省区区域联网销售电脑体育彩票，使电脑体育彩票的销售步入良性发展。2003年青海共计销售电脑体育彩票2 302.97万元，比上年增长49%，销售网点也扩增到151个。2004年，全年累计销售体育彩票3 160万元，比上年增长37.21%，增长幅度排全国第一，销售网点由年初的151个扩增到202个，使近400名下岗职工实现了再就业。2005年更是取得了新的突破，销售额较上年增长113%达到6 729.68万元。随着彩票销量的不断增长，青海省的彩票发行越来越趋向于市场化、规模化和科学化。

二、彩票市场的管理情况

自2000年财政部门正式接管彩票监管工作以来，青海省不断完善管理制度，规范彩票市场行为，强化监管职能，取得了一定的成效。

1. 履行职责，强化监督管理。青海省制定印发了《关于认真做好彩票监管工作的通知》，明确指出彩票发行批准权集中在国务院，任何地方和部门均无权批准发行彩票；省财政厅综合部门是青海省彩票市场的行政管理部门，承担对彩票市场的监管职能。财政部门的监管包括管理彩票市场，打击非法发行彩票的行为，对违规发行和销售彩票的予以查处，监督和控制彩票发行额度，审批彩票发行和销售方案，监督彩票公益金的分配和使用等。各州（地、市）、县级财政综合部门在省财政厅的统一指导下，履行对本地区彩票市场的监管职责。

2. 制定相关制度，强化彩票机构财务管理。为了规范彩票机构财务管理，及时转发了《财政部关于印发〈彩票发行与销售机构财务管理办法〉的通知》，明确了有关彩票收入的分配政策、财务管理及会计核算制度。同时，建立了彩票销售月度报表和预决算制度，及时、全面、准确地掌握彩票销售及彩票资金解缴的情况。

3. 加强彩票公益金的管理，确保公益金的安全使用。为做好彩票公益金的筹集、分配、使用和监督工作，"十五"时期青海主要做了四方面的工作。一是将彩票公益金纳入非税收入管理改革范围，实行"单位开票，银行代收"的收缴管理办法，确保彩票公益金及时入库，为管好用好彩票资金奠定了良好的基础。二是加强对公益金使用计划的审核，对报来的公益金使用项目，严格按国家规定的使用范围进行审批，对无计划、无立项的不拨款。三是对公益金使用情况进行检查和跟踪问效，确保公益金专款专用，提高了公益金的使用效益。四是做好国家资助青少年校外活动场所建设资金的监督管理工作，严格按项目进展情况，及时、分批下拨资金，保证项目的顺利实施和资金的安全使用。

三、彩票公益金的筹集和使用情况

发行彩票是国家筹集公益事业资金的一种重要手段，五年间，财政部门与民政局、体育局、福利彩票中心、体育彩票管理中心共同努力，彩票的销售逐步形成了一定的规模：2000 年至 2005 年，累计销售福利彩票 3.76 亿元，筹集福利彩票公益金 1.31 亿元，其中：上缴中央7 052.12万元，省本级6 044.83万元；累计销售体育彩票 1.41 亿元，筹集体育彩票公益金 4 865.82万元，其中上缴中央2 416.09万元，省本级2 442.73万元。彩票销售规模的不断扩大为促进青海福利事业和体育事业的发展起到了积极的推动作用。这些年来，地方留成的福利彩票公益金和体育彩票公益金，全部用于"扶老、助残、救孤、济困"和全民健身、修整和增建体育设施等公益事业上。2000—2005 年地方留成的彩票公益金主要使用情况为：

1. 自 2001 年实施"星光计划"以来，省级福利彩票公益金投入了2 201万元，共完成"星光计划"项目 249 个，使全省老年福利服务基础设施得到初步改善，也极大地推动了老龄事业、社区建设的发展。

自 2004 年 6 月份起，青海省启动了"残疾孤儿手术康复明天计划"，省级福利彩票公益金已投入 629 万元，实施康复手术1 300例。"明天计划"的实施引起了强烈的社会反响，受到民政部较高的评价，省内外媒体多次报道，被誉为党和政府的"德政工程"。

2. 体育彩票公益金共投入1 142.9万元，主要用于青海省全民健身中心建设、青海多巴国家高原体育训练基地越野跑道建设和接待楼维修、环青海湖民族体育圈、"雪炭工程"、体育场馆建设费、共建基地、创建青少年体育俱乐部、体育设施维修和“体育三下乡”活动等项目。

（青海省财政厅、民政厅、体育局、福利彩票发行中心、体育彩票管理中心供稿）

新疆维吾尔自治区

“十五”时期，新疆维吾尔自治区销售彩票累计 40.46 亿元，为国家筹集公益金累计 14.01 亿元，代扣代缴中奖者个人所得税过亿元。彩票市场的快速发展，为国家和社会筹集了社会公益事业发展所急需的资金，做出了应有的贡献。

一、“十五”时期彩票销售概况

2001 年，新疆彩票销售 1.79 亿元，彩票游戏品种不过两三种，在游戏品种的市场份额上，电脑型彩票和即开型彩票基本上平分秋色，电脑型彩票的销售采用的还是准热线系统，彩票销售网络也仅覆盖到县城以上区域。到 2005 年，全区彩票销售达 18.19 亿元，彩票游戏品种多达 12 种，电脑型彩票占据了市场绝大部分份额，其销售基本采用了全热线系统，电脑型彩票投注站达3 500个，已覆盖全区乡镇以上区域。新疆彩票销售体系已初具规模。

（一）彩票销售快速增长，彩票销售规模屡创新高

“十五”时期，新疆销售彩票累计达 40.46 亿元，平均每年增长 67.6%。其中：福利彩票销售累计 31.15 亿元，平均每年增长 67.1%；体育彩票销售累计 9.3 亿元，平均每年增长 69.7%；电脑型彩票销售累计 37.22 亿元，平均每年增长 92.7%，即开型彩票销售累计 3.23 亿元，平均每年增长 -48.8%。

（二）彩票品种不断丰富，彩票游戏种类结构日趋合理

2000 年 8 月 8 日，新疆电脑型福利彩票上市，2002 年 5 月 20 日，电脑型体育彩票也展现在人们面前。“十五”期间，新疆上市发行销售的电脑型福利彩票有：35 选 7、25 选 7、18 选 7、趣味偶数 10 选 7 和 3D 等 5 种游戏；上市发行销售的电脑型体育彩票有：七星彩、22 选 5、29 选 7、排列 3、排列 5、篮球彩票、足球胜负彩、足球进球彩等 7 种游戏。彩票游戏品种的不断增加，基本满足了自治区彩民丰富多样的需求。

（三）彩票销售手段更加安全、快捷

2000 年 8 月 8 日，“新疆风采”电脑福利彩票上市时，采用的是准热线销售系统。2003 年底，自治区福利彩票发行中心抓紧实施热线升级改造工程。2004 年 2 月 12 日，福利彩票最后 15 台投注机切换到热线状态下销售。与此同时，体育彩票销售系统全热线改造工作也于 2005 年底基本完成。新疆电脑彩票销售系统从准热线成

功升级为全热线，在应用技术上又上了一个新台阶，使彩票销售系统更加安全、快捷，彩民中奖也实现了全疆通兑。

（四）彩票销售网络遍布全疆

在各级彩票机构的努力下，"十五"期末，新疆电脑型彩票的投注站达3 500多个，按全疆人口计算，每5 000人就有一台彩票投注机，并且有彩票专卖店、彩票沙龙等各种形式的彩票销售点。彩票销售网络已覆盖自治区各个乡镇、团场和城市，使彩民很方便地购买彩票、了解彩票。

二、努力促进彩票销售

2001年自治区财政部门接管彩票监管职能以来，积极采取措施，努力促进全区彩票事业发展。

（一）采取多种措施，努力增加彩票销量

1. 认真研究市场需求，积极推出新的玩法。针对不同收入层次彩民的消费需求，新疆逐步细化彩票市场，不断推出新的彩票游戏品种。"十五"期间，福利彩票基本形成了产生500万元级大奖的35选7游戏，产生百万元级大奖的25选7游戏，产生万元级大奖的18选7游戏和开奖频率高、中奖较易的3D游戏。体育彩票也陆续推出了七星彩大盘游戏、29选7中盘游戏和充分体现体育特点的篮球彩票、足球彩票。

通过对彩票市场的逐步细分，进而合理设计适合彩民需求的彩票游戏，自治区彩票市场被逐步开发、培育起来。

2. 积极开展分散销售即开型彩票。在停止集中销售即开型彩票后，新疆各级彩票机构积极组织开展分散销售即开型彩票，并且对以往遗留下的即开型彩票，也开动脑筋，努力解决安全保障要求高、宣传困难等诸多问题，按照分散销售的要求开展销售活动，尽可能减少不必要的浪费，避免彩票销售品种的单一化。

3. 利用调节基金积极促进销售。根据彩票市场周期，在彩票销售淡季时，新疆积极使用调节基金，降低中奖难度，设立特别奖，适当刺激彩票市场，增加彩票销量，努力使彩票市场淡季不淡，从而避免彩票销售大起大落。

4. 尽可能减少彩票销售风险，设立即开型彩票奖池。由于即开型彩票销售固有的返奖风险，加之新疆在销售即开型彩票时因市场有限、销售规模较小，往往出现超额返奖的问题，超额返奖资金长期挂账。为了尽可能分散即开型彩票销售风险，新疆规定，从2004年8月1日起，设立分散销售即开型福利彩票全疆统一奖池。奖池的设立，既减少了彩票机构风险，又调动了各级彩票机构销售彩票的积极性，有力地促进了彩票销售。

（二）规范管理

1. 规范了对彩票销售的管理。一是规范了即开型彩票申报格式，要求彩票机构申报时必须说明票种名称、数量、中奖率、返奖率，必须附设奖方案、销售实施方案等。二是要求彩票机构在推出新的玩法和使用调节基金开展促销活动时，必须先报批、后销售。三是要求彩票机构在彩票发行销售宣传时必须注明财政部或财政厅的批准文件名称、文号。四是加强对即开型彩票销售的监管，在批复集中销售即开型彩票时，将附有设奖方案、销售方案的批复文件抄送销售地财政部门，要求当地财政部门予以监管，保障国家彩票销售的安全、公正。五是对彩票机构销售彩票不及时报批的，在全疆予以批评，并抄送全疆彩票机构引以为鉴。

2. 加强电脑型彩票销售系统的安全管理。按照财政部关于加强电脑系统发行销售彩票安全管理的有关要求，自治区两个彩票机构首先进行自查，对发现问题及时纠正和处理，同时结合自身工作特点，制定电脑系统销售彩票的数据和开奖安全管理操作规程，并将操作规程报送自治区财政部门。自治区财政部门对两个彩票机构彩票数据安全管理情况以及执行相关操作规程的工作日志进行不定期检查，以确保自治区电脑彩票销售安全。

3. 对集中销售的即开型彩票进行清理。按照财政部关于暂停集中销售即开型彩票的有关要求，自治区财政部门组织两个彩票机构对 2004 年 1 月 1 日以来集中销售的即开型彩票进行了清理检查。在彩票机构按要求立即停止集中销售即开型彩票后，组织两个彩票机构认真学习财政部有关文件，随后采取自查和重点检查相结合的方式，全面清理检查集中销售的即开型彩票，对不能继续销售的彩票予以封存。

4. 加强对彩票宣传的管理。为树立国家彩票公益形象，专门组织自治区主要平面媒体，从正面对国家彩票政策、制度、办法进行连续、系统的报道，突出宣传彩票的公益性。为加强彩票宣传和彩票市场监管，从 2005 年 6 月开始，自治区财政部门安排专人每天对自治区主要平面媒体有关彩票的宣传材料进行审核，要求彩票机构在宣传中要注重与同业者公平竞争，要加强对彩民进行理性购彩的宣传。

5. 及时、有力打击私彩。针对发现的自治区境内发行私彩和非法有奖销售问题，自治区财政部门及时同当地财政部门联系，委托当地财政部门配合有关部门予以查处。通过打击私彩，为国家彩票的健康、有序、稳定增长提供了良好的发展环境。

6. 改进彩票销售统计月报，及时全面掌握彩票销售数据。为了及时、全面掌握自治区彩票的销售、中奖、兑奖、各彩票品种调节基金、奖池资金、彩票机构代扣代缴中奖所得税、彩票机构上缴发行费、彩票公益金等情况，区财政厅多次到两个彩票机构调研，在此基础上，改进了彩票销售月度报表，为发挥彩票监管职责打下了良好基础。

三、进一步加强对彩票机构的财务管理

1. 加强对彩票机构基本情况的调研。2005 年区财政厅对两个彩票机构的财务管理、会计核算工作进行了调研，基本摸清两个彩票机构的机构设置、财务管理体制、人员和工资、资产等情况，特别是两个彩票机构主要的收入来源、种类和基本的大宗的支出情况，为进一步规范对彩票机构的管理奠定了基础。

2. 加强彩票机构银行账户管理。按照财政部规定，为确定彩票资金安全，区财政厅要求两个彩票机构不得在国有商业银行以外的金融机构开户，彩票机构变更开户银行，必须首先报自治区财政部门审批。并且，按照自治区行政事业单位银行账户管理有关规定，对两个彩票机构银行账户情况进行了清理，要求彩票机构不得多头开户、滥开账户，以从源头上确保彩票资金安全。

3. 逐步规范彩票机构奖励办法。本着既要有利于实现彩票销售最大化，又要符合国家收入分配制度要求，同时考虑历史做法的原则，自治区出台了福利彩票机构奖励暂行规定办法。这一奖励办法的出台，对财政部门健全职能、加强对彩票机构机构管理特别是对促进彩票销售可起到积极作用。

4. 细化、深化彩票机构财务收支计划编制。在多次对彩票机构基本情况进行调研的基础上，本着既要符合财政部有关彩票机构财务管理规定，又要考虑彩票机构实际发展要求的原则，“十五”期间，财政部门通过经常性地向彩票机构讲解财政部有关彩票机构财务收支管理的政策、制度，并认真听取彩票机构的意见，逐步细化、深化了彩票机构财务收支计划编制，规范了彩票机构财务收支计划管理。

5. 按计划、按进度拨付彩票机构发行费收入。自财政部门接管彩票监管职责以来，自治区各级财政部门本着热情服务、搞好资金保障的原则，在两个彩票机构按时、足额上缴发行费收入的前提下，按照批复的彩票机构财务收支计划，按进度、分月拨付彩票机构发行费收入，保障彩票机构正常运转。

四、加强彩票公益金管理

彩票公益金是一种新兴的具有高成长性特点的财政收入，彩票公益金对促进我区社会福利、公共体育、青少年学生校外教育等社会公益事业的发展起到重要的促进作用。

1. 加强彩票公益金收入管理。为规范彩票公益金收入管理，严防财政收入流失，新疆制定了专门的办法，要求彩票机构及时足额上缴彩票公益金收入，并且建立对账制度，按时与彩票机构和财政厅国库处就公益金的上缴及入库情况进行核对，同时督促彩票机构每月10日缴清上月应缴欠公益金，防止彩票机构滞留彩票公益金收入。近年来，自治区未出现彩票机构迟缴、欠缴彩票公益金的问题。

2. 制定了彩票公益金管理办法。自治区制定的彩票公益金管理暂行办法明确规定：财政部门是彩票公益金管理的政府主管部门；彩票公益金属政府非税收入，是用于社会公益事业发展的专项资金；彩票公益金实行“收支两条线”管理，彩票发行销售机构取得的彩票公益金收入必须严格按规定及时、全额上缴财政专户，支出由财政部门编制彩票公益金专项预算下达执行。

3. 编制公益金支出预算，批复彩票公益金决算。2005年，按照中央有关彩票公益金使用管理的规定，编制了自治区本级体育彩票公益金支出预算。同时，根据当年彩票公益金预算和实际支出情况，批复了2005年度体彩公益金决算。通过按财政预算管理试编彩票公益金预决算，进一步规范了彩票公益金管理。

4. 通过财政渠道拨付彩票公益金资助资金。2005年，经过与自治区民政、体育部门多次协商，自治区本级掌握的资助各地、县的彩票公益金资金，全部通过自治区财政预算外专户渠道拨付，实现了国库集中支付。

5. 加强青少年学生校外活动场所建设

与管理工作。截至2005年底，新疆已累计安排青少年学生校外活动场所建设项目55个，占全区103个县、市、区（不含兵团）的53.4%。其中，国家资助项目有4批，共43个项目；自治区资助自建项目3批12个项目。不少项目已经建成投入使用并产生了良好的社会效益，全区青少年校外教育活动场所严重匮乏的情况有所改观。在工作中，财政厅紧紧围绕建好、管好、用活活动场所，初步摸索出了一些思路和办法。

（新疆维吾尔自治区财政厅综合处供稿，刘玉剑执笔）

四、法规和文献

2006

中国彩票年鉴

（一）国家彩票管理法规和文献

关于办理赌博刑事案件具体应用法律若干问题的解释

（2005 年 5 月 11 日　最高人民法院　最高人民检察院　法释［2005］3 号）

《最高人民法院、最高人民检察院关于办理赌博刑事案件具体应用法律若干问题的解释》已于 2005 年 4 月 26 日由最高人民法院审判委员会第 1349 次会议通过，2005 年 5 月 8 日由最高人民检察院第十届检察委员会第 34 次会议通过，现予公布，自 2005 年 5 月 13 日起施行。

为依法惩治赌博犯罪活动，根据刑法的有关规定，现就办理赌博刑事案件具体应用法律的若干问题解释如下：

第一条　以营利为目的，有下列情形之一的，属于刑法第三百零三条规定的“聚众赌博”：

（一）组织 3 人以上赌博，抽头渔利数额累计达到5 000元以上的；

（二）组织 3 人以上赌博，赌资数额累计达到 5 万元以上的；

（三）组织 3 人以上赌博，参赌人数累计达到 20 人以上的；

（四）组织中华人民共和国公民 10 人以上赴境外赌博，从中收取回扣、介绍费的。

第二条　以营利为目的，在计算机网络上建立赌博网站，或者为赌博网站担任代理，接受投注的，属于刑法第三百零三条规定的“开设赌场”。

第三条　中华人民共和国公民在我国领域外周边地区聚众赌博、开设赌场，以吸引中华人民共和国公民为主要客源，构成赌博罪的，可以依照刑法规定追究刑事责任。

第四条　明知他人实施赌博犯罪活动，而为其提供资金、计算机网络、通讯、费用结算等直接帮助的，以赌博罪的共犯论处。

第五条 实施赌博犯罪，有下列情形之一的，依照刑法第三百零三条的规定从重处罚：

（一）具有国家工作人员身份的；

（二）组织国家工作人员赴境外赌博的；

（三）组织未成年人参与赌博，或者开设赌场吸引未成年人参与赌博的。

第六条 未经国家批准擅自发行、销售彩票，构成犯罪的，依照刑法第二百二十五条第（四）项的规定，以非法经营罪定罪处罚。

第七条 通过赌博或者为国家工作人员赌博提供资金的形式实施行贿、受贿行为，构成犯罪的，依照刑法关于贿赂犯罪的规定定罪处罚。

第八条 赌博犯罪中用作赌注的款物、换取筹码的款物和通过赌博赢取的款物属于赌资。通过计算机网络实施赌博犯罪的，赌资数额可以按照在计算机网络上投注或者赢取的点数乘以每一点实际代表的金额认定。

赌资应当依法予以追缴；赌博用具、赌博违法所得以及赌博犯罪分子所有的专门用于赌博的资金、交通工具、通讯工具等，应当依法予以没收。

第九条 不以营利为目的，进行带有少量财物输赢的娱乐活动，以及提供棋牌室等娱乐场所只收取正常的场所和服务费用的经营行为等，不以赌博论处。

财政部关于加强排列 3　排列 5 和 3D 游戏风险管理的通知

（2005 年 2 月 28 日　财政部　财综［2005］4 号）

民政部，国家体育总局，各省、自治区、直辖市财政厅（局）：

为抑制彩票购买中的非理性行为，防范彩票机构的财务风险，保持彩票市场的健康稳定发展，财政部决定对体育彩票排列 3、排列 5 游戏和福利彩票 3D 游戏风险管理做出如下规定。

一、体育彩票排列 3、排列 5 游戏实行单期返奖总额控制，具体控制标准如下：

（一）上述游戏单期销售额低于1 000万元时（含1 000万元），最高返奖总额为当期计提奖金 + 奖池资金 + 调节基金 + 当期销售额的 150%；单期销售额在1 000万元至2 000万元（含2 000万元）时，最高返奖总额为当期计提奖金 + 奖池资金 + 调节基金 + 当期销售额的 100%；单期销售额超过2 000万元时，最高返奖总额为当期计提奖金+奖池资金+调节基金+当期销售额的50%。

（二）上述游戏单期实际中奖总额若超过当期最高返奖总额时，按以下规则分配奖金：

1. 排列5游戏单注彩票奖金 = $\frac{\text{当期最高返奖总额}}{\text{当期中奖注数}}$

2. 排列3游戏单注奖金 = 兑付率 × 各奖级单注固定奖金额

$$\text{兑付率} = \frac{\text{当期最高返奖总额}}{\text{当期实际中奖总额}} \times 100\%$$

3. 实际中奖奖金以元为单位取整。

二、福利彩票3D游戏实行限注控制，即对单期每注彩票的最高销售注数实行控制。各省级福利彩票机构应将本地区的具体限注规则向社会公布。

三、本通知自发布之日起施行。各级彩票机构应按照本通知规定，及时做好系统调整及对外公告工作，确保彩票发行销售的安全和稳定。

财政部关于调整足球彩票和网点即开型彩票资金构成比例的通知

（2005年6月13日　财政部　财综［2005］27号）

各省、自治区、直辖市财政厅（局），中国福利彩票发行管理中心，国家体育总局体育彩票管理中心：

为了改善彩票市场结构，打击非法彩票等赌博活动，促进彩票市场健康发展，经国务院同意，财政部决定对彩票资金构成比例进行调整。现就有关事项通知如下：

一、从2005年9月1日起，现已上市销售的足球彩票的资金构成比例调整为：返奖奖金65%，发行经费13%，公益金22%；网点即开型彩票的资金构成比例调整为：返奖奖金65%，发行经费15%，公益金20%；其他彩票的资金构成比例暂不作调整。今后拟上市销售的各种彩票的资金构成比例，在财政部审批游戏规则中予以规定。

二、区域销售的足球彩票和网点即开型彩票，在原有奖级数量基础上，相应增加各奖级奖金数量的，由省级彩票机构将调整方案及正式销售日期报中央级彩票机构同意后，报省级财政部门备案；对增加奖级和奖金数量的，由省级彩票机构将调整方案及正式销售日期报中央级彩票机构同意后，报财政部批准。全国联网销售的足球彩票，在原有奖级数量基础上，相应增加各奖级奖金数量的，由中央级彩票机构将调整方案及正式销售日期报财政部备案；对增加奖级和奖金数量的，由中央级彩票机构将调整方案及正式销售日期报财政部批准。

三、在2005年8月1日前，各级彩票机构应全部停止销售原有网点即开型彩票，剩余彩票的使用和销毁，由省级彩票机构报省级财政部门审核批准。在2005年9月1日前，省级彩票机构应完成对原有网点即开型彩票的销量统计和资金结算工作，报省级财政部门审定。

四、各地财政部门应督促彩票机构按照彩票管理制度规定，做好彩票资金构成比例调整后的各项工作，确保彩票销售工作顺利进行。

财政部关于清理彩票机构对外合作项目的通知

（2005年10月13日　财政部　财综［2005］46号）

各省、自治区、直辖市财政厅（局），中国福利彩票发行管理中心，国家体育总局体育彩票管理中心：

近年来，各级彩票机构在游戏品种设计、技术系统开发、设备维护和市场营销等方面开展了多渠道的对外合作，对促进彩票业发展起到了积极作用。但是，由于缺乏规范的管理制度和相应的监督机制，彩票机构在对外合作过程中也出现了一些不容忽视的问题，在一定程度上干扰了彩票市场的正常运行，影响了政府信誉和国家彩票的公信力。为了加强彩票机构对外合作管理，促进彩票市场健康发展，财政部决定对彩票机构开展对外合作进行清理，现就有关问题通知如下：

一、彩票机构与彩票机构之外的任何组织或个人（包括彩票机构所属全资子公司、控股公司和参股公司），在彩票印制、设备生产、销售系统或软件技术开发、市场营销等方面，所开展的资金、技术、设备或服务等形式的业务合作，均属对外合作行为。彩票机构在对外合作中，必须按照彩票技术自主拥有知识产权和经营管理权的原则，根据有关规定，通过公开招投标方式确定合作方，并与合作方建立权利义务明确、经济关系清晰的合作关系。

二、各级财政部门要对各级彩票机构目前已经开展的对外合作项目进行全面清理。省及省以下各级彩票机构的对外合作项目，由省级财政部门对每个合作项目的合同文本、相关文件材料及合作进展情况进行清理，并提出处理建议于2005年11月15日前报财政部。中央级彩票机构的对外合作项目，由彩票机构将每个合作项目的合同文本、相关文件材料及合作进展情况，于2005年10月31日前报财政部。

财政部将根据现行彩票管理制度和对外合作原则，对各地财政部门和中央级彩票机构的清理意见进行审核，对不符合制度规定和对外合作原则的对外合作项目予以纠正。

三、各级彩票机构要积极配合财政部门做好对外合作项目的清理检查工作，认真按照彩票管理制度和规定进行自查自纠，对违规行为，要予以及时纠正，确保清理检查工作顺利完成。

关于增加海南省4+1电脑体育彩票开奖时间的通知

（2005年1月4日　财政部　财办综［2005］2号）

国家体育总局体育彩票管理中心：

你中心报送的《关于申请调整海南省电脑体育彩票“4+1”玩法开奖次数的函》（体彩字［2004］607号）收悉。经研究，同意增加海南省4+1电脑体育彩票开奖次数，由每周两次增加至每周三次，具体开奖时间为周二、周五和周日。请你中心督促海南省体育彩票管理中心及时做好对外公告和系统调试工作。

关于调整中福在线即开型彩票“幸运扑克”游戏规则的通知

（2005年1月12日　财政部　财办综［2005］6号）

中国福利彩票发行管理中心：

你中心报来的《关于中福在线即开型

彩票“幸运扑克”游戏规则的补充修改意见的请示》（中彩发字［2004］136 号）收悉。根据《彩票发行与销售管理暂行规定》、《即开型彩票发行与销售管理暂行规定》和《财政部关于同意在广东省试点发行“四花选五”在线即开型彩票的通知》（财综［2003］28 号）等规定，经研究，同意你中心将《中福在线即开型彩票“幸运扑克”游戏规则》的有关条款做如下调整：

一、将第十三条调整为：“翻倍”游戏是以本次“幸运扑克”所获得奖分为初始投注分值的进阶游戏。购票者可以选择用本次“幸运扑克”所获得的全部奖分或一半奖分在“翻倍”游戏中投注。系统将从一副去掉大小王的扑克牌中自动抽取一张牌（牌面朝下），其中 A 为 1 点，J、Q、K 分别为 11 点、12 点、13 点。购票者选择此牌点数的“大”或“小”，牌点数小于 7 时，牌点为“小”；牌点数大于 7 时，牌点为“大”。若选对，则奖分翻倍；若选错，则奖分归零。如果牌点数为 7，则购票者奖分不变，退回原游戏起点。在“翻倍”游戏中获得的奖分可选择继续翻倍游戏或退出回到扑克游戏。

二、将第二十一条调整为：游戏奖项分九个奖级，除一等奖“同花大顺”和二等奖“同花顺”为浮动奖外，其余各奖级均为固定奖，各奖级奖分为投注分值与相应奖级中奖倍数的乘积。各奖级及其中奖条件和奖级倍数如下：

奖级	中奖条件	奖级倍数
一等奖	同花大顺	250 倍 + 累积奖金分值 × 90%
二等奖	同花顺	50 倍 + 累积奖金分值 × 30%
三等奖	四同号	25 倍
四等奖	三带对	9 倍
五等奖	同花	6 倍
六等奖	杂花顺	4 倍
七等奖	三同号	3 倍
八等奖	双对	2 倍
九等奖	一对（J 或 J 以上）	1 倍

三、将第二十二条调整为：本游戏同时设置累积奖金，累积奖金由本游戏的投入分值的 1% 组成。浮动奖金由奖级倍数及累积奖金的相应比例组成。当本次投注分值大于或等于 20 分时，若中得一等奖，可获得 250 倍的奖级倍数及累积奖金中的 90% 奖金；若中得二等奖，可获得 50 倍的奖级倍数及累积奖金中的 30% 奖金。所获奖金以投注时刻累积奖金的显示为准进行分配。奖金最小单位为人民币“元”，不足 1 元的奖金归并至下期累积奖金。最高奖金金额不超过 200 万元人民币。

调整后的游戏正式上市销售前，你中心应及时将调整的游戏规则向社会公告，并在公告中注明财政部的批准文件名称及文号。你中心应严格按照现行彩票管理制度规定，加强内部管理，规范销售行为，继续做好在线即开型彩票的试点发行工作。

关于2005年彩票市场春节休市的通知

（2005年1月12日　财政部　财办综［2005］8号）

中国福利彩票发行管理中心，国家体育总局体育彩票管理中心：

2005年春节将至，为确保春节期间彩票市场休市顺利进行，根据《财政部关于实行彩票市场春节休市制度的通知》（财综［2002］95号）有关规定，现将有关事项通知如下：

一、根据国务院办公厅2005年春节休假安排，2005年彩票市场休市时间为2月9日0:00至2月15日24:00。休市期间，除福利彩票北京“快乐8”游戏和中福在线即开型彩票游戏因技术原因继续销售外，全国各级彩票机构暂停销售各类彩票游戏。

二、休市期间停销彩票游戏的开奖一并停止，休市结束后恢复正常开奖。彩票机构应按制度规定，妥善保管休市前形成的销售数据，确保数据安全。

三、各级彩票机构要做好春节休市安排的对外公告和安全管理工作，确保休市顺利进行，并抓紧利用休市间隙对电脑发行销售网络系统及相关设备进行调整和维护，为休市结束后的发行销售做好准备。

关于调整江西省21选5电脑福利彩票游戏规则的通知

（2005年1月26日　财政部　财办综［2005］15号）

中国福利彩票发行管理中心：

你中心报来的《关于江西省电脑彩票

21选5调整设奖方案的请示》（中彩发字[2005] 12号）收悉。经研究，现批复如下：

一、根据《彩票发行与销售管理暂行规定》、《彩票发行与销售机构财务管理办法》等制度规定，同意你中心调整江西省21选5电脑福利彩票游戏规则，并按调整后的游戏规则（见附件）组织销售。

二、正式上市销售前，江西省福利彩票发行中心需将销售实施方案，包括技术准备、广告宣传、正式销售日期等报江西省财政厅审核，批准后上市宣传销售。

三、江西省福利彩票发行中心在对外公告和宣传中，必须注明财政部、江西省财政厅的批准文件、核准文件名称及文号。

四、你中心应严格按照现行彩票管理制度规定，督促江西省福利彩票发行中心做好彩票销售工作，加强彩票发行销售的安全管理。

附件：江西省21选5电脑福利彩票游戏规则

附件

江西省21选5电脑福利彩票游戏规则

第一章　总　　则

第一条　根据《彩票发行与销售管理暂行规定》和《中国福利彩票（电脑乐透型）发行规则》，制定本规则。

第二条　“中国福利彩票（电脑乐透型）”由中国福利彩票发行管理中心（以下简称“中福彩中心”）统一发行。江西省福利彩票发行中心在所辖区域内承销“中国福利彩票（电脑乐透型—21选5）”（简称“江西风采—21选5”）。

第三条　“江西风采—21选5”采用计算机网络系统发行销售，定期电视开奖。

第四条　“江西风采—21选5”实行自愿购买，凡购票者均被视为同意遵守本细则。

第五条　不得向未成年人销售彩票和兑付奖金。

第二章　发　　行

第六条　“江西风采—21选5”的发行权属中彩中心，主要包括：中国福利彩票名称及标识的专有权，各地发行额度的分配和调控权，投注单和彩票专用纸的监制权等。

第七条　江西省福利彩票发行中心按中福彩中心“统一玩法规则、统一硬件标准、统一运行软件、统一管理模式、统一实时监控”的原则，承销“江西风采—21选5”并接受中福彩中心的监控。

第八条　江西省福利彩票发行中心在承销区域内设置投注站，并统一核发零售许可证。

第三章　投　　注

第九条　“江西风采—21选5”采用组

合式玩法，即从21个数字号码中选取5个号码进行投注，一组5个号码的组合称为一注。每注金额人民币2元。

第十条 “江西风采—21选5”按期销售，期号以开奖日界定，按日历年度编排。

第十一条 “江西风采—21选5”的投注方式为投注站投注。投注方法可分为自选号码投注和机选号码投注；当期投注和多期投注；单式投注、复式投注和基数组合投注（亦称胆拖投注）。

第十二条 投注站投注为有纸投注，投注号码经投注机打印为兑奖凭证，交投注者保存，此兑奖凭证即为“江西风采—21选5”电脑福利彩票。

第十三条 自选号码投注即将投注者选定的号码输入投注机进行投注；机选号码投注即由投注机随机产生投注号码进行投注。

第十四条 当期投注是指只购买当期彩票；多期投注是指购买从当期起连续若干期的彩票。

第十五条 单式投注是在21个号码中选择一组5个号码的组合为一注的单式投注；复式投注是在21个号码中选择6至21个号码，将每5个号码的所有组合方式均作为一组投注号码的多注投注；基数组合投注是在21个号码中选择1至4个号码作为每注都有的基数号码，再补充其他不同的号码，进行每5个号码为一组的多注投注。

第四章 设 奖

第十六条 “江西风采—21选5”的设奖奖金为销售总额的50%，设奖奖金分为当期奖金和调节基金，其中当期奖金为销售总额的49%；调节基金为销售总额的1%。

第十七条 “江西风采—21选5”当期奖金共设两个奖等，全部采用浮动设奖。各奖等当期奖金额规定如下：

一等奖：奖金额占当期奖金的80%；

二等奖：奖金额占当期奖金的20%。

第十八条 “江西风采—21选5”设置奖池，奖池资金用于颁发一等奖。奖池资金由滚存的未中出的浮动奖奖金和超出单注奖金封顶限额部分的奖金，以及调节基金转入部分奖金组成。

第十九条 调节基金包括按销售总额1%提取部份、弃奖收入、浮动奖奖金取整后的余额、逾期未退票的票款。调节基金用于设置特别奖，调节一等奖奖金，支付各种不可预见情况下的奖金支出风险。

第二十条 单注彩票奖金最高限额不得超过500万元，超过部分进入奖池。

第二十一条 若当期一等奖单注奖额低于二等奖单注奖额，应保证一等奖单注奖额高于二等奖单注奖额950元，资金来源由调节基金补足，调节基金不足时，由发行经费垫支。

第二十二条 特别奖由江西省福利彩票发行中心根据彩票市场情况设定，设立特别奖动用调节基金时，报江西省财政厅审批，并提前向社会公告。

第五章 开 奖

第二十三条 “江西风采—21选5”每天开奖一次，摇奖过程在公证人员监督下进行，通过电视台播出。

第二十四条 “江西风采—21选5”通过摇奖器确定中奖号码，摇奖使用中彩中心指定的专用摇奖设备。

第二十五条 “江西风采”中奖号码由5个号码组成。摇奖时先后摇出5个号码，摇出的号码按升序排序公布。

第二十六条 摇奖前，将当期投注的全部数据刻入不可改写的光盘。摇奖后，以光盘记录的数据为准进行开奖处理。

第二十七条 江西省福利彩票发行中心在每期开奖后，将当期销售总额、中奖号码、各奖等中奖注数、奖额及奖池余额，通过新闻媒体向社会公布，并在各投注站张贴开奖公告。

第六章 中 奖

第二十八条 “江西风采—21选5”根据投注号码与中奖号码相符个数的多少确定中奖奖等及金额：

一等奖：单注投注号码与中奖号码中5个号码全部相同（顺序不限，下同）；

二等奖：单注投注号码与中奖号码中任意4个号码相同。

第二十九条 中奖者按各奖等的中奖注数均分该奖等的奖金，并以元为单位取整计算。

第三十条 当期每注投注号码只有一次中奖机会,不能兼中兼得,特别设奖除外。

第七章 兑 奖

第三十一条 “江西风采—21选5”兑奖当期有效，每期开奖后的兑奖期为30天，逾期未兑奖者视为弃奖，弃奖奖金进入调节基金。

第三十二条 中奖彩票是兑奖凭证，因玷污、损坏等原因不能正确识别的，不能兑奖。彩票不记名，不挂失，不流通，不返还本金，不计付利息。

第三十三条 单注彩票中奖金额超过1万元的中奖者须依法缴纳个人所得税，税款由兑奖机构代扣代缴。

第三十四条 凡中5万元及以上的中奖者，持中奖彩票和本人身份证件，到江西省福利彩票发行中心兑奖；凡中5万元以下、1千元以上的中奖者，持中奖彩票和本人有效身份证件到各设区市管理站兑奖；1千元及以下的中奖者，持中奖彩票到原购票的投注站兑奖。

第三十五条 兑奖机构有权查验中奖者的中奖彩票及有效身份证件，兑奖者应予配合。凡伪造、涂改中奖彩票冒领奖金者，送交司法机关追究法律责任。

第八章 附 则

第三十六条 本规则由江西省福利彩票发行中心解释。

第三十七条 本规则自批准之日起实施。

关于调整黑龙江省数字传统型 6+2 和 22 选 5 电脑福利彩票开奖次数的通知

（2005 年 1 月 26 日　财政部　财办综［2005］16 号）

中国福利彩票发行管理中心：

你中心报来的《关于黑龙江传统型及 22 选 5 电脑福利彩票增加周日开奖的请示》（中彩发字［2005］7 号）收悉。经研究，现批复如下：

根据《彩票发行与销售管理暂行规定》、《彩票发行与销售机构财务管理办法》等制度规定，同意你中心将黑龙江省数字传统型 6+2 和 22 选 5 电脑福利彩票的开奖次数由每周开奖六次调整为每天开奖一次。

你中心应严格按照现行彩票管理制度规定，督促黑龙江省福利彩票发行中心做好彩票销售工作，加强彩票发行销售的安全管理，及时将调整内容向社会公告，并在公告中注明财政部的批准文件名称及文号。

关于篮球单场竞猜彩票游戏规则的通知

（2005 年 2 月 3 日　财政部　财办综［2005］22 号）

国家体育总局体育彩票管理中心：

你中心报送的《关于申请增加全国联网篮球单场竞猜彩票玩法的通知》（体彩字［2005］6 号）收悉。经研究，现就有关事项通知如下：

一、同意你中心在全国联网发行篮球单场竞猜彩票，并按批准的游戏规则组织销售。

二、正式销售前，各省（自治区、直辖市）体育彩票机构需将销售实施方案，包括技术准备、广告宣传、正式销售日期报当地省级财政部门审核，批准后上市销售。

三、彩票销售量分地区核算，分别计入各地区彩票销售量，并按此原则计提和管理公益金。

四、请你中心加强联网销售工作的组织管理，做好对外宣传和对零售商的培训工作，努力扩大体育彩票市场发行量。

附件：全国联网篮球单场竞猜彩票游戏规则

附件

全国联网篮球单场竞猜彩票游戏规则

第一章 总 则

第一条 根据财政部《彩票发行与销售管理暂行规定》、国家体育总局《体育彩票发行与销售管理暂行办法》以及《中国篮球彩票发行与销售管理办法》，制定本游戏规则。

第二条 “篮球单场竞猜彩票”（以下简称“单场竞猜彩票”）由国家体育总局体育彩票管理中心统一发行，在全国范围内采用计算机网络系统进行联合销售，统一奖池计奖。

第三条 本规则中有关术语遵循以下特别定义：

（一）注：根据本规则确定的每一组有效组合数据。

（二）投注：购票人根据本规则以人民币现金购买篮球彩票的行为。

（三）投注单：购票人用于辅助投注的专用表格。

（四）随机投注：由销售终端机随机产生的有效组合数据作为购票人预测结果的投注方式。

（五）单式投注：购票人对于所有指定竞猜球队的比赛成绩均只选择一种预测结果的投注方式。

（六）复式投注：购票人对于某一指定竞猜场次的比赛成绩选择两种以上预测结果的投注方式。

（七）兑奖彩票：由篮球彩票销售终端出售的、记录有购票人预测结果的凭证。

第四条 凡购买单场竞猜彩票者，均视为已知晓本规则，并接受本规则约束。

第二章 游戏方法

第五条 单场竞猜彩票以国家体育总局体育彩票管理中心（以下简称“总局彩票中心”）选定的篮球比赛为游戏媒介，由购票人预测指定的单场比赛中比赛双方在上半场（包括第一节和第二节，下同）和全场（含加时赛）比赛的得分值的个位数，即主队上半场得分值的个位数、主队全场（含加时赛）得分值的个位数、客队上半场得分值的个位数、客队全场（含加时赛）得分值的个位数，共四项竞猜结果，并按顺序排列组成一组4位数为一注彩票。

第六条 在单场比赛中，比赛双方在上半场和全场比赛的得分值个位数共有10种预测结果，即0—9共10个数字。

第七条 购票人在投注时，必须对指定单场比赛中的比赛双方在上半场和全场（含加时赛）比赛的得分值的个位数，即主队上半场得分值的个位数和全场（含加时赛）得分值的个位数，客队上半场得分值的个位数和全场（含加时赛）得分值的个位数。以上四项每项必须做出一种选择，方构成有效投注。对每一项或一项以上方式作出两种或两种以上选择，则构成复式投注。

购买者可对"单场竞猜彩票"的结果进行多倍投注，投注倍数范围为2—99倍。

第八条 在每期单场竞猜彩票发行过程中，如遇以下情形，特别规定如下：

（一）在当期篮球彩票销售前，原定竞猜的比赛因故提前、不赛或推迟到下一竞猜轮次比赛之后，则取消本轮竞猜。

（二）在当期篮球彩票销售开始后，该场比赛因特殊情况未进行完毕，若该场比赛在下一竞猜轮次比赛前补赛的，则该场比赛的开奖以实际比赛结果为准，当期计奖工作推迟进行；若该场比赛在下一竞猜轮次比赛后补赛或取消的，则凭已购彩票在28天内到购票的销售终端，按实际购票金额办理退款手续，逾期视为弃奖。

第九条 购买者可在全国各省（区、市）体育彩票管理中心设置的投注站进行投注。投注号码可由投注机随机产生，也可通过投注单将购买者选定的号码输入投注机确定。投注号码经系统确认后打印出的兑奖凭证即为单场竞猜彩票电脑体育彩票，交购买者保存。

第十条 单场竞猜彩票每注2元人民币。彩票不记名、不挂失，不返还本金，不流通使用。

第三章 设 奖

第十一条 单场竞猜彩票设1个奖级，即一等奖，单注固定奖金9 800元。

第四章 奖金管理

第十二条 销售总额的50%为奖金，分为当期奖金和调节基金。其中，49%为当期奖金，1%为调节基金。

第十三条 单场竞猜彩票设置奖池，奖池由每期奖金与实际中出奖金的差额累计而成。若当期奖金大于当期中出奖金时，余额滚入奖池；若当期奖金小于当期中出奖金时，差额用奖池补足；若奖池不足时，用调节基金补足，调节基金不足时，从发行经费中垫支。

第十四条 调节基金包括按销售总额1%提取部分、弃奖收入和逾期未退票的票款。调节基金专项用于支付各种不可预见情况下的奖金支出风险，以及设立特别奖。

第五章 投 注

第十五条 购票人可以直接在篮球彩票销售终端口授预测结果投注，或随机投注，亦可利用篮球彩票销售终端提供的投注单辅助投注。

第十六条 投注单投注。

（一）投注单由两部分组成：

1. 投注单左侧为篮球比赛所指定场次主、客场球队队名，列前位的为主队，列后位的为客队。

2. 投注单右侧为供购票人填写预测结果的独立表格，即投注栏。

（二）购票人可在投注单右侧的投注栏中，任意选择一个或一个以上填写。但是，在一个投注栏中必须填写指定单场比赛中的比赛双方在上半场和全场（含加时赛）比赛的得分值的个位数。

（三）购票人将填写有效的投注单交给篮球彩票销售终端，确定其有效投注数量和需要交纳的现金数额。销售人员收款后将其预测结果输入电脑系统记录在案，并出具兑奖彩票。

（四）每一张投注单的投注数量不得高于10 000注。

第六章 中　　奖

第十七条 单场竞猜彩票中奖条件：

一等奖所选号码与实际比赛结果一致即为中奖。

第七章 开奖及公告

第十八条 单场竞猜彩票根据赛事情况确定开奖期次。

第十九条 每期开奖后，由国家体育总局体育彩票管理中心或指定省区市体育彩票管理中心将开奖结果、当期销售总额、各奖级中奖情况以及奖池余额等信息，通过新闻媒体向社会公布，并将开奖结果通知各销售终端。

第八章 兑　　奖

第二十条 单场竞猜彩票兑奖当期有效。每期自开奖次日起28天为兑奖期，逾期未兑，视为弃奖。

第二十一条 兑奖机构有权查验中奖者的中奖彩票及有效身份证件，兑奖者应予配合。

第二十二条 单注彩票中奖金额超过1万元的中奖者须依法缴纳个人所得税，由兑奖机构代扣代缴。

第二十三条 凡伪造、涂改中奖彩票，冒领奖金者，送交司法机关追究法律责任。

第九章 附　　则

第二十四条 本游戏规则解释权属国家体育总局体育彩票管理中心。

第二十五条 本游戏规则自下发之日起执行。

关于试点发行“深圳快乐8”游戏的通知

（2005年2月6日　财政部　财办综［2005］23号）

中国福利彩票发行管理中心：

你中心报送的《关于深圳市试销KENO（快乐8）电脑福利彩票的请示》（中彩发字［2005］17号）收悉。经研究，现就有关事项通知如下：

一、同意你中心在深圳市试点发行“深圳快乐8”电脑福利彩票，并按批准的游戏规则组织实施。试点发行期为正式上市销售后6个月。

二、深圳市福利彩票发行中心要严格按照规定的场所和经营时间销售彩票。广告宣传要规范准确，不得采用煽动、诱惑性用语，严格监管各零售点销售行为。

三、深圳市福利彩票发行中心要确保彩票销售公平、公正、公开。

四、试点发行期间，你中心要督促深圳市福利彩票发行中心严格按照彩票管理制度规定做好销售工作。试点发行期结束后，请及时将试点情况专题报告财政部。

附件：深圳市电脑福利彩票“深圳快乐8”游戏规则

附件

深圳市电脑福利彩票“深圳快乐8”游戏规则

第一章　总　　则

第一条　根据《彩票发行与销售暂行管理规定》和《彩票发行与销售机构财务管理办法》，制定本规则。

第二条　深圳市电脑福利彩票快乐8游戏，简称“深圳快乐8”，由中国福利彩票发行管理中心（以下简称“中福彩中心”）统一发行，深圳市福利彩票发行中心在所辖区域内承销。

第三条　“深圳快乐8”采用计算机网络系统发行销售，定期开奖。

第四条 “深圳快乐8”实行自愿购买，购买者均被视为同意遵守本规则。

第五条 不得向未成年人销售彩票和兑付奖金。

第二章 发 行

第六条 “深圳快乐8”发行权属中福彩中心，主要包括：中国福利彩票名称及标识的专有权，发行额度的分配权和调控权、各项资金比例的确定和调整权，投注单和彩票专用纸的监制权等。

第七条 深圳市福利彩票发行中心按照中福彩中心“统一游戏规则、统一硬件标准、统一运行软件、统一管理模式、统一实时监控”的原则，组织销售“深圳快乐8”彩票，接受中福彩中心的监控。

第八条 深圳市福利彩票发行中心在承销区域内设置“深圳快乐8”投注站，并核发销售许可证。投注站由深圳市福利彩票发行中心直接管理。投注站需在销售彩票时展示销售许可证。

第三章 投 注

第九条 “深圳快乐8”采用组合式玩法，投注者从1至80的号码中任意选择1至8个号码进行投注，每一组1至8个号码的组合称为一注彩票。开奖时从1至80的号码中摇出20个号码，该玩法表示为8/20/80。

第十条 “深圳快乐8”每注金额2元，按期销售，每5分钟销售一期。销售期号以开奖周期界定，按日历年度编排。

第十一条 “深圳快乐8”的投注可以选择当期投注或多期投注。当期投注指只购买当期彩票，多期投注指购买从当期起最多连续12期的彩票。

第十二条 投注号码可以自选也可以机选。自选号码是指投注者自行选定的号码，机选号码是指投注机随机产生的号码。

第十三条 “深圳快乐8”投注方式为单式投注。单式投注是在80个号码中选出1个、2个、3个、4个、5个、6个、7个或8个号码组合成一注进行的投注。

第十四条 投注号码经投注机打印在福利彩票专用纸上作为兑奖凭证，由投注者保存，此兑奖凭证即为“深圳快乐8”彩票。

第十五条 “深圳快乐8”投注单正面印有投注机可识别的数字阵列，作为待选的投注号码，背面印有投注说明。投注单不是购买彩票的凭证。

第四章 设 奖

第十六条 “深圳快乐8”彩票资金由返奖奖金、发行经费和公益金组成。其中：返奖奖金为彩票资金的50%，发行经费为彩票资金的15%，公益金为彩票资金的35%。

第十七条 “深圳快乐8”有8种玩法，全部采用固定奖金设奖。具体奖级设置见下表：

快乐 8 奖金设置结构表

匹配号码个数	玩法							
	选 8	选 7	选 6	选 5	选 4	选 3	选 2	选 1
8	20 000	—	—	—	—	—	—	—
7	700	10 000	—	—	—	—	—	—
6	40	160	600	—	—	—	—	—
5	10	25	50	250	—	—	—	—
4	4	4	8	40	40	—	—	—
3	—	—	4	4	10	30	—	—
2	—	—	—	—	2	4	16	—
1	—	—	—	—	—	—	—	4
0	2	—	—	—	—	—	—	—

第十八条　“深圳快乐 8”设置奖池。奖池资金由设奖奖金与实际中出奖金的差额和弃奖奖金组成。奖池用于补充支付中奖差额以及偿还由发行费垫付的奖金数额。当期中出奖金未达设奖金额时，设奖奖金余额进入奖池；当期中出奖金超出设奖金额时，差额由奖池补充，奖池资金不足时，由发行费垫付。

第五章　开　　奖

第十九条　“深圳快乐 8”开奖，采用经中福彩中心测试批准的专用摇奖计算机系统，每次从 1 至 80 的号码中随机摇出 20 个号码，这 20 个号码即为中奖号码。

第二十条　“深圳快乐 8”5 分钟开奖一次，中奖号码通过与数据中心连接的视频设备显示。

第六章　中　　奖

第二十一条　投注者按第十七条规定的玩法将所持的“深圳快乐 8”彩票选择的投注号码与中奖号码对照，根据所选玩法及号码与中奖号码相符的个数多少（顺序不限）确定相应的中奖奖级。

第二十二条　当期每注投注号码只有一次中奖机会，不能兼中兼得。

第七章　兑　　奖

第二十三条　中奖彩票是兑奖的唯一凭证，中奖彩票因玷污、损坏等原因而不能正确识别的，不能兑奖。

第二十四条　“深圳快乐 8”兑奖期为当期开奖后 15 天内，逾期未兑奖视为弃奖，弃奖奖金进入奖池。

第二十五条　单张彩票中奖奖金超过人民币 2 000 元（含 2 000 元）的中奖者，须持中奖彩票和本人有效身份证件，在兑奖期限内到深圳市任意一家“深圳快乐 8”投注站登记兑奖。

第二十六条　单张彩票中奖奖金在人民币2 000元以下的中奖者，可持中奖彩票在全市任意一个投注站兑奖。

第二十七条　单注中奖金额在 1 万元以上的中奖者须依法缴纳个人所得税，由兑奖机构代扣代缴。

第二十八条 兑奖机构有权查验中奖者的中奖彩票及有效身份证件，兑奖者应予配合。凡伪造、变造中奖彩票冒领奖金者，送交司法机关追究法律责任。

第二十九条 本规则由深圳市福利彩票发行中心解释。

第三十条 本规则自发布之日起执行。

关于足球彩票胜负过关游戏规则的通知

（2005 年 2 月 7 日 财政部 财办综［2005］24 号）

国家体育总局体育彩票管理中心：

你中心报送的《关于申请增加中国足球彩票胜负过关玩法的函》（体彩字［2005］26 号）收悉。经研究，现就有关事项通知如下：

一、同意你中心发行足球彩票胜负过关游戏，并按批准的游戏规则准备发行工作。你中心可在北京等部分地区先行试点，视试点情况再研究是否全国推广。

二、正式上市销售前，你中心需将足球彩票胜负过关游戏的管理办法、资金结算办法、技术方案和宣传推广方案报送我部审核，待我部审核批准后才能组织销售。

请你中心抓紧落实足球彩票胜负过关游戏上市前的技术系统、管理制度等各项准备工作，尽快按照彩票管理制度规定启动市场。

附件：中国足球彩票胜负过关游戏规则

附件

中国足球彩票胜负过关游戏规则

第一章 总 则

第一条 本规则依据《中国足球彩票发行与销售管理办法》（以下简称《管理办法》）制定。

第二条 本规则所指足球胜负过关游

戏是足球彩票游戏方法之一。

第三条 胜负过关游戏：购票人可对一场或多场足球比赛结果进行投注，选择几场比赛，即为过几关。投注时可自行选择过关数量，至少选择 1 关，最多选择 6 关。

第二章 游戏方法

第四条 足球胜负过关游戏（以下简称“过关游戏”）以国家体育总局体育彩票管理中心（以下简称“总局彩票中心”）选定的足球比赛为游戏媒介，由购票人预测每一轮次指定的 8 场比赛中任意 1 场至 6 场在 90 分钟比赛（含伤情补时）的胜平负结果。选择 1 场比赛为单场过关，选择多场比赛为多场过关。

总局彩票中心在意大利足球甲级联赛、英国足球超级联赛、西班牙足球甲级联赛、德国足球甲级联赛、法国足球甲级联赛以及世界重大足球比赛中选定用于本游戏竞猜的足球比赛，并于竞猜前在公开媒介上公告。

第五条 每一场比赛共有 3 种预测结果：

（一）“3”：表示主队胜，客队负；

（二）“1”：表示主队与客队平；

（三）“0”：表示主队负，客队胜。

第六条 购票人投注时，必须对指定的全部 8 场比赛中至少 1 场，至多 6 场的结果做出选择，方构成有效投注。

第七条 足球彩票过关游戏每注 2 元。

第三章 投 注

第八条 购票人可以直接在足球彩票销售终端口预测结果投注或随机投注，也可利用足球彩票销售终端提供的投注单辅助投注。

第九条 投注单投注：

（一）投注单有 3 个供购票人填写的独立区域，分别为“过关方式”区、“场次结果”区、“倍投”区。

“过关方式”区的格式为：“选择竞猜场次数量 * 购买彩票注数”，购票人必须且只能选择 1 种过关方式，不选或多选均为无效投注。例如：选择“4 * 5”过关方式进行投注，“4”代表竞猜 4 场比赛，“5”代表 5 注彩票。

投注数与过关数量规定如下：

	过关投注	一关	两关	三关	四关	五关	六关
1.	1 * 1	1					
2.	2 * 1		1				
3.	2 * 3	2	1				
4.	3 * 1			1			
5.	3 * 3		3				
6.	3 * 4		3				
7.	3 * 7	3	3	1			
8.	4 * 1				1		
9.	4 * 4			4			
10.	4 * 5			4	1		

续表

	过关投注	一关	两关	三关	四关	五关	六关
11.	4 * 6		6				
12.	4 * 10	4	6				
13.	4 * 11		6	4	1		
14.	4 * 15	4	6	4	1		
15.	5 * 1					1	
16.	5 * 5				5		
17.	5 * 10		10				
18.	5 * 10			10			
19.	5 * 26		10	10	5	1	
20.	5 * 31	5	10	10	5	1	
21.	6 * 1						1
22.	6 * 6					6	
23.	6 * 15		15				
24.	6 * 15				15		
25.	6 * 20			20			
26.	6 * 57		15	20	15	6	1
27.	6 * 63	6	15	20	15	6	1

"场次结果"区：购票人对所选择的竞猜场次的比赛结果进行预测，选择 1 个以上的结果即构成复式投注。所选择的场次数量应与"过关方式"区中所选择的竞猜场次数量一致，否则为无效投注。

"倍投"区：此区域如不做出选择即为没有加倍投注；选择"2"为 2 倍投注；选择"5"为 5 倍投注；选择"10"为 10 倍投注；选择"20"为 20 倍投注；选择"50"为 50 倍投注；选择"99"为 99 倍投注。此区域只能做出 1 项选择，2 个以上的选择为无效投注。

购票人如拟进行的投注倍数在投注单上没有对应的选择，可在投注时向销售人员说明，由销售人员手工输入。

（二）购票人将填写有效的投注单交给足球彩票销售终端，确定其有效投注数量和需要交纳的现金数额，销售人员收款后将其预测结果输入电脑系统记录在案，并出具兑奖彩票。

第十条　购票人的实际预测结果，以销售终端出具的兑奖彩票记录为准。

购票人领取兑奖彩票后，须在电脑销售终端进行下一次售票操作前，立即予以核对，如发现兑奖彩票记录的预测结果与本人选择的不符，可要求销售终端立即更换，否则不予更换。

第十一条　因数据传输故障等特殊原因，致使购票人投注的电脑记录未能列入当期开奖时，经公证部门认证，确定为无效票；购票人需到原销售终端办理退票手续，按其持有的彩票面值退还同等金额的现金。

第四章　中奖与兑奖

第十二条　销售总额的50%为奖金，分为当期奖金和调节基金，其中当期奖金为销售总额的49%，调节基金为销售总额的1%。

第十三条　调节基金包括销售总额1%的提取部分、弃奖收入、浮动奖奖金取整后余额以及逾期未退票的票款。调节基金用于设置特别奖，支付不可预见情况下的奖金支出风险。

第十四条　在竞猜“过关游戏”时，每场比赛须计算出单场中奖比例值（SP），并以此为依据计算各竞猜场次的单注奖金。

SP＝单场总投注金额/中奖彩票的总投注数

在竞猜的8场比赛中，各场次SP值分别为SP1、SP2、……SP8。

第十五条　奖金分配如下：

（一）选择单场过关时，设一个奖级，为浮动奖。

单注奖金＝该单场中奖比例值＊49%。

（二）当选择2关或2关以上时，设一个奖级，为浮动奖：

单注奖金＝所选场次的单场中奖比例值（SP）连乘＊49%。

例如：选择第1、2、5、6场比赛竞猜，按4＊1方式进行过关投注，如四场比赛全部竞猜正确，则中奖奖金＝SP1＊SP2＊SP5＊SP6＊49%。

再如：选择第1、2、5、6场比赛竞猜，按4＊5方式进行过关投注，如第1、2、5场竞猜正确，第6场竞猜错误，则只有1注过三关的投注中奖，中奖奖金＝SP1＊SP2＊SP5＊49%。

其他方式的奖金分配以此类推。

第十六条　单注彩票中奖奖金最高限额为500万元。

第十七条　购票人预测的胜平负结果与实际比赛结果相对照，结果一致即为中奖。

第十八条　如出现《管理办法》第十三条规定的特别情形，则以《管理办法》确定的结果作为开奖结果，并以总局彩票中心在指定报刊上登载的公告为准。

第十九条　中奖人须提交完整的彩票兑奖，兑奖期限为28天（自开奖第二日起计）；逾期未兑奖，视为弃奖。

中奖金额在10 000元以下的，在原购票的销售终端兑付；中奖金额在10 000（含）元以上的，到各地方彩票中心指定地点兑付。

第五章　附　　则

第二十条　本规则未尽事宜，遵照《中国足球彩票发行与销售管理办法》的有关规定执行。

第二十一条　本规则执行中，重大事项的通告将在总局彩票中心及地方彩票中心指定的报刊上登载，并在足球彩票销售终端予以公布，足球彩票发行人不再承担直接通知购票人的责任，购票人须自行知晓。

第二十二条　本规则由国家体育总局授权国家体育总局体育彩票管理中心负责解释。

第二十三条　本规则自发布之日起施行。

关于调整福建省 36 选 7 电脑体育彩票游戏规则等问题的通知

（2005 年 2 月 22 日　财政部　财办综［2005］28 号）

国家体育总局体育彩票管理中心：

你中心报送的《关于调整福建省电脑体育彩票“36 选 7”、“31 选 7”和“22 选 5”玩法游戏规则的函》（体彩字［2005］47 号）收悉。经研究，现就有关事项通知如下：

一、同意你中心调整福建省 36 选 7 电脑体育彩票游戏规则，将原幸运奖中奖条件“凡复式票选中全部 7 个正选号码及 1 个特别号码，即中幸运奖，单注奖金 500 万元”调整为“凡非胆拖复式票选中全部 7 个正选号码及 1 个特别号码，即中幸运奖，单期总奖金 500 万元，多注中均分。”

二、同意你中心调整福建省 31 选 7 电脑体育彩票游戏规则，在原游戏规则基础上，增设幸运特等奖，中奖条件为“凡非胆拖复式票选中全部 7 个正选号码及 1 个特别号码，即中幸运奖，单期总奖金 100 万元，多注中均分。幸运特等奖与特等奖兼中兼得。”所需奖金从 31 选 7 电脑体育彩票调节基金中支付，调节基金不足时从发行经费中垫支。

三、同意你中心调整福建省 22 选 5 游戏规则，在原游戏规则基础上增设一项条款，“当幸运特等奖和特等奖的单注奖金不足1 000元时，补足至1 000元，所需奖金从调节基金中支出，调节基金不足时从发行经费中垫支。”同时调整该彩票资金分配比例，发行经费由原来销售总额的 15%调整为销售总额的 14%，调节基金由销售总额的 1%调整为销售总额的 2%。

请你中心督促福建省体育彩票管理中心，严格按照现行彩票管理制度规定，做好体育彩票发行工作。

关于河南省9选9　10选10电脑体育彩票游戏规则的通知

（2005年2月22日　财政部　财办综［2005］29号）

国家体育总局体育彩票管理中心：

你中心报送的《关于增加河南省电脑体育彩票“9选9”和“10选10”玩法的函》（体彩字［2004］599号）收悉。经研究，现就有关问题通知如下：

一、同意你中心在河南省发行9选9和10选10电脑体育彩票，并按批准的游戏规则组织销售。

二、正式销售前，河南省体育彩票管理中心需将销售实施方案，包括技术准备、广告宣传、正式销售日期报河南省财政厅审核，批准后上市宣传销售。

三、河南省体育彩票管理中心在对外公告和宣传中，必须注明财政部、河南省财政厅的批准文件、核准文件名称及文号。

四、请你中心严格按照现行彩票管理规定，督促河南省体育彩票管理中心做好体育彩票销售工作。

附件：

1. 河南省电脑体育彩票9选9游戏规则

2. 河南省电脑体育彩票10选10游戏规则

附件1

河南省电脑体育彩票9选9游戏规则

第一章　总　　则

第一条　根据财政部《彩票发行与销售管理暂行规定》和国家体育总局《体育彩票发行与销售管理暂行办法》以及《计算机销售体育彩票管理暂行办法》，制定本游戏规则。

第二条　9选9电脑体育彩票（以下简称“9选9”）由国家体育总局体育彩票管理中心统一发行，河南省体育彩票管理中心在所辖区域内承销，采用计算机网络系统发行销售。

第三条 9选9实行自愿购买，凡购买该彩票者即被视为同意并遵守本规则。

第二章 游戏方法

第四条 购买9选9时，由购买者对1—9共9个号码的任意排列进行投注。

第五条 购买者可在河南省体育彩票管理中心设置的投注站进行投注。投注号码可由投注机随机产生，也可通过投注单将投注者选定的号码输入投注机确定。投注号码经系统确认后打印出的兑奖凭证即为9选9电脑体育彩票，交购买者保存。

第六条 购买者进行投注时，可采用单式投注、复式投注和多倍投注等方式。

单式投注指购买一组9选9号码的投注。

复式投注指购买任意位置（不超过7个位置——含7个）上号码的所有排列，有两种方式：1.购买任意位置选取一组至多7个号码的所有排列。2.购买任意位置选取至少两组至多四组，两组时每组至少2个，至多6个号码的所有排列、三组时每组至少2个至多5个号码的所有排列、四组时每组至少2个至多3个号码的所有排列。

多倍投注指彩民购买多注9选9号码的单一排列,倍数范围为2—99。

第七条 9选9每注2元人民币。彩票不记名、不挂失，不返还本金，不流通使用。

第三章 设 奖

第八条 9选9设6个奖级，即一、二、三、四、五、六等奖。其中一等奖为浮动奖，其余为固定奖。

第九条 奖金分配：

一等奖为当期奖金额减去固定奖总额后的100%，及奖池和调节基金转入部分。

二等奖单注固定奖金1 000元。

三等奖单注固定奖金为200元。

四等奖单注固定奖金为20元。

五等奖单注固定奖金为10元。

六等奖单注固定奖金为5元。

第十条 单注彩票中奖奖金最高限额500万元。

第四章 奖金管理

第十一条 销售总额的50%为奖金，分为当期奖金和调节基金。其中，49%为当期奖金，1%为调节基金。

第十二条 9选9设置奖池，奖池由未中出的浮动奖奖金和超出一等奖单注封顶限额部分的奖金组成。奖池与当期奖金中用于一等奖的部分及调节基金转入部分合并为一等奖奖金。

第十三条 调节基金包括按返奖奖金2%提取部分、浮动奖奖金取整后的余额、弃奖收入和逾期未退票的票款。调节基金专项用于支付各种不可预见情况下的奖金支出风险、调节浮动奖奖金，以及设立特别奖。

第十四条 一等奖按照该奖级实际中奖注数平均分配该奖级奖金。

第五章 中 奖

第十五条 所购彩票与开奖结果对照，符合以下情况即为中奖。

一等奖：彩票全部9个号码与中奖号

码排列一致。

二等奖：彩票全部9个号码中任意7个号码与中奖号码中相同位置的7个号码相同。

三等奖：彩票全部9个号码中任意6个号码与中奖号码中相同位置的6个号码相同。

四等奖：彩票全部9个号码中任意5个号码与中奖号码中相同位置的5个号码相同。

五等奖：彩票全部9个号码中任意4个号码与中奖号码中相同位置的4个号码相同。

六等奖：彩票全部9个号码中任意3个号码与中奖号码中相同位置的3个号码相同。

第十六条 当期每注彩票只有一次中奖机会，不得兼中兼得，另行设立的特别奖除外。

第六章 开奖及公告

第十七条 9选9每周开奖七次，摇奖过程在公证人员监督下进行，通过电视台播出。

第十八条 每期开奖后，河南省体育彩票管理中心需将中奖号码、当期销售总额、各奖级中奖情况以及奖池资金余额等信息，通过新闻媒体向社会公布，并将开奖结果通知各销售终端。

第七章 兑 奖

第十九条 9选9兑奖当期有效。每期自开奖次日起28天为兑奖期，逾期未兑，视为弃奖纳入调节基金。

第二十条 兑奖机构有权查验中奖者的中奖彩票及有效身份证件，兑奖者应予配合。

第二十一条 单注彩票中奖金额超过1万元的中奖者须依法缴纳个人所得税，由兑奖机构代扣代缴。

第二十二条 凡伪造、涂改中奖彩票，冒领奖金者，送交司法机关追究法律责任。

第八章 附 则

第二十三条 本游戏规则解释权属国家体育总局体育彩票管理中心。

第二十四条 本游戏规则自下发之日起执行。

附件2

河南省电脑体育彩票10选10游戏规则

第一章 总 则

第一条 根据财政部《彩票发行与销售管理暂行规定》和国家体育总局《体育彩票发行与销售管理暂行办法》以及《计算机销售体育彩票管理暂行办法》，制定本游戏规则。

第二条 10选10电脑体育彩票（以下简称“10选10”）由国家体育总局体育彩票管理中心统一发行，河南省体育彩票管理中心在所辖区域内承销，采用计算机网络系统发行销售。

第三条 10选10实行自愿购买，凡购买该彩票者即被视为同意并遵守本规则。

第二章 游戏方法

第四条 购买10选10时，由购买者对0—9共10个号码的任意排列进行投注。

第五条 购买者可在河南省体育彩票管理中心设置的投注站进行投注。投注号码可由投注机随机产生，也可通过投注单将投注者选定的号码输入投注机确定。投注号码经系统确认后打印出的兑奖凭证即为10选10电脑体育彩票，交购买者保存。

第六条 购买者进行投注时，可采用单式投注、复式投注和多倍投注等方式。

单式投注指购买一组10选10号码的投注。

复式投注指购买任意位置［不超过7个位置（含7个）］上号码的所有排列，有两种方式：1. 购买任意位置选取一组至多7个号码的所有排列。2. 购买任意位置选取至少两组至多五组，两组时每组至少2个，至多6个号码的所有排列、三组时每组至少2个至多6个号码的所有排列、四组时每组至少2个至多4个号码的所有排列。

多倍投注指彩民购买多注10选10号码的单一排列，倍数范围为2—99。

第七条 10选10每注2元人民币。彩票不记名、不挂失，不返还本金，不流通使用。

第三章 设 奖

第八条 10选10设7个奖级，即一、二、三、四、五、六、七等奖。其中一、二等奖为浮动奖，其余为固定奖。

第九条 奖金分配：

一等奖为当期奖金额减去固定奖总额后的70%，及奖池和调节基金转入部分。

二等奖为当期奖金额减去固定奖总额后的30%。

三等奖单注固定奖金1 000元。

四等奖单注固定奖金为200元。

五等奖单注固定奖金为20元。

六等奖单注固定奖金为10元。

七等奖单注固定奖金为5元。

第十条 单注彩票中奖奖金最高限额500万元。

第四章 奖金管理

第十一条 销售总额的50%为奖金，分为当期奖金和调节基金。其中，49%为当期奖金，1%为调节基金。

第十二条 10选10设置奖池，奖池由未中出的浮动奖奖金和超出一等奖单注封顶限额部分的奖金组成。奖池与当期奖金中用于一等奖的部分及调节基金转入部分合并为一等奖奖金。

第十三条 调节基金包括按返奖奖金2%提取部分、浮动奖奖金取整后的余额、弃奖收入和逾期未退票的票款。调节基金专项用于支付各种不可预见情况下的奖金支出风险、调节浮动奖奖金，以及设立特别奖。

第十四条 一、二等奖按照该奖级实际中奖注数平均分配该奖级奖金。

第五章 中 奖

第十五条 所购彩票与开奖结果对照，符合以下情况即为中奖。

一等奖：彩票全部10个号码与中奖号码排列一致。

二等奖：彩票全部10个号码中任意8个号码与中奖号码中相同位置的8个号码相同。

三等奖：彩票全部10个号码中任意7个号码与中奖号码中相同位置的7个号码相同。

四等奖：彩票全部10个号码中任意6个号码与中奖号码中相同位置的6个号码相同。

五等奖：彩票全部10个号码中任意5个号码与中奖号码中相同位置的5个号码相同。

六等奖：彩票全部10个号码中任意4个号码与中奖号码中相同位置的4个号码相同。

七等奖：彩票全部10个号码中任意3个号码与中奖号码中相同位置的3个号码相同。

第十六条 当期每注彩票只有一次中奖机会，不得兼中兼得，另行设立的特别奖除外。

第六章 开奖及公告

第十七条 10选10每周开奖七次，摇奖过程在公证人员监督下进行，通过电视台播出。

第十八条 每期开奖后，河南省体育彩票管理中心需将中奖号码、当期销售总额、各奖级中奖情况以及奖池资金余额等信息，通过新闻媒体向社会公布，并将开奖结果通知各销售终端。

第七章 兑 奖

第十九条 10选10兑奖当期有效。每期自开奖次日起28天为兑奖期，逾期未兑，视为弃奖纳入调节基金。

第二十条 兑奖机构有权查验中奖者的中奖彩票及有效身份证件，兑奖者应予配合。

第二十一条 单注彩票中奖金额超过1万元的中奖者须依法缴纳个人所得税，由兑奖机构代扣代缴。

第二十二条 凡伪造、涂改中奖彩票，冒领奖金者，送交司法机关追究法律责任。

第八章 附 则

第二十三条 本游戏规则解释权属国家体育总局体育彩票管理中心。

第二十四条 本游戏规则自下发之日起执行。

关于山东省足球彩票幸运彩游戏规则的通知

（2005 年 2 月 28 日　财政部　财办综［2005］33 号）

国家体育总局体育彩票管理中心：

你中心报送的《关于申请增加山东省电脑体育彩票玩法的函》（体彩字［2004］568 号）收悉。经研究，现就有关问题通知如下：

一、同意你中心在山东省增加发行足球彩票胜负游戏幸运彩 6，并按批准的游戏规则组织销售。

二、正式销售前，山东省体育彩票管理中心需将销售实施方案，包括技术准备、广告宣传、正式销售日期报山东省财政厅审核，批准后上市宣传销售。

三、山东省体育彩票发行中心在对外公告和宣传中，必须注明财政部、山东省财政厅的批准文件、核准文件名称及文号。

四、请你中心严格按照现行彩票管理规定，督促山东省体育彩票管理中心做好体育彩票销售工作。

附件：中国足球彩票胜负游戏幸运彩 6 游戏规则

附件

中国足球彩票胜负游戏幸运彩 6 游戏规则

第一章　总　　则

第一条　根据财政部《彩票发行与销售管理暂行规定》和国家体育总局《中国足球彩票发行与销售管理办法》，制定本游戏规则。

第二条　中国足球彩票胜负游戏幸运彩 6 游戏（以下简称“胜负幸运彩 6”）由国家体育总局体育彩票管理中心统一发行，在山东省采用计算机网络系统进行试点销售。

第三条　“胜负幸运彩 6”实行自愿

购买，凡购买该彩票者即被视为同意并遵守本规则。

第二章 游 戏 方 法

第四条 “胜负幸运彩 6”是以中国足球彩票胜负游戏所选择的足球比赛场次为竞猜对象，购买“胜负幸运彩 6”时，由购买者从中国足球彩票胜负游戏选择的所有竞猜场次中的任意 10 场竞猜场次中每场比赛在全场 90 分钟（含伤情补时）比赛的胜平负结果进行投注，对于所选竞猜场次的比赛成绩均只选择 1 种预测结果为单式投注，对于某一竞猜场次的比赛成绩选择2 种（含）以上的预测结果为复式投注。

购买者可对其选定的结果进行多倍投注，投注倍数范围为 2—99 倍。

第五条 购买者可在山东省体育彩票管理中心设置的投注站进行投注。投注号码可由投注机随机产生，也可通过投注单将购买者选定的号码输入投注机确定。投注号码经系统确认后打印出的兑奖凭证即为“胜负幸运彩 6”足球彩票，交购买者保存。

第六条 “胜负幸运彩 6”每注 2 元人民币。彩票不记名、不挂失，不返还本金，不流通使用。

第三章 设 奖

第七条 “胜负幸运彩 6”只设 1 个浮动奖级，即一等奖。

第八条 奖金分配：

一等奖为当期奖金额的 100%，及奖池和调节基金转入部分。

第九条 单注彩票中奖奖金最高限额 500 万元。

第四章 奖 金 管 理

第十条 销售总额的 50%为奖金，分为当期奖金和调节基金。其中，49%为当期奖金，1%为调节基金。

第十一条 “胜负幸运彩 6”设置奖池，奖池由上期未中出的浮动奖奖金和超出一等奖单注封顶限额部分的奖金组成。奖池与当期奖金中用于一等奖的部分及调节基金转入部分合并为一等奖奖金。

单注奖金以元为单位取整，不足 1 元补足至 1 元，补足部分从调节基金支付，调节基金不足时从发行经费中列支。

第十二条 调节基金包括按返奖奖金 2%提取部分、浮动奖奖金取整后的余额、弃奖收入和逾期未退票的票款。调节基金专项用于支付各种不可预见情况下的奖金支出风险、调节浮动奖奖金，以及设立特别奖。

第五章 中 奖

第十三条 所购彩票选择的结果与中国足球彩票胜负游戏所选择的任意 10 场竞猜场次中每场比赛的胜平负结果一致即中一等奖。

第六章 开奖及公告

第十四条 “胜负幸运彩 6”与中国足球彩票胜负游戏同期销售与计奖。

第十五条 每期计奖后，当期销售总额、中奖情况以及奖池资金余额等信息，将通过新闻媒体向社会公布，并将开奖结果通知各销售终端。

第七章　兑　　奖

第十六条　“胜负幸运彩 6”兑奖当期有效。每期自计奖次日起 28 天为兑奖期，逾期未兑，视为弃奖。

第十七条　兑奖机构有权查验中奖者的中奖彩票及有效身份证件，兑奖者应予配合。

第十八条　单注彩票中奖金额超过 1 万元的中奖者须依法缴纳个人所得税，由兑奖机构代扣代缴。

第十九条　凡伪造、涂改中奖彩票，冒领奖金者，送交司法机关追究法律责任。

第八章　附　　则

第二十条　本游戏规则解释权属国家体育总局体育彩票管理中心。

第二十一条　本游戏规则自下发之日起执行。

关于中福在线即开型彩票管理制度及试点范围有关事项的通知

（2005 年 2 月 28 日　财政部　财办综［2005］36 号）

中国福利彩票发行管理中心：

你中心报来的《关于在山东省和福建省试点发行中福在线即开型彩票的请示》（中彩发字［2005］18 号）和《关于修订中福在线即开型彩票发行与销售等管理办法的请示》（中彩发字［2005］22 号）收悉。根据《彩票发行与销售管理暂行规定》、《财政部关于同意在广东省试点发行“四花选五”在线即开型彩票的通知》（财综［2003］28 号）等规定，经研究，现通知如下：

一、同意你中心对原《中福在线即开型彩票发行销售管理办法（试行）》和《中福在线即开型彩票资金管理暂行办法》进行修订，并按批准修订后的《中福在线即开型彩票发行与销售管理试行办法》和《中福在线即开型彩票资金管理暂行规定》（见附件）组织实施。

二、同意你中心在福建省和山东省试点发行中福在线即开型彩票，并按经批准的游戏规则及管理制度组织销售。正式上市销售前，福建省和山东省福利彩票发行中心应将销售实施方案分别报同级财政部门审核批准。

三、请你中心严格按照现行彩票管理制度规定，以及经批准的中福在线即开型彩票各项游戏规则和管理办法，规范销售行为，加强内部管理，确保在线即开型彩票试点发行工作顺利进行。

附件：1. 中福在线即开型彩票发行与销售管理试行办法

2. 中福在线即开型彩票资金管理暂行规定

附件1

中福在线即开型彩票发行与销售管理试行办法

第一章 总 则

第一条 为了规范中福在线即开型彩票（以下简称“中福在线即开票”）的发行与销售管理，保障公民“公开、公正、公平”地参与该项彩票活动的权利，根据财政部《彩票发行与销售管理暂行规定》及国家有关规定，制定本办法。

第二条 中福在线即开票是一种无纸化即开型彩票，采用计算机网络技术系统作为发行载体，通过彩票销售厅销售，使用投注卡在投注终端上完成购票、开奖和兑奖。

第三条 中福在线即开票由中国福利彩票发行管理中心（以下简称“中福彩中心”）统一发行。

第四条 本办法适用于在中华人民共和国境内参与中福在线即开票活动的所有组织和个人。

第二章 组 织 管 理

第五条 中福在线即开票实行三级管理、并以地（市）为基础的管理体制。

第六条 中福彩中心负责全国中福在线即开票的组织、发行和管理工作；制定中福在线即开票的发行与销售管理办法、规章制度和游戏规则，以及审批发行销售区域和销售厅数量。

第七条 省、自治区、直辖市福利彩票发行中心（以下简称“省级福彩中心”）负责本区域内中福在线即开票销售的组织管理、资金归集和监督检查工作。

第八条 地（市）级福利彩票发行中心（以下简称“地级福彩中心”）负责本地区中福在线即开票销售厅的申报、建设、管理、资金归集和监督检查工作。

第三章 发 行 管 理

第九条 中福在线即开票发行权属中福彩中心，任何地方组织和个人无权发行。所有地方福利彩票机构均不得自行修改彩票名称、标识和游戏规则等。

第十条 中福在线即开票由中福彩中心通过计算机网络在线系统在全国统一发行和销售。

第十一条 销售厅必须使用中福彩中心发行的专用投注卡和中福彩中心授权使用的银行卡进行彩票销售活动。并严格按照《中福在线即开型彩票投注卡管理暂行办法》的要求进行操作。

第十二条 中福在线即开票实行特许经营管理。省级行政区域内中福在线投注机的安装数量，须经财政部审批，通过审批后，销售厅的建设、开通，由中福彩中心统筹安排。取得"中福在线即开型彩票销售许可证"的销售厅，方可销售中福在线即开票，"中福在线即开型彩票销售许可证"由中福彩中心颁发。

第十三条 中福彩中心对中福在线即开票销售实行在线实时监控，每日定时向各地的销售厅及投注终端进行销售授权。未取得销售授权的被视为暂停销售。

第十四条 中福在线即开票的销售实行无纸化交易，使用投注卡进行投注，投注结束后，若购票者要求出具结算清单，销售厅必须提供。

第十五条 中福彩中心负责制定全国范围的营销宣传方案。各地可根据中福彩中心的有关要求,结合本地实际需要,制定适合本地区的营销宣传方案并组织实施。

第十六条 各级彩票机构（包括中福在线即开票销售厅）对中奖者的个人信息和中奖情况负有保密责任，未经中奖者本人同意，不得对外泄漏或公开。

第十七条 中福在线即开票实行单注奖金上限封顶，封顶的最高限额按国家有关规定执行。

第四章 销 售 管 理

第十八条 中福在线即开票销售厅为销售彩票的专用场所，实行统一管理、联网销售。

第十九条 中福在线即开票销售厅实行档案化管理和等级考核评比制度。档案管理和等级考核评比工作由中福彩中心统一组织。

第二十条 中福在线即开票销售厅实行形象化和标准化管理，未经中福彩中心批准，销售厅不得擅自改变经营主体、经营性质、经营范围、经营地点、编号、名称、装修设计、内部结构、系统设备及销售终端数量等。

第二十一条 销售厅工作人员应经过专门培训，考试合格，并取得由中福彩中心统一制作核发的资格证书后方能上岗工作。

第二十二条 销售厅营业时间由中福彩中心批准，销售厅须按规定的营业时间销售彩票。如有特殊情况需要改动营业时间的，报中福彩中心批准后方可实施。

第二十三条 销售厅通过专用数据通信网络与中福彩中心的数据中心连通，每日获得销售授权后，方能进行销售。

第二十四条 在销售过程中销售厅如出现断电、系统通信中断、投注卡出现故障等意外情况,购票者的投注与中奖情况以中福彩中心数据中心机房存储的数据为准。

第二十五条 中福在线即开票专用投注卡卡内余额少于人民币10 000元可充值，但最多充至10 000元。

第二十六条 销售厅的安全保卫工作，由经营者负责组织实施。销售厅应积极争取当地公安部门的支持与配合。当地彩票机构对安全保卫工作必须进行严格的检查和监督。

第二十七条 销售厅实行验证制度，严禁未成年人进入销售厅购买彩票。

第五章 资 金 管 理

第二十八条 中福在线即开票的资金

由返奖奖金、发行经费和公益金三部分构成，返奖奖金、发行经费和公益金分别按实际销售总额（指在投注终端实际发生的本金投注额，不同）的50%、15%和35%计提。

第二十九条 发行经费以实际销售总额为基数，按以下比例计提和分配：

（1）中福彩中心发行、管理，以及系统开发、建设、运行和维护费用暂计提6%；

（2）省级福彩中心管理费用暂计提1%；

（3）地级福彩中心和销售厅销售管理、运行维护费暂计提8%。

第三十条 各级福彩中心及销售厅按中福彩中心的要求在银行开立专门账户，用于存储中福在线即开票销售资金，并实行专项管理。

第三十一条 中福在线即开票的公益金由省级福彩中心统一收缴后，按月缴入省级财政专户；其他彩票资金采取先留存本级发行经费，剩余部分全额上缴的管理办法。

第三十二条 中福在线即开票可根据具体游戏规则设置奖池和提取调节基金，但返奖奖金、调节基金、奖池应按不同玩法游戏分别核算和使用，不得混用或串用。返奖奖金、调节基金、奖池资金应全部用于返奖，不得挤占或挪用。

第三十三条 调节基金由按实际销售总额的1%提取部分、弃奖奖金、逾期未退的投注资金和浮动奖取整后的余额等组成，调节基金专项用于支付不可预见的奖金超支风险、调节浮动奖及增设特别奖。

第三十四条 当某种中福在线即开票新游戏上市时，经财政部批准，中福彩中心可从本级发行费中垫付部分资金作为启动资金。

第三十五条 中福在线即开票单注彩票中奖金额在1万元以上的应缴纳个人所得税，税款由地级福彩中心代扣代缴。

第三十六条 中福在线即开票的大奖（1万元以上）兑奖有效期为30天，逾期视为弃奖，弃奖奖金进入调节基金。

第六章 系统管理

第三十七条 中福在线即开票发行销售系统由中福彩中心的数据中心通过通信线路与销售厅实时连接。根据业务需要，中福彩中心可设置区域性数据中心。

第三十八条 中福彩中心的数据中心负责中福在线即开票全国发行技术参数的确定、全国销售数据的统计汇总，以及购票、投注、兑奖和奖金等数据的管理，各销售终端的销售授权；区域管理中心根据中福彩中心传来的信息和指令，管理本区域销售厅的销售和结算；销售厅按照数据中心的授权进行销售和奖金兑付等工作。

第三十九条 中福在线即开票的系统应用软件由中福彩中心统一提供和管理，其他任何单位和个人均不得擅自更换和更改。

第四十条 中福在线即开票的投注终端机由中福彩中心统一设计、制作和提供，其他任何单位和个人均不得擅自更换和更改。

第四十一条 销售厅应定期对彩票销售设备进行维护保养，保证彩票销售系统处于良好工作状态。销售设备发生故障时，应立即上报，由指定的技术人员进行处理，不得擅自拆卸销售终端设备或更换其零部件。

第七章　附　则

第四十二条　中福在线即开票具体游戏规则由中福彩中心报财政部批准后统一发布。

第四十三条　本办法由中福彩中心负责解释。

第四十四条　本办法自批准之日起实施。

附件 2

中福在线即开型彩票资金管理暂行规定

第一章　总　　则

第一条　为加强中福在线即开型彩票（以下简称“中福在线即开票”）资金管理，规范中福在线即开票资金结算工作，根据《中福在线即开型彩票发行与销售管理试行办法》，以及国家有关财务、会计制度，制定本规定。

第二条　本规定适用于中福在线即开票发行销售及其相关的资金结算和管理，所有从事或参与中福在线即开票资金结算管理的单位和个人均须遵循本规定。

第三条　中福在线即开票各游戏实行全国统一计奖，奖池共享，奖池资金在全国范围内统筹支付。

第四条　中福在线即开票资金的归集和分配采取下级机构主动缴款和上级机构定期自动扣划的办法。

第二章　组 织 管 理

第五条　中国福利彩票发行管理中心（以下简称“中福彩中心”）负责中福在线即开票资金的归集、分配和管理，并监督中福在线即开票资金结算的全过程。

第六条　省、自治区、直辖市福利彩票发行中心（以下简称“省级福彩中心”）负责所属区域中福在线即开票资金的会计核算和资金缴拨，并对地（市）级福利彩票发行中心（以下简称“地级福彩中心”）进行财务指导和监督。

第七条　地级福彩中心负责当地中福在线即开票销售厅（以下简称“销售厅”）的资金管理，并对各销售厅进行财务指导和监督。此外，还具体负责单注彩票中奖金额在 1 万元以上的奖金兑付工作，代扣代缴中奖者个人所得税。

第八条　销售厅管理单位在地级福彩中心的指导下，负责中福在线专用投注卡的发售和单注彩票中奖奖金在 1 万元及以下的奖金兑付。销售厅内部控制制度和财务管理制度，由地级福彩中心统一制定并监督执行。

第九条　中福在线即开票资金结算代理银行应按照有关金融法律、法规以及

“中福在线即开票资金结算业务合作协议”的要求，为各级彩票机构开立中福在线即开票资金专户，办理投注资金的收付、汇划、清算以及信息反馈等业务。

第三章　资 金 管 理

第十条　中福在线即开票的资金由返奖奖金、发行经费和公益金三部分构成，返奖奖金、发行经费和公益金分别按实际销售总额（指在投注终端实际发生的本金投注额，下同）的50%、15%和35%计提。其中，返奖奖金包括当期奖金和调节基金，当期奖金按49%计提，调节基金按1%计提。

第十一条　中福在线即开票可根据具体游戏规则设置奖池和提取调节基金，但返奖奖金、调节基金、奖池应按不同玩法游戏分别核算和使用，不得混用或串用。返奖奖金、调节基金、奖池资金应全部用于返奖，不得挤占或挪用。

第十二条　调节基金由按实际销售总额的1%提取部分、弃奖奖金、逾期未退的投注资金和浮动奖取整后的余额等组成，调节基金专项用于支付不可预见的奖金超支风险、调节浮动奖及增设特别奖。

第十三条　发行经费以实际销售总额为基数，按以下比例计提和分配：

（1）中福彩中心发行、管理，以及系统开发、建设、运行和维护费用暂计提6%；

（2）省级福彩中心管理费用暂计提1%；

（3）地级福彩中心和销售厅管理费、销售经费、运行维护费暂计提8%。

第十四条　中福在线即开票发行销售以每周一上午10时到下周一上午8时为一个统计周期，各级彩票机构按周进行资金结算和分配。每周销售实现后，中福在线数据中心应及时编制“中福在线即开票销售及资金分配表”（见附表1）。

第十五条　中福在线即开票公益金按规定比例统一提取后，由省级福彩中心全额缴入省级财政专户。支付给销售厅及彩票发行销售系统之外的组织和个人的销售经费及运行维护等费用，可比照电脑彩票的代销费从应缴财政专户款中扣除。

第十六条　每个结算周期，中福在线数据中心应根据发行销售系统的数据库记录，编制“中福在线即开票奖金兑付统计表”（见附表2），以便各级彩票机构进行财务和资金核对。

第十七条　每个结算周期，中福在线数据中心还应根据发行销售系统的数据库记录，编制“中福在线即开票逾期资金表”（见附表3）。逾期资金包括逾期未兑的奖金和逾期未退的投注资金，逾期奖金应统一转为相应游戏的调节基金。

第四章　资 金 结 算

第十八条　中福在线即开票的资金结算采取下级机构主动缴款和上级机构自动扣划的办法，各级彩票机构（含销售厅）必须在中福彩中心指定的银行开立“中福在线即开票资金专户”（以下简称“专户”），并与开户银行签订“资金自动扣划协议书”，以便上级机构发起资金扣划手续。

第十九条　各级机构开立专户后，应及时将开户名称、账号、行号和开户行名称报中福彩中心和上一级福彩机构备案。

如变更或销户，应至少提前 10 天报告，经批准后办理变更或销户手续。

第二十条 各级彩票机构除内扣本级发行经费外（销售厅暂不内扣发行经费），其他资金应全额上缴。每周销售实现后，中福在线数据中心根据发行销售系统的数据库记录，按销售厅、地级、省级、中央级 4 级分别编制出“中福在线即开票资金结算表”(见附表 4 – 7)。

第二十一条 销售厅应在销售次日上午将前日收到的全部款项减去支出的全部款项后的余额缴至其专户或上级机构专户中。每周一中午 12 时前，销售厅必须保证本结算周期往专户内存入的资金不小于“中福在线即开票资金结算表（销售厅)”（见附表 4）中的“应缴金额”。

第二十二条 地级福彩中心应及时指令其开户行将销售厅专户内的资金足额扣划到地级福彩中心专户中。每周二中午 12 时，地级福彩中心必须保证其专户内的资金余额不小于“中福在线即开票资金结算表（地级)” （见附表 5）中的“应缴金额”。

第二十三条 销售厅的发行经费每周二下午由地级福彩中心拨付，地级福彩中心应指令其开户行将销售厅的发行经费拨付销售厅。

第二十四条 省级福彩中心与地级福彩中心的资金结算在每周二中午 12 时进行，省级福彩中心应根据“中福在线即开票资金结算表（省级)” （见附表 6）中的“应收款项”指令其开户行从地级福彩中心专户内扣划相应数额的资金。每周三中午 12 时前，省级福彩中心应保证其专户内的资金余额不小于“中福在线资金结算表(省级)”中的“应缴金额”。

第二十五条 省级福彩中心根据中福在线即开票投注总额的规定比例提取公益金，并及时全额缴入同级财政专户。

第二十六条 中福彩中心与省级福彩中心的资金结算每周三中午 12 时进行，中福在线即开票资金归集户将根据“中福在线即开票资金结算表（中央级)” （见附表 7)中的“应收款项”指令其开户行从省级福彩中心专户内扣划相应数额的资金。

第二十七条 以上“应缴金额”和“应收款项”若为负数，则资金汇划流向正好相反，资金汇划的时间次序也相应由自下而上变为自上而下（中福在线即开票资金结算流程详见附表 8)。

第二十八条 各级彩票机构在规定的缴款时间内必须在专户内保留足够的资金余额，以便上级机构的承办银行扣划。如专户内资金余额不足，将由承办银行代为垫支，垫支的款项作为贷款，银行按日收取利息，利息支出由专户余额不足的彩票机构承担。

第二十九条 各级彩票机构在进行结算时若对结算报表数据有异议，应先以结算报表数据为准。待查明原因、分清责任后，由责任方承担相关资金汇划手续费和利息。

第五章 奖金兑付

第三十条 中福在线即开票的中奖奖金兑付由中福在线即开票发行销售系统进行校验并予以标注后支付。

第三十一条 中福在线即开票的中奖凭证是购票者所持的投注卡（指定的银行

借记卡和专用卡)。

第三十二条 单注彩票中奖金额在1万元及以下的免征收个人所得税，单注彩票中奖金额在1万元以上的须依法缴纳个人所得税。

第三十三条 单注彩票中奖金额在1万元及以下的，奖金由销售厅负责兑付。单注彩票中奖金额在1万元以上的，奖金由地级福彩中心负责兑付；地级福彩中心应代扣代缴个人所得税税款。

第三十四条 采用银行借记卡投注的中奖者，单注彩票中奖金额在1万元以上的，中奖者兑奖时须持相应借记卡及办理借记卡的有效证件和复印件到地级福彩中心指定地点，填写“中福在线即开票中奖登记表”(见附表9)并办理兑奖手续。中福在线即开票发行销售系统在验核中奖者的兑奖申请后，自动将税金和奖金分别划入地级福彩中心纳税账户和中奖者银行借记卡中；单注彩票中奖金额在1万元及以下的，在中奖者签退时由中福在线即开票发行销售系统自动将中奖金额划入中奖者银行借记卡中。

第三十五条 采用专用卡投注的中奖者，单注彩票中奖金额在1万元以上的，中奖者兑奖时须持中奖专用卡、本人有效证件和复印件到地级福彩中心指定的地点，填写“中福在线即开票中奖登记表”，办理兑奖手续，中福在线即开票发行销售系统在验核中奖者的兑奖申请后通知付款。单注彩票中奖金额在1万元及以下的，中奖者可在投注机上选择“奖金充值”完成兑奖，也可到销售厅服务柜台兑取奖金。

第三十六条 中福在线即开票兑奖有效期为30天，从中奖当日起计算，逾期则视为弃奖，弃奖奖金进入调节基金。

第六章 结算数据与票证

第三十七条 中福在线即开票数据中心必须按日(每天上午8时至次日上午8时记为当日)、周、分区域、游戏玩法提供各种资金信息和结算报表，以便各级彩票机构进行销售数量、缴拨款项和兑奖信息的核对。

第三十八条 各级彩票机构根据中福在线即开票数据中心和代理银行等有关部门提供的信息和报表，进行账务处理。

第三十九条 地级福彩中心应将兑付1万元以上奖金中奖者填写的“中福在线即开票中奖登记表”作为原始凭证，附在记账凭证之后。

第四十条 销售厅的销售清单、兑奖清单应按日打印，装订成册后妥善保存，保存时间不得少于1年。

第四十一条 发行销售系统应能为投注者打印结算清单，结算清单的内容应包括：投注卡号、投注终端机号、交易流水号、投注额、中奖额、退卡金额等信息。

第七章 附　　则

第四十二条 本规定由中福彩中心负责解释。

第四十三条 各级彩票机构可依据本规定，结合本地彩票资金结算的实际情况，制定中福在线即开票财务结算管理的实施细则。

第四十四条 本规定自批准之日起实施，原中福在线即开票有关规定与本规定不符的，以本规定为准。

附表：1. 中福在线即开票销售及资金分配表
2. 中福在线即开票奖金兑付统计表
3. 中福在线即开票逾期资金表
4. 中福在线即开票资金结算表(销售厅)
5. 中福在线即开票资金结算表(地级)
6. 中福在线即开票资金结算表(省级)
7. 中福在线即开票资金结算表(中央级)
8. 中福在线即开票资金结算流程图
9. 中福在线即开票中奖登记表

附表 1

中福在线即开票销售及资金分配表

时间：　　　　区域：　　　　玩法：

序号	单位	销售总额	返奖奖金			发行经费				公益金
			当期奖金	调节基金	小计	中彩中心	省级	地级	小计	
1										
2										
合计										

附表 2

中福在线即开票奖金兑付统计表

选择所有玩法时表样如下：

时间：　　　　区域：　　　　玩法：所有玩法

序号	单位	兑奖金额		合计
		银行卡	专用卡	
1				
2				
合计				

选择某一玩法时表样如下：

时间：　　　　区域：　　　　玩法：某一玩法

序号	单位	高等奖兑奖		低等奖兑奖金额	兑奖合计
		注数	金额		
1					
2					
合计					

附表 3

中福在线即开票逾期资金表

选择所有玩法时表样如下：

时间： 区域： 玩法：所有玩法

序号	单位	逾期奖金	逾期投注资金	合计
1				
2				
合计				

选择某一玩法时表样如下：

时间： 区域： 玩法：某一玩法

序号	单位	高等奖弃奖		低等奖弃奖金额	弃奖合计
		注数	金额		
1					
2					
合计					

附表 4

中福在线即开票资金结算表（销售厅）

查询某个销售厅时（供厅查），表样如下：

时间： 区域：××销售厅 玩法：所有玩法

售卡金额	退卡金额	小奖充值	销售总额	应缴金额

注：应缴金额＝售卡金额－退卡金额

查询所有销售厅时（供地级机构查），表样如下：

时间： 区域：所有厅 玩法：所有玩法

序号	单位	售卡金额	退卡金额	小奖充值	销售总额	应缴金额
1						
2						
合计						

注：应缴金额＝售卡金额－退卡金额

附表 5

中福在线即开票资金结算表（地级）

查询本辖区时，表样如下：

时间：　　　　　　　　　区域：××地区　　　　　　　　玩法：所有玩法

应收款项	销售总额	地级发行经费	兑付专用卡大奖	应缴金额

注：应收款项＝所有销售厅应缴金额合计

应缴金额＝应收款项－地级发行经费（销售总额×8%）－兑付专用卡大奖

查询所有地级机构时（供省级机构查），表样如下：

时间：　　　　　　　　　区域：所有地区　　　　　　　　玩法：所有玩法

序号	单位	应收款项	销售总额	地级发行经费	兑付专用卡大奖	应缴金额
1						
2						
合计						

注：应收款项＝所有销售厅应缴金额合计

应缴金额＝应收款项－地级发行经费（销售总额×8%）－兑付专用卡大奖

附表 6

中福在线即开票资金结算表（省级）

查询本辖区时，表样如下：

时间：　　　　　　　　　区域：××省　　　　　　　　玩法：所有玩法

应收款项	销售总额	省级发行经费	公益金	应缴金额

注：应收款项＝所有地级机构应缴金额合计

应缴金额＝应收款项－省级发行经费－公益金

查询所有省级机构时（供中央级机构查），表样如下：

时间：　　　　　　　　　区域：所有省份　　　　　　　　玩法：所有玩法

序号	单位	应收款项	销售总额	省级发行经费	公益金	应缴金额
1						
2						
合计						

注：应收款项＝所有地级机构应缴金额合计

应缴金额＝应收款项－省级发行经费－公益金

附表 7

中福在线即开票资金结算表（中央级）

时间：　　　　　　区域：　　　　　　玩法：所有玩法

序号	单位	售卡金额	退卡金额	兑付专用卡大奖	销售总额	发行经费				公益金	应收款项
						中央级	省级	地级	小计		
1											
2											
合计											

注：应收款项 = 售卡金额 – 退卡金额 – 兑付专用卡大奖 – 发行经费（省级） – 发行经费（地级） – 公益金

附表 8

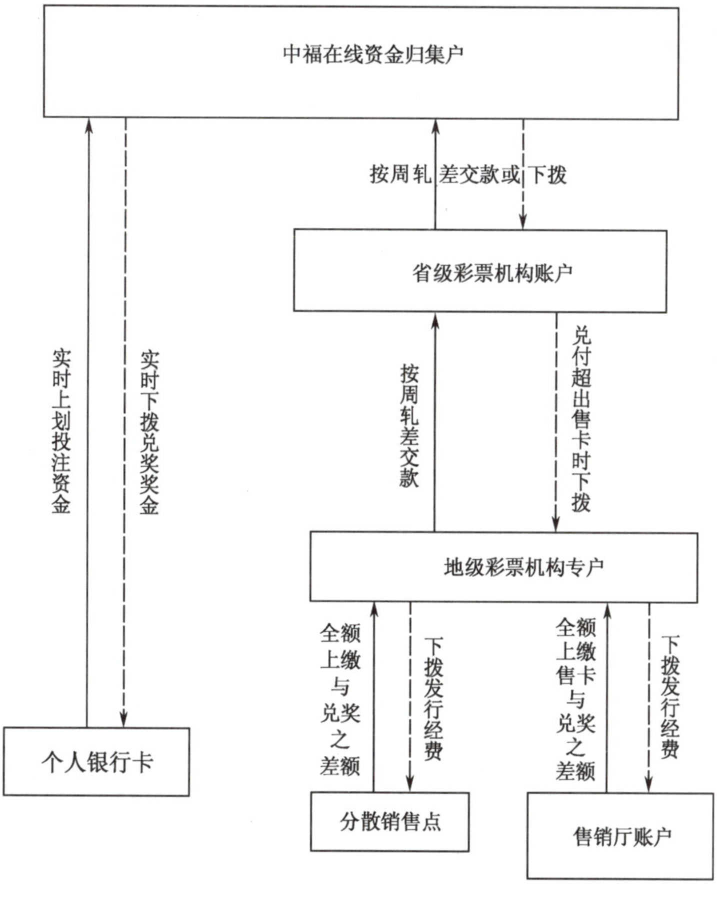

中福在线即开票资金结算流程图

附表 9

中福在线即开票中奖登记表

单位：××福利彩票发行中心　　　　　　　　　　　　　　　　　　　　　　　　　　　　日期：

姓　　名		性　　别	
身份证号		联系电话	
中奖游戏		中奖等级	
中奖时间		投注流水号	
投注卡号		投注终端号	
中奖金额		税后金额	

中奖人：　　　　　　经手人：　　　　　　技术部长：　　　　　　主任：

关于在上海市试点发行基诺电脑福利彩票游戏的通知

（2005 年 3 月 1 日　财政部　财办综［2005］34 号）

中国福利彩票发行管理中心：

你中心报来的《关于上海市试销 KENO 电脑福利彩票的请示》（中彩发字[2005]13 号）收悉。经研究，现批复如下：

一、根据《彩票发行与销售暂行规定》（财综［2002］13 号）等制度规定，同意你中心在上海市试点发行基诺（KENO）电脑福利彩票游戏，并按批准的游戏规则组织实施。试点发行期为正式上市销售后 6 个月。正式上市销售前，上海市福利彩票发行中心应将销售实施方案报同级财政部门审核批准。

二、上海市福利彩票发行中心要严格按照规定的场所和经营时间销售彩票。广告宣传要规范准确，不得采用煽动、诱惑性用语，严格监管各零售点销售行为。

三、上海市福利彩票发行中心要确保彩票销售公平、公正、公开。

四、试点发行期间，你中心要督促上海市福利彩票发行中心严格按照彩票管理制度规定做好销售工作。试点发行期结束后，请及时将试点情况专题报告财政部。

附件：上海市 KENO 电脑福利彩票游戏规则

附件

上海市 KENO 电脑福利彩票游戏规则

第一章　总　　则

第一条　根据《彩票发行与销售管理暂行规定》和《彩票发行与销售机构财务管理办法》，制定本规则。

第二条　中国福利彩票由中国福利彩票发行管理中心（以下简称“中福彩中心”）统一发行，上海市福利彩票发行中心在所辖区域内承销上海 KENO 电脑福利彩票（10/20/80）游戏（以下简称“上海 KENO 游戏”）。

第三条　上海 KENO 游戏采用计算机网络系统发行销售，定期开奖。

第四条　上海 KENO 游戏实行自愿购买，凡购买者均被视为同意遵守本规则。

第五条　不得向未成年人销售彩票和兑付奖金。

第二章　发　　行

第六条　上海 KENO 游戏的发行权属中福彩中心，主要包括：中国福利彩票名称及标识的专有权，各地发行额度的分配权和调控权，各项资金比例的确定和调整权，投注单和彩票专用纸的监制权等。

第七条　上海市福利彩票发行中心按照中福彩中心“统一游戏规则、统一硬件标准、统一运行软件、统一管理模式、统一实时监控”的原则，组织销售上海 KENO 游戏，接受中福彩中心的监控。

第八条　上海市福利彩票发行中心在承销区域内设置上海 KENO 游戏投注站，并核发零售许可证。投注站由上海市福利彩票发行中心管理。

第三章　投　　注

第九条　上海 KENO 游戏采用组合式玩法，投注者可以从 80 个号码中任意选择 1 至 10 个号码进行投注，该玩法表示为 10/20/80。一组 1 至 10 个号码的组合称为一注。每注金额人民币 2 元。

第十条　上海 KENO 游戏按期销售，每 5 分钟销售一期。销售期号以开奖周期界定，按日历年度编排。

第十一条　上海 KENO 游戏的投注可以选择当期投注、多期投注和多倍投注。当期投注指只购买当期彩票；多期投注指购买从当期起最多连续 12 期的彩票；多倍投注是指对相同投注号码重复投注 2、3、4、5、10、20、50 注，分别对应的投注金额为 4、6、8、10、20、40、100。

第十二条　投注号码可以自选也可以机选。自选号码投注指将投注者选定的号码输入投注机进行投注；机选号码投注指投注号码由投注机随机产生确定进行投注。

第十三条　上海 KENO 游戏只进行单

式投注。单式投注是在 80 个号码中选择 1 个至 10 个号码组合成一注投注号码进行的投注。

第十四条 投注号码经投注机打印为对奖凭证，交投注者保存，此对奖凭证即为上海 KENO 游戏彩票。

第十五条 上海 KENO 游戏投注单正面印有投注机可识别的数字阵列，作为待选的投注号码，背面印有投注说明。投注单不作为购买彩票的凭证。

第四章 设 奖

第十六条 上海 KENO 游戏按当期销售额的 50%、15%和 35%分别计提返奖奖金、发行经费和公益金。

第十七条 上海 KENO 游戏有 10 种投注选择，每种投注选择对应相应的奖级和奖金设置。上海 KENO 游戏的奖金全部采用固定奖金，具体的奖金设置结构见下表：

上海 KENO 奖金设置结构表

金额单位：元

中奖个数	选号个数及单注奖金额									
	选 10	选 9	选 8	选 7	选 6	选 5	选 4	选 3	选 2	选 1
10	200 000	—	—	—	—	—	—	—	—	—
9	10 000	50 000	—	—	—	—	—	—	—	—
8	800	5 000	20 000	—	—	—	—	—	—	—
7	100	200	700	10 000	—	—	—	—	—	—
6	20	50	40	300	600	—	—	—	—	—
5	4	4	10	30	50	250	—	—	—	—
4	—	—	4	5	8	40	40	—	—	—
3	—	—	—	—	4	4	10	30	—	—
2	—	—	—	—	—	—	2	4	16	—
1	—	—	—	—	—	—	—	—	—	4
0	4	4	2	—	—	—	—	—	—	—

第十八条 上海 KENO 游戏设置奖池。奖池资金由当期计提奖金与当期中出奖金的差额组成。当期中出奖金小于当期计提奖金时，余额进入奖池；当期中出奖金超出当期计提奖金时，差额由奖池补充，若奖池总额不足时，暂由发行经费垫支。

第五章 开 奖

第十九条 上海 KENO 游戏 5 分钟开奖一次，开奖号码通过与摇奖系统数据中心连接的视频设备显示。

第二十条 上海 KENO 游戏通过专用计算机摇奖系统随机产生开奖号码。该计算机摇奖系统使用中福彩中心指定的彩票专用计算机摇奖系统。

第六章 中 奖

第二十一条 根据投注者所持上海

KENO游戏彩票上的投注号码与开奖号码相符个数的多少（顺序不限）和投注选择，确定相应的中奖资格。

第二十二条 当期每注投注号码只有一次中奖机会，不能兼中兼得。

第七章 兑 奖

第二十三条 中奖彩票是兑奖凭证，中奖彩票因玷污、损坏等原因而不能正确识别的，不能兑奖。

第二十四条 每期开奖后7天内为有效兑奖期，逾期未领奖者视为弃奖，弃奖奖金进入奖池。

第二十五条 单张彩票中奖奖金超过人民币1 500元及以上的中奖者，须持中奖彩票和本人有效身份证件，在兑奖期限内到上海市福利彩票发行中心指定的兑奖地点登记兑奖。单张彩票中奖奖金在人民币1 500元以下的中奖者，可持中奖彩票在全市任意一个上海KENO游戏投注站兑奖。

第二十六条 单注彩票中奖金额1万元以上的中奖者，须依法缴纳个人所得税，由兑奖机构依法代扣代缴。

第二十七条 兑奖机构有权查验中奖者的中奖彩票及有效身份证件，兑奖者应予配合。

第八章 附 则

第二十八条 本规则由上海市福利彩票发行中心负责解释。

第二十九条 本规则自批准之日起执行。

关于全国联网发行29选7和22选5电脑体育彩票等有关问题的通知

（2005年3月2日 财政部 财办综［2005］35号）

国家体育总局体育彩票管理中心：

你中心报送的《关于全国联网销售电脑体育彩票“22选5”和“29选7”玩法有关事宜的函》（体彩字［2005］73号）收悉。经研究，现就有关事项通知如下：

一、同意你中心全国联网发行29选7和22选5电脑体育彩票，并按批准的游戏规则组织销售，具体开奖和资金结算工作由山东省体育彩票管理中心负责。

正式销售前，各省（自治区、直辖市）体育彩票机构需将销售实施方案，包括技术准备、广告宣传、正式销售日期报当地省级财政部门审核，批准后上市销售。彩票销售量分地区核算，分别计入各地区彩票销售量，并按此原则计提和管理公益金。

二、你中心对上述游戏实行全国联网发行后，原东北区域联网销售的29选7和21选5电脑体育彩票和西北区域联网销售的35选7和22选5电脑体育彩票停止销售。上述彩票停止销售和兑奖后，剩余奖池资金及调节基金应按游戏品种分别核算，相互间不得挤占挪用。如果剩余奖池资金及调节基金之和为正数，则按销量比例分别转入联网省份体育彩票机构设立的一般调节基金，用于正在销售彩票的奖金支出，不可预见情况下的奖金支出风险及设立特别奖；如果剩余奖池资金及调节基金之和为负数，则按销量比例由联网省份体育彩票机构从发行经费中列支，不得用一般调节基金弥补。

三、同意你中心举办全国联网发行29选7和22选5电脑体育彩票奖金派送活动，派送活动自销售首期开始。29选7电脑体育彩票派送奖金总额为500万元，若29选7电脑体育彩票当期奖池为0，则向奖池中注入50万元，按一等奖中奖注数均分，若当期无人中，则滚入下期奖池，继续用于返奖，活动至总奖金派完为止；22选5电脑体育彩票奖金派送活动共进行30期，每期向一等奖奖池中注入10万元，按中奖注数均分。上述派送活动所需奖金从全国联网电脑体育彩票一般调节基金中支出。

请你中心加强联网销售工作的组织管理，切实做好对外宣传和对零售商的培训工作，努力扩大体育彩票市场发行量。

附件：1. 全国联网电脑体育彩票29选7游戏规则

2. 全国联网电脑体育彩票22选5游戏规则

附件1

全国联网电脑体育彩票29选7游戏规则

第一章　总　　则

第一条　根据财政部《彩票发行与销售管理暂行规定》和国家体育总局《体育彩票发行与销售管理暂行办法》以及《计算机销售体育彩票管理暂行办法》，制定本游戏规则。

第二条　29选7电脑体育彩票（以下简称“29选7”）由国家体育总局体育彩票管理中心统一发行，全国31个省区市在所辖区域内承销，采用计算机网络系统发行销售。

第三条　29选7实行自愿购买，凡购买该彩票者即被视为同意并遵守本规则。

第二章　游戏方法

第四条　购买29选7时，由购买者从01—29共29个号码中选取7个号码为一注进行投注。

从01—29中选取至少1个、至多6个号码作为每注都有的号码，称胆码，再选取除胆码以外的号码作为拖码，由胆码和拖码组合（胆码与拖码数量之和必须等于或多于 8 个号码）成基本号码，进行投注，称胆拖投注。

当胆码为零、拖码选取 8 个以上号码（含 8 个），组合成的多注彩票为复式票。

购买者可对投注结果进行多倍投注，投注倍数范围为 2—99 倍。

单张彩票最大投注数量限10 000注。

第五条 购买者可在全国联网电脑体育彩票管理中心设置的投注站进行投注。投注号码可由投注机随机产生，也可通过投注单将投注者选定的号码输入投注机确定。投注号码经系统确认后打印出的兑奖凭证即为 29 选 7 电脑体育彩票，交购买者保存。

第六条 29 选 7 每注 2 元人民币。彩票不记名、不挂失，不返还本金，不流通使用。

第三章 设 奖

第七条 29 选 7 设 7 个奖级，即一、二、三、四、五、六、七等奖。其中一、二、三等奖为浮动奖，其余为固定奖。

第八条 奖金分配：

一等奖为当期奖金额减去固定奖总额后的 80%，及奖池和调节基金转入部分。

二等奖为当期奖金额减去固定奖总额后的 10%。

三等奖为当期奖金额减去固定奖总额后的 10%。

四等奖单注固定奖金为 200 元。

五等奖单注固定奖金为 50 元。

六等奖单注固定奖金为 10 元。

七等奖单注固定奖金为 5 元。

第九条 单注彩票中奖奖金最高限额 500 万元。

第四章 奖金管理

第十条 销售总额的 50% 为奖金，分为当期奖金和调节基金。其中，49% 为当期奖金，1% 为调节基金。

第十一条 29 选 7 设置奖池，奖池由未中出的浮动奖奖金和超出一等奖单注封顶限额部分的奖金组成。奖池与当期奖金中用于一等奖的部分及调节基金转入部分合并为一等奖奖金。

第十二条 调节基金包括按返奖奖金 2% 提取部分、浮动奖奖金取整后的余额、弃奖收入和逾期未退票的票款。调节基金专项用于支付各种不可预见情况下的奖金支出风险、调节浮动奖奖金，以及设立特别奖。

第十三条 一、二、三等奖按照该奖级实际中奖注数平均分配该奖级奖金。当上一奖级单注奖金低于下一奖级单注奖金时，上一奖级单注奖金补足至下一奖级单注奖金的两倍，所需奖金从该彩票调节基金中支付，若调节基金不足时，从发行经费中垫支。

第五章 中 奖

第十四条 所购彩票与开奖结果对照，符合以下情况即为中奖。

一等奖，选中全部 7 个正选号码；

二等奖，选中 6 个正选号码及特别号码；

三等奖，选中 6 个正选号码；

四等奖，选中 5 个正选号码及特别号码；

五等奖，选中 5 个正选号码；

六等奖，选中 4 个正选号码及特别号码；

七等奖，选中 4 个正选号码。

第十五条 当期每注彩票只有一次中奖机会，不得兼中兼得，另行设立的特别奖除外。

第六章 开奖及公告

第十六条 29 选 7 每周开奖三次，摇奖过程在公证人员监督下进行，通过电视台播出。

第十七条 每期开奖后，山东省体育彩票管理中心需将中奖号码、当期销售总额、各奖等中奖情况以及奖池资金余额等信息，通过新闻媒体向社会公布，并将开奖结果通知各销售终端。

第七章 兑 奖

第十八条 29 选 7 兑奖当期有效。每期自开奖次日起 28 天为兑奖期，逾期未兑，视为弃奖纳入调节基金。

第十九条 兑奖机构有权查验中奖者的中奖彩票及有效身份证件，兑奖者应予配合。

第二十条 单注彩票中奖金额超过 1 万元的中奖者须依法缴纳个人所得税，由兑奖机构代扣代缴。

第二十一条 凡伪造、涂改中奖彩票，冒领奖金者，送交司法机关追究法律责任。

第八章 附 则

第二十二条 本游戏规则解释权属国家体育总局体育彩票管理中心。

第二十三条 本游戏规则自下发之日起执行。

附件 2

全国联网电脑体育彩票 22 选 5 游戏规则

第一章 总 则

第一条 根据财政部《彩票发行与销售管理暂行规定》和国家体育总局《体育彩票发行与销售管理暂行办法》以及《计算机销售体育彩票管理暂行办法》，制定本游戏规则。

第二条 22 选 5 电脑体育彩票（以下简称“22 选 5”）由国家体育总局体育彩票管理中心统一发行，全国 31 个省区市在所辖区域内承销，采用计算机网络系统发行销售。

第三条 22 选 5 实行自愿购买，凡购买该彩票者即被视为同意并遵守本规则。

第二章 游 戏 方 法

第四条 购买 22 选 5 时，由购买者从 01—22 共 22 个号码中选取 5 个号码为一注进行投注。

从 01—22 个号码中选取至少 1 个、至多 4 个号码作为每注都有的号码，称胆码，再选取除胆码以外的号码作为拖码，由胆码和拖码组合（胆码与拖码数量之和必须等于或多于 6 个号码）成基本号码，进行投注，称胆拖投注。

当胆码为零、拖码选取 6 个以上号码（含 6 个），组合成的多注彩票为复式票。

购买者可对投注结果进行多倍投注，投注倍数范围为 2—99 倍。

单张彩票最大投注数量限10 000注。

第五条 购买者可在全国联网电脑体育彩票管理中心设置的投注站进行投注。投注号码可由投注机随机产生，也可通过投注单将投注者选定的号码输入投注机确定。投注号码经系统确认后打印出的兑奖凭证即为 22 选 5 电脑体育彩票，交购买者保存。

第六条 22 选 5 每注 2 元人民币。彩票不记名、不挂失，不返还本金，不流通使用。

第三章 设 奖

第七条 22 选 5 设 3 个奖级，即一、二、三等奖。其中一等奖为浮动奖，其余为固定奖。

第八条 奖金分配：

一等奖为当期奖金额减去固定奖总额后的 100%，及奖池和调节基金转入部分。

二等奖单注固定奖金为 50 元。

三等奖单注固定奖金为 5 元。

第九条 单注彩票中奖奖金最高限额 500 万元。

第四章 奖 金 管 理

第十条 销售总额的 50% 为奖金，分为当期奖金和调节基金。其中，49% 为当期奖金，1% 为调节基金。

第十一条 22 选 5 设置奖池，奖池由未中出的浮动奖奖金和超出一等奖单注封顶限额部分的奖金组成。奖池与当期奖金中用于一等奖的部分及调节基金转入部分合并为一等奖奖金。

第十二条 调节基金包括按返奖奖金 2% 提取部分、浮动奖奖金取整后的余额、弃奖收入和逾期未退票的票款。调节基金专项用于支付各种不可预见情况下的奖金支出风险、调节浮动奖奖金，以及设立特别奖。

第十三条 一等奖按照该奖级实际中奖注数平均分配该奖级奖金。当一等奖单注奖金低于 1 000元时，补足至 1 000元，所需奖金自该彩票调节基金中支出，若调节基金不足时，从发行经费中垫支。

第五章 中 奖

第十四条 所购彩票与开奖结果对照，符合以下情况即为中奖。一等奖，选中全部 5 个中奖号码；

二等奖，选中其中 4 个中奖号码；

三等奖，选中其中 3 个中奖号码。

第十五条 当期每注彩票只有一次中奖机会，不得兼中兼得，另行设立的特别奖除外。

第六章 开奖及公告

第十六条 22 选 5 每天开奖一次，摇奖过程在公证人员监督下进行，通过电视台播出。

第十七条 每期开奖后，山东省体育彩票管理中心需将中奖号码、当期销售总额、各奖等中奖情况以及奖池资金余额等信息，通过新闻媒体向社会公布，并将开奖结果通知各销售终端。

第七章 兑 奖

第十八条 22选5兑奖当期有效。每期自开奖次日起28天为兑奖期，逾期未兑，视为弃奖纳入调节基金。

第十九条 兑奖机构有权查验中奖者的中奖彩票及有效身份证件，兑奖者应予配合。

第二十条 单注彩票中奖金额超过1万元的中奖者须依法缴纳个人所得税，由兑奖机构代扣代缴。

第二十一条 凡伪造、涂改中奖彩票，冒领奖金者，送交司法机关追究法律责任。

第八章 附 则

第二十二条 本游戏规则解释权属国家体育总局体育彩票管理中心。

第二十三条 本游戏规则自下发之日起执行。

关于扩大中福在线即开型彩票试点发行范围等有关事项的通知

（2005年3月11日 财政部 财办综［2005］45号）

中国福利彩票发行管理中心：

你中心报来的《关于扩大发行中福在线即开型彩票的请示》（中彩发字［2005］25号）和《关于在海南省试点发行“幸运之虎”等福利视频彩票的请示》（中彩发字［2005］26号）收悉。经研究，现将有关事项通知如下：

一、根据《彩票发行与销售管理暂行规定》等规定，同意你中心扩大中福在线即开型彩票的试点发行范围，并按批准的中福在线即开型彩票试点发行地区及投注终端分配表（见附件）组织实施。

二、正式上市销售前，试点发行地区的福利彩票发行中心应将销售实施方案报同级财政部门审核批准。在对外宣传和公告中，应注明财政部门的批准文件名称及文号。

三、为保证中福在线即开型彩票试点发行的有效实施，有利于你中心的统一管理，规范运作并提高发行效率，不同意你中心在海南省另行试点发行“幸运之虎”等视频彩票。

请你中心严格按照现行彩票管理制度规定，认真抓好已经批准的中福在线即开型彩票各项游戏的试点工作，规范销售行为，及时总结经验，不断完善办法，确保在线即开型彩票试点发行工作的顺利进行。

附件：中福在线即开型彩票试点发行　　地区及投注终端分配表

附件

中福在线即开型彩票试点发行

地区及投注终端分配表

单位：台

地　区	投注终端	地　区	投注终端
天　津	1 000	湖　北	2 000
河　北	2 000	湖　南	2 000
山　西	1 500	广　东	2 000
内蒙古	1 000	深　圳	1 500
辽　宁	2 000	广　西	2 000
吉　林	2 000	海　南	1 000
黑龙江	2 000	四　川	2 000
上　海	2 000	重　庆	1 000
江　苏	2 000	云　南	1 000
浙　江	2 000	贵　州	1 000
安　徽	1 000	陕　西	1 000
福　建	2 000	甘　肃	1 000
江　西	1 000	宁　夏	500
山　东	2 000	青　海	500
河　南	2 000	新　疆	1 000
合计	45 000		

关于河北省29选7和20选5电脑福利彩票游戏附则的通知

（2005年3月14日　财政部　财办综［2005］46号）

中国福利彩票发行管理中心：

你中心报来的《关于在河北省29选7、20选5电脑福利彩票增加小组合游戏的请示》（中彩发字［2005］23号）收悉。

经研究，现将有关事项通知如下：

一、根据《彩票发行与销售管理暂行规定》等制度规定，同意你中心在河北省29选7和20选5电脑福利彩票中增加小组合游戏，并按批准的游戏附则组织销售。

二、正式销售前，河北省福利彩票发行中心需将销售实施方案，包括技术准备、广告宣传、正式销售日期、风险控制方式等内容报河北省财政厅审核，批准后上市宣传销售。

三、河北省福利彩票发行中心在对外公告和宣传中，必须注明财政部、河北省财政厅的批准文件及文号，以及限注具体规则。

四、请你中心严格按照现行彩票管理制度规定，督促河北省福利彩票发行中心做好彩票销售工作。

附件：1. 河北省29选7电脑福利彩票游戏附则

2. 河北省20选5电脑福利彩票游戏附则

附件1

河北省29选7电脑福利彩票游戏附则

第一条 根据《彩票发行与销售管理暂行规定》制定本附则。

第二条 本附则是《河北省29选7电脑福利彩票游戏规则》之附加规则。《河北省29选7电脑福利彩票游戏规则》之总则、发行、开奖、兑奖、附则等条款均适用于本附则。

第三条 河北省福利彩票发行中心在29选7游戏基础上，增加从29个号码中选2个号码和选3个号码的投注方式，统称河北29选7小组合游戏，并按选号个数分别称为“好运2”、“好运3”。每注彩票金额人民币2元。

第四条 河北29选7小组合游戏按29选7销售期销售，期号以彩票销售结束日界定，按日历年度编排。

第五条 河北29选7小组合游戏可在全省福利彩票投注站进行投注。投注方法可分自选号码投注和机选号码投注。

第六条 投注号码经投注机打印出票，确认无误后，交投注者保存，该打印票即为河北29选7小组合游戏彩票。该彩票是中奖者唯一的兑奖凭证，不记名、不挂失、不返还本金。

第七条 河北29选7小组合游戏按当期销售总额的50%、35%和15%分别计提返奖奖金、公益金和发行经费。返奖奖金“好运2”、“好运3”各自分列。

第八条 河北29选7小组合游戏“好运2”、“好运3”分别设置奖池，奖池资金由当期计提奖金与当期实际中出奖金的差额组成。当期实际中出奖金小于当期计提奖金时，余额进入奖池；当期实际中出奖金超过当期计提奖金时，差额由奖池资金补充。当奖池资金总额不足时，由发行经费垫支。

第九条 河北29选7小组合游戏开奖号码借助29选7游戏的开奖号码，并具体规定为：每期29选7游戏开奖按顺序共摇出7个号码，其中摇出的前2个号码为“好运2”的开奖号码，摇出的前3个号码为“好运3”的开奖号码。

第十条 “好运2”、“好运3”均只设一个奖级，奖金采用固定设奖，具体设奖情况如下表：

类　别	中奖条件	单注奖金（元）
好运2	所选2个号码与开奖号码完全相同，顺序不限。	406
好运3	所选3个号码与开奖号码完全相同，顺序不限。	3 654

第十一条 河北29选7小组合游戏每期投注号码的投注注数，根据市场销售情况限量发行，由省级福彩中心根据实际情况确定具体的限额，限额控制方法及时向社会公布，并报同级财政部门备案。

第十二条 当期每注彩票只有一次中奖机会，不能兼中兼得，特别设奖除外。

第十三条 兑奖时间、期限、方法均同河北29选7游戏规则。

第十四条 本附则由河北省福利彩票发行中心解释。

第十五条 本附则自批准之日起实施。

附件2

河北省20选5电脑福利彩票游戏附则

第一条 根据《彩票发行与销售管理暂行规定》制定本附则。

第二条 本附则是《河北省20选5电脑福利彩票游戏规则》之附加规则。《河北省20选5电脑福利彩票游戏规则》之总则、发行、开奖、兑奖、附则等条款均适用于本附则。

第三条 河北省福利彩票发行中心在20选5游戏基础上，增加从20个号码中选2个号码和选3个号码的投注方式，统称河北20选5小组合游戏，并按选号个数分别称为“好运2”、“好运3”。每注彩票金额人民币2元。

第四条 河北20选5小组合游戏按20选5销售期销售，期号以彩票销售结束日界定，按日历年度编排。

第五条 河北20选5小组合游戏可在全省福利彩票投注站进行投注。投注方法可分自选号码投注和机选号码投注。

第六条 投注号码经投注机打印出票，确认无误后，交投注者保存，该打印票即为河北20选5小组合游戏彩票。该彩票是中奖者唯一的兑奖凭证，不记名、不挂失、不返还本金。

第七条 河北 20 选 5 小组合游戏按当期销售总额的 50%、35% 和 15% 分别计提返奖奖金、公益金和发行经费。返奖奖金“好运 2”、“好运 3”各自分列。

第八条 河北 20 选 5 小组合游戏“好运 2”、“好运 3”分别设置奖池，奖池资金由当期计提奖金与当期实际中出奖金的差额组成。当期实际中出奖金小于当期计提奖金时，余额进入奖池；当期实际中出奖金超过当期计提奖金时，差额由奖池资金补充。当奖池资金总额不足时，由发行经费垫支。

第九条 河北 20 选 5 小组合游戏开奖号码借助 20 选 5 游戏的开奖号码，并具体规定为：每期 20 选 5 游戏开奖按顺序共摇出 5 个号码，其中摇出的前 2 个号码为“好运 2”的开奖号码，摇出的前 3 个号码为“好运 3”的开奖号码。

第十条 “好运 2”、“好运 3”均只设一个奖级，奖金采用固定设奖，具体设奖情况如下表：

类　别	中奖条件	单注奖金（元）
好运 2	所选 2 个号码与开奖号码完全相同，顺序不限。	190
好运 3	所选 3 个号码与开奖号码完全相同，顺序不限。	1 140

第十一条 河北 20 选 5 小组合游戏每期投注号码的投注注数，根据市场销售情况限量发行，由省级福彩中心根据实际情况确定具体的限额，限额控制方法及时向社会公布，并报同级财政部门备案。

第十二条 当期每注彩票只有一次中奖机会，不能兼中兼得，特别设奖除外。

第十三条 兑奖时间、期限、方法均同河北 20 选 5 游戏规则。

第十四条 本附则由河北省福利彩票发行中心解释。

第十五条 本附则自批准之日起实施。

关于全国联网篮球单场竞猜彩票上市发行等问题的通知

（2005 年 3 月 14 日　财政部　财办综［2005］47 号）

国家体育总局体育彩票管理中心：

你中心报送的《关于申请全国联网篮

球单场竞猜彩票上市发行的函》（体彩字［2005］116号）收悉。经研究，现就有关问题通知如下：

一、同意你中心于2005年3月18日在全国联网发行篮球单场竞猜彩票。

二、同意你中心对全国联网篮球单场竞猜彩票试行单期返奖总额控制，具体内容如下：

（一）全国联网篮球单场竞猜彩票单期销售额低于1 000万元时（含1 000万元），最高返奖总额为当期计提奖金＋奖池资金＋调节基金＋当期销售额的150%；单期销售额在1 000万元至2 000万元（含2 000万元）时，最高返奖总额为当期计提奖金＋奖池资金＋调节基金＋当期销售额的100%；单期销售额超过2 000万元时，最高返奖为当期计提奖金＋奖池资金＋调节基金＋当期销售额的50%。

（二）当全国联网篮球单场竞猜彩票单期实际中奖总额超过当期最高返奖总额时，按以下规则分配奖金：

$$\text{单注彩票奖金}=\frac{\text{当期最高返奖总额}}{\text{当期中奖注数}}$$

（三）实际中奖奖金以元为单位取整。

在单期返奖总额控制试行期间，请你中心做好市场调查工作，财政部将根据市场运行情况决定是否对控制办法做出调整。同时，请你中心在对外宣传中注意舆论导向，防止彩民非理性投注行为。

关于加强排列3电脑体育彩票和3D电脑福利彩票安全管理的通知

（2005年4月1日　财政部　财办综［2005］57号）

各省、自治区、直辖市财政厅（局）：

今年以来，随着体育彩票排列3和福利彩票3D游戏销售量的不断提高，两种游戏的竞争程度也日趋激烈，彩票机构在销售和管理中暴露出不少问题，不利于彩票市场的健康发展。为规范彩票机构销售和管理行为，加强彩票市场监管，维护彩票市场正常秩序，现就加强体育彩票排列3和福利彩票3D游戏管理问题，作出如下通知。

一、各级财政部门要对本地区彩票机构广告宣传进行严格审核，正确把握宣传尺度，引导彩民理性投注。严禁彩票机构在宣传中采用鼓动、煽动性和诋毁对方的言论，误导彩民购买行为。

二、各级财政部门要对本地区彩票机构贯彻落实《财政部关于加强排列3、排列5和3D游戏风险管理的通知》（财综

[2005] 4 号）情况进行检查，督促体育彩票机构于每期开奖前公告奖池资金和调节基金数额，督促福利彩票机构公告限号注数和限号原理，严禁彩票机构自行购买彩票和组织彩民购买彩票，以确保彩票销售的公开、公正。

三、省级财政部门要对今年以来体育彩票排列 3 和福利彩票 3D 游戏的销售情况以及市场变化特点和原因进行全面分析，对今后的市场走势情况作出初步判断，并有针对性地提出加强市场监管的政策建议报告，于 4 月下旬报送财政部综合司。

关于中国福利彩票北京市两步彩游戏规则的通知

（2005 年 4 月 12 日　财政部　财办综 [2005] 66 号）

中国福利彩票发行管理中心：

你中心报来的《关于北京市电脑福利彩票增加“两步彩”等三个游戏的请示》（中彩发字 [2004] 135 号）收悉。经研究，现就有关请示批复如下：

一、根据《中共中央办公厅　国务院办公厅关于严格彩票市场管理　禁止擅自批准发行彩票的通知》（中办发电 [1994] 21 号）的有关规定，目前国家仍未取消对数字型选 4 游戏的政策限制，故北京市电脑福利彩票增加 4D 游戏的申请暂不予批准。

二、为避免引发彩票市场中的价格不良竞争，不同意北京市电脑福利彩票增加“锦上花”游戏。

三、根据《彩票发行与销售管理暂行规定》（财综 [2002] 13 号）等制度规定，同意你中心将北京市电脑福利彩票 32 选 7 和 36 选 7 游戏合并后调整为“两步彩”游戏，并按所批准的游戏规则组织销售。32 选 7、36 选 7 游戏的奖池资金和调节基金分别转为“两步彩”游戏的奖池资金和调节基金。

四、“两步彩”游戏正式上市销售前，北京市福利彩票发行中心需将销售实施方案，包括技术准备、广告宣传、正式销售日期等报北京市财政局审核，批准后上市宣传销售。

五、北京市福利彩票发行中心在对外公告和宣传中，必须注明财政部、北京市财政局的批准文件、核准文件名称及文号。

请你中心严格按照现行彩票管理制度规定，督促北京市福利彩票发行中心认真做好对外宣传公告工作，加强彩票发行销售的安全管理，积极稳妥地推进彩票销售。

附件：中国福利彩票北京市两步彩游戏规则

附件

中国福利彩票北京市两步彩游戏规则

第一章　总　　则

第一条　根据《彩票发行与销售管理暂行规定》和《中国福利彩票发行与销售管理暂行规定》，制定本规则。

第二条　中国福利彩票由中国福利彩票发行管理中心（以下简称“中福彩中心”）统一发行，经中福彩中心授权，北京市福利彩票发行中心在所辖区域内承销两步彩游戏。

第三条　两步彩通过计算机网络系统发行销售，定期开奖。

第四条　两步彩实行自愿购买，凡购买者均被视为同意并遵守本规则。

第五条　不得向未成年人销售彩票和兑付奖金。

第二章　发　　行

第六条　两步彩的发行权属中福彩中心，主要包括：中国福利彩票名称及标识的专有权，各地发行额度的分配权和调控权，投注单和彩票专用纸的监制权等。

第七条　北京市福利彩票发行中心按照中福彩中心“统一游戏规则、统一硬件标准、统一运行软件、统一管理模式、统一实时监控”的原则，通过电脑彩票销售系统承销两步彩彩票，接受中福彩中心的监控。

第八条　北京市福利彩票发行中心在承销区域内设置投注站，并核发零售许可证。

第三章　投　　注

第九条　两步彩采用组合式玩法，彩票投注区分为一步区和二步区。一步区包括从1至36共36个数字号码，二步区包括从1至32共32个数字号码。投注时从一步区中选择4个号码，从二步区中选择1个号码，该5个号码的组合称为一注。每注金额人民币2元。

第十条　两步彩按期销售，期号以开奖日界定，按日历年度编排。

第十一条　投注者可在北京市福利彩票发行中心设置的投注站投注。投注方法可分为自选号码投注或机选号码投注；单式投注或复式投注。

第十二条　投注站投注为有纸投注，投注号码经投注机打印为对奖凭证，交投注者保存，此对奖凭证即为两步彩彩票。电话投注为无纸投注，投注者通过电话进行投注，投注方法另行规定。

第十三条 自选号码投注即将投注者选定的号码输入投注机进行投注；机选号码投注即由投注机随机产生投注号码进行投注。

第十四条 两步彩只设置当期投注，不设置多期投注。

第十五条 单式投注是指从一步区中选择4个号码，并从二步区中选择1个号码组合成一注进行的投注。

第十六条 复式投注分三种：

（一）一步复式：从一步区中选择5—16个号码，从二步区中选择1个号码，组合成多注投注号码的投注。

（二）二步复式：从一步区中选择4个号码。从二步区中选择2—32个号码，组合成多注投注号码的投注。

（三）全复式：从一步区中选择5—10个号码，从二步区中选择2—32个号码，组合成多注投注号码的投注。

第四章 设　　奖

第十七条 两步彩返奖奖金、公益金和发行经费分别为销售总额的50%、35%和15%。返奖奖金分为当期奖金和调节基金，其中当期奖金为销售总额的49%，调节基金为销售总额的1%。

第十八条 两步彩当期奖金设为六个奖等，一等奖为浮动设奖，二、三、四、五、六等奖为固定金额设奖。当期奖金减去二、三、四、五、六等奖奖金总和后的余额为当期一等奖的总奖金。各奖等奖额规定如下：

一等奖：当期奖金减去二、三、四、五、六等奖的奖金总额后的余额；

二等奖：单注奖金额固定为5 000元；

三等奖：单注奖金额固定为2 000元；

四等奖：单注奖金额固定为90元；

五等奖：单注奖金额固定为10元；

六等奖：单注奖金额固定为5元。

第十九条 两步彩设置奖池，奖池由未中出的奖金和超出一等奖单注封顶限额部分的奖金组成。奖池与当期奖金中用于一等奖的部分及调节基金转入部分合并颁发一等奖奖金。一等奖单注奖金最高限额为30万元，超过部分进入奖池计入下期一等奖。

第二十条 若当期一等奖单注奖金低于二等奖单注奖金，应保证当期一等奖单注奖金与当期二等奖单注奖金相等，不足部分由调节基金补足，调节基金不足时由发行经费垫支。

第二十一条 调节基金包括按销售总额1%提取部分、弃奖收入、一等奖奖金按元取整后的余额。调节基金用于设置特别奖，调节一等奖奖金，以及支付各种不可预见情况下的奖金支出风险。

第五章 开　　奖

第二十二条 两步彩每周开奖三次，摇奖过程在公证人员监督下进行。

第二十三条 两步彩通过摇奖确定中奖号码。摇奖使用中福彩中心指定的专用摇奖器。

第二十四条 两步彩中奖号码由4个一步区号码和1个二步区号码组成。摇奖时先摇出4个一步区号码，后摇出1个二步区号码。摇出的4个一步区号码按升序排序与1个二步区号码组合为当期开奖号码。

第二十五条 销售截止后，将当期投注的全部数据刻入不可改写的光盘。

第二十六条 北京市福利彩票发行中心在每期开奖后，将当期销售总额、中奖号码、各奖等中奖注数和奖额以及奖池余额，通过新闻媒体向社会公布，并在各投注站进行公告。

第二十七条 两步彩的开奖结果以北京市福利彩票发行中心公布的开奖公告为准。

第六章 中 奖

第二十八条 根据两步彩彩票上的投注号码与中奖号码相符个数的多少（顺序不限），确定相应中奖资格：

一等奖：5 个号码相符（4 个一步区号码和 1 个二步区号码相符）（一步区号码顺序不限，下同）；

二等奖：4 个一步区号码相符；

三等奖：3 个一步区号码和 1 个二步区号码相符；

四等奖：3 个一步区号码相符，或 2 个一步区号码和 1 个二步区号码相符；

五等奖：1 个一步区号码和 1 个二步区号码相符；

六等奖：1 个二步区号码相符。

第二十九条 一等奖中奖者按中奖注数均分该奖等奖金，并以元为单位取整计算；二、三、四、五、六等奖中奖者按各奖等的单注奖金额获得奖金。

第三十条 每个投注号码只有一次中奖机会，不可兼中兼得，特别设奖除外。

第七章 兑 奖

第三十一条 两步彩兑奖当期有效。每期开奖次日起 30 天（含 30 天）为兑奖期，逾期未领奖者视为弃奖，弃奖奖金进入调节基金。

第三十二条 中奖彩票是兑奖凭证，因玷污、损坏、残缺等原因不能正确识别的为无效彩票，不能兑奖。

第三十三条 一、二、三等奖中奖者，须持中奖彩票和本人有效身份证件，在兑奖期限内到北京市福利彩票发行中心指定的兑奖地点验证登记和兑奖。

第三十四条 四、五、六等奖中奖者，可持中奖彩票在全市任意投注站兑奖。

第三十五条 单注彩票中奖奖金额超过 1 万元以上的中奖者须依法缴纳个人所得税，由兑奖机构依法代扣代缴。

第三十六条 兑奖机构有权查验中奖者的中奖彩票及有效身份证件，兑奖者应予配合。

第三十七条 凡伪造、涂改中奖彩票冒领奖金者，送交司法机关依法追究法律责任。

第八章 附 则

第三十八条 本规则由北京市福利彩票发行中心解释。

第三十九条 本规则自批准之日起执行。

关于扩大足球彩票胜负玩法幸运彩 3 游戏销售地区的通知

（2005 年 5 月 10 日　财政部　财办综［2005］76 号）

国家体育总局体育彩票管理中心：

你中心《关于广东、辽宁、广西、重庆等省区市申请试点发行中国足球彩票胜负玩法“幸运彩 3”的函》(体彩字［2005］141 号）收悉。经研究，现就有关问题通知如下：

一、同意你中心扩大足球彩票胜负玩法幸运彩 3 游戏销售地区，由江西 1 个地区增至江西、辽宁、广东、广西、重庆等 5 个地区。

二、辽宁、广东、广西、重庆等地区省级体育彩票机构应将销售实施方案，包括技术准备、广告宣传、正式销售日期报经当地省级财政部门审核批准后，方可上市宣传销售。

三、体育彩票机构在对外公告和宣传中，必须注明财政部和本地区省级财政部门的批准文件、核准文件名称及文号。

四、请你中心严格按照现行彩票管理规定，督促有关体育彩票机构做好该游戏的市场销售和安全管理工作。

附件：中国足球彩票胜负玩法幸运彩 3 游戏规则

附件

中国足球彩票胜负玩法幸运彩 3 游戏规则

第一章　总　　则

第一条　根据财政部《彩票发行与销售管理暂行规定》和国家体育总局《中国足球彩票发行与销售管理办法》，制定本游戏规则。

第二条　中国足球彩票胜负玩法幸运彩 3 游戏（以下简称“胜负幸运彩 3”）由国家体育总局体育彩票管理中心统一发行，在广东省、辽宁省、广西区、重庆市采用计算机网络系统进行销售。

第三条 “胜负幸运彩 3”实行自愿购买，凡购买该彩票者即被视为同意并遵守本规则。

第二章 游戏方法

第四条 “胜负幸运彩 3”是以中国足球彩票胜负玩法所选择的足球比赛场次为竞猜对象，购买“胜负幸运彩 3”时，由购买者从中国足球彩票胜负玩法选择的所有竞猜场次中的前 9 场竞猜场次中每场比赛在全场 90 分钟（含伤情补时）比赛的胜平负的结果进行投注，对于所选竞猜场次的比赛成绩均只选择 1 种预测结果为单式投注，对于某一竞猜场次的比赛成绩选择 2 种（含）以上的预测结果为复式投注。

购买者可对其选定的结果进行多倍投注，投注倍数范围为 2—99 倍。

第五条 购买者可在广东省、辽宁省、广西区、重庆市体育彩票管理中心设置的投注站进行投注。投注号码可由投注机随机产生，也可通过投注单将购买者选定的号码输入投注机确定。投注号码经系统确认后打印出的兑奖凭证即为“胜负幸运彩 3”足球彩票，交购买者保存。

第六条 “胜负幸运彩 3”每注 2 元人民币。彩票不记名、不挂失，不返还本金，不流通使用。

第三章 设 奖

第七条 “胜负幸运彩 3”只设 1 个浮动奖级，即一等奖。

第八条 奖金分配：

一等奖为当期奖金额的 100%，及奖池和调节基金转入部分，多注中奖均分。

第九条 单注彩票中奖奖金最高限额 500 万元。

第四章 奖金管理

第十条 销售总额的 50% 为奖金，分为当期奖金和调节基金。其中，49% 为当期奖金，1% 为调节基金。

第十一条 “胜负幸运彩 3”设置奖池，奖池由上期未中出的浮动奖奖金和超出一等奖单注封顶限额部分的奖金组成。奖池与当期奖金中用于一等奖的部分及调节基金转入部分合并为一等奖奖金。

单注奖金以元为单位取整，不足 1 元补足至 1 元，补足部分从调节基金支付，调节基金不足时从发行经费列支。

第十二条 调节基金包括按返奖奖金 2% 提取部分、浮动奖奖金取整后的余额、弃奖收入和逾期未退票的票款。调节基金专项用于支付各种不可预见情况下的奖金支出风险、调节浮动奖奖金，以及设立特别奖。

第五章 中 奖

第十三条 所购彩票选择的结果与中国足球彩票胜负玩法所选择的前 9 场竞猜场次中每场比赛的胜平负结果一致即中一等奖。

第六章 开奖及公告

第十四条 “胜负幸运彩 3”与中国足球彩票胜负玩法同期销售与计奖。

第十五条 每期计奖后，当期销售总额、中奖情况以及奖池资金余额等信息，将通过新闻媒体向社会公布，并将开奖结果通知各销售终端。

第七章　兑　　奖

第十六条　“胜负幸运彩 3”兑奖当期有效。每期自计奖次日起 28 天为兑奖期，逾期未兑，视为弃奖。

第十七条　兑奖机构有权查验中奖者的中奖彩票及有效身份证件，兑奖者应予配合。

第十八条　单注彩票中奖金额超过 1 万元的中奖者须依法缴纳个人所得税，由兑奖机构代扣代缴。

第十九条　凡伪造、涂改中奖彩票，冒领奖金者，送交司法机关追究法律责任。

第八章　附　　则

第二十条　本游戏规则解释权属国家体育总局体育彩票管理中心。

第二十一条　本游戏规则自下发之日起执行。

关于调整篮球胜负比分彩票游戏规则的通知

（2005 年 5 月 13 日　财政部　财办综［2005］77 号）

国家体育总局体育彩票管理中心：

你中心《关于调整全国联网篮球单场胜负比分彩票玩法游戏规则的函》（体彩字［2005］204 号）收悉。经研究，同意你中心调整篮球胜负比分彩票游戏规则，将第五条“由购票人对指定单场比赛中的比赛双方在每一节（一场比赛共 4 节）比赛结束时的胜平负结果和每场比赛（含加时赛）比赛双方的比分之和、主队与客队的比分之差进行投注”调整为“由购票人对指定单场比赛中的比赛双方在每一节（一场比赛共 4 节）比赛结束时的胜平负结果和该场比赛（含加时赛）主队全场得分数、客队全场得分数进行投注。”请你中心做好对外公告工作。

关于调整湖南省22选5游戏规则的通知

（2005年5月16日　财政部　财办综［2005］88号）

中国福利彩票发行管理中心：

你中心报来的《关于湖南省22选5电脑福利彩票调整奖金设置的请示》（中彩发字［2005］47号）收悉。经研究，现通知如下：

一、鉴于22选5游戏奖金设置不尽合理，直接影响了该游戏的市场销售，根据《彩票发行与销售管理暂行规定》和《关于同意湖南省发行22选5电脑福利彩票的通知》（财办综［2002］62号）等规定，决定调整《湖南省22选5电脑福利彩票游戏规则》，将第十七条中的“三等奖　单注奖额固定为2元”调整为“三等奖　单注奖额固定为6元”。

二、湖南省福利彩票发行中心应将22选5游戏的广告宣传、上市销售日期、销售系统等调整方案报湖南省财政厅审核，经批准后组织销售。

三、调整后的22选5游戏上市销售前，湖南省福利彩票发行中心应及时向社会公告，并在公告中注明财政部、湖南省财政厅的批准文件、核准文件名称及文号。

四、请你中心严格按照现行彩票管理规定，督促湖南省福利彩票发行中心做好22选5游戏的销售工作。

关于河南省电脑福利彩票停止销售36选7游戏　调整22选5游戏附则的通知

（2005年7月6日　财政部　财办综［2005］98号）

中国福利彩票发行管理中心：

你中心报来的《关于河南省调整22选5电脑福利彩票附则以及停止36选7游戏的请示》（中彩发字［2005］49号）收悉。

经研究，现就有关事项通知如下：

一、关于停止销售 36 选 7 游戏

（一）鉴于 36 选 7 游戏销售量持续下滑，难以维持开奖等费用支出，根据《彩票发行与销售管理暂行规定》和《关于彩票停止销售后奖池资金和调节基金余额处理办法的通知》（财办综［2003］238 号）等规定，决定停止销售 36 选 7 游戏。

（二）36 选 7 游戏停止销售后，如果奖池资金和调节基金不足兑付奖金，河南省福利彩票发行中心应从发行经费中列支予以冲抵；如果奖池资金和调节基金有结余，应转为一般调节基金，用于正在销售彩票的奖金支出、不可预见情况下的奖金支出风险，以及设立特别奖。河南省福利彩票发行中心如果需动用一般调节基金，应报河南省财政厅审核批准。

（三）36 选 7 游戏停止销售后，河南省福利彩票发行中心应及时向社会公告，并在公告中注明财政部的批准文件名称及文号。

二、关于调整 22 选 5 小组合游戏

（一）为进一步增强 22 选 5 小组合游戏的趣味性，适应市场发展需要，根据《彩票发行与销售管理暂行规定》、《关于河南省电脑福利彩票增加小组合游戏等问题的通知》（财办综［2003］215 号）等规定，决定调整《河南省 22 选 5 电脑福利彩票游戏附则》，具体调整情况见附件。

（二）河南省福利彩票发行中心应将 22 选 5 小组合游戏的广告宣传、上市销售日期、销售系统、限额控制方法等调整方案报河南省财政厅审核，经批准后上市销售。

（三）调整后的 22 选 5 小组合游戏上市销售前，河南省福利彩票发行中心应及时向社会公告，并在公告中注明财政部、河南省财政厅的批准文件、核准文件名称及文号。

（四）请你中心严格按照现行彩票管理规定，督促河南省福利彩票发行中心做好 22 选 5 小组合游戏的销售工作。

附件：河南省 22 选 5 电脑福利彩票游戏附则

附件

河南省 22 选 5 电脑福利彩票游戏附则

第一条 根据《彩票发行与销售管理暂行规定》和《河南省 22 选 5 电脑福利彩票游戏规则》之相关条款，制定本附则。

第二条 本附则是《河南省 22 选 5 电脑福利彩票游戏规则》之附加规则。《河南省 22 选 5 电脑福利彩票游戏规则》之总则、发行、开奖、兑奖、附则等条款均适用于本附则。

第三条 河南省福利彩票发行中心在22选5游戏基础上，增加从22个号码中选2个号码、3个号码和4个号码的投注方式，统称河南省22选5小组合游戏，并按选号个数分别称为“好运2”、“好运3”和“好运4”。每注彩票金额人民币2元。

第四条 河南省22选5小组合游戏按22选5销售期销售,期号以彩票销售结束日界定,按日历年度编排。

第五条 河南省22选5小组合游戏可在全省福利彩票投注站进行投注。投注方法可分自选号码投注和机选号码投注，单倍投注和多倍投注。

第六条 自选号码投注是指投注者自行选定投注号码进行的投注，机选号码投注是指由投注机随机产生投注号码的投注。

第七条 单倍投注是指从22个号码中选择一组2个、3个或4个号码作为一注投注号码进行的投注，多倍投注是指将同样的号码进行多注的投注。

第八条 投注号码经投注机打印出票，确认无误后，交投注者保存，该打印票即为河南省22选5小组合游戏彩票。该彩票是中奖者唯一的兑奖凭证，不记名、不挂失、不返还本金。

第九条 河南省22选5小组合游戏按当期销售总额的50%、35%和15%分别计提返奖奖金、公益金和发行经费。返奖奖金“好运2”、“好运3”和“好运4”各自分列。

第十条 河南省22选5小组合游戏“好运2”、“好运3”和“好运4”分别设置奖池，奖池资金由当期计提奖金超过当期实际中出奖金的差额、弃奖奖金、逾期未退票的票款组成。当期实际中出奖金小于当期计提奖金时，差额进入奖池；当期实际中出奖金超过当期计提奖金时，差额由奖池资金补充。当奖池资金总额不足时，由发行经费垫支。

第十一条 河南省22选5小组合游戏开奖号码采用22选5游戏的开奖号码。“好运2”、“好运3”和“好运4”均只设一个奖级，奖金采用固定设奖，具体设奖情况如下表：

投注方式	中奖条件	单注奖金（元）
好运4	所选4个号码与开奖号码5个中任意4个相同，顺序不限。	1 463
好运3	所选3个号码与开奖号码5个中任意3个相同，顺序不限。	154
好运2	所选2个号码与开奖号码5个中任意2个相同，顺序不限。	23

第十二条 河南省22选5小组合游戏每期投注号码的投注注数，根据市场销售情况限量发行，由省级福彩中心根据实际情况确定具体的限额，限额控制方法及时向社会公布。

第十三条 当期每注彩票只有一次中奖机会，不能兼中兼得，特别设奖除外。

第十四条 兑奖时间、期限、方法均同河南省22选5游戏规则。

第十五条 本附则自批准之日起实施。

关于调整江西省 20 选 5 电脑体育彩票游戏规则的通知

（2005 年 7 月 18 日　财政部　财办综［2005］104 号）

国家体育总局体育彩票管理中心：

你中心《关于调整江西省“20 选 5”电脑体育彩票游戏规则的请示》（体彩字［2005］304 号）收悉。经研究，现就有关事项通知如下：

一、鉴于江西省 20 选 5 游戏存在特等奖中奖条件设置不尽合理，影响该游戏市场销售的问题，根据《彩票发行与销售管理暂行规定》和《关于同意在江西省发行 20 选 5 电脑体育彩票等有关问题的通知》（财办综［2002］86 号）等规定，决定调整《江西省 20 选 5 电脑体育彩票游戏规则》。将特等奖中奖条件由“选中全部 5 个中奖号码，且摇出的第一、第二、第三个号码是连号（01 与 20 不属连号）”调整为“选中全部 5 个中奖号码，且摇出的第一个号码和第二个号码是连号（01 与 20 不属连号）”。

二、江西省体育彩票管理中心应将 20 选 5 电脑体育彩票的广告宣传、销售日期、销售系统等调整方案报江西省财政厅审核，批准后组织销售。

三、调整后的 20 选 5 电脑体育彩票正式销售前，江西省体育彩票管理中心应及时向社会公告，并在公告中注明财政部、江西省财政厅的批准文件、核准文件名称和文号。

四、请你中心严格按照现行彩票管理规定，督促江西省体育彩票管理中心做好 20 选 5 电脑体育彩票的销售工作。

关于对2005年6月前印制的即开型福利彩票进行分类处理的通知

（2005年8月17日　财政部　财办综［2005］118号）

中国福利彩票发行管理中心：

你中心《关于2005年6月以前生产的即开型福利彩票使用和销毁的请示》（中彩发字［2005］58号）收悉。根据《彩票发行与销售管理暂行规定》、《即开型彩票发行与销售管理暂行规定》和《财政部关于调整足球彩票和网点即开型彩票资金构成比例的通知》（财综［2005］27号）等规定，现对你中心2005年6月30日之前印制的即开型福利彩票，提出以下分类处理意见：

一、销毁处理

（一）按50%的返奖比例设计的彩票品种和超过保质期的灵活设奖彩票品种应全部作销毁处理，销毁工作须在2005年年底之前完成。

（二）各省、自治区、直辖市福利彩票发行中心应对本省需销毁的彩票品种提出销毁方案，报中国福利彩票发行管理中心审核后报同级财政部门审批。彩票销毁工作应在财政部门和公证部门的监督下实施。

二、继续使用

（一）自2005年9月1日起，未超过保质期的灵活设奖彩票品种可安排在销售网点上继续使用，并按照调整后的资金构成比例进行设奖。

（二）各省、自治区、直辖市福利彩票发行中心应对继续使用的彩票品种提出设奖方案，报省级财政部门批准后，组织上市销售。销售结束后，剩余尾票的销毁按规定程序办理。

（三）各省、自治区、直辖市福利彩票发行中心应于2006年1月15日前，向同级财政部门报告本行政区域内继续使用彩票品种的具体销售情况；你中心应于2006年1月31日前，向财政部综合司报告全国的具体销售情况。

请你中心督促各省、自治区、直辖市福利彩票发行中心按照彩票管理制度规定，做好即开型福利彩票的销毁、使用以及销量统计和资金结算工作，确保彩票资金构成比例政策的顺利调整和彩票销售工作顺利进行。

关于 2005 年 9 月至 12 月网点即开型彩票印制数量的通知

（2005 年 8 月 17 日　财政部　财办综［2005］119 号）

中国福利彩票发行管理中心：

你中心《关于 2005 年 9—12 月网点即开型福利彩票发行计划的请示》（中彩发字［2005］57 号）收悉。根据《彩票发行与销售管理暂行规定》、《即开型彩票发行与销售管理暂行规定》和《财政部关于调整足球彩票和网点即开型彩票资金构成比例的通知》（财综［2005］27 号）等规定，现将有关事项通知如下：

一、同意你中心在 2005 年 9 月至 12 月增加开心宾果、百变扑克、喜庆吉祥、勇士闯关、趣味麻将、即开 3D、捧球小子和 F1 赛车共八种网点即开型彩票游戏品种，具体印制数量见附件。

二、你中心向各省、自治区、直辖市福利彩票发行中心分配上述游戏品种时，应以正式文件下达具体的游戏品种和相应数量，分配方案须抄送财政部综合司和相关省级财政部门备案。

三、各省、自治区、直辖市福利彩票发行中心应将上述游戏品种的销售实施方案，包括技术系统、数据管理、资金结算、对外宣传等报同级财政部门审批，经批准后组织上市销售。

四、各省、自治区、直辖市福利彩票发行中心应于 2006 年 1 月 15 日前，向同级财政部门报告本行政区域内上述游戏品种的具体销售情况；你中心应于 2006 年 1 月 31 日前，向财政部综合司报告全国上述游戏品种的具体销售情况。

五、你中心应于 2005 年 10 月 31 日之前，将 2006 年的网点即开型彩票印制计划报财政部审批。其中，对于新增的游戏品种，你中心应上报详细的玩法设计和说明，以及彩票票样。

请你中心督促各省、自治区、直辖市福利彩票发行中心按照彩票管理制度规定，做好网点即开型彩票的销售工作。

附件：2005 年 9 月至 12 月网点即开型彩票印制数量表

附件

2005年9月至12月网点即开型彩票印制数量表

游戏名称	奖 组	面 值	奖级设置	印制数量（万张）	金额（万元）
开心宾果	10万张	2元	5级	1 000	2 000
百变扑克	50万张	2元	7级	500	1 000
喜庆吉祥	150万张	2元	4级	600	1 200
勇士闯关	50万张	2元	7级	1 000	2 000
趣味麻将	10万张	2元	5级	500	1 000
即开3D	10万张	2元	4级	500	1 000
棒球小子	10万张	2元	5级	500	1 000
F1赛车	20万张	5元	6级	200	1 000
合计	—	—	—	4 800	10 200

关于印发《中国足球彩票胜负游戏规则》等三个游戏规则的通知

（2005年8月26日　财政部　财办综［2005］120号）

国家体育总局体育彩票管理中心：

为了开拓足球彩票市场，改善彩票市场结构，保持彩票业的稳定增长，根据足球彩票资金构成比例的调整要求，结合足球彩票销售情况，我部对足球彩票胜负游戏和进球游戏规则进行调整，增加了销售附加“任选9场”游戏。在此基础上修订了《中国足球彩票胜负游戏规则》和《中国足球彩票进球游戏规则》，制订了《中国足球彩票胜负游戏附加玩法“任选9场”游戏规则》，现印发给你们，请组织实施。

国家体育总局体育彩票管理中心要严格按照彩票管理制度规定，做好足球彩票游戏规则调整后的系统调试、市场宣传等工作，并于正式销售前，将正式销售日期报财政部及各省级财政部门备案。山东、江西足球彩票幸运彩游戏停止销售。两省彩票机构在兑奖期内，要按规定兑付奖金。奖池资金和调节基金若不足兑付奖金，不足部分从发行经费中列支；如有结余，转为一般调节基金。

各级财政部门要加强彩票市场监管，

做好足球彩票游戏规则调整后的资金结算工作。

附件：1. 中国足球彩票胜负游戏规则

2. 中国足球彩票进球游戏规则

3. 中国足球彩票胜负游戏附加玩法“任选 9 场”游戏规则

附件 1

中国足球彩票胜负游戏规则

第一章 总 则

第一条 根据财政部《彩票发行与销售管理暂行规定》和《中国足球彩票发行与销售管理办法》，制定本游戏规则。

第二条 中国足球彩票胜负游戏（简体“胜负游戏”）由国家体育总局体育彩票管理中心统一发行，在全国范围内进行联网销售。

第三条 “胜负游戏”实行自愿购买，凡购买该彩票者即被视为同意并遵守本规则。

第二章 游 戏 方 法

第四条 “胜负游戏”是以中国足球彩票胜负玩法所选择的足球比赛场次为竞猜对象，购买“胜负游戏”时，由购买者从中国足球彩票胜负玩法选择的所有竞猜场次每场比赛在全场 90 分钟（含伤情补时）比赛的胜平负的结果进行投注，对于所选竞猜场次的比赛成绩均只选择 1 种预测结果为单式投注，对于某一竞猜场次的比赛成绩选择 2 种（含）以上的预测结果为复式投注。

购买者可对其选定的结果进行多倍投注，投注倍数范围为 2—99 倍。

第五条 购买者可在各省、自治区、直辖市体育彩票管理中心设置的投注站进行投注。投注号码可由投注机随机产生，也可通过投注单将购买者选定的号码输入投注机确定。投注号码经系统确认后打印出的兑奖凭证即为“胜负游戏”足球彩票，交购买者保存。

第六条 “胜负游戏”每注 2 元人民币。彩票不记名、不挂失，不返还本金，不流通使用。

第三章 设 奖

第七条 “胜负游戏”只设 2 个浮动奖级，分别为一等奖和二等奖。

第八条 奖金分配：

一等奖为当期奖金总额的 70%，及奖池和调节基金转入部分；

二等奖为当期奖金总额的 30%。

第九条 单注彩票中奖奖金最高限额 500 万元。

第四章 奖 金 管 理

第十条 “胜负游戏”返奖奖金为销售总额的 65%。其中，当期奖金为销售总额的64%，调节基金为销售总额的1%。

第十一条 "胜负游戏"设置奖池，奖池由上期未中出的浮动奖奖金和超出一等奖单注封顶限额部分的奖金组成。奖池与当期奖金中用于一等奖的部分及调节基金转入部分合并为一等奖奖金。

单注奖金以元为单位取整，不足1元补足至1元，补足部分从调节基金支付，调节基金不足从发行费列支。

第十二条 调节基金包括按销售总额1%提取部分、浮动奖奖金取整后的余额、弃奖收入和逾期未退票的票款。调节基金专项用于支付各种不可预见情况下的奖金支出风险、调节浮动奖奖金，以及设立特别奖。

第五章 中　　奖

第十三条 足球胜负彩票以购票人预测的胜平负结果与对应的实际比赛结果相符的数量，确定其中奖与否以及中奖等级。

具体奖级设置如下：

一等奖 猜中全部14场比赛的胜平负结果；

二等奖 猜中其中13场比赛的胜平负结果。

如出现《管理办法》第十二条规定的特别情形，则以《管理办法》确定的结果作为开奖结果，并以总局彩票中心的公告为准。

第六章 开奖及公告

第十四条 每期计奖后，当期销售总额、中奖情况以及奖池资金余额等信息，将通过新闻媒体向社会公布，并将开奖结果通知各销售终端。

第七章 兑　　奖

第十五条 "胜负游戏"兑奖当期有效。每期自计奖次日起28天为兑奖期，逾期未兑，视为弃奖。

第十六条 兑奖机构有权查验中奖者的中奖彩票及有效身份证件，兑奖者应予配合。

第十七条 凡伪造、涂改中奖彩票，冒领奖金者，送交司法机关追究法律责任。

第八章 附　　则

第十八条 本游戏规则由国家体育总局体育彩票管理中心解释。

第十九条 本游戏规则自下发之日起执行。

附件2

中国足球彩票进球游戏规则

第一章 总　　则

第一条 根据财政部《彩票发行与销售管理暂行规定》和《中国足球彩票发行与销售管理办法》，制定本游戏规则。

第二条 中国足球彩票进球游戏（简

称“进球游戏”）由国家体育总局体育彩票管理中心统一发行，在全国范围内进行联网销售。

第三条 “进球游戏”实行自愿购买，凡购买该彩票者即被视为同意并遵守本规则。

第二章 游戏方法

第四条 “进球游戏”是以中国足球彩票进球玩法所选择的足球比赛场次为竞猜对象，购买“进球游戏”时，由购买者从中国足球彩票胜负玩法选择的每一轮次中指定的12支球队的进球数量，对于所选竞猜场次的比赛成绩均只选择1种预测结果为单式投注，对于某一竞猜场次的比赛成绩选择2种（含）以上的预测结果为复式投注。

购买者可对其选定的结果进行多倍投注，投注倍数范围为2—99倍。

第五条 购买者可在各省、自治区、直辖市体育彩票管理中心设置的投注站进行投注。投注号码可由投注机随机产生，也可通过投注单将购买者选定的号码输入投注机确定。投注号码经系统确认后打印出的兑奖凭证即为“进球游戏”足球彩票，交购买者保存。

第六条 “进球游戏”每注2元人民币。彩票不记名、不挂失，不返还本金，不流通使用。

第三章 设 奖

第七条 “进球游戏”设3个浮动奖级，分别为一等奖、二等奖和三等奖。

第八条 奖金分配：

一等奖为当期奖金总额的70%，及奖池和调节基金转入部分；

二等奖为当期奖金总额的15%；

三等奖为当期奖金总额的15%。

第九条 单注彩票中奖奖金最高限额500万元。

第四章 奖金管理

第十条 “进球游戏”返奖奖金为销售总额的65%。其中，当期奖金为销售总额的64%，调节基金为销售总额的1%。

第十一条 “进球游戏”设置奖池，奖池由上期未中出的浮动奖奖金和超出一等奖单注封顶限额部分的奖金组成。奖池与当期奖金中用于一等奖的部分及调节基金转入部分合并为一等奖奖金。

单注奖金以元为单位取整，不足1元补足至1元，补足部分从调节基金支付，调节基金不足从发行费列支。

第十二条 调节基金包括按销售总额1%提取部分、浮动奖奖金取整后的余额、弃奖收入和逾期未退票的票款。调节基金专项用于支付各种不可预见情况下的奖金支出风险、调节浮动奖奖金，以及设立特别奖。

第五章 中 奖

第十三条 足球进球彩票以购票人预测的进球数与对应的实际比赛结果相符的数量，确定其中奖与否以及中奖等级。

具体奖级设置如下：

一等奖 猜中全部12支球队的进球数；

二等奖 猜中全部11支球队的进球数；

三等奖 猜中全部10支球队的进球

数。

如出现《管理办法》第十二条规定的特别情形，则以《管理办法》确定的结果作为开奖结果，并以总局彩票中心的公告为准。

第十四条 若当期一等奖无人中出，则二、三等奖按50%、50%的比例分配当期奖金，按中奖注数均分；若一、二等奖均无人中出，则三等奖按100%的比例分配当期奖金，按中奖注数均分；若一、二、三等奖均无人中出，则当期奖金滚入奖池。当期单注奖金超过封顶限额部分直接滚入奖池。

第六章 开奖及公告

第十五条 每期计奖后，当期销售总额、中奖情况以及奖池资金余额等信息，将通过新闻媒体向社会公布，并将开奖结果通知各销售终端。

第七章 兑 奖

第十六条 “进球游戏”兑奖当期有效。每期自计奖次日起28天为兑奖期，逾期未兑，视为弃奖。

第十七条 兑奖机构有权查验中奖者的中奖彩票及有效身份证件，兑奖者应予配合。

第十八条 凡伪造、涂改中奖彩票，冒领奖金者，送交司法机关追究法律责任。

第八章 附 则

第十九条 本游戏规则由国家体育总局体育彩票管理中心解释。

第二十条 本游戏规则自下发之日起执行。

附件3

中国足球彩票胜负游戏附加玩法“任选9场”游戏规则

第一章 总 则

第一条 根据财政部《彩票发行与销售管理暂行规定》和《中国足球彩票发行与销售管理办法》，制定本游戏规则。

第二条 中国足球彩票胜负游戏附加玩法“任选9场”（以下简称“胜负任选9场”）由国家体育总局体育彩票管理中心统一发行，在全国范围内进行联网销售。

第三条 “胜负任选9场”实行自愿购买，凡购买该彩票者即被视为同意并遵守本规则。

第二章 游戏方法

第四条 “胜负任选9场”是以中国足球彩票胜负玩法所选择的足球比赛场次为竞猜对象，购买“胜负任选9场”时，由购买者从中国足球彩票胜负玩法选择的所有竞猜场次中的任意9场竞猜场次中每场比赛在全场90分钟（含伤情补时）比赛的胜平负的结果进行投注，对于所选竞猜场次的比赛成绩均只选择 1 种预测结果为单式投注，对于某一竞猜场次的比赛成绩选择 2 种（含）以上的预测结果为复式投注。

购买者可对其选定的结果进行多倍投注，投注倍数范围为 2—99 倍。

第五条 购买者可在各省、自治区、直辖市体育彩票管理中心设置的投注站进行投注。投注号码可由投注机随机产生，也可通过投注单将购买者选定的号码输入投注机确定。投注号码经系统确认后打印出的兑奖凭证即为“胜负任选 9 场”足球彩票，交购买者保存。

第六条 “胜负任选 9 场”每注 2 元人民币。彩票不记名、不挂失，不返还本金，不流通使用。

第三章 设 奖

第七条 “胜负任选 9 场”只设 1 个浮动奖级，即一等奖。

第八条 奖金分配：

一等奖为当期奖金额的 100%，及奖池和调节基金转入部分。

如出现《管理办法》第十二条规定的特别情形，则以《管理办法》确定的结果作为开奖结果，并以总局彩票中心的公告为准。

第九条 单注彩票中奖奖金最高限额 500 万元。

第四章 奖金管理

第十条 “胜负任选 9 场”返奖奖金为销售总额的 65%。其中，当期奖金为销售总额的 64%，调节基金为销售总额的 1%。

第十一条 “胜负任选 9 场”设置奖池，奖池由上期未中出的浮动奖奖金和超出一等奖单注封顶限额部分的奖金组成。奖池与当期奖金中用于一等奖的部分及调节基金转入部分合并为一等奖奖金。

单注奖金以元为单位取整，不足 1 元补足至 1 元，补足部分从调节基金支付，调节基金不足从发行费列支。

第十二条 调节基金包括按销售总额 1% 提取部分、浮动奖奖金取整后的余额、弃奖收入和逾期未退票的票款。调节基金专项用于支付各种不可预见情况下的奖金支出风险、调节浮动奖奖金，以及设立特别奖。

第五章 中 奖

第十三条 所购彩票选择的结果与中国足球彩票胜负玩法所选择的任意 9 场竞猜场次中每场比赛的胜平负结果一致即中一等奖。

第六章 开奖及公告

第十四条 “胜负任选 9 场”与中国足球彩票胜负玩法同期销售与计奖。

第十五条 每期计奖后，当期销售总额、中奖情况以及奖池资金余额等信息，将通过新闻媒体向社会公布，并将开奖结果通知各销售终端。

第七章 兑 奖

第十六条 “胜负任选 9 场”兑奖当期有效。每期自计奖次日起 28 天为兑奖期，逾期未兑，视为弃奖。

第十七条 兑奖机构有权查验中奖者的中奖彩票及有效身份证件，兑奖者应予配合。

第十八条 凡伪造、涂改中奖彩票，冒领奖金者，送交司法机关追究法律责任。

第八章 附 则

第十九条 本游戏规则由国家体育总局体育彩票管理中心解释。

第二十条 本游戏规则自下发之日起执行。

关于调整浙江省电脑福利彩票数字传统型5位数游戏规则的通知

（2005年9月19日 财政部 财办综［2005］132号）

中国福利彩票发行管理中心：

你中心报来的《关于浙江省电脑福利彩票调整数字传统型5位数游戏规则的请示》（中彩发字［2005］74号）收悉。经研究，现将有关事项通知如下：

一、为了增强浙江省数字传统型5位数游戏的趣味性，适应市场发展需要，根据《彩票发行与销售管理暂行规定》等规定，决定将《浙江省数字传统型5位数电脑福利彩票游戏规则》的第九条调整为"浙江省数字传统型5位数电脑福利彩票的投注号码由4个基本号码和1个特别号码共同组成。每注金额人民币2元。基本号码从一组自然数0000—9999中产生，位置分别为万位、千位、百位、十位，特别号码从0—9中产生，位置为个位"；将第二十一条调整为"摇奖机依次从0000—9999摇出万位、千位、百位、十位上的4个基本号码和从0—9摇出个位上的特别号码，开奖号码即由摇出的5位号码排列组成"。

二、浙江省福利彩票发行中心应将数字传统型5位数游戏的广告宣传、上市销售日期、销售系统等调整方案报浙江省财政厅审核，经批准后上市销售。

三、调整后的数字传统型5位数游戏上市销售前，浙江省福利彩票发行中心应及时向社会公告，并在公告中注明财政部、浙江省财政厅的批准文件、核准文件名称及文号。

四、请你中心严格按照现行彩票管理规定，督促浙江省福利彩票发行中心做好数字传统型5位数游戏的销售工作。

关于在北京市试点销售中国足球彩票单场竞猜胜负过关等4个游戏的通知

（2005年9月19日　财政部　财办综［2005］135号）

国家体育总局体育彩票管理中心：

为开拓足球彩票市场，改善彩票市场结构，我部修订了《中国足球彩票单场竞猜胜负过关游戏规则》，制订了《中国足球彩票单场竞猜单场比分游戏规则》、《中国足球彩票单场竞猜进球过关游戏规则》和《中国足球彩票单场竞猜进球上下盘及单双过关游戏规则》，现印发给你们，请在北京地区组织试点销售。

国家体育总局体育彩票管理中心要严格按照彩票管理制度规定，督促北京市体育彩票管理中心做好新足球彩票游戏上市的系统调试、销售管理和市场宣传等工作，并对游戏规则和管理方式进行总结和完善，发现重大情况要及时报财政部。

北京市体育彩票管理中心应按照自主拥有知识产权和经营管理权的原则管理彩票销售系统，保证试点销售工作安全、稳定运行。要加强对彩票零售业务的管理，与零售商建立权利责任明确、经济利益清晰的合作关系，并严格禁止零售商转包彩票零售业务。在试点销售前，应将试点销售日期报北京市财政局备案。在试点销售过程中，如出现重大情况，要及时向北京市财政局和国家体育总局体育彩票管理中心报告。

北京市财政局要按照彩票管理制度规定，结合新上市游戏的特点，切实加强对足球彩票市场的监管，认真做好足球彩票资金结算工作，确保试点销售工作顺利进行。

附件：1. 中国足球彩票单场竞猜胜负过关游戏规则

2. 中国足球彩票单场竞猜单场比分游戏规则

3. 中国足球彩票单场竞猜进球过关游戏规则

4. 中国足球彩票单场竞猜进球上下盘及单双过关游戏规则

附件1

中国足球彩票单场竞猜胜负过关游戏规则

第一章 总 则

第一条 根据财政部《彩票发行与销售管理暂行规定》和《中国足球彩票发行与销售管理办法》，制定本游戏规则。

第二条 中国足球彩票单场竞猜胜负过关游戏（以下简称“胜负过关游戏”）由国家体育总局体育彩票管理中心（以下简称“中体彩中心”）负责组织管理工作。

第三条 “胜负过关游戏”实行自愿购买，凡购买该彩票者即被视为同意并遵守本规则。

第二章 游戏方法

第四条 “胜负过关游戏”以中体彩中心选定的足球比赛为游戏媒介，由购票人对指定的比赛中任意1场至8场在90分钟比赛（含伤情补时）主队与客队的胜负结果进行投注。选择1场比赛为单场过关，选择多场比赛为多场过关。

第五条 “胜负过关游戏”竞猜的足球比赛，在意大利足球甲级联赛、英国足球超级联赛、西班牙足球甲级联赛、德国足球甲级联赛、法国足球甲级联赛以及世界重大足球比赛中选定。当期比赛赛程于第一场比赛开赛前7天在公开媒介上公告，公告4天后开始销售，每场比赛开赛前5—30分钟停止销售。

第六条 每一场比赛共有3种预测结果：

（一）“3”：表示主队胜，客队负；

（二）“1”：表示主队与客队平；

（三）“0”：表示主队负，客队胜。

第七条 购票人投注时，对指定竞猜场次的比赛结果作两种或两种以上的选择，构成复式投注，单张彩票购买数量不得超过10 000注。购买者可对“胜负过关游戏”的结果进行多倍投注，投注倍数范围为2—99倍。

第八条 “胜负过关游戏”每注2元。彩票不记名、不挂失，不返还本金，不流通使用。

第三章 投 注

第九条 购票人可以直接在“胜负过关游戏”销售终端直接投注，也可利用“胜负过关游戏”销售终端提供的投注单辅助投注。

第十条 投注单投注：

（一）投注单有3个供购票人填写的独立区域，分别为“过关方式”区、“场次”区、“倍投”区。

“过关方式”区的格式为：“选择竞猜场次数量 * 购买彩票注数”，购票人必须且只能选择1种过关方式，不选或多选均为无效投注。

具体投注注数的分配如下表：

	过关投注	一关	两关	三关	四关	五关	六关
1.	1*1	1					
2.	2*1		1				
3.	2*3	2	1				
4.	3*1			1			
5.	3*4		3	1			
6.	3*7	3	3	1			
7.	4*1				1		
8.	4*5			4	1		
9.	4*11		6	4	1		
10.	4*15	4	6	4	1		
11.	5*1					1	
12.	5*6				5	1	
13.	5*16			10	5	1	
14.	5*26		10	10	5	1	
15.	5*31	5	10	10	5	1	
16.	6*1						1
17.	6*7					6	1
18.	6*22				15	6	1
19.	6*42			20	15	6	1
20.	6*57		15	20	15	6	1
21.	6*63	6	15	20	15	6	1
22.	二关						

“场次”区：购票人对所选择的竞猜场次的比赛结果进行预测，选择1个以上的结果即构成复式投注。所选择的场次数量应与“过关方式”区中所选择的竞猜场次数量一致，否则为无效投注。

“倍投”区：此区域如不做出选择即为没有加倍投注；选择“2”为2倍投注，选择“5”为5倍投注，以此类推。此区域只能做出1项选择，2个以上的选择为无效投注。

（二）销售人员按购票人填写的投注单确定投注数量和需缴纳金额，收款后打印彩票。

第十一条 销售终端打印出的彩票为“胜负过关游戏”唯一兑奖凭证。投注单只用于辅助购票者投注，不作为兑奖凭证，也不作为购票者投注结果的间接证明。

第十二条 销售过程中，如遇以下情形则特别规定如下：

（一）在当期“胜负过关游戏”销售

前，部分或全部场次因故发生变化，则更改相应变化场次。

（二）在当期“胜负过关游戏”销售后，如果部分场次因故提前进行，则该场比赛销售时间相应提前结束，其余场次销售时间不变；如果部分场次因故延期，超过原定开奖时间12小时，则该场比赛的所有选项均视为选中；未超过12小时的，按实际比赛结果计奖。

第四章　中　　奖

第十三条　每期“胜负过关游戏”销售收入按以下比例分配：返奖奖金为销售总额的65%；公益金为销售总额的22%；发行经费为销售总额的13%。

第十四条　购票人投注结果与实际比赛结果相一致即为中奖。如遇特别情形，按十二条规定处理。

第十五条　在竞猜“胜负过关游戏”时，每场比赛须计算出SP值，并以此为依据计算各竞猜场次的单注奖金。

SP=单场总投注金额/中奖彩票的总投注金额

在竞猜的n场比赛中，各场次SP值分别为SP_1、SP_2、SP_3……SP_n。

第十六条　奖金分配如下：

（一）选择单场过关时，设一个奖级，为浮动奖。

单注奖金=2元×SP×65%

（二）当选择2关及2关以上时，设一个奖级，为浮动奖：

单注奖金=2元×所选场次的SP值连乘×65%。

第十七条　单注彩票中奖奖金最高限额为500万元。

第十八条　“胜负过关游戏”设立调节基金，由弃奖收入、浮动奖奖金取整后余额以及逾期未退票的票款等三部分组成，专项用于设置特别奖，支付不可预见情况下的奖金支出风险。

第五章　兑　　奖

第十九条　“胜负过关游戏”兑奖当期有效。每期自计奖次日起28天为兑奖期，逾期未兑，视为弃奖。

第二十条　中奖金额2 000元以下的，在任意销售终端兑付；中奖金额2 000元（含）以上的，到彩票机构指定地点兑付。

第二十一条　兑奖机构有权查验中奖者的中奖彩票及有效身份证件，兑奖者应予配合。

第二十二条　凡伪造、涂改中奖彩票，冒领奖金者，送交司法机关追究法律责任。

第六章　附　　则

第二十三条　本规则执行中，有关重大事项的通告将在彩票机构指定的报刊上登载，并在足球彩票销售终端予以公布，销售者不再承担直接通知购票人的责任，购票人须自行知晓。

附件2

中国足球彩票单场竞猜单场比分游戏规则

第一章　总　　则

第一条　根据财政部《彩票发行与销售管理暂行规定》和《中国足球彩票发行与销售管理办法》，制定本游戏规则。

第二条　中国足球彩票单场竞猜单场比分游戏（以下简称“单场比分游戏”）由国家体育总局体育彩票管理中心（以下简称“中体彩中心”）负责组织管理工作。

第三条　“单场比分游戏”实行自愿购买，凡购买该彩票者即被视为同意并遵守本规则。

第二章　游 戏 方 法

第四条　“单场比分游戏”以中体彩中心选定的足球比赛为游戏媒介，由购票人对指定的单场比赛主队与客队在90分钟比赛（含伤情补时）比分的具体数值进行投注。

第五条　单场比分游戏竞猜的足球比赛，在意大利足球甲级联赛、英国足球超级联赛、西班牙足球甲级联赛、德国足球甲级联赛、法国足球甲级联赛以及世界重大足球比赛中选定。当期比赛赛程于第一场比赛开赛前7天在公开媒介上公告，公告4天后开始销售，每场比赛开赛前5—30分钟停止销售。

第六条　每一场比赛共有16种预测结果：

（一）“0:0”：主队未进球，客队未进球；

（二）“0:1”：主队未进球，客队进球数1个；

（三）“0:2”：主队未进球，客队进球数2个；

（四）“0:3+”：主队未进球，客队进球数3个（含）以上；

（五）“1:0”：主队进球为1个，客队未进球；

（六）“1:1”：主队进球数为1个，客队进球数为1个；

（七）“1:2”：主队进球数为1个，客队进球数2个；

（八）“1:3+”：主队进球数为1个，客队进球数3个（含）以上；

（九）“2:0”：主队进球数2个，客队未进球；

（十）“2:1”：主队进球数2个，客队进球数为1个；

（十一）“2:2”：主队进球数2个，客队进球数2个；

（十二）“2:3+”：主队进球数为2个，客队进球数3个（含）以上；

（十三）“3+:0”：主队进球数为3个（含）以上，客队进球数0个；

（十四）“3+:1”：主队进球数为3个

（含）以上，客队进球数 1 个；

（十五）“3+：2”：主队进球数为 3 个（含）以上，客队进球数 2 个；

（十六）“3+：3+”：主队进球数为 3 个（含）以上，客队进球数 3 个（含）以上。

第七条 购票人可对比赛结果进行单式投注或复式投注。对单场比赛作出两种或两种以上的选择，构成复式投注。购票人可对“单场比分游戏”的结果进行多倍投注，投注倍数范围为 2—99 倍。

第八条 “单场比分游戏”每注 2 元。彩票不记名、不挂失，不返还本金，不流通使用。

第三章 投 注

第九条 购票人可以在“单场比分游戏”销售终端直接投注，也可利用“单场比分游戏”投注单进行投注。

第十条 投注单投注：

（一）投注单有 2 个供购票人填写的独立区域，分别为“场次”区和“倍投”区。

“场次”区：购票人对所选择的竞猜场次的比赛结果进行预测，选择 1 个以上的结果即构成复式投注。

“倍投”区：此区域如不做出选择即为没有加倍投注；选择“2”为 2 倍投注，选择“5”为 5 倍投注，以此类推。此区域只能做出 1 项选择，2 个以上的选择为无效投注。

（二）销售人员按购票人填写的投注单确定投注数量和需缴纳金额，收款后打印彩票。

第十一条 销售终端打印出的彩票为单场比分游戏唯一兑奖凭证。投注单只用于辅助购票者投注，不作为兑奖凭证，也不作为购票者投注结果的间接证明。

第十二条 销售过程中，如遇以下情形则特别规定如下：

（一）在当期“单场比分游戏”销售前，部分或全部场次因故提前、取消或推迟，则更改相应的变化场次。

（二）在当期“单场比分游戏”销售后，如果部分场次因故提前进行，则该场比赛销售时间相应提前结束，其余场次销售时间不变；如果部分场次因故延期，则销售停止时间不变，计奖时间相应推迟；如果比赛取消，则该场竞猜取消，购票人凭已购彩票在 7 天内到购票销售终端，按实际购票金额办理退款手续，逾期不退。

第四章 中 奖

第十三条 每期“单场比分游戏”销售收入按以下比例分配：返奖奖金为销售总额的 65%；公益金为销售总额的 22%；发行经费为销售总额的 13%。

第十四条 购票人投注结果与实际比赛结果相一致即为中奖。如遇特别情形，按十二条规定处理。

第十五条 在竞猜“单场比分游戏”时，每场比赛须计算出 SP 值，并以此为依据计算竞猜场次的单注奖金。

SP=单场总投注金额/中奖彩票的总投注金额

第十六条 奖金分配如下：

单注奖金=2 元×SP×65%

第十七条 单注彩票中奖奖金最高限额为 500 万元。

第十八条 “单场比分游戏”设立调节基金，由弃奖收入、浮动奖奖金取整后余额以及逾期未退票的票款等三部分组成，专项用于设置特别奖，支付不可预见情况下的奖金支出风险。

第五章　兑　　奖

第十九条　“单场比分游戏”兑奖当期有效。每期自计奖次日起28天为兑奖期，逾期未兑，视为弃奖。

第二十条　中奖金额2 000元以下的，在任意销售终端兑付；中奖金额2 000元（含）以上的，到彩票机构指定地点兑付。

第二十一条　兑奖机构有权查验中奖者的中奖彩票及有效身份证件，兑奖者应予配合。

第二十二条　凡伪造、涂改中奖彩票，冒领奖金者，送交司法机关追究法律责任。

第六章　附　　则

第二十三条　本规则执行中，有关重大事项的通告将在彩票机构指定的报刊上登载，并在彩票销售终端予以公布，销售者不再承担直接通知购票人的责任，购票人须自行知晓。

附件3

中国足球彩票单场竞猜进球过关游戏规则

第一章　总　　则

第一条　根据财政部《彩票发行与销售管理暂行规定》和《中国足球彩票发行与销售管理办法》，制定本游戏规则。

第二条　中国足球彩票单场竞猜进球过关游戏（以下简称“进球过关游戏”）由国家体育总局体育彩票管理中心（以下简称“中体彩中心”）负责组织管理工作。

第三条　“进球过关游戏”实行自愿购买，凡购买该彩票者即被视为同意并遵守本规则。

第二章　游 戏 方 法

第四条　“进球过关游戏”以中体彩中心选定的足球比赛为游戏媒介，由购票人对指定的比赛中任意1场至8场在90分钟比赛（含伤情补时）主队与客队的总进球数进行投注。选择1场比赛为单场过关，选择多场比赛为多场过关。

第五条　“进球过关游戏”竞猜的足球比赛，在意大利足球甲级联赛、英国足球超级联赛、西班牙足球甲级联赛、德国足球甲级联赛、法国足球甲级联赛以及世界重大足球比赛中选定。当期比赛赛程于第一场比赛开赛前7天在公开媒介上公告，公告4天后开始销售，每场比赛开赛前5—30分钟停止销售。

第六条　每一场比赛共有3种预测结果：

（一）“0—1”：表示主队与客队总进球数不超过1个（含）；

（二）“2—3”：表示主队与客队总进

球数为 2 个或 3 个；

（三）“4+”：表示主队与客队总进球数超过 4 个（含）。

第七条 购票人投注时，对指定竞猜场次的比赛结果作两种或两种以上的选择，构成复式投注，单张彩票购买数量不得超过10 000注。购买者可对“进球过关游戏”的结果进行多倍投注，投注倍数范围为 2—99 倍。

第八条 “进球过关游戏”每注 2 元。彩票不记名、不挂失，不返还本金，不流通使用。

第三章 投 注

第九条 购票人可以直接在“进球过关游戏”销售终端直接投注，也可利用“进球过关游戏”销售终端提供的投注单辅助投注。

第十条 投注单投注：

（一）投注单有 3 个供购票人填写的独立区域，分别为“过关方式”区、“场次”区、“倍投”区。

“过关方式”区的格式为：“选择竞猜场次数量 * 购买彩票注数”，购票人必须且只能选择 1 种过关方式，不选或多选均为无效投注。

具体投注注数的分配如下表：

“场次”区：购票人对所选择的竞猜场次的比赛结果进行预测，选择 1 个以上的结果即构成复式投注。所选择的场次数

	过关投注	一关	两关	三关	四关	五关	六关
1.	1 * 1	1					
2.	2 * 1		1				
3.	2 * 3	2	1				
4.	3 * 1			1			
5.	3 * 4		3	1			
6.	3 * 7	3	3	1			
7.	4 * 1				1		
8.	4 * 5			4	1		
9.	4 * 11		6	4	1		
10.	4 * 15	4	6	4	1		
11.	5 * 1					1	
12.	5 * 6				5	1	
13.	5 * 16			10	5	1	
14.	5 * 26		10	10	5	1	
15.	5 * 31	5	10	10	5	1	
16.	6 * 1						1
17.	6 * 7					6	1
18.	6 * 22				15	6	1
19.	6 * 42			20	15	6	1
20.	6 * 57		15	20	15	6	1
21.	6 * 63	6	15	20	15	6	1
22.	二关						

量应与“过关方式”区中所选择的竞猜场次数量一致，否则为无效投注。

“倍投”区：此区域如不做出选择即为没有加倍投注；选择“2”为2倍投注，选择“5”为5倍投注，以此类推。此区域只能做出1项选择，2个以上的选择为无效投注。

（二）销售人员按购票人填写的投注单确定投注数量和需缴纳金额，收款后打印彩票。

第十一条 销售终端打印出的彩票为“进球过关游戏”唯一兑奖凭证。投注单只用于辅助购票者投注，不作为兑奖凭证，也不作为购票者投注结果的间接证明。

第十二条 销售过程中，如遇以下情形则特别规定如下：

（一）在当期“进球过关游戏”销售前，部分或全部场次因故发生变化，则更改相应变化场次。

（二）在当期“进球过关游戏”销售后，如果部分场次因故提前进行，则该场比赛销售时间相应提前结束，其余场次销售时间不变；如果部分场次因故延期，超过原定开奖时间12小时，则该场比赛的所有选项均视为选中；未超过12小时的，按实际比赛结果计奖。

第四章　中　　奖

第十三条 每期“进球过关游戏”销售收入按以下比例分配：返奖奖金为销售总额的65%；公益金为销售总额的22%；发行经费为销售总额的13%。

第十四条 购票人投注结果与实际比赛结果相一致即为中奖。如遇特别情形，按十二条规定处理。

第十五条 在竞猜“进球过关游戏”时，每场比赛须计算出SP值，并以此为依据计算各竞猜场次的单注奖金。

SP＝单场总投注金额/中奖彩票的总投注金额

在竞猜的n场比赛中，各场次SP值分别为SP_1、SP_2、SP_3……SP_n。

第十六条 奖金分配如下：

（一）选择单场过关时，设一个奖级，为浮动奖。

单注奖金＝2元×SP×65%

（二）当选择2关及2关以上时，设一个奖级，为浮动奖：

单注奖金＝2元×所选场次的SP值连乘×65%。

第十七条 单注彩票中奖奖金最高限额为500万元。

第十八条 “进球过关游戏”设立调节基金，由弃奖收入、浮动奖奖金取整后余额以及逾期未退票的票款等三部分组成，专项用于设置特别奖，支付不可预见情况下的奖金支出风险。

第五章　兑　　奖

第十九条 “进球过关游戏”兑奖当期有效。每期自计奖次日起28天为兑奖期，逾期未兑，视为弃奖。

第二十条 中奖金额2 000元以下的，在任意销售终端兑付；中奖金额2 000元（含）以上的，到彩票机构指定地点兑付。

第二十一条 兑奖机构有权查验中奖者的中奖彩票及有效身份证件，兑奖者应予配合。

第二十二条 凡伪造、涂改中奖彩票，冒领奖金者，送交司法机关追究法律责任。

第六章 附 则

第二十三条 本规则执行中，有关重大事项的通告将在彩票机构指定的报刊上登载，并在足球彩票销售终端予以公布，销售者不再承担直接通知购票人的责任，购票人须自行知晓。

附件4

中国足球彩票单场竞猜进球上下盘及单双过关游戏规则

第一章 总 则

第一条 根据财政部《彩票发行与销售管理暂行规定》和《中国足球彩票发行与销售管理办法》，制定本游戏规则。

第二条 中国足球彩票单场竞猜进球上下盘及单双过关游戏（以下简称“进球上下盘及单双过关游戏”）由国家体育总局体育彩票管理中心（以下简称“中体彩中心”）负责组织管理工作。

第三条 “进球上下盘及单双过关游戏”实行自愿购买，凡购买该彩票者即被视为同意并遵守本规则。

第二章 游 戏 方 法

第四条 “进球上下盘及单双过关游戏”以中体彩中心选定的足球比赛为游戏媒介，由购票人对指定的比赛中任意1场至8场在90分钟比赛（含伤情补时）主队与客队的进球上下盘及单双结果进行投注。选择1场比赛为单场过关，选择多场比赛为多场过关。

第五条 “进球上下盘及单双过关游戏”竞猜的足球比赛，在意大利足球甲级联赛、英国足球超级联赛、西班牙足球甲级联赛、德国足球甲级联赛、法国足球甲级联赛以及世界重大足球比赛中选定。当期比赛赛程于第一场比赛开赛前7天在公开媒介上公告，公告4天后开始销售，每场比赛开赛前5—30分钟停止销售。

第六条 每一场比赛共有4种预测结果：

（一）上盘＋单数，上备指主队与客队总进球数结果大于或等于3，单数指主队与客队总进球数为奇数。

（二）上盘＋双数，上盘指主队与客队总进球数结果大于或等于3，双数指主队与客队总进球数为偶数。

（三）下盘＋单数，下盘指主队与客队总进球数结果小于3，单数指主队与客队总进球数为奇数。

（四）下盘＋双数，下盘指主队与客队总进球数结果小于3，双数指主队与客队总进球数为偶数。

第七条 购票人投注时，对指定竞猜场次的比赛结果作两种或两种以上的选择，构成复式投注，单张彩票购买数量不得超过10 000注。购买者可对“进球上下盘及单双过关游戏”的结果进行多倍投注，投注倍数范围为2—99倍。

第八条 “进球上下盘及单双过关游戏”每注2元。彩票不记名、不挂失，不返还本金，不流通使用。

第三章 投　注

第九条 购票人可以直接在“进球上下盘及单双过关游戏”销售终端直接投注，也可利用“进球上下盘及单双过关游戏”销售终端提供的投注单辅助投注。

第十条 投注单投注：

（一）投注单有3个供购票人填写的独立区域，分别为“过关方式”区、“场次”区、“倍投”区。

“过关方式”区的格式为：“选择竞猜场次数量*购买彩票注数”，购票人必须且只能选择1种过关方式，不选或多选均为无效投注。

具体投注注数的分配如下表：

“场次”区：购票人对所选择的竞猜场次的比赛结果进行预测，选择1个以上的结果即构成复式投注。所选择的场次数量应与“过关方式”区中所选择的竞猜场

	过关投注	一关	两关	三关	四关	五关	六关
1.	1*1	1					
2.	2*1		1				
3.	2*3	2	1				
4.	3*1			1			
5.	3*4		3	1			
6.	3*7	3	3	1			
7.	4*1				1		
8.	4*5			4	1		
9.	4*11		6	4	1		
10.	4*15	4	6	4	1		
11.	5*1					1	
12.	5*6				5	1	
13.	5*16			10	5	1	
14.	5*26		10	10	5	1	
15.	5*31	5	10	10	5	1	
16.	6*1						1
17.	6*7					6	1
18.	6*22				15	6	1
19.	6*42			20	15	6	1
20.	6*57		15	20	15	6	1
21.	6*63	6	15	20	15	6	1
22.	二关						

次数量一致，否则为无效投注。

“倍投”区：此区域如不做出选择即为没有加倍投注；选择“2”为2倍投注，选择“5”为5倍投注，以此类推。此区域只能做出1项选择，2个以上的选择为无效投注。

（二）销售人员按购票人填写的投注单确定投注数量和需缴纳金额，收款后打印彩票。

第十一条 销售终端打印出的彩票为“进球上下盘及单双过关游戏”唯一兑奖凭证。投注单只用于辅助购票者投注，不作为兑奖凭证，也不作为购票者投注结果的间接证明。

第十二条 销售过程中，如遇以下情形则特别规定如下：

（一）在当期“进球上下盘及单双过关游戏”销售前，部分或全部场次因故发生变化，则更改相应变化场次。

（二）在当期“进球上下盘及单双过关游戏”销售后，如果部分场次因故提前进行，则该场比赛销售时间相应提前结束，其余场次销售时间不变；如果部分场次因故延期，超过原定开奖时间12小时，则该场比赛的所有选项均视为选中；未超过12小时的，按实际比赛结果计奖。

第四章　中　　奖

第十三条 每期“进球上下盘及单双过关游戏”销售收入按以下比例分配：返奖奖金为销售总额的65%；公益金为销售总额的22%；发行经费为销售总额的13%。

第十四条 购票人投注结果与实际比赛结果相一致即为中奖。如遇特别情形，按十二条规定处理。

第十五条 在竞猜“进球上下盘及单双过关游戏”时，每场比赛须计算出SP值，并以此为依据计算各竞猜场次的单注奖金。

SP＝单场总投注金额/中奖彩票的总投注金额

在竞猜的n场比赛中，各场次SP值分别为SP_1、SP_2、SP_3……SP_n。

第十六条 奖金分配如下：

（一）选择单场过关时，设一个奖级，为浮动奖。

单注奖金＝2元×SP×65%

（二）当选择2关及2关以上时，设一个奖级，为浮动奖：

单注奖金＝2元×所选场次的SP值连乘×65%。

第十七条 单注彩票中奖奖金最高限额为500万元。

第十八条 “进球上下盘及单双过关游戏”设立调节基金，由弃奖收入、浮动奖奖金取整后余额以及逾期未退票的票款等三部分组成，专项用于设置特别奖，支付不可预见情况下的奖金支出风险。

第五章　兑　　奖

第十九条 “进球上下盘及单双过关游戏”兑奖当期有效。每期自计奖次日起28天为兑奖期，逾期未兑，视为弃奖。

第二十条 中奖金额2 000元以下的，在任意销售终端兑付；中奖金额2 000元（含）以上的，到彩票机构指定地点兑付。

第二十一条 兑奖机构有权查验中奖者的中奖彩票及有效身份证件，兑奖者应予配合。

第二十二条 凡伪造、涂改中奖彩票，冒领奖金者，送交司法机关追究法律责任。

第六章　附　　则

第二十三条　本规则执行中，有关重大事项的通告将在彩票机构指定的报刊上登载，并在足球彩票销售终端予以公布，销售者不再承担直接通知购票人的责任，购票人须自行知晓。

关于调整排列 3 电脑体育彩票游戏规则的通知

（2005 年 11 月 14 日　财政部　财办综［2005］155 号）

国家体育总局体育彩票管理中心：

你中心《关于全国联网电脑体育彩票“排列 3”玩法调整奖池和调节基金的请示》（体彩字［2005］477 号）收悉。经研究，现就有关事项通知如下：

一、关于游戏规则调整

根据《国务院关于进一步规范彩票管理的通知》（国发［2001］35 号）中返奖比例不得低于 50%的规定，现决定对排列 3 电脑体育彩票游戏规则进行调整，在原游戏规则基础上增设一项条款，即当奖池资金累计超过 10 亿元以上（含 10 亿元）时，超过部分转入调节基金，用于不可预见的奖金支出风险和设立特别奖。

二、关于开展派送活动

根据《彩票发行与销售管理暂行规定》第十六条规定，现决定自排列 3 电脑体育彩票第 05314 期至 05358 期，开展奖金派送活动。每期从排列 3 电脑体育彩票调节基金中支出 500 万元，其中 300 万元由当期直选投注中奖者按中奖注数均分，200 万元由当期组选投注中奖者按中奖注数均分。

请你中心做好对外公告工作，并在派送活动中注意舆论导向，确保排列 3 电脑体育彩票销售工作平稳进行。

关于调整上海市电脑福利彩票35选7游戏规则的通知

（2005年12月27日　财政部　财办综［2005］168号）

中国福利彩票发行管理中心：

你中心报来的《关于上海市35选7电脑福利彩票游戏规则调整设奖方案的请示》（中彩发字［2005］102号）收悉。鉴于35选7游戏电视游戏奖活动合作即将到期，根据《彩票发行与销售管理暂行规定》等制度规定，决定停止开展电视游戏奖活动，现将有关事项通知如下：

一、35选7游戏电视游戏奖活动停止后，《上海市35选7电脑福利彩票（“幸运35”）游戏规则》的第十六条、第十七条和第二十八条修改为：

第十六条　“幸运35”当期奖金设为七个奖等。一、二、三等奖为高奖等，采用浮动设奖；四、五、六、七等奖为低奖等，采用固定金额设奖。当期奖金减去当期低奖等奖金总额后的余额为当期高奖等奖金。当期各奖等奖额规定如下：

一等奖：奖金总额为当期高奖等奖金的75%；

二等奖：奖金总额为当期高奖等奖金的10%；

三等奖：奖金总额为当期高奖等奖金的15%；

四等奖：单注奖金额固定为1 000元；

五等奖：单注奖金额固定为100元；

六等奖：单注奖金额固定为50元；

七等奖：单注奖金额固定为5元。

第十七条　“幸运35”设置一等奖奖池，奖池由未中出的浮动奖奖金和超过浮动奖单注封顶限额部分的奖金组成。

第二十八条　当期每注投注号码只有一次中奖机会，不得兼中兼得。

二、35选7游戏电视游戏奖活动停止和兑奖结束后，上海市福利彩票发行中心应将电视游戏奖的奖池资金余额情况报上海市财政局，经上海市财政局核定后转入35选7游戏的调节基金。

三、35选7游戏电视游戏奖活动停止前，上海市福利彩票发行中心应及时向社会公告游戏调整情况，并在公告中注明财政部的批准文件名称及文号。

（二）福利彩票规章和文献

关于在全国福利彩票系统开展 ISO9000 质量认证工作的通知

（2005 年 1 月 17 日　中国福利彩票发行管理中心　中彩发字［2005］9 号）

各省、自治区、直辖市福利彩票发行中心：

为了加强对福利彩票各项业务的管理，提高福利彩票的社会信誉，促进彩票事业的健康发展，中彩中心决定在全国各省、自治区、直辖市福利彩票发行中心开展 ISO9000 质量认证工作。

此项工作由中彩中心委托中国社会工作协会彩票工作委员会负责组织实施，成立质量认证工作领导小组。组长：林平，副组长：邢晓巍、任晓峰，组员：李子馈、唐启伟、苏天彪。中彩中心各部室予以全力配合。

各地接此通知后，要把此项工作列入今年的工作计划，整个系统的质量认证工作争取年内完成。已经进行了质量认证工作的单位，要认真总结完善，并将经验和实施情况报彩工委质量认证工作领导小组；未开展此项工作的单位，要成立相应的组织机构，主动与彩工委质量认证工作领导小组联系，作好工作计划，根据各地情况适时启动。

特此通知。

附：ISO9000 质量认证工作方案

附件

ISO9000质量认证工作方案

一、ISO9000国际标准的特点和益处

1. ISO9000标准是系统性的标准，涉及的范围、内容广泛，且强调对各部门的职责权限进行明确划分、计划和协调，而使企业能有效地、有秩序地开展各项活动，保证工作顺利进行。

2. 强调管理层的介入，明确制定质量目标，并通过定期的评审达到了解单位的内部体系动作情况，及时采取措施，确保体系处于良好的动作状态的目的。

3. 强调纠正及预防措施，消除产生不合格或不合格的潜在原因，防止不合格的再发生，从而降低成本。

4. 强调不断的审核及监督，达到对单位的管理及动作不断地修正及改良的目的。

5. 强调全体员工的参与培训，确保员工的素质满足工作的要求，并使每一个员工有较强的质量意识。

6. 强调文化管理，以保证管理系统运行的正规性，连续性。如果有效地执行这一管理标准，就能提高产品（或服务）的质量，降低生产（或服务）成本，建立客户对企业的信心，提高经济效益，最终大大提高企业在市场上的竞争力。

二、具体操作流程

1. 标准宣贯。

咨询组对单位的领导层、管理层和工作骨干进行集中培训和动员，主要内容包括：

• ISO9000系列标准的产生、发展和现状；

• 企业建立和推行ISO9000标准的意义；

• ISO9000标准的基本内容、特点和运行模式；

• 建立质量管理体系的基本过程和重点及难点；

• 各部门和各级领导在建立和实施质量管理体系中的职责。

2. 内审员培训。

对中心选定的内审员进行系统培训，包括：

• ISO9000标准讲解及练习；

• 审核程序讲解；

• 审核技巧、方法、要求、案例练习；

• 复习及考试；考试合格者颁发内审员合格证书。

根据单位人员规模选派若干人参加培训和考试，参加人员最好具有专科以上学历，并具有一定的工作经验，单位应保证参加人员的培训时间。

3. 初始质量评审指导。

咨询组向单位工作小组讲解初始质量评审的内容方法，并与工作小组一起对中

心进行初始质量评审，主要内容包括：

• 辨识组织活动、产品或服务中的质量因素，评价重要质量因素、评价分析明确适用于组织的法律、法规和其他要求；

• 评价组织对质量事件经验和有关质量方面的评价、赔偿经验及失败结果；

• 评价投入到质量管理的现存资源的作用和效率；

• 识别现存管理体系与标准之间的差距。

4. 质量管理体系策划。

根据初始质量评审的结果对质量管理体系的关键要求进行策划：

• 确定质量管理组织机构和职责；

• 确定质量方针、目标和指标、管理方案。

5. 文件编写指导。

咨询组对单位文件编写小组讲解如何编写质量管理体系文件：

• 讲解质量管理体系文件的基本要求内容；

• 手册、程序文件编写的内容和方法；

• 案例分析和讨论。

6. 文件评审及修改。

文件编写小组通过咨询师的指导进行文件编写，在完成第一稿文件后，咨询师将会在预定的时间内对文件初稿进行修改，并提交文件修改意见，与单位有关人员进行讨论并修订；体系文件最终同时提交单位领导和认证机构进行审定并定稿。

7. 体系开始试运行。

文件定稿后由单位最高领导者正式发布文件，体系开始试运行阶段；单位在咨询师指导下，对各职能部门、各级人员进行质量管理体系和文件相关内容的培训；各部门根据文件要求进行体系试运行，同时做好运行记录。

8. 内审指导及协助整改。

体系通过 2—3 个月左右的试运行后，咨询师指导单位内审员制定内部审核计划并实施内审，内审结果将提交管理层；在认证前至少做两次内审，对内审中发现的问题，由单位工作组在咨询师指导下进行整改。

9. 管理评审。

根据内审结果和文件的要求，单位进行管理评审；管理评审应由单位的最高管理者主持管理，对体系的有效性和充分性进行评审，提出改进意见，使得单位质量管理体系能不断完善。

三、ISO9001 认证简介

1. 简介。

ISO9000 国际标准是世界上第一套管理性的标准，是从长期管理实践中总结出来，并已被全世界许多成功的组织所证实。国际 ISO 组织于 2000 年 12 月 25 日推出了 2000 版 9000 标准，它适用于各种规模、各种行业的组织，对服务业亦具有良好的适用性。

ISO9000 系列标准包括：

ISO9000：2000《质量管理体系——基础和术语》

ISO9001：2000《质量管理体系——要求》（用于认证）

ISO9004：2000《质量管理体系——业绩改进指南》

ISO19011：2000《质量和环境管理体系审核指南》

2．ISO9000 标准。

ISO9000 族标准是国际标准化组织（简称 ISO）在 1987 年提出的概念，是指由国际标准化组织质量管理和质量保证技术委员会（简称 ISO/TC176）制定的所有国际标准。该标准可帮助组织建立、实施并有效运行质量管理体系，是质量管理体系通用的要求和指南。它并不受具体的行业或经济部门的限制，可广泛适用于各类型和规模的组织，在国内和国际交往中促进互相理解。ISO9001 是组织建立与实施质量管理体系和开展质量认证工作的依据。被视为产品进入国际市场的“必要通行证”。

3．实施 ISO9001 质量管理体系的意义。

将国际标准化管理体系导入组织，可获得以下益处：

——全面提高组织的管理水平与国际接轨；

——保证组织服务质量的稳定提高；

——降低成本，减少浪费，规避风险；

——提高管理者、员工的质量意识与管理能力，进而提高工作效率和团队凝聚力；

——通过认证，可全面提高组织的形象和影响，创造更多的商机与发展机会；

——全面增强顾客对组织的信任及满意度。

四、ISO9001：2000 质量管理体系文件结构设计

- 4．质量管理体系
  - 4.1 总要求
  - 4.2 文件要求
    - 4.2.1 总则
    - 4.2.2 质量手册
    - 4.2.3 文件控制 - - - - - - - - - ● - - - - - - - - - ★（清单）
    - 4.2.4 质量记录控制 - - - - - - - ● - - - - - - - - - ★（清单）

- 5．管理职责
  - 5.1 管理承诺
  - 5.2 顾客为关注焦点
  - 5.3 质量方针
  - 5.4 策划
    - 5.4.1 目标 - - - - - - - - - - - - - - - - ○（目标分解）
    - 5.4.2 质量管理体系
  - 5.5 职责权限与沟通
    - 5.5.1 职责权限 - - - - - - - - - - ○
    - 5.5.2 管理者代表
    - 5.5.3 内部沟通
  - 5.6 管理评审
    - 5.6.1 总则 - - - - - - - - - - - - - ● - - - - - - - - - ★
    - 5.6.2 评审输入
    - 5.6.3 评审输出

- 6. 资源管理
  - 6.1 资源提供
  - 6.2 人力资源
    - 6.2.1 总则
    - 6.2.2 能力意识培训 ○ ★
  - 6.3 基础设施 ○
  - 6.4 工作环境 ○

- 7. 服务实现
  - 7.1 服务策划 ○
  - 7.2 顾客有关过程
    - 7.2.1 与服务有关要求确定 ○
    - 7.2.2 与服务有关要求评审 ★
  - 7.3 设计与开发（可删减）
    - 7.3.1 设计与开发策划 ○
    - 7.3.2 设计与开发输入 ○ ★
    - 7.3.3 设计与开发输出 ○
    - 7.3.4 设计与开发评审 ★
    - 7.3.5 设计与开发验证 ★
    - 7.3.6 设计与开发确认 ★
    - 7.3.7 设计与开发更改控制 ★
  - 7.4 采购
    - 7.4.1 采购过程 ○ ★
    - 7.4.2 采购信息
    - 7.4.3 采购验证
  - 7.5 服务提供
    - 7.5.1 服务提供 ○
    - 7.5.2 服务提供过程确认 ★
    - 7.5.3 标识和可追朔 ★
    - 7.5.4 顾客财产 ★
    - 7.5.5 产品防护 ★
  - 7.6 监视测量装置控制 ○ ★

- 8. 测量分析改进
  - 8.1 总则
  - 8.2 监视与测量
    - 8.2.1 顾客满意 ○ ★
    - 8.2.2 内部审核 ● ★
    - 8.2.3 过程监视测量
    - 8.2.4 产品监视测量 ★
  - 8.3 不合格控制 ● ★
  - 8.4 数据分析 ○ ★
  - 8.5 改进
    - 8.5.1 持续改进
    - 8.5.2 纠正措施 ● ★
    - 8.5.3 预防措施 ● ★

以上●表示需编写程序文件　○表示需编写作业文件　★表示需建立质量记录

五、质量管理体系职能分配表

	主责 4.0QMS	5.0 管理职责	6.0 资源管理	7.0 产品实现	8.0 分析改进
主任	4.1	5.1、5.2、5.3、5.5.3、5.6	6.1		
管理者代表	4.1	5.4、5.5.1、5.5.2			8.2.2
副主任	4.1	5.2、5.5.3、5.6	6.1	7.1	8.2
办公室	4.2、4.2.3	5.5	6.3、6.4		
质检办	4.2.4	5.4			8.2、8.5
计财部		5.6		7.2.2	8.4
人力资源部		5.5	6.1、6.2		
业务部门	4.2.4	5.5		7.1、7.2、7.3、7.4、7.5、7.6	8.2.2、8.4、8.5
后勤保障部门			6.3、6.4		8.2.2、8.4、8.5

六、认证全过程咨询计划

阶段	ISO9001：2000 工作内容（质量）	ISO14001/OHSAS18001（环境/安全）
总体时间	3 个月	5—6 个月
准备工作	1. 了解中心质量管理体系认证思想/组织准备的情况； 2. 收集中心质量管理组织机构图、工作流程图及有关质量管理文件；部门职责和现行制度； 3. 组成咨询专家组，准备咨询方案及培训教案；必要时到中心初访。	1. 了解企业环境管理体系认证思想/组织准备的情况； 2. 收集企业环境管理组织机构图、生产工艺流程图及有关环境管理材料；部门职责和现行制度； 3. 组成咨询专家组，准备咨询方案及培训教案。必要时到企业初访。
（一） 调研、培训	1. 向中心领导层及管理骨干宣贯 ISO9001：2000 标准及相关质量管理战略、认证的程序与方法； 2. 对中心质量管理状况进行调研、同行业先进水平比较差距； 3. 培训掌握标准、文件编写人员。	1. 向企业领导层及管理骨干宣贯 ISO14001 标准及相关环境管理战略；认证的程序与方法； 2. 对企业环境管理状况进行调研； 3. 培训掌握标准、初始评审、文件编写、内审人员。
（二） 初始评审及策划	1. 针对中心发展与规划，结合 ISO9001：2000 标准对体系进行策划； 2. 确定认证范围、质量方针、质量目标和文件体系结构。	1. 对企业环境因素的识别、评价； 2. 对企业环境管理现状进行评估； 3. 制定环境管理目标、指标及管理方案，进行体系策划，明确职责。

续表

阶段	ISO9001：2000 工作内容（质量）	ISO14001/OHSAS18001（环境/安全）
（二） 编写体系文件	1. 指导编写质量管理手册及程序文件，完善作业指导书、确定初稿完成时间、二稿完成时间； 2. 修改一稿、二稿。	1. 指导编写环境管理手册及程序文件，完善作业指导书、确定初稿完成时间、二稿完成时间、完稿时间； 2. 修改一稿、二稿、三稿。
（四） 试运行	1. 指导中心会审、批准体系文件，确定日期，文件发布实施运行； 2. 指导体系运行，解决遇到的问题。	1. 指导企业会审、批准体系文件，确定日期，文件发布实施运行； 2. 指导体系运行，解决遇到的问题。
（五） 内审、 管理评审	1. 培训内审员并取得资格证书； 2. 指导内审员对现场各环节进行检查，掌握内审范围、技术和方法； 3. 检查中心管理评审情况； 4. 组织模拟审核，对存在问题提出整改意见。	1. 指导企业内审员对现场各环节进行检查，掌握内审范围技术和方法； 2. 检查企业管理评审情况； 3. 组织模拟审核，对存在问题提出整改意见。
（六） 接受认证 机构审核	1. 指导中心申请认证审核； 2. 做好迎接外审的准备工作； 3. 针对不符合项进行整改，汇总材料报批； 4. 颁发认证证书（发布会）。	1. 指导企业申请认证审核； 2. 作好迎接外审的准备工作； 3. 针对不符合项进行整改，汇总材料报批； 4. 颁发认证证书（发布会）。
注：上述进度安排根据单位规模，生产工艺复杂程度及管理水平、人员素质等情况而确定。		

七、进行质量管理体系认证的工作安排

1. 为搞好质量体系认证工作，相应成立质量管理体系认证工作领导小组和工作小组，内含技术组和咨询组。

人员落实后，要设立专门的办公室开展工作。要集中一段时间，开展动员、贯标工作，进而组织质量体系文件的编写等项质量认证工作。

2. 授权一名副职担任单位的质量管理者代表，对单位的《管理手册》实施和质量管理体系建立、保持和改进全权负责；并组织领导开展这次质量体系认证工作。

3. 建立质量管理体系，减少不必要的重复性工作，提高工作效率。要进一步界定各部门在管理与运行中职责关系，“领导—部门—专兼职人员”，落实各部门的职责、质量管理体系组织机构图和业务流程图以利于体系的建立。

4. 进行体系认证的工作内容，首先要编制形成一套质量体系文件，包括：质量管理手册、程序文件和配套执行文件，并严格按文件规定的标准、职责、程序运行，中心自身组织进行内审、管理评审、专家指导，然后通过方圆认证中心的外部审核，获取质量认证证书。质量认证后中心每年还要进行不少于一次的内、外部质量体系监督审核。

5. 质量体系认证工作大体时间进程安

排为：

中心动员会，在全中心范围内进行一次全员质量管理体系的培训教育；

××月份落实公司质量管理体系文件大纲；

××月中旬开展动员、贯标培训；

××月下旬完成体系文件编写工作，进行体系试运行；

××月下旬完成了内审员培训，并做好开展内审准备工作；

××月份进行第一次内部审核，并对运行文件进行补充修改完善后送出文审；

××月份进行管理评审；根据情况进行第二次内审或预审；向认证评审中心提出申请；

××月份接受认证评审中心对我中心的认证现场审核；根据外审情况组织改进完善；

预计在××月正式通过质量管理认证并取得证书。

八、针对质量认证工作提出几点要求

1. 各部门领导要高度重视，亲自动手组织文件编写和体系运行工作，确保本部门能够提供合格的管理体系保证，因为单位能否通过认证将取决于各部门的统一协调配合。各部门要积极支持认证工作，在时间上、人力上、工作条件上给予保证，要认真组织研究落实各项职责，将主要业务工作全部纳入质量管理体系之中。

2. 质量体系认证工作是一项涉及单位全体人员的重要活动，因此要人人皆知，积极参与，包括配合编制有关文件，按职责分工提供质量体系保证；在按制订出的质量管理手册和程序文件运行中，要尽职尽责，确保能够通过单位内审、认证中心外审的严格检查。

3. 质量认证小组要以高度的事业心和责任心开展工作，与各部门积极协调，按规定的时限完成文件编写、进行体系运行、内审、预审核工作，为迎接外部审核创造有利条件。

九、针对实际，对全员讲几点

1. 从单位生存的角度，谈开展质量管理体系认证的必要性（彩票诚信体系的建设是彩票的生命线）；

2. 从单位发展的角度，谈开展质量管理体系认证的必要性（结合单位的发展规划思路）；

3. 从个人敬岗爱业的角度，谈开展质量管理体系认证的必要性（从全国福彩的发展趋向，必须尽快提高人员素质）；

4. 开展体系认证，为每个人提供必要的资源，建立并实施体系的有关工作，作为每个岗位必须的工作与工资奖励挂钩；在动员、贯标培训等讲课中要做好笔记，分阶段要进行考试测验，验证大家掌握的程度，这是建立体系中标准的要求；

5. 动员会后，首先要求每个岗位起草修订岗位职责（根据单位发展的需要，而不是个人的需要），每个部门起草业务流程图、操作规程、作业指导书等。

十、领导者的责任

在单位认证与辅导过程中离不开领导的支持，而领导由于事务繁忙，不太可能投入太多的精力，那么如何协调这些矛盾？我们认为领导要做到以下三点：

1. 领导在实施中要作到：

施加压力—没有压力就没有动力。领导要向全中心人员申明或强调认证的重要性与必要性；

授予权力—要给予负责此项工作的人员一定的权力，以便于工作的顺利开展；

配备资源—在 ISO9000 认证中，需用一定的人力、物力、财力，领导要给予充分支持，配备一定的资源。

2. 领导要负责建立合适的组织机构，设置合理的部门，并任命负责人，确定其职能。

3. 领导要了解内部质量审核的结果并督促各部门持续改进。

关于做好扩大中福在线即开型彩票试点工作的通知

（2005 年 3 月 24 日　中国福利彩票发行管理中心　中彩发字［2005］28 号）

各省、自治区、直辖市福利彩票发行中心：

中福在线即开型彩票经过部分省市的试点发行，目前已取得了初步经验，具备了适当扩大试点工作的条件。为此，经中彩中心研究并报请财政部批准，现就有关扩大中福在线即开型彩票试点工作的具体要求通知如下：

一、扩大试点发行工作要严格在中彩中心统一安排下进行，各级彩票机构要本着积极稳妥的原则，认真做好试点工作。省级彩票中心要设立专门机构，并根据实际需要配备相应的工作人员。加强对本省在线即开票试点工作的组织管理。市级彩票中心也要选派专门人员负责中福在线即开型彩票的试点筹备和发行工作。

二、在已开展试点发行工作并取得一定经验的省市，可将试点工作适当扩大到有条件的地市，并继续总结经验；尚未开展试点工作的省市，应在借鉴其他各省先期试点经验的基础上，选择一二个地市进行试点，待取得经验后再行扩大，切勿一哄而上。

三、试点省市要严格按照财政部批准的《中福在线即开型彩票发行与销售管理试行办法》、《中福在线即开型彩票资金管理暂行规定》、《关于中福在线即开型彩票管理制度及试点范围有关事项的通知》（财办综［2005］36 号）以及其他有关规定建设销售厅。市级彩票中心选好销售厅场址后，以书面形式向省级彩票中心申报；省级彩票中心经考察审核后向中彩中心申报，待中彩中心批准后，销售厅方可动工建设。同时，根据中彩中心的批复，试点省市应向当地政府报告，争取地方政府的支持。

四、中福在线即开型彩票销售厅由试点地市福利彩票发行中心负责投资建设，销售厅的资产应属福彩中心所有。销售厅应由地市福利彩票发行中心直接经营管理，不得对外承包转包经营，试点城市彩票中心在申报时应以书面形式做出承诺。

五、销售厅必须按照中国福利彩票发行管理中心颁发的《中福在线即开型彩票销售厅形象设计规范》的要求进行设计和装修。要选择有足够资质的施工单位进行施工，有关消防安全等内容要经过当地消防安全部门的批准和验收。

六、中福在线即开型彩票销售厅的投注终端由中国福利彩票发行管理中心提供并组织安装调试,销售厅的其他设备由省级彩票中心和试点城市福利彩票发行中心,在中国福利彩票发行管理中心的具体指导下,按照《中福在线即开型彩票销售厅设备配置和技术规范》的要求,组织招标采购和安装调试,经费由省级彩票中心和试点城市福利彩票发行中心负责。中国福利彩票发行管理中心对已建成的销售厅分别组织验收,验收合格后方可对外营业。

七、各级彩票机构，要加强对宣传工作的领导，要大力宏扬福利彩票“扶老、助残、救孤、济困”的宗旨，积极稳妥地做好市场营销工作；销售厅要树立良好的社会形象，突出公益性特征，维护好福利彩票的信誉；要加强管理工作，严格按规定办事，确保试点工作健康有序的发展。

附件：1. 财政部《中福在线即开型彩票发行与销售管理试行办法》（略）

2. 财政部《中福在线即开型彩票资金管理暂行规定》（略）

关于印发李学举部长　陈杰昌副部长　陈传书主任在全国福利彩票工作会议上的讲话的通知

（2005 年 3 月 26 日　中国福利彩票发行管理中心　中彩发字［2005］31 号）

各省、自治区、直辖市福利彩票发行中心：

现将李学举部长、陈杰昌副部长及陈传书主任在 2005 年全国福利彩票工作会议上的讲话印发你们，请结合各地情况认真执行。

李学举部长在全国福利彩票工作会议上的讲话

（2005 年 2 月 27 日）

同志们：

今年是我从重庆回民政部之后，第四次参加全国福利彩票工作会议。每次出席会议，都有新的感受、新的喜悦、新的信心。福利彩票 18 年的历程，已向世人宣告：发行福利彩票是动员人民群众投身慈善事业最广泛、最经常的慈善活动，是推动社会福利事业和社会公益事业发展的重要支持。18 年的历程，已向世人证明：福利彩票从诞生到发展，具有广泛的群众基础和强劲的生命力，是具有巨大发展潜力和前景光明的朝阳事业。18 年的历程，已向世人昭示：福利彩票事业已进入了不断发展、可持续发展的新时期。昨天，杰昌、传书同志都讲了很好的意见。会议之前，福利彩票发行管理中心给我起草了一个很不错的讲话稿，但我总觉得没有反映我的真实想法。又让部办公厅的同志修改一下，也感到不甚理想。今天，就把我的想法简要梳理一下，讲给大家。

大家可能记得，在我就任民政部长之后的第一次福利彩票工作会议上，我曾讲过，在福利彩票工作上，我的责任就是继承老部长的思想、工作传统，把福利彩票事业维护好、发展好。这两年来，我时刻将福利彩票事业记挂在心上，听到捷报，我高兴，听到问题，我心颤。这是我内心的真实写照。维护、发展好福利彩票，需要民政系统的上下努力。福利彩票事业也像任何事物一样，在其成长的过程中，需要精心培育，精心护理。这样，才能保证福利彩票事业健康发育，茁壮成长。

第一，要认识它，研究它。认识、研究的本质要求是不断探索适合中国国情的彩票发展之路。18 年来，民政部从募捐筹资支持社会福利事业建议提出，到成为福利彩票发行管理部门；从有奖募捐人工管理，发展成更安全、更透明、更科学的电脑销售方式；福利彩票发行由民政部门管理、财政部门监管，到福利彩票公益金管理使用采用收支两条线等等，无不在不断探索适合中国国情的发展之路。这些很多是随着形势发展变化而逐渐形成的。但有些就不能变。如发行福利彩票为发展福利事业筹资的目的；“扶老、助残、救孤、济困”的宗旨；“健康有序、安全运行、稳定发展”的方针；对社会负责、对人民负责，在福利彩票玩法设计和销售运作中自觉防止和消除社会负面影响的道德准则；不参与恶性竞争，不搞误导群众的宣传，坚持公益性、伦理性、群众性和娱乐性的舆论导向；“公开、透明、参与”和接受社会监督的原则等等，这些基本的理念，任何时候都要坚持。福利彩票事业要发展，特别是要保证健康可持续发展。这就对认识和研究彩票提出了更高的要求，要逐步实现从低层次认识、研究向深层次、高层次认识、研究转变。今年，传书同志带了个头，在他的报告中，没有单纯的讲任务、提要求，谈了很多深层次的问题。这些，从表面看，对福利彩票发行管理虽不直接，但对我们特别是直接从事福利彩票发行管理工作的同志认识、思考、研究问题，还是很有益处的。我希望今后要从深层次、高层次认识、研究问题，这是福利彩票健康、可持续发展的需要。深层次、高层次认识、研究福利彩票，就是要认识、研究彩票的内在发展规律和彩票市场运作规律。只有认识和把握规律，我们才能牢牢把住主动权，才能保证彩票健康、有序、可持续发展。

第二，要发展它，壮大它。发展、壮大的本质要求是扩大福利彩票的销售量。没有销售量的增长，就谈不上福利彩票事业的发展、壮大。发行福利彩票，目的是筹集福利公益金，借助社会力量兴办社会福利事业和社会公益事业。从这种意义上看，发展福利彩票的终极目的，是为发展社会福利事业和社会公益事业采取的一种特殊形式的募捐，是为发展社会福利事业和社会公益事业提供资金支持。福利彩票自 1987 年面世到 2004 年，全国共发行 1216.28 亿元，筹集福利彩票公益金 399.325 亿元。这些公益金，在全国资助、兴建各类社会福利和社会公益项目 13 万多个。“星光计划”的成功实施，“明天计划”的顺利启动，如果没有福利彩票公益金的支持，再好的计划，也无法实现。福利彩票的发展与社会福利事业和社会公益事业的发展已紧紧联在了一起，这是传统的慈善性募捐在新形势下的继承和发展，是一种来自社会、服务社会，取之于民、用之于民的典型范例。可以说，福利彩票的发行，对推动中国的社会福利事业和社会公益事业做出了卓著的贡献。这点，我们民政部门、民政人体会最深。民政部门、民政人对福利彩票的关爱、重视也正出自于此，绝非像有的人讲的是“部门利益”。因为社会福利事业和社会公益事业的发展，其受益、得实惠的是人民群众，特别是困难群众。民政部门的职责是推动社会福利事业和社会公益事业的发展，以社会筹资的形式为其发展提供资金支持。我们也要从另一个角度来认识福利彩票发行量的重要性，这就是只有福利彩票发行量不断增长，才能证明现行福利彩票管理体制是符合中国实际的，没有理由、也没有必要去人为地动摇、改变这种体制。也才能证明，民政部门管理彩票发行，不但能管理好，而且能不断促进福利彩票事业的发展。我希望民政部门和福利彩票发行管理中心的干部职工，不要轻易听信社会传言，更不能为此动摇军心，影响福利彩票的发行。因为现行的体制是国务院确定的，就是要改变也同样需要国务院来决策。福利彩票的发行量，是福利彩票的基础核心工作，福利彩票发行管理中心的一切工作，都是围绕这一基础核心工作展开的。18 年来，我们民政部门、福利彩票发行管理中心的干部职工经过不断探索，已积累了许多宝贵的经验，已形成了许多成熟、行之有效的思路、策略和方式方法。我们要不断地发展、完善，并要在实践中不断地探索、创新。只有这样，才能完成国务院赋予民政部门的职责，才能提升福利彩票的感召力、影响力，才能吸引更多的民众进入彩民行列，才能保证福利彩票的发行量不断上升。

第三，要爱护它，保护它。爱护、保护的本质要求是维护福利彩票的公信度，保证福利彩票发行运作和福利彩票公益金管理使用不出问题。18年来，在这两方面，我们都有反面事例，都有深刻教训。过去的事，我们无需再提，但前车之鉴是后事之师，教训要永远记取。说句心里话，我自任民政部部长以来，福利彩票发行运作和福利彩票公益金管理使用是我最担心和最关注的事情。我记得，在去年全国福利彩票工作会议上，我选定的讲话主题就是福利彩票公益金的管理使用。因为我深知，在这两个方面出了问题，必将使福利彩票的公信度受损。公信度受损，不但直接影响福利彩票的销售，而且要引发新闻媒体共讨之，甚至社会民众共讨之。这也必然殃及民政部门和民政干部职工的形象，也会从另一个角度动摇现行福利彩票管理体制，动摇政府和社会民众对民政部门的信任。如何保证福利彩票发行运作不出问题，我们既有教训可鉴，也有经验可鉴。这里的关键，要靠人的道德素质保证，西安“宝马事件”，就是典型的人为案例。要靠技术力量保证，发行彩票应该说是技术含量较高的。这里，我提醒同志们，每设计一种玩法，必须要有技术保证。这来不得半点马虎，必须慎之又慎。要靠制度和程序保证。任何事情都一样，没有制度管理，没有程序规范，肯定是工作无序，问题就会出现。如何保证福利彩票公益金管理使用不出问题，我不讲，道理也自明，福利彩票公益金管理使用出的问题，实际上是人出了问题。这里，我只说一句话，用民政人心血、智慧、力量培育起来的福利彩票事业，创建不易，发展不易，维护福利彩票的声誉是我们的责任，决不能让任何问题玷污福利彩票的声誉。哪个地方、哪个人出了问题，我们民政人要用自己的心灵去讨之、去诛之。

民政部门是福利彩票发行管理部门，福利彩票发行管理中心是福利彩票的发行部门。共同的责任已形成了民政部门离不开福利彩票发行管理中心，福利彩票发行管理中心离不开民政部门。这种亲密的关系，给民政部门提出了如何善于领导的问题，给福利彩票发行管理中心提出了如何创造性开展工作的问题。民政部门的领导要做开明领导，主要工作是为福利彩票发行管理中心创造性地开展工作提供条件、创造环境。福利彩票发行管理中心的同志，主要任务是用自己的智慧和力量，去开创福利彩票发行的新局面。福利彩票是民政事业的重要组成部分。民政部在历年的工作安排时，都将福利彩票工作作为重要一笔。今年，将福利彩票发行240亿元作为民政工作重要指标之一。民政部领导对福利彩票事业充满信心，对工作在福利彩票战线的干部职工充满期望。我们的情绪是伴随着福利彩票捷报而激昂。每每听到福利彩票发行又攀新高，我们可以骄傲地说，福利彩票事业是我们民政人用智慧和力量创造的一项成功事业的典范。每每看到福利彩票发行管理工作获奖名单，我们可以骄傲地说，这是获奖涵盖面最广、最大的表彰。获奖面最广、最大，说明在福利彩票发行管理工作中，各地都有新成绩，都有新发展。我希望一年一度的全国福利彩票工作会议，都能成为庆功会，成为褒奖会。

我在福利彩票的各种会议上，使用频

率最高的词汇是"感谢"。今天，我想用另一个词来代替，向为福利彩票发行管理工作付出心血的同志们致以崇高的敬意。

谢谢大家。

陈杰昌副部长在全国福利彩票工作会议上的讲话

（2005年2月26日）

同志们：

2004年全国福利彩票发行工作，在各级民政部门和福利彩票系统全体同志的共同努力下，克服重重困难，全年销售福利彩票226亿元，超额完成了国务院下达的发行任务；市场份额由50%上升到60%，实现了全面超越；品牌效应突显，在双色球带动下，电脑福利彩票销售突破200亿元，增幅高达32%。在社会舆论环境十分不利的情况下，2004年福利彩票工作能够取得这样令人瞩目的成绩，尤为难能可贵。在此，我代表民政部向福利彩票系统的全体同志致以崇高的敬意！

2005年的彩票发行任务和完成任务的措施，陈传书同志已经作了安排部署。这里，我再强调以下几个问题。

一、谦虚谨慎，不骄不躁

18年来，特别是近几年，福利彩票工作取得了显著的成绩，我们完全有理由为此感到自豪，但我们完全没有理由为此而沾沾自喜。必须看到，我们取得的成就只是在伟大征途上迈出的坚实一步。我们要走的路还很长，我们肩负的任务还很艰巨，我们可能遇到的困难和挑战还会很多，必须保持谦虚谨慎、不骄不躁的作风，必须再接再厉，不断攀登新的高峰。

（一）谦虚谨慎，头脑清醒，深刻认识自己的差距和不足

纵观世界彩票业，我国仍处于初级阶段，与一些国家相比还有很大差距。2003年我国福彩和体彩共销售48亿美元，人均购票3.77美元；西班牙销售彩票133.4亿美元，人均购票331.67美元；法国销售98.1亿美元，人均购票163美元；美国马萨诸塞州销售42.55亿美元，人均购票661.82美元。亚洲的日本销售彩票102.14亿美元，人均购票80.29美元；新加坡销售23.67亿美元，人均购票588.68美元；我国的台湾省销售彩票23.55亿美元，人均购票103.67美元。这七组数字清楚地说明我们在世界彩票业中所处的位置，表明我们的工作还有相当大的努力空间，还有相当大的市场潜力可挖。

再回过头来看看国内的情况，福利彩票各票种间发展很不平衡。2004年，电脑票销售218.44亿元，即开票销售7.93亿元，所占比例分别为96.5%和3.5%。当然，即开票销量的下降，主要是由于大奖组停售。但福利彩票目前靠单一品种支撑市场的格局，客观上蕴藏着很大的市场风险。因此，希望大家把打破这种单一格局作为战略问题对待，通过开发推广网点即开票、在线即开票等措施，争取用两到三

年的时间，将即开票的市场占有率提高到20%以上。

（二）站在构建社会主义和谐社会的高度，正确理解和对待竞争

党的十六届四中全会提出了构建“全体人民各尽所能、各得其所而又和谐相处的社会”的要求。构建和谐社会并不排斥竞争，关键是如何正确理解和对待。

首先，要正确认识竞争的积极作用。中国的彩票市场存在竞争。但我认为，这种竞争可以增强彩票发行主体不断创新彩票品种和玩法的动力，为彩民提供更多的消费选择；竞争可以促进彩票发行主体的市场分工，为彩民提供更加专业、优质、高效的服务；竞争可以促使彩票发行主体进一步探索降低成本的方式，扩大公益金的筹集比例；竞争可以在一定程度上形成彩票发行主体相互间的监督和制约，提高彩票整体的社会公信力。

其次，要正确对待竞争对手。要看到彩票市场竞争不同于一般的市场竞争，它不以击败对手、谋求一方效益最大化为目的，而以做强自身、追求整体效益最大化为目标。不管是体彩也好、福彩也好，最终目的都是筹集更多的社会资金，加强社会建设，促进社会福利、社会事业的发展。体彩和福彩发行主体双方是对手，但不应该对立；存在竞争，但不应该发生“战争”。我们的竞争应该体现在服务上，体现在诚信上，体现在采用科技手段降低风险、杜绝事故上，要避免影响品牌效益的同质竞争和以邻为壑的恶性竞争。要通过相互借鉴、相互学习、相互促进，实现整体效益的最大化。

再其次，要正确把握宣传的取向和重点。彩票事业的公益性要求我们福彩工作者在面对市场竞争时，始终把社会责任置于经济效益之上，始终坚持正道、恪守规则。履行好我们的社会责任，不仅要通过发行福利彩票筹集公益金，直接帮助困难群体解决生产生活中的实际困难，而且要通过公益宣传，使人们了解当前困难群体的生存状况和公益事业的发展水平，认识到购买福利彩票是一种寓公益于娱乐的行为，进而提高全社会帮助弱者、关爱他人、无私奉献的公益意识。通过宣传，沟通彩民与彩票公益金受益者的关系，使受益者感到社会主义大家庭的温暖，营造和谐社会的氛围。

当前，随着彩票市场竞争日益激烈，各地普遍加强了促销宣传，这本是正当的竞争手段。但有些地方过分强调彩票的中奖功能，媒体上到处充斥着中奖逸闻和所谓的中奖秘诀，淡化了福利彩票的公益性。这种做法不仅背离了彩票竞争的目的，更为危险的是模糊了合法公彩与非法私彩之间的界线。我们的职责或者说我们的目的，是把私彩彩民吸引到公彩上来，使有条件、有能力的公民各尽奉献爱心之能，使困难群体各得社会救助之所。如果越来越多的彩民把购买彩票作为发家致富、改变命运的投资行为，那就是我们宣传工作的最大失误。目前，全党正在开展保持共产党员先进性教育活动。共产党员先进性的基本标准之一，就是牢固树立全心全意为人民服务的宗旨。我们发行彩票，筹集资金，发展福利事业，救助困难群体，是为人民服务。同时，在彩票发行过程中，心系彩民，服务彩民，保证他们的利益不受损害，生活不受影响，行为不

被误导，也是我们为人民服务的一个重要体现。希望大家把先进性教育活动同彩票宣传工作、发行工作紧密结合起来，推动工作的健康发展。

二、依靠制度，加强管理

加强管理是一个老话题，但还必须大讲特讲，因为我们在管理方面存在的问题还远没有根本解决。这些问题集中表现为：管理目标不明晰，不断修改；部门定位不确定，随意变动；人员分工不稳定，任意派遣。这种凭经验、凭感觉、凭主观意志的管理方式，势必造成工作的随意性和盲目性。

管理是一个过程，是一门艺术，关键是利用科学的方法处理好、协调好各个层面的关系，使管理者和自己的团队一道去实现既定的目标。当前，福利彩票工作主要应从以下几个方面加强管理。

（一）着手建立一套全面、科学、有效的管理体系

只有这样，才能根本上解决我们管理过程中存在的各种问题。建立全面、科学、有效的管理体系，我们既可以自己探索、实践创新，也可以学习借鉴国内、国外的成功经验，而且后者不失为一种捷径。ISO9000国际质量管理标准总结了当代世界质量管理领域的最新成果和成功经验，已被世界150多个国家和地区采用为国家标准。该标准强调“全员参与、过程控制、预防为主、持续改进”的管理原则，它可以帮助我们明确划分彩票机构内部各部门的职责权限，保证其高效、有序地开展工作；它可以帮助民政部门和彩票机构的管理人员制定明确目标，并通过定期的管理评审达到了解内部体系运作情况，及时采取措施，确保体系处于良好运作状态的目的；它可以帮助我们制定预案、纠正错误、消除隐患；它还可以增强全体员工的凝聚力，提高员工的整体素质。因此，我们福彩系统要把通过ISO9000国际质量管理标准认证作为建立全面、科学、有效管理体系的重要途径，经过几年的努力，普遍提升福利彩票工作的管理质量和管理水平。

（二）切实加强民政部门对福利彩票机构的行政管理

主要包括以下几个方面：一要做到政令畅通，有令则行，有禁则止，监督彩票机构严格执行各项规章制度；二要督促彩票机构对各种可能出现的故障和事故制定周密的应急预案，一旦出现问题，立即有条不紊地执行预案，积极地帮助他们解决预案执行过程中的问题；三要配合监管部门加强对彩票发行工作的监督。

在加强行政管理的同时，各级民政部门要支持彩票机构在发行系统内部建立统一管理、分级负责的运行机制。福利彩票的组织系统是大奖组阶段打下的基础，行政色彩比较浓。其特点是组织机构比较健全，各自为战的能力比较强，但纵向协调相对困难。电脑彩票上市后，发行上统一管理的客观要求与各自为政的组织结构出现了矛盾，这一点在地市一级表现尤为突出。因此，我们必须努力在福彩系统内部建立起上下协调、步调一致的运行机制，通过合理的分配制度、管理体制、操作规范、办事程序，确保福利彩票事业的顺利发展。此外，各级民政部门在加强行政管理的同时，要支持彩票机构相对独立自主

的开展工作，避免因政事不分影响福利彩票的发行。

（三）严格管理和使用好彩票公益金和发行费

自从实行彩票发行与公益金使用收支两条线以来，公益金已经纳入财政专户管理，我们的任务是用好公益金。今天我想主要谈谈如何解决公益金沉淀过多的问题。民政部本级的公益金基本没有沉淀问题。近几年，民政部本级彩票公益金安排了几次大规模的资助活动，特别是“星光计划”和正在实施的“明天计划”，成效显著，社会反映良好。但地方公益金沉淀问题还相当普遍，有的地方甚至达到本级筹集数的40%。当然，公益金使用的申报、审批比较严格，审查周期较长是造成沉淀的原因之一，但更主要的是由于缺乏统一的规划和明确的目标。希望大家高度重视这个问题，认真研究，找出解决办法，使有限的资金及时用到最需要的地方，努力形成福利事业发展和福利彩票发行相互促进、良性互动的局面。

发行费管理和使用中存在的问题主要是被挤占、挪用。从今年开始发行费也将纳入财政专户管理，这样可以从制度上减少挤占、挪用情况的发生。目前，发行费的使用还存在用于开奖和促销比例过大的问题，希望各地整合资源，节省开支，努力降低发行成本。降低成本并不是要求所有费用都降低，在技术研发、公益性宣传等关系到福利彩票长远发展的环节上，投入还要适当增加。

另外，还要自觉接受社会监督。去年，学举部长在全国福利彩票工作会议上提出“积极公开社会福利基金使用情况，定期通过新闻媒体向社会公布社会福利基金的使用范围，资助项目的额度和使用结果，自觉把社会福利基金的使用置于社会的监督下”。为了落实这一要求，部里向各地发出了《关于征集中国福利彩票使用资料的通知》。此项工作既可为福利彩票事业留下宝贵的历史资料，又能为对外宣传提供素材，弥补部分单位资料积累不够系统的缺陷。特别是彩票公益金年度使用计划和计划完成情况，一定要上报备案，否则，部里就无法向媒体公布彩票公益金使用情况。希望各地高度重视，与有关部门密切配合，抓紧时间，克服困难，保质保量完成任务。

三、尊重人才，建设队伍

人才资源是第一资源，福利彩票事业的兴衰成败关键在人才。这次会议，首次对福利彩票工作先进个人进行了表彰，这既是由于这些同志工作成绩突出，为福利彩票事业的健康、稳定发展做出了很大贡献，也是希望各级民政部门和福彩机构充分重视人才队伍建设，选拔和培养好人才。

邓小平同志说过：“善于发现人才，团结人才，使用人才，是领导者成熟的主要标志之一。”善于发现人才是首要环节，善于团结人才是一种能力，而善于使用人才则是一门艺术。福彩战线一直是人才荟萃的地方，民政和福彩系统各级领导干部一定要从战略高度抓好人才队伍建设，树立科学人才观，坚持德才兼备的原则，把品德、知识、能力和业绩作为衡量人才的标准，不唯学历、不唯资历、不唯身份，不拘一格选人才。要加紧培养更多适应福利彩票事业发展的管理人才、科技人才和营销人才，建立有利于优秀人才脱颖而出的新机制。

建设好福利彩票系统的人才对伍，特别要把握好以下几点：

一要理解人才。不同人才，工作性质不一，需求不同，禀性各异，我们要以宽容的心态对待不同的人才，善于同他们交流和沟通，积极创造一种理解人才的氛围。

二要尊重人才。党和国家提出了“尊重劳动、尊重知识、尊重人才、尊重创造”的人才工作方针，这四个“尊重”的本质就是尊重人才。我们要尊重人才的人格，尊重人才的个性，尊重人才的选择，尊重人才的需要，尊重人才的劳动，尊重人才的创造。使各类人才有实现自身价值的满足感，有贡献社会的成就感，有得到社会承认和尊重的荣誉感。

三要关心人才。做好人才工作，首先要带着感情关心人才，营造出一个“拴心留人”的环境，包括充满希望的工作环境、和谐融洽的人际环境、舒适安全的生活环境和受人尊重的社会环境。其次要正确对待人才的正当利益和合理需要，关心人才的事业和前途。

四要用好人才。以人为本做好人才工作，最终应体现在用好人才上。我们要打破用人上论资排辈的陈腐观念，建立并完善科学的选拔任用机制，发挥人才的潜能和价值。

要在福彩系统的人才队伍中大力提倡敬业、实干、开拓的精神。敬业，就是严肃、积极、认真、负责地对待福利彩票工作，有强烈的责任感、使命感和神圣感。实干，就是在工作中说实话、出实招、办实事、求实效。开拓，就是在工作中开辟新渠道、拓展新领域、创造新业绩。要像周国知同志那样，如同热爱自己生命一般热爱自己的工作，这样我们的事业就会充满无限活力，充满无限希望，无往而不胜。

同志们，2004 年我们书写了辉煌的历史。新的一年，让我们在部党组的坚强领导下，继续攀登，继续进取，继续开拓，努力谱写福利彩票事业的新篇章。

面向未来 和谐发展
促进福利彩票持续增长

——2004年全国福利彩票工作报告

（2005年2月26日）

陈 传 书

同志们：

我们这一次会议的主题是总结2004年工作，表彰先进，分析形势，统一思想，贯彻落实科学发展观，研究部署2005年工作。下面，我代表中彩中心向大家报告去年工作，并与大家共同探讨福利彩票下一阶段的发展思路。

2004年工作回顾

2004年，是我国彩票历史上非同寻常的一年。全国福利彩票系统在各级民政部门的正确领导和财政部门的大力支持下，狠抓规范管理，重塑福彩形象，采取各种积极措施，有效地降低了彩市风波的消极影响，超额完成了年度发行任务。截止12月31日，全国福利彩票共发行226.36亿元，同比增长13.2%；筹集公益金79.23亿元，同比增长13.2%；代征奖金所得税9.88亿元，同比增长13.8%；全国福利彩票系统发行费收支状况好于往年，主要经济指标创历史新高。

在过去的一年里，福利彩票在彩市风波中接受了洗礼，管理工作得到了全面加强。2004年上半年，是中国彩票的多事之秋。双色球补制画面、体彩“宝马案”等一连串问题被媒体热炒，引起了社会各界对彩票公信力的强烈质疑，导致了全国暂停即开型彩票集中销售。这一场风波对彩票市场的冲击是无情的，对彩票从业人员的教育是深刻的，对彩票管理工作的促进也是巨大的。全国福利彩票系统从双色球补制画面引起的轩然大波中，认识到了彩票问题的敏感性，从体彩“宝马彩票案”的严重后果中，体会到了规范管理的迫切性，从彩世塔公司作弊的手段中，领悟到了坚持彩票专营专卖的必要性，从贵阳彩票现场爆炸案的影响中，感受到了加强彩票安全管理的极端重要性。在民政部领导的关心下，福利彩票系统及时召开全国会议统一思想，坦诚面对社会舆论的批评和质疑，深刻检查彩票发行工作中的问题及根源，进一步确定了把工作重点转移到管理方面来，狠抓规范操作，以管理促发行的工作方针，主动采取了双色球电视直播开奖等改进发行工作的措施，认真开展了ISO9000质量认证等加强规范管理的活动，促进了福利彩票发行标准化、制度化、规范化、程序化建设，提升了福利彩票的公信力，保证了发行量持续增长。

电脑乐透彩票跨越发展，为福利彩票历史性突破立下汗马功劳。2004年，即开型彩票开局不错，但因政策原因中途停销，年发行量仅实现7.9亿元，同比减少26亿元，下降77%。电脑乐透福利彩票是去年全国彩票市场的闪光点，年销售量达到218.44亿元，同比增长了32%，占据了全国彩票市场份额的57%，为福利彩票圆满完成发行任务、恢复市场主导地位发挥了决定性作用。全国联销的双色球彩票年发行量达到了93亿元，特别是改为3次开奖以后，每周销量均在2亿元以上，成为享誉中外的知名品牌。全国统一开奖的3D彩票，自上市以来，正确对待竞争，坚持规范操作，每周销量已攀升到1亿元以上。各地风采系列彩票依然充满活力，2004年的销量达到了120亿元，基本保持了双色球上市以前的水平。全国电脑乐透福利彩票统分结合的发行模式基本形成，每周销量达到了5亿元左右，以较大优势占领市场。

福利彩票的核心竞争力显著增强，市场占有率提高到60%。福利彩票18年的历史进程中，有辉煌时的喜悦，也有落后时的悲壮。进入新世纪以来，我们始终抱着向体育彩票学习的态度，为半壁江山艰苦奋斗。四年来，全国福利彩票系统奋发图强，苦练内功，扎扎实实地推进彩票发行管理工作，年发行量由当初的89亿元上升到了去年的226亿元，市场份额由44%提高到了60%，终于实现了市场翻身仗目标，这是全国民政系统的骄傲。

福利彩票网点建设工作成绩斐然。在电脑福利彩票历史性飞跃的过程中，“决胜终端”战略发挥了重要作用。近几年来，各级彩票机构始终把销售站点建设作为重点工作来抓，站点规模不断扩大，站点质量迅速提高。本年度新建销售站点9 500多个，培训员工59 000人次，站点总量已达61 600多个，大大增强了福利彩票的核心竞争力。

彩票研发工作取得重大突破，为福利彩票可持续发展奠定了基础。北京、广西、上海、湖北等彩票中心在新游戏开发方面做出了重要贡献，3D、快乐8、快乐十分、好运彩及网点即开票等新游戏在全国得以推广，为福利彩票的持续发展注入了新的活力。在线即开票试点工作取得初步经验，在新开辟的试点中表现出较大潜力，初步具备了扩大试点范围的基本条件。各省市技术系统热线改造已经全部完成，全国主干网建设正在进行中，统一系统软件工作业已起步，为福利彩票再上新台阶储备了后续发展力量。

全国31个省份中，发行总量名列前茅的依然是广东和山东，分别达到30.6亿元和29亿元。发行量超过15亿元的有北京和辽宁，超过10亿元的有湖北、广西和上海，超过8亿元的有黑龙江、河南、浙江和河北。人均销量超过全国平均水平的有北京、新疆、广西、辽宁、山东、黑龙江、湖北、宁夏、青海、西藏、广东、云南、上海和海南。增长幅度超过全国平均水平的有海南、西藏、云南、天津、四川、湖北、北京、安徽、内蒙古、河北、山西、青海、贵州、河南、重庆、辽宁和黑龙江。市场份额超过50%的已达25个，其中，山东、广西、青海、新疆、西藏、湖南、辽宁、山西、海南和重庆超过了70%。市场份额不足50%的还有6个省市，殷切希望这些省市后来居上，实现全国福利彩票一片红。

工作体会与问题反思

2004年，是福利彩票自国务院发出35号文件进入发行工作新时期以来，取得阶段性胜利的一年，也是经受前所未有的彩市风波严峻考验的一年。总结工作经验，我们有六点体会：

第一，福利旗帜是生存之基。福利彩票与社会福利是天合之作，没有社会福利就没有福利彩票，福利彩票只有与社会福利工作相结合，才能有充足的社会感召力。这几年来，福利彩票之所以深得民心、持续增长，最大的优势来自于社会福利这一面旗帜。

第二，规范管理是立市之本。彩票工作离不开组织领导，彩票发行离不开严格管理。一手抓发行，一手抓管理是福利彩票立足市场的经验浓缩，多销彩票，别出问题是彩票工作永恒的主题。抓基础、严管理、保安全、促发行是我们必须长期坚持的工作方针。

第三，苦练内功是制胜之政。近几年来，通过坚持不断树形象、全力以赴抓基础、扎扎实实练内功，福利彩票的形象优势、管理优势、技术优势、创新优势、网点优势和服务优势得到相应提升，驾驭市场的能力显著增强。以双色球、3D的市场地位为标志，福利彩票初步具备了抵御同质竞争的核心竞争力。

第四，开拓创新是腾飞之翼。我国彩票事业处于初级发展阶段，发行规模在于开发速度，持续发展在于创新能力。福利彩票之所以能够领先市场，是因为我们的各级彩票机构都拥有一支思想敏锐、经验丰富、勇于开拓、善于创新的人才队伍，不断为福利彩票注入新的活力，培育新的生长点。

第五，立志争先是动力之源。福利彩票打市场翻身仗的经历近乎于悲壮，但壮比悲高。扭转被动局面，重振福彩雄风一直是催人奋进的重要动力。由此而形成的韬光养晦、卧薪尝胆、团结奋斗、坚韧不拔、自强不息、永不自满的优良作风要继续发扬广大。

第六，上下同心是胜利之母。福利彩票战无不胜的力量来自于民政系统领导高度重视，发行战线上下同心同德。近几年来，福利彩票的运行机制在上下理解中得到了改善，系统资源在相互配合中得到了整合，市场形势在群策群力中得到了扭转，发展趋势在系统合力的推动下充满了希望。这些改革与发展的事实证明，民政系统有信心、有条件、有能力将福利彩票带进稳定发展的快车道。

反思工作差距，我们心情比较沉重。电脑彩票出了双色球“画面事件”、即开票出了“彩世塔事件”、安全方面出了“贵阳事件”、财务方面出了“深圳事件”。这些事件表面为偶然事件，实质并非偶然。我国彩票与改革开放结伴而行，其特点是在探索中发展，在发展中规范，彩票管理工作始终相对滞后，长期潜伏的矛盾在彩市风波中集中爆发。刨根问底，深刻反思，彩票机构偏重销量，轻视管理，对彩票问题的敏感性重视不够是其思想根源；彩票宣传偏颇，围绕彩票理念和管理的争议不断，社会积怨日益增多是其社会根源；两家彩票机构同质竞争，为抢市场而不顾风险是其市场根源；公司介入发行，带来诸多隐患是其组织根源；游戏设计和管理制度把关不严，出现人为可乘之机是发生问题的主要根源。我们必须牢记这些刻骨铭心的教训，痛下决心，亡羊补牢，不可厝火积薪，苟且偷安。

积极排解发展中的矛盾

2004年彩市风波，引起全社会对彩票行业的强烈关注，围绕着彩票性质、监管方式、组织体制、同质竞争、利益分配等基本问题的争论不休，致彩票行业无所适从。各级彩票机构应当正视这些矛盾，认真分析这些矛盾，善于用科学理论解释这些矛盾，以积极态度化解这些矛盾。

首先，明确中国特色社会主义国家彩票性质，努力排解彩票发行舆论氛围不佳的矛盾。我国彩票已经发行了18年，但关于什么是彩票的问题还没有解决。有的说是“有价凭证”，有的说是“博彩游戏”、有的说“微笑纳税”，还有的说是“二次分配”及“百万富翁生产线”。由于彩票理念不一，定性不清，围绕着彩票是不是赌博、是不是敛财、是不是部门彩票等问题的争论也愈演愈烈，因此，派生出许多矛盾和问题。各级福利彩票机构要注意排除错误理论干扰，坚持以“三个代表”重要思想为指导，正确把握彩票工作的政治方向。

彩票是一个特殊事物，既是经济现象，又是文化现象，不同思想观念的人有不同的认识，不同的操作方法有不同的社会效果。人们认识彩票，如同照相，左边照偏右，右边照偏左，只有站正角度，才能照出彩票的本来面目。我们理解彩票，应像CT透视，做多层扫描，至少要区分其自然属性和社会属性。彩票的自然属性是依照抓阄原理分配奖金或奖品的方法，可以用来组织有奖募捐、有奖销售或抽奖联欢等有益活动，也可以用来从事赌博、敛财等丑恶行为，地下私彩就属于后一种。对于形形色色的彩票无法统一定义，彩票的善与恶，关键在操作。福利彩票的本质是社会福利有奖募捐活动，它的社会属性是公益性、伦理性、群众性和娱乐性的有机统一。我们坚持彩票的公益性，就是要始终保持彩票的社会福利有奖募捐性质，突出其爱心捐助与幸运游戏相结合的社会公益活动特色，自觉抵制鼓动国家彩票向博彩业靠拢的错误倾向。我们坚持彩票的伦理性，就是要讲政治、讲道德、讲诚信、讲文明，对社会高度负责。我们坚持彩票的群众性，就是要始终面向广大人民群众，坚持“多人少买”的营销方针，走大众化的幸运型彩票路线。我们坚持彩票的娱乐性，就是要立足于通过提高彩票游戏本身的趣味性而提高彩票的魅力，在游戏设计和营销过程中，有意识地把彩民的幸运心理控制在娱乐范围之内，将我国彩票市场培育成为积德行善、重玩轻博、寓捐于乐的文化娱乐市场。

第二，明确行政垄断行业对管理体制的特殊要求，积极排解诚信建设与体制缺陷之间的矛盾。彩市风波引起了人们对彩票诚信体系建设的强烈呼唤，主张体制改革的声音也时隐时现。彩票诚信建设与管理体制确有关联，但是，什么样的管理体制有利于诚信建设，才是最值得认真研究的问题。我国彩票已经具有了行政监管、业务监管、系统监管、公正监督、电视直播监督以及彩民进现场监督等相对繁琐的监督体系，这是世界彩票行业所不多见的。问题在于彩票发行销售组织结构松散,发行系统内控体系不够健全,外部监督与内部管理缺乏合力,不仅加大了外部监督的责任和难度,而且影响了外部监督的效率和效力,每一个外部监督主体都有可能被作为应对质疑的挡箭牌,进而又弱化了彩票机构的管理意识与自律功能。我们要抓住问题的主要根源,把工作视角转向强化彩票机构的系统功能,实现彩票发行系统内控规范与外部监督效应互补,全面构建中国彩票的诚信体系,从而跳出越是强调异体监督,彩票诚信度越差的怪圈。

彩票诚信体系建设是一个系统过程，必须全面构筑安全屏障。首先是技术屏障，从游戏原理和技术层面排除一切人为作弊的可能，让彩民放心是其根本。彩票大奖的诱惑力决定了彩票技术屏障一旦出现漏洞，是任何监督管理办法都难以完全补救的。彩票诚信建设最重要的是技术防范，绝对不能把没有安全把握或有争议的彩票游戏推上市场。其次是组织屏障。国家彩票的信誉离不开政府指定的专门机构主办，如果让投机商人幕后操作发行，其本身就是欺骗，完善彩票专营专卖体制是彩票诚信建设的重中之重，当务之急。我国彩票行业与铁路、森林、烟草等行业特点相似，而彩票的行政垄断要求更高。行政垄断专营专卖行业一般拥有政经合一的相对完整和相对封闭的管理系统，相比之下，我国彩票发行机构的系统功能不够健全，职能条块分割、公司承包发行等问题严重存在，真正意义上的专营专卖体制实际上还没有完全形成。我们只有从完善彩票发行机构的系统功能入手，认真构建严格的专营专卖体制，才能有效地实施严格管理，规范运营操作，避免不法商人介入，保证国家彩票的公信权威。再其次是自律屏障。彩票机构自律机制始于忧患，催生管理，收获信誉。彩票发行系信用交易，信用是彩票的灵魂，诚信是机构的生命。彩票机构不仅要做到自己忠诚，更重要的是保证彩票忠诚，只有保证彩票公平、公正才能体现彩票机构的忠诚。各级彩票机构一定要充分认识彩票问题的敏感性和彩票信誉的重要性，严格管理，规范操作。对彩民要诺必诚、言必信、行必果。工作中要谨言慎行，严防操作失误，杜绝宣传误导，避免外界误会，树立诚信形象。最后是监督屏障，一方面是行政监管，另一方面是公众监督。行政监管属于一个战壕里的监督，是发行系统内部防范和自律机制的延伸。社会公众监督才是真正异体监督，它既是对彩票机构的制约，也是对彩票诚信的认定，与彩票机构自我公示愿望一拍即合。简而言之，彩票诚信体系的原则是游戏公平、机构公信、操作公正、过程公开。四道屏障依序排列，诚信建设的关口必须尽量前移。面对当前彩票市场诚信危机，彩票机构要变被动为主动，在加强自身建设的同时，积极引导社会舆论正确看待彩票工作中的矛盾和问题，积极改善民政部门领导，加强系统逐级管理，以发行管理工作的良好表现，缓解人们对彩票诚信和监管问题的争议。

第三，要认真研究双寡头市场特点及其规律，努力排解同行同质竞争的矛盾。我国两家彩票机构并存不是问题，问题在于缺乏市场分工。两家彩票机构在同一地区促销同类玩法是世界彩票行业罕见现象，它不仅不利于促进本地区彩票销售总量增长，而且特别容易扭曲彩票理念和发行规律，不利于彩票事业的健康发展。同一地区的彩票资源具有唯一性，垄断开发胜于竞争开发，差异竞争胜于同质竞争。福利彩票系统要从我国彩票事业的大局出发，坚持修道保法，回避恶性竞争，追求双胜双赢。孙子曰："善用兵者，修道而保法，故能为胜负之政。"我们讲修道保法的核心是重道明理、苦练内功，以良好形象和综合实力赢得市场、保护市场、培育市场。我们只有坚持修道保法、苦练内功，增强自身的先天真气，打造仁义之师，才能在无情的竞争中立于不败之地。我国彩票实行统一返奖率，各种玩法在功能和价格方面没有多大差异，因此，玩法不是竞争要素。如果把玩法模仿或加奖促销作为竞争手段，必然出现恶性竞争，其结局只能是两败俱伤，损害市场。在当前比较激烈的市场竞争环境中，全国福利彩票系统一定要坚持眼睛向内，恪守正道，一门心思发挥自身优势，让物竞天择的自然法则来决定未来的彩票市场分工。

第四，以现代组织理论为指导，构建发行系统运行机制，努力化解分级管理与统一发行的矛盾。福利彩票发行系统垂直管理与分级管理的问题是一个悬而未决的问题。彩票管理体制与彩票形态密切联系，发行方式决定管理体制，但又要受到一定的财政体制制约。世界上大多数中央集权制国家均统一发行彩票，而联邦制国家一般分州发行彩票。有鉴于此，在我国福利彩票发行系统构建统一发行、分级核算、逐级授权、集约管理的运行机制比较符合中国特色。随着彩票品种增加、队伍扩大和管理任务加重，全国福利彩票系统的管理层次需要向下延伸，总体构建三级管理，市为基础的组织模式较为切合实际。我们目前遇到的问题是纵向协调比较困难，省地关系是一个突出的薄弱环节。其实，统一发行与分级管理不应该成为不共戴天的矛盾，现代社会经济组织不再同于军事集团，管理手段不再局限于以人为对象，独立企业可以逐级授权经营，跨国集团可以全球集约联合，组织模式只是一种外在形式，关键是运行机制。目前，福利彩票系统省地关系中的主要矛盾，不在于一级法人与二级法人，而在于双系统、二层次的管理方格被纵向利益脱节、横向"政企不分"所扭曲，如果上下利益关系不顺，民政部门上下与发行机构上下的关系必然是一差俱差，如果"政企不分"问题未能解决，发行业务统一管理的要求就难以落实。这两个问题互为因果，必须同时解决。各级彩票机构要紧紧依靠同级民政部门领导，通过以相互支持为基础，以利益关系为纽带，以技术平台为手段，以政策制度为保证等措施，把福利彩票发行系统建设成上下和谐、步调一致的命运共同体、利益共同体和目标共同体。福利彩票的发展壮大，始终得益于民政系统齐抓共管，但发行彩票毕竟是市场活动，应当有专门机构运作。各级彩票中心应当成为自收自支、独立承担民事责任的事业单位，要立足自办发行，提高自理能力，积极解决与行政主管部门人员兼职、财务混账、产权不清、责任不明等问题，解脱政府部门对彩票发行风险的连带责任，促进彩票系统完善功能、规范管理、健全队伍、持续发展，保证福利彩票在各级民政部门的正确领导下健康运营、长治久安。

第五，正确认识彩票资金性质，努力排解彩票公益金分配方面的矛盾。彩票公益金具有民间募捐资金性质，资金使用方向应当与向彩民的承诺相一致，不能视其为一般公共财政资金用于平衡预算。各级彩票机构要积极协助同级民政部门搞好公益金管理，确保彩票公益金用于规定项目，并定期向社会公布，接受审计、检查和社会监督。彩票发行费系彩票业务的成本补偿，只能用于彩票发行活动，不宜列入行政部门预算管理，不能用于与彩票发行无关的商业性投资，更不能挪作他用。福利彩票公益金的使命是救助困难群体，民政部统筹一部分向贫困地区倾斜，符合福利彩票发行宗旨，彩票发行先进地区为此做出了贡献，大家应当表示衷心感谢。中央财政提取一部分用于其他公益事业，这样，有利于缓解其他公益部门要求发行彩票的矛盾，有利于维护彩票市场格局稳定，而且主要用于社会保障事业，受益最多的还是民政救助对象。现行的彩票公益金分配办法，确实存在着全国发行量越大地方留成比例越小的消极因素，严重挫伤了地方政府支持彩票发行的积极性，给彩票发行部门也造成了很大压力，这是一个非常现实的问题。2004 年，福利彩票系统地方留成比例已经降至 15%，如果仍不调整分配办法，今年还要下降。我们将高度重视这一问题，积极建议有关部门妥善解决这一问题，适当照顾地方利益，从政策层面为彩票持续发展提供动力。

坚持科学发展观

我国彩票事业由限额发行走向规模发行，彩票形态由简单化走向多样化，发行方式由分散走向联合，彩民心态由浪漫走向理性，社会舆论由赞美走向监督，所有这一切变化，都标志着我国彩票发行工作进入了新的历史阶段。各级彩票机构要与时俱进，贯彻、落实以人为本的科学发展观，认真分析市场发展趋势，研究发展战略，转变传统观念，改进工作方式，促进福利彩票事业全面、和谐、可持续发展。

——宣传策略要由推销博彩向推销理念转变。彩票不同于一般商品，不能无限刺激购买，不宜进行博彩功能推销。推销彩票的博彩功能往往引起负面反应，直白的自我宣传反而影响彩票的诚信。彩票机构的营销策略要由传统的以销售为中心转向以彩民为中心，着力传播科学的彩票理念，客观反映彩票的真实面目，正确引导彩民的购票行为，营造和谐的市场氛围。目前，3D 类固定设奖的小奖组玩法刚上市，许多彩民对其特性尚未完全了解，出现了一些非理性投注方法，我们要注意做好宣传解释。电脑彩票的每一次开奖都是独立随机事件，下一次开奖等于重新洗牌，与前一次开奖没有关联，保号倍投是一个重大误区。我们对 3D 实行限号销售的目的在于预防彩民心理失控，保持彩票的幸运游戏特性，体现了对人民群众和彩票事业负责。各级福利彩票工作机构和销售人员要忠于职守，尊重科学，善待彩民，不要夸大彩票的中奖功能，不要向未成年人出售彩票，不要支持彩民大额投注，不要误导彩民保号倍投。在福利彩票销售场所要张贴必要的警示广告，以充分体现对彩民负责，培养人民群众对福利彩票的亲近感和信任感。

——发展视线要由玩法开发向市场渗透转变。目前，全国福利彩票发行方式和玩法结构调整基本到位，彩票品种也近乎齐全，跑马圈地阶段的工作基本结束，应该把主要精力转入精耕细作，向市场深处挖潜力，向扩大彩民队伍要销量。各级彩票机构要克服喜新厌旧、急功近利的思想倾向，把工作兴趣点转移到提高现有彩票品种销量和巩固市场基础方面来。通过把各项工作做精做细，现有玩法做大做强，各地市场做深做透，推动福利彩票规模和效益同步增长。

——营销重点要由分散销售向联合销售转变。福利彩票走向联合销售的历史过程证明，彩票市场催生新的发行方式，新的发行方式催生新的彩票品种，福利彩票的可持续发展与系统上下观念更新互为条件。我国彩票市场已经进入资源整合期，全国联销的双色球和3D将逐渐成为全国福利彩票的主力玩法，各地营销工作重点要及时转移到联合销售方面来，进一步完善以全国品牌玩法为主力，地方品牌玩法为补充的发展格局。

——竞争策略要由贴身进逼向优势运行转变。福利彩票占据彩票市场领跑位置以后，要担负起树立国家彩票形象的光荣使命，引导我国彩票事业健康发展。要坚持优势运行、稳步发展的市场战略，努力保持政策稳定、市场稳定和竞争格局稳定。要抓住有利时机夯实发展基础，扩大品牌优势，加快研发成果转化，进一步拉开竞争距离，促进市场分工。要始终保持危机意识、忧患意识、竞争意识和创新意识，不断推进技术创新、管理创新和市场创新，努力形成培养优势、发挥优势、强化优势、再创新优势的优势运行链，使福利彩票发行工作年年有新招，步步攀新高。

——彩票机构职能定位要由销售中心向管理中心转变。彩票发行机构是群众性彩票活动的组织者和主持者，而不是坐庄者。各级彩票机构要增强发行管理主体意识，把工作的重心转移到发行管理方面来，下功夫抓规范、保安全，树诚信，促发展。各级彩票机构名称要突出管理职能，省市彩票机构凡是具有独立法人资格的应该冠名为管理中心，如果以发行中心或销售中心冠名在一定程度上加重了商业色彩，不利于突出彩票机构的管理地位，应当考虑更名。

抓好管理基础建设

全国福利彩票系统要把2005年作为基础建设年，狠抓规范管理，夯实发展基础，构建诚信体系，提高工作效率，促进彩票发行工作全面发展。

第一，抓好技术系统建设。中彩中心将投资组建研发中心，引进国外先进技术，建成全国统一、世界一流的电脑乐透彩票数据处理系统，以实现软件统一和投注机通用化为目标，彻底改变全国福利彩票技术平台被设备供应商分割垄断不能进行联网销售的被动局面。

第二，抓好营销体系建设。对全国福利彩票系统的营销资源进行必要的整合，加大中央媒体信息传播力度，拓宽地方营销渠道，形成多层面、有分工、有配合、有侧重的立体营销体系，提高营销资源效益，降低运营成本，提升福利彩票形象。

第三，抓好管理制度建设。制度是严格管理的基础、规范操作的依据、提高效率的保证，也是诚信体系的重要组成部分。省级以上彩票机构要把通过 ISO－9000质量认证作为今年的工作目标，轰轰烈烈地开展认证达标活动。按照有责任、有程序、有控制、有考核、有规定、有纠正的要求编制各项业务操作手册并狠抓落实，全面提高福利彩票发行管理工作水平。

第四，抓好销售站点建设。彩票销售站点的质量和密度是市场开发深度的重要标志，一个站点代表一块市场，抓站点就是抓市场。我们的电脑彩票市场仍处于成长期，要充分利用当前优势运行的有利时机，适当加大站点密度。在商品市场竞争中，对零售商让利销售是提高市场占有率的重要手段，福利彩票机构要关心站点员工生活，最大限度地减轻销售站点经济压力，尽一切可能将电脑乐透彩票代销费提高到7%以上，销售站点的收入有保证了，福利彩票的市场也就相对稳定了。要把站点管理和服务措施落到实处，加强对销售人员的培训、教育和管理，把安全教育、法制教育列为与业务培训同等重要的培训内容，增强站点人员的纪律观念，杜绝不规范操作和违法行为。

第五，抓好机关内部建设。各级彩票中心要坚持以人为本，关心职工的学习、进步与生活。加强职工思想政治工作，搞好廉政建设和诚信建设，与党性要求、社会道德、彩票诚信准则同构的团体文化，为全系统诚信自律做表率。加强财务管理，建立成本核算制度，杜绝资源浪费。加强业务场所管理，优化工作环境，搞好安全防范。重视基本建设工作，保证发行工作需要，改善业务窗口形象。中彩中心基地建设工程将在本年度动工，为全国福利彩票未来发展打好服务基础。

抓好彩票销量增长点

2005年，福利彩票发行工作势头总体较好，一月份销量达到23亿元。全国民政工作会议提出了今年发行彩票240亿元的工作目标，我们要为此而努力。

——全力以赴把联合销售做大做强，扩大福利彩票市场优势。全国彩票市场竞争的正面战场转移到了全国联合销售层面，联合销售工作质量如何将直接关系福利彩票的品牌形象，各级彩票机构要把重点力量投放到联合销售方面来。积极改善双色球开奖条件和节目质量，努力解决3D开奖电视转播问题，尽快改进投注系统软件，方便彩民以各种方式投注，进一步搞好营销宣传，把双色球和3D做成全国彩票行业的最大品牌。

——要努力扶持地方优势品牌玩法。继续发挥福利彩票系统善于独立创新的传统优势，充分利用彩民地域认同心理和区域信息传播便捷等有利条件，大力培育地方品牌玩法。发行工作长期处于被动状态的地区，事到万难须放胆，要认真查找原因，采取相应措施，尽快扭转局面。玩法配置过多的省市，要抓大放小，整合市场，通过扶优扶强，促进销售总量增长。

——要加速推进基诺型彩票试点工作。基诺型彩票是一个成熟的国际彩票品种，经北京市试点证明，在我国有其广阔的市场前景,要加快相关技术开发进度,争取在今年内完成各大中心城市布点,使其成为福利彩票市场的新亮点。基诺型彩票要坚持面向城市休闲娱乐群体,注意总结营销方式和管理经验,发展初期的站点密度不宜过大,暂时不要向农村乡镇布点。

—— 要千方百计激活即开票市场。努力组建即开票专业销售队伍,积极开发即开型彩票规模销售电脑管理系统,争取以全新面目恢复即开型彩票规模销售。积极学习、引进先进国家的即开票销售技术和管理经验,加快网点即开票市场开发进度。

—— 要认真总结在线即开票试点经验，适当扩大试点范围。进一步抓好在线即开票游戏开发，认真总结各地试点经验，积极探讨新的营销方法，坚持彩票机构直接管理，积极而稳妥地向前推进，使适合中国国情的视频彩票成为福利彩票家族中的重要一员。

同志们，2005 年是福利彩票机遇与挑战并存的一年。我们坚信，在各级民政部门的坚强领导下，在财政部门的大力支持下，在民政系统相关部门的热情帮助下，全国福利彩票系统一定能够团结一致，排除困难，励精图治，勇往直前，全面完成福利彩票发行工作任务，夺取更大胜利。

关于正式开通中国福利彩票服务热线的通知

(2005 年 4 月 19 日　中国福利彩票发行
管理中心　中彩发字［2005］36 号)

各省、市、自治区福利彩票发行中心：

为了塑造中国福利彩票的整体品牌形象，提升中国福利彩票的公信力和美誉度，更好地为全国的投注站和彩民服务，中彩中心决定建立中国福利彩票服务热线(简称“福彩服务热线”　“福彩热线”)。目前,该热线已经过为期一个多月的试运行和公测，在稳定性、功能性、易用性等方面已达到设计要求。中心决定中国福利彩票服务热线 4008188188 于 2005 年 4 月 26日正式开通，向社会提供服务。

届时，中彩中心将通过各种媒体渠道统一发布福彩热线正式开通的消息，请各省、市、自治区福利彩票发行中心做好福彩热线开通的本地宣传工作。今后，中彩中心会把相关资料和宣传品陆续发往各地福彩中心，请各地福彩中心大力配合，做好资料和宣传品的发放工作。

附件：4008188188 服务热线流程图

附件

流程一览

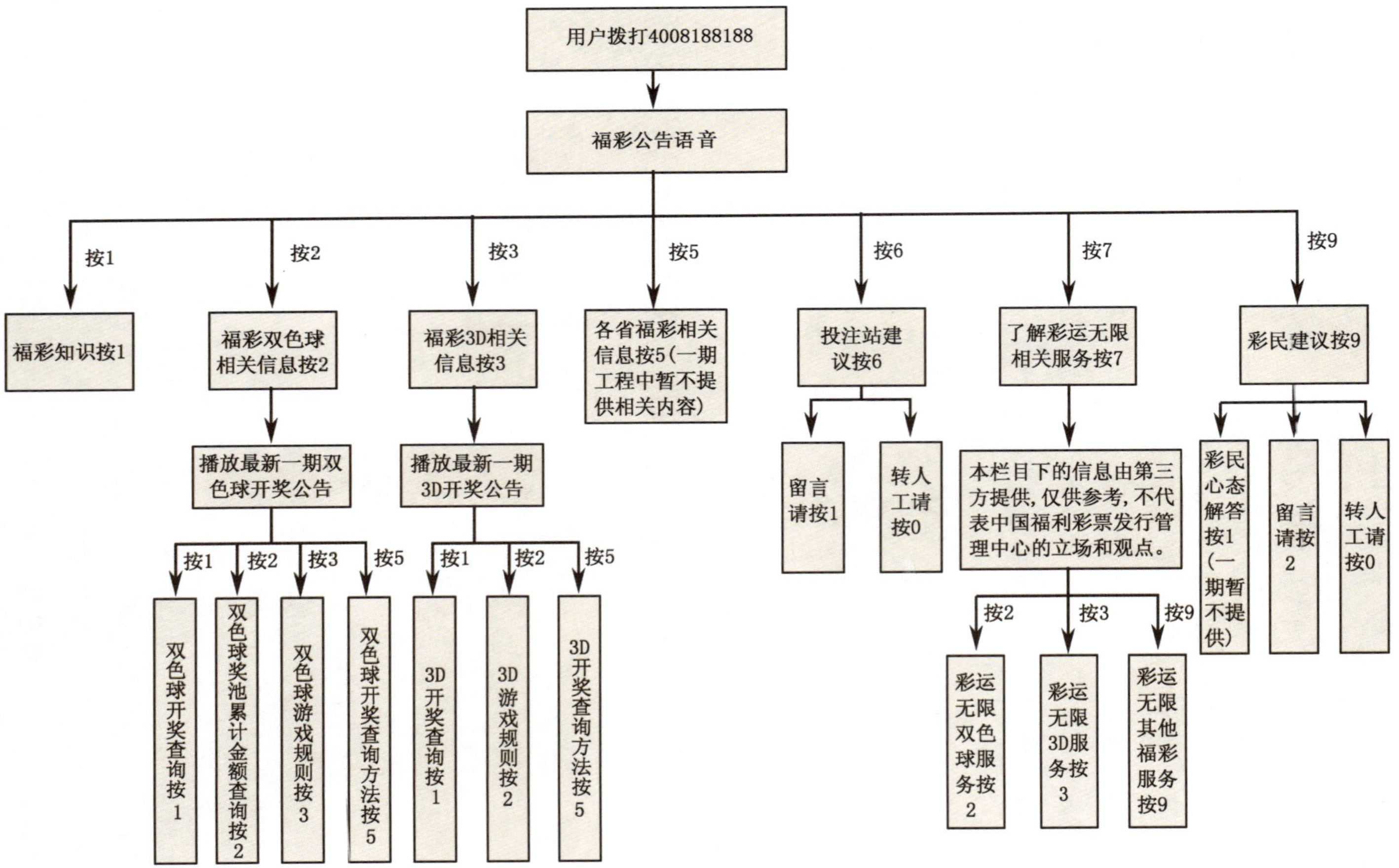
用户拨打4008188188
福彩公告语音
按1
福彩知识按1
按2
福彩双色球相关信息按2
播放最新一期双色球开奖公告
按1
双色球开奖查询按1
按2
双色球奖池累计金额查询按2
按3
双色球游戏规则按3
按5
双色球开奖查询方法按5
按3
福彩3D相关信息按3
播放最新一期3D开奖公告
按1
3D开奖查询按1
按2
3D游戏规则按2
按5
3D开奖查询方法按5
按5
各省福彩相关信息按5(一期工程中暂不提供相关内容)
按6
投注站建议按6
留言请按1
转人工请按0
按7
了解彩运无限相关服务按7
本栏目下的信息由第三方提供，仅供参考，不代表中国福利彩票发行管理中心的立场和观点。
按2
彩运无限双色球服务按2
按3
彩运无限3D服务按3
按9
彩运无限其他福彩服务按9
按9
彩民建议按9
彩民心态解答按1(一期暂不提供)
留言请按2
转人工请按0

关于印发《中福在线即开型彩票会计核算办法》的通知

(2005 年 5 月 25 日　中国福利彩票发行管理中心　中彩发字［2005］48 号)

各省、自治区、直辖市福利彩票发行中心：

中福在线即开型彩票（以下简称“中福在线即开票”）是全国统一奖池的电子即开型彩票，是福利彩票的一个新票种，为了规范中福在线即开票的会计核算，方便各级彩票机构进行账务处理，特印发《中福在线即开票会计核算办法》，请遵照执行。

中福在线即开型彩票会计核算办法

一、独立核算的基层彩票销售机构（销售厅）的账务处理

1. 资金结算。在中福在线发售的各环节，如售卡、退卡、兑奖过程中都会不断发生现金的收付款交易，销售厅对这些现金交易应通过柜员管理机逐笔进行记载，按日或按班次核对清点一致后，打印或编制“现金收支汇总表”，据以登记账目。若销售厅日终现金收支余额为正数，则借记“现金”科目，贷记“应付账款——地市”；若销售厅日终现金收支余额为负数，则借记“应收账款——地市”，贷记“现金”科目。次日上午，销售厅应查询“中福在线资金结算表（销售厅）”，并与前日的“现金收支汇总表”进行核对，不一致的，应及时查明原因。

2. 资金扣划。“中福在线资金结算表（销售厅）”中的“应缴款项”栏为正数的，销售厅应将相应数额的现金存入中福在线资金专户，并根据银行存款回单记账。若销售厅将现金直接存入地市彩票机构专户的，借记“应付账款——地市”，贷记“现金”科目；若销售厅将现金存入销售厅专户等待地市彩票机构扣划的，则先借记“银行存款”，贷记“现金”科目，待地市级彩票机构扣划相应数额款项后，销售厅再根据银行回单，借记“应付账款——地市”，贷记“银行存款”科目。

若“中福在线资金结算表（销售厅）”

中的“应缴款项”栏为负数，地市级彩票机构应向销售厅拨款，开立了专户的销售厅根据银行进账单，借记“银行存款”，贷记“应收账款——地市”；没有开立专户的销售厅可以到地市彩票机构提取现金，借记“现金”，贷记“应收账款——地市”。

3．发行经费的计算与拨付。销售厅根据“中福在线资金结算表（销售厅）”中的销售额（包括专用卡销售额和银行卡销售额），计算本级发行经费，借记“应收账款——地市”，贷记收入类科目。销售厅收到地市级彩票机构拨付的发行经费，根据银行进账单，借记“银行存款”或“现金”科目，贷记“应收账款——地市”。

二、地市级彩票机构的账务处理

1．资金结算。地级彩票机构根据“中福在线资金结算表（地级）”按周与省级机构和销售厅进行结算。根据“中福在线资金结算表（地级）”的应收款项栏或“中福在线资金结算表（销售厅）”的应缴款项栏，借记“应收账款——××销售厅”或贷记“应付账款——××销售厅”，根据应兑付的专用卡大奖栏，贷记“应付账款——大奖奖金”，根据销售额（含银行卡和专用卡）计算的地级发行经费，贷记“待收财政专户款”，根据销售额计算的销售厅发行经费，贷记“应付账款——××销售厅”，根据“中福在线资金结算表（地级）”中的“应缴款项”合计数，贷记“应付账款——省级”或借记“应收账款——省级”。

2．与销售厅的资金扣划。“中福在线资金结算表（地级）”的应收款项栏为正数的，销售厅向地市级彩票机构缴款（自动缴款或扣划），地市级彩票机构根据银行进账单，借记“银行存款”，贷记“应收账款——××销售厅”。同时，地市级彩票机构将待收财政专户款转为应缴财政专户款，借记“待收财政专户款”，贷记“应缴财政专户款”。

“中福在线资金结算表（地级）”的应收款项栏若为负数，地市级彩票机构应向销售厅拨款，通过银行拨付到销售厅专户的，借记“应付账款——××销售厅”，贷记“银行存款”；销售厅没有专户的，地市级彩票机构应先提取现金后再将现金交付销售厅。

3．兑付大奖。地市级彩票机构兑付专用卡大奖，根据中奖奖金总额，借记“应付账款——大奖奖金”，根据规定的税率计算的代扣代缴金额，贷记“应缴税金——偶然所得税”，根据实际兑付的奖金数，贷记“银行存款”或“现金”科目。地市级彩票机构办理兑付银行卡大奖手续时，根据代扣代缴的偶然所得税，借记“银行存款”，贷记“应缴税金——偶然所得税”。

4．与省级彩票机构的资金扣划。省级彩票机构根据“中福在线资金结算表（地级）”中“应缴款项”栏的正负数，从地级彩票机构专户中扣划或拨付相应数额的资金，地级机构根据银行回单贷记或借记“银行存款”，借记“应付账款——省级”或贷记“应收账款——省级”。

5．拨付销售厅经费。地级彩票机构根据中福在线销售额（包括专用卡销售额和银行卡销售额）计算拨付销售厅发行经费，借记“事业支出”，贷记“银行存款”。同时将拨付销售厅的发行经费作为内扣的事业收入处理。借记“应付账款——××销售厅”，贷记“事业收入”。

6. 地级彩票机构向财政专户缴款，借记“应缴财政专户款”，贷记“银行存款”。

三、省级彩票机构的账务处理

1. 资金结算。省级彩票机构按周根据“中福在线资金结算表（省级）”与地级机构和中央级机构进行结算。根据“中福在线资金结算表（省级）”的应收款项或“中福在线资金结算表（地级）”的应缴款项栏，借记“应收账款——××地市”或贷记“应付账款——××地市”，根据销售额（含银行卡和专用卡）计算的省级发行经费和公益金，分别贷记“待收财政专户款——发行费”、“待收财政专户款——公益金”，根据“中福在线资金结算表（省级）”的应缴金额，贷记“应付账款——归集户”或借记“应收账款——归集户”。

2. 与地市级彩票机构的资金扣划。省级机构根据“中福在线资金结算表（省级）”的应收款项或“中福在线资金结算表（地级）”的应缴款项栏的正负数，从地级彩票机构专户中扣划或拨付相应数额的资金，并根据银行回单借记或贷记“银行存款”，贷记“应收账款——××地市”或借记“应付账款——××地市”。同时，省级机构将待收财政专户款转为应缴财政专户款。

3. 与中福在线资金归集专户的资金扣划。中福在线全国资金归集专户根据“中福在线资金结算表（省级）”中“应缴款项”栏的正负数，从省级彩票机构专户中扣划或拨付相应数额的资金，省级机构根据银行回单贷记或借记“银行存款”，借记“应付账款——归集户”或贷记“应收账款——归集户”。

4. 省级彩票机构向财政专户缴款，分别借记“应缴财政专户款——发行费”、“应缴财政专户款——公益金”，贷记“银行存款”。

四、中福在线资金归集专户的账务处理

1. 资金结算。中福在线资金归集专户根据“中福在线资金结算表（中央级）”与省级机构进行结算。根据“应收款项”栏的正负数，借记“应收账款——××省级”或贷记“应付账款——××省级”，根据兑付奖金的总数（含小奖和大奖），借记“应付返奖奖金”，根据省、地实际内扣的发行费，借记“应付账款——发行费”，根据省级实际内扣的公益金，借记“应付账款——公益金”。根据彩票销售额（含银行卡和专用卡），贷记“应付账款——中彩中心”，根据归集账户的资金流动情况贷记或借记“预收账款”。

2. 资金扣划。中福在线全国资金归集专户根据“中福在线资金结算表（中央级）”中“应收款项”或“中福在线资金结算表（省级）”的“应缴款项”栏的正负数，从省级彩票机构专户中扣划或拨付相应数额的款项，并根据银行回单借记或贷记“银行存款”，贷记“应收账款——××省级”或借记“应付账款——××省级”。

3. 资金分配。中福在线资金归集专户

根据“销售及资金分配表”进行资金分配，根据销售额借记“应付账款——中彩中心”，根据计算的公益金贷记“应付账款——公益金”，根据计算的发行经费，贷记“应付账款——发行费”，根据计提的返奖奖金贷记“应付返奖奖金”。

五、中央级彩票机构的账务处理

1. 资金结算。根据“中福在线资金结算表（中央级）”进行资金结算。根据归集账户的资金流动情况，借记“应收账款——归集户”或贷记“应付账款——归集户”，根据实际兑付的奖金，借记“应付返奖奖金”，根据省、地实际内扣的发行费，借记“应付账款——发行费”，根据省级实际内扣的公益金，借记“应付账款——公益金”。根据彩票销售额（含银行卡和专用卡）贷记“彩票销售结算”，根据专用卡资金的使用情况，贷记或借记“预收账款”。

2. 资金分配。根据“销售及资金分配表”进行资金分配，根据销售额借记“彩票销售结算”，根据计算的公益金贷记“应付账款——公益金”，根据计算的发行经费，贷记“应付账款——发行费”，根据计提的返奖奖金贷记“应付返奖奖金”。

附件：中福在线即开型彩票会计核算举例

附件

中福在线即开型彩票会计核算举例

全国某周某销售厅销售投注卡120万元，其中彩民投注总额100万元，销售厅兑付小奖奖金20万元，彩民退取投注本金10万元，地级彩票机构兑付大奖奖金15万元。假如地级彩票机构发行经费分配比例为2%，销售厅为6%。各级账务处理如下：

（一）销售厅账务处理

1. 销售厅结账。上例中销售厅实际收到现金120－10－20＝90（万元），日终或次日上午，销售厅根据“中福在线资金结算表（销售厅）”进行核对无误后记账：

借：现金　　　　　　90万

　　贷：应付账款——地市90万

2. 次日上午，销售厅将款项存入银行专户，根据银行存款回单记账。

借：银行存款　　　　90万

　　贷：现金　　　　　　90万

3. 地级中心根据“中福在线资金结算表（销售厅）”从销售厅专户中扣款，销售厅根据银行回单记账。

借：应付账款——地市90万

　　贷：银行存款　　　　90万

4. 销售厅同时根据“中福在线资金结算表(销售厅)”中的销售额(包括专用卡销售额和银行卡销售额)计算地级发行经费：

借：应收账款——地市　6万

　　贷：主营业务收入（事业收入）

　　　　　　　　　　　6万

5. 销售厅收到地级彩票中心拨付的发行经费，根据银行进账单记账。

借：银行存款　　　　6万

贷：应收账款——地市　6万

（二）地级彩票机构账务处理

1. 地级彩票机构根据“中福在线资金结算表（地级）”与销售厅和省级机构进行结算。根据“中福在线资金结算表（地级）”的应收款项栏或“中福在线资金结算表（销售厅）”的应缴款项栏，借记“应收账款——销售厅”，根据应兑付的大奖贷记“应付账款——奖金”，根据销售额（含银行卡和专用卡）计算的地级发行经费，贷记“待收财政专户款”，根据销售额计算的销售厅发行经费，贷记“应付账款——销售厅”，根据“中福在线资金结算表（地级）”的应缴金额，贷记“应付账款——省级”。

借：应收账款——销售厅

90万

贷：待收财政专户款　　2万

应付账款——省级67万

应付账款——销售厅

6万

应付账款——奖金15万

2. 从销售厅专户中扣划款项后，根据银行进账单记账：

借：银行存款　　　　90万

贷：应收账款——销售厅

90万

收到扣款后，将待收财政专户款转为应缴财政专户款。

借：待收财政专户款　　2万

贷：应缴财政专户款　　2万

以上若销售厅不进行独立核算，款项直接交存地市彩票机构，由地市彩票机构统一进行账务处理的，地市彩票机构收到款项时：

借：银行存款（现金）90万

贷：应缴财政专户款　　2万

应付账款——省级67万

应付账款——奖金15万

事业收入（其他收入）

6万

3. 地级彩票机构兑付专用卡大奖，根据相关兑奖手续记账。

借：应付账款——奖金15万

贷：银行存款　　　　12万

应缴税金——偶然所得税

3万

4. 省级彩票机构根据“中福在线资金结算表（地级）”从地级彩票机构专户中扣划款项，地级机构根据银行回单记账。

借：应付账款——省级67万

贷：银行存款　　　　67万

5. 地级彩票机构根据中福在线销售额（包括专用卡销售额和银行卡销售额）计算拨付销售厅发行经费。

借：应付账款——销售厅

6万

贷：银行存款　　　　6万

销售厅发行经费作为内扣的事业收入处理。

借：事业支出　　　　6万

贷：事业收入　　　　6万

6. 地级彩票机构向财政专户缴款。

借：应缴财政专户款　　2万

贷：银行存款　　　　2万

（三）省级彩票机构的账务处理

1. 省级彩票机构根据“中福在线资金

结算表（省级）”与地级机构和中央级机构进行结算。根据“中福在线资金结算表（省级）”的应收款项栏或“中福在线资金结算表（地级）”的应缴款项栏，借记“应收账款——地市”，根据销售额（含银行卡和专用卡）计算的省级发行经费和公益金，分别贷记“待收财政专户款——发行费”、“待收财政专户款——公益金”，根据“中福在线资金结算表（省级）”的应缴金额，贷记“应付账款——归集户”。

借：应收账款——地市 67 万

贷：待收财政专户款——发行费 1 万

待收财政专户款——公益金 35 万

应付账款——归集户 31 万

2. 从地级彩票机构专户中扣划款项后，根据银行进账单记账：

借：银行存款 67 万

贷：应收账款——地市 67 万

收到扣款后，将待收财政专户款转为应缴财政专户款。

借：待收财政专户款——发行费 1 万

待收财政专户款——公益金 35 万

贷：应缴财政专户款——发行费 1 万

应缴财政专户款——公益金 35 万

3. 中福在线全国资金归集专户根据“中福在线资金结算表（省级）”从省级彩票机构专户中扣划款项，省级机构根据银行回单记账。

借：应付账款——归集户 31 万

贷：银行存款 31 万

4. 省级彩票机构向财政专户缴款。

借：应缴财政专户款——发行费 1 万

应缴财政专户款——公益金 35 万

贷：银行存款 36 万

（四）中福在线资金归集专户的账务处理

1. 中福在线资金归集专户根据“中福在线资金结算表（中央级）”与省级机构进行结算。根据“应收款项”栏的正负数，借记“应收账款——省级”或贷记“应付账款——省级”，根据兑付奖金的总数（含小奖和大奖），借记“应付返奖奖金”，根据省、地实际内扣的发行费，借记“应付账款——发行费”，根据省级实际内扣的公益金，借记“应付账款——公益金”。根据彩票销售额（含银行卡和专用卡），贷记“应付账款——中彩中心”，根据归集账户的资金流动情况贷记或借记“预收账款”。

借：应收账款——省级 31 万

应付返奖奖金 35 万

应付账款——发行费 9 万

应付账款——公益金 35 万

贷：应付账款——中彩 100 万

预收账款 10 万

2. 中福在线全国资金归集专户根据“中福在线资金结算表（中央级）”从省级

彩票机构专户中扣划款项，并根据银行进账单记账。

借：银行存款　　　　31 万

　贷：应收账款——省级 31 万

3. 中福在线资金归集专户根据“销售及资金分配表”进行资金分配，根据销售额借记“应付账款——中彩”，根据计算的公益金贷记“应付账款——公益金”，根据计算的发行经费，贷记“应付账款——发行费”，根据计提的返奖奖金贷记“应付返奖奖金”。

借：应付账款——中彩

　　　　100 万

　贷：应付账款——发行费

　　　　15 万

　　应付账款——公益金

　　　　35 万

　　应付返奖奖金　　50 万

4. 中彩中心允许中彩在线公司内扣发行经费时。

借：应付账款——发行费

　　　　6 万

　贷：主营业务收入　　6 万

（五）中彩中心的账务处理

1. 根据“中福在线资金结算表（中央级)”进行资金结算。根据归集账户的资金流动情况，借记或贷记“应收账款——归集户”，根据实际兑付的奖金，贷记“应付返奖奖金”，根据省、地实际内扣的发行费，借记“应付账款——发行费”，根据省级实际内扣的公益金，借记“应付账款——公益金”。根据彩票销售额（含银行卡和专用卡）贷记“彩票销售结算”，根据专用账户资金的使用情况，贷记或借记“预收账款”。

借：应收账款——归集户

　　　　31 万

　　应付返奖奖金　　35 万

　　应付账款——发行费

　　　　9 万

　　应付账款——公益金

　　　　35 万

　贷：彩票销售结算　　100 万

　　预收账款　　　　10 万

2. 允许中彩在线公司将发行经费内扣时，进行账务处理。

借：事业支出　　　　6 万

　贷：应收账款——归集户

　　　　6 万

3. 根据“中福在线资金分配表”进行资金分配。

借：彩票销售结算　　100 万

　贷：应付返奖奖金　　50 万

　　应付账款——发行费

　　　　9 万

　　事业收入　　　　6 万

　　应付账款——公益金

　　　　35 万

关于加强中福在线即开型彩票发行销售管理工作的通知

（2005 年 6 月 9 日　中国福利彩票发行管理中心　中彩发字［2005］50 号）

各省、直辖市、自治区福利彩票发行中心：

中福在线即开型彩票试点推广工作已在全国展开，为了进一步加强发行销售管理工作，现就有关问题通知如下：

一、加强中福在线即开型彩票正面宣传工作。中福在线即开票是传统即开型福利彩票的无纸化发行方式，在线即开票销售厅是福利彩票销售场所，要从福利彩票发行宗旨、社会公益性等方面加大宣传力度，加强社会责任感。严禁过度渲染游戏的刺激性，严禁诱导、误导彩民，规范经营管理行为，营造健康和谐的彩票销售环境，树立中福在线即开型彩票良好的社会形象。

二、严格执行中福在线即开型彩票销售厅申报审批建设程序。要严格按照中国福利彩票发行管理中心（以下简称“中福彩中心”）《关于做好扩大中福在线即开型彩票试点工作的通知》（中彩发［2005］28 号）的要求和进度，做好试点地市销售厅的申报审批建设工作。销售厅由地市福彩中心向省福彩中心上报设立销售厅计划，省福彩中心向中福彩中心上报全省设立销售厅计划，中福彩中心统一审批后方可建设。未经中福彩中心审批设立销售厅，造成损失的，责任自负。设立销售厅报备的材料必须齐全。

三、中福彩中心再次重申：中福在线即开型彩票销售厅必须由彩票机构负责投资建设和直接经营管理，不得对外承包转包经营。

四、中福在线即开型彩票销售厅管理权必须集中在彩票中心。销售厅管理人员必须由彩票中心工作人员或彩票中心直接聘用人员担任，2005 年 6 月 20 日前将销售厅管理人员姓名、联系方式、聘用合同等报中福彩中心备案。销售厅负责人通讯设备全天必须保持开机状态。

五、中福在线即开型彩票实行形象化和标准化管理，应严格按照中福彩中心制定的《中福在线即开型彩票销售厅形象设计规范》进行销售厅建设。

六、中福在线即开型销售厅要有良好

的社会形象，应保持店堂明亮、地面清洁、空气清新、设备设施完好，建立健全安全保卫制度。

七、严格按照中福在线即开型彩票有关管理办法和规定等加强销售厅内部管理工作。同时加强销售厅工作人员业务、政策等方面的培训，提高人员素质，严禁使用与国家政策、管理规定等相违背的语言。

八、中福在线即开型彩票销售厅是福利彩票综合性销售厅。福利彩票其他票种也应在销售厅内销售，2005 年 6 月 30 日前必须摆放到位。销售厅应在显著位置放置《中福在线即开型彩票销售许可证》、公告、宣传品、警示语等明示性材料，并整齐摆放各种投注终端设备和其他室内设施。

九、严禁未成年人以任何理由进入销售厅。作为纪律，各地中福在线即开型彩票销售厅必须严格执行。

十、必须严格按照规定及时结算和上缴中福在线即开型彩票资金。

十一、中福在线即开型彩票销售厅必须按照规定的时间营业，同时做好日结工作。

希望你们严格按照《中福在线即开型彩票发行与销售管理试行办法》等有关管理办法和规定，严格管理，规范操作，确保发行销售工作正常有序进行。对经营管理不善，违规操作和拖欠资金的销售厅，中福彩中心将予以通报批评或者停机处理。

关于印发《中福在线即开型彩票销售厅财务管理规定》的通知

（2005 年 6 月 22 日　中国福利彩票发行管理中心　中彩发字［2005］52 号）

各省、自治区、直辖市福利彩票发行中心：

为规范中福在线即开型彩票销售厅的资金管理工作，不断提高销售厅财务管理水平，现将《中福在线即开型彩票销售厅财务管理规定》印发给你们，请遵照执行。原《中福在线即开票销售厅资金结算管理办法（试行）》（中彩发字［2003］151 号附件）同时废止。

中福在线即开型彩票销售厅财务管理规定

第一章 总 则

第一条 为保证中福在线即开型彩票（以下简称"中福在线即开票"）发行销售工作的顺利进行，加强中福在线即开票销售厅（以下简称"销售厅"）资金和财务管理，根据《中福在线即开型彩票发行销售管理试行办法》和《中福在线即开型彩票资金管理暂行规定》及国家有关财经法律法规，制定本规定。

第二条 本规定所指销售厅是指所有从事中福在线即开票销售的场所，无论该场所的上一级单位或投资主体是何种组织或机构，均应遵循本规定。

第三条 销售厅作为中福在线即开票最基层的销售组织，应接受上一级福彩机构的财务指导和监督。

第四条 销售厅是福彩机构附属的自主经营、自负盈亏的非法人单位，其内部控制制度和财务管理办法，由上一级福彩机构制定。

第二章 账户管理

第五条 销售厅应严格按照财政部和中国人民银行有关银行账户管理的规定，在中国福利彩票发行管理中心（以下简称"中福彩中心）指定的银行开立中福在线即开票销售厅彩票资金专用账户（以下简称"专户"），并与开户行签订"资金自动扣划协议书"。销售厅若不开立资金专户的，其款项缴拨应直接通过上一级福彩机构的专户进行。

第六条 销售厅开立专户后，应及时将开户名称、账号、行号和开户行名称报上一级福彩机构备案。如变更或销户，应提前10天报告。

第七条 销售厅的专户与其他资金账户应分开管理，专款专用。不得以任何借口或名义挪用专户内的资金，也不得用该项资金为任何组织或个人提供抵押、担保等。

第八条 销售厅应加强资金和专用账户的管理，及时了解专户内的资金余额，按日编制报表，逐笔核对有关账目，防止发生"透支"行为。

第九条 销售厅专户如出现重大异常情况，应及时向中福彩中心和上一级福彩机构报告。

第三章 现金管理

第十条 销售厅的现金管理按照《中华人民共和国现金管理暂行条例》等有关规定执行。

第十一条 销售厅现金收付采用综合柜员制，其"坐支"的范围报开户银行审批。

第十二条 销售厅应保持合理的现金库存，多余的现金应及时送存银行。

第十三条 销售厅应加强现金的收支管理，制定严密的收付款制度和现金的使用、保管、查验制度。

第四章 财会人员管理

第十四条 销售厅应根据资金和财务管理的需要，配备必要的财会人员。

第十五条 财会人员的聘用或解聘必须符合国家财务会计法规的有关规定。

第十六条 销售厅财会机构负责人须报上一级福彩机构批准。

第五章 专用卡管理

第十七条 专用卡由中福彩中心统一设计和制作，销售厅应提前20天向上一级福彩机构申领专用卡。

第十八条 销售厅领用专用卡须按规定交纳押金，目前PVC材料的专用卡每张押金2元，专用卡押金可以退还，遗失或毁损的专用卡不退还押金。

第十九条 销售厅应建立专用卡的申领、验收和严格的保管制度，并实行登记、领取与保管相分离的内控机制。

第二十条 专用卡应分门别类进行管理，故障卡按规定办理退款手续。

第六章 专用卡的出售与退还

第二十一条 销售厅应通过柜员管理机出售专用卡，专用卡内资金低于1万元可现金充值，但最多充至1万元。

第二十二条 专用卡内的投注资金在同城范围内可以通存通取，持卡人应妥善保管，保管不善造成的损失由持卡人负责。

第二十三条 销售厅出售专用卡可以向购卡人收取押金，目前PVC材料的专用卡每张可收取押金2元，购卡人退卡时销售厅应将押金退还。

第二十四条 专用卡内的资金余额从最后一次投注起，有效期1年，超过1年期限未投注的资金，不能再继续使用，卡内资金将作为逾期未退票款，按有关规定转入调节基金。

第二十五条 销售厅可定期向上一级福彩机构申请专用卡退库，上一级福彩机构在审核批准后应退还专用卡押金。

第七章 兑奖及弃奖

第二十六条 中福在线即开票的中奖奖金兑付由中福在线即开票发行销售系统验核标注后授权支付。

第二十七条 中福在线即开票的中奖凭证是购票者所持的投注卡（指定的银行借记卡和专用卡）。

第二十八条 销售厅负责单注中奖金额在1万元及以下的奖金兑付工作，单注中奖金额在1万元以上，销售厅也可受地市级彩票中心委托代为兑付。

第二十九条 销售厅代兑1万元以上奖金的，应遵循《中福在线即开型彩票资金管理暂行规定》的要求办理有关兑奖手续，并留存相关兑奖材料和凭证。

第三十条 中福在线即开票中奖奖金在同城范围内可以通兑，销售厅不得拒兑。

第三十一条 中福在线即开票兑奖有效期为30天，从中奖当日起计算，超过有效期不办理兑奖手续的，计为弃奖。

第八章 资金结算

第三十二条 销售厅与地市级福彩机

构的资金结算按日进行，按周结清。每日营业终了，销售厅应按规定程序进行结账，并核对柜员管理机、财务管理机和中福在线即开票网上报表查询系统（以下简称 WEB 报表,网址:http://210.82.95.66:8080/index.jsp)的统计数据与实际的现金收支是否一致，不一致的应及时查明原因。

第三十三条 销售厅应在销售次日上午将前日收到的全部款项减去支出的全部款项后的余额（不包括收取和退还的专用卡押金）缴至其专户或上一级福彩机构专户中。每周一中午 12 时前，销售厅必须保证其本结算周期内往专户内存入的资金总额不小于“中福在线资金结算表（销售厅）”中的“应缴金额”。

第三十四条 销售厅应缴金额用以下公式计算：应缴款项 = 售卡和充值所收到的投注资金（不含押金） - 退卡兑付金额(只包括兑付的小奖和本金)。当应缴款项大于零时，由销售厅向地市级专户缴款；反之，由地市级专户向销售厅拨款。（销售厅代兑大奖的，由上一级福彩机构与销售厅另行结算。)

第三十五条 款项缴拨采取主动上缴和银行自动扣划的方式进行，销售厅不能按时结清的，上一级福彩机构或开户银行有权向中彩中心书面申请停止销售厅售卡和充值功能。

第三十六条 销售厅的发行经费每周二下午由地市级福彩机构拨付，地市级福彩机构应及时指令其开户行将销售厅的发行经费拨付销售厅。

第九章 报表与凭证

第三十七条 彩民购卡和充值时，销售厅应出具销售清单，销售清单内容应包括：投注卡号、充值前余额、本次充值金额、充值后金额、充值时间等信息。

第三十八条 彩民兑奖或退卡时，销售厅应提供结算清单，结算清单内容必须包括：投注卡号、兑付前余额、本次兑付额、兑付后余额、兑付时间等信息。中 1 万元以上大奖的，结算清单上还应包括中大奖的投注机号、投注流水号、中奖时间、中奖金额、纳税金额、实兑金额等内容。

第三十九条 销售厅向彩民提供销售清单和结算清单时应取得彩民签字确认，并留存一份妥善保管，装订成册，至少保存 1 年。

第四十条 每日营业终了，销售厅应根据销售清单、结算清单打印或编制“现金收支汇总表”，并与现金收支余额核对一致。

第四十一条 次日上午，销售厅应查询、打印 WEB 报表，核对并查阅现金收支、销售额等数据，并与“现金收支汇总表”进行核对，不一致的，应及时查明原因。

第四十二条 销售厅受地市福彩机构委托代兑大奖奖金的，应将地市福彩机构盖章的税票妥善保管、顺序开具，并将开具情况按月汇总上报。

第四十三条 销售厅应根据内部管理的需要自行设计有关报表，并建立有关账簿和票据的管理制度。

第十章 附 则

第四十四条 地市福彩机构应依据本规定制定销售厅的内部控制制度和财务管理办法。

第四十五条 本规定最终解释权在中福彩中心。

第四十六条 本规定自颁布之日起实施。

关于对全国福利彩票系统内部管理和控制制度建立健全情况进行检查的通知

（2005 年 6 月 24 日 中国福利彩票发行管理中心 中彩发字［2005］53 号）

各省、自治区、直辖市福利彩票发行中心：

为加强福利彩票系统的管理工作，提高管理水平；落实年初全国彩票工作会议精神，即把 2005 年作为基础建设年，抓好管理制度建设；进一步贯彻《监察审计工作暂行办法》，推动系统内部监察审计工作。中彩中心决定，对省级彩票发行中心内部管理和控制制度的建立健全情况、实施落实情况进行一次检查。这次检查的重点，侧重中心内部财务管理方面的建章立制工作。

检查分为两个阶段，7 月底前为自查阶段，9—11 月为重点抽查阶段。

检查的主要内容是：除财政部、民政部和中彩中心制定和颁发的有关法规、制度、规定之外，中心内部管理和控制制度是否健全，包括费用支出审批制度；报销管理制度；大项支出控制制度；货币资金管理制度；资金结算制度；固定资产、机器设备及物料用品采购、验收、保管、领用、盘点制度；合同管理制度；开奖、兑奖环节的各项管理制度等。

各省彩票中心于 7 月底前将自查报告报中彩中心。

关于加强中福在线销售厅安全管理的通知

（2005 年 10 月 11 日　中国福利彩票发行管理中心　中彩发字［2005］84 号）

各省、自治区、直辖市福利彩票发行中心：

自中福在线即开型彩票扩大试点销售以来，销售厅的管理工作总体上看是好的，大部分销售厅能够按照中彩中心的要求，严格管理，规范操作。但近一个时期，发现个别销售厅内部管理混乱，彩民投注氛围较差，甚至出现了“外围赌”的现象，严重损害了福利彩票、特别是中福在线即开票的良好形象；还有的地方在销售厅建设过程中，没有严格按照中彩中心的技术要求操作，销售厅存在着明显的安全隐患。为确保中福在线即开型彩票试点工作的健康发展，消除各种安全隐患，现就有关销售厅安全管理问题通知如下：

一、切实加强销售厅现场管理，规范彩票投注行为。销售厅工作人员应对彩民的投注行为给予正确引导，销售厅内应在明显位置贴挂足够数量的警示语句，切不可为追求销量而误导彩民过量投注。要严格按照玩法规则进行游戏投注，不得违规操作。

二、坚决禁止利用投注终端机游戏界面进行各种“外围赌”或其他设赌行为，一经发现，将严肃处理。

三、对销售厅的强、弱电系统要进行一次彻底检查，凡未按中彩中心技术要求操作或存在安全隐患的，必须立即采取措施进行整改，确保人员、系统和设备的安全。

四、加强销售厅的服务管理工作，彩民除正常进行游戏外，不得接触投注设备电源及厅内其他电源设施。

五、加强销售厅防火、防水、防盗抢等工作，尚未办理消防安全手续的销售厅应尽快办理。

六、加强销售厅的声像监控管理工作，建立健全监控资料存档制度。接此通知后，请各省级福彩中心将辖区内销售厅自开业以来的监控资料刻制成光盘，报送中彩中心。今后，各销售厅每半年向省级福彩中心报送一次，中彩中心视情况抽查。监控资料不得间断。

七、加强与销售厅所在地公安部门的协调工作。对在销售厅内不服从管理，甚至无理取闹、扰乱正常营业秩序的人员，要坚决予以打击，必要时，应请公安机关协助做好销售厅内的治安管理工作。

（三）体育彩票规章和文献

关于全国联网销售电脑体育彩票29选7和22选5玩法有关事宜的通知

（2005年3月3日　国家体育总局体育彩票管理中心　体彩字［2005］89号）

陕西、甘肃、宁夏、新疆、山西、青海、河北、山东、黑龙江、吉林、辽宁、内蒙古、江西、湖南省（区）体育彩票管理中心：

经报财政部批准（财办综［2005］35号），我中心决定于2005年3月6日发行全国联网29选7和22选5体育彩票，现将有关事宜通知如下：

一、全国联网发行29选7和22选5玩法电脑体育彩票的具体开奖和资金结算工作由山东省体育彩票管理中心负责。

二、上述玩法全国联网发行后，原东北区域联网销售的29选7和21选5电脑体育彩票和西北联网销售的35选7和22选5电脑体育彩票停止销售。

三、全国联网发行29选7和22选5电脑体育彩票自销售首期开始举办奖金派送活动。29选7电脑体育彩票派送奖金总额为500万元，若29选7电脑体育彩票当期奖池为0，则向奖池中注入50万元，按一等奖中奖注数均分，若当期无人中出，则滚入下期奖池，继续用于返奖，活动至总奖金派完为止；22选5电脑体育彩票奖金派送活动共进行30期，每期向一等奖奖池注入10万元，按中奖注数均分。上述派送活动所需奖金从全国联网电脑体育彩票一般调节基金中支出。

特此通知。

附件：1.《全国联网电脑体育彩票29选7游戏规则》（略）

2.《全国联网电脑体育彩票22选5游戏规则》（略）

关于转发《关于足球彩票胜负过关游戏规则的通知》的通知

（2005年3月4日　国家体育总局体育彩票管理中心　体彩字［2005］88号）

北京市体育彩票管理中心：

经报财政部批准（财办综［2005］24号），现将《关于足球彩票胜负过关游戏规则》转发给你中心，请做好上市前的准备工作。正式上市销售前，你中心需按照财政部的要求，将足球彩票胜负过关游戏的管理办法、资金管理办法、技术方案和宣传推广方案报送我中心及财政部，待审核批准后才能组织销售。

特此通知。

附件：财政部《关于足球彩票胜负过关游戏规则》（略）

关于全国联网篮球彩票发行有关事宜的通知

（2005年3月14日　国家体育总局体育彩票管理中心　体彩字［2005］120号）

各省、自治区、直辖市体育彩票管理中心：

经财政部批准，我中心已确定全国联网篮球单场玩法竞猜方案，现将有关事宜通知如下：

一、竞猜时间

2004—2005赛季全国联网篮球单场竞猜彩票玩法自2005年3月18日(周五)开始销售。

首期开售时间为3月18日00:01，截止销售时间为当日18:30；下期开始销售时间为上期截止销售当日20:00。各省可根据本省市场情况确定开始和截止销售时间，但开售时间不得早于20:00，停售时间不得晚于18:30。

二、竞猜场次

每周四向社会公布下一周之后（周一至周日）的竞猜场次（第05001期—05010期竞猜场次附后）。

三、防范财务风险

全国联网篮球单场竞猜彩票发行初期试行以下防范风险的办法：单期销售额低于1 000万元时（含1 000万元），最高返奖总额为当期计提奖金＋奖池资金＋调节基金＋当期销售额的150%；单期销售额在1 000万元至2 000万元（含2 000万元）时，最高返奖总额为当期计提奖金＋奖池资金＋调节基金＋当期销售额的100%；单期销售额超过2 000万元时，最高返奖总额为当期计提奖金＋奖池资金＋调节基金＋当期销售额的50%。

全国联网篮球单场竞猜彩票单期实际中奖总额若超过当期最高返奖总额时，按以下规则分配奖金：

单注彩票奖金 ＝ 当期最高返奖总额/当期中奖注数，实际中奖金额以元为单位取整。

本办法自全国联网篮球单场竞猜彩票开始销售之日起实行。

四、篮球彩票开奖播出时间

电视开奖：每晚22:24旅游卫视《天天体彩》；次日7:00（周六、日7:30）的CCTV5《早安中国》重播；中央人民广播电台每晚22:05播报开奖信息，《中国体育报》、《体彩导刊》和《中国体彩网》可查询开奖结果。

请各省区市中心做好对外宣传公告工作。

特此通知。

附件：2004—2005赛季全国联网篮球单场竞猜游戏竞猜场次安排（第05001期—第05010期）（略）

关于做好排列3排列5玩法有关工作的紧急通知

（2005年3月15日　国家体育总局体育彩票管理中心　体彩字［2005］124号）

各省、自治区、直辖市体育彩票管理中心：

一、在财政部的关于防范风险的通知下发后，部分省区市体彩中心和彩民致电我中心，询问排列 3、排列 5 玩法赔付金额的有关问题。经报财政部审定后，我中心拟定了对有关问题的解释（附后），请你中心按照文件精神，统一宣传口径，做好对外的解释工作。

二、各省区市中心要做好正面宣传引导工作，不得误导彩民进行包号等非理性购买行为，及时提醒彩民彩市有风险，投注需谨慎。

三、要做好销售网点及业主的培训工作，不得引导销售业主参予投注或煽动彩民大额投注，规范销售网点的行为，以防止法律问题和社会问题的发生。

四、各省区市体彩中心要进一步加强财务资金管理工作，防止彩民和销售网点大额透支购买彩票行为的发生。

五、请各省区市中心加强市场管理力度，遇到紧急情况及时处理，并及时上报总局体彩中心，以防范风险发生。

特此通知。

附件：关于体彩排列 3、排列 5 游戏剩余奖池资金是否作为基数计算限制总额还是冲抵发行费垫支部分问题的解释（略）

关于加强财务资金管理及销售安全工作的紧急通知

（2005 年 4 月 5 日　国家体育总局体育彩票管理中心　体彩字［2005］166 号）

各省、自治区、直辖市体育彩票管理中心：

近期，有个别省在排列 3 玩法销售工作中出现了彩民和销售网点大额透支购买彩票的行为。为了杜绝此类事件的发生，保证体育彩票销售及财务资金管理安全，现将有关事宜紧急通知如下：

一、各省区市体育彩票管理中心要做好销售网点及业主的培训工作，规范销售网点的行为，坚持正面的舆论导向，引导彩民理性投注，及时劝阻彩民的非理性大额投注行为，防止法律问题和社会问题的发生。

二、各省区市体育彩票管理中心要进一步加强财务资金管理工作，坚决杜绝彩民和销售网点大额透支购买彩票及拖欠彩票票款行为的发生，并尽可能了解大额购彩的资金情况，注意防范挪用公款购彩的违纪违法行为，避免造成损失。

三、各省区市体育彩票管理中心加强市场管理力度，遇到紧急情况及时处理，并及时上报总局彩票管理中心，以防范风险发生。

特此通知。

关于同意在北京市试点发行足球单场竞猜彩票的通知

（2005 年 8 月 19 日　国家体育总局体育彩票管理中心　体彩字［2005］374 号）

北京市体育彩票管理中心：

经国家体育总局批准，同意你中心在北京市范围内开展足球单场竞猜彩票试点发行工作。该玩法的管理办法、游戏规则以财政部批准件为准，具体上市时间待财政部批准后确定。

在该玩法试点发行过程中，你中心须严格执行财政部《彩票发行和销售管理暂行规定》（财综字［2002］13 号）和国家体育总局《关于规范电脑彩票发行销售中对外合作事宜的通知》（体经济字［2005］20 号）中的相关规定，切实理顺对外合作关系，牢牢把握住软件源代码、电视信号等要害环节的控制权，杜绝在权、责、利上的纠纷，避免造成不良影响。

特此通知。

关于 2005—2006 赛季足球彩票有关事宜的通知

（2005 年 8 月 24 日　国家体育总局体育彩票管理中心　体彩字［2005］390 号）

各省、自治区、直辖市体育彩票管理中心：

根据财政部《关于印发〈中国足球彩票胜负游戏规则〉等三个游戏规则的通知》（财办综［2005］120 号），自 2005 年 9 月 1 日起足球彩票各玩法返奖比例从

50%提高至65%，足球彩票胜负游戏和进球游戏开始执行调整后的游戏规则，同时足球彩票胜负游戏附加“任选9场”玩法开始发行，期号同胜负游戏主玩法，现将各有关规则下发你中心。

江西“中国足球彩票胜负玩法幸运彩3”、“中国足球彩票胜负玩法幸运彩4”和山东“中国足球彩票胜负玩法幸运彩6”在8月27日销售截止后停止销售。

另，我中心制定了2005—2006赛季中国足球彩票胜负游戏和进球游戏9月份的竞猜场次安排，竞猜对象为意甲联赛和英超联赛，现一并下发你中心。请做好各项相关工作。

特此通知。

附件（略）：1.《中国足球彩票胜负游戏规则》

2.《中国足球彩票胜负游戏附加玩法“任选9场”游戏规则》

3.《中国足球彩票进球游戏规则》

4.《中国足球彩票胜负游戏2005—2006赛季竞猜场次安排（9月）》

5.《中国足球彩票进球游戏2005—2006赛季竞猜场次安排（9月）》

6.《中国足球彩票竞猜球队队名全简称对照》

关于转发《关于在北京市试点销售中国足球彩票单场竞猜胜负过关等四个游戏的通知》的通知

（2005年9月21日　国家体育总局体育彩票管理中心　体彩字［2005］419号）

北京市体育彩票管理中心：

现将财政部《关于在北京市试点销售中国足球彩票单场竞猜胜负过关等四个游戏的通知》（财办综［2005］135号）转发给你中心，请遵照执行。有关事宜通知如下：

一、你中心须按照财政部批复的四种游戏，做好玩法上市的系统运行、销售管理和市场宣传等工作，并对规则和管理方式进行总结和完善，如出现重大情况要及时上报财政部和我中心，以确保试点工作的顺利进行。

二、你中心须按照自主拥有知识产权和经营管理权的原则管理彩票销售系统，加强对彩票零售业务的管理，与零售商建立权利责任明确、经济利益清晰的合作关系，并严格禁止零售商转包彩票零售业务。

三、你中心在销售过程中，须认真做

好资金结算工作，并即时将每期销售报表等数据报我中心备案。

特此通知。

附件：《财政部〈关于在北京市试点销售中国足球彩票单场竞猜胜负过关等四个游戏的通知〉》（略）

牢固树立科学发展观 努力开创体育彩票事业新局面

——国家体育总局局长刘鹏在2005年全国体育彩票工作会议上的讲话

（2005年3月27日）

同志们：

经过精心准备，2005年全国体育彩票工作会议召开了。在此，我谨代表国家体育总局向各省区市体育局担负体育彩票管理工作的同志，向常年在体育彩票发行销售工作一线的同志，表示亲切的慰问！向大家为体育事业做出的贡献表示崇高的敬意！向财政部领导和同志们多年来对体育彩票工作的正确领导和大力支持表示诚挚的感谢！向给予此次会议大力支持的山东省委、省政府和体育局的同志表示衷心的感谢！

自1994年在全国统一发行体育彩票以来，已经走过了10多年的时光，体育彩票事业在销售规模、管理水平、销售技术等方面，都实现了巨大的飞跃，为国家做出了重要的贡献。成绩的取得，归功于国务院的正确领导，归功于财政部门的大力支持，归功于各省区市体育局的严格管理，归功于全国体育彩票发行销售系统同志们的不懈努力。面对成绩和发展，可以自豪地说，我们没有愧对使命，做出了应有的贡献。回顾过去，为的是更加激励我们奋发有为的精神，巩固发展来之不易的成绩！面向未来，我们依然任重道远，尤其是面对2003年以来连续两年销量下滑的不利局面，在2005年的工作中必须付出百倍的干劲，才能取得新突破，开创新局面。

这次会议的主要任务是：贯彻落实科学发展观，认真总结2004年体育彩票发行和管理的经验教训，认清形势，明确目标，鼓足干劲，努力完成2005年体育彩票工作任务，用好、管好体育彩票公益金，推动体育彩票事业全面、协调、可持续发展。刚才，总局体彩中心的工作报告对各项工作

已经进行了布置。财政部的同志讲了重要意见。下面,我谈几点意见:

一、深刻认识体育彩票工作的重要意义

当前，我国改革发展正处在关键时期。为实现全面建设小康社会的奋斗目标，开创中国特色社会主义事业新局面，中央要求全党全社会必须牢固树立和认真落实以人为本，全面、协调、可持续的科学发展观，切实抓好发展这个执政兴国的第一要务。胡锦涛总书记强调，科学发展观对整个改革开放和现代化建设都具有重要指导意义，要把科学发展观贯穿于发展的整个过程和各个方面，推进各项事业更快更好地发展。做好体育彩票工作，必须以科学发展观为指导，准确把握科学发展观的内涵，深刻认识体育彩票工作在体育事业，乃至整个经济、政治、社会、文化发展过程中的重要意义。

（一）体育彩票取之于民、用之于民，开辟了满足人民群众不断增长的物质文化需求的新渠道

树立和落实科学发展观，必须坚持以人为本这个本质和核心问题。始终把最广大人民的根本利益放在第一位，实现好、维护好、发展好最广大人民的根本利益，是我们推进改革开放和现代化建设的出发点和落脚点，也是贯彻“三个代表”重要思想的必然要求。我们坚持立党为公、执政为民，坚持权为民所用、情为民所系、利为民所谋，必须体现在不断满足人民群众的利益要求上，体现在做好关心群众生产生活的各项工作上，体现在为人民群众办实事、办好事上，让发展的成果惠及人民群众。在体育工作方面，随着经济社会发展，人民群众的物质文化需求不断增长，尤其是体育健身需求愈发强烈，这与目前有限的体育条件构成了供需矛盾。按照构建全民健身体系的要求，建设群众身边的场地、抓好群众身边的组织、搞好群众身边的活动，是体育工作的重要任务，也是落实科学发展观的重要体现。体育彩票发行十多年来，坚持取之于民、用之于民的方针，筹集公益金，新建、改善了一大批亲民、便民、利民的体育设施，开辟了一条满足人民群众体育文化需求的新渠道。老百姓称赞这是政府的“德政”，是“民心工程”，体现了“三个代表”重要思想，得到广大人民群众的欢迎和认同。据统计，几年来，各级体育部门利用体育彩票公益金资助国内大型运动会和群体活动数十次，掀起了一次次的全民健身活动的高潮；配备体质检测器2 820套，推进了国民体质监测体系的构建，提高了全民健身活动的科学化水平；建设全民健身工程5 627个，配备健身路径23 319条，安装并交付使用乒乓球台5 920个、篮球架13 790副，遍布城市街道和农村乡镇；国家体育总局实施了4期“雪炭工程”，在141个“老少边穷”（指革命老区、少数民族地区、边疆地区、穷困地区）地区援建了小型、适用的体育场馆,极大地改善了这些地方的体育设施条件;建设了59个国家级全民健身中心,使之逐步成为中心城市群众体育健身的亮点;资助建设青少年体育俱乐部1 899个,为推进青少年体育活动奠定了物质基础和组织保障。我们要始终牢记:发行体育彩票为人民。这是践行“三个代表”重要思想,树立和落实科学发展观的具体举措,任何时候都不能淡忘。

（二）发行体育彩票是中央为支持体育事业发展而采取的一项特殊措施，体育彩票公益金收入越来越成为体育事业发展的重要资金支撑

批准体育彩票在全国统一发行，是党中央国务院对体育事业的亲切关怀和特殊支持，在全国众多的社会事业中，仅有体育和民政两家享受这项特殊政策，是我们拥有并受益的特别的稀有资源。2001 年，国务院对体育彩票公益金分配政策进行调整后，公益金虽已不再全部由体育系统使用，但近年来留归体育系统使用的公益金的比例仍占大致一半。随着总体销量上升，这个比例虽会减小，但是留归体育系统使用的资金总量是增加的。也就是说，发行量越大，各级体育系统可以使用的公益金总量也就越多。发展才是硬道理，全国体育界要一心一意谋发展，努力提高销量，我们的受益面才会更大。截至 2004 年底，体育彩票累计销售 915 亿多元，筹集公益金 303 亿多元，其中用于各级体育部门的公益金为 180 亿元。这笔资金成为我国体育事业发展不可或缺的资金来源。尤其是在地方各级体育部门，体育彩票公益金收入越发成为发展体育事业、落实全民健身计划和奥运争光计划的重要资金保证。近几年，用于体育事业的公益金，已经接近各级财政对体育事业拨款的三分之二。1994 年以来，全国各级体育部门用于实施全民健身计划的体育彩票公益金，总数累计超过 100 亿元。同时，体育彩票公益金也为我国体育健儿取得优异成绩提供了资金支持。1994 年以来，公益金收入用于实施奥运争光计划的数额达到 70 多亿元。目前，用于实施奥运争光计划的公益金项目主要包括弥补由各级体育主管部门主办、承办或参加的非商业、非职业性的国际、国内综合性或单项体育赛事经费不足；弥补维修和新建体育比赛、训练场馆设施经费的不足；弥补用于改善优秀运动队训练、竞赛、科研设备和其他保障条件经费的不足；补助竞技体育后备人才培养经费；补充优秀运动员伤残保险基金、助学基金和退役保障基金。随着体育彩票事业的发展，我们要更加牢记党中央、国务院的这项亲切关怀和赋予我们的光荣责任。

（三）体育彩票已经不是过去意义上纯粹的部门彩票，而是国家批准、部门发行、社会受益的国家彩票，是国家为支持各项社会事业发展筹措资金的渠道，也是体育系统为国家发展做贡献的无上光荣

通过发展彩票业为国家社会事业筹集资金，是大多数国家的通行做法。对国家而言，彩票被视为是“微笑的纳税女神”和“无痛的税收”。目前我国正处在全面建设小康社会的重要发展阶段，在经济快速发展的同时，社会也处在转型阶段，各项社会事业的发展需求与资金不足之间的矛盾十分突出。在国家财力有限的情况下，体育彩票公益金收入不仅成为体育事业发展的重要资金来源，对于补充其他各项社会事业发展资金起到了积极的作用。目前，体育彩票公益金收入的使用范围已包括其他几个方面：一是用于补充社保基金；二是设立青少年学生校外活动场所建设和维护、红十字会人道主义救助事业、残疾人事业、补充补助地方农村医疗救助基金、补充城镇医疗救助基金等 5 项专门基金；最近经国务院批准，又新增对两年一次的中国艺术

节的支持。1994 年至 2004 年，体育彩票公益金集中上缴中央财政 123 亿元。其中，2001—2004 年，每年用于发展体育事业和其他社会事业的资金已经各占一半。体育彩票事业已不仅仅是体育彩票工作者的事业，不仅仅是体育系统的事业，而是党和政府交给大家的一项光荣使命，是体育彩票工作者为经济发展和社会进步作贡献的具体体现。我们要进一步认识到，每一位体育彩票工作者都为国家发展尽了责出了力，没有辜负党和政府的重托。

二、清醒分析体育彩票工作面临的形势

体育是社会主义现代化建设和全面建设小康社会的重要组成部分，是加强党的执政能力建设的重要一环，对树立和贯彻“以人为本”的科学发展观、构建和谐社会，都具有十分重要的作用。体育彩票工作是体育工作的重要组成部分，必须遵循全面、协调、可持续的科学发展观，以面向建设中国特色社会主义的更宽广的视野，清醒分析体育彩票工作面临的形势。

首先，落实科学发展观，构建和谐社会，为包括体育彩票在内的体育事业发展提供了更好的实现环境。必须看到，体育要与社会发展的总目标、总进程、总方略相协调，相呼应，体育工作要树立“大协调观”，跳出体育看体育，立足全局抓体育，围绕中心干体育。科学发展观要求，在经济发展的基础上，促进各项社会事业协调发展。而体育事业作为社会事业的重要组成部分，在落实科学发展观、构建和谐社会中，必然得到各级党政和社会各方面的更加支持。大力发展包括体育事业在内的各项社会事业的群众愿望和资金需求，必然使各方面对体育彩票工作更加重视，必然进一步拉动体育彩票工作的发展。可以说，体育彩票既面临一个自身加快发展的大好机遇，又面临一个为落实科学发展观和构建和谐社会增砖添瓦的光荣使命。

其次，2008 年北京奥运会为包括体育彩票工作在内的各项体育工作创造了千载难逢的有利条件。一方面，随着北京奥运会的日益临近，群众浓厚的奥运情结和体育情怀将进一步高涨，今年又是《体育法》颁布 10 周年、《全民健身计划纲要》颁布 10 周年，同时还将举办第十届全国运动会，体育成为社会关注的一个重要焦点，体育彩票有着吸引社会资金的无法比拟的资源优势。另一方面，多年来中国体育彩票坚持贯彻“取之于民，用之于民”的宗旨，树立了良好的公益形象，为我们做好发行销售工作奠定了扎实的群众基础。我们应当牢牢抓住北京奥运会这个重大契机，利用好手中的资源，做好各项营销推广工作，把体育彩票做大、做强、做好，实现跨越式的发展。

其三，随着世界经济进入新一轮增长期，我国经济的持续发展和人民生活水平的日益提高，将使体育消费不断增长，这为体育彩票市场的扩大提供了有利条件。去年，我国人均 GDP 突破1 000美元。目前，我国城乡居民恩格尔系数也已分别降到37.7% 和 46.2%，预计到 2010 年城乡居民平均的恩格尔系数将下降到 35% 以下。群众消费需求增加和消费结构变化，必然对体育彩票市场产生积极的影响。体育彩票作为一种爱心奉献的渠道和娱乐方式，将会受到越来越多群众的欢迎。有关机构的研究资料表明，世界上彩票业占

GDP的平均比例为0.44%，而我国是0.31%，说明还有很大的上升空间。我们要对这个巨大的市场有充分的准备。

其四，最近一个时期，中央在全国范围内开展了大规模的禁赌专项行动，这一举措将极大地打击地下私彩。在很多地方，体彩最大的威胁就是地下私彩，通过这次全国范围内的大规模禁赌，一些地方私彩泛滥的问题将得到有效治理。这对于增大体育彩票市场将是十分有利的。我们应积极配合中央的禁赌工作，对群众进行积极引导。同时还要注意与有关方面一起积极研究发行国家彩票如何有利于打击私彩的政策。

总之，形势十分有利，关键是我们自己要做好工作。

三、坚持导向、科学规划、严格管理，扎扎实实做好体育彩票工作

2004年对于体育彩票工作来说是不寻常的一年，全年的销售额仅为154亿，自2002年达到年销量217亿的最高点后，已经连续两年销量下滑，形势严峻。出现这样的局面，原因是多方面的，比如电脑彩票系统升级的影响，特别是西安“宝马彩票案”造成的恶劣影响和被动局面等。面对存在的问题和出现的困难局面，我们应该从自身工作的角度进行认真总结和深刻反思。这次选择召开全国体育彩票工作会议的时机，恰恰是西安“宝马彩票案”发生一周年之际。这也表明了我们从挫折中奋起的决心和勇气。2004年3月25日发生的这一事件，深刻暴露了我们在执行规章制度、队伍建设管理和落实操作规范等方面存在的诸多问题，给我们的教训实在太深刻，给我们敲响了一记沉重的警钟。但是，体育界有着“胜不骄、败不馁”的优良传统，我们的一些竞技体育优势项目，之所以能够长盛不衰，很重要的一点就是既能够科学地总结致胜的规律，又能够面对挫折及时探寻失败的原因，输也要输得明白，从哪里跌倒从哪里爬起来。在2004年体育彩票发行最困难的时刻，全国体育彩票界的同志提出要“发扬优良传统，团结起来再创业”，这为我们重新奋起奠定了良好的思想基础。我相信，全国体育彩票界一定能够秉承优良传统和作风，卧薪尝胆，坚决扭转局面。令人欣慰的是，通过大家的努力，从去年年底到现在，不利局面已经有所改观。

2005年是体育彩票发展至关重要的一年，能否在销量上走出低谷，能否在科学管理上有新的突破，将对今后体育彩票的发展产生深远的影响。总局2005年对体育彩票工作提出的总体要求是：总结教训、加强管理、开拓创新、再树辉煌。希望各省区市立即着手落实各项工作。在此，我想着重强调几点。

（一）强化大局意识

体育彩票发行是一项全局性的系统工程，涉及全国，涉及千家万户，既关系群众利益，又关系社会稳定，牵一发而动全身。因此，必须坚持正确的导向，强化大局意识，无论是对待利益分配问题，还是对待管理体制和市场开拓问题，都必须坚持统一管理，统一指挥，上下一心，群策群力，决不允许破坏大局。多年来，体育彩票已经基本构建了一套全国统一的技术系统和与之配套的管理体系。实践证明，这是一种高效、经济、集约的做法，也符

合我国彩票市场规模化、集约化发展的趋势。这个体制对核心的机构——总局体彩中心的工作能力和质量提出了更高的要求。希望总局体彩中心作为龙头，要“眼睛向下看，围着市场转”，切实做好战略规划、政策研究、组织协调和服务指导等工作。地方的同志也要从大局着眼，共同努力构建上下一心、协调一致的和谐工作机制。客观讲，目前各地体育彩票市场发展存在一定的差异，这也是正常的。各地的彩票市场发展，应该说与各地的经济发展状况密切相关。但是，各省区市都可以结合实际，因地制宜为体育彩票事业做出贡献，共同争取更大的销量和市场份额，实现全国一盘棋，实现协调发展。总局正在研究有关建立扶持资金和完善激励机制的政策，也正是出于这方面的考虑。

（二）确保安全运行

体育彩票发行安全至关重要，是体育彩票事业的命脉，容不得半点闪失。一次小的疏漏，就会影响到体育彩票事业全局。要立足细节抓落实，细节就是水平，细节就是效益，细节决定成败。首先，必须完善各项管理制度，并能够随时根据实际需要不断完善和调整。任何一项工作都必须做到有章可循、有规可依。其次，要严格操作程序和规范。针对不同层次，多重稽核，堵塞漏洞，确保各个环节的绝对安全。第三，还必须建立和落实工作责任制。任何一项工作，任何一个环节，最终都是由每一位工作人员来操作完成的。最近，温家宝总理两会期间在与山西省人大代表就煤矿安全问题座谈时，深刻地指出，“责任和管理更重要”，“抓好安全生产最重要的是落实安全责任制，加强安全管理。对于发生的事故，如果多一分责任，不是完全不能避免。必须在每一名干部职工中树立安全第一的思想，而且有过硬的措施加以落实。”“否则再先进的设备也形同虚设。”做好体育彩票工作，也务必牢记安全责任重于泰山。

（三）加强廉政建设

体育彩票工作具有广泛社会性和高度敏感性，是容易滋生腐败现象的高危区域。体育彩票生存和发展的最根本的基础是要在人民群众心目中有牢不可破的公信度。而公信度最核心的问题，就是彩票发行操作的规范和彩票资金使用的廉洁性，如果在这个极其敏感的问题上发生重大错误或者丑闻，就会动摇体育彩票事业的生存之基，甚至会影响到社会的稳定。必须加强对大宗物资设备采购、基建工程项目和发行费使用情况的监督；加强对体育彩票公益金及其援建项目的监督，坚决贯彻公益金使用管理制度，杜绝公益金使用的随意性，确保公益金的安全，建立对社会公开的监督机制，让人民满意。加强体育彩票廉政建设要从“教育、自律、制度、监督、处罚”五个环节去抓。首先，要加强对体育彩票工作者的教育，牢固树立廉政意识。第二要加强自律，既切实加强各级彩票中心内部管理又切实加强每个人的自我约束。第三要强化制度建设，总局体彩中心和各级体育局要继续强化各个管理层级的制度。体育局的一把手要作为彩票工作的第一责任人，分管的局领导要负起直接责任，体育局的职能部门要认真履行管理职能。第四要加强监督，建立内部监督机制，并自觉接受财政、审计部门和社会各界的监督。第五要严肃处理，对于违反廉政纪律的人员和单位，都要依据有关规定，发现一起，处理一起，绝不姑息迁就。要充分发挥业务主管部门和党委、纪检监察等部门的作用，同心协力，齐抓共管，坚决惩治腐败行为，维护体育彩票的良好形象，促进体育彩票事业健康发展。

（四）加强队伍建设

人才是体育彩票事业发展的重要保证，市场的竞争归根结底是人才的竞争，只有建立一支高素质的体育彩票队伍，我们的体育彩票事业才能够永远立于不败之地。目前，我们需要加快构建由管理人员、技术人员、研究人员和销售人员四个方面组成的人才队伍体系；要从政治素质和业务素质两个方面提高队伍的整体素质，完善管理制度和培训体系，制定科学的培训计划。树立“干彩票、爱彩票、研究彩票”的良好风气；要通过加强学习、搞好培训、开门纳贤三个渠道改善队伍结构，加强人才储备；各级体彩中心还要注重团队意识的教育和培养；同时，在现代社会，管理工作还要善于发挥“外脑”的作用，形成社会化的“智囊团”，借助社会组织和科研单位的力量，使之成为体育彩票队伍的外围支持力量。

（五）总结经验教训，加强战略规划

体育彩票经过10多年的发展，应该到了一个需要总结并走上新的发展阶段的时候了。前几年，彩票销售处在市场布局和规模扩张的阶段，面对销量不断增加的有利局面，我们没有抱着忧患意识及时进行科学总结，快速发展过程中隐含的一些矛盾没有从根本上解决。当彩票市场进入平稳发展的阶段后，与福利彩票相比，我们在技术管理、团队建设、市场推广策略、战略研究等方面的欠缺就暴露无遗了。“不谋全局者，不足以谋一域；不谋万世者，不足以谋一时”。体育彩票应在总结10年的经验教训的基础上，研究制定发展规划和整体战略，只有战略对头，才可以“任凭风浪起，信步闲庭中”，从容应对来自市场方面的挑战，顺利应对来自体制和政策方面的调整。随着彩票事业的蓬勃发展，目前社会各界关于完善彩票管理体制、实施彩票立法的呼声很高，这充分反映了彩票事业在社会中的受关注程度。针对这些反映，我们要认真分析，既继承优良传统和行之有效的做法，又以与时俱进的精神不断完善改进。我们要在财政部的监管和社会的监督下做好自身工作，充分发挥体育彩票自身的优势，突出自身的特点，尽快地把自己发展壮大起来，争取为国家做出更大的贡献。

（六）全面提高技术支持能力

群众的需求在变化，市场在变化，在技术手段上，不能以不变应万变。“工欲善其事，必先利其器”。落后就要挨打，落后就没有市场竞争力，这是不争的事实。首先，要牢牢抓住体育彩票销售系统和数据系统这个关键环节，组织实施好体育彩票全热线系统的建设方案。配合全热线系统建设和开通，各省区市体育局和各级彩票销售机构，应及时适应新系统的特点和要求，在管理和协调机制上及时跟进，确保新系统发挥最大的效益。其次，依靠体育彩票的资源优势，抓紧新产品的研究开发，加强营销技巧和玩法的推陈出新，不断产生新的增长点。其三，围绕彩票市场的特殊供求规律，牢牢抓住发行、销售等各个技术环节，把工作做细，尽快落实扩大彩票发行的办法和措施。要做到有的放矢，充分考虑不同阶段、不同地区、不同文化背景的群众对于彩票产品的不同需求，及时总结每种玩法的市场反映，归纳出规律，指导研发工作。

（七）加大市场宣传和推广力度

彩票虽是一种特殊的商品，也必须符合市场规律。只有宣传推广力度到位才能有效地占有市场。在国外，彩票发行机构格外重视通过广告、宣传作为扩大销量的手段。研究资料表明，国外彩票机构的宣传费用一般在发行量的1%—1.5%，在电视、报纸等传媒上，经常可以看到有关彩票的公益广告。目前我们在这方面还有比较大的差距。我们进行市场宣传，可以挖掘的潜力非常大。一是我们可以充分发挥体育资源的优势，突出体育彩票的特色，希望今后在体育彩票的形象包装方面，借助体育明星和重大体育赛事资源多做一些文章。二是要有效发挥体育彩票公益金的宣传作用，通过公益金使用体现体育彩票“取之于民、用之于民”宗旨。应该强调，所有使用体育彩票公益金的受益单位，都有宣传体育彩票的责任和义务。今后，各级体育部门在设立公益金援助项目时，对此要作为一项要求予以明确，并尽快研究出具体方法。进行市场宣传，必须坚持正确的导向，对待彩民的购买行为，应强调是一种爱心奉献，是对社会公益事业作贡献，而绝不能误导群众。彩票营销的每个环节，都要牢固树立“彩民利益至上”的观点，通过更加人性化、更加周到的服务，针对不同群体制定营销策略和计划。正确对待营销过程中与福利彩票的竞争。决不能搞恶性竞争。在竞争过程上要强调学习对手的经验，竞争的效果在于不断完善自身的工作，竞争的目的应该是共同推进中国彩票事业的发展。

同志们，在新的奥运周期内，体育彩票工作机遇和挑战并存。让我们高举邓小平理论伟大旗帜，以“三个代表”重要思想为指导，更加紧密地团结在以胡锦涛同志为总书记的党中央周围，充分发挥保持共产党员先进性教育活动的作用，以科学发展观统领体育彩票工作，不辱使命，不负重托，努力开创体育彩票事业新局面！

国家体育总局副局长王钧在2005年全国体育彩票工作会议上的总结讲话

同志们：

历时2天的2005年全国体育彩票工作会议就要结束了。这次会议是在体育彩票发展面临新的机遇和挑战的形势下召开的。我先说说为什么在这个时间、在这个地点开会？刘鹏局长在讲话中已经提到，这个时间正好是西安“宝马彩票案”一周年。本来我提议在西安召开，陕西省体育局的李明华同志非常支持，我把这个意见和经济司、彩票中心的同志都谈过，他们也表示支持我这个意见。但是，后来在陕西召开的西北、东北、山西、山东区域联网会议期间，除了陕西省一个省的同志表示欢迎以外，其他省的同志都不希望在陕西开。而且在会场上，山东的同志提出，过去山东体育彩票一直很困难，今年经过一段时间奋战，形势有所好转，希望能给他们鼓鼓劲，要求全国会议在山东召开。这个要求得到了当时会议代表的响应和支持。彩票中心和经济司认为他们的意见有一定道理，就改在山东召开此次会议。刘鹏局长在讲话中说，这次会议体现了我们体育界面对挫折，知耻而后勇的精神。刘鹏局长在备战2008年奥运会任务和其他各项体育工作任务十分繁重的情况下，抽出时间亲自到会讲话，并为在2004年体育彩票工作中贡献突出的省区市体育局和荣获体育彩票工作先进单位的地方彩票管理中心颁奖。这充分体现了国家体育总局对体育彩票工作的高度重视。刘鹏局长的讲话强调了体育彩票工作的意义，分析了体育彩票事业面临的形势，对事关体育彩票事业发展方向和战略的全局性问题提出了明确的要求，对我们今后继续做好彩票工作具有指导意义，大家应结合实际工作认真学习、深刻领会，坚决贯彻执行。

体育彩票事业的发展，离不开财政部的关心和支持，昨天，财政部孙燕副司长向我们通报国家关于彩票管理的趋势和政策方向，从国家宏观管理的角度又对体育彩票工作提出了具体要求。财政部的支持鼓励，对我们来说增添了信心。她在讲话中特别强调了和去年明显的区别。去年，她在全国体彩会上讲体育彩票的重点应该是竞猜型，今年则强调体育彩票应与福利彩票均衡发展，也谈到了要解决体育彩票税收不公平的问题，这对我们是一个很大的鼓舞。我们要认真学习领会，在实际工作中体现效果。彩票管理中心在工作报告中回顾了2004年的体育彩票工作总体情况，分析了2004年市场的总体特点，对近几年销量下滑的原因进行了分析，对今年的工作也做出了安排。与会同志以高度的责任心和对体育彩票事业的热爱之情，围绕刘鹏局长讲话和彩票中心的工作报告，按照会议提出的7个议题，认真分析和研究了目前体育彩票工作的形势，对做好战略研究、产品开发、市场宣传、全热线建设、队伍培训等工作纷纷建言献策。这体现了全国体育彩票工作者“抱成团，再创业”的良好精神面貌。会议时间只有两天，但是内容十分充实。一方面，大家的这些意见，是对国家体彩中心作为龙头，今后做好工作提出了要求。体彩中心会后应针对大家的意见，分门别类进行认真研究，做好各项落实工作。另一方面，也希望各位会议代表回去后，把会议的精神和部署落实到各项具体工作中去。只有上下一心，共同抓好落实，才会更好地体现这次会议的价值。

结合这次会议的基本情况和会议中同志们反映的一些意见，我谈三个方面的意见。

一、积极面对困难，认真分析体育彩票市场下滑的原因

我们没有实现2004年初制定的销售任务指标，并且连续两年销量出现下滑。市场销量是一个硬的指标，固然有诸多的客观原因，但是我们必须正视。有一位名人说过，一个聪明的民族从挫折和失利中得到的，往往多于成功。那么，我们应该怎样从连续两年下滑的状况中得到教训？应该得到些什么教训？我感觉刘鹏局长的讲话从大的层面上、伟华同志的工作报告从具体的工作方面，都做了一些分析。我在今天上午的分组讨论和前期调研中，都听到了一些认识和分析，我感觉都非常有道理。在这里，我重点强调几个方面的问题。市场的下滑，不是简单的一个西安“宝马彩票案”造成的，2004年下滑的幅度很大，但其实早在2003年体育彩票已经出现了下滑，甚至，下滑的因素早在发行的上升期就已经潜伏存在。西安“宝马彩票案”的爆发，应该说是一个必然现象，是长期以来存在的问题到一定程度后的必然反映。这些问题没有得到很好的解决，导致在西安发生了。其中，特别重要的原因有：

第一，在彩票市场快速发展的时候，我们的基础性工作没有跟上。改革开放以后，中国进入了一个整体快速发展的阶段，许多基础性工作的滞后被快速发展所掩盖，同时又制约了发展的可持续性。体育彩票也存在着相同的问题。我们从10个亿、20个亿，很快就发展到上200多个亿。与彩票销量的快速增长相比较，我们的很多基础性工作并没有同步跟上。比如在系统建设方面，在玩法研发体系方面，在理论研究方面，在队伍建设方面等等。在这些方面不仅总局中心需要加强，地方各级体彩中心也需要加强，要下大力气加强。基础性工作跟不上，一方面会反映在市场反应能力上，另一方面就是反映在发展后劲上。这实际上就是一个发展观的问题。科学的发展观就是要使我们的事业具有长远的、健康的、可持续的发展后劲。今年虽然市场有了比较好的起色，但是我认为，我们存在的这些问题和不足并没有从根本上得到解决。在任何时候，包括在形势比较好的时候，在快速发展的时候，我们都必须保持冷静的头脑，坚持科学发展观，加强基础工作建设。这条要紧紧抓住，始终不忘。

第二，玩法研发力度不够，力量不强，品种储备欠缺，尤其缺少主力大盘玩法。体育彩票早于福利彩票在全国统一发行了电脑彩票，从有了电脑彩票开始，体育彩票便在几年内一直领先于福利彩票，因为当时福利彩票只有个别地区上了电脑彩票，还没有实现全国统一联网销售。当时，我们是赢在了销售系统和彩票的玩法上。当福利彩票在全国范围开始发行电脑彩票以后，虽然两个系统在整体性和管理方式上有所不同，但都可以满足电脑彩票的游戏玩法需要。在同样可以满足电脑彩票玩法销售需求的系统上，竞争点逐渐集中到彩票玩法品种上。福利彩票在实现了全国电脑彩票销售以后，全力扩充网点，同时积极研发新的玩法，在市场上不断出现新的亮点。而体育彩票在相当长的一个阶段，除了足球彩票以外，在乐透型彩票方面没有推出新的玩法，以至于当原有的数字型和运动项目型玩法失去活力和足球彩票由于种种原因出现市场下滑的时候，由于没有足够的乐透型玩法储备，而不得不跟着福利彩票打一枪换一个地方。就像彩民所讲的，体彩跟着福彩跑。另外，足球彩票出现市场下滑以后，我们拿不出其他的竞猜型玩法，因为在竞猜型玩法上我们也没有储备。就像伟华同志在工作报告中所分析的，乐透型玩法在国际彩票市场上一直是主流玩法，而体育彩票正是由于没有这样一个大盘的主流玩法，所以出现了近几年的市场被动。这是我们非常重要的一项工作。

第三，缺乏战略思维、总体规划和忧患意识。长期以来，我们的管理工作抓目前多，考虑长远少，无论是前面讲到的基础工作问题，还是产品研发问题，究其根源，都是因为我们缺乏战略思维，忽视总体规划，总被一时的成绩光环所迷惑。当前几年中国彩票市场已经基本走过市场布局、规模扩张的初级阶段的时候，当我们在一些方面取得一些成绩的时候，我们却还总是局限在一城一池的得失去看待问题，在处理问题的时候，没有看到成绩背后隐藏的问题，没有及时设计长远的规划，犯了短视的毛病。这个教训是非常深刻的，包括在西安“宝马彩票案”后恢复发行的问题上，都有这方面的原因。

第四，我们在管理上存在着很多薄弱环节，尤其在管理细节上存在不足。原国家体委从 1994 年开始发行体育彩票时就制定了“三严方针”，但是这几年大家抓销量多了，抓管理少了，恰恰把最基本的、最应该坚持的方面给丢了。去年发生在西安的“宝马彩票案件”，在很大程度上反映出管理中存在的问题。如果说管理就是规范，那么市场运行中所出现的所有不规范问题，都可以说是管理存在问题；如果说管理就是细节，那么我们很多工作中做得并不细致，也不到位，从而降低了整体的管理水平；如果说管理就是服务，那么我们没有很好地为彩民服务，失去了彩民的信任；如果说管理就是动力，那么没有有效的激励机制，就无法调动队伍的积极性。无论在各行各业、各项工作中，管理始终都是至关重要的。因为，管理的好坏，最终会体现在效益上。体育彩票管理工作的好与坏，最终反映在销售量上。西安“宝马彩票案”后，我们在分析其问题的时候，虽然背后有经济犯罪问题，但其直接原因就表现在管理上：违规操作，有章不循，非常严重。公证人员没有履行职责，放弃职守；我们体育彩票机构的工作人员没有在验票、登记等重要环节上认真履行职责，让假票、假身份证蒙混过关；让不法商人以销售主管的合法身份出现，承包发行体育彩票；等等。这些都违反国家体育总局和财政部的有关规定。任何好的玩法、好的市场，如果失去管理，都不会是好的。

二、努力提高体育彩票工作的管理水平，开创体育彩票工作新局面

同志们在讨论中深刻地体会到，体育彩票工作出现的一些问题，根本原因还是在管理上，西安“宝马彩票案”深层次的根源也正出在管理上。努力提高体育彩票工作的管理水平是目前的当务之急。管理是一个系统，不能单打一，应该有科学的指导思想、整体的实施计划和各项保障措

施。必须坚决落实科学发展观，树立全面、协调、可持续的指导思想。在发展的内容上要注重全面，发展的内在机制上要注重协调，发展的长远目标上要注重可持续。

第一，不能因为销量掩盖管理的全面性。销量是我们追求的主要目标，是管理的目标，是一个硬指标，但绝不是唯一目标。反思我们在对待销量上的态度，存在两个方面的误区。一方面是因为销量好，就沾沾自喜，忽视存在的问题，一俊遮百丑，确实掩盖了很多问题，但实际上销量并不代表一切。另一方面就是当销量形势不乐观的时候，就手忙脚乱，怨天尤人，不知道从何处寻找突破口。这两种做法都是极端错误的。

因此，必须处理好系统管理与细节管理的关系。从工作分工上讲，有发行、销售、宣传、保障等环节；从工作条件上讲，有制度、技术、人才等因素；从管理上讲，有各级体育局、体育局的职能机构与彩票中心，总局体彩中心与地方体彩中心和销售网点等不同的层次。每个环节可以分别组成不同的整体，每一个环节又可以分成不同的层次，并且相互关联，相互依存。对每个局部来说，都有着牵一发而动全身，一荣俱荣，一损俱损的作用。这就要求我们在总揽全局工作的时候，系统规划每一项工作和每一个环节，把握、处理好相互之间的关联，要在工作中学会“弹钢琴”；同时从系统论的角度看，每一个环节在不同阶段对整体的作用和影响是不同的，需要我们善于抓住主要矛盾，要在解决问题过程中“牵住牛鼻子”。每个环节、不同层次、不同分工在考虑工作时，都必须充分考虑对整个系统和其他环节、层面的影响。

第二，加强技术系统建设。彩票销售系统是管理的技术支撑。过去几年，我们的问题主要出在系统建设的速度缓慢上，导致市场反应能力弱，竞争力不强，发展后劲不够，坐失了市场的良机。这也是大家从去年到今年一直反映比较强烈的问题。今年，虽然有一些有关技术系统建设的理论上的探讨，也制定了系统建设的时间表，但是大家还是反映非常强烈。这项工作非常重要。近一段时间，在总局彩票中心、各省区市以及中体彩公司的共同努力下，全热线系统建设有了一些进展，希望它能够保证如期完成，尽早地发挥作用。全热线系统的建成，将有效增强体育彩票的技术能力，为做好工作增添砝码。会议中，大家对此感到倍受鼓舞，并对这项工作给予了肯定和支持。总局对这项工作的总体要求是：坚决克服工作中的官僚习气，充分调动总局有关部门、各省区市体彩中心、中体彩公司等各方面的资源，形成快速灵活的运行机制，在确保安全的前提下，以最快的速度、最大范围地实施建设计划。目前确定的区域中心的建设模式是在经过充分论证和反复比较后作出的选择。在这个庞大的系统工程中，离不开若干小系统的支持，从区域中心到各省区市的控制中心的建设，从设备的配置到数据的传输，每一个环节都是至关重要的，容不得半点差池。总局中心就这项工作已经进行了详细的布置，希望各省区市及时研究落实适应新系统要求的工作方案，明确每一个环节的责任。在此，我要特别对在全热线建设前期工作中作为实验单位的上海市表示衷心的感谢。正是从去年开始在上海的实验，为全热线建设提供了各方面宝贵的数据和经验。上海方面是在克服多种困难的情况下完成这项任务的，充分体现了顾全大局，勇挑重担的精神。同时，由于开展试点工作，上海市彩票很多正常的发行工作也受到了不同程度的影响，增长的速度有所降低，这也是上海的贡献之一，我们要特别表示感谢。希望大家在下一步的布局中，无论布点在哪，大家都要有一个大局意识，为了整体的发展，不必过于纠缠局部利益。我们体育界有非常好的传统，比如乒乓球、柔道、跆拳道等项目，有世界冠军，也有很多陪练人员甘当“铺路石”。女排主教练陈忠和，过去也是中国女排的陪练运动员。我知道有很多省市克服了很多困难，接受了区域中心的布点任务，也有很多省市积极挑战，要求承担责任，精神可嘉。所以，今天在区域中心布局这个问题上，希望大家顾全大局，积极配合，以最后有利于全国的大局为重要标志，把这项工作做好。

第三，加强长远规划。处理好当前的问题非常重要，但是决不能放松对长远的谋划。“牢骚太盛防肠断，风物长宜放眼量”。从长远考虑，彩票市场更多将在组织管理能力、技术研发能力、服务能力和营销推广能力等方面展开高层次的竞争。回顾体育彩票过去走过的路，一个很大的教训就是在面对好的市场局面的时候，对长远的发展考虑不够。因此，我们在制定当前每一项计划，落实每一项工作时候，在处理纷繁复杂的局面的时候，必须着眼于中期、长期的发展目标，做好长远规划，制定科学发展战略。目前，应围绕2008年之前几年的形势，做好中期规划。一些同志对未来体育行政体制、体育彩票体制的架构很担心，我认为不应考虑过多，要把自己该做的事做好，把近期规划、2008年之前的中期规划，以及更长远的规划做好。外部大环境固然是我们制定规划必须参照的内容，但不应过多地被不可测的因素所干扰，妨碍自身做好该做的工作。

第四，加强安全管理。安全是体育彩票工作的生命线。我们在早期建设时期，从销售额10亿到200多亿的发展过程中，背后深深地埋着一条很危险的底线，就是合作商。过去我们的技术系统掌握在外商手里，这个问题如果不解决好，将来会带来整个国家的大动荡，而不仅仅是体育彩票系统的动荡，所以中央领导高度重视，五位常委、两任总理都有明确要求，必须把这个问题解决好，要拿到自己手里。我们在拿回技术系统控制权和彩票印制权的过程中，耗费很大精力，投入很大力量，延误了玩法研究、基础系统的建设、队伍建设和营销工作，导致了市场下滑。这个代价必须付出，但代价是很大的。去年西安“宝马彩票案”发生后，我们本着举一反三的原则，对电脑彩票的对外合作情况进行了一次全面的调查，要求各省区市从确保电脑彩票数据管理、销售网络管理、开奖管理等每个环节绝对安全的角度出发，规范对外合作，对于可能出现风险的合作要求各地进行全面清理。根据要求，江苏省本着减少中间经营层次，提高经营效益的原则，在去年年底转换了本省苏北地区网点的经营模式，将所有委托给经销商管理的网点和被经销商转包转让的网点剥离出来，由业主直接经销。这种情况目前还有一定的覆盖面，江苏的做法值得借鉴。在这个问题上，我希望大家能像山东排列 3 发行得好，大家到山东来取经一样，有这种情况的省市，也注意借鉴其他省市好的经验。我听江苏的同志讲，他们就是很好地借鉴了福建的成功做法。对这些规范建设方面的工作，我们一定要给予高度重视，不能低于对发行量的关注程度，绝不可掉以轻心。目前，还有个别地方的对外合作，超出了财政部的有关规定，大家对这中间隐含的风险和危机应该有清醒的认识，务必高度重视。希望各地在确保每个环节安全和整体运行高效益的前提下妥善解决和处理合作关系。

第五，加强队伍建设。体育彩票队伍虽然没有奋斗在为国争光、争金夺银的奥运一线，但正是广大彩票工作者默默无闻的工作，为体育事业提供了坚强的保障。可以说体育彩票队伍是体育大团体中一支特殊的队伍。体育彩票工作者应充分认识本职工作对体育事业全局的意义，而且要上升到对国家的重大意义。刘鹏同志讲到，我们已经不是单纯的部门彩票，而是国家批准、部门发行、社会受益的彩票，因此，加强队伍建设要牢固树立责任意识，大力弘扬敬业精神。

各级体彩中心是体育彩票发行管理工作的主力队伍，必须全面提高能力，同时也要筹划好各级、各类队伍的建设。基层网点是体育彩票工作的落脚点，好比是人的末梢神经，是销售工作的最前沿，直接面对彩民，体育彩票的形象、理念要通过销售人员体现，销售人员是体彩大集体中非常重要的成员。一定要特别注重对他们的培训、服务，要充分考虑他们的利益。我在省市调研中，看到一些省市几年之内对所有的销售员进行了轮训，帮助他们提高营销技巧和个人素质，这样做最终可以达到发展体育彩票的效果。

体育彩票队伍工作非常辛苦，各级体育部门一方面要对他们多提要求，严格管理，另一方面也要在政治上、工作上、生活上给予他们更多关心和爱护，保护积极性，增强战斗力。通过建立激励机制来调动队伍积极性，是一种有效的手段。为此总局制定了一套奖励办法，请同志们讨论。大家在讨论过程中，提出了很多很好的意见，需要我们在下一步工作中加以改进和完善。这项工作是必须要做的，必须要建立相应的奖励激励机制。昨天在讨论中，有人提出，目前的表彰比较单一，仅表彰发行量前 15 名的体育局。下一步，可以结合人均销量、本省 GDP 总量、历史发展水平这些综合因素，给各个因素以不同的权重，来作为激励和奖励的根据，我认为还是非常有道理的。当然，奖励不是目的，要通过奖励，在体育彩票战线树立责任意识，弘扬敬业精神，营造比学赶帮超的良好工作氛围。通过奖励，一方面对取得的成绩加以肯定，另一方面是希望激发各级彩票机构的积极性，充分挖掘内在潜力。在此，希望各省区市体育局也要研究建立对各省区市体彩中心的激励机制。各省区市体彩中心也要建立对分支机构、销售网点的奖励措施。这样，才算是建立了系统的体育彩票工作奖励制度。关于奖励的金额，我们现在还不作规定，有一种倾向是要大奖，让奖励和贡献成正比。我认为，奖励还是应该适度，既要奖励贡献大的省市，又要考虑我们是在为国家发行彩票，在这种非常优惠的政策前提下，并非完全是靠我们的创造性劳动产生的重大效益，不能完全类比企业的奖励方式。当然，也不能完全等同于一般机关公务人员，这里，要特别说明一下。

在关心体育彩票队伍建设的同时，一定要强调加强队伍的廉政建设，这是对我们队伍的爱护。西安“宝马彩票案”后，贾安庆作为体育彩票队伍中的一员，出现了问题，我们是很痛心的。如果我们在廉政建设上、在管理上，做得再早、再好、再细，对同志的关心在根本上抓得再好一些，我们的同志就不会出现问题。今后我们各级机构在抓体育彩票廉政建设上一定要下大力气。我们认为体育界存在一些高危行业，像奥运会场馆设施建设、彩票公益金使用领域、赛风赛纪问题、假球黑哨问题等等。再就是体育彩票行业，利益太大，如果廉政建设抓得不到位，抓得不够的话，不仅不能体现关心体育彩票干部的初衷，反而对一些同志有害。所以，从爱护体育彩票队伍的角度出发，各级体育部门一定要加强廉政建设。“君子爱财，取之有道”，该得的正常地得，不该得的一定不能伸手。在这方面，刘鹏同志和伟华同志都用了很大篇幅讲过，我就不多讲了。各省市体育局经济处的同志对彩票公益金的使用都负有相当的责任，希望今后对公益金使用管理上要特别下一些功夫。

三、转变思想观念，从研究体育彩票发展规律出发，准确把握发展方向，提高市场适应能力，努力做好各项工作

我们的工作做得到不到家，功夫下得够不够，市场是最好的反映。要在市场上占得先机，很重要的一点就是要提高市场的适应能力，加强产品的研发，推出符合彩票发展规律，满足市场需求的产品。2005年的工作应按照总局有关“总结经验、加强管理、开拓创新、再树辉煌”要求，努力打开新局面，实现新突破。具体体现在以下几个方面：一是在销量上要实现目标；二是以建成和开通全热线系统为标志，实现技术支持和系统建设方面的突破，同时，构建基于这一新的技术平台的管理体系；三是通过资源和玩法整合、推出新的产品等方式，基本形成特点鲜明、符合市场要求、全国玩法与地方玩法相互补充的产品体系；四是全面营造出声势广博的宣传攻势，形成体育彩票的宣传特色。实现以上突破，必须保证体育彩票的安全和良好形象。希望同志们扎扎实实做好各项工作，确保完成任务，努力实现突破。为了实现上述目标，并推进体育彩票事业的可持续发展，我们要从思想方法、工作方法上有新的突破。

第一，认真研究体育彩票市场规律。我们要拿出抓金牌、抓竞技体育的精神研究彩票工作，要研究带有规律性的东西，从不同角度、不同侧面，充分分析各种市场因素。要对照国际彩票市场的总体情况，充分把握乐透彩票、竞猜彩票、即开彩票、视频彩票等几大类产品的市场形势，只有这样才能为我们制定政策和争取政策提供依据。在竞技体育上，在抓奥运会金牌上，我们有很多成功的经验。我们在悉尼奥运会上金牌超过了德国，排列第三。但我们金银铜牌总数低于德国，进入前八名的人数和总分合计，低于德国，排在第六。雅典奥运会上，我们又超过德国，金牌排名第二，虽然奖牌总数仍然低于排名在后的德国，德国总奖牌数超过中国 29 块。这届奥运会上，我们与俄罗斯有六项交手，我们得到了全部六块金牌。这说明我们在研究金牌致胜的规律上非常成功，一个项目要突出重点和特色，把好钢用在刀刃上，如果研究不透，是达不到今天这个效果的。我们分析竞技体育的成功之处，要把它移植到体育彩票工作中来。我们体育界有很好的财富，在座的很多同志过去都是体工大队出来的，有运动员、教练员出身的，还有体工大队大队长出身的，还有直接抓训练出身的，对这些财富，我们可不能视而不见，要很好地运用到体育彩票工作中来，把体育彩票工作致胜规律研究透。这是非常重要的一项工作。然后形成一个必要的、类似于数学模式的东西，指导各项工作，分清轻重缓急和致胜概率，然后扎扎实实做下去，认清了规律才能做好工作，才能事半功倍，否则，就会做无用功，效果反而不好。我们还要把握不同地区彩票市场的特点，有所为有所不为，而不是眉毛胡子一把抓，一竿子捅到底。各地的情况有所不同，比如篮球彩票，在有篮球俱乐部的地方非常好销。新疆的篮球形势非常好，新疆的广汇俱乐部在新疆人心目中已经成了一个品牌。新疆的同志讲，对俱乐部每个篮球队员、教练员的名字，当地五岁的孩子就能倒背如流，如果发行国内篮球联赛彩票，新疆的市场可能会很大。而在篮球不普及的地区，篮球彩票的市场可能就非常小，这就要区分不同情况来抓，而不是眉毛胡子一把抓。比如关于即开票的问题，我们不搞规模销售，但是这并不是对即开票全面否定。是不是可以在分散销售上下下功夫？是不是可以充分发挥一些有即开票市场传统和潜力的省市的作用？今年不妨在这方面借助一些好的题材进行一些尝试。上午分组讨论中，福建的石增兴局长讲，他在民政厅工作时，发行风采系列福利彩票，他建议体育彩票也充分利用重大体育赛事、奥运冠军、名人等体育资源。在这里，还需要强调的是，必须切实加强整体规划，要有战略思维，要做好各方面的战略储备。只有这样才能够主动应对市场的变化。对于一些工作，要讲究循序渐进，依次推进。

第二，强化科学决策意识。对于每一项市场计划的推出，都要慎之又慎，要充分考虑对全局、对长远可能产生的影响。我们以前在可行性论证方面做得比较多，但是我们做反证做得不太够。反证问题往往带来的挑战更大，效果可能会更好。只有通过正面论证和反证，才能制定出更加科学的方案。提高科学决策水平，还必须加强信息的支持，要广开言路，拓展信息渠道，提高获取信息的能力。要加强信息管理，提高分析能力，增强敏感性，善于从信息中发现问题，为我所用。在这方面，我感觉，去年在销量下滑的情况下，各中心、各省市的同志做了大量的工作，大家都在拼命地想办法求再创业。在玩法开拓方面，从地方玩法到国家玩法，做了大量的工作。但在某种意义上，由于心情过急，有病乱投医，造成了一定的损失，在玩法上也有不成功的地方。不过，总算摸索出一个很成功的玩法排列 3，取得了很好的效果。

第三，高度重视市场宣传和营销工作。目前我们做的宣传和营销工作，虽然有一些，但是没有规划，没有核心理念，总体看缺乏大手笔、大策划和整体性。要区分不同情况，形成全国范围和省市范围的两级营销联动机制，希望今年在体育彩票整体形象包装和宣传上有大的突破。同时，我们要充分发挥公益金使用项目的宣传效果，把它作为对公益金援建和资助项目资金使用效益的一个考核指标。各级体育部门要尽快制定相应的管理办法。我们认为，所有受益于体育彩票的人、单位、项目、活动、设施、设备都应该负有宣传体育彩票的责任。目前有些地方没有做好这方面的宣传，有些地方表现得非常好。在福建，我看到那里的健身场馆，凡是有体育彩票支持的，都把“中国体育彩票”和体育彩票的标识标在很醒目的位置上。浙江的李云林同志给我提供了一份浙江的《关于在全民健身工程中进一步开展体育彩票宣传试点工作的通知》，作为一份下发的文件，通知明确要求所有受益于公益金的全民健身工程都必须担起宣传体育彩票的责任。体育总局也应下发一个这样的文件，并且要组织队伍监督，具体由彩票中心参与，群体司授予单位来负责监督、组织落实。在总局召开局长办公会上，大家都认真说，总局领导都普遍认为，要加大这方面的宣传力度，加大监管力度，包括对没有宣传好的地方要适当地给予制约。做好宣传工作还必须格外注重导向问题，我们在做宣传的时候，一定要保证一个原则，绝不能对彩民进行误导，片面宣传致富梦、发财梦。我们重视安全风险、市场风险的同时，还要重视防范社会风险，这是体育彩票的重大责任。要积极引导，要大力宣传购买彩票首先是一种爱心奉献，是一种现代的娱乐方式。当然，它本身也有致富的内容。彩票宣传事关社会的稳定，是一个严肃的政治问题，同志们一定要高度重视。

第四，正确处理全局和局部的关系。从体育彩票事业发展的经验看，处理好全局与局部的关系是解决一切问题的基础。为此我们应始终坚持并不断完善统一管理的体制。多年来，各省区市能够从大局出发，强调整体利益与局部利益协调发展，体现了大局意识。这种体制对我们的管理水平、工作能力、资源配置效益、信息传递效率、指挥协调方式等方面也提出了更高的要求，局部的不和谐会造成整个体系运行不畅，强调局部的特殊会影响整体的推进，进而影响局部和整体的长远利益。尤其目前体育彩票事业正处在发展的关键时期，我们应当更加强调体系内不同层次的管理机构，在看待问题的角度、处理问题的方式上，必须纵观全局，处理好上下左右的关系，不能以偏概全。今年我们计划实施的几项工作，都离不开这个保证。全热线系统网络规划是本着高效、经济、符合彩票事业发展趋势的指导思想，按照统一规划、统一建设、统一管理的原则，采取大集中方式实施。因此，需要各省区市从全局利益出发，在管理和协调机制上及时跟进，确保全热线建设工作的进度和发挥最大的效益。上海在前一阶段的试点工作中已经为我们做出了贡献，也树立了以大局为重的榜样，在体育彩票事业发展的特殊时期，就是要大力提倡这种精神。前段时间，一些地方要求对发行费集中上缴比例进行调整，从个别和局部的角度讲，这一要求有一定的道理。对此，我们进行了深入细致的研究，并广泛征求了一些地方的意见。“两利相权取其重，两害相权取其轻”，目前，基于整个体育彩票市场发展不平衡的现状和提高资金使用效益的需要，总局决定暂时采取设立扶持资金的方式，根据省区市体育彩票事业发展的需要和每个阶段的任务重点予以扶持。对这个问题，我们要从有利于促进体育彩票事业发展的角度出发，还要进一步论证和研究，包括将来扶持的数量、方式、方向，都会公开地给各省市说清楚。

第五，要正确对待与福利彩票的关系。我非常赞同把福利彩票和体育彩票称作“长期的战略伙伴”这一观点。我认为，既然是战略伙伴，一方面就存在共同的利益，通过共同发展，为中国彩票事业作贡献；另一方面，市场经济不能回避竞争，但是竞争必须有序有规。我们特别注意学习对方的经验，汲取对方的教训，完善自身的工作。体育的最大特点就是竞争，体育界应该最能体会竞争的内涵。因此，我们在宣传时，决不能采取恶性竞争的方法，要通过做好自身工作来发展壮大自己，而不应该是相互拆台。在这里，我们在发行体育彩票、确定发行目标、树立学习榜样上，可以更多地以福彩为标准，但在查找问题时，应该更多地在自身找问题，不要过多地强调客观因素。过去我在足球工作时，感觉足球的风气不好，在开会和讨论问题时，经常是埋怨客观、埋怨别人、埋怨上级，好像除了自己，谁都可以埋怨，足球有很多方面的问题，打裁判、罢赛，甚至行贿受贿，都振振有辞地好像很有道理，强调外部的因素非常多，抓自身的建设非常少。我认为，我们在各个行业都应该努力营造外部环境，但是首先要加强自身修炼，首先把自己的事情做好，这一点非常重要。诸葛亮讲，“制谤莫过于正身”。要制止别人的诽谤，最重要的事是把自己的事做正做好。邓小平同志在面临东欧剧变时，给我们提出的最重要的一点，就是要把自己的事情做好。在今天，我认为，体育彩票同志面临困难，不要埋怨福彩对我们的恶意竞争和伤害。据我知道，民政部的最高领导始终说，要和我们很好合作，营造一个很好的大环境，但在有些个人、个别基层可能会出现一些不当的做法和说法，这都是不应该的。努力营造外部环境，首先扎扎实实做好自身的事，这是要特别强调的。

同志们，2005 年体育彩票工作虽然任务繁重，但是我相信，大家都憋着一股劲，力争在今年打好翻身仗。让我们充分发扬求真务实、开拓进取的精神，扎扎实实在每一个工作环节上勤勤恳恳地工作，努力完成各项工作任务，共同开创体育彩票工作的新局面。

求真务实　开拓创新
扎扎实实做好体育彩票工作

——国家体育总局体育彩票管理中心 2004 年全国体育彩票工作情况报告

（2005 年 3 月 27 日）

各位领导，同志们：

按照会议安排，现在，我向大会做 2004 年体育彩票工作情况报告。

过去的一年，是体育彩票资源整合的“调整年”，也是不平常的一年。在财政部、国家体育总局领导和有关职能部门的关怀和支持下，体育彩票战线的全体同志在困难多、压力大的情况下，克服了电脑彩票系统升级的各种困难和西安“宝马彩票案”的负面影响，相互配合，扎实工作，全年销售体育彩票 154.2 亿元。下面，我对去年的工作情况作一个简要的回顾。

一、2004 年体育彩票工作回顾

（一）基本情况

1.2004 年体育彩票累计发行 154.2 亿元，其中：乐透型体育彩票 101.5 亿元，足球彩票 48.4 亿元，即开型体育彩票 4.3 亿元，各占总发行量的 66%、31%和 3%。与 2003 年相比，2004 年销售总量减少了 47 亿元，其中，乐透型减少 14 亿元，足彩减少 31 亿元，即开型减少 2 亿元，分别下降 12%、39%和 37%，总体下降了 23%。继 2003 年体育彩票销量出现下滑后，去年下滑的幅度有所增大。

去年，体育彩票销量超过福利彩票的省份有 6 个，分别是天津、江苏、浙江、福建、四川、云南。销量较 2003 年有所增长的省份有 5 个，分别是内蒙古、陕西、宁夏、青海、新疆。据统计，2004 年共筹集公益金 54 亿元，全年中 100 万元以上大奖 616 注，其中 500 万元大奖 309 注，上缴个人所得税 4.3 亿元。

2. 抓住重点，积极推进全国电脑体育彩票半热线系统切换和全热线系统建设工作。2002 年总局决定对体育彩票资源进行整合，实行“管办分离”。这项工作时间紧、层次多，涉及到的问题错综复杂，要实现半热线系统的平稳接管，难度高，风险也大。在总局和各省市体育局的领导和支持下，在各省市体彩中心的全力配合下，总局体彩中心和中体彩科技发展有限

公司平稳地完成了全国27个分中心以及主中心兼容系统的升级改造工作，在保证系统安全运行的基础上，实现了兼容系统的全面切换。同时对全热线系统的需求整合、运行模式、管理构架、基础建设等方面进行了有效的论证，确定了全国电脑体育彩票全热线系统建设方案，为2005年加快实质性建设奠定了基础。

3.强化市场意识，大力开展体育彩票玩法研发和整合。2004年是体育彩票玩法资源调整力度最大的一年。2月18日，推出足彩进球游戏，6—9月份，相继推出了以“三大杯”和雅典奥运会男足比赛为竞猜对象的足球彩票。由于受“火锅奖”和摇奖的影响，上赛季足彩单期销量滑坡严重，因此，在征求省市体彩中心意见的基础上，修订了《中国足球彩票发行与销售管理办法》，在2004—2005年足彩新赛季开始时，取消了摇奖，将竞猜场次由13场增加到14场，增加竞猜难度，大奖的含金量有了明显的提高，调动了彩民的兴趣和购买欲望，使单期销量保持了稳定。

5月18日，全国第一个联网的数字型体育彩票七星彩上市，它的附加玩法首开了全国联网小盘玩法的先河。由于数字型玩法在很多省市都有较好的市场基础，七星彩一经推出，就受到彩民的欢迎和市场的认同，影响力日益扩大，全年97期共销售21.8亿元。

6月28日金银彩上市，由于上市时机和奖组选择上存在一些问题，推向市场比较仓促，市场营销也未跟上，再加上受福彩双色球的影响，金银彩的销售不甚理想，全年销售53期共1.1亿元。

11月12日，排列3、排列5在全国联网发行。这是第一个真正意义上的全国联网赔率玩法。我们在玩法的设计、软件的准备、资金的投入方面都进行了较充分的研究和准备，“不限号码，天天开奖，独立摇奖，奖池派送”的一系列促销措施，使销量一路攀升，目前日销量基本稳定在3500万元左右，曾突破5000万元，累计销售17亿元。为了规避财务风险，抑制彩票购买中的非理性行为，财政部出台了体育彩票排列3、排列5和福利彩票3D风险管理办法，各省市体彩中心能够服从大局，主动做好宣传解释工作，保证了彩票市场的稳定。

去年9—10月，总局体彩中心多次召开篮球彩票座谈会，征求省市体彩中心和篮球界有关专家的意见，确定了胜负、单场胜负比分和单场竞猜三种游戏规则，并得到了财政部的批准。其中，单场竞猜玩法于今年3月18日全国发行，单场胜负比分玩法于3月22日在上海开始试点发行。

此外，还为开发F1赛车彩票做了市场调查等大量前期准备工作。

4.发挥集约优势，加强区域联网。自2003年开始，我们探索实施“区域一体化”的战略，开通了西北6省区区域联网。联网后西北各省区体育彩票销量有了明显增长。从总体上看，“区域一体化”能够比较好地实现资源共享，降低成本，增加共同的抗风险能力，提高彩票销量和效益。去年，电脑彩票150亿元的销量中，约55%是通过全国和区域联网实现的，这充分显示了“区域一体化”的强大优势。去年，西南6省区、泛珠江三角洲地区、华东地区和东北地区的同花5、联网36选7、联网21选5和联网29选7等玩法陆续开通，抑制了市场的下滑，也为今后的全国联网积累了经验。

5. 稳妥处理西安“宝马彩票案”，努力减少负面影响。西安“宝马彩票案”是一起合作商利用省体彩中心管理失职，在二次抽奖环节作假侵吞大奖的欺诈案件。尤其是这一案件涉及到地方彩票部门人员职务犯罪问题，对体育彩票的公信度是一个重大的打击，给体育彩票的声誉造成了恶劣影响。在事件的处理过程中，总局领导高度重视，明确批示，并责成总局体彩中心本着实事求是和对体育彩票事业负责的态度，采取有力措施，积极配合陕西省有关部门，对事件进行稳妥处理。陕西省体彩中心在省体育局的领导下，积极整改，建章立制，加大管理力度，以实际行动努力挽回负面影响。总局体彩中心还及时下发有关文件，要求各省市体彩中心加强对即开型彩票的管理，确保了即开型体育彩票的销售安全。西安“宝马彩票案”对体育彩票来说是一个沉痛的教训，值得我们认真汲取。为了防微杜渐，总局责成体彩中心对各省区市电脑体育彩票发行和销售中的对外合作行为进行市场调查和政策研究，并且下发了文件，要求各地规范管理，消除隐患，确保电脑体育彩票系统的安全和稳定。

6. 努力开展市场营销宣传活动。去年，体育彩票销售市场继续下滑，8 月份降到了谷底。各级体彩中心为努力抑制市场下滑，都积极开展了营销宣传活动。伴随着新玩法的上市和玩法调整，全国性、地方性的玩法营销宣传工作任务也比往年加重，各省市体彩中心能够做到步调一致，上下呼应，确保了新玩法顺利上市。

为扭转西安“宝马彩票案”对体育彩票造成的不利影响，再塑形象，总局体彩中心启动了“体彩十周年”、“足彩三周年”系列宣传活动，各地体彩中心积极配合，形成了多渠道、多形式的广泛宣传气氛。广东、四川、湖北、福建、浙江、河南、天津、河北、上海、北京、云南、辽宁、江苏等省市也因地制宜进行回顾展、制播专题片、印发画册等宣传活动。在体育彩票形象宣传的同时，抓住篮球彩票上市前的有利时机，组织了篮球彩票标志、吉祥物、宣传语征集评选活动，进行舆论造势，取得了较好的社会反响。

7. 规范操作程序，保证销售和开奖工作安全顺利运行。彩票无小事，数据传输和开奖工作更是关系重大。为了保证安全，各省市体彩中心也建立健全规章制度，确保开奖活动万无一失。一是保证数据的绝对安全。各级中心机房坚持规范化工作流程，加强了机房安全管理，强化了安全责任制度。二是规范开奖管理。总局体彩中心于去年制定了《中国电脑体育彩票开奖（摇奖）管理暂行办法》、《全国联网电脑体育彩票开奖工作流程》、《中国电脑体育彩票摇奖突发事件处理办法》等有关管理办法和操作规范。三是保证数据上传及时。全国联网玩法的开奖对各地的网点管理提出了很高的要求，各地纷纷加大了对网点数据的管理力度，保证了全国统一开奖的顺利进行。

8. 调研和培训工作进一步得到加强。去年，为了解决困难，提高销量，促进发展，总局体彩中心和各省市体彩中心进一步加大了调研力度和培训管理工作。总局体彩中心在新玩法研究和推出过程中，都要组织不同形式的研讨会，反复进行论证，听取省市体彩中心和有关方面的意见。各省市体彩中心也经常深入地市、深入网点，面对面、点对点地开展营销和培训工作。特别是去年底排列3上市后，很多省市体彩中心人员深入基层，对分中心管理人员和销售员进行游戏规则、实际操作、销售技巧的培训，有力地促进了销量的提高。

（二）体育彩票存在的问题与分析

1.全国体育彩票市场整体状况分析。通过市场调查、统计与分析，从整体上看，我们感到去年的全国彩票市场具有以下特点：

（1）体彩与福彩在发行总量上基本均衡，市场竞争将会更加激烈。福利彩票从1987年开始发行以来，18年共累计销售1 166亿元，体育彩票从1994开始发行，11年累计销售915亿元，几乎平分秋色，各占56%和44%。特别是2002—2004年，全国彩票销售总量一直维持在380亿—400亿元之间，体彩和福彩各自销售量呈拉锯式地此消彼长。去年福利彩票双色球和3D销量平稳增长，领先体育彩票72亿元。预计今年福利彩票的销量仍会超过240亿元以上，全国彩票销售的总盘子将会突破400亿。如果从国际上彩票销售额占GDP的百分比来看，美国占0.378个百分比，加拿大占0.577，澳大利亚占0.556，世界平均值是0.439，而中国仅占0.316，彩票市场还有很大空间，竞争还将会更加激烈。

（2）玩法整合效果显著，层次化初步形成。2004年全国彩票玩法整合频繁，主要有两个方面的原因：一是财政部对玩法进行宏观调控，二是市场优胜劣汰的客观选择。大盘玩法由福彩双色球独占鳌头，而且保持稳中有升；体彩七星彩、联网36选7屈居第二，金银彩因先天不足，被迫退出市场。中盘玩法上，福彩30（31）选7销量变化不大，体彩29选7稳中有升，市场比较均衡。小盘玩法市场竞争激烈，体彩排列3和福彩3D销量交替上升，呈竞争态势；体彩21（22）选5借助于区域联网发挥了集约优势，比福彩同类玩法占优。这种状况促使2004年体育彩票市场上，特别是地方性玩法，出现小盘化的趋势。体育彩票和福利彩票两家经过一年多的玩法整合、筛选和淘汰，三级分布的特征越来越清晰，层次化已初步形成。这种市场变化格局值得我们高度关注和研究。

（3）在财政部的大力支持下，赔率玩法正在进行从理论到实践的过渡，在市场上扮演着越来越重要的角色。对于赔率型玩法，可以说是“彩票机构大力推出，彩民很快接受，财政部高度关注”，各方面已经能够认可这种玩法的市场前景和内在活力。排列3和3D的上市销售，已成为今后一段时期内彩票市场一个新的增长点，同时对今后彩票玩法的创新将起到导向标的作用。对此，我们必须高度的重视，加快研究进度，尽快研发出类似的系列产品。

（4）彩票市场的成熟度增加。具体表现在三个方面。第一，政策的规范性增强。财政主管部门对彩票法制建设、体制改革、政策导向的研究不断深入，政策的申请、审批和调整更加规范。对此，彩票机构必须强化规范意识，以不断满足规范化管理的要求。第二，彩民群体的成熟度提高。彩民对游戏规则的研究越来越细化、越来越深入，敏感度也提高，对彩票产品的忠诚度表现出了很大的自主性，因此，对发行机构的规范性、专业性和程序化的要求就越来越高。能否有效地提高彩民的忠诚度、吸引更多的彩民群体，就成了衡量彩票机构工作成效的重要标准，成为彩票机构竞争的焦点之一，进而反映在彩票机构全方位的竞争上。这包括管理水平、玩法开发进度、营销推广力度和技巧、服务质量和水平等方面，而不仅仅是过去网点数量、玩法数量等量上的竞争。第三，市场创新的速度加快。2004 年除了体彩上市的新玩法外，福彩也不断调整双色球营销策略，成功推出视频彩票快乐 8、快乐十分、在线即开等，在突破传统理论与观念上不断有新建树，新玩法上市的速度异常加快。这对今后彩票市场的发展将会带来革命性的变化。对此，我们也要抓住机遇，不断创新，积极争取财政部的政策支持。

(5) 在彩票市场的快速发展过程中，玩法创新、技术创新和营销创新，都要求彩票机构的人员素质和专业化程度必须有大幅度的提升，整个队伍的精神压力、工作压力也随之增加。因此，对高素质人才、专业性人才的需求也就显得更加紧迫和重要。选拔、任用、培养高素质人才对彩票事业发展所起的决定性作用越来越明显地显现出来。

2. 体育彩票销量下滑原因分析。从前几年的情况看，体育彩票凭借足彩实现了 2001—2003 年连续几年的高速增长，连续几年销售总量都超过了福利彩票。但从深层次看，与福利彩票相比，由于缺少大盘主力玩法，我们的乐透型玩法其实根本没有优势可言，2001—2004 年体彩乐透型销售量分别是 127 亿、136 亿、115 亿、101 亿元，逐年下降；而福彩乐透型同期销售量分别是 119 亿、148 亿、166 亿、218 亿元，逐年上升。相比之下，差距还是比较明显的。乐透型彩票在世界各国都是占绝对优势的彩票品种，2004 年全球乐透型彩票销量占总销量的 60%。因此，如果我们丧失了乐透型玩法的主战场，就会不可避免地出现销量落后的局面。

从去年看，体育彩票销量下滑主要有以下几个原因：一是电脑彩票系统切换和升级改造对销售造成了一定影响，使体育彩票对市场的反应速度降低，而此时福利彩票抓住时机，推出了双色球，抢占了先机，使体育彩票陷入被动。二是西安“宝马彩票案”的影响，使 2004 年 5—9 月份的销量出现了历史低点，尽管采取了一些市场营销措施，但销量还是受到很大影响。三是私彩和地下赌球泛滥对国内足彩造成很大冲击，足彩销量下降 39%。竞猜型体育彩票在政策上没有突破，乐透型玩法又没有更多起色，导致销量整体下滑。四是在营销方面，体育彩票市场营销宣传与公益金形象宣传脱节，重玩法宣传、轻公益形象宣传。五是一些基础性工作没有同步跟上，对产品市场需求的研究还不够深入，有些新玩法上市仓促，旧玩法呈现疲态，彩民流失严重；电脑彩票系统老化，难以提供更多的拓展空间。

但是，我们也应该认识到体育彩票工作中存在的问题是发展中的问题，从长远来看，机遇大于挑战。10 年来，体育彩票已累计发行 915 亿元，筹集公益金 303 亿元，其中上缴中央财政95亿元。体育彩票之所以能够取得这样的成绩，靠的是国家体育总局和各省市体育局的正确领导和关怀，靠的是财政部和各级财政部门的鼎力支持，靠的是彩民对体育彩票的关爱。在今年的全国体育局长会议上，体育彩票成了热点话题之一，各地体育部门都表达了对体育彩票工作的高度关注。因此，各级体彩中心要借势而上，继续争取、依靠财政部门和体育局的支持，站稳脚跟，用改革创新的思路，主动谋求发展，下大力气解决好体育彩票在发展中存在的问题，以保持体育彩票稳定、健康、可持续地发展。另外，我们有一支能打硬仗、值得信任的发行销售队伍。我们经历了从“抱成团求生存”、“抱成团求发展”、“抱成团求大发展”、“抱成团再创业”的过程，经受住了一次又一次的考验，排除各种干扰，保证了体育彩票事业朝着正确的方向破浪前进。这支队伍始终是体育彩票今后发展的宝贵财富。再有，从大环境看，2005年是奥运会进入北京周期的第一年，也是整个7年筹办工作中至关重要的一年，是《全民健身纲要》颁布的十周年，第十届全运会将使体育再次成为社会关注的焦点。在中华民族圆百年奥运之梦的时候，良好的经济环境、宝贵的体育资源都将给体育彩票的发展带来很大的机遇。我们一定要抓住机遇，迎接挑战，开拓进取，再塑体育彩票的辉煌。

二、2005年体育彩票工作的目标和措施

在今年全国体育局长会议上，总局领导强调体育战线要用科学发展观统领体育工作，以筹备2008年奥运会为重大契机，大力推动全民健身，抓紧竞技备战，推进我国体育事业全面、协调、可持续发展。这是体育事业发展的大局，各级体彩中心要深刻领会和贯彻落实。为此，今年体育彩票的指导思想是：在邓小平理论和“三个代表”重要思想的指引下，围绕体育事业的总体发展战略，牢固树立科学发展观，大力弘扬求真务实、开拓创新的精神，扎扎实实开展工作，全力以赴完成2005年的体育彩票发行任务，为体育事业和公益事业的发展做出更大的贡献。为此，我们必须做好以下几方面的工作。

（一）打好开局，完成体育彩票发行任务

2005年是体育彩票发展至关重要的一年，能否在销量上走出低谷，能否在科学管理上有新的突破，对今后体育彩票的发展都具有重要的意义。目前，财政部和总局在市场分析的基础上，确定体育彩票2005年的基本任务是180亿元，目标任务是200亿元，也就是说，今年要在2004年的基础上平均增长30%才能达到这个目标。从今年前三个月的销售情况看，开局较好，到昨天为止，已销售体育彩票50亿元。但6、7、8月份有足彩空档期，加上其他不可控的因素，应该说这个任务还是相当艰巨的。2005年已经过去1/4，时不我待，各级体彩中心要立足于早，加倍努力，只争朝夕，确保完成今年的发行任务。

（二）加快进度，完成全热线系统建设

总局体彩中心已将全热线系统建设工作列为今年工作的重中之重。对此，总局

领导十分重视，省市体彩中心非常关注，体育彩票市场迫切需要。总局领导多次召集有关人员听取汇报，研究部署工作任务，要求“在确保安全的前提下，以最快速度、最大范围”完成这项工作，成立了全热线系统建设工作小组，正在抓紧进行工作。目前制约系统建设实施进度的因素很多，需要整体推进，逐一突破。全热线建设方案已经确定，希望各省市体彩中心统一思想，团结一心，集中力量，相互支持，认真按照方案中所明确的任务、标准及时间进度开展工作，在确保安全和质量的基础上，加快进度，做好全热线系统建设工作。

（三）努力打造体育彩票新的增长点

从营销学上讲，满足需求比创造需求更有效。在彩票市场上，需求是强大的，谁能适时地、恰当地满足市场需求，谁就能抢占先机，占领市场。在篮球彩票的研发和推广中，尤其如此。3月18日，篮球彩票正式上市以来，目前的销量基本达到我们对市场的估计，篮球彩票是继足彩之后又一个竞猜型体育彩票品种，同时又具有数字型和固定赔率的特点，随着彩民对游戏规则的熟悉和理解，以及营销推广工作的深入，相信篮球彩票还会有进一步的增长。

研究开发视频彩票销售新模式。从某种意义上讲，视频彩票是彩票的第二平台。它能够开创技术、管理和彩民参与方式的新天地，很有可能成为体育彩票在一段时间内的新增长点。缺少这一平台，我们的彩票只能是处于全面发展的初级阶段。因此，总局体彩中心从去年下半年已经开始着手政策申请，各级体彩中心要动员起来，大力研究和探索视频彩票的技术环境、游戏品种、管理模式和运行机制，争取年内有所突破。

研究和推广即开型体育彩票分散销售方式，进一步开发即开型彩票市场，扩大市场份额。与国际相比，目前我们的即开型彩票市场还是空白，有很大的发展潜力。今年，各省市体彩中心要“两条腿走路”，一方面依靠现有电脑彩票销售网点，尽可能地消化库存，扩大销量；另一方面，加大技术开发力度，逐步建立“连锁式”销售网络，开发更多适合分散销售的面值多样化、玩法多样化、趣味性和收藏性强的即开型彩票，逐步加大市场占有比重。

（四）进一步加大资源和玩法整合力度

在玩法整合问题上，经过前一段时间的摸索，我们积累了一些经验。今年，我们还要进一步加大联网工作的力度，在中盘玩法领域，推广“区域一体化”，达到$1+1>2$的效果，目前21选5和29选7的区域联网工作已经完成。当然，更大范围、更高层次的联网工作，还需要处理好管理、协作和求同存异的关系问题，避免产生内耗，避免因工作分歧、意见不一致而贻误战机。我们要高度重视巩固排列3、排列5和足彩的销量，丝毫不能放松，要根据政策和规则的调整，及时推出应对措施，力求稳定销量。同时，还要积极争取财政部更多的政策支持，期望在足彩返奖比例和大盘乐透49选6玩法方面有所突破。

（五）加大营销宣传力度，树立品牌形象

体育彩票的营销宣传工作必须注重实效，突出公益性，弱化投机性，不搞恶意攻击。在工作中，要“抓住两头，疏通左右”。“抓住两头”一是抓住权威媒体，唱响主旋律，打好主动仗。今年总局体彩中心将着重做好三项“形象工程”，第一项是选聘体育彩票形象代言人，打造体育彩票健康、拼搏、向上的良好形象；第二项是有针对性地赞助体育赛事，扩大体育彩票的影响；第三项是在权威媒体设立体育彩票精品栏目，营造良好的市场氛围。二是抓住网点宣传这一阵地，特别是网点的外在形象包装。销售网点是体育彩票工作的第一线，网点形象的好坏、网点积极性的高低直接决定了体育彩票的市场表现。坚决杜绝宣传品一发了事的做法，让每一次宣传活动、每一份宣传品都发挥应有的效益。通过培训提高网点销售员的营销技巧，让十万“销售大军”成为十万“营销大军”。“疏通左右”就是进一步巩固与地方电视、广播、报纸、网站等宣传媒体的合作，形成全面推进的格局，把宣传活动开展得更加有针对性、实效性，更加有声有色。“疏通左右”还包括疏通好上下左右的关系，争取各级体育部门和财政部门的理解和支持，形成合力。同时，坚持正面宣传，与福利彩票共同培育市场，不搞恶性竞争，为体育彩票创造良好的市场环境。

（六）扎扎实实地开展培训工作

市场竞争归根到底是人才的竞争。要实现长远发展，就要加大对人才的培养。为此，总局体彩中心将进一步树立体育彩票“大团队”观，通过国内与国外、理论与实践的途径，建立健全完善的培训体系，加大培训工作力度。

1. 对省级以上高管人员的培训。用先进的管理思想武装头脑，摒弃旧的思维理念、思维模式和工作习惯，由简单的建章立制向完善的科学管理体系转变，由经验型管理向科学型管理转变，由粗放型管理向集约化管理转变，做彩票的学习型、专家型和务实型干部。总局体彩中心准备组织省市体彩中心高管人员，到国外进行有针对性的业务培训，主要了解国外彩票发展动态，掌握先进管理理念，真正为我所用。

2. 对业务人员的培训。这是整个培训体系的重要部分，其效果好坏，对体育彩票未来的发展具有决定性的作用。业务培训包括对技术、发行销售、财务等不同专业的学习和深造，使业务人员真正掌握彩票专业知识，了解国际先进玩法的核心技术，不断提高体育彩票队伍的专业素质。

3. 对网点销售员的营销技巧培训。由总局体彩中心牵头成立培训小组，主要依靠各省市体彩中心，因地制宜地开展生动、通俗、实用的投注技巧、操作指南的培训，以促进体育彩票的销售。

（七）建立奖励激励机制

建立一个比较稳定的奖励激励机制不仅是科学管理的重要内容，也是体育彩票事业发展的需要。今年，在财政部和总局有关部门的大力支持下，我们制定了一系列表彰、奖励办法，包括《全国体育彩票突出贡献奖评选办法》、《全国体育彩票工作先进单位表彰办法》、《全国体育彩票先进单位奖励办法》，对工作成绩优秀、运营安全、管理得力的各级体育彩票管理发行机构进行表彰奖励。这次会上请大家对表彰奖励办法进行研究讨论，提出修改意见。根据这个办法，今后每年的物质奖励将与各级体彩中心的工作绩效挂钩。同时，我们也将根据体育彩票的发展和实际操作中出现的问题，不断修改和完善该办法，真正建立起一个客观、科学、可操作性强的奖励激励机制。

（八）加大对省市的扶持力度

今年年初，一些省市提出降低发行费收缴比例的意见。对此，总局领导和有关部门非常重视，多次要求我们从市场整体发展的角度出发，解决好这个问题。总局体彩中心对此进行了深入的调研，根据目前体育彩票整体发展状况，提出建立扶持资金，将来每年从总局体彩中心发行费中提取部分资金，有重点地用于体育彩票市场开发、营销推广、系统建设、设备购置，解决一些省市体彩中心的资金困难，达到发行费合理配置、集中使用、突出重点、解决实际问题的目的，进一步提高体育彩票全国统一运行模式的效益。关于扶持资金使用管理办法的初步设想已上报总局。

（九）加强政策理论研究和玩法研究

在体育彩票探索与发展的10年里，我们经历过挫折也积累了宝贵的经验。在日趋激烈的市场竞争中，如何促进体育彩票全面、健康、可持续发展，政策理论研究和玩法研究工作已经显得非常重要。去年总局体彩中心和各地体彩中心都做了有益的尝试。今年，总局体彩中心将加大力度，从上半年开始研究制订体育彩票整体发展规划，包括形势分析、玩法战略布局、体制机制问题等。同时，总局体彩中心将努力在提高集约化管理的基础上，最大程度地调动省市体彩中心积极性，体现和发挥地方的个性化，鼓励扶持有条件的省市体彩中心积极进行玩法研究和开发工作。

三、工作要求

为确保完成2005年的体育彩票发行任务，做好今年的工作，全体体育彩票战线的同志必须牢固树立大局意识、团队意识、市场意识、责任意识、廉政意识、学习意识。

（一）树立大局意识，提高体育彩票整体发展水平

总局领导再三强调，体育彩票各项工作必须要从大局出发，围绕大局服务。目前，各省、区、市体育彩票发展水平存在着很大差距，需要体育彩票系统齐心协力，互相帮助，互相促进，共同提高。在这方面，总局体彩中心一定带好头，服从于大局，服务于大局，确保全国体育彩票整体水平的提高。各省市体彩中心也一定要做到顾全大局，树立“集约化管理、全国一盘棋”的思想不动摇，防止只考虑局部需要，而给全局工作带来被动或负面影响。

（二）增强团队意识，建立体育彩票核心团队

经过十余年的锻炼，我们已经建立了一支体育彩票发行和销售队伍，形成了具有相当规模的市场分级管理网络，更重要的是，通过发行和销售工作的锻炼，证明我们的队伍是一支有战斗力的队伍。但我们应该清醒地看到，在困难面前我们也出现过一些急躁、消极、埋怨的倾向，团队意识一时有所模糊。为此，总局体彩中心

要从自身做起，充分发挥“一滴胶”的作用，凝聚31个省市体彩中心，真正造就一支经得起考验的、精诚团结的、有组织纪律的、能指挥得动的管理和销售队伍。在队伍内部，要树立良好的协作风气，在困难面前，多讲主观，少讲客观，多讲自己，少讲别人，多讲内因，少讲外因，身体力行地树立“干彩票、学彩票、研究彩票，争当彩票专家”的风气。在这方面，总局体彩中心也欢迎省市体育局和体彩中心监督和批评。

（三）强化市场意识，做好各方面服务和保障工作

市场是检验体育彩票工作的一面镜子。我们的各项工作要为市场服务。总局体彩中心和各省市体彩中心要把“管理就是服务”的意识贯穿到队伍建设中来，渗透到各项管理工作中去，化为自觉的行动，成为制定政策、队伍建设、制度建设、工作质量评判的依据和标准。做好服务要体现在转变观念、改进作风、明确责任上，做到“眼睛向下看，围着市场转”。总局体彩中心要加大调研力度，掌握彩票市场的第一手情况，及时与省市体彩中心沟通情况，帮助省市体彩中心解决疑难问题，为各省市体彩中心服好务；省市体彩中心要继续为管理站服好务，为网点服好务；全体体育彩票人员要为彩民服好务，不断提高体育彩票的信誉度和公信度。

（四）增强责任意识，进一步提高管理水平和质量

体育彩票的可持续发展依赖于体育彩票队伍的责任意识和管理水平。经历连续两年销量下滑后，在劣势和逆境中我们更需要坚定信心，树立高度的责任意识。工作的挑战性越大、工作难度越高，就越要增强我们的责任意识。责任意识不仅体现在对体育彩票工作的认识和重视上，还要落实到工作的细节中。细节就是效益，没有细节就没有一切。在技术、资金、系统建设、安全方面，要健全和完善预警制度，安全责任制度，绝对不能有麻痹思想和侥幸心理。

（五）强化廉政意识，加强彩票队伍廉政建设

廉洁自律是对每一位国家公职人员的基本的要求，对体育彩票发行队伍来说，是最起码的要求。这几年，体育彩票系统也出现了一些问题，必须警钟长鸣，高度重视。在今年总局召开的2005年党风廉政建设和反腐败大会上，总局主要领导多次强调指出：“要强化对滋生腐败的高危区域和热点问题的防范和监督”，“进一步强化对体育彩票发行、公益金使用和大宗物资采购的监督”，“在任何情况下都要懂得职务意味着责任，领导意味着服务，权利意味着奉献”。在我们体育彩票系统中，党风廉政建设责任制一定要落实，要加强防范和教育意识，树新风、倡廉洁，一定要杜绝赠送、收受红包、礼金的现象和借手中的权利牟取私利的思想，真正“管好人、管好钱、管好事”。按照中央和总局的有关要求，认真落实教育、制度、监督并重的惩治和预防腐败体系，真正做到常抓不懈，防患于未然，固堤于未决。

（六）树立学习意识，全面提高队伍素质

党中央在全党开展的保持共产党员先进性教育学习活动，是我们一次难得的学习提高的机会。大家要真正领会此次教育

活动的精神实质和任务目标，把共产党员先进性真正体现在体育彩票工作中，体现在体育彩票为民谋利的具体行动中，体现在出色地完成2005年的发行任务中，以新的精神面貌和工作成效，为体育彩票事业的健康发展提供强有力的政治保证。

终身学习是知识经济时代的生存之本。彩票是一个需要不断学习、不断实践的过程。我们要牢记三个学习对象：一是各省市体彩中心之间要互相学习，要树立学习之风，将一个地方成功的经验变为体育彩票整体的方法，建立一个学习型的彩票组织。二是向福利彩票学习。对手有时候往往是最好的老师。近几年，福利彩票在玩法研究、市场推广等方面有很多好的方法值得体育彩票学习，我们应该认真研究，虚心学习。三是向国外同行学习。彩票在世界上发展已有上百年的历史，彩票发达国家有很多成功的经验和方法。我们应该认真学习国外的先进管理理念、管理方法和彩票业务，做到洋为中用。

同志们，对于体育彩票来说，2005年是关键之年，也是希望之年。我们一定要以邓小平理论和“三个代表”重要思想为指导，牢固树立和落实科学发展观，在国家体育总局和财政部的领导下，在各省区市体育局的支持下，各级体彩中心全体同仁团结一心，继续克服困难，开拓进取，扎实工作，力争在鸡年各项工作中有所突破，努力完成全年发行销售任务，为体育事业和公益事业的发展做出更大的贡献！

谢谢大家！

五、探索与研究

中国彩票业管理现状分析与对策

彩票是一种特殊的金融工具。同股票、债券、基金一样，发行彩票可以持续、反复地筹措社会闲散资金。但与股票、债券、基金不一样，彩票是不能交易或随时赎回的；彩票不反映股权关系、债权关系或委托投资关系，只反映彩票购买人和彩票发行人之间潜在的可能的奖金分配关系；彩票对购票人的回报是建立在概率基础上的，而不是建立在经济效益上，购买彩票可能一无所获，也可能得到几倍、几十倍、几百倍甚至几千倍的回报，从这个意义上说，彩票是一种“或然价证券”。彩票是一种具有“博彩”性质的筹资工具。它既为国家筹集一定的资金，又能满足大家追求刺激、悬念的心理特点。财政部门的主要职责是为国家组织财政收入，安排财政支出。作为为弥补政府资金不足而开展的彩票发行及收支管理工作，我国目前由财政部门负责管理，从而使得我国彩票的发行目的和收支活动与国家财政的职能相一致。

一、我国彩票业发展概况

由于彩票具有博弈性，而且旧中国对彩票管理不严，发行过滥，在社会上留下不良影响等原因，新中国成立后，彩票曾在较长时期内被禁止。随着改革开放的不断深入，1978 年 6 月 3 日，经党中央、国务院批准，中国社会福利有奖募捐委员会在北京正式成立。该机构以筹集社会福利资金，兴办福利事业和资助有困难的人为宗旨，统一组织、规划和实施有奖募捐工作，动员社会力量，促进福利事业的发展。这是新中国历史上的第一家彩票经营、管理机构。1994 年，为了加快体育事业的发展，弥补体育事业经费的不足，为全民健身、奥运争光和办好体育大赛筹集资金，国家批准发行中国体育彩票。这以后，逐步演变成了现在由民政部中国福利彩票发行中心发行“中国福利彩票”和由国家体育总局体育彩票管理中心发行“中国体育彩票”的格局。2003 年，我国彩票销售量已达到 400 亿元人民币，2005 年估计要达到 600 亿—700 亿元。专家预测，中国潜在的彩票发行规模每年应该在1 200亿—1 400亿元人民币之间，这就是说，已开发的彩票市场仅占预计的 1/3。

经过十几年的发展，今天，中国的彩票已经从以传统即开型彩票为主发展到现在的电脑型和传统即开型等多类型彩票并存的局面，但相比之下，其游戏规则仍显单一。管理部门不能实时地设计和推出新游戏、开发新产品，以满足不同彩民的偏好，这些是影响市场容量扩大的原因。

二、中国彩票业管理的现状分析

与世界彩票业发展水平相比，我国目前彩票市场发展的主要差距不在于技术，而在于管理，在于我国目前的彩票管理体制很不规范。近年来，彩票业在我国发展很快，然而与之不相适应的是，我国彩票市场极不规范，存在诸多问题，制约了彩票业的健康发展。目前我国彩票市场主要存在以下问题：

第一，由于发行彩票可以获取相当大的利益，导致与地方部门的利益常有冲突。尽管国家目前只允许民政、体育两部门发行彩票，国务院也三令五申禁止各地擅自批准发行彩票，但各地、各部门在利益驱动下，仍屡有不认真执行国家规定，变相发行、销售部门或地方彩票的。

第二，非法“私彩”屡禁不止。尽管国家要求坚决打击非法“私彩”，但有少数地方监管不严，打击不力，甚至公私勾结，怂恿“私彩”发行。个别企业和个人私下发行或变相发行彩票，侵害了公众利益，破坏了彩票的形象和市场的稳定，在一些私彩泛滥区，公彩甚至被挤得几乎无法立足。

第三，长期以来，我国没有一部统管全国彩票市场的法规，且现有法规（包括文件、通知、地方法规）过于粗糙、原则，找不到详细的罚则，尤其对一些具体问题如资金分配和使用、财务管理公开和信息披露、中奖规则、从业人员资格要求等更是不明确，所以当彩票市场出现纠纷时，无法做到“有法可依”。由于无法可依，一些重大违规案件严重影响彩票业的发展。2001 年 4 月 20 日，湖北省体育彩票中心发生了摇奖设备被人破坏的刑事案件，2004 年 3 月陕西省西安市发生的“宝马案”均引起了社会各界的广泛关注，在全国范围内产生了重大社会影响，使彩票的公正、公平原则受到了挑战。我国即将出台的《彩票法》将会从根本上解决这种无法可依的状况。

第四，发行成本过高，技术手段落后。三个原因造成发行成本过高：政府机构组织发行，技术手段比较落后，发行量相对较小。西班牙彩票发行，经营成本最低为 5%，最高为 13%，而我国现行彩票发行费用占彩票收入的 15%。我国彩票的销售方式虽然由现场规模销售方式逐渐向电脑销售方式过渡，并且发展迅速，但是，总体上中国彩票销售方式仍然比较落后，即使电脑销售彩票也仍处于较低级阶段。无论是网点还是管理机构，成本费用都相当高昂。

第五，资金使用效益不高，违规违纪问题严重。由于不够透明和公开，使人们无法真正清楚资金的管理和使用情况，并且由于没有制度上的约束，“跑、冒、滴、漏”、贪污腐败、“暗箱操作”和资金被挪作它用的现象屡禁不止。此外，没有统一的管理体制，也会形成各地、各部门由于利益的关系而互相扯皮的现象。一些地方政府及企事业单位挤占、挪用公益性资金，用公益性资金参与金融拆借、购买股票、投资办经济实体，以及公益性资金投放不及时、投向结构不合理等现象也比较严重。

第六，缺乏与彩票有关的人力资源的培养。目前，很多彩票管理人员对彩票的性质、具体管理规则不甚了解，彩票管理人员基本来源于民政和体育部门的普通行政管理人员，人员基本素质得不到保证，这成为彩票发行工作向更高层次迈进的桎梏，不利于彩票的管理和正常发展，也不利于社会公益事业和体育事业的稳定发展。

三、对中国彩票业管理对策的思考

要解决上述问题，应当借鉴国外经验，尽快理顺我国彩票管理体制并辅以一些必要的措施，强化对我国彩票市场的管理。具体可以从以下六个方面入手。

第一，加强政府对彩票市场的监管。政府部门应督促彩票机构对销售、设奖、兑奖等环节的公开宣传，加大公证机关参与监督的力度；严厉打击违法、违规行为，整顿市场秩序；彩票公益金的管理和使用情况要有透明度。财政监管部门应指定有资格的会计师事务所，按照实际需要，定期或专项对彩票发售、资金管理与使用进行审计，定期公布彩票公益金的收入和使用情况。

目前，我国彩票业市场存在着中国福利彩票和中国体育彩票两大发行主体。很多专家认为，福利彩票和体育彩票分别按行政区划在全国范围内垂直设置两套机构，从而造成资源浪费和过度竞争，同时还存在这些机构既当运动员又当裁判员的现象。专家主张彩票业由政府统一专营，实行完全垄断的产业组织模式，但同时设立两个部门。这样，既可以避免过度竞争导致的内耗，提高彩票业的运行效率，又可保证适度竞争，促进彩票业的健康发展。

第二，健全彩票资金管理的财务体系。彩票资金的运作涵盖了从彩票资金的入账到分配、使用、审计和评价的全过程。在资金流动的整个过程中，一套健全的财务管理体系有着十分重要的作用。健全彩票资金管理的财务体系主要是做好资助计划、实施内部控制、跟踪核算、进行财务分析等，从根本上杜绝乱用、滥用彩票资金的现象。

彩票收入要全部上交中央财政，纳入国家财政预算管理，统一安排或专项用于支持社会福利、社会救济、体育及文教卫生事业的发展。这样可以有效地防止坐支、截留、挪用等违规违纪问题产生，提高资金使用的透明度，减少乃至杜绝“暗箱操作”、“跑冒滴漏”等现象。同时，中央财政应设立相应的下拨专款，并使之成为中央与地方转移支付制度的重要组成部分，调动地方政府发行彩票的积极性，缓解各地、各部门的利益矛盾。

建立彩票公益金使用的申请与审计制度。要确保彩票公益金的高效使用，必须建立申请与审计制度。具体来说，每年有资格申请彩票公益金资助的部门都要提出资助申请，申请中不仅注明申请额度还要有资助项目的详细清单；彩票公益金管理中心组织资金预算部和项目评审部对申请进行评审，保证彩票公益金的投向正确。评审结果一份送到资金审批部作为资金批复的基础，另一份送到资金审计部作为资金实际使用的审计依据。彩票资金审计部门则要根据资金的投放，对具体使用情况进行审计，确保彩票公益金不被挪用、乱用。

彩票资金使用的社会监督。彩票资金的审计与监管是属于内部常规的监督体系，对于保证彩票资金的有效使用是完全必要的，但毕竟彩票资金是一种特殊的资金，它还需要社会的公开监督。应通过舆论工具，向公众及时报道彩票资金的使用情况，增大资金使用的透明度，有效杜绝彩票资金使用过程中的“暗箱操作”和腐败行为，从而提高彩票资金的使用效率。

第三，几乎所有发行彩票的国家，都有专门的法律和法规对彩票发行、管理和所筹资金的使用等各个方面做出十分严格的规定。我国彩票市场的《彩票法》或《彩票管理法》即将出台，各省也需要有相关的实施细则，以规范当地的彩票市场运行。《彩票法》立法的要点应当是：确定政府控制的形式和程序，维护市场统一有序，对所筹资金的使用和范围进行约束。

第四，加强彩票发行规范，增加彩票种类，降低发行成本，提高融资效率。实践证明，使用先进技术的彩票更具有生命力。目前，我国已建立了全国性的电脑销售网络，应加强电脑彩票的软、硬件的开发和利用。可借鉴外国经验，开发邮局彩票和网上彩票投注业务，这样可以大大减少彩票销售环节的成本。各销售点可以通过竞标方式与彩票机构签订合同，取得零售商资格，来赚取代销费；彩票机构可以利用银行网络销售彩票，给银行以代销手续费等，通过这些销售方式，可以降低彩票的发行成本。

第五，正确宣传引导，培养成熟心态。媒体和发行机构要注重宣传我国博彩业的慈善功能和公益功能，将人们的投机心理和支持发展慈善、公益事业结合起来，培养成熟的彩民心态，使他们能有一种平常心，认识到彩票只不过是一场游戏，中不中奖没关系，关键是买一种希望，并同时为社会慈善、公益事业尽一份责任。而作为媒体，也不应过分片面地宣传、诱导消费者，对中大奖者不要过分宣传，应当适可而止，不可过分炒作，要注重宣传中奖概率等科学知识，使彩民认识到中大奖的概率极低，不能报特别大的希望，“一夜暴富”的梦想不能做过了头，影响了自己的生活和工作。

第六，加强彩票方面的课题研究及人力资源的培养。这也是当前我国彩票管理机构亟待解决的问题之一。

（安徽省体育彩票管理中心供稿，作者：李勇）

中国彩票市场分析*

一、引言

作为中央政府授权管理全国彩票的最高机构，财政部制定了《彩票发行与销售管理暂行规定》（2002 年），其中第二条对彩票作出了明确定义：彩票是国家为支持社会公益事业而特许专门机构垄断发行，供人们自愿选择和购买，并按照事前公布的规则取得中奖权利的有价凭证。

（一）发展概况

1987 年 7 月 28 日，新中国第一张彩票在河北省石家庄市售出，宣告了中国彩票市场的形成。尽管当年销售额仅为1 740 万元，但是发展速度惊人。到 2004 年，18 年间累计销售2 138亿元，年度最高销量达 401 亿元。平均年增长率高达 36.04%，高于同期 GDP 增长幅度。具体数据请参见图 1 和表 1。

单位：亿元

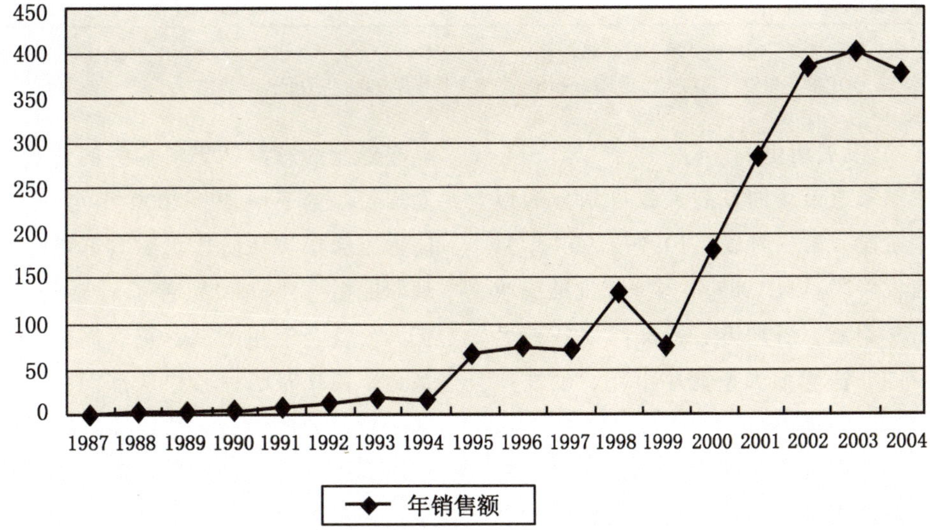

图 1　1987—2004 年彩票销售额

数据来源：《中国彩票年鉴 2004》。

* 本文收入本书时有删改，原文中数据模型与推导过程均已略去。——编者

表 1　　全国彩票销售额与 GDP 增速对比

单位：亿元

年　度	彩票销售额	年增长率	GDP	年增长率
1987	0.17	-	11 963	—
1988	3.76	2 062.53%	14 928	24.78%
1989	3.83	1.83%	16 909	13.27%
1990	6.47	68.94%	18 548	9.69%
1991	7.74	19.55%	21 618	16.55%
1992	13.76	77.74%	26 638	23.22%
1993	18.43	33.98%	34 634	30.02%
1994	17.98	-2.42%	46 759	35.01%
1995	67.30	274.27%	58 478	25.06%
1996	76.75	14.04%	67 885	16.09%
1997	71.74	-6.53%	74 463	9.69%
1998	134.80	87.91%	78 345	5.21%
1999	75.51	-43.99%	82 068	4.75%
2000	181.02	139.74%	89 468	9.02%
2001	288.87	59.57%	97 315	8.77%
2002	385.72	33.53%	105 172	8.07%
2003	401.40	4.06%	117 252	11.49%
2004	380.59	-5.18%	136 515	16.43%
平均年增长率		36.04%		14.83%

注：（1）数据来源：国家统计局、财政部。
（2）GDP 和彩票销售额均按当年价格统计。平均增长率以 1988 年为起点计算。

（二）发展历史

中国彩票市场的发展大致可划分为以下三个阶段，第一阶段（1987—1993 年），属于自发阶段。自 1987 年国务院批准民政部发行彩票后，各地方、各部门以各种名目发行的非法彩票大量充斥市场，硬性摊派彩票的现象屡有发生。第二阶段（1994—1999 年），属于部门彩票阶段。针对第一阶段出现的混乱局面，国务院对彩票市场进行了清理整顿，指定中国人民银行负责监管彩票。仅批准民政部和原国家体委分别发行福利彩票和体育彩票，筹集的公益金统归部门所有。两个部门分别建立起专业的彩票销售机构，销售量也有明显增长。第三阶段（2000 年至今），属于向国家彩票转化阶段。财政部承担彩票管理职能后，建立和完善了彩票管理制度，扩大公益金使用范围，重点用于社会保障基金，使现有两种彩票从部门彩票开始向国家彩票方向转变。这一阶段，彩票发行技术有了革命性进步，全面建成了电脑彩票销售系统，彩票发行量飞速增长，年度销售额突破 400 亿元[1]。

（三）彩票资金的使用

彩票资金的分配比例为：公益金 35%，返还奖金 50%，发行费用 15%

(如图 2 所示)。与世界其他国家相比，中国彩票公益金和发行费用的比例较高，返还奖金的比例相对较低。

发行彩票的目的是为了筹集资金支持社会公益事业。18 年来中国共筹集公益金 688 亿元，有力地支持了民政、体育和其他社会事业的发展。在 2001 年以前，发行彩票所筹集的公益金完全归民政和体育部门所有，由部门自行分配使用，属于典型的部门彩票。从 2002 年开始，财政部开始核定公益金基数，基数内的公益金由民政和体育部门按规定用途使用，超基数公益金的 20%仍归民政和体育部门使用，其余 80%由财政部统筹用于补充社会保障基金。以 2003 年为例，140 亿元公益金用于 8 个不同领域，由 7 个部门使用。从表 2 可以看出，有 54.3 亿元（占公益金总额的 38.7%）的公益金用于补充社会保障基金，较好地体现了彩票的公益性和社会性[2]。

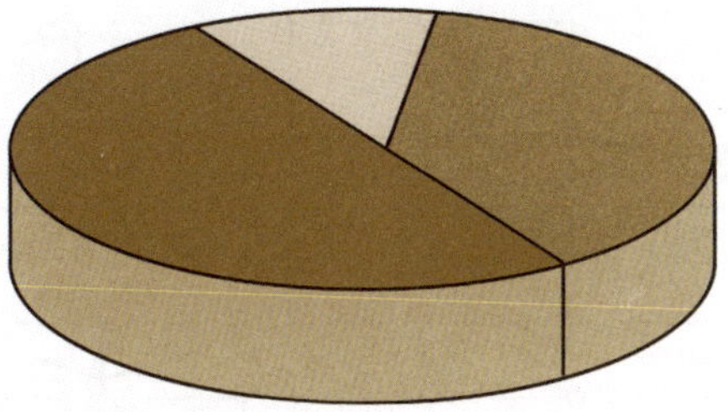

图 2　彩票资金分配比例

表 2　　2003 年全国公益金分配情况表

使用领域	公益金数额（亿元）	所占比例	使用部门
1. 民政福利事业	34.75	24.7%	各级民政部门
2. 体育事业	34.84	24.8%	各级体育部门
3. 青少年学生校外活动场所建设及维护	7	5.0%	全国青少年学生校外教育联席会议办公室
4. 2008 年北京奥运会	3.5	2.5%	第 29 届奥运会北京组委会
5. 红十字人道主义救助事业	1.1	0.8%	中国红十字会
6. 补助地方农村医疗救助基金	3	2.1%	民政部
7. 残疾人事业专项经费	2	1.4%	中国残疾人联合会
8. 补充社会保障基金	54.3	38.7%	全国社会保障基金会理事会
合计	140.49	100.0%	

来源：《中国彩票年鉴 2004》。

（四）管理体制和运行机制

18 年来，中国彩票市场已经初步建立起较为完善的管理体制和运行机制。形成了“三纵四横”的管理体系。“三纵”是指根据部门隶属关系区分为财政部、民政部和国家体育总局三个垂直管理系统，“四横”是指按照行政管理层次横向划分为：国家部委、国家彩票中心、省级彩票中心和市级彩票发行机构四个层面（如图 3 所士）。1987 年至 1999 年，由中国人民银行承担监管职责，从 2000 年开始，国务院授权财政部承担彩票管理职责。民政部和国家体育总局分别负责福利彩票和体育彩票的发行和销售工作。两个部门都依托行政管理体制分别建立起国家、省、市三级发行机构（个别省市在县级也建立了专门的发行机构），配备了相当数量的工作人员，分层次承担发行和管理职责。基层销售单位已遍布全国城乡，常年运行的电脑彩票投注机近 10 万台[3]。

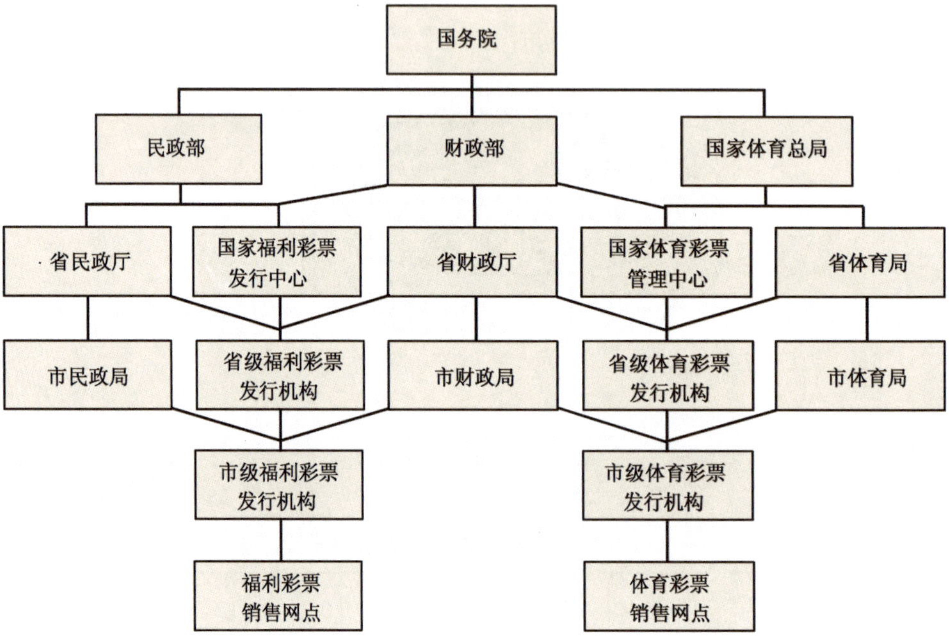

图 3　彩票管理及发行体制示意图

（五）彩票分类

即开型彩票就是购买者在购买之后可立即确认是否中奖的彩票。这种玩法的趣味性强，有很强的参与性。电脑彩票就是利用计算机技术完成销售和返奖的彩票，玩法较多，购买者的主动性较强。

1987—2000 年，中国彩票市场主要销售即开型彩票，而且销售形式仅限于大规模集中销售，没有采用世界各国普遍使用的分散型销售模式。2000 年以后，随着全国电脑彩票销售系统的建立，彩票品种急剧增多，传统型、数字型和乐透型彩票相继上市。特别是 2001 年体育彩票推出了竞猜型足球彩票，使中国彩票市场的产品结构有了较大改变。从世界彩票协会对 83 个国家和地区的统计结果看，中国彩票市场产品品种还不够丰富（中国也发行数字型彩票，但是财政部的统计资料将数字型彩票归入乐透型彩票）（参见表3）[4]。

表3　　2003年世界及中国各类型彩票销售量对比

单位：亿美元

	世界		中国	
类型	销售额	所占比例	销售额	所占比例
乐透型彩票	697	43.70%	34.1	70.32%
即开型彩票	348	21.80%	4.8	9.98%
抽奖/被动型彩票	219	13.70%	—	—
数字型彩票	171	10.70%	—	—
竞猜型彩票	89	5.60%	9.6	19.70%
基诺彩票	42	2.60%	—	—
其他彩票	30	1.90%	—	—

说明：世界彩票分类型销售数据来自刘岳冶、刘春宏《2003年世界彩票销售情况综述》。

（六）彩票的国际排名

根据世界彩票协会发布的数据，2003年世界上83个国家和地区共销售各类彩票1 596亿美元，比2002年增长了21%。中国彩票销售额74.6亿美元（按1美元=8.27元人民币折算），排名世界第八位。其中台湾地区彩票销售额23.4亿美元，香港地区彩票销售额6.53亿美元。如果去除港澳台地区，中国大陆地区的彩票销售额约为48.5亿美元，尽管下降了35%，仍可以排名世界第八位[5]（参见表4）。

表4　　2003年世界彩票销售额前10名国家

单位：亿美元

排名	国家	销售额	排名	国家	销售额
1	美国	434.9	6	法国	98.1
2	西班牙	134.5	7	英国	81.7
3	意大利	131.3	8	中国（含港澳台地区）	74.6
4	德国	119.6	9	加拿大	48.2
5	日本	104	10	韩国	34.6

来源：刘岳冶、刘春宏《2003年世界彩票销售情况综述》。

但是，中国人均购彩（含港澳台）仅为5.66美元，在世界83个国家中排名第52位。如果仅计算中国大陆的人均购彩金额，则约为3.76美元，排名在60位以后。中国彩票的销售额以及人均购彩金额在世界的排名与中国GDP总量和人均GDP在世界的排名情况比较类似。

（七）研究目的

中国彩票市场与经济学理论所研究的一般产品市场不完全相同，是一个特殊的市场，其特殊性主要体现在以下几个方面：

1. 进入壁垒非常高。彩票发行机构仅有两家，属于国家垄断。两个发行机构共同占据彩票市场的时间已长达十年，而且短期内很难有新进入者。

2. 价格形成机制不同，所有彩票的销售价格由管理部门确定，不是由市场供求关系决定。

3. 市场竞争形式和手段特殊。由于彩票的价格固定，市场竞争多体现为品种和数量竞争，彩票品种的差异化程度比较高。所以彩票具有很强的替代性，造成两个彩票发行机构之间的竞争非常激烈。

4. 彩票销售机构的主要目标是追求销售数量（市场份额）的最大化，而不像普通企业一样追求利润最大化。由于公益金是按照彩票的销售数量按比例提取，各级民政和体育部门都给所属彩票机构下达硬性销售任务指标，而且财政部所规定的成本费用比例比较高，发行机构就较少考虑成本因素，全力争取扩大市场份额，有时甚至采取重复建设、恶性竞争等违背市场常规的手段，造成社会资源的不合理配置。据财政部统计，2003 年全国共有彩票销售终端机 99 566 台，2004 年增加到 106 820台，而用以衡量彩票发行效率的重要指标——年平均单机销售额则从403 152元下降到356 300元。

5. 竞争范围明确，市场范围基本与行政区划范围重合，福利彩票和体育彩票在全国范围内展开竞争，地方彩票机构不能跨区域发行彩票。这主要是因为彩票公益金是按销售额一定比例提取的，属于地方政府的预算外收入，所以各发行机构对所辖区域均实行严格的保护。

本文试图对中国彩票市场进行实证分析，以彩票销售额这一彩票市场最主要的绩效表现为研究对象，运用经济学理论确定影响彩票市场销售额的主要因素，并进行定量分析。从而为中国彩票市场今后的发展提出有指导意义的建议。

二、文献回顾

中国彩票市场的高速发展，吸引了众多学者的注意，从 20 世纪 90 年代开始，陆续产生了多方面的研究成果。从研究对象看，彩票研究主要集中于三个方面：第一，彩票市场的整体分析。主要是指出目前问题，分析内在原因，提出意见和建议。第二，分析研究购买者的行为模式。一般是在一定区域内进行问卷调查，主要就购买者的动机、年龄、收入、文化程度、购买习惯等指标进行抽样分析，这类研究多是由彩票发行机构委托进行，目的是了解彩票购买者群体，为进行市场营销提供依据。第三，分析和建立彩票玩法的数学模型。其中又分成两个不同的方向：一个是对现有彩票玩法的数学分析，另一个是通过数学建模，设计新的彩票玩法。

从理论工具方面看，研究者来自经济学、数学、法学、心理学等多个学科，说明彩票研究属于多学科综合的边缘学科。

从研究方法看，多数学者采用定性和定量相结合的方法，研究者在研究全国彩票市场时多采用定性研究的方法，在研究区域彩票市场和分析购买者行为时多采用定量研究的方法。

在彩票市场的总体研究中，研究者均对中国彩票业的高速发展持肯定态度，认为彩票市场确实为中国的公益事业做出了贡献，同时，大多数研究者认为彩票市场存在较多问题，主要有：立法滞后、行业结构不够合理、存在部门利益驱动等等。

朱彤、余晖（2004）[6]对中国彩票市场结构进行分析后，认为中国彩票市场是双寡头直接竞争，由于最初两种彩票的发行权是根据彩票发行的目的而不是根据彩票自身的属性（玩法和种类）进行的划分，造成两个彩票机构所发行的彩票，除了体彩中心发行的足球彩票之外，基本属于相同的类型，几乎没有本质区别。不仅如此，由于两大机构已经基本建成了全国性的销售网络，福彩销售网点与体彩销售网点近在咫尺，这使两大机构的面对面竞争同质化和白热化，也导致各地两个机构恶性竞争事件不断出现。由于两个彩票机构分别隶属于民政和体育行政部门，彩票的销售工作直接接受各级民政和体育部门的指导。这种政企不分的发行体制使中国彩票市场发展不断受到部门利益的干扰。

张玉超、刘倩、郭耿阳（2004）[7]认为彩票具有公益性，彩票的信誉要靠国家信用支撑。多年来中国彩票市场始终是以政府部门颁布的行政规章作为管理依据，缺乏权威性。而且现行管理体制存在诸多不足：财政部承担监管职能，要监督管理的是两个与自己相同性质的政府行政机关。在中国目前的行政管理体制和法制环境下，彩票的这种“行政部门监管行政部门”模式的作用非常有限。

鲁建人、张健勇（2005）[8]从购买者的角度认为中国彩票市场还存在着政府对购买者群体的引导和保护非常薄弱的问题。认为政府及有关部门在肯定彩票对社会公益事业积极的一面时，却对其消极的一面不够关注。彩票客观上具有很强的投机性，因此容易刺激人们的投机心理。有20%的购买者在彩票上的资金投入超过了个人的经济实力，已属于不理性消费。由于弱势群体希望通过博彩来实现快速致富，致使弱势群体投资于彩票的金额占其收入的比重要远大于高收入者。从机会成本角度分析，弱势群体投入彩票的那部分货币的机会成本远远高出高收入者的机会成本，其最终产生的弱者更弱、富者更富的马太效应将会加大社会的贫富差距。鉴于弱势群体对中奖的期望高于一般购买者，如不加正确引导，很容易导致心态扭曲，造成不良的社会效果。

众多学者为解决这些问题，提出了很多有价值的建议，主要有：加快立法步伐，力争尽早出台《彩票法》，规范彩票市场，并对刑法等相关法律进行适当补充。改革现有彩票管理和发行体制，成立类似证监会的专门管理机构，提高管理的权威性和专业性；合并彩票发行管理机构，组建股份制国家彩票公司，解决目前政企不分的弊端。改进彩票业的宣传，不应过度使用高额奖金的刺激作用来诱发购买者的赌博心理，而更应侧重于宣传彩票的发展对于公益事业的积极效应，培养人们参与、关心社会公益事业的意识，建立起爱国奉献的精神。

在购买者行为分析领域，王爱丰、王正伦等人（2004）[9]对南京的体育彩票购买者进行了调查分析，他们认为，影响南京体育彩票消费者消费行为的因素是多方面的，既有个人的因素，如年龄、职业、性别、受教育程度、经济收入、家庭的支持程度等，又有社会心理因素，主要是体育彩票购买者的消费动机的因素，还有彩票的市场竞争因素。体育彩票消费与其他商品消费的情况大相径庭。南京体育彩票的购买者以中、低收入者为多。调查显示，他们购买体育彩票的动机主要是："碰运气、中大奖"占调查对象的28.1%，"支持我国体育事业发展"占24.2%，"消遣娱乐"占19.0%，三者兼有的"综合性"动机占28.7%。

王元华（2001）[10]通过对浙江体育彩票市场的分析，所描述的彩票购买者形象是：以年龄在20—40岁之间、月人均收入在500—1 500元之间的男性为多，最大的三个消费群体是学生、打工者和个体工商业者，月彩票花费占月人均收入1%以下的为多，购买消费动机以中大奖为主；如果一直没有中奖将不再购买体育彩票。

王天生、程致屏（1999）[11]对西北地区体育彩票购买者和体育工作者进行的研究显示，体育工作者对体育彩票的认识不够准确，认为民众购买彩票的主要目的是为了碰运气、中大奖，而民众的实际动因是碰运气、支持体育事业发展。但是多数体育工作者都购买体育彩票，还有50%的体育工作者参与过体育彩票的发行工作，说明体育彩票在体育行业有较高的认同程度。

在彩票基本原理的研究方面，余泉、周方元、张云水（2002）[12]采用概率统计理论对彩票的玩法进行系统分析，确定了对彩票玩法评价的四个主要因素：对彩票购买者的吸引力、各种奖项出现的可能性、奖项和奖金额的设置。认为彩票玩法对彩票购买者的吸引力是最重要的因素，然后引入博弈论关于不确定性下的最优决策模型，对具体玩法进行了模拟评价，并提出了新的玩法。

张兴永、周圣武、夏登俊（2005）[13]以电脑彩票中的30选7玩法作为研究对象，引入经济学中的期望效用函数来描述彩票模式和奖额设置对彩民的吸引力，综合分析了各种奖项和奖金额的设置及其对彩民的吸引力等因素，评价各方案的合理性，进而建立了以彩票管理部门收益为目标函数、以合理性为约束的优化模型，在返奖率保持在50%不变的前提下，给出了2种对现有30选7玩法进行改进的建议。

三、研究方法

对任何一个市场的分析都离不开对其经济特征和竞争结构的分析，按照生命周期假说判断市场所处的发展阶段是第一项工作，更重要的是要找出关键的驱动因素。麦克·波特（2003）[14]认为推动产业（市场）发展的驱动因素可以有很多，产业（市场）中发生的许多事件都会对产业（市场）产生很大的影响，可以被看作驱动因素。其中有一些是只属于某一类因素，但是绝大多数同时隶属好几个类别。比如：技术变革、产品革新、产品购买者以及购买者的产品使用方式的变化、社会关注点、行业的长期增长率、生活态度和方式的变化、购买者最近出现的差别化产品偏好替代了以前的商品化产品偏好、成本和效率的变化等等。虽然在某一个行业（市场）中有许多变革因素在起作用，但真正算得上驱动因素的却不超过3—4种。

按照经济学，特别是产业经济学的基本理论，在其他学者的研究成果基础上，本文认为影响中国彩票销售额的主要因素有：经济发展水平、市场竞争程度、彩票品种多样化程度、彩票科技含量水平。现就这四个主要因素具体分析如下。

（一）经济发展水平

衡量经济发展水平的指标有很多，最常用的是国内生产总值（Gross Domestic Product），国内生产总值是指在一年内，一个国家或地区的经济中所生产出的全部最终产品和劳务的价值，常被公认为衡量国家或地区经济状况的最佳指标。它不但可反映一个国家或地区的经济表现，更可以反映一国的国力与财富[15]。

经济发展水平对市场的发展具有很大的影响，彩票市场的产生就是经济水平发展到一定层次的结果。自从1978年改革开放以来，中国整体经济实力稳步增强，城乡居民的收入也不断上升，在满足了基本的吃穿用需求之后，自发产生了娱乐、投资等新需求。可以说，中国城乡居民实现温饱，走向小康的发展过程就是中国彩票市场产生、发展的基础。而彩票市场的发展能够创造新的就业机会，增加税收，也能对整个宏观经济产生一定的推动作用。

从图4可以看出，中国彩票市场的发展与国家整体经济水平的发展具有大致相同的趋势。而且由于中国彩票市场起点较低、发展时间也不长，所以显现出比GDP增长更为强劲的发展势头。

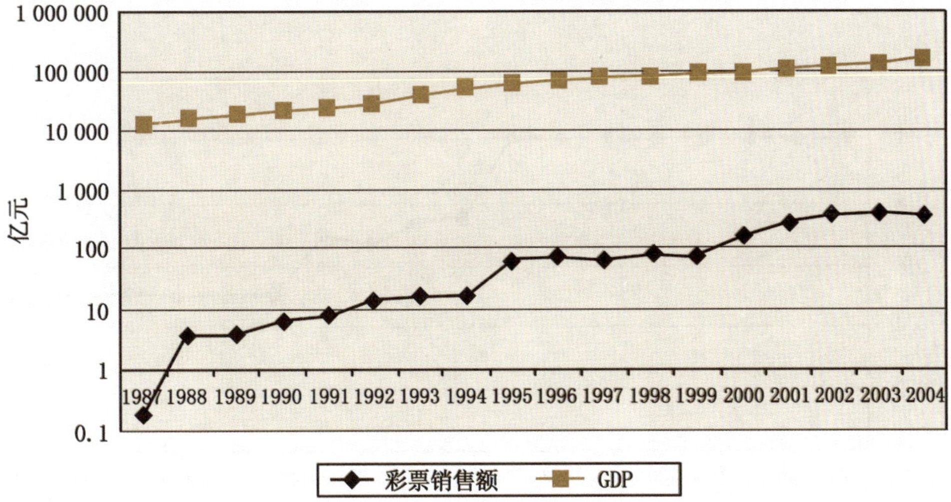

图4　1987—2004年全国GDP与彩票销售额对照图

数据来源：国家统计局、财政部。

（二）市场均衡程度

按照产业经济学的理论，市场结构可以根据市场竞争程度划分为完全竞争、完全垄断、寡头垄断和垄断竞争四种基本类型。寡头垄断的市场结构所具有的突出特点是：产业集中度高，产品基本同质或差别较大，进入和退出壁垒较高。20世纪30年代出现的以美国哈佛大学梅森为代表的哈佛学派认为这种市场不存在有效竞争，资源配置的效率也不高[16]。

中国彩票市场正处于快速成长阶段，是一个政策性垄断的市场，已经从起步初期的完全垄断市场过渡到目前双寡头垄断竞争的市场结构。

本文采用产业经济学中用于衡量产业集中度的赫芬达尔－赫希曼指数（Herfindahl－Hirschman Index）衡量市场均衡程度。它是某特定市场上所有企业的市场份额的平方和，用公式表示为：

$HHI = \sum_{i=1}^{N} (Xi/X)^2 = \sum_{i=1}^{N} (Si)^2$

公式中：X——产业市场的总规模；

X_i——产业中第 i 位企业的规模；

S_i——产业中第 i 位企业的市场占有率；

N——产业内的企业数。

HHI 包含了所有企业的规模信息，能够反映出市场集中程度。同时，由于采用平方和的计算方法，HHI 对企业市场份额的变化非常敏感，能够体现出市场中企业规模的差距。

根据公式，很容易推导出 $HHI = \sigma^2 + 1/N$（其中 σ^2 为各厂商市场份额的标准差，N 为厂商个数）。可知，当各厂商的市场份额趋近相同时，此指数收敛于 1/N。例如：当市场中仅有 2 个厂商，且市场份额相同时，HHI = 1/2。在企业数目一定时，企业之间市场份额的差距越大，HHI 的值就越大，市场的集中度就越高，也就是市场均衡程度越低。哈佛学派认为均衡的市场结构有利于厂商之间展开有效竞争，扩大市场规模。

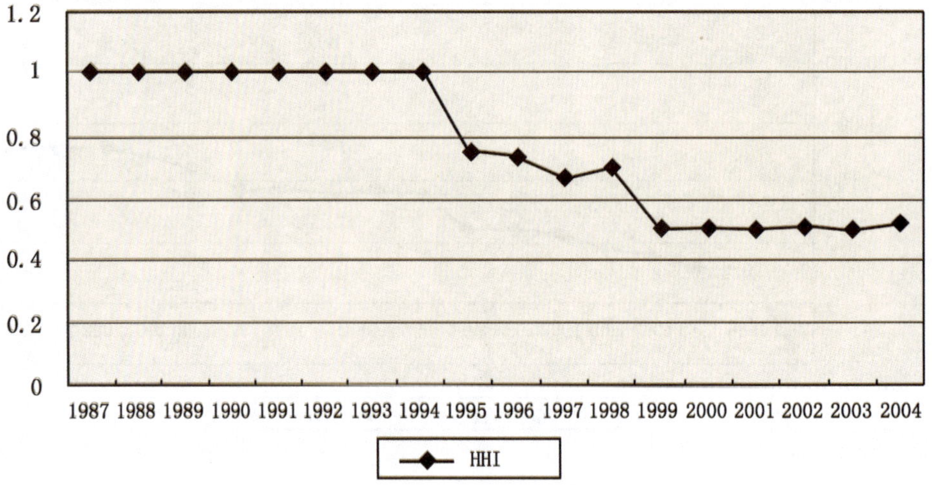

图 5　全国彩票市场 HHI 变动情况

数据来源：《中国彩票年鉴 2004》。

从图 5 所显示的历年销售数据分析，中国彩票市场的赫芬达尔－赫希曼指数在 0.5—1 之间，说明全国市场均衡程度变化较大。从变动趋势看，赫芬达尔－赫希曼指数在从 1 逐步向 0.5 接近，也就是市场趋于均衡。最早是福利彩票独占市场。从 1995 年开始，体育彩票的加入使彩票市场形成了竞争，促进了彩票市场的发展，当年的赫芬达尔－赫希曼指数就从 1 下降到 0.75，销售额的增长幅度高达 274%，充分说明了有效竞争对市场的发展具有显著的推动作用。

（三）彩票品种多样化程度

本文采用区域内年度销售彩票的品种数量来量度彩票品种多样化的程度。一般说来，彩票品种越多，可供彩票购买者选择的余地越大，越有利于提高彩票销售额。

按照营销学“20%的品种贡献了 80%的销量”的“8020 法则”，多样性同样也是一把双刃剑。盲目追求彩票品种的多样化，既不利于彩票的品牌化建设，也会让彩票购买者无所适从。

从图 6 可以看出，中国彩票市场的彩票品种数量呈增长趋势，在 2003 年达到高点之后，又显现出大幅下降的趋势。

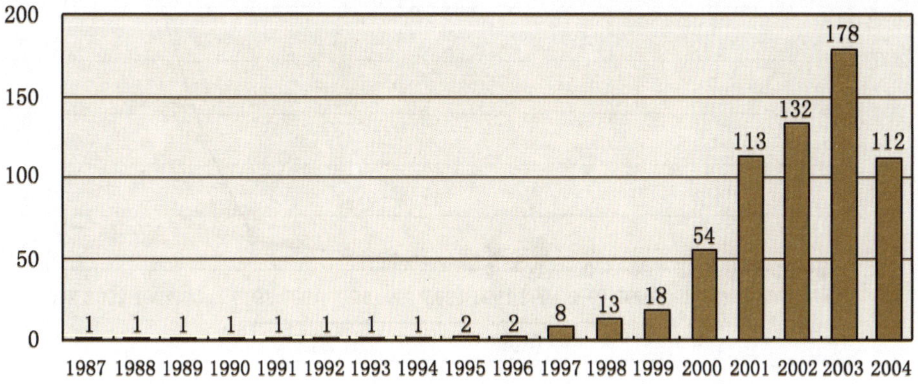

图 6　1988—2004 年全国彩票品种变化图

数据来源：《中国彩票年鉴 2004》。

（四）彩票科技含量水平

彩票的科技含量水平可以用区域内当年电脑彩票销售额占全部彩票销售额的比值来衡量。

电脑彩票具有规模经济的特征，初始建设成本较高，日常运营成本较低，而且由于一套电脑彩票系统可以销售几十个品种，所以具有很高的效率。正是由于电脑彩票的诸多优势，世界各国普遍发行多品种的电脑彩票。从 1995 年开始，福建、海南、广东等省份陆续自行开发了电脑彩票销售系统。从 1998 年开始，体育彩票机构率先在全国范围建设统一的半热线电脑彩票销售系统（就是销售数据存储在电脑终端机中，在指定时间上传到省级彩票发行机构的中心机房，统一进行开奖的销售形式），福利彩票机构随后也启动了电脑彩票销售系统的建设工作。到 2002 年 9 月，随着西藏电脑体育彩票销售系统的开通，全国均建成和开通了半热线电脑彩票销售系统。从 2004 年开始，原有的半热线电脑彩票销售系统开始进行系统升级，成为全热线电脑彩票销售系统（就是销售数据不再临时保存于电脑终端机中，而是直接存储到中心机房）。全热线电脑彩票销售系统的优势在于：大大提高了数据安全性，进一步延长销售时间，方便中奖者兑奖。更重要的是为发行以浮动赔率为代表的各种主动性更强的彩票提供了技术支持[17]。

从图 7 可以看出，从 2000 年开始，电脑彩票的销售额超过即开型彩票，成为彩票市场的主力，而且市场份额持续攀升，占销售额的比例高达 90%，远远高于世界水平——按照世界彩票协会的统计，电脑型彩票占彩票总销量的 70% 左右[18]。

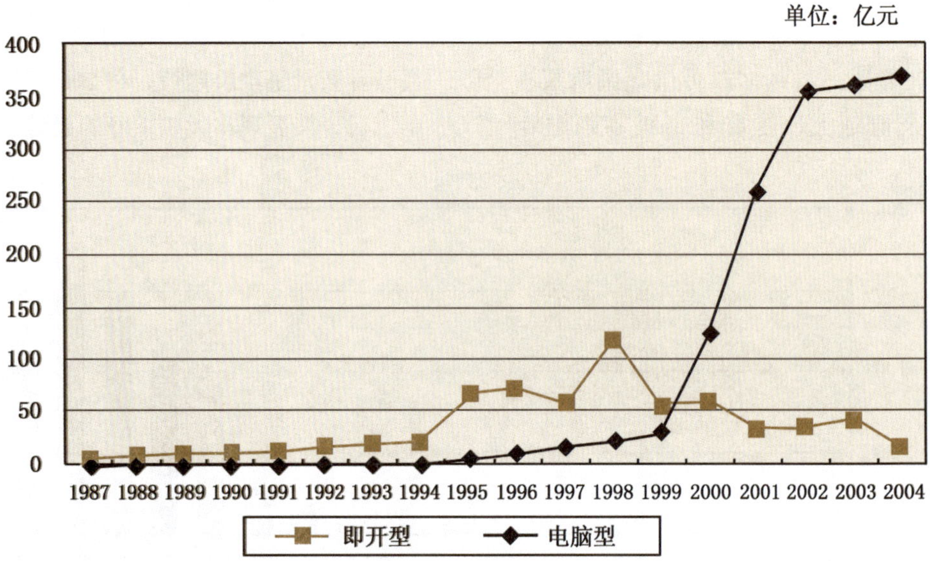

图 7　1988—2004 年全国电脑彩票销量对比图

四、分析结果

本章对全国彩票销售数据和 4 个相关因素采用多元回归分析的办法进行分析[19]。由于中国彩票发展历史较短，计划将全国（不包括港澳台地区）的销售数据作为分析对象。鉴于 1987 年的销售周期不足半年，故采用 1988—2004 年的销售数据做为研究对象。

（一）数据来源

全国 GDP 数据来自国家统计局，其中：1987 年至 1998 年间数据来自《新中国五十年统计资料汇编》[20]；1999 年至 2003 年数据来自《中国统计年鉴 2004》（http://www.stats.gov.cn/tjsj/ndsj/yb2004 - c/indexch.htm）；2004 年数据来自国家统计局网站（http: // www.stats.gov.cn / tjgb / ndtjgb / qgndtjgb / t20050228 _402231854.htm）。全国 GDP 数据均不包括港澳台地区。

彩票销售额及相关数据来自财政部，其中 1987 年至 2003 年数据来自《中国彩票年鉴 2002》[21]、《中国彩票年鉴 2003》[22]、《中国彩票年鉴 2004》[23]、2004 年数据来源于财政部编印的《彩票发行情况简报》2004 年第 12 期。

（二）数据格式

1. 经济发展水平

以 G 代表，以亿元为单位。

数据处理原则：由于彩票销售额均按

当年价格统计，为保持一致，本文采用按当年价格计算的国内生产总值（即名义GDP）。

预计此变量与彩票销售额正相关。

2. 市场均衡程度

以 H 为代表，根据定义，属于无量纲指数。数值区间：最小为 0，最大为 1。

数据处理原则：1987 年至 1994 年间中国彩票市场仅有民政部发行的福利彩票，属于完全垄断，指数取值为 1。

预计此变量与彩票销售额负相关。

3. 彩票品种多样化程度

以 M 为代表，根据定义，以个为单位。数值区间：当彩票销售额不为零时，为大于等于 1 的自然数。

预计此变量与彩票销售额正相关。

4. 彩票科技含量水平

以 T 为代表，根据定义，属于无量纲指数。数值区间：最小为 0，最大为 1。

预计此变量与彩票销售额正相关。

具体数据如下（参见表 5）：

表 5　　1988—2004 年中国彩票市场数据

单位：亿元

年度	总销售额 Amount	GDP GDP	平衡指数 Balance	多样指数 Multi	科技指数 Tech
1988	3.7628	14 928	1	1	0.0000
1989	3.8316	16 909	1	1	0.0000
1990	6.4731	18 548	1	1	0.0000
1991	7.7388	21 618	1	1	0.0000
1992	13.755	26 638	1	1	0.0000
1993	18.4289	34 634	1	1	0.0000
1994	17.9824	46 759	1	1	0.0000
1995	67.3023	58 478	0.746987	4	0.0377
1996	76.7522	67 885	0.736194	5	0.0929
1997	71.7379	74 463	0.669252	8	0.1965
1998	134.8046	78 345	0.697879	13	0.1490
1999	75.5089	82 068	0.502372	18	0.3446
2000	181.0247	89 468	0.500024	54	0.6862
2001	288.8663	97 315	0.500566	113	0.8996
2002	385.724	105 172	0.508314	132	0.9201
2003	401.4023	117 252	0.500005	178	0.8992
2004	380.5917	136 515	0.517973	112	0.9677

（三）回归方程

将彩票销售额作为因变量（A），把影响彩票销售的 4 个可量化主要因素：GDP、平衡指数（H）、多样指数（M）和科技指数（T）定义为自变量，利用 SPSS13.0 FOR WINDOWS，对表 4－1 提供的 1988 年至 2004 年期间的具体数据进行多元线性回归处理，建立多元回归方程。

五、结论

（一）总结

通过对中国彩票市场 1988—2004 年销售数据的回归分析，可以认为，经济发展水平、彩票品种多样化情况确实对彩票销售产生重要影响。彩票市场取决于经济发展水平，经济发展水平越高，彩票销售额越高；彩票的多样化程度越高，彩票销售额越大。

尽管本文的研究不能确认市场有效竞争程度和科技含量对彩票销售额的影响程度，但同其他市场类似，彩票市场的有效竞争程度对彩票的销售额有相当的影响，均衡的市场结构有利于彩票销售；科技是彩票市场发展的动力，特别是计算机技术的应用为彩票的发展提供了强大的推动力。

（二）建议

为了中国彩票市场的持续发展，建议彩票管理部门要进一步提高市场管理水平，加强日常监管，严格规范彩票发行机构的行为，促进有效竞争；鼓励发行机构进行创新，不断推出新产品，加快科技进步。同时要加快立法步伐，完善彩票市场体系。

1. 鼓励和促进彩票产品的多样化。

与世界彩票市场相比，中国彩票的品种还远远不够。在现有的三大类型彩票中，品种也不够丰富。例如竞猜型彩票中的足球彩票玩法仅有胜平负玩法一种，而世界各国普遍销售的单场竞猜玩法尚未引进，使很多潜在的购买者转而购买非法彩票，造成资金的大量流失，不利于中国彩票市场的发展。

在现有的两家彩票机构追求销售额最大化的现状短时期难以转变的情况下，可采取产品线分割（一个彩票发行机构推出新的彩票品种之后，不允许另一个彩票发行机构推出类似的彩票品种）的手段，从而鼓励彩票发行机构积极创新，开发新品种，以满足彩票购买者日益增长的多样化需求。这样做也能在一定程度上杜绝恶性竞争。还要大力推进跨区域玩法的开发，完善彩票的品种体系，积极树立彩票品牌形象。

要敦促彩票机构根据市场形势对现有的彩票玩法进行整合，清理那些销售额低，不受彩票购买者欢迎的玩法。

2. 保持市场均衡，提高市场竞争程度。

两种彩票均衡发展是彩票市场健康成长的前提，如果市场份额差距过大，既有可能使落后的彩票机构面临较大的成本压力，又不利于市场的长远发展，更有损于国家彩票的形象。管理部门既要助强，更要扶弱。对于市场份额过低的彩票机构要督促其认真总结，找出问题症结，全面整改，鼓励彩票机构积极创新，通过做大市场来提高市场份额。要防止市场份额落后的彩票机构为了争夺市场份额而采取不恰当的竞争手段，杜绝恶性竞争。

目前彩票市场的有效竞争程度不够，导致资源配置不合理，属于较为典型的市场失灵，管理部门要充分发挥政府的作用，积极干预，从调整市场结构入手，打破垄断，引导市场向有效竞争发展。

现有彩票机构一般为政府行政部门所属事业单位，不但要接受同级财政部门的管理，还对上级彩票机构负责，更要服从其行政主管部门的具体领导。这种政事合一、多头管理的体制是彩票发展过程的历史产物，随着中国社会主义市场经济体系的不断完善，这种计划经济体制下成长起来的非市场导向性的组织已不能较好地完成彩票的发行和销售任务。彩票管理部门要督促现有彩票发行机构向现代企业转化。同时，在适当时机，可引入新的彩票机构，以改善市场结构，提高市场有效竞争程度。

3. 提高彩票市场的科技水平。

在彩票销售、开奖、兑奖、统计等各个环节应用新技术是提高效率、降低成本的重要手段。特别要鼓励彩票机构积极研究和开发电话（包括固定电话和移动电话）购票方式，探索借助互联网销售彩票的可能性，在开奖环节引入计算机自动开奖等。在即开型彩票的发行中，同样可以借助科技力量。例如可以引进现代物流技术提高配送效率，开发中奖彩票的自动识别技术等。同时管理部门自身也要在市场监管环节引入计算机技术，提高监管的即时性和全面性。

（三）局限性

第一，影响中国彩票市场发展的因素非常多，本文仅将研究对象限定于4个，肯定有疏漏。还有一些非常重要的因素也对彩票销售额产生影响：首先，很多学者的研究指出彩票购买者的博彩意识对其购买彩票的行为有着重要影响。其次，近年来境外彩票、地下赌球等非法彩票对少数南方省市的合法彩票产生较大冲击，对中国彩票市场产生了负面影响，也引发了严重的社会问题。再其次，由于彩票市场尚不成熟，突发事件也会对彩票市场产生影响。例如：1998年，中国遭受特大洪涝灾害，国务院要求民政部门当年在销售计划之外一次性发行50亿元的赈灾彩票，尽管当年完成了销售任务，但是1999年全国彩票市场回落超过40%。2004年4月发生“西安宝马案”，导致财政部暂停了即开型彩票的规模销售工作。造成2004年即开型彩票销售额仅为12.3亿元，比2003年减少了28.2亿元。

上述这些因素对彩票市场的影响是显而易见的，但是由于这些因素难以准确量化，因此本文未能将它们列入研究范围。

第二，由于中国彩票市场尚处于成长期，历史数据不够详细；整体数据量偏少；数据的有效性也不突出，例如本文研究的市场均衡指数、多样化指数和科技指数在1988年至1994年间均没有变动。而缺乏有效和足够的数据是制约本文研究结果的重要原因之一。

第三，没有将中国彩票市场纳入全球范围进行考量，没有与世界彩票市场进行深入的比较分析，特别是未探讨中国彩票的发展与世界彩票市场的相关程度。

第四，本研究重点是研究外部环境（经济发展水平）对彩票市场的影响程度，分析彩票市场中“生产者”——彩票机构的行为以及效率，没有将市场的另一关键组成部分——“消费者”——彩票购买者列入研究范围，这主要是由于缺乏关键数据。如果能够掌握彩票市场发展过程中彩票购买者的数量变动情况，即可进行定量分析。另外也可从不同品种彩票的销售情况对彩票购买者的偏好进行分析。

第五，本研究仅局限于中国彩票市场，但其实还可以继续细化为对中国的不同区域进行对比分析，例如经济发展程度的差异和人口流动对东部、中部、西部地区彩票销售额的不同影响；也可以更宏观地把中国彩票市场的发展纳入世界彩票市场的范围进行分析对比。

（河北省体育彩票管理中心供稿，作者：廉向军）

参考文献

［1］、［2］、［3］、［17］财政部综合司．新中国彩票发展综述．见原：中国彩票年鉴编辑委员会编．中国彩票年鉴 1987—2002．北京：中国财政经济出版社，2003

［4］、［5］、［18］刘岳冶、刘春宏．2003 年世界彩票销售情况综述．见原：中国彩票年鉴编辑委员会编．中国彩票年鉴 2004．北京：中国财政经济出版社，2005

［6］朱彤、余晖．彩票市场的竞争性质与我国彩票监管体制的重构［J］．中国工业经济，2004，(4)

［7］张玉超、刘倩、郭耿阳．我国彩票业法制建设回顾与立法思考［J］．山东体育学院学报，2004，(5)

［8］鲁建人、张健勇．关于我国体育博彩业发展的思考［J］．安徽师范大学学报（自然科学版），2005，(2)

［9］王爱丰、王正伦、陈勇军、石文虎、蒋丰．南京电脑型体育彩票消费者市场的研究［J］．西安体育学院学报，2004，(6)

［10］王元华．浙江省体育彩票市场现状分析及对策［J］．嘉兴学院学报，2001，(4)

［11］王天生、程致屏．我国西北地区民众对发行体育彩票态度的研究［J］．体育科学，1999，(4)

［12］余泉、周方元、张云水．彩票分析的数学模型［J］．黔南民族师范学院学报，2002，(6)

［13］张兴永、周圣武、夏登俊，彩票模式设计的最优化研究［J］．数学的实践与认识，2005，(2)

［14］麦克·波特．竞争战略［M］．北京：中国纺织出版社，2003

［15］平狄克、鲁宾费尔德．微观经济学［M］．北京：中国人民大学出版社，2004

［16］苏东水．产业经济学［M］．北京：高等教育出版社，2003

［19］艾尔·巴比．社会研究方法基础（第八版）［M］．北京：华夏出版社，2005

［20］国家统计局国民经济综合统计司．新中国五十年统计资料汇编［M］．北京：中国统计出版社，1999

［21］中国彩票年鉴编辑委员会．中国彩票年鉴 2002．北京：中国财政经济出版社，2003

［22］中国彩票年鉴编辑委员会．中国彩票年鉴 2003．北京：中国财政经济出版社，2003.4

［23］中国彩票年鉴编辑委员会．中国彩票年鉴 2004．北京：中国财政经济出版社，2005

体育彩票消费行为的经济心理分析*

一、体育彩票消费行为的效用分析

经济理论认为，效用概念的涵义是指商品与服务有使人的欲望与需要得到满足的能力，它表示在特定时期内消费一定数量商品时所获得的满足程度。一个消费者会不会去购买彩票，取决于购买彩票带来的满足程度如何，经济学上用效用函数来表示。假定消费者购买彩票的数量为 x，我们用效用函数 U（x）来表示其得到的满足，而 m（x）表示消费者为此花去的金钱的效用，则消费者购买彩票的行为而导致的效用改变 $\Delta = U(x) - m(x)$。如果 $\Delta \geqslant 0$，我们说消费者的心理满足度至少是正性的，消费者可能购买彩票；而如果 $\Delta < 0$，则表示消费者不够满意，在这种情况下，消费者是不会去选择购买彩票的。

消费者从一定量的某种物品或服务中获得的效用总和与其消费量并不成比例上升（总效用曲线如图所示）。这就涉及到边际效用，边际效用是在消费者偏好不变的一段时间内，额外增加一单位商品或服务的消费，使总效用数额相应增加。边际效用遵从递减的法则，即当连续不断消费某种商品或劳务时，开始时总效用增加速度递增，在达到某一消费量时，继续增加消费某商品或劳务时，总效用却会递减。这说明，随着一个人消费的某物品的增加，增加的边际效用却在逐渐减少。在这种情况下，消费者会降低消费水平。据河南省调查显示，83.8%的消费者的每次消费额为2—20元，占他们人均月收入的 1%以下。即便是月收入低于 500 元的消费者，其每次消费额也多在 2—10 元，因为这并不影响他们的日常生活水平。这也印证了边际效用的理论，说明 70%的消费者的消费动机和消费行为是比较理性的消遣

* 本文原题为《如何理解和认识彩票的经济性》，此处刊登的是原文第一部分。——编者

娱乐、试试运气和重在参与。消费者一般会对投入与产出进行理性分析、对于中大奖的概率做出估计后，做出理性的消费决定。

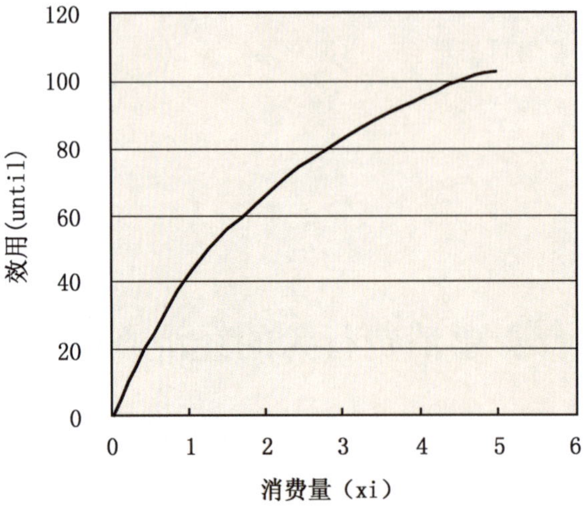

图 1　消费量和总效用的关系

二、体育彩票消费行为的预期心理分析

河南省体育彩票的消费频率表明：每期或每周购买者，占 80.5%，这是一个相当可观并相对稳定的消费群体，这也是体育彩票在河南省持续热销的重要原因。20.1%的消费者只是偶尔购买，2.4%的消费者只有在奖池金额高时才购买。如何吸引这一群体的持续消费兴趣，是体育彩票消费市场的一个研究方向。这与消费者的“心理预期”有着直接的关系。

“预期”是一种心理现象，它几乎影响到人类行为的一切领域。经济学和经济心理学中的预期概念是指，经济当事人或经济行为人对经济变量（如价格、利率、利润或收入等）在未来的变动方向和变动幅度的一种事前估计。在某种意义上，预期作为经济当事人活动的特征与前提，无疑支配着他们的现实经济行为。例如，正是依据预期，政府才制定其经济对策，厂商才做出其生产决策，居民用户才确定其消费水平等等。而经济当事人的经济行为又反过来影响着当事人对其经济行为预期的主体评价。换言之，预期与经济行为间的作用及影响是相互的，它联结着经济行为的现在与未来。

消费者在购买彩票的经济行为中，作为心理因素的预期经常在不确定性经济背景下发生，因为对于未来事件（是否中大奖），人们不可能计算出一个确定的风险概率；另一方面，人们对未来的预期也不与现在的任何事件之间存在任何确定的相互联系。换言之，在一个动态的不确定的社会环境中，不能把各种经济活动的未来损益视为是目前的损益；否则，即会断送现在与未来的联系，但任何预期都包含着人的任意猜测、一时冲动、投机心理以及其他种种心理因素，亦即预期本身是不确定的和不稳定的。

三、消费参照点和消费者感觉寻求分析

对环境的控制的需要是人格特质之一，心理学上涉及人类对内外环境进行控制的需要归因，也就是对自我和环境的认知归因，或称自我对本身行为成功与失败的解释。如果体育彩票消费者将经济行为的收益或损失归因于外部环境因素，如不可预测的运气、机遇或命运等，则这种归因不会使未来投资的主观预期增加；如果将经济行为的收益或损失归因于自我分析能力，则这种归因可能会使未来投资的主观预期增加，从而增加持续的消费行为。

然而，在现实生活中，人们对当前的财富状况即收益和损失结果的解释并非总是那么简单。在很大程度上，它还有赖于我们对参照点的选择。如，在每半年支付一次电费时，一些意想不到的收费（如电表改装费）是当作损失来考虑，还是当作减少的收益来对待，即为参照点的选择。选择一定的参照点，对于我们确定是收益还是损失十分重要。当同样的选择在不同的参照点上进行评价，便会产生“组织效应”。所谓组织效应，即指通过改变对结果的描述来改变参照点，继而影响人们的偏好选择的情形，而所谓参照点，实质上是评价一种前景的主观标准。

消费行为除了和归因参照点有关外，还和人们对寻求刺激感觉的人格特质有关。经济学中认为人是追求效用（满足）最大化，并使得到商品和服务所付的成本（努力）最小化的。但经济学没有对人在需要满足后就产生厌倦，并开始寻求各种新异刺激的现象加以解释，只笼统地指出效用的边际递减原则。实际上，人的许多经济行为并不完全是为了获取经济利润，而同时是为了寻求工作本身的挑战性和刺激性所带来的体验的满足。也就是说，经济行为的产生，既与经济收益有关，也与心理感受的满足有关。

经济心理学中把人们的这一心理人格特质称作感觉寻求，它指人在通常情况下有寻求刺激、厌恶单调的需要。具体包括四方面的内容：寻求激动和冒险，寻求体验，放纵欲望，厌恶单调。有研究表明，优秀的投资者或管理者一般具有高或较高的感觉寻求特质，但不是具有这一特点的人就会成为优秀的投资者或管理者。具有高感觉寻求特质的风险投资者倾向于寻求刺激和冒险，永不满足收益现状，总是寻求更多的投资机会，更大地拓展市场。特别是在面临长期的损失压力的情况下，高感觉寻求者，更敢于冒不确定性的风险，更愿承担风险。而低的感觉寻求者，宁愿为取得一点小成绩而选择确定性高的项目，不愿为取得大的成绩而去冒不确定性高的风险。这就是在同样的经济条件下，不同的人有不同的行为，从而产生不同的结果的原因。有关学者选择了在投资活动史上风险水平有明显差异的股民和储户作为研究对象进行过调查。结果发现被试者的年龄和文化程度均影响着其在感觉寻求特质上的表现：随着年龄的增高，被试者在感觉寻求量表上的得分呈下降趋势。还发现，个别因素（寻求激动的惊险因素、

激情因素）虽然随年龄的增长得分下降，但老年组的得分又优于中年组的得分，出现了新高峰。说明中国老年被试者由于生活负担的减轻，对外界刺激性事物的兴趣又开始变浓，心态亦不同于中年被试者。而同时文化程度越高，感觉寻求特质水平越高。高冒险倾向性的个体不仅要具有敢冒险、喜欢探求新异刺激、勇于尝试不同经历的特点，也需具有“理智性”，这能使其冒险行为或活动指向有实际意义的事情，行为取向是理想的而非盲目冲动的、不计后果的。这对从事体育彩票消费的彩民而言，尤为重要。

（河南省体育彩票管理中心供稿，作者：郭士友、娄莹莹）

2005年世界彩票销售情况综述

2005年世界彩票销售额为1 824亿美元，比2004年的1 871亿美元下降了25%。这是2002年世界彩票销量持续高速增长后首次出现较大回落。其中，乐透型彩票市场有所萎缩，所占比例下降了3.8%，占42.1%；同样下降的还有足球彩票、传统型彩票，均下降了1%，分别占4.7%和11.6%。即开型彩票增幅明显，比上年增长2%，其销量占全球总销量的22.7%。数字型、基诺小幅增长，分别占总销量的10.4%和4%。乐透型彩票创新不足是2005年全球彩票销量下降的主要原因。

彩票机构排名

2005年世界彩票销量前5的彩票机构分别为：西班牙国家彩票（Loteriasy Apuestas del Estado）110.2亿美元、意大利彩票公司（Lottomatica S.p.A.）109.5亿美元、法国游戏集团（La Francaise des Jeux）105.7亿美元、日本第一劝业银行（Mizuho Bank - Lottery Division）92.1亿美元、英国国家彩票83.9亿美元。中国福利彩票（50.14亿美元*）排名从2004年的第16位上升到第7位。中国体育彩票（37.50亿美元*）排名从2004年的第27位上升到第10位。

国家排名

2005年世界彩票销售居前十名的国家依次是美国、意大利、西班牙、德国、中国、法国、日本、英国、加拿大、希腊。

* 作者引用的数据原文如此。实际上中国福利彩票2005年销售额为人民币411.2亿元，体育彩票销售额为302.66亿元。此处大约是所依据汇率的不同产生了误差。——编者

2005 年世界彩票销售额前 10 名的彩票机构

排 名	彩 票	国 家	人口数（百万）	总销售额（百万美元）	人均总销售额（美元）
1	Loterias y Apuestas del Estado (LAE)	西班牙	40.3	11 019.8	273
2	Lottomatica S.p.A	意大利	58.1	10 951.4	188
3	法国游戏集团	法国	62.9	10 565.8	168
4	第一劝业银行彩票部	日本	127.4	9 209.2	72
5	英国国家彩票	英国	60.4	8 390.8	139
6	纽约彩票	美国	19.3	6 312.4	328
7	中国福利彩票	中国	1 306.3	5 013.6	4
8	马萨诸塞州彩票	美国	6.4	4 497.6	703
9	OPAP	希腊	10.7	4 376.8	410
10	中国体育彩票	中国	1 306.3	3 750.4	3

其中，中国大陆彩票市场以 87%的速度，实现了前所未有的增长，使中国（含香港、台湾）的总销量从 2004 年的第 8 位跃居第 5 位。中国 47%的增长率远远高于其他国家，在全球总量 25%负增长的背景下，中国彩票市场更加引起了全球关注。与此同时，中国人均彩票消费额仅 8.9 美元，若按人均排名，在 177 个发行机构中，中国仅高于人口 400 万以下的国家，排在 143 名，因此，中国彩票市场潜力巨大，随着人均消费额的增加，中国彩票年消费额将有更大的增长。

在世界彩票销量前 10 名的国家中，多数国家下滑明显，除中国外，仅美国、加拿大、希腊有小幅增长，其余平均下滑 13%。

2005 年世界彩票销量前 10 名的国家

排 名	国 家	2005 年总销量（百万美元）	人均销量（美元）	2004 年总销量（百万美元）	增长率
1	美国	50 405.95	181.3	47 444.1	6%
2	意大利	14 047.55	241.8	20 339.6	-31%
3	西班牙	13 520.93	335.5	15 521.8	-13%
4	德国	12 230.67	49.4	13 349.9	-8%

续表

排名	国家	2005 年总销量（百万美元）	人均销量（美元）	2004 年总销量（百万美元）	增长率
5	中国	11 826.04	8.9	8 066.3	47%
6	法国	10 565.83	168.0	11 666	-9%
7	日本	9 398.76	73.8	10 313.6	-9%
8	英国	8 390.75	138.8	9 120.2	-8%
9	加拿大	5 738.84	177.8	5 468.9	5%
10	希腊	4 870.15	455.2	4 813.5	1%

人均销量彩票机构排名

人均销量列世界前 5 名的彩票机构分别为：新加坡彩票（718 美元）、美国马萨诸塞州彩票（703 美元）、美国华盛顿彩票（434 美元）、希腊 OPAP 彩票（410 美元）、美国佐治亚州彩票（345 美元）。与 2004 年相比，新加坡彩票人均消费比上年增长 39 美元，跃居第一位，超过 2004 年榜首的美国马萨诸塞州彩票。美国哥伦比亚特区彩票和希腊 OPAP 仍然保持第三、第四位，美国佐治亚州彩票从 2004 年的人均消费 307 元迅速增加到 345 元，位居第五名。美国纽约州彩票也有所增长，列第六位。芬兰 Veikkaus Oy 人均消费下降了 30 元而位居第七。下降最多的是挪威 Norsk Tipping AS 彩票，人均消费下降 50 元。从未进入前十名的美国马里兰州彩票本年度排名第 9 位，而西班牙国家彩票从 2004 年的第九位下降到第十位。在世界人均彩票销售量最高的前十个彩票机构中，美国占据 5 家，不愧为世界彩票销售大国。

2005 年世界彩票人均销售额前 10 名的彩票机构

排名	彩票	总销售额（百万美元）	人均销售总额(美元)
1	新加坡彩票	3 177.7	718
2	美国马萨诸塞彩票	4 497.6	703
3	美国哥伦比亚特区彩票	238.6	434
4	希腊 OPAP 彩票	4 376.8	410
5	美国佐治亚州彩票公司	3 130.9	345
6	美国纽约彩票	6 312.4	328
7	芬兰 Veikkaus Oy 彩票	1 556.6	298
8	挪威 Norsk Tipping AS	1 357.5	296
9	美国马里兰州彩票	1 536.1	274
10	西班牙国家彩票	11 019.8	273

2005年世界彩票销售量表

单位:百万美元

	乐透型	数字型	基诺	其他	足彩	传统型	即开型	总额
非洲	761.9	1.1	26.2	72.2	53.2	21.1	152.2	1 087.9
大洋洲	2 649.9	18.2	109.2		11.1	86.5	496.5	3 371.3
亚洲和中东地区	14 718.9	6 495.4	136.7	3 186.7	1 369.5	7 394.2	1 267.7	34 569.2
欧洲	43 276.9	2 991.7	4 053.8	2 574.3	6 465.5	12 131.5	10 071.0	81 564.7
中南美洲,加勒比海地区	1 390.3	256.9	15.4	2 225.3	259.1	550.3	84.1	4 781.3
北美洲	13 975.6	9 241.0	2 977.8	144.4	361.5	1 060.5	29 272.9	57 033.7
合计	76 773.4	19 004.5	7 319.3	8 202.7	8 519.8	21 244.1	41 344.3	182 408.2
占总百分比	42.1%	10.4%	4.0%	4.5%	4.7%	11.6%	22.7%	100.0%

2005年部分机构视频彩票终端机器销售净收益

彩票机构	国　家	人口(百万)	销售额(百万美元)	人均销售(美元)
中国福利彩票	中国	1 306.3	83.7	0.06
冰岛大学彩票	冰岛	0.3	42.5	144
Lotarijana Makedonija	前马其顿	2.0	26.95	13
Loteria Moldovei SA	摩尔多瓦	4.5	1.16	0.26
AB Svenska Spel	瑞典	9.0	232.2	26
Loterie Romande	瑞士	1.8	75.2	42

2005年北美视频彩票终端机器销售净收益

彩票机构	国　家	人口(百万)	销售额(百万美元)	人均销售额(美元)
大西洋彩票	加拿大	2.3	405.5	173
魁北克彩票公司	加拿大	7.5	1 101.7	146
亚伯达省博彩和酒	加拿大	3.2	624.1	195
马尼托巴湖彩票	加拿大	1.2	235.9	202
萨斯喀彻温省酒和博彩	加拿大	1.0	211.4	212
特拉华彩票	美国	0.8	579.4	698
纽约彩票	美国	19.2	293.7	15
俄勒冈州彩票	美国	3.6	579.7	161
罗得岛州彩票	美国	1.1	401.2	371
南达科他彩票	美国	0.8	644.0	835
西弗吉尼亚彩票	美国	1.8	1 248.4	688

2005年世界彩票销售机构前10名表

排名	彩票	国家	人口数（百万）	总销售额（百万美元）	人均总销售额(美元)
1	Loterias y Apuestas del Estado (LAE)	西班牙	40.3	11 019.8	273
2	Lottomatica S.p.A	意大利	58.1	10 951.4	188
3	法国游戏集团	法国	62.9	10 565.8	168
4	第一劝业银行彩票部	日本	127.4	9 209.2	72
5	英国国家彩票	英国	60.4	8 390.8	139
6	纽约彩票	美国	19.3	6 312.4	328
7	中国福利彩票发行中心	中国	1 306.3	5 013.6	4
8	马萨诸塞州彩票	美国	6.4	4 497.6	703
9	OPAP	希腊	10.7	4 376.8	410
10	中国体育彩票	中国	1 306.3	3 750.4	3

2005年世界彩票销售人均销售机构前10名表

排名	彩票	国家	人口（百万）	总计销售额（百万美元）	人均销售总额(美元)
1	新加坡博彩	新加坡	4.4	3 177.7	718
2	马萨诸塞州彩票	美国	6.4	4 497.6	703
3	哥伦比亚特区彩票	美国	0.6	238.6	434
4	OPAP	希腊	10.7	4 376.8	410
5	乔治亚州彩票公司	美国	9.1	3 130.9	345
6	纽约彩票	美国	19.3	6 312.4	328
7	Veikkaus Oy	芬兰	5.2	1 556.6	298
8	Norsk Tipping AS	挪威	4.6	1 357.5	296
9	马里兰州彩票	美国	5.6	1 536.1	274
10	Loterias y Apuestas del Estado (LAE)	西班牙	40.3	11 019.8	273

2005年乐透销售额世界前10名排名表

排名	彩票	国家	销售额（百万美元）	人均销售总额(美元)
1	Lottomatica S.p.A	意大利	8 663.1	149
2	英国彩票	英国	6 852.5	113
3	中国福利彩票发行中心	中国	4 985.7	4
4	Loterias y Apuestas del Estado (LAE)	西班牙	4 223.7	105
5	法国游戏集团	法国	2 991.8	48
6	国民银行彩票部	韩国	2 765.8	57
7	SISAL Sport Italia S.p.A.	意大利	2 346.4	40
8	第一劝业银行彩票部	日本	2 275.8	18
9	Westdeutsche Lotterie GmbH & Co.	德国	2 008.7	111
10	台北银行彩票部	台湾	1 623.9	71

2005年乐透人均销售额世界前10名排名表

排名	彩票	国家	销售额(百万美元)	人均销售总额(美元)
1	Norsk Tipping AS	挪威	813.5	177
2	MALTCO	马耳他	67.9	170
3	澳大利亚西部彩票公司	澳大利亚	317.1	158
4	Santa Casa de Misericórdia de Lisboa (SCML)	葡萄牙	1 597.8	151
5	Lottomatica S.p.A	意大利	8 663.1	149
6	Lotto Rheinland-Pfalz	德国	532.3	131
7	Dansk Spil AS	丹麦	705.6	130
8	An Post National Lottery	爱尔兰	516.8	129
9	Veikkaus Oy	芬兰	666.1	128
10	塔特萨尔彩票公司	澳大利亚	756.6	125

2005年即开型彩票销售额世界前10名排名表

排名	彩票	国家	销售额(百万美元)	人均销售额(美元)
1	法国游戏集团	法国	4 115.8	65
2	纽约彩票	美国	3 228.0	168
3	马萨诸塞州彩票	美国	3 121.0	488
4	德克萨斯彩票	美国	2 756.3	121
5	乔治亚州彩票公司	美国	2 032.4	224
6	佛罗里达彩票	美国	2 011.1	113
7	加利福尼亚彩票	美国	1 819.7	50
8	Lottomatica S.p.A	意大利	1 767.2	30
9	英国国家彩票	英国	1 448.0	24
10	宾夕法尼亚州彩票	美国	1 424.6	115

2005年即开型彩票人均销售额世界前10名排名表

排名	彩票	国家	销售额(百万美元)	人均销售额(美元)
1	马萨诸塞州彩票	美国	3 121.0	488
2	乔治亚州彩票公司	美国	2 032.4	224
3	康涅狄格州彩票	美国	589.9	168
4	纽约彩票	美国	3 228.0	168
5	南卡罗莱纳州彩票	美国	648.3	152
6	新罕布什尔州彩票	美国	168.3	128
7	新泽西彩票	美国	1 100.3	126
8	德克萨斯彩票	美国	2 756.3	121
9	缅因州彩票	美国	158.6	120
10	佛蒙特州彩票	美国	74.6	120

2005 年足球彩票销售额世界前 10 名排名表

排名	彩票	国家	人口（百万）	销售额（百万美元）	人均销售额(美元）
1	OPAP	希腊	10.7	1 799.1	169
2	SISAL Sport Italia S.p.A	意大利	58.1	749.8	13
3	Loterias y Apuestas del Estado (LAE)	西班牙	40.3	597.3	15
4	中国体育彩票	中国	1 306.3	484.4	0
5	Lottomatica S.p.A	意大利	58.1	464.3	8
6	汉城奥林匹克体育推广基金会	韩国	48.6	459.5	9
7	AB Svenska Spel	瑞典	9.0	447.2	50
8	Veikkaus Oy	芬兰	5.2	433.9	83
9	法国游戏集团	法国	62.9	335.5	5
10	Norsk Tipping AS	挪威	4.6	300.1	65

2005 年足球彩票人均销售额世界前 10 名排名表

排名	彩票	国家	人口（百万）	销售额（百万美元）	人均销售额(美元）
1	OPAP	希腊	10.7	1 799.1	169
2	Veikkaus Oy	芬兰	5.2	433.9	83
3	Norsk Tipping AS	挪威	4.6	300.1	65
4	Dansk Spil AS	丹麦	5.4	285.4	53
5	AB Svenska Spel	瑞典	9.0	447.2	50
6	Israel Sports Betting Board	以色列	6.3	235.9	38
7	MALTCO	马耳他	0.4	13.3	33
8	Islensk getspá / getraunir	冰岛	0.3	5.2	19
9	Sportna Loterija d.d.	斯洛文尼亚	2.0	34.6	17
10	Loterias y Apuestas del Estado (LAE)	西班牙	40.3	597.3	15

（国家体育总局体育彩票管理中心供稿，作者：刘春宏）

六、大事记

2005年

1月

1日，经财政部批准，中国福利彩票发行管理中心在全国范围内上市3D游戏，天津市等17个省（自治区、直辖市）及深圳市陆续开始销售3D游戏。

5日，国务院办公厅印发《国务院2005年立法工作计划》，《彩票管理条例》首次被列为国务院行政法规重点立法项目。

7日，四川省财政厅以《关于对省体育彩票管理中心使用专项资金购置固定资产请示的复函》（川财综［2005］1号），批准省体彩中心使用专项资金购置业务用房。新业务楼及成都区域数据中心建设正式拉开序幕。

14日，在广州市花园酒店国际会议中心举行中国体育彩票（广东）发行十周年新春答谢晚会。有关单位、省内各大新闻媒体的领导和嘉宾，共计约600人出席。晚会上，广东省体育彩票管理中心向受印度洋地区地震、海啸袭击的灾民捐款10万元。

17日，美国GTECH公司总裁拜访中国福利彩票发行管理中心。

19日，韩国驻华参赞崔然忠先生拜访中国福利彩票发行管理中心。

2月

2日，国家体育总局体育彩票管理中心在上海组织召开由7个省市参加的全热线实地测试评估会议。

3日，财政部下发《关于篮球单场竞猜彩票游戏规则的通知》，批准国家体育总局体育彩票管理中心在全国联网发行篮球单场竞猜彩票。

4日，河北省福利彩票发行中心在廊坊市首次试点销售中福在线即开型福利彩票。

9日零点至15日二十四点，全国彩票市场休市。

26日至27日，民政部在北京召开全国福利彩票工作会议。会议全面总结了2004年的福利彩票发行工作，对2005年的福利彩票发行工作做出了战略性的部署。民政部部长李学举、副部长陈杰昌出席会议并分别发表重要讲话，中国福利彩票发行管理中心主任陈传书向大会做了工作报告。会议表彰奖励了2004年度中国福利彩票发行管理先进单位和个人。

28日，财政部下发《关于加强排列3、排列5和3D游戏风险管理的通知》（财综［2005］4号），对排列3、排列5和3D游戏风险管理做出规定。

3 月

1 日，第一张中国电脑体育彩票热线系统售出的彩票在上海市体育彩票管理中心机房诞生。

6 日，体育彩票 22 选 5、29 选 7 在山东、河北、辽宁、黑龙江、吉林、内蒙古、江西、湖南、山西、陕西、甘肃、新疆、青海、宁夏 14 省（区）联网发行。体育彩票西北区域联网 35 选 7、22 选 5 玩法停止销售。

11 日，财政部下发《关于扩大中福在线即开型彩票试点发行范围等有关事项的通知》（财办综［2005］45 号），批准中国福利彩票发行管理中心将中福在线即开型彩票的试点范围扩大至除北京市、西藏自治区以外的全国其他所有地区。

18 日，俄罗斯代表团拜访中国福利彩票发行管理中心。

18 日，全国联网篮球单场竞猜彩票正式开始销售。

20 日，国家体育总局体育彩票管理中心在上海市试点推出篮球单场胜负比分彩票。

27 日，江苏省福利彩票发行中心在南京市首次试点销售中福在线即开型福利彩票。

27 日至 28 日，国家体育总局在山东省济南市召开全国体育彩票工作会议。会议总结了 2004 年体育彩票工作，部署 2005 年体育彩票工作任务。国家体育总局局长刘鹏、副局长王钧到会并讲话，山东省副省长蔡秋芳到会祝贺，国家体育总局体育彩票管理负责人向大会做工作报告，会议表彰了 2004 年体育彩票发行销售先进单位和个人。

29 日，国务院总理温家宝在财政部《关于调整彩票资金构成比例政策的请示》（财综［2005］8 号）上批示：同意。要规范彩票发行和彩票资金构成比例，加强监管，促进彩票市场健康发展。同时，要严厉打击非法彩票等赌博活动。

3 月，内蒙古自治区体育彩票管理中心开展了为期一个月的“内蒙体彩宣传月”，充分利用报纸、电视、网络等媒体和投注站点，全方位展开体育彩票宣传。

4 月

2 日，世界彩票协会主席瑞达·诺迪先生及秘书长约·辛德女士到北京，拜访了中国福利彩票发行管理中心。

10 日，全国联网 29 选 7、22 选 5 电脑体育彩票在安徽省上市。同时，安徽省体育彩票快乐 3、快乐 4、快乐 5 系列玩法于 4 月 9 日停止销售。

20 日，辽宁省福利彩票发行中心在沈阳市首次试点销售中福在线即开型福利彩票。

21 日，国务院总理温家宝在财政部《关于 2004 年彩票发行和管理情况的报告》（财综［2005］15 号）上批示：赞成报告的分析和提出的工作思路。当务之急是加强对彩票市场的监管，并继续推进彩票管理体制改革。

25 日至 26 日，福建省福利彩票发行中心、山东省福利彩票发行中心分别在福州市和济南市首次试点销售中福在线即开型福利彩票。

26日，中国福利彩票发行管理中心开通中国福利彩票服务热线4008188188，向社会提供服务。

5月

1日，全国电脑福利彩票骨干通讯网络正式开通运行，实现了原始数据的集中收集和分析。

2日，四川省福利彩票发行中心在成都市首次试点销售中福在线即开型福利彩票。

2日，上海市电脑体育彩票36选7玩法加盟全国联网销售。

3日，贵州省福利彩票发行中心、甘肃省福利彩票发行中心分别在贵阳市和兰州市首次试点销售中福在线即开型福利彩票。

8日，安徽省福利彩票发行中心在合肥市首次试点销售中福在线即开型福利彩票。

9日，广西壮族自治区福利彩票发行中心在柳州市首次试点销售中福在线即开型福利彩票。

11日，最高人民法院、最高人民检察院发布《关于办理赌博刑事案件具体应用法律若干问题的解释》（法释［2005］3号），规定未经国家批准擅自发行、销售彩票，构成犯罪的，依照刑法第二百二十五条第（四）项的规定，以非法经营罪定罪处罚。

14日，“体彩杯”第四届陕西省大学生足球锦标赛在西安交通大学开赛。

15日，上海市电脑体育彩票全部实施了热线销售，在国内率先建成了热线销售系统。从5月25日起，上海市体育彩票中心将销售截止时间由原来的18:00延长至19:30。

18日，中央电视台体育频道《体育彩经》栏目组专程到湖南省，就湖南省体育彩票进行了为期3天的专题采访。

19日，民政部批准中国福利彩票发行管理中心成立中福彩技术研究中心。

19日，河南省体育彩票销售终端进行软件更新，篮球彩票实现和值销售。

24日，上海市福利彩票发行中心首次试点销售中福在线即开型福利彩票。

25日，山西省福利彩票发行中心在太原市首次试点销售中福在线即开型福利彩票。

28日，湖北省福利彩票发行中心在武汉市首次试点销售中福在线即开型福利彩票。

29日，浙江省福利彩票发行中心在温州市首次试点销售中福在线即开型福利彩票。

30日，甘肃省福利彩票发行中心在兰州市首次试点销售中福在线即开型福利彩票。

5月下旬，北京市体育彩票管理中心在工人体育馆组织了两次生产环境系统测试。

6月

2日，重庆市福利彩票发行中心首次试点销售中福在线即开型福利彩票。

3日，澳大利亚国际商会副主席肯·史密斯先生拜访中国福利彩票发行管理中心。

6日，墨西哥企业家协会主席卡洛斯·罗杰斯先生一行拜访中国福利彩票发行管理中心。

13日，财政部下发《关于调整足球彩票和网点即开型彩票资金构成比例的通知》（财综［2005］27号），将足球彩票和网点即开型彩票的返奖比例提高至65%。

17日，湖南省福利彩票发行中心在岳阳市首次试点销售中福在线即开型福利彩票。

18日至19日，安徽省首届体育彩票彩民运动会决赛在合肥市举行。

20日，云南省福利彩票发行中心在昆明市首次试点销售中福在线即开型福利彩票。

7月

4日，云南省电脑体育彩票开始进行全热线切换试点，经过精心筹备，6月24日成功进行数据迁移，6月25日开始进行首批网点热线升级。

5日，陕西省福利彩票发行中心在西安市首次试点销售中福在线即开型福利彩票。

6日，财政部向国务院法制办公室报送《关于报送〈彩票管理条例（财政部修改稿）〉的函》（财法函［2005］78号）。

8日，国家体育总局体育彩票管理中心在北京召开全国体育彩票工作年中分析会议，总结2005年上半年工作并布置下半年的工作。

9日，以奉送免费体检为主题的“湖北省国民体质检测荆楚行”活动圆满结束。此次活动先后在15个地（市）、40余个县（市、区）、200多家企事业单位展开，共为4 000余人进行了免费体检，为5 000余人进行了健身咨询和指导。

11日，“天津体彩杯2005皇马·天津训练表演赛”新闻发布会召开，7月22日，西班牙皇家马德里球队莅临天津，在泰达足球场为球迷和彩民上演了一场竞猜的训练表演赛。

11日至17日，全国福利彩票周销量达到12.8亿元，为全年最高值。

18日，越南彩票代表团拜访中国福利彩票发行管理中心。

26日，中国福利彩票发行管理中心在新疆乌鲁木齐市召开全国福利彩票发行管理工作年中分析会议，总结上半年福利彩票发行管理工作并部署下半年工作。

27日，国家体育总局副局长王钧一行赴成都，视察了建设中的成都区域数据中心，对四川省销售资金安全情况进行了检查。

8月

1日起，经批准湖北省体育彩票管理中心将全省销售点佣金由7%提高至8%。

23日，安徽省体育彩票管理中心与省希望工程办公室联合举办了“安徽省希望工程体彩助学金”发放仪式。安徽省体育彩票管理中心捐赠助学款和体育器材共计53万元。

24日，河南省体育彩票管理中心成立安全生产工作领导小组，全面负责监督、检查、落实全省体育彩票市场安全、资金安全、销售安全、网络安全和对突发事件的处理工作。

30日，国家体育总局体育彩票管理中心在昆明召开电脑体育彩票全热线升级工作会议。会议布置了全热线升级组织、技术准备工作，介绍了上海、云南全热线实施建设的情况。

31日，湖北省体育彩票管理中心向来自全省14个市、州的28位省人大代表发出邀请，聘请他们担任湖北省体育彩票“人民监督员”，聘期2年。

9月

1日，根据财政部规定，网点即开型福利彩票开始执行65%返奖比例政策。

1日起，根据财政部《关于印发〈中国足球彩票胜负游戏规则〉等三个游戏规则的通知》（财办综［2005］120号），足球彩票各玩法返奖比例从50%提高至65%，足球彩票胜负游戏和进球游戏开始执行调整后的游戏规则，同时足球彩票胜负游戏附加“任选9场”玩法开始发行。

1日，广东省体育彩票管理中心直属网点23中心共393个销售网点的日常管理工作移交广州市体育彩票管理中心。

5日，辽宁省福利彩票发行中心上市销售网点即开型福利彩票，首批装机200个。

10日，福建体育彩票管理中心与福建省建设银行在全省合作开通了“缴费通”业务，对销售网点资金进行实时查询实时对账。

15日至17日，亚太彩票协会2005亚太彩票会议在北京大学英杰交流中心召开，来自亚太地区16个国家彩票机构的73位代表出席了此次会议。中国福利彩票发行管理中心和国家体育总局体育彩票管理中心分别派代表出席了会议。会议期间，与会代表到北京市体育彩票管理中心进行了访问、参观和交流。

16日，为庆祝河北省体育彩票销售额超过10亿元，河北省体育彩票管理中心在河北省体育馆推出“月圆庆团圆”大型中秋晚会。

21日，希腊INTRALOT彩票公司赴四川成都，与四川省体育彩票管理中心就彩票玩法、营销等工作进行了广泛交流。

23日，广东省福利彩票发行中心上市销售网点即开型福利彩票，首批装机15个。

23日，足球彩票单场竞猜游戏在北京地区上市。

10月

13日，2005年全国体育系统先进集体和先进工作者表彰会在江苏省南京市举行。浙江省体育彩票管理中心被授予“全国体育系统先进集体”称号，宁夏回族自治区体育彩票管理中心主任汪彬同志被授予“全国体育系统先进工作者”荣誉称号。国家主席胡锦涛接见了参加表彰会的先进工作者代表。

11月

2日，宁夏回族自治区福利彩票发行中心在银川市首次试点销售中福在线即开型福利彩票。

5日，国家体育总局体育彩票管理中心成都区域数据中心投入试运行。

6日至10日，由于发生严重自然灾

害，原定在墨西哥召开的世界彩票协会会议推迟至 2006 年 2 月 1 日至 5 日。

11 日，上海市体育彩票管理中心与建设银行和国家体育总局体育彩票管理中心合作开发的额度网络自动化控制系统建成，在国内开创了额度控制由系统自动处理的新模式。

14 日，内蒙古自治区福利彩票发行中心在呼和浩特市首次试点销售中福在线即开型福利彩票。

15 日，财政部下发《关于调整排列 3 电脑体育彩票游戏规则等问题的通知》（财办综［2005］155 号），对排列 3 玩法游戏规则进行调整，增加“当排列 3 玩法奖池奖金超过 10 亿元时，超出部分转入该玩法调节基金，专项用于支付各种不可预见情况下的奖金支出风险及设立特别奖”条款。

19 日，江苏省电脑体育彩票销售点单票兑奖金额由 1 000 元提高为 2 000 元。

25 日至 28 日，国家体育总局体育彩票管理中心在海南省召开全国体育彩票工作座谈会，总结 2005 年体育彩票工作，研讨 2006 年体育彩票工作规划。

28 日，国家体育总局体育彩票管理中心成都区域数据中心暨四川省体育彩票管理中心业务楼装饰、装修（含安装）工程竣工，全面通过验收。

30 日至 31 日，民政部副部长李立国赴中国福利彩票发行管理中心，听取工作汇报并进行了座谈，视察了中心机房、中福在线即开型彩票演示厅、双色球电脑福利彩票摇奖现场。次日视察了中彩印制有限公司和中福在线即开型彩票数据中心机房。

12 月

8 日至 12 日，在《全民健身计划纲要》颁布十周年之际，为了进一步宣传体育彩票“取之于民、用之于民”的公益形象，“体彩杯”2005 年全国健身路径大赛在福建省厦门市举行。

21 日，天津市福利彩票发行中心首次试点销售中福在线即开型福利彩票。

30 日，上海市电脑体育彩票 22 选 5 停止销售，并加盟全国联网销售。

29 日，电脑福利彩票年销量首次突破 400 亿元。截止到 12 月 31 日，全国福利彩票总销量达 411.20 亿元。

30 日，江苏省电脑体育彩票销售站全热线系统切换完成，全省体育彩票销售时间实现统一，奖票实现通兑。

31 日，国务院批准了财政部《关于调整彩票公益金分配政策的请示》（财综［2005］56 号）。

七、统计资料

（一）历年综合统计资料

1987—2005年全国彩票销售统计表（分系统）

Statistical Table of Lottery Sales in Different Organizations in China from 1987 to 2005

单位：万元

Unit: Ten Thousand Yuan

年份 Year	福利彩票 Welfare Lottery	体育彩票 Sports Lottery	合 计 Total	增长率（%） Rate of Increment
1987	1 739.50		1 739.50	
1988	37 627.76		37 627.76	2 063.1
1989	38 315.65		38 315.65	1.8
1990	64 731.22		64 731.22	68.9
1991	77 388.04		77 388.04	19.6
1992	137 550.03		137 550.03	77.7
1993	184 288.52		184 288.52	34.0
1994	179 823.77		179 823.77	-2.4
1995	573 023.46	100 000.00	673 023.46	274.3
1996	647 521.50	120 000.00	767 521.50	14.0
1997	363 751.40	150 000.00	513 751.40	-33.1
1998	631 990.40	250 000.00	881 990.40	71.7
1999	1 044 448.50	403 551.00	1 447 999.50	64.2
2000	898 847.26	911 400.40	1 810 247.66	25.0
2001	1 395 735.16	1 492 928.39	2 888 663.55	59.6
2002	1 679 925.25	2 177 313.99	3 857 239.24	33.5
2003	2 000 569.58	2 013 453.28	4 014 022.86	4.1
2004	2 263 753.30	1 541 963.48	3 805 716.78	-5.2
2005	4 112 077.66	3 026 557.94	7 138 635.60	87.6
合 计 Total	16 333 107.96	12 187 168.48	28 520 276.44	

1987—2005年全国彩票销售统计表（分类型）

Statistical Table of Lottery Sales in Different Lottery Games in China from 1987 to 2005

单位：万元

Unit: Ten Thousand Yuan

年份 Year	传统型 Traditional Games	即开型 Instant Games	乐透型 Lotou	竞猜型 Sports Betting	合计 Total
1987	1 739.50				1 739.50
1988	14 446.35	23 181.41			37 627.76
1989	4 265.32	34 050.33			38 315.65
1990	4 333.22	60 398.00			64 731.22
1991	5 697.45	71 690.59			77 388.04
1992	6 196.90	131 353.13			137 550.03
1993	3 831.52	180 457.00			184 288.52
1994	2 843.45	176 980.32			179 823.77
1995	1 487.00	646 150.53	25 385.93		673 023.46
1996		696 208.80	71 312.70		767 521.50
1997		401 779.40	111 972.00		513 751.40
1998		682 207.00	199 783.40		881 990.40
1999		1 042 575.00	405 424.50		1 447 999.50
2000		568 023.49	1 242 224.17		1 810 247.66
2001		289 993.93	2 465 206.91	133 462.71	2 888 663.55
2002		308 266.49	2 842 639.72	706 333.03	3 857 239.24
2003		404 618.46	2 818 291.62	791 112.78	4 014 022.86
2004		122 829.87	3 198 995.66	483 891.25	3 805 716.78
2005		93 993.58	6 652 744.19	391 897.83	7 138 635.60
合计 Total	44 840.71	5 934 757.33	20 033 980.80	2 506 697.6	28 520 276.44

1987—2005 年全国彩票销售统计表（分系统分类型）

Statistical Table of Lottery Sales in Different Organizations and Different Lottery Games in China from 1987 to 2005

单位：万元

Unit: Ten Thousand Yuan

年份 Year	福利彩票 elfare Lottery				体育彩票 Sports Lottery				合计 Total
	传统型 Traditional Games	即开型 Instant Games	乐透型 Lotou	小计 Subtotal	即开型 Instant Games	乐透型 Lotou	竞猜型 Sports Betting	小计 Subtotal	
1987	1 739.50			1 739.50					1 739.50
1988	14 446.35	23 181.41		37 627.76					37 627.76
1989	4 265.32	34 050.33		38 315.65					38 315.65
1990	4 333.22	60 398.00		64 731.22					64 731.22
1991	5 697.45	71 690.59		77 388.04					77 388.04
1992	6 196.90	131 353.13		137 550.03					137 550.03
1993	3 831.52	180 457.00		184 288.52					184 288.52
1994	2 843.45	176 980.32		179 823.77					179 823.77
1995	1 487.00	546 150.53	25 385.93	573 023.46	100 000.00			100 000.00	673 023.46
1996		576 208.80	71 312.70	647 521.50	120 000.00			120 000.00	767 521.50
1997		276 969.40	86 782.00	363 751.40	124 810.00	25 190.00		150 000.00	513 751.40
1998		492 640.00	139 350.40	631 990.40	189 567.00	60 433.00		250 000.00	881 990.40
1999		829 178.00	215 270.50	1 044 448.50	213 397.00	190 154.00		403 551.00	1 447 999.50
2000		393 001.91	505 845.35	898 847.26	175 021.58	736 378.82		911 400.40	1 810 247.66
2001		196 467.99	1 199 267.17	1 395 735.16	93 525.94	1 265 939.74	133 462.71	1 492 928.39	2 888 663.55
2002		201 349.59	1 478 575.66	1 679 925.25	106 916.90	1 364 064.06	706 333.03	2 177 313.99	3 857 239.24
2003		335 867.80	1 664 701.78	2 000 569.58	68 750.66	1 153 589.84	791 112.78	2 013 453.28	4 014 022.86
2004		79 322.03	2 184 431.27	2 263 753.30	43 794.82	1 014 564.39	483 891.25	1 542 250.46	3 806 003.76
2005		90 113.57	4 021 964.09	4 112 077.66	3 880.01	2 630 780.10	391 897.83	3 026 557.94	7 138 635.60
总计 Total	44 840.71	4 695 380.40	11 592 886.85	16 333 107.96	1 235 783.90	5 810 313.85	2 114 799.77	9 160 897.52	25 494 005.48

1987—2005 年全国各

Statistical Table of Lottery Sales in Different

地区 Region	1987	1988	1989	1990	1991	1992	1993	1994	1995
北 京		1 136.68	940.07	2 077.00	2 765.00	3 220.00	5 404.00	6 395.71	13 485.78
天 津	396.60	328.48	1 166.29	1 995.38	1 209.00	769.62	2 474.35	1 799.00	14 313.00
河 北	100.00	1 505.00	1 295.00	2 082.00	2 579.00	3 204.66	3 010.00	11 255.82	28 411.00
山 西		1 211.74	826.17	1 136.16	1 516.00	4 175.00	3 300.00	5 010.00	13 801.43
内蒙古		14.00	484.68	924.90	549.56	1 766.58	1 293.00	3 838.71	18 800.00
辽 宁		3 073.04	2 397.14	6 587.00	3 530.41	3 598.52	4 825.17	14 719.11	27 107.97
吉 林		997.98	1 577.14	4 617.10	1 683.33	2 388.21	4 262.68	5 499.95	15 885.96
黑龙江		1 550.48	1 463.44	2 214.32	1 417.00	1 650.38	3 185.00	7 313.00	16 879.00
上 海	373.71	701.80	833.99	2 371.89	2 724.00	2 841.00	1 496.60	1 523.00	15 992.00
江 苏	100.00	2 659.00	3 304.65	3 110.30	2 299.87	4 607.66	17 173.00	11 860.76	33 711.20
浙 江	193.90	2 757.89	2 615.25	2 431.00	3 921.82	19 642.22	16 724.97	5 445.48	14 629.72
安 徽		1 123.99	1 068.75	1 693.08	2 251.00	2 711.00	8 214.07	12 155.09	22 188.18
福 建	242.84	1 269.65	1 537.63	1 060.00	4 527.96	7 038.50	4 512.05	4 245.70	16 785.62
江 西		195.00	300.00	890.21	1 827.72	4 287.92	9 145.99	4 687.03	17 297.56
山 东		1 259.19	1 393.80	1 908.46	3 598.37	6 596.13	11 061.04	9 075.51	40 488.45
河 南	198.64	1 130.00	2 041.38	2 540.00	3 230.00	4 220.00	8 000.00	7 040.00	40 850.00
湖 北	133.81	867.40	650.41	787.09	1 107.17	7 962.42	10 882.76	12 679.81	34 767.00
湖 南		855.52	950.00	2 010.00	5 625.00	9 117.43	5 009.00	6 454.50	27 172.70
广 东		7 396.80	8 271.03	11 278.52	14 275.24	15 554.45	23 138.20	10 582.25	72 291.31
广 西		68.88	467.16	4 536.77	6 203.60	7 255.33	12 493.11	8 631.07	26 174.75
海 南		512.75	34.87	2 514.53	405.57	227.96	26.21		
重 庆		816.18	339.61	1 140.00	733.00	1 463.00	3 444.00	1 051.26	11 727.14
四 川		1 795.63	912.58	1 405.59	2 356.00	5 907.00	4 857.81	3 978.24	33 252.38
贵 州		290.00	547.87	803.18	527.55	3 117.00	6 394.87	2 115.00	15 096.05
云 南		1 910.33	1 329.93	612.46	1 270.00	5 781.07	6 958.58	2 875.51	10 825.06
西 藏							60.00		100.00
陕 西		1 296.68	990.05	1 071.72	2 778.89	1 931.26	871.06	4 507.64	41 419.93
甘 肃		636.26	406.40	654.59	1 003.00	2 591.75	2 365.60	3 006.80	13 986.53
青 海		207.41	30.36	177.97	171.99	467.37	629.40	304.00	3 851.00
宁 夏		60.00	140.00	100.00	110.00	74.00	96.00	108.00	3 232.34
新 疆					1 190.99	3 382.59	2 980.00	11 665.82	28 500.40
中彩中心									
合 计 Total	1 739.50	37 627.76	38 315.65	64 731.22	77 388.04	137 550.03	184 288.52	179 823.77	673 023.46

地区彩票销售统计表

Regions in China from 1987 to 2005

单位：万元

Unit: Ten Thousand Yuan

1996	1997	1998	1999	2000	2001	2002	2003	2004	2005	1987—2005
5 452.40	10 003.40	12 722.30	43 131.50	63 118.20	183 426.03	186 984.23	212 481.94	231 696.75	296 639.31	1 281 080.31
7 259.90	5 843.00	9 717.30	11 712.30	55 439.48	62 878.15	72 439.67	74 972.27	69 962.76	119 600.62	514 277.17
16 559.40	13 528.40	12 499.50	26 277.40	35 183.56	78 277.90	123 133.92	126 060.59	129 252.49	316 761.76	930 947.40
30 227.10	12 877.40	17 973.10	15 337.30	7 556.82	59 527.70	43 995.89	43 391.10	52 268.78	122 840.62	436 972.31
26 400.00	12 846.20	4 318.50	14 977.00	6 523.15	6 461.29	17 007.15	29 466.86	36 534.14	93 438.86	275 644.58
27 892.50	13 833.00	11 716.10	39 806.60	46 842.62	111 621.48	206 723.54	203 604.56	206 744.28	400 758.06	1 335 381.10
24 455.60	8 507.40	5 647.70	16 878.70	8 027.99	48 248.19	58 025.93	90 297.35	81 510.56	168 178.60	546 690.37
22 697.80	12 155.70	9 568.90	21 969.70	42 058.77	85 260.30	117 798.85	139 917.21	145 173.76	544 557.78	1 176 831.39
22 770.00	24 833.70	40 900.90	131 004.10	177 625.55	157 562.63	182 801.32	178 651.20	151 761.70	177 276.14	1 274 045.23
33 926.80	34 324.60	76 061.60	177 922.00	251 908.42	248 549.71	255 104.13	228 805.79	209 357.33	332 088.42	1 926 875.25
11 622.80	10 609.40	81 921.20	151 933.90	121 948.65	137 212.28	196 464.30	252 183.56	229 524.97	396 910.77	1 658 694.08
20 129.00	14 650.20	18 902.20	31 695.40	24 559.70	59 261.08	57 630.47	72 671.55	76 483.46	196 571.39	623 959.61
22 663.90	24 925.00	47 528.80	108 638.40	100 047.75	262 631.42	385 834.77	249 397.58	193 359.61	244 091.53	1 680 338.71
16 776.80	16 508.20	16 970.00	26 132.80	11 690.15	49 749.19	47 804.77	64 517.88	55 083.25	133 705.01	477 569.48
28 738.00	17 257.30	35 253.20	45 327.30	88 189.99	227 938.13	333 516.51	330 205.30	318 576.36	738 111.38	2 238 437.71
24 649.70	13 207.30	17 302.20	22 013.30	23 157.14	154 390.98	176 796.70	159 270.29	161 142.88	329 627.50	1 150 808.01
42 408.40	29 090.00	26 587.60	29 308.80	74 845.08	100 171.69	141 856.34	192 607.05	215 459.97	517 317.41	1 439 490.21
47 291.40	18 565.10	15 684.70	35 218.90	36 432.86	37 239.45	62 677.66	78 911.74	80 893.66	222 888.69	692 998.31
130 585.20	118 132.00	264 180.10	293 098.20	224 923.94	315 492.94	628 070.76	612 706.20	496 055.70	601 556.63	3 856 589.47
39 601.50	19 799.60	34 670.30	33 950.20	54 054.78	72 449.87	107 097.48	136 795.58	126 466.13	155 693.50	846 409.61
5 420.00	2 680.00	8 644.00	11 536.80	4 855.42	8 374.90	9 509.17	12 092.93	17 888.68	18 420.22	103 144.01
8 648.00	6 857.30	17 589.00	15 456.40	51 301.08	41 999.61	40 775.48	50 373.34	51 979.64	85 626.17	391 320.21
53 626.70	21 683.90	30 833.10	67 514.10	222 815.23	144 497.28	116 733.32	122 764.54	107 251.73	202 844.03	1 145 029.16
16 560.50	11 769.60	11 216.10	16 439.20	22 314.81	33 481.67	18 622.06	33 560.19	33 953.12	55 320.95	282 129.72
13 228.90	12 084.40	19 255.10	23 888.00	13 832.37	87 714.63	87 157.57	98 595.84	111 534.98	184 731.70	683 586.43
800.00	400.00	820.00	1 147.00	1 930.54	717.70	1 234.39	2 583.28	4 579.57	5 693.45	20 065.93
18 630.40	10 472.70	8 803.10	9 221.60	15 296.50	64 606.28	69 762.04	67 625.38	64 902.44	169 249.10	553 436.77
18 866.60	8 057.90	7 201.20	5 181.90	4 646.90	24 580.28	42 040.26	43 143.79	35 752.12	68 986.63	283 108.50
3 766.20	1 764.00	630.70	689.10	1 210.01	2 036.49	4 663.22	9 295.74	11 987.66	25 418.13	78 074.71
5 586.60	406.00	2 566.00	3 254.40	1 190.38	4 395.50	18 189.21	20 095.16	17 591.70	31 839.21	98 260.54
11 279.40	6 078.70	14 305.90	17 337.20	16 719.82	17 908.80	46 471.02	76 977.07	81 273.58	181 892.02	517 763.04
						317.11				317.11
767 521.50	513 751.40	881 990.40	1 447 999.50	1 810 247.66	2 888 663.55	3 857 239.24	4 014 022.86	3 806 003.76	7 138 635.60	28 520 276.44

1987—2005 年全

Statistical Table of Lottery Sales in Different Regions and

地区 Region	1987	1988	1989	1990	1991	1992	1993	1994	1995		
	福利彩票 Welfare Lottery	福利彩票 Welfare Lottery	福利彩票 Welfare Lottery	福利彩票 Welfare Lottery	福利彩票 Welfare Lottery	福利彩票 Welfare Lottery	福利彩票 Welfare Lottery	福利彩票 Welfare Lottery	福利彩票 Welfare Lottery	体育彩票 Sports Lottery	合 计 Total
北 京		1 136.68	940.07	2 077.00	2 765.00	3 220.00	5 404.00	6 395.71	11 485.78	2 000.00	13 485.78
天 津	396.60	328.48	1 166.29	1 995.38	1 209.00	769.62	2 474.35	1 799.00	6 113.00	8 200.00	14 313.00
河 北	100.00	1 505.00	1 295.00	2 082.00	2 579.00	3 204.66	3 010.00	11 255.82	20 611.00	7 800.00	28 411.00
山 西		1 211.74	826.17	1 136.16	1 516.00	4 175.00	3 300.00	5 010.00	13 001.43	800.00	13 801.43
内蒙古		14.00	484.68	924.90	549.56	1 766.58	1 293.00	3 838.71	18 400.00	400.00	18 800.00
辽 宁		3 073.04	2 397.14	6 587.00	3 530.41	3 598.52	4 825.17	14 719.11	23 007.97	4 100.00	27 107.97
吉 林		997.98	1 577.14	4 617.10	1 683.33	2 388.21	4 262.68	5 499.95	14 005.96	1 880.00	15 885.96
黑龙江		1 550.48	1 463.44	2 214.32	1 417.00	1 650.38	3 185.00	7 313.00	9 565.00	7 314.00	16 879.00
上 海	373.71	701.80	833.99	2 371.89	2 724.00	2 841.00	1 496.60	1 523.00	9 492.00	6 500.00	15 992.00
江 苏	100.00	2 659.00	3 304.65	3 110.30	2 299.87	4 607.66	17 173.00	11 860.76	21 711.20	12 000.00	33 711.20
浙 江	193.90	2 757.89	2 615.25	2 431.00	3 921.82	19 642.22	16 724.97	5 445.48	12 209.72	2 420.00	14 629.72
安 徽		1 123.99	1 068.75	1 693.08	2 251.00	2 711.00	8 214.07	12 155.09	19 088.18	3 100.00	22 188.18
福 建	242.84	1 269.65	1 537.63	1 060.00	4 527.96	7 038.50	4 512.05	4 245.70	14 985.62	1 800.00	16 785.62
江 西		195.00	300.00	890.21	1 827.72	4 287.92	9 145.99	4 687.03	15 797.56	1 500.00	17 297.56
山 东		1 259.19	1 393.80	1 908.46	3 598.37	6 596.13	11 061.04	9 075.51	39 488.45	1 000.00	40 488.45
河 南	198.64	1 130.00	2 041.38	2 540	3 230.00	4 220.00	8 000.00	7 040.00	39 550.00	1 300.00	40 850.00
湖 北	133.81	867.40	650.41	787.09	1 107.17	7 962.42	10 882.76	12 679.81	30 067.00	4 700.00	34 767.00
湖 南		855.52	950.00	2 010.00	5 625.00	9 117.43	5 009.00	6 454.50	22 672.70	4 500.00	27 172.70
广 东		7 396.80	8 271.03	11 278.52	14 275.24	15 554.45	23 138.20	10 582.25	61 005.31	11 286.00	72 291.31
广 西		68.88	467.16	4 536.77	6 203.60	7 255.33	12 493.11	8 631.07	23 774.75	2 400.00	26 174.75
海 南		512.75	34.87	2 514.53	405.57	227.96	26.21				
重 庆		816.18	339.61	1 140.00	733.00	1 463.00	3 444.00	1 051.26	11 727.14		11 727.14
四 川		1 795.63	912.58	1 405.59	2 356.00	5 907.00	4 857.81	3 978.24	29 952.38	3 300.00	33 252.38
贵 州		290.00	547.87	803.18	527.55	3 117.00	6 394.87	2 115.00	14 096.05	1 000.00	15 096.05
云 南		1 910.33	1 329.93	612.46	1 270.00	5 781.07	6 958.58	2 875.51	7 825.06	3 000.00	10 825.06
西 藏							60.00		0.00	100.00	100.00
陕 西		1 296.68	990.05	1 071.72	2 778.89	1 931.26	871.06	4 507.64	38 099.93	3 320.00	41 419.93
甘 肃		636.26	406.40	654.59	1 003.00	2 591.75	2 365.60	3 006.80	13 006.53	980.00	13 986.53
青 海		60.00	140.00	100.00	110.00	74.00	96.00	108.00	3 232.34		3 232.34
宁 夏		207.41	30.36	177.97	171.99	467.37	629.40	304.00	3 551.00	300.00	3 851.00
新 疆					1 190.99	3 382.59	2 980.00	11 665.82	25 500.40	3 000.00	28 500.40
中彩中心											
合 计 Total	1 739.50	37 627.76	38 315.65	64 731.22	77 388.04	137 550.03	184 288.52	179 823.77	573 023.46	100 000.00	673 023.46

国彩票销售统计表（分地区分系统）

Different Organizations in China from 1987 to 2005

单位：万元

Unit: Ten Thousand Yuan

1996			1997			1998			1999	
福利彩票 Welfare Lottery	体育彩票 Sports Lottery	合计 Total	福利彩票 Welfare Lottery	体育彩票 Sports Lottery	合计 Total	福利彩票 Welfare Lottery	体育彩票 Sports Lottery	合计 Total	福利彩票 Welfare Lottery	体育彩票 Sports Lottery
5 452.40		5 452.40	8 003.40	2 000.00	10 003.40	9 442.30	3 280.00	12 722.30	37 931.50	5 200.00
4 159.90	3 100.00	7 259.90	4 043.00	1 800.00	5 843.00	4 717.30	5 000.00	9 717.30	4 302.30	7 410.00
11 559.40	5 000.00	16 559.40	7 928.40	5 600.00	13 528.40	6 559.50	5 940.00	12 499.50	23 306.40	2 971.00
28 227.10	2 000.00	30 227.10	10 877.40	2 000.00	12 877.40	11 973.10	6 000.00	17 973.10	15 137.30	200.00
24 200.00	2 200.00	26 400.00	8 446.20	4 400.00	12 846.20	3 388.50	930.00	4 318.50	12 203.00	2 774.00
21 992.50	5 900.00	27 892.50	11 033.00	2 800.00	13 833.00	7 716.10	4 000.00	11 716.10	38 092.60	1 714.00
19 355.60	5 100.00	24 455.60	5 507.40	3 000.00	8 507.40	3 647.70	2 000.00	5 647.70	15 166.70	1 712.00
18 797.80	3 900.00	22 697.80	7 155.70	5 000.00	12 155.70	5 568.90	4 000.00	9 568.90	15 389.70	6 580.00
11 770.00	11 000.00	22 770.00	5 833.70	19 000.00	24 833.70	30 900.90	10 000.00	40 900.90	87 778.10	43 226.00
29 126.80	4 800.00	33 926.80	27 524.60	6 800.00	34 324.60	59 061.60	17 000.00	76 061.60	111 465.00	66 457.00
8 102.80	3 520.00	11 622.80	4 609.40	6 000.00	10 609.40	57 921.20	24 000.00	81 921.20	106 897.90	45 036.00
15 729.00	4 400.00	20 129.00	10 050.20	4 600.00	14 650.20	13 862.20	5 040.00	18 902.20	25 035.40	6 660.00
18 663.90	4 000.00	22 663.90	10 925.00	14 000.00	24 925.00	17 528.80	30 000.00	47 528.80	65 630.40	43 008.00
13 376.80	3 400.00	16 776.80	12 508.20	4 000.00	16 508.20	12 770.00	4 200.00	16 970.00	20 766.80	5 366.00
23 718.00	5 020.00	28 738.00	12 257.30	5 000.00	17 257.30	29 253.20	6 000.00	35 253.20	36 476.30	8 851.00
21 849.70	2 800.00	24 649.70	10 207.30	3 000.00	13 207.30	13 302.20	4 000.00	17 302.20	19 731.30	2 282.00
36 888.40	5 520.00	42 408.40	23 730.00	5 360.00	29 090.00	17 227.60	9 360.00	26 587.60	23 651.80	5 657.00
42 271.40	5 020.00	47 291.40	13 565.10	5 000.00	18 565.10	10 684.70	5 000.00	15 684.70	28 507.90	6 711.00
130 585.20	9 000.00	139 585.20	105 132.00	13 000.00	118 132.00	215 180.10	49 000.00	264 180.10	211 035.20	82 063.00
34 601.50	5 000.00	39 601.50	13 799.60	6 000.00	19 799.60	22 670.30	12 000.00	34 670.30	30 539.20	3 411.00
2 920.00	2 500.00	5 420.00	680.00	2 000.00	2 680.00	2 644.00	6 000.00	8 644.00	8 002.80	3 534.00
8 648.00		8 648.00	4 857.30	2 000.00	6 857.30	14 589.00	3 000.00	17 589.00	13 131.40	2 325.00
47 906.70	5 720.00	53 626.70	15 683.90	6 000.00	21 683.90	17 793.10	13 040.00	30 833.10	31 239.10	36 275.00
12 760.50	3 800.00	16 560.50	7 769.60	4 000.00	11 769.60	6 796.10	4 420.00	11 216.10	12 335.20	4 104.00
10 828.90	2 400.00	13 228.90	8 084.40	4 000.00	12 084.40	14 255.10	5 000.00	19 255.10	20 115.00	3 773.00
	800.00	800.00		400.00	400.00		820.00	820.00		1 147.00
14 530.40	4 100.00	18 630.40	5 472.70	5 000.00	10 472.70	5 803.10	3 000.00	8 803.10	8 740.60	481.00
15 866.60	3 000.00	18 866.60	5 057.90	3 000.00	8 057.90	4 201.20	3 000.00	7 201.20	4 081.90	1 100.00
3 586.60	2 000.00	5 586.60	764.00	1 000.00	1 764.00	260.70	370.00	630.70	689.10	0.00
1 766.20	2 000.00	3 766.20	166.00	240.00	406.00	2 166.00	400.00	2 566.00	2 754.40	500.00
8 279.40	3 000.00	11 279.40	2 078.70	4 000.00	6 078.70	10 105.90	4 200.00	14 305.90	14 314.20	3 023.00
647 521.50	120 000.00	767 521.50	363 751.40	150 000.00	513 751.40	631 990.40	250 000.00	881 990.40	1 044 448.50	403 551.00

续表

地区 Region			2000			2001			2002		
	合计 Total	福利彩票 Welfare Lottery	体育彩票 Sports Lottery	合计 Total	福利彩票 Welfare Lottery	体育彩票 Sports Lottery	合计 Total	福利彩票 Welfare Lottery	体育彩票 Sports Lottery	合计 Total	福利彩票 Welfare Lottery
北　京	43 131.50	14 439.53	48 678.67	63 118.20	33 179.03	150 247.00	183 426.03	56 126.23	130 858.00	186 984.23	100 520.93
天　津	11 712.30	7 329.81	48 109.67	55 439.48	12 100.15	50 778.00	62 878.15	8 159.23	64 280.44	72 439.67	10 763.39
河　北	26 277.40	9 915.50	25 268.06	35 183.56	25 530.36	52 747.54	78 277.90	48 987.11	74 146.81	123 133.92	58 907.49
山　西	15 337.30	5 663.91	1 892.91	7 556.82	53 207.86	6 319.84	59 527.70	34 870.99	9 124.90	43 995.89	27 644.61
内蒙古	14 977.00	4 410.29	2 112.86	6 523.15	5 473.39	987.90	6 461.29	10 824.25	6 182.90	17 007.15	16 957.45
辽　宁	39 806.60	40 451.11	6 391.51	46 842.62	75 896.56	35 724.92	111 621.48	105 933.26	100 790.28	206 723.54	126 814.59
吉　林	16 878.70	7 027.99	1 000.00	8 027.99	33 078.01	15 170.18	48 248.19	25 229.36	32 796.57	58 025.93	46 783.59
黑龙江	21 969.70	14 793.15	27 265.62	42 058.77	41 780.52	43 479.78	85 260.30	67 728.98	50 069.87	117 798.85	84 072.82
上　海	131 004.10	127 451.61	50 173.94	177 625.55	100 356.05	57 206.58	157 562.63	80 032.30	102 769.02	182 801.32	102 551.43
江　苏	177 922.00	69 646.57	182 261.85	251 908.42	71 973.80	176 575.91	248 549.71	72 515.36	182 588.77	255 104.13	68 803.36
浙　江	151 933.90	60 531.70	61 416.95	121 948.65	54 559.50	82 652.78	137 212.28	53 042.52	143 421.78	196 464.30	84 922.35
安　徽	31 695.40	16 397.84	8 161.86	24 559.70	35 054.75	24 206.33	59 261.08	23 206.75	34 423.72	57 630.47	27 413.74
福　建	108 638.40	28 880.51	71 167.24	100 047.75	81 017.90	181 613.52	262 631.42	67 481.65	318 353.12	385 834.77	29 091.19
江　西	26 132.80	8 441.16	3 248.99	11 690.15	39 602.89	10 146.30	49 749.19	30 992.83	16 811.94	47 804.77	34 426.37
山　东	45 327.30	75 387.02	12 802.97	88 189.99	185 322.67	42 615.46	227 938.13	265 900.88	67 615.63	333 516.51	288 136.42
河　南	22 013.30	17 382.00	5 775.14	23 157.14	71 436.07	82 954.91	154 390.98	68 094.52	108 702.18	176 796.70	73 635.77
湖　北	29 308.80	31 098.02	43 747.06	74 845.08	32 817.84	67 353.85	100 171.69	40 236.65	101 619.69	141 856.34	78 832.09
湖　南	35 218.90	21 268.46	15 164.40	36 432.86	24 411.12	12 828.33	37 239.45	42 815.92	19 861.74	62 677.66	55 828.97
广　东	293 098.20	133 754.80	91 169.14	224 923.94	172 421.81	143 071.13	315 492.94	287 606.13	340 464.63	628 070.76	314 331.30
广　西	33 950.20	51 230.75	2 824.03	54 054.78	58 162.23	14 287.64	72 449.87	84 519.87	22 577.61	107 097.48	111 382.99
海　南	11 536.80	1 300.67	3 554.75	4 855.42	3 575.51	4 799.39	8 374.90	3 296.49	6 212.68	9 509.17	2 068.59
重　庆	15 456.40	45 989.14	5 311.94	51 301.08	29 524.27	12 475.34	41 999.61	22 350.63	18 424.85	40 775.48	31 040.63
四　川	67 514.10	55 473.45	167 341.78	222 815.23	19 000.56	125 496.72	144 497.28	13 806.77	102 926.55	116 733.32	28 635.87
贵　州	16 439.20	8 437.27	13 877.54	22 314.81	12 220.15	21 261.52	33 481.67	6 032.89	12 589.17	18 622.06	18 790.79
云　南	23 888.00	12 244.00	1 588.37	13 832.37	25 311.57	62 403.06	87 714.63	24 168.39	62 989.18	87 157.57	27 504.37
西　藏	1 147.00	1 186.54	744.00	1 930.54	550.70	167.00	717.70	572.85	661.54	1 234.39	628.59
陕　西	9 221.60	10 232.62	5 063.88	15 296.50	52 690.49	11 915.79	64 606.28	42 608.99	27 153.05	69 762.04	37 829.76
甘　肃	5 181.90	3 657.95	988.95	4 646.90	23 019.63	1 560.65	24 580.28	32 861.07	9 179.19	42 040.26	30 073.74
青　海	689.10	1 030.38	160.00	1 190.38	1 717.27	319.22	2 036.49	15 110.71	3 078.50	18 189.21	6 992.77
宁　夏	3 254.40	627.74	582.27	1 210.01	4 395.50	0.00	4 395.50	3 545.14	1 118.08	4 663.22	13 723.54
新　疆	17 337.20	13 165.77	3 554.05	16 719.82	16 347.00	1 561.80	17 908.80	41 266.53	5 204.49	46 471.02	61 460.08
中彩中心									317.11	317.11	
合　计 Total	1 447 999.50	898 847.26	911 400.40	1 810 247.66	1 395 735.16	1 492 928.39	2 888 663.55	1 679 925.25	2 177 313.99	3 857 239.24	2 000 569.58

2003		2004			2005			1987—2005		
体育彩票 Sports Lottery	合计 Total	福利彩票 Welfare Lottery	体育彩票 Sports Lottery	合计 Total	福利彩票 Welfare Lottery	体育彩票 Sports Lottery	合计 Total	福利彩票 Welfare Lottery	体育彩票 Sports Lottery	合计 Total
111 961.01	212 481.94	157 995.61	73 701.15	231 696.76	207 187.56	89 451.75	296 639.31	663 702.73	617 377.58	1 281 080.31
64 208.88	74 972.27	19 589.60	50 373.16	69 962.76	40 174.97	79 425.65	119 600.62	131 591.37	382 685.80	514 277.17
67 153.10	126 060.59	80 013.37	49 209.12	129 222.49	176 551.16	140 210.60	316 761.76	494 901.17	436 046.23	930 947.40
15 746.49	43 391.10	37 431.99	14 836.79	52 268.78	83 938.78	38 901.84	122 840.62	339 149.54	97 822.77	436 972.31
12 509.41	29 466.86	23 363.02	13 171.12	36 534.14	55 135.96	38 302.91	93 438.87	191 673.49	83 971.10	275 644.58
76 789.97	203 604.56	152 600.09	54 144.19	206 744.28	266 384.46	134 373.60	400 758.06	908 652.63	426 728.47	1 335 381.1
43 513.76	90 297.35	49 510.98	31 999.58	81 510.56	96 075.33	72 103.27	168 178.60	336 415.01	210 275.36	546 690.38
55 844.39	139 917.21	95 629.70	49 544.06	145 173.76	302 950.17	241 607.61	544 557.78	682 226.06	494 605.33	1 176 831.39
76 099.77	178 651.20	100 273.42	51 488.28	151 761.70	123 528.65	53 747.48	177 276.14	792 834.15	481 211.07	1 274 045.23
160 002.43	228 805.79	75 014.61	134 342.72	209 357.33	136 391.95	195 696.48	332 088.42	788 350.09	1 138 525.16	1 926 875.24
167 261.21	252 183.56	82 221.07	147 303.90	229 524.97	160 436.76	236 474.01	396 910.77	739 187.45	919 506.63	1 658 694.08
45 257.81	72 671.55	41 476.63	35 006.83	76 483.46	100 089.03	96 482.37	196 571.39	356 620.70	267 338.92	623 959.61
220 306.39	249 397.58	21 336.50	172 023.11	193 359.61	45 162.07	198 929.46	244 091.53	425 137.87	1 255 200.84	1 680 338.71
30 091.51	64 517.88	30 510.91	24 572.34	55 083.25	51 637.78	82 067.23	133 705.01	292 165.17	185 404.31	477 569.48
42 068.88	330 205.30	284 915.79	33 603.86	318 519.65	539 046.67	199 064.71	738 111.38	1 814 795.20	423 642.51	2 238 437.71
85 634.52	159 270.29	91 656.07	69 486.81	161 142.88	157 659.30	171 968.20	329 627.50	612 904.25	537 903.76	1 150 808.01
113 774.96	192 607.05	123 910.17	91 549.80	215 459.97	278 119.79	239 197.62	517 317.41	751 650.23	687 839.98	1 439 490.21
23 082.77	78 911.74	60 041.08	20 852.58	80 893.66	118 344.02	104 544.68	222 888.69	470 432.82	222 565.50	692 998.31
298 374.90	612 706.20	306 563.04	189 492.66	496 055.70	391 173.93	210 382.70	601 556.63	2 419 285.31	1 437 304.16	3 856 589.47
25 412.59	136 795.58	111 488.44	14 977.69	126 466.13	136 391.95	19 301.55	155 693.50	718 217.50	128 192.11	846 409.61
10 024.34	12 092.93	12 918.82	4 969.86	17 888.68	13 857.37	4 562.85	18 420.22	54 986.14	48 157.87	103 144.01
19 332.71	50 373.34	37 457.36	14 522.28	51 979.64	62 666.48	22 959.69	85 626.17	290 968.40	100 351.81	391 320.21
94 128.67	122 764.54	45 672.66	61 579.07	107 251.73	106 713.86	96 130.18	202 844.03	433 091.20	711 937.97	1 145 029.16
14 769.40	33 560.19	23 482.24	10 470.88	33 953.12	39 630.18	15 690.77	55 320.95	176 146.44	105 983.28	282 129.72
71 091.47	98 595.84	52 379.05	59 155.93	111 534.98	105 475.42	79 256.28	184 731.70	328 929.14	354 657.29	683 586.43
1 954.69	2 583.28	3 651.32	928.25	4 579.57	4 334.58	1 358.87	5 693.45	10 984.58	9 081.35	20 065.93
29 795.62	67 625.38	35 969.80	28 932.64	64 902.44	106 804.71	62 444.39	169 249.10	372 230.40	181 206.37	553 436.77
13 070.05	43 143.79	22 782.61	12 969.50	35 752.11	43 373.18	25 613.45	68 986.63	208 646.71	74 461.79	283 108.50
2 302.97	9 295.74	8 826.95	3 160.71	11 987.66	16 054.81	6 729.68	22 784.49	58 953.63	19 121.08	78 074.71
6 371.62	20 095.16	10 684.80	6 906.90	17 591.70	18 688.45	15 784.40	34 472.85	64 057.27	34 203.27	98 260.54
15 516.99	76 977.07	64 385.60	16 887.71	81 073.31	128 098.35	53 793.67	181 892.02	404 221.33	113 541.71	517 763.04
				0.00				0.00	317.11	317.11
2 013 453.28	4 014 022.86	2 263 753.30	1 541 963.48	3 805 716.78	4 112 077.66	3 026 557.94	7 138 635.60	16 333 107.96	12 187 168.48	28 520 276.44

1987—2005 年全国福利

Statistical Table of Public Welfare Fund of Welfare

地 区 Region	1987—1988	1989	1990	1991	1992	1993	1994	1995	1996
北 京	331.66	279.23	549.80	606.20	770.60	1 332.50	1 550.40	2 780.40	1 265.60
天 津	242.28	322.41	392.60	302.70	191.70	567.60	460.00	1 528.30	1 033.10
河 北	516.60	390.40	578.80	708.90	767.30	753.00	2 810.00	5 152.70	3 154.40
山 西	485.32	248.28	320.40	380.70	1 001.40	641.40	1 168.00	3 187.20	6 756.40
内蒙古		134.66	312.00	146.00	439.30	323.20	959.60	4 600.00	5 747.50
辽 宁	1 065.78	676.35	1 510.80	878.10	870.70	1 191.20	3 642.50	5 681.10	5 636.30
吉 林	407.55	616.26	1 114.60	429.60	647.90	1 037.10	1 372.00	3 504.80	4 996.00
黑龙江	239.73	443.32	567.00	375.31	412.20	800.40	1 829.00	2 392.70	4 772.90
上 海	170.24	249.69	615.63	680.90	710.20	374.10	386.80	2 373.00	2 970.00
江 苏	395.41	919.78	662.49	1 007.02	1 382.20	4 524.80	2 925.60	5 454.00	6 853.50
浙 江	443.59	762.12	777.98	1 218.64	5 062.80	4 069.60	1 358.00	2 926.00	1 942.70
安 徽	256.00	238.60	478.10	605.30	675.50	1 912.80	2 849.70	4 723.70	3 962.30
福 建	282.01	447.74	264.70	1 078.12	1 759.60	1 124.80	1 061.70	3 731.10	4 642.30
江 西	58.72	98.40	236.00	475.96	1 014.40	2 252.00	1 171.50	3 912.80	3 537.40
山 东	391.67	381.34	466.20	798.00	1 657.90	2 672.10	2 206.00	9 733.70	5 916.30
河 南	643.20	640.00	842.56	966.70	1 055.00	2 000.00	1 760.00	9 850.80	5 516.40
湖 北	346.47	193.35	281.18	267.40	2 046.10	2 745.70	3 100.70	7 443.20	8 980.10
湖 南	206.80	232.66	691.30	1 127.93	2 027.60	1 252.30	1 613.60	5 716.50	10 615.70
广 东	1 325.72	1 339.04	2 064.60	4 467.14	3 463.00	5 248.80	2 035.70	14 882.40	31 719.80
广 西		135.72	1 217.97	1 542.70	1 825.50	3 131.40	2 157.80	5 943.70	8 248.60
海 南	154.94	9.27	668.80	100.20	35.40	5.00			730.00
重 庆	269.64	88.77	278.20	173.25	359.60	861.00	237.80	2 931.80	2 121.90
四 川	816.55	277.96	165.22	586.45	1 476.70	1 214.50	990.60	7 436.20	11 919.10
贵 州	185.03	149.30	230.50	129.20	779.30	1 598.70	528.70	3 524.00	3 190.10
云 南	543.58	422.43	194.50	314.90	1 432.80	1 740.60	654.60	1 898.90	2 582.80
西 藏									
陕 西	479.89	279.00	293.17	701.65	480.60	206.50	913.20	8 819.40	3 530.30
甘 肃	206.15	145.03	196.00	252.00	637.00	591.40	751.70	3 251.60	3 948.10
青 海	37.92	8.46	43.00	41.00	117.00	155.60	76.00	887.70	437.10
宁 夏	24.00	49.44	18.80	27.40	18.50	24.00	27.00	808.10	902.30
新 疆				256.00	963.60	732.00	1 576.80	6 445.10	2 090.50
小 计	10 526.45	10 179.01	16 032.90	20 645.37	34 081.40	45 084.10	42 175.00	141 520.90	159 719.50
中 央	2 754.52	2 445.82	3 994.94	4 326.92	6 517.90	9 459.20	11 266.60	27 828.40	31 348.90
合 计 Total	13 280.97	12 624.83	20 027.84	24 972.29	40 599.30	54 543.30	53 441.60	169 349.30	191 068.40

注：本表各地数为公益金地方留成数，中央数为公益金中央集中数。

Please Note: The "local amounts" showed in the table indicates the collected amounts of public Welfare fund by the local governments; the "central amounts" indicates the collected amounts of public Welfare fund by the central government.

彩票公益金统计表

Lottery in China from 1987 to 2005

单位：万元

Unit: Ten Thousand Yuan

1997	1998	1999	2000	2001	2002	2003	2004	2005	1987—2005
1 813.00	2 300.20	9 662.4	1 219.80	5 480.47	8 418.93	15 125.01	23 846.42	36 257.82	113 590.44
1 012.90	1 180.70	1 252.2	1 849.00	2 056.17	1 223.88	1 689.67	3 009.68	7 030.62	25 345.51
1 729.90	1 764.00	6 128.6	2 005.40	4 316.92	7 348.07	9 191.86	12 043.49	30 895.16	90 255.50
2 779.40	2 551.60	3 292.7	1 146.80	8 653.94	5 230.65	4 547.58	6 106.91	14 689.29	63 187.96
1 408.30	1 017.60	1 545	988.40	977.31	1 623.64	2 674.52	3 571.25	9 648.79	36 117.07
2 502.90	1 862.00	9 795.5	10 562.40	12 543.96	15 889.99	19 197.34	23 047.29	46 306.91	162 861.12
1 184.50	930.60	1 813.5	1 553.00	5 508.87	3 784.41	7 151.71	7 496.73	16 813.18	60 362.31
1 920.40	1 309.50	3 492.6	3 371.60	6 866.66	10 159.34	12 812.95	14 380.24	53 016.28	119 162.13
1 605.60	7 627.00	21 922.3	26 506.90	16 712.70	12 004.84	16 603.34	15 227.70	21 572.47	148 313.40
6 684.90	14 827.50	27 539.7	14 346.80	11 888.38	10 877.31	11 653.50	11 674.64	23 702.90	157 320.43
917.60	14 481.70	25 784.9	11 646.40	9 926.85	7 956.38	15 355.76	12 562.01	28 076.43	145 269.47
2 457.40	3 321.60	6 251.1	4 472.20	5 785.92	3 481.01	4 390.16	6 235.43	17 485.58	69 582.40
2 645.50	4 541.10	16 505.7	5 334.20	13 992.24	10 122.25	4 776.13	3 200.48	7 903.36	83 413.03
3 315.30	3 108.90	5 131	1 723.00	6 568.38	4 648.93	5 653.09	4 585.05	9 036.61	56 527.44
2 762.50	7 847.90	7 190.3	16 878.10	30 797.28	39 885.13	44 120.98	43 466.53	94 333.17	311 505.10
2 551.80	3 414.70	4 451.7	4 717.80	11 673.44	10 214.18	11 363.33	13 848.48	27 590.38	113 100.46
5 629.40	4 277.00	5 950.6	6 613.50	5 402.41	6 035.50	12 575.80	18 586.53	48 390.26	138 865.20
3 404.00	2 278.20	5 811.1	4 217.30	4 027.84	6 422.39	8 699.57	9 112.68	20 524.15	87 981.62
25 403.70	53 784.00	52 758.7	28 912.90	27 862.23	43 140.93	51 235.63	46 643.02	68 426.12	464 713.43
3 446.90	5 659.60	8 536.8	9 231.50	10 190.26	12 677.98	17 259.95	16 850.17	23 791.02	131 847.58
170.00	661.00	2 000.7	291.40	1 072.64	494.47	322.07	1 938.82	2 410.12	11 064.84
1 214.30	3 684.00	3 219.1	10 030.60	4 872.59	3 352.59	4 906.19	5 622.92	10 966.63	55 190.88
3 777.40	4 384.90	7 809.8	16 300.60	3 148.34	2 071.02	4 896.20	6 899.19	18 674.93	92 845.65
1 262.70	1 826.50	3 083.8	1 637.00	2 004.59	904.93	3 194.07	3 522.34	6 864.54	34 615.30
1 888.10	3 568.20	4 990.6	2 657.50	4 496.99	3 625.26	4 301.16	7 882.40	18 458.20	61 653.51
				212.74	85.93	101.79	568.87	758.55	1 727.88
1 186.50	1 480.30	2 041.1	2 109.10	8 860.98	6 391.35	5 876.35	5 421.98	18 690.82	67 762.19
1 212.20	1 062.40	945.6	792.30	3 796.64	4 929.16	4 533.76	3 446.34	7 590.31	38 287.69
191.00	55.00	160	130.40	303.49	531.77	1 055.36	1 331.57	2 809.59	8 371.96
41.50	541.50	691.2	205.30	725.26	2 266.61	2 144.76	1 656.92	3 270.48	13 443.07
487.20	2 445.80	3 244.8	2 071.40	2 201.74	6 189.98	9 469.27	9 743.03	22 417.21	70 334.43
86 606.80	157 795.00	253 003.1	193 522.60	232 928.23	251 988.78	316 878.83	343 529.11	718 401.90	3 034 618.98
14 519.90	38 101.20	51 493.8	48 749.90	186 276.48	335 985.06	383 320.53	448 784.56	718 401.90	2 325 576.52
101 126.70	195 896.20	304 496.90	242 272.50	419 204.71	587 973.84	700 199.35	792 313.67	1 436 803.80	5 360 195.50

1994—2005 年全国体育

Statistical Table of Public Welfare Fund of Sports

地区 Region	1994—1995	1996	1997	1998	1999	2000
北　京			477.20	887.00	1 279.00	10 305.00
天　津	4 000.00	431.35	748.50	1 320.00	2 256.00	10 268.60
河　北	1 510.30	1 280.60	1 057.48	1 545.60	810.00	5 567.90
山　西	117.00	313.80	676.40	1 560.00	54.00	530.00
内蒙古	51.00	370.00	1 019.00	251.10	724.00	622.30
辽　宁	785.00	1 518.60	745.20	1 080.00	189.00	1 705.80
吉　林	223.00	661.00	869.00	540.00	459.00	280.00
黑龙江			1 169.70	1 130.00	1 734.20	5 694.20
上　海	1 725.00	3 300.00	5 700.00	2 465.00	10 497.80	11 006.20
江　苏	1 131.20	917.90	1 314.00	4 234.30	16 270.00	38 174.10
浙　江	653.40	909.60	1 539.20	5 868.60	11 967.20	13 524.50
安　徽	465.00	800.10	1 256.40	1 329.60	1 728.00	2 056.20
福　建	230.00	1 050.00	2 970.00	7 320.00	10 452.00	15 276.30
江　西	300.00	530.40	995.76	1 156.00	1 419.00	607.90
山　东	200.00	1 069.56	1 063.80	1 560.00	2 229.00	1 931.00
河　南		575.40	975.50	1 096.10	634.70	1 432.70
湖　北	1 131.20	917.90	1 314.00	2 328.30	1 469.00	9 386.00
湖　南	1 263.60	1 213.40	1 134.00	1 320.00	1 736.10	3 922.00
广　东	3 385.80	2 160.00	2 940.00	12 352.30	18 534.00	22 323.00
广　西	240.00	1 085.70	1 808.40	2 959.00	918.00	660.30
海　南		577.00	985.00	1 560.00	945.00	872.10
重　庆			0.00	820.00	621.30	1 358.40
四　川	990.00	1 373.00	1 533.00	3 169.60	8 740.00	34 145.30
贵　州	153.70	987.30	1 039.70	1 230.10	1 109.30	3 374.70
云　南			928.00	1 284.30	1 042.00	466.00
西　藏		302.00	0.00	239.00	297.00	208.30
陕　西	996.53	763.82	777.94	850.20	136.70	1 417.00
甘　肃	192.00	636.00	630.00	810.00	297.00	277.00
青　海			0.00	108.00	147.00	123.70
宁　夏		360.00	310.00	78.20		61.60
新　疆	743.00	661.00	869.00	1 128.00	868.30	1 093.20
小　计	20 486.73	24 765.43	36 846.18	63 580.30	99 563.60	198 671.30
中　央	2 055.6	3 981.63	5 872.61	12 371.40	21 549.00	75 920.50
合　计	22 542.33	28 747.06	42 718.79	75 951.70	121 112.60	274 591.80

注：本表各地数为公益金地方留成数，中央数为公益金中央集中数。

Please Note: The "local amounts" showed in the table indicates the collected amounts of public Welfare fund by the local governments; the "central amounts" indicates the collected amounts of public Welfare fund by the central government.

彩票公益金统计表

Lottery in China from 1994 to 2005

单位：万元

Unit: Ten Thousand Yuan

2001	2002	2003	2004	2005	1994—2005
22 044.00	19 270.95	16 807.15	12 540.46	14 577.38	98 188.14
7 525.00	9 525.58	9 659.63	8 563.44	13 613.06	67 911.17
8 315.00	10 969.88	10 114.67	8 417.15	24 355.88	73 944.46
1 079.00	1 470.20	2 381.54	2 524.74	6 680.63	17 387.30
281.00	1 025.40	1 930.55	2 245.48	6 616.53	15 136.35
5 183.00	15 155.98	11 568.50	9 278.84	22 749.68	69 959.59
2 202.00	5 055.05	6 633.41	5 452.18	12 412.01	34 786.66
6 596.00	7 866.24	8 492.94	8 427.07	42 084.64	83 194.99
8 863.00	16 481.75	11 574.66	8 799.54	8 728.42	89 141.36
26 428.00	29 672.42	24 440.00	23 096.14	33 755.13	199 433.18
13 833.00	24 042.50	26 083.72	25 347.46	40 776.75	164 545.93
3 918.00	5 499.60	6 863.52	5 997.67	16 764.94	46 679.03
26 981.00	46 316.72	33 045.96	29 243.93	34 518.53	207 404.44
1 716.00	2 858.00	4 728.78	4 177.30	14 047.15	32 536.28
6 563.00	10 204.15	6 367.65	5 830.56	34 378.90	71 397.62
12 529.00	16 254.46	12 854.47	11 812.88	29 879.91	88 045.12
9 819.00	15 104.85	17 131.32	15 567.66	41 347.27	115 516.50
3 010.00	3 619.95	3 542.53	3 566.01	17 931.89	42 259.47
22 703.00	52 852.91	44 904.98	32 347.58	34 114.82	248 618.38
2 206.00	3 447.13	3 869.12	2 588.57	3 121.31	22 903.54
789.00	943.11	1 503.65	847.46	746.67	9 768.99
1 891.00	3 210.49	2 980.90	2 479.69	3 795.62	17 157.40
18 896.00	15 954.31	14 394.61	10 487.21	16 362.51	126 045.54
3 346.00	1 996.61	2 269.82	1 809.64	2 591.75	19 908.62
9 253.00	9 483.14	10 708.42	10 075.02	13 633.75	56 873.63
55.00	118.22	293.20	157.80	227.36	1 897.88
2 201.00	4 052.82	4 575.59	4 992.91	10 745.31	31 509.82
265.00	1 507.97	1 995.76	2 220.99	4 400.91	13 232.62
76.00	193.45	348.28	538.41	1 159.60	2 694.43
15.00	468.39	982.79	1 179.71	2 722.53	6 178.21
1 040.00	874.23	2 407.43	2 882.95	9 242.92	21 810.03
229 621.00	335 496.46	305 455.53	263 496.45	518 083.71	2 096 066.68
218 342.59	426 563.44	399 253.12	276 291.20	518 083.71	1 960 284.80
447 963.59	762 059.90	704 708.65	539 787.65	1 036 167.42	4 056 351.49

1987—2005年全国彩票公益金统计表

Statistical Table of Public Welfare Fund of Lottery in China from 1987 to 2005

单位：万元

Unit：Ten Thousand Yuan

年 份 Year	福利彩票 Welfare Lottery	体育彩票 Sports Lottery	合 计 Total
1987	855.00		855.00
1988	12 425.97		12 425.97
1989	12 624.83		12 624.83
1990	20 027.84		20 027.84
1991	24 972.29		24 972.29
1992	40 599.30		40 599.30
1993	54 543.30		54 543.30
1994	53 441.60		53 441.60
1995	169 349.30	22 542.33	191 891.63
1996	191 068.40	28 747.06	219 815.46
1997	101 126.70	42 718.79	143 845.49
1998	195 896.20	75 951.70	271 847.90
1999	304 496.90	121 112.60	425 609.50
2000	242 272.50	274 591.80	516 864.30
2001	419 204.71	447 963.59	867 168.30
2002	587 973.84	762 059.90	1 350 033.74
2003	700 199.35	704 708.65	1 404 908.00
2004	792 313.66	539 787.66	1 332 101.32
2005	1 436 803.80	1 036 167.42	2 472 971.22
合 计 Total	5 360 195.49	4 056 351.50	9 416 546.99

1987—2005年全国彩票公益金中央与地方分配表

Statistical Table of the Allocation of Public Welfare Fund of Lottery Between Central and Local Governments from 1987 to 2005

单位：万元
Unit: Ten Thousand Yuan

年份 Year	总计 Total	中央集中 Central Government	地方留成 Local Government	分成比例% Percentage 中央 Central	地方 Local
1987—1988	13 280.97	2 754.52	10 526.45	20.7	79.3
1989	12 624.83	2 445.82	10 179.01	19.4	80.6
1990	20 027.84	3 994.94	16 032.90	19.9	80.1
1991	24 972.29	4 326.92	20 645.37	17.3	82.7
1992	40 599.30	6 517.90	34 081.40	16.1	83.9
1993	54 543.30	9 459.20	45 084.10	17.3	82.7
1994	53 441.60	11 266.60	42 175.00	21.1	78.9
1995	191 891.63	29 884.00	162 007.63	15.6	88.4
1996	219 815.46	35 330.53	184 484.93	16.1	83.9
1997	143 845.49	20 392.51	123 452.98	14.1	85.9
1998	271 847.90	50 472.60	221 375.30	18.6	81.4
1999	425 609.50	73 042.80	352 566.70	17.2	82.8
2000	516 864.30	124 670.40	392 193.90	24.1	75.9
2001	867 168.30	404 619.07	462 549.23	46.7	53.3
2002	1 350 033.74	762 548.50	587 485.24	56.5	43.5
2003	1 404 908.00	782 573.65	622 334.35	55.7	44.3
2004	1 332 101.30	725 075.80	607 025.50	54.4	45.6
2005	2 472 971.00	1 236 485.50	1 236 485.50	50	50
合计 Total	9 416 546.75	4 285 861.26	5 130 685.49	45.5	54.5

（二）2005 年统计资料

2005 年全国彩票销

Statistical Table of Lottery Sales

月份 Month	福利彩票 Welfare Lottery		
	乐透型彩票 Lotou Lottery	即开型彩票 Instant Games Lottery	小计 Subtotal
1 月	23.19	0.01	23.20
2 月	16.16	0.01	16.17
3 月	31.33	0.01	31.34
4 月	31.90	0.02	31.92
5 月	35.36	0.34	35.70
6 月	35.95	0.30	36.25
7 月	43.29	0.57	43.86
8 月	37.01	0.84	37.85
9 月	36.57	0.85	37.42
10 月	35.12	0.89	36.01
11 月	36.63	1.34	37.97
12 月	39.69	3.82	43.51
总计 Total	402.20	9.00	411.20

售情况表

in China in 2005

单位：亿元

Unit: a hundred million Yuan

体育彩票 Sports Lottery				合计 Total
乐透型彩票 Lotou Lottery	竞猜型彩票 Sports Betting Lottery	即开型彩票 Instant Games Lottery	小计 Subtotal	
12.57	4.85		17.42	40.62
9.08	3.67		12.75	28.92
20.76	3.19		23.95	55.29
21.79	4.05		25.84	57.76
23.23	2.66		25.89	61.59
23.68	0.81		24.49	60.74
31.17	0.57		31.74	75.60
45.89	1.27		47.16	85.01
16.35	2.97		19.32	56.74
16.44	4.45		20.89	56.90
19.06	4.46		23.52	61.49
23.21	6.08	0.39	29.68	73.19
263.23	39.03	0.39	302.66	713.86

2005 年全国彩票销售情况图

Diagram of Lottery Sales in China in 2005

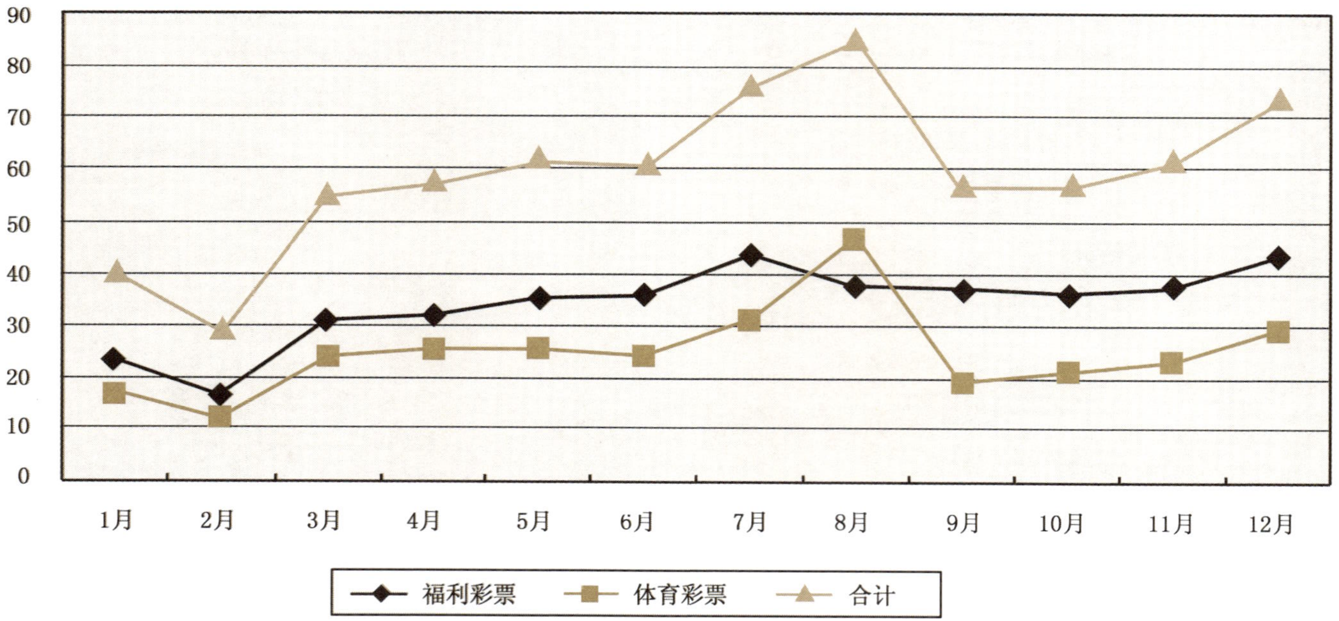

2005 年全国各地区彩票销售量排名表

Ranking of Lottery Sales in Different Regions of China in 2005

名　次	地　区	销售额（万元）
1	山　东	738 111.38
2	广　东	601 556.63
3	黑龙江	544 557.78
4	湖　北	517 317.41
5	辽　宁	400 758.06
6	浙　江	396 910.77
7	江　苏	332 088.42
8	河　南	329 627.50
9	河　北	316 761.76
10	北　京	296 639.31
11	福　建	244 091.53
12	湖　南	222 888.69
13	四　川	202 844.03
14	安　徽	196 571.39
15	云　南	184 731.70
16	新　疆	181 892.02
17	上　海	177 276.14
18	陕　西	169 249.10
19	吉　林	168 178.60
20	广　西	155 693.50
21	江　西	133 705.01
22	山　西	122 840.62
23	天　津	119 600.62
24	内蒙古	93 438.86
25	重　庆	85 626.17
26	甘　肃	68 986.63
27	贵　州	55 320.95
28	宁　夏	31 839.21
29	青　海	25 418.13
30	海　南	18 420.22
31	西　藏	5 693.45
	合　计	7 138 635.60

2005 年全国各地区

Statistical Table of Lottery Sales in Different

地区 Region	1月 Jan	2月 Feb	3月 Mar	4月 Apr	5月 May	6月 Jun
北　京	24 310.86	16 712.88	24 516.81	24 625.95	24 437.92	21 807.83
天　津	8 230.84	7 397.90	12 163.55	11 543.92	10 578.52	10 668.24
河　北	19 307.78	14 698.44	34 677.28	30 466.51	26 871.08	25 534.51
山　西	5 096.99	3 277.38	6 314.65	7 256.63	6 944.47	7 525.14
内蒙古	8 115.23	3 001.77	6 534.47	7 000.22	7 517.73	7 530.76
辽　宁	17 239.76	16 493.07	30 582.16	33 537.25	34 617.98	32 656.77
吉　林	8 024.97	6 320.06	12 149.83	12 470.57	12 479.93	13 704.85
黑龙江	17 477.39	14 087.99	29 990.95	46 844.53	80 990.10	56 252.37
上　海	14 278.55	10 108.30	14 235.14	13 982.21	13 955.80	13 074.05
江　苏	20 132.49	14 263.54	24 468.58	24 188.71	25 595.18	28 698.94
浙　江	27 263.15	17 581.90	31 694.09	31 470.96	31 984.99	32 233.84
安　徽	8 023.78	6 805.94	17 614.18	21 484.87	19 941.25	18 495.92
福　建	19 614.34	12 476.85	21 225.85	19 132.87	19 122.85	19 668.36
江　西	6 409.58	4 973.07	17 093.09	12 952.57	12 696.70	13 975.53
山　东	32 972.10	22 088.57	58 772.05	61 661.16	60 134.05	65 399.09
河　南	17 694.87	14 006.33	31 820.24	30 806.49	28 154.24	28 183.36
湖　北	27 163.62	19 899.78	38 474.69	41 028.52	45 784.83	49 949.05
湖　南	12 141.67	7 490.72	16 247.85	17 119.48	17 227.09	19 226.02
广　东	44 095.54	28 777.28	41 774.45	44 459.78	45 382.15	44 987.52
广　西	11 488.71	8 421.80	13 462.31	13 051.57	13 184.24	12 143.39
海　南	1 597.15	1 079.34	1 636.55	1 508.15	1 628.18	1 517.71
重　庆	6 281.85	4 503.16	7 886.62	7 224.85	7 311.96	7 384.40
四　川	11 099.79	8 034.36	12 797.86	12 822.47	14 413.25	16 666.83
贵　州	3 344.27	2 239.44	3 634.92	3 703.42	4 085.36	4 067.53
云　南	10 592.63	7 284.70	11 869.83	12 563.10	13 496.56	14 648.67
西　藏	372.94	199.74	386.69	399.10	445.63	450.24
陕　西	6 248.08	4 094.81	7 440.33	9 233.04	11 380.88	14 992.92
甘　肃	3 527.02	2 204.72	4 837.31	5 292.71	5 868.52	5 802.66
青　海	1 133.22	767.18	1 659.86	1 871.48	1 838.19	2 188.63
宁　夏	1 752.70	1 153.14	2 125.95	2 350.41	2 809.21	2 923.96
新　疆	11 108.81	8 781.00	14 788.71	15 590.96	15 324.95	15 074.86
总　计 Total	406 140.68	289 225.18	552 877.08	577 644.45	616 203.78	607 433.95

彩票销售情况表（分地区按月统计）

Regions of China in 2005

单位：万元

Unit: Ten Thousand Yuan

7月 Jul	8月 Aug	9月 Sep	10月 Oct	11月 Nov	12月 Dec	合计
22 589.18	26 271.34	25 181.15	26 271.88	28 031.99	31 881.52	296 639.31
9 659.58	9 081.37	8 518.57	9 315.71	9 825.01	12 617.40	119 600.62
30 681.04	33 646.37	22 804.79	22 795.88	25 169.24	30 108.83	316 761.76
10 701.70	15 445.90	13 996.99	13 204.74	14 997.16	18 078.87	122 840.62
9 603.70	11 395.16	8 941.43	8 134.52	8 694.52	6 969.41	93 438.86
37 014.11	40 991.75	32 706.51	34 547.07	37 220.32	53 151.31	400 758.06
16 651.02	18 098.88	14 344.29	15 024.31	16 923.62	21 986.28	168 178.60
77 587.92	85 084.41	32 597.71	30 621.32	34 012.15	39 010.93	544 557.78
13 896.21	15 052.12	14 488.97	15 656.56	16 974.52	21 573.71	177 276.14
29 013.94	32 336.43	29 063.24	31 067.78	33 588.84	39 670.75	332 088.42
33 444.96	37 212.44	34 133.58	35 611.93	38 954.73	45 324.20	396 910.77
24 435.85	23 980.33	13 069.12	13 569.17	13 399.68	15 751.28	196 571.39
20 427.04	21 434.18	19 391.93	20 010.25	23 859.35	27 728.01	244 091.53
13 729.98	16 840.50	7 524.48	8 172.24	9 316.52	10 020.74	133 705.01
91 268.38	115 958.40	62 015.04	54 169.01	54 685.84	58 987.69	738 111.38
32 684.33	36 717.65	26 000.67	25 529.83	27 289.07	30 740.43	329 627.50
73 824.32	77 608.13	33 199.05	32 731.62	35 164.20	42 489.61	517 317.41
28 975.94	34 419.89	15 162.55	15 507.92	17 036.37	22 333.19	222 888.69
58 661.33	66 274.68	51 461.39	53 034.04	57 033.90	65 614.57	601 556.63
13 353.52	16 126.53	13 096.07	11 956.34	12 430.58	16 978.43	155 693.50
1 561.89	1 688.23	1 416.91	1 495.56	1 451.59	1 838.96	18 420.22
8 276.53	8 690.33	6 536.54	6 793.73	7 029.84	7 706.39	85 626.17
19 368.06	19 877.67	17 573.66	19 534.55	22 553.43	28 102.10	202 844.03
4 738.47	5 495.59	5 016.60	5 337.20	5 587.87	8 070.25	55 320.95
17 925.85	18 931.83	18 258.77	17 966.30	19 109.73	22 083.73	184 731.70
647.37	532.27	507.49	525.17	593.93	632.88	5 693.45
23 618.93	27 069.76	14 856.45	15 280.69	16 783.64	18 249.58	169 249.10
6 959.32	7 335.52	6 058.97	6 024.38	6 734.90	8 340.62	68 986.63
2 538.50	3 181.38	2 274.16	2 144.65	2 317.17	3 503.71	25 418.13
3 799.20	4 133.16	2 480.58	2 558.89	2 787.46	2 964.55	31 839.21
18 392.81	19 198.81	14 746.47	14 402.04	15 384.30	19 098.27	181 892.02
756 030.99	850 111.01	567 424.09	568 995.30	614 941.44	731 607.7	7 138 635.60

2005 年全国各地区彩票销售额比重图

Diagram of Lottery Sales Proportion in Different Regions of China in 2005

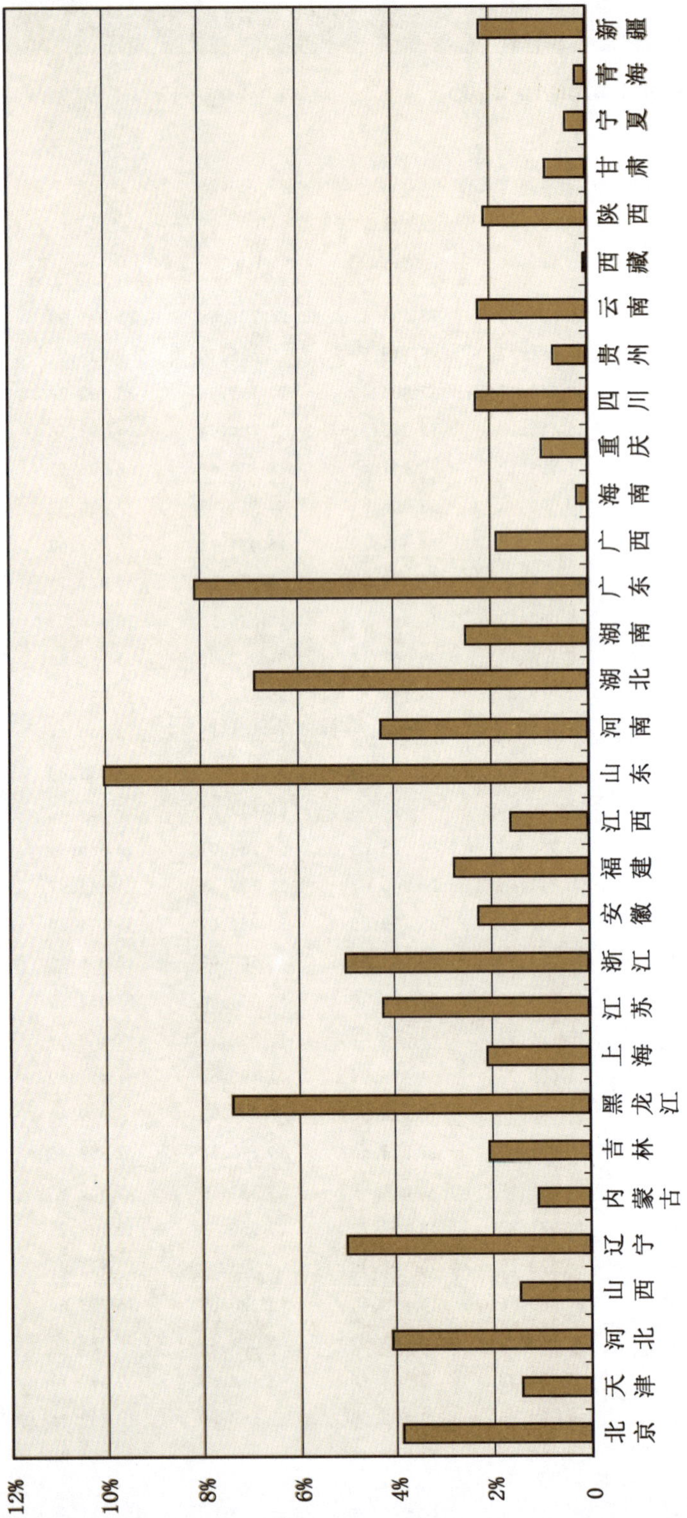

2005年全国彩票分类型销售情况图

Diagram of Lottery Sales in Different Lottery Games in China in 2005

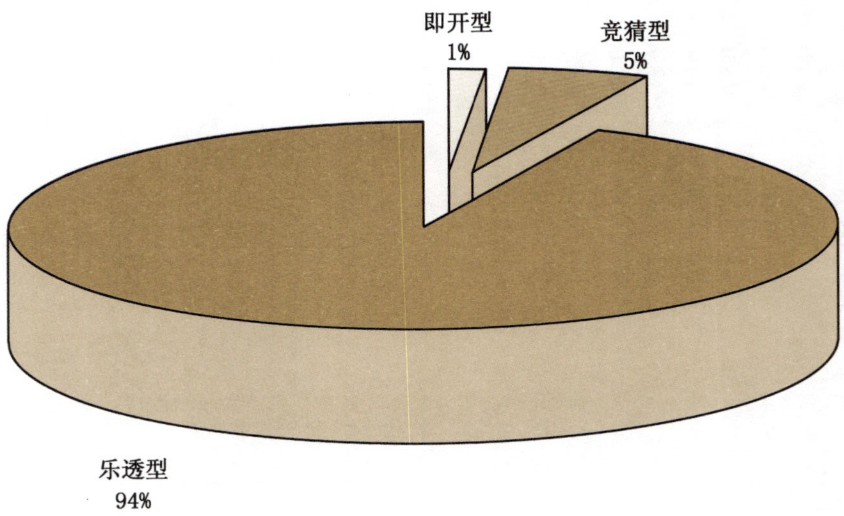

2005 年全国彩票

Statistical Table of Lottery Sales

序号	地区 Region	福利彩票 Welfare Lottery 即开型 Instant Games	乐透型 Lotou	小计 Subtotal	体育 Sport 即开型 Instant Games	竞猜型 Sports Betting
1	北京	2.31	207 185.25	207 187.56	0.00	35 716.21
2	天津	23.94	40 151.03	40 174.97	0.00	9 796.55
3	河北	13 456.20	163 094.96	176 551.16	123.16	6 674.81
4	山西	6 952.12	76 986.66	83 938.78	24.64	4 940.70
5	内蒙古	199.47	54 936.49	55 135.96	0.00	3 063.95
6	辽宁	7 127.00	259 257.46	266 384.46	0.00	26 571.15
7	吉林	683.83	95 391.50	96 075.33	20.09	7 308.64
8	黑龙江	51.56	302 898.61	302 950.17	0.00	7 027.82
9	上海	3 158.16	120 370.49	123 528.65	449.99	23 385.44
10	江苏	4 751.25	131 640.70	136 391.95	410.69	16 128.21
11	浙江	503.45	159 933.31	160 436.76	173.15	20 640.66
12	安徽	835.84	99 253.19	100 089.03	55.11	4 179.03
13	福建	15 544.17	29 617.90	45 162.07	1 357.49	10 107.81
14	江西	723.52	50 914.26	51 637.78	0.00	9 115.34
15	山东	7 671.75	531 374.92	539 046.67	251.92	14 625.59
16	河南	8 384.54	149 274.76	157 659.30	0.00	7 307.70
17	湖北	5 638.86	272 480.93	278 119.79	7.62	17 662.92
18	湖南	4 124.01	114 220.01	118 344.02	0.51	11 639.70
19	广东	2 166.74	389 007.19	391 173.93	512.72	91 987.68
20	广西	2 039.22	134 352.73	136 391.95	0.00	8 401.91
21	海南	198.90	13 658.47	13 857.37	0.00	1 982.12
22	重庆	337.90	62 328.58	62 666.48	0.00	7 404.72
23	四川	595.32	106 118.54	106 713.86	271.48	16 073.05
24	贵州	1 531.14	38 099.04	39 630.18	0.00	5 084.38
25	云南	760.78	104 714.64	105 475.42	0.00	7 603.80
26	西藏	0.00	4 334.58	4 334.58	0.00	319.87
27	陕西	818.97	105 985.74	106 804.71	7.41	5 919.37
28	甘肃	1 547.12	41 826.06	43 373.18	99.22	2 699.65
29	青海	11.65	16 043.16	16 054.81	0.00	636.12
30	宁夏	118.25	18 570.20	18 688.45	26.54	1 307.18
31	新疆	155.60	127 942.75	128 098.35	88.24	6 585.75
合计		90 113.57	4 021 964.09	4 112 077.66	3 880.01	391 897.83

销售情况表

in China in 2005

单位：万元

Unit: Ten Thousand Yuan

彩票 Lottery		销售合计 Total			
乐透型 Lotou	小计 Subtotal	即开型 Instant Games	竞猜型 Sports Betting	乐透型 Lotou	小计 Subtotal
53 735.54	89 451.75	2.31	35 716.21	260 920.79	296 639.31
69 629.10	79 425.65	23.94	9 796.55	109 780.13	119 600.62
133 412.63	140 210.60	13 579.36	6 674.81	296 507.59	316 761.76
33 936.50	38 901.84	6 976.76	4 940.70	110 923.16	122 840.62
35 238.96	38 302.91	199.47	3 063.95	90 175.45	93 438.87
107 802.45	134 373.60	7 127.00	26 571.15	367 059.91	400 758.06
64 774.54	72 103.27	703.92	7 308.64	160 166.04	168 178.60
234 579.79	241 607.61	51.56	7 027.82	537 478.40	544 557.78
29 912.05	53 747.48	3 608.15	23 385.44	150 282.54	177 276.14
179 157.58	195 696.48	5 161.94	16 128.21	310 798.28	332 088.42
215 660.20	236 474.01	676.60	20 640.66	375 593.51	396 910.77
92 248.23	96 482.37	890.95	4 179.03	191 501.42	196 571.39
187 464.16	198 929.46	16 901.66	10 107.81	217 082.06	244 091.53
72 951.89	82 067.23	723.52	9 115.34	123 866.15	133 705.01
184 187.20	199 064.71	7 923.67	14 625.59	715 562.12	738 111.38
164 660.50	171 968.20	8 384.54	7 307.70	313 935.26	329 627.50
221 527.08	239 197.62	5 646.48	17 662.92	494 008.01	517 317.41
92 904.47	104 544.68	4 124.52	11 639.70	207 124.48	222 888.69
117 882.30	210 382.70	2 679.46	91 987.68	506 889.49	601 556.63
10 899.64	19 301.55	2 039.22	8 401.91	145 252.37	155 693.50
2 580.73	4 562.85	198.90	1 982.12	16 239.20	18 420.22
15 554.97	22 959.69	337.90	7 404.72	77 883.55	85 626.17
79 785.65	96 130.18	866.80	16 073.05	185 904.19	202 844.03
10 606.39	15 690.77	1 531.14	5 084.38	48 705.43	55 320.95
71 652.48	79 256.28	760.78	7 603.80	176 367.12	184 731.70
1 039.00	1 358.87	0.00	319.87	5 373.58	5 693.45
56 517.61	62 444.39	826.38	5 919.37	162 503.35	169 249.10
22 814.58	25 613.45	1 646.34	2 699.65	64 640.64	68 986.63
6 093.56	6 729.68	11.65	636.12	22 136.72	22 784.49
14 450.68	15 784.40	144.79	1 307.18	33 020.88	34 472.85
47 119.68	53 793.67	243.84	6 585.75	175 062.43	181 892.02
2 630 780.10	3 026 557.94	93 993.55	391 897.83	6 652 744.25	7 138 635.60

2005 年全国彩票公益金

Statistical Table of the Public Welfare Fund Raised from

地区 Region	福利彩票 Welfare Lottery			
	彩票公益金小计 Total	中央集中 Central Gov	地方留成 Local Gov	彩票公益金小计 Total
北 京	72 516	36 258	36 258	29 155
天 津	14 061	7 031	7 031	27 226
河 北	61 790	30 895	30 895	48 712
山 西	29 379	14 689	14 689	13 361
内蒙古	19 298	9 649	9 649	13 233
辽 宁	92 614	46 307	46 307	45 499
吉 林	33 626	16 813	16 813	24 824
黑龙江	106 033	53 016	53 016	84 169
上 海	43 145	21 572	21 572	17 457
江 苏	47 406	23 703	23 703	67 510
浙 江	56 153	28 076	28 076	81 553
安 徽	34 971	17 486	17 486	33 530
福 建	15 807	7 903	7 903	69 037
江 西	18 073	9 037	9 037	28 094
山 东	188 666	94 333	94 333	68 758
河 南	55 181	27 590	27 590	59 760
湖 北	96 781	48 390	48 390	82 695
湖 南	41 048	20 524	20 524	35 864
广 东	136 852	68 426	68 426	68 230
广 西	47 582	23 791	23 791	6 243
海 南	4 820	2 410	2 410	1 493
重 庆	21 933	10 967	10 967	7 591
四 川	37 350	18 675	18 675	32 725
贵 州	13 729	6 865	6 865	5 183
云 南	36 916	18 458	18 458	27 267
西 藏	1 517	759	759	455
陕 西	37 382	18 691	18 691	21 491
甘 肃	15 181	7 590	7 590	8 802
宁 夏	6 541	3 270	3 270	5 445
青 海	5 619	2 810	2 810	2 319
新 疆	44 834	22 417	22 417	18 486
总 计 Total	1 436 804	718 402	718 402	1 036 167

筹集统计表

Lottery Sales in China in 2005

单位：万元

Unit: Ten Thousand Yuan

体育彩票 Sports Lottery		两种彩票汇总 Total		
中央集中 Central Gov	地方留成 Local Gov	彩票公益金总计 Total	中央集中 Central Gov	地方留成 Local Gov
14 577	14 577	101 670	50 835	50 835
13 613	13 613	41 287	20 644	20 644
24 356	24 356	110 502	55 251	55 251
6 681	6 681	42 740	21 370	21 370
6 617	6 617	32 531	16 265	16 265
22 750	22 750	138 113	69 057	69 057
12 412	12 412	58 450	29 225	29 225
42 085	42 085	190 202	95 101	95 101
8 728	8 728	60 602	30 301	30 301
33 755	33 755	114 916	57 458	57 458
40 777	40 777	137 706	68 853	68 853
16 765	16 765	68 501	34 251	34 251
34 519	34 519	84 844	42 422	42 422
14 047	14 047	46 168	23 084	23 084
34 379	34 379	257 424	128 712	128 712
29 880	29 880	114 941	57 470	57 470
41 347	41 347	179 475	89 738	89 738
17 932	17 932	76 912	38 456	38 456
34 115	34 115	205 082	102 541	102 541
3 121	3 121	53 825	26 912	26 912
747	747	6 314	3 157	3 157
3 796	3 796	29 525	14 762	14 762
16 363	16 363	70 075	35 037	35 037
2 592	2 592	18 913	9 456	9 456
13 634	13 634	64 184	32 092	32 092
227	227	1 972	986	986
10 745	10 745	58 872	29 436	29 436
4 401	4 401	23 982	11 991	11 991
2 723	2 723	11 986	5 993	5 993
1 160	1 160	7 938	3 969	3 969
9 243	9 243	63 320	31 660	31 660
518 084	518 084	2 472 971	1 236 486	1 236 486

（三）福利彩票统计资料

2005 年全国福利彩票销售情况图

Diagram of Welfare Lottery Sales in China in 2005

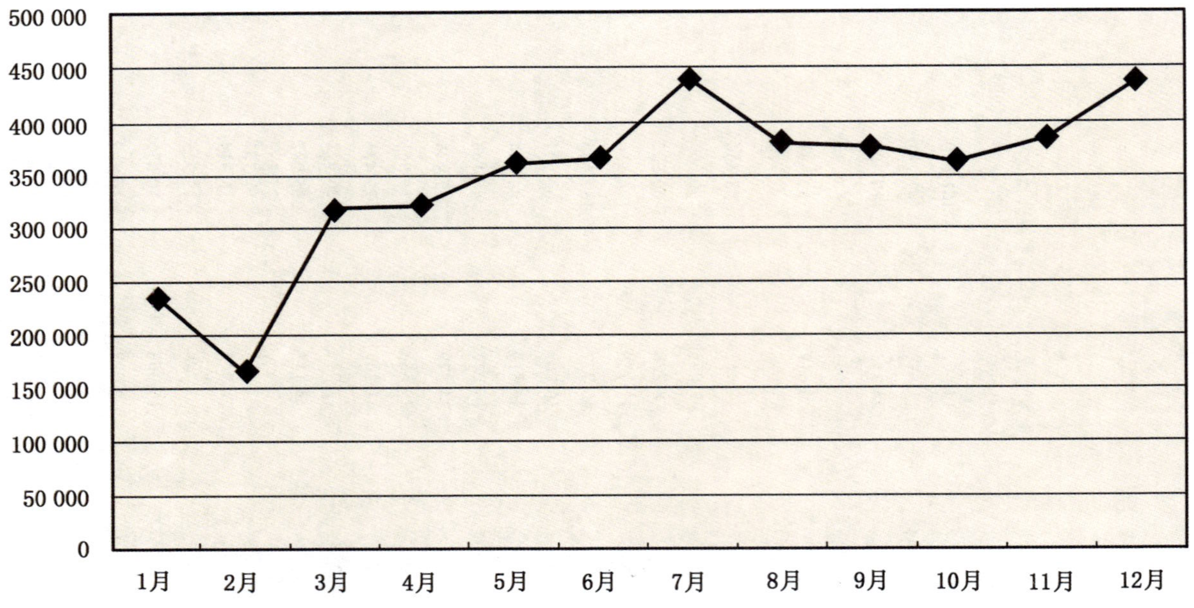

（中国福利彩票发行管理中心供稿）

2005年全国福利彩票各地区销售量排名表

Ranking of Welfare Lottery Sales in Different Regions of China in 2005

名次 Ranking	地区 Region	销售量（万元） Sales Amounts
1	山东	539 046.67
2	广东	391 173.93
3	黑龙江	302 950.17
4	湖北	278 119.79
5	辽宁	266 384.46
6	北京	207 187.56
7	河北	176 551.16
8	浙江	160 436.76
9	河南	157 659.30
10	江苏	136 391.95
11	广西	136 391.95
12	新疆	128 098.35
13	上海	123 528.65
14	湖南	118 344.02
15	陕西	106 804.71
16	四川	106 713.86
17	云南	105 475.42
18	安徽	100 089.03
19	吉林	96 075.33
20	山西	83 938.78
21	重庆	62 666.48
22	内蒙古	55 135.96
23	江西	51 637.78
24	福建	45 162.07
25	甘肃	43 373.18
26	天津	40 174.97
27	贵州	39 630.18
28	宁夏	18 688.45
29	青海	16 054.81
30	海南	13 857.37
31	西藏	4 334.58
合计		4 112 077.66

（中国福利彩票发行管理中心供稿）

2005年全国福利彩票各地区销售额比重图

Diagram of Welfare Lottery Sales Proportion in Different Regions of China in 2005

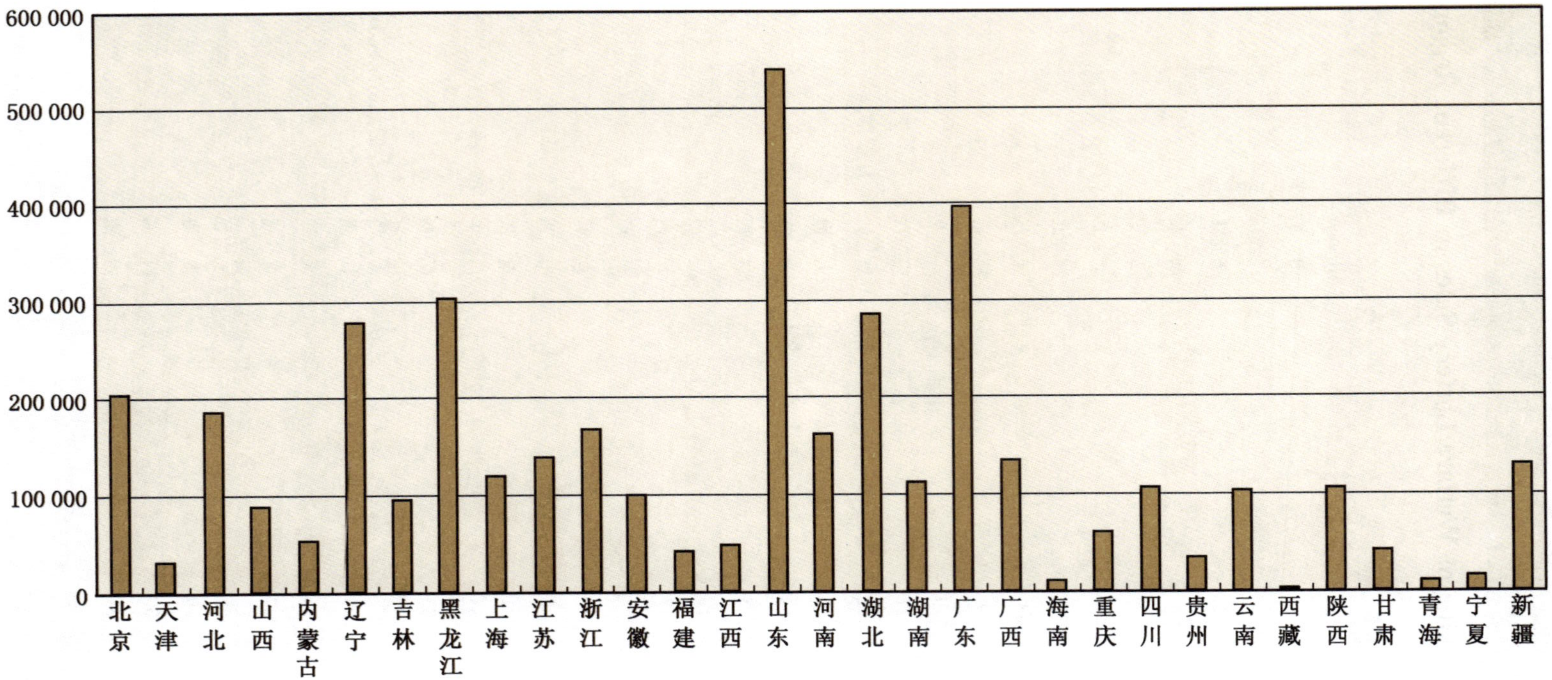

（中国福利彩票发行管理中心供稿）

2005 年全国福利彩票分类型销售情况图

Diagram of Welfare Lottery Sales in Different Lottery Games in China in 2005

（中国福利彩票发行管理中心供稿）

2005 年全国福利彩票（分

Statistical Table of Welfare Lottery Sales in Different Regions and Different

地区 Region	1月 Jan 乐透型 Lotou Lottery	1月 Jan 即开型 Spot lottery	2月 Feb 乐透型 Lotou Lottery	2月 Feb 即开型 Spot lottery	3月 Mar 乐透型 Lotou Lottery	3月 Mar 即开型 Spot lottery	4月 Apr 乐透型 Lotou Lottery	4月 Apr 即开型 Spot lottery
北 京	16 718.97	—	11 152.36	—	17 664.50	—	16 684.28	—
天 津	2 189.95	0.41	1 620.67	—	3 388.17	—	3 538.83	—
河 北	9 866.88	—	6 603.79	—	16 603.40	—	15 906.77	—
山 西	3 380.81	—	2 168.70	—	4 384.72	—	4 639.30	—
内蒙古	2 633.55	—	1 900.66	0.33	3 875.12	—	3 999.08	—
辽 宁	15 767.74	—	11 221.97	—	19 198.26	—	20 511.91	—
吉 林	4 707.92	—	3 489.02	—	6 889.97	—	6 704.47	—
黑龙江	11 088.51	—	8 431.21	—	16 797.91	—	21 128.01	—
上 海	9 664.99	33.27	6 584.51	15.17	10 395.81	60.13	9 727.62	12.78
江 苏	7 999.31	—	5 489.46	—	10 431.48	—	10 046.79	—
浙 江	10 533.30	—	6 949.56	—	12 806.46	—	11 654.12	—
安 徽	4 678.33	—	3 526.14	—	8 557.53	—	10 136.60	—
福 建	1 999.67	—	1 454.29	—	2 463.44	—	2 394.76	—
江 西	3 718.75	—	2 004.77	—	4 116.39	—	4 196.98	—
山 东	22 848.90	—	17 075.51	—	46 624.02	—	47 829.25	—
河 南	9 176.24	—	6 109.20	—	11 931.74	—	12 713.10	—
湖 北	16 186.61	—	11 949.68	—	21 503.71	—	21 774.97	—
湖 南	5 904.39	0.05	4 413.82	0.05	9 666.81	0.10	10 097.24	0.09
广 东	26 796.17	65.50	16 529.62	63.21	28 086.35	60.13	28 510.34	89.83
广 西	10 328.15	—	7 511.49	—	12 242.27	—	11 162.41	100.10
海 南	1169.01	—	769.08	—	1 297.26	—	1 114.76	—
重 庆	4 721.28	—	3 344.16	—	6 159.21	—	5 346.97	—
四 川	5 117.16	—	3 649.01	—	6 752.64	—	6 303.12	—
贵 州	2 313.15	—	1 527.30	—	2 697.32	—	2 507.35	—
云 南	5 773.19	—	4 136.37	—	6 860.47	—	7 069.55	—
西 藏	284.8	—	152.59	—	286.93	—	301.46	—
陕 西	3 657.16	—	2 545.73	—	4 983.72	—	6 080.01	—
甘 肃	2 207.06	—	1 360.01	—	3 205.43	—	3 158.42	—
青 海	955.93	—	652.66	—	1 216.05	—	1 157.55	—
宁 夏	839.42	—	548.82	—	1 257.91	—	1 417.08	—
新 疆	8 657.95	—	6 731.34	—	10 973.19	—	11 054.10	—

地区分类型）销售情况表

Lottery Games in China in 2005

单位：万元

Unit: Ten Thousand Yuan

5月 May		6月 Jun		7月 Jul	
乐透型 Lotou Lottery	即开型 Spot Lottery	乐透型 Lotou Lottery	即开型 Spot Lottery	乐透型 Lotou Lottery	即开型 Spot Lottery
17 630.65	—	16 649.88	—	17 073.83	—
3 415.94	—	3 279.30	—	4 070.98	—
14 244.20	1 827.90	13 937.72	850.23	16 230.57	1 577.21
4 578.59	14.57	5 313.10	165.97	7 269.16	478.21
4 546.87	—	4 584.91	—	5 485.99	—
23 204.10	165.28	22 345.99	172.81	25 135.77	229.72
7 091.16	—	7 260.50	—	10 322.36	—
42 228.61	—	38 176.81	—	38 413.17	—
10 301.71	1.58	9 660.37	27.13	9 859.05	17.33
11 258.61	191.56	11 760.08	206.17	12 558.37	278.83
13 198.06	1.86	13 216.09	41.63	13 808.00	25.38
9 701.38	32.25	9 200.97	41.92	10 036.88	45.01
2 637.80	220.98	2 436.46	522.19	2 808.02	1 082.65
4 924.26	0.67	5 684.65	25.20	5 414.14	52.67
45 567.62	13.02	47 766.85	10.58	67 584.20	345.14
11 918.78	503.54	12 960.06	415.21	16 010.45	704.83
25 254.33	14.60	28 310.34	178.80	38 932.31	175.55
9 454.00	—	10 046.59	3.91	13 010.38	18.42
31 381.56	269.46	32 531.31	47.40	41 002.60	76.04
11 654.06	18.87	10 722.85	70.41	11 802.37	92.55
1 260.02	—	1 232.69	—	1 185.81	—
5 537.24	—	5 710.99	15.60	6 392.50	14.64
7 071.55	94.81	7 756.26	94.31	9 896.69	81.50
3 015.05	38.46	3 070.69	41.58	3 575.48	32.14
8 003.34	—	8 312.16	10.95	10 213.03	116.07
357.8798	—	358.988	—	370.2376	—
8 071.69	—	9 843.39	—	14 288.06	51.54
3 349.19	0.35	3 512.22	91.33	4 142.70	198.06
1 352.44	—	1 564.12	—	1 757.67	—
1 432.10	—	1 644.09	—	2 193.43	—
10 260.23	—	10 656.52	—	12 024.19	—

续表

地区 Region	8月 Aug		9月 Sep		10月 Oct	
	乐透型 Lotou Lottery	即开型 Spot Lottery	乐透型 Lotou Lottery	即开型 Spot Lottery	乐透型 Lotou Lottery	即开型 Spot Lottery
北　京	17 559.69	—	18 403.18	—	18 381.93	—
天　津	3 825.60	—	3 426.57	—	3 465.71	—
河　北	12 934.80	2 427.75	12 983.64	1 810.65	13 194.34	1 399.54
山　西	7 674.38	719.92	9 779.75	714.65	8 481.59	931.36
内蒙古	5 286.23	—	6 300.75	—	5 201.66	—
辽　宁	22 747.84	267.63	23 366.90	308.66	23 944.55	355.27
吉　林	9 377.80	—	9 320.06	—	9 122.64	—
黑龙江	24 686.70	—	23 990.77	—	22 767.46	—
上　海	10 123.04	27.20	10 219.71	15.61	10 618.24	15.04
江　苏	12 119.17	288.75	12 335.73	309.91	12 144.43	326.20
浙　江	13 867.30	48.70	14 024.34	34.19	15 090.12	36.58
安　徽	8 348.35	39.05	8 652.71	45.12	8 709.73	52.93
福　建	2 715.77	1 651.77	2 767.96	1 874.92	2 614.22	2 324.42
江　西	4 545.75	73.22	4 181.51	54.35	4 239.85	48.91
山　东	58 731.40	828.21	51 219.58	909.75	43 259.65	932.22
河　南	13 620.44	1 098.66	14 251.57	1 240.70	13 628.21	1 112.13
湖　北	22 740.02	198.00	21 439.97	185.81	20 476.64	179.82
湖　南	9 817.42	11.63	10 086.58	170.42	9 840.26	356.92
广　东	36 700.41	69.45	36 010.29	52.76	34 678.74	83.41
广　西	12 830.24	93.19	11 828.60	107.63	10 364.07	94.81
海　南	1 110.01	—	1 103.95	—	1 133.22	—
重　庆	5 224.18	53.60	5 049.67	39.86	4 924.93	47.84
四　川	9 212.49	75.20	10 123.56	74.81	11 338.33	63.79
贵　州	3 623.43	19.93	3 828.40	22.26	3 866.26	21.65
云　南	10 462.02	79.41	11 022.26	160.88	10 810.70	122.18
西　藏	391.261	—	419.508	—	420.43	—
陕　西	10 935.76	89.07	11 151.69	91.51	10 876.95	157.68
甘　肃	3 902.48	237.32	4 039.89	297.99	3 946.10	229.81
青　海	1 469.02	—	1 427.82	—	1 432.51	—
宁　夏	2 033.71	—	1 813.20	—	1 646.81	—
新　疆	11 480.80	—	11 132.40	—	10 597.90	—

11月 Nov		12月 Dec		合计 Total	
乐透型 Lotou Lottery	即开型 Spot Lottery	乐透型 Lotou Lottery	即开型 Spot Lottery	乐透型 Lotou Lottery	即开型 Spot Lottery
19 304.76	—	19 781.21	2.31	207 185.25	2.31
3 817.15	—	4 112.59	23.53	40 151.03	23.94
14 173.49	1 642.08	16 415.35	1 913.48	163 094.96	13 448.84
8 941.41	1 812.03	10 375.16	2 115.41	76 986.66	6 952.12
5 216.85	41.82	5 904.82	157.32	54 936.49	199.47
24 411.54	423.86	27 400.89	5 203.77	259 257.46	7 127.00
9 777.81	—	11 327.81	683.83	95 391.50	683.83
25 994.06	—	29 195.37	51.56	302 898.61	51.56
11 660.94	15.82	11 554.50	2 917.10	120 370.49	3 158.16
11 997.86	406.42	13 499.39	2 743.41	131 640.70	4 751.25
16 812.94	129.80	17 973.02	185.31	159 933.31	503.45
8 287.07	78.99	9 417.49	500.57	99 253.19	835.84
2 713.29	3 839.48	2 858.64	4 027.76	29 617.90	15 544.17
4 198.97	119.20	3 688.21	349.30	50 914.26	723.52
41 382.12	1 580.60	41 485.83	3 052.23	531 374.92	7 671.75
12 747.03	1 544.19	14 207.94	1 765.28	149 274.76	8 384.54
21 468.12	255.22	22 444.22	4 451.06	272 480.93	5 638.86
10 473.98	538.78	11 413.27	3 023.64	114 220.01	4 124.01
37 878.85	95.83	38 999.35	1 193.73	389 007.19	2 166.74
10 624.87	148.08	13 281.34	1 313.67	134 352.73	2 039.22
1 090.13	—	1 192.53	198.90	13 658.47	198.90
4 937.95	81.40	4 979.51	84.96	62 328.58	337.90
13 107.71	48.21	15 812.98	62.69	106 118.54	595.32
3 953.36	19.74	4 121.25	1 335.38	38 099.04	1 531.14
10 786.00	127.03	11 265.54	144.26	104 714.64	760.78
485.15	—	532.22	—	4 334.58	—
11 572.24	213.49	11 979.35	215.68	105 985.74	818.97
4 209.65	249.23	4 792.90	243.03	41 826.06	1 547.12
1 454.33	—	1 522.04	11.65	16 043.16	11.65
1 743.55	34.31	2 081.10	83.94	18 570.20	118.25
11 087.31	—	13 286.81	155.60	127 942.75	155.60

（中国福利彩票发行管理中心供稿）

（四）体育彩票统计资料

2005 年全国体育彩票销售情况图

Statistical Table of Sports Lottery Sales in China in 2005

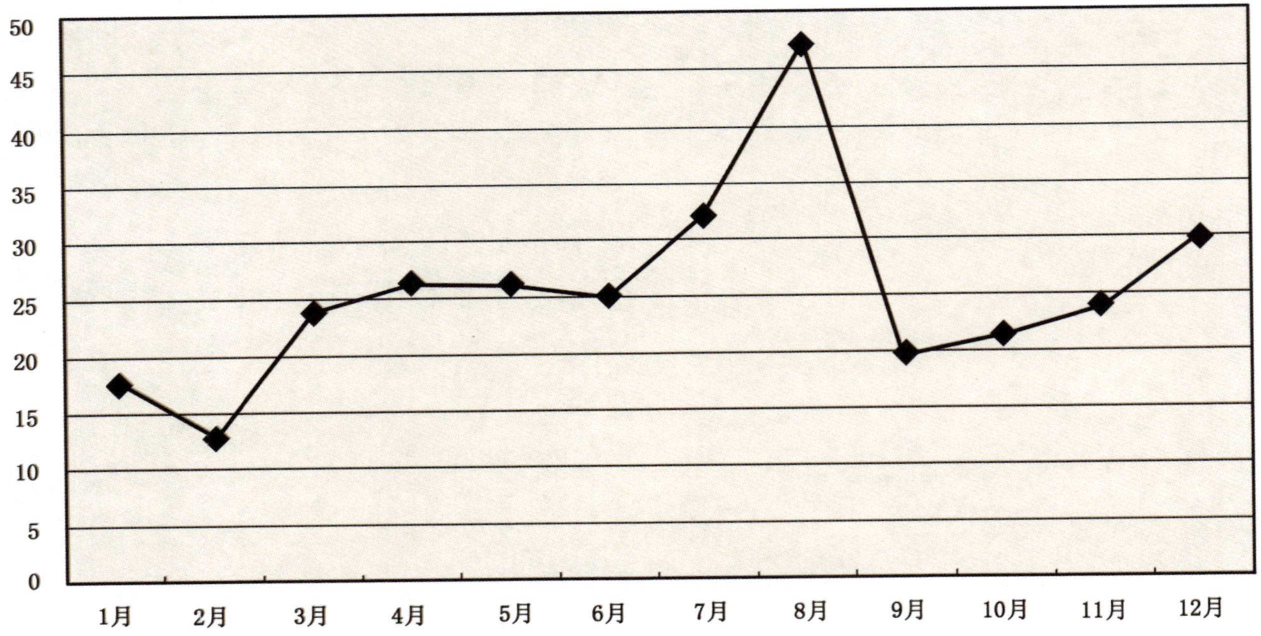

（国家体育总局体育彩票管理中心供稿）

2005年全国体育彩票各地区销售量排名表

Ranking of Sports Lottery Sales in Regions in China in 2005

名　次 Ranking	地　区 Region	销售量（万元） Sales Amounts
1	黑龙江	241 607.61
2	湖　北	239 197.62
3	浙　江	236 474.01
4	广　东	210 382.70
5	山　东	199 064.71
6	福　建	198 929.46
7	江　苏	195 696.48
8	河　南	171 968.20
9	河　北	140 210.60
10	辽　宁	134 373.60
11	湖　南	104 544.68
12	安　徽	96 482.37
13	四　川	96 130.18
14	北　京	89 451.75
15	江　西	82 067.23
16	天　津	79 425.65
17	云　南	79 256.28
18	吉　林	72 103.27
19	陕　西	62 444.39
20	新　疆	53 793.67
21	上　海	53 747.48
22	山　西	38 901.84
23	内蒙古	38 302.91
24	甘　肃	25 613.45
25	重　庆	22 959.69
26	广　西	19 301.55
27	宁　夏	15 784.40
28	贵　州	15 690.77
29	青　海	6 729.68
30	海　南	4 562.85
31	西　藏	1 358.87
合　计		3 026 557.94

（国家体育总局体育彩票管理中心供稿）

2005 年全国体育彩票各地区销售额比重图

Diagram of Sports Lottery Sales Proportion in Different Regions of China in 2005

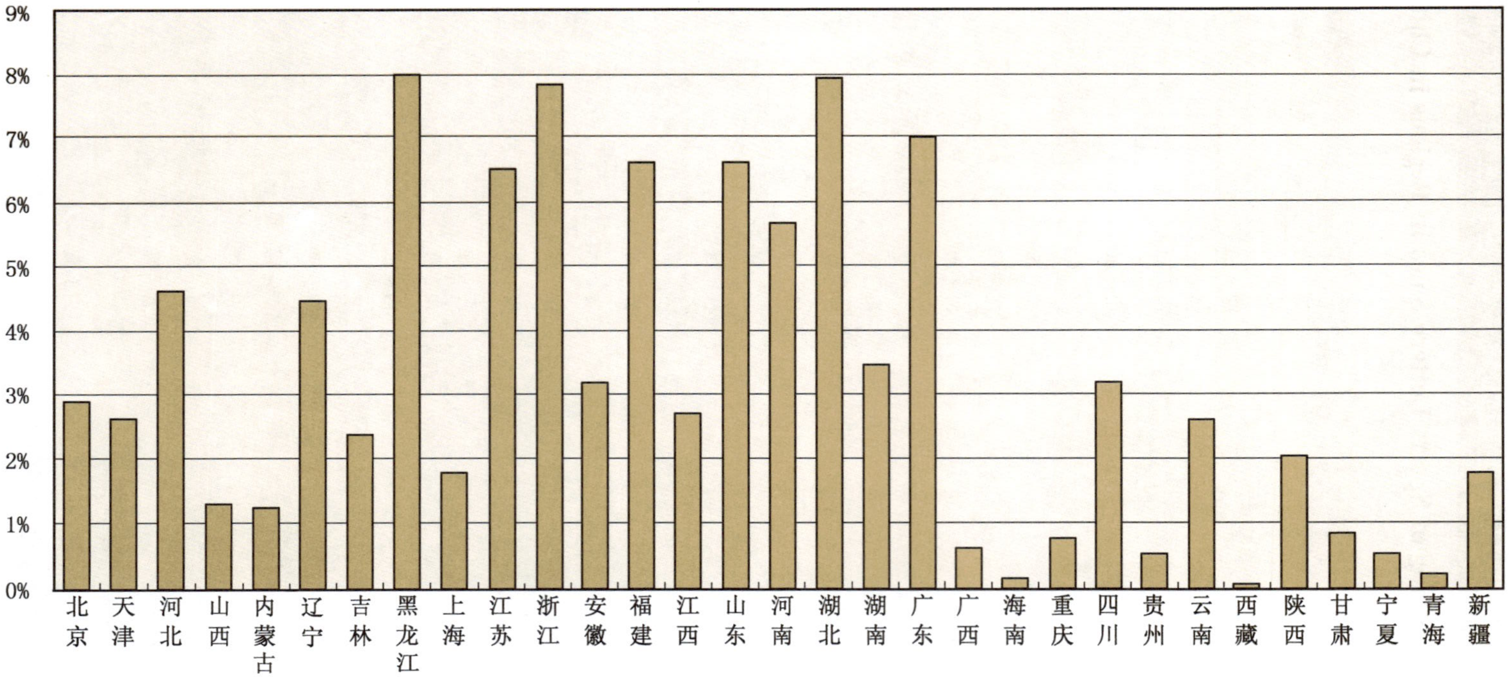

（国家体育总局体育彩票管理中心供稿）

2005 年全国体育彩票分类型销售情况图

Diagram of Sports Lottery Sales in Different Lottery Games in China in 2005

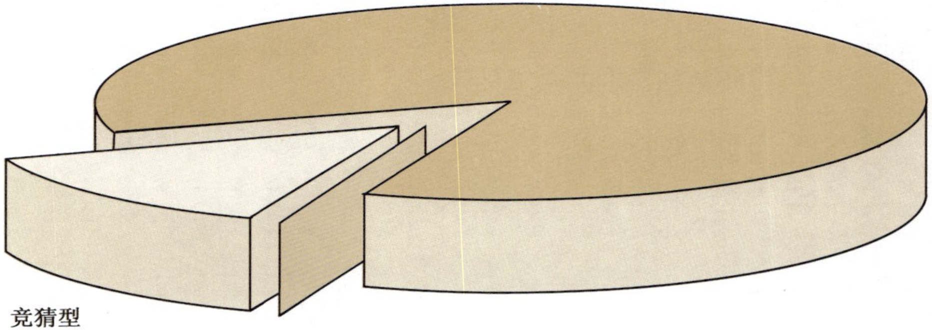

（国家体育总局体育彩票管理中心供稿）

2005 年全国体育彩票（分

Statistical Table of Lottery Sales in Different Regions and Different

地区 Region	1月 Jan			2月 Feb			3月 Mar			4月 Apr		
	乐透型 Lotou	竞猜型 Instant Game	即开型 Spot Betting	乐透型 Lotou	竞猜型 Instant Game	即开型 Spot Betting	乐透型 Lotou	竞猜型 Instant Game	即开型 Spot Betting	乐透型 Lotou	竞猜型 Instant Game	即开型 Spot Betting
北 京	3 240.53	4 351.36	0.00	2 305.69	3 254.83	0.00	3 946.53	2 905.78	0.00	4 081.96	3 679.72	0.00
天 津	4 748.24	1 292.24	0.00	4 795.35	981.89	0.00	7 957.69	817.70	0.00	7 010.68	994.40	0.00
河 北	8 632.95	807.95	0.00	7 528.64	566.02	0.00	17 543.11	530.76	0.00	13 795.23	764.51	0.00
山 西	1 102.51	613.67	0.00	579.62	529.06	0.00	1 435.20	494.73	0.00	2 058.05	559.28	0.00
内蒙古	1 085.05	386.96	0.00	833.73	267.17	0.00	2 395.97	263.60	0.00	2 658.76	342.38	0.00
辽 宁	2 146.69	3 334.99	0.00	2 695.12	2 575.86	0.00	9 144.75	2 239.15	0.00	10 221.25	2 804.09	0.00
吉 林	2 442.26	874.79	0.00	2 165.25	665.79	0.00	4 671.67	588.18	0.00	4 959.21	806.89	0.00
黑龙江	5 528.52	860.36	0.00	4 962.80	693.98	0.00	12 534.68	658.36	0.00	24 927.96	788.56	0.00
上 海	1 532.33	3 047.96	0.00	1 176.54	2 332.07	0.00	1 833.50	1 945.83	0.00	1 836.20	2 405.61	0.00
江 苏	10 170.45	1 962.73	0.00	7 334.28	1 439.80	0.00	12 790.09	1 217.01	0.00	12 556.97	1 584.95	0.00
浙 江	13 934.46	2 795.39	0.00	8 484.62	2 147.72	0.00	17 208.58	1 679.05	0.00	17 761.41	2 055.43	0.00
安 徽	2 830.92	514.53	0.00	2 884.84	394.96	0.00	8 706.70	349.96	0.00	10 859.70	488.58	0.00
福 建	16 344.48	1 270.19	0.00	9 981.23	1 014.33	0.00	17 980.02	782.40	0.00	15 718.60	1 019.51	0.00
江 西	1 758.24	932.59	0.00	2 172.26	796.03	0.00	12 356.85	619.85	0.00	7 933.64	821.95	0.00
山 东	8 485.81	1 637.39	0.00	3 785.33	1 227.73	0.00	11 050.16	1 097.86	0.00	12 331.14	1 500.77	0.00
河 南	7 715.45	803.18	0.00	7 303.30	593.83	0.00	19 340.74	547.75	0.00	17 347.08	746.31	0.00
湖 北	8 802.27	2 174.74	0.00	6 312.26	1 637.84	0.00	15 501.23	1 469.74	0.00	17 321.26	1 932.29	0.00
湖 南	5 093.50	1 143.73	0.00	2 190.12	886.73	0.00	5 698.32	882.51	0.00	5 646.29	1 375.86	0.00
广 东	5 318.67	11 915.20	0.00	3 417.89	8 766.56	0.00	6 065.84	7 622.26	0.00	6 659.04	9 200.57	0.00
广 西	197.41	963.15	0.00	137.18	773.13	0.00	531.73	688.31	0.00	958.99	830.08	0.00
海 南	128.85	299.29	0.00	91.69	218.57	0.00	162.78	176.50	0.00	189.20	204.20	0.00
重 庆	678.06	882.50	0.00	536.32	622.69	0.00	1 150.51	576.90	0.00	1 122.16	755.72	0.00
四 川	3 876.15	2 106.48	0.00	2 814.19	1 571.16	0.00	4 713.01	1 332.21	0.00	4 876.15	1 643.20	0.00
贵 州	461.91	569.21	0.00	280.48	431.66	0.00	522.74	414.85	0.00	660.95	535.12	0.00
云 南	3 956.33	863.11	0.00	2 521.75	626.58	0.00	4 433.09	576.28	0.00	4 718.50	775.05	0.00
西 藏	54.51	33.63	0.00	28.97	18.18	0.00	75.85	23.90	0.00	63.46	34.18	0.00
陕 西	1 930.33	660.59	0.00	1 085.21	463.87	0.00	2 014.52	442.10	0.00	2 522.62	630.41	0.00
甘 肃	972.87	347.09	0.00	611.98	232.73	0.00	1 420.06	211.82	0.00	1 855.95	278.33	0.00
宁 夏	654.11	142.66	0.00	386.02	114.46	0.00	811.00	98.89	0.00	1 027.10	165.75	0.00
青 海	214.78	79.01	0.00	170.12	48.25	0.00	350.50	51.45	0.00	389.92	64.48	0.00
新 疆	1 578.80	872.06	0.00	1 296.63	753.03	0.00	3 243.85	571.67	0.00	3 839.79	697.07	0.00

地区分类型）销售情况表

Lottery Games in China in 2005

单位：万元
Unit：Ten Thousand Yuan

5月 May			6月 Jun			7月 Jul			8月 Aug			9月 Sep		
乐透型 Lotou	竞猜型 Instant Game	即开型 Spot Betting	乐透型 Lotou	竞猜型 Instant Game	即开型 Spot Betting	乐透型 Lotou	竞猜型 Instant Game	即开型 Spot Betting	乐透型 Lotou	竞猜型 Instant Game	即开型 Spot Betting	乐透型 Lotou	竞猜型 Instant Game	即开型 Spot Betting
4 393.01	2 414.26	0.00	4 501.58	656.37	0.00	5 041.49	473.86	0.00	7 597.52	1 114.13	0.00	4 060.06	2 717.92	0.00
6 530.39	632.19	0.00	7 222.73	166.21	0.00	5 467.62	120.98	0.00	4 967.73	288.04	0.00	4 371.77	720.23	0.00
10 248.45	550.53	0.00	10 600.49	146.07	0.00	12 802.43	70.82	0.00	18 098.62	185.20	0.00	7 537.64	472.85	0.00
1 983.41	367.91	0.00	1 958.41	87.66	0.00	2 893.74	60.59	0.00	6 909.89	141.71	0.00	3 175.69	326.90	0.00
2 754.78	216.09	0.00	2 888.33	57.53	0.00	4 077.16	40.55	0.00	6 015.04	93.89	0.00	2 416.46	224.21	0.00
9 394.84	1 853.76	0.00	9 631.84	506.13	0.00	11 307.77	340.85	0.00	17 100.29	875.98	0.00	6 992.29	2 038.65	0.00
4 867.92	520.85	0.00	6 290.77	153.58	0.00	6 222.57	106.09	0.00	8 484.99	236.09	0.00	4 507.21	517.02	0.00
38 282.47	479.01	0.00	17 924.01	151.55	0.00	39 078.99	95.76	0.00	60 214.46	183.25	0.00	8 068.19	538.75	0.00
2 067.55	1 584.97	0.00	2 812.40	574.15	0.00	3 570.46	449.37	0.00	4 070.15	831.73	0.00	2 443.03	1 810.62	0.00
1 3067.19	1 077.83	0.00	16 378.68	354.01	0.00	15 919.43	257.32	0.00	19 397.91	530.59	0.00	15 143.32	1 274.28	0.00
17 461.80	1 323.27	0.00	18 591.29	384.83	0.00	19 300.33	311.24	0.00	22 678.96	617.48	0.00	18 510.27	1 564.79	0.00
9 898.44	309.19	0.00	9 177.68	75.35	0.00	14 305.17	48.79	0.00	15 473.74	119.19	0.00	4 073.15	298.13	0.00
15 561.33	702.74	0.00	16 488.21	221.50	0.00	16 369.82	166.55	0.00	16 746.89	319.75	0.00	14 006.42	742.63	0.00
7 288.12	483.64	0.00	8 129.18	136.50	0.00	8 157.40	105.77	0.00	11 966.36	255.17	0.00	2 697.32	591.30	0.00
13 569.51	983.90	0.00	17 310.90	310.76	0.00	23 123.82	215.22	0.00	55 982.49	416.30	0.00	8 750.57	1 135.14	0.00
15 134.05	597.87	0.00	14 671.75	136.34	0.00	15 872.48	96.58	0.00	21 808.37	190.17	0.00	9 979.81	528.59	0.00
19 305.52	1 210.38	0.00	21 137.87	322.03	0.00	34 511.25	205.21	0.00	54 146.97	523.14	0.00	10 205.18	1 368.09	0.00
6 890.84	882.25	0.00	8 941.25	234.28	0.00	15 796.98	150.16	0.00	24 216.60	374.23	0.00	3 919.05	986.50	0.00
7 735.08	5 996.05	0.00	10 330.14	2 078.67	0.00	16 115.35	1 467.35	0.00	26 135.42	3 369.40	0.00	8 348.66	7 049.68	0.00
969.43	541.88	0.00	1 146.13	204.00	0.00	1 309.20	149.40	0.00	2 914.80	288.30	0.00	495.94	663.90	0.00
245.25	122.91	0.00	233.97	51.06	0.00	341.06	35.02	0.00	509.47	68.74	0.00	165.96	147.00	0.00
1 245.40	529.32	0.00	1 465.25	192.56	0.00	1 733.28	136.11	0.00	3 170.72	241.82	0.00	870.80	576.21	0.00
6 137.40	1 109.49	0.00	8 477.60	338.66	0.00	9 141.46	248.41	0.00	10 084.47	505.52	0.00	6 187.26	1 188.03	0.00
680.15	351.70	0.00	859.78	95.48	0.00	1 065.74	65.11	0.00	1 671.43	180.81	0.00	784.51	381.43	0.00
4 961.71	531.50	0.00	6 160.83	164.73	0.00	7 490.95	105.79	0.00	8 166.88	223.51	0.00	6 501.25	574.37	0.00
61.50	26.25	0.00	85.42	5.83	0.00	272.41	4.73	0.00	130.93	10.08	0.00	63.80	24.17	0.00
2879.96	429.23	0.00	5 046.76	102.77	0.00	9 210.09	69.25	0.00	15 859.53	185.40	0.00	3 165.56	447.68	0.00
2 334.97	184.01	0.00	2 153.03	46.07	0.00	2 583.36	35.20	0.00	3 119.79	75.93	0.00	1 505.62	215.47	0.00
1 294.35	82.76	0.00	1 255.92	23.95	0.00	1 591.89	13.87	0.00	2 628.87	35.27	0.00	946.94	105.83	0.00
430.06	55.69	0.00	611.97	12.54	0.00	775.54	5.30	0.00	1 132.03	15.64	0.00	418.43	42.53	0.00
4 599.83	464.90	0.00	4 269.81	148.53	0.00	6 270.45	98.16	0.00	7 511.41	206.60	0.00	3 172.98	441.08	0.00

续表

地区 Region	10月 Oct			11月 Nov			12月 Dec		
	乐透型 Lotou	竞猜型 Instant Game	即开型 Spot Betting	乐透型 Lotou	竞猜型 Instant Game	即开型 Spot Betting	乐透型 Lotou	竞猜型 Instant Game	即开型 Spot Betting
北　京	3 991.15	3 898.79	0.00	4 864.66	3 862.58	0.00	5 711.37	5 289.88	0.00
天　津	4 735.01	1 114.99	0.00	4 897.57	1 110.29	0.00	6 924.31	1 557.39	0.00
河　北	7 484.15	717.86	0.00	8 524.06	829.60	0.00	10 616.84	1 032.63	123.17
山　西	3 271.30	520.50	0.00	3 729.04	514.68	0.00	4 839.64	724.03	17.42
内蒙古	7 352.47	2 894.79	0.00	3 064.75	371.10	0.00	4 452.81	4 144.98	0.00
辽　宁	2 596.13	336.74	0.00	9 422.99	2 961.92	0.00	12 392.15	463.73	0.00
吉　林	5 116.17	785.49	0.00	6 249.05	896.77	0.00	8 797.46	1 157.10	20.09
黑龙江	7 067.36	786.50	0.00	7 270.83	747.26	0.00	8 719.52	1 044.49	0.00
上　海	2 431.90	2 591.39	0.00	2 873.35	2424.41	0.00	3 264.64	3 387.34	450.00
江　苏	16 686.73	1 910.42	0.00	19 344.12	1 840.43	0.00	20 368.41	2 678.84	410.69
浙　江	18 172.76	2 312.48	0.00	19 744.15	2 267.84	0.00	23 811.58	3 181.13	173.15
安　徽	4 349.52	456.99	0.00	4 558.91	474.70	0.00	5 129.47	648.66	55.10
福　建	13 977.55	1 094.06	0.00	16 188.34	1 118.24	0.00	18 101.27	1 628.91	1 357.49
江　西	2 733.52	1 149.95	0.00	3 702.36	1 295.99	0.00	4 056.63	1 926.59	0.00
山　东	8 231.31	1 745.83	0.00	9 838.04	1 885.09	0.00	11 728.11	2 469.60	251.92
河　南	9 914.65	874.84	0.00	12 000.82	997.03	0.00	13 572.00	1 195.22	0.00
湖　北	10 105.62	1 969.54	0.00	11 399.70	2 041.17	0.00	12 777.95	2 808.74	7.63
湖　南	3 785.81	1 524.94	0.00	4 477.57	1 546.04	0.00	6 248.15	1 652.48	0.00
广　东	7 903.22	10 368.67	0.00	9 012.96	10 046.25	0.00	10 840.04	14 107.02	512.71
广　西	527.60	969.86	0.00	720.56	937.07	0.00	990.67	1 392.84	0.00
海　南	148.97	213.37	0.00	174.11	187.35	0.00	189.42	258.11	0.00
重　庆	965.66	855.30	0.00	1 178.50	832.00	0.00	1 438.31	1 203.61	0.00
四　川	6 328.07	1 804.37	0.00	7 605.17	1 792.35	0.00	9 544.72	2 433.18	271.47
贵　州	871.01	578.28	0.00	1 005.94	608.82	0.00	1 741.74	871.89	0.00
云　南	6 109.46	923.95	0.00	7 264.95	931.75	0.00	9 366.77	1 307.16	0.00
西　藏	59.75	44.99	0.00	67.37	41.41	0.00	75.02	52.52	0.00
陕　西	3 517.598	728.46	0.00	4 241.77	756.14	0.00	5 043.66	1 003.47	0.00
甘　肃	1 530.0518	318.42	0.00	1 956.81	319.20	0.00	2 770.08	435.38	99.22
宁　夏	967.1022	159.28	0.00	1 177.19	155.93	0.00	1 710.19	208.52	26.55
青　海	422.8712	74.97	0.00	460.61	78.70	0.00	716.72	107.57	0.00
新　疆	3 076.721	727.42	0.00	3 582.75	741.24	0.00	4 676.66	890.98	88.24

（国家体育总局体育彩票管理中心供稿）

（五）2005年彩票游戏品种统计资料

2005年全国电脑福利彩票游戏品种一览表

List of Computerized Welfare Lottery Games

省市	玩法	停止销售时间	开奖日（星期）一	二	三	四	五	六	日	开奖方式	开奖时间	媒体
北京	双色球	19:00		1		1			1	直播	20:30	中国教育电视台
	两步彩	20:00	1		1			1			20:20	北京人民广播电台
	3D	20:15	1	1	1	1	1	1	1		20:30	中央人民广播电台
天津	双色球	18:45		1		1			1	直播	20:30	中国教育电视台
	3D	19:30	1	1	1	1	1	1	1			中央人民广播电台
	15选5、3	19:15	1	1	1	1	1	1	1	录播	19:30（周六、周日）	天津滨海广播电台
											19:30（周一至周五）	天津电视台1套
河北	双色球	18:30		1		1			1	直播	20:30	中国教育电视台
	3D	19:55	1	1	1	1	1	1	1			中央人民广播电台
	20选5	18:30	1	1	1	1	1	1	1	录播	22:10	河北电视台3套
	29选7			1		1		1				
	S5				1		1		1			
	S7		1		1		1					
山西	双色球	18:55		1		1			1	直播	20:30	中国教育电视台
	3D	19:30	1	1	1	1	1	1	1			中央人民广播电台
	18选6+1（2005年8月31日停销）	19:10		1		1		1		录播	21:50	山西电视台公共频道
	21选5		1	1	1	1	1	1	1			
	35选7（2005年1月31日停销）		1		1		1					
内蒙古	双色球	18:30		1		1			1	直播	20:30	中国教育电视台
	3D		1	1	1	1	1	1	1			中央人民广播电台
	22选5	18:00	1	1	1	1	1	1	1	录播	21:52	内蒙古卫视
	35选7		1		1			1				
辽宁	双色球	19:00		1		1			1	直播	20:30	中国教育电视台
	3D	20:00	1	1	1	1	1	1	1			中央人民广播电台
	25选4	18:30	1	1	1	1	1	1	1	录播	18:40	辽宁教育台
	29选7			1		1		1				
	35选7		1		1		1					
吉林	双色球	18:30		1		1			1	直播	20:30	中国教育电视台
	3D	19:40	1	1	1	1	1	1	1			中央人民广播电台
	21选5	18:00	1	1	1	1	1	1	1	录播	22:30	吉林卫视都市频道

续表

省市	玩法	停止销售时间	开奖日(星期)							开奖方式	开奖时间	媒体
			一	二	三	四	五	六	日			
黑龙江	双色球	18:20		1		1			1	直播	20:30	中国教育电视台
	3D	20:00	1	1	1	1	1	1	1			中央人民广播电台
	22 选 5	18:20	1	1	1	1	1	1	1	录播	22:00	黑龙江电视台 4 套
	36 选 7		1		1		1					
	6 位数		1	1	1	1	1	1	1			
上海	双色球	18:30		1		1			1	直播	20:30	中国教育电视台
	3D	20:00	1	1	1	1	1	1	1			中央人民广播电台
	4D	20:00	1	1	1	1	1	1	1	字幕滚动播出	20:10	上海东方卫视
	35 选 7	19:45		1				1			20:07	
	37 选 7		1		1			1				
	基诺	23:45	1	1	1	1	1	1	1	计算机自动	8:00–23:45,每 5 分钟开奖一次	上海福彩网
	时时乐	21:30	1	1	1	1	1	1	1		10:30–21:30,每 30 分钟开奖一次	
江苏	双色球	19:00		1		1			1	直播	20:30	中国教育电视台
	3D	20:00	1	1	1	1	1	1	1			中央人民广播电台
	15 选 5	18:00	1	1	1	1	1	1	1	录播	23:45(周六 23:30)	江苏电视台综艺频道
	传统型 7 位数			1			1		1		23:45	
	37 选 7	19:00	1		1		1				22:50	上海东方卫视
浙江	双色球	19:00		1		1			1	直播	20:30	中国教育电视台
	3D		1	1	1	1	1	1	1			中央人民广播电台
	15 选 5		1	1	1	1	1	1	1	录播	22:05	钱江都市频道
	5 位数		1	1	1	1	1	1	1			
	37 选 7		1		1		1				22:50	上海东方卫视
安徽	双色球	19:00		1		1			1	直播	20:30	中国教育电视台
	3D	20:00	1	1	1	1	1	1	1			中央人民广播电台
	15 选 5	18:00	1	1	1	1	1	1	1	录播	23:35	安徽电视台经济频道
	25 选 5		1	1	1	1	1	1	1			
	5 位数		1	1	1	1	1	1	1			
	37 选 7	19:00	1		1		1				22:50	上海东方卫视
福建	双色球	18:30		1		1			1	直播	20:30	中国教育电视台
	3D	19:15	1	1	1	1	1	1	1			中央人民广播电台
	37 选 7	18:30	1		1		1			录播	20:15	上海东方卫视
	31 选 7			1		1		1			19:30	福建电视台 7 套
	20 选 5		1	1	1	1	1	1	1			

续表

省市	玩法	停止销售时间	开奖日(星期)							开奖方式	开奖时间	媒体
			一	二	三	四	五	六	日			
江西	双色球	19:00		1		1			1	直播	20:30	中国教育电视台
	3D	20:00	1	1	1	1	1	1	1			中央人民广播电台
	37 选 7	19:00	1		1		1			录播	22:50	上海东方卫视
	21 选 5		1	1	1	1	1	1	1		21:45	江西教育电视台
山东	双色球	19:00		1		1			1	直播	20:30	中国教育电视台
	3D	20:00	1	1	1	1	1	1	1		20:30	中央人民广播电台
	30 选 7		1		1		1					山东广播经济频道同期转播
	23 选 5		1	1	1	1	1	1	1		20:35	山东广播经济频道
河南	双色球	18:30		1		1			1	直播	20:30	中国教育电视台
	3D		1	1	1	1	1	1	1			中央人民广播电台
	22 选 5	20:00	1	1	1	1	1	1	1	录播	20:30	河南电视台 2 套
湖北	双色球	18:30		1		1			1	直播	20:30	中国教育电视台
	3D	19:30	1	1	1	1	1	1	1			中央人民广播电台
	32 选 7	18:45	1		1		1			录播	20:00	湖北电视台体育频道
	22 选 5		1	1	1	1	1	1	1			
湖南	双色球	19:00		1		1			1	直播	20:30	中国教育电视台
	3D	20:00	1	1	1	1	1	1	1			中央人民广播电台
	35 选 6 + 1	19:00	1		1			1		录播	22:50	湖南电视台公共频道
	35 选 6 + 1 好运彩		1		1			1				
	22 选 5		1	1	1	1	1	1	1			
	22 选 5 好运彩		1	1	1	1	1	1	1			
广东	双色球	19:00		1		1			1	直播	20:30	中国教育电视台
	3D	19:50	1	1	1	1	1	1	1			中央人民广播电台
	36 选 7	16:30	1		1		1			录播	19:15	南方电视台 1 套
	26 选 5			1		1			1			
	35 选 7	18:40		1			1			直播	20:08	深圳电视台 3 套
深圳	双色球	19:05		1		1			1	直播	20:30	中国教育电视台
	3D	19:45	1	1	1	1	1	1	1			中央人民广播电台
	35 选 7	18:40		1			1				20:08	深圳电视台财经生活频道
	快乐 8	24:00	1	1	1	1	1	1	1	计算机自动	9:00 - 24:00,每 5 分钟开奖一次	深圳福彩票网
广西	双色球	18:50		1		1			1	直播	20:30	中国教育电视台
	3D	19:50	1	1	1	1	1	1	1		20:30	中央人民广播电台
	37 选 7	21:00	1		1		1			直播	21:00	广西人民广播电台

续表

省市	玩法	停止销售时间	开奖日(星期)							开奖方式	开奖时间	媒体
			一	二	三	四	五	六	日			
广西	29选7	21:00		1		1		1		直播	21:00	9月31日前22时25分广西电视台
	21选5		1	1	1	1	1	1	1			
	快乐十分	21:30	1	1	1	1	1	1	1	计算机自动	8:30－21:30,每10分钟开奖一次	广西福彩票网
海南	双色球	19:00		1		1			1	直播	20:30	中国教育电视台
	3D	19:45	1	1	1	1	1	1	1			中央人民广播电台
重庆	双色球	18:30		1		1			1	直播	20:30	中国教育电视台
	3D	19:00	1	1	1	1	1	1	1			中央人民广播电台
	时时彩	23:00	1	1	1	1	1	1	1	计算机自动	11:00－23:00,每10分钟开奖1次	开奖次日《重庆晨报》刊登
	33选7	19:00	1		1		1			计算机自动	19:00	开奖次日重庆各报刊登
	20选5		1	1	1	1	1	1	1			开奖次日重庆各报刊登
四川	双色球	18:45		1		1			1	直播	20:30	中国教育电视台
	3D	20:00	1	1	1	1	1	1	1			中央人民广播电台
	好运彩	18:30		1			1			同云南(云、贵、川三省联销)		
	天天乐		1	1	1	1	1	1	1			
贵州	双色球	19:00		1		1			1	直播	20:30	中国教育电视台
	3D	20:00	1	1	1	1	1	1	1			中央人民广播电台
	好运彩	19:00		1			1			同云南(云、贵、川三省联销)		
	天天乐		1	1	1	1	1	1	1			
云南	双色球	19:00		1		1			1	直播	20:30	中国教育电视台
	3D		1	1	1	1	1	1	1			中央人民广播电台
	好运彩			1			1			录播	22:25	昆明电视台6套
	天天乐		1	1	1	1	1	1	1			
西藏	双色球	18:30		1		1			1	直播	20:30	
	3D	19:00	1	1	1	1	1	1	1			中国教育电视台 中央人民广播电台
陕西	双色球	18:30		1		1			1	直播	20:30	中国教育电视台
	3D	20:00	1	1	1	1	1	1	1		20:30	中央人民广播电台
	33选7	18:30	1		1		1			录播	22:15	陕西电视台3套
甘肃	双色球	18:20		1		1			1	直播	20:30	中国教育电视台
	3D	19:30	1	1	1	1	1	1	1			中央人民广播电台
	36选7	19:00	1		1		1			录播	22:20	甘肃卫视
	25选7		1	1	1	1	1		1			
	20选5			1			1					

续表

省市	玩法	停止销售时间	开奖日(星期)							开奖方式	开奖时间	媒体
			一	二	三	四	五	六	日			
青海	双色球	19:00		1		1			1	直播	20:30	中国教育电视台
	3D	19:30	1	1	1	1	1	1	1			中央人民广播电台
	36 选 7	19:00	1		1		1			录播	22:50	甘肃卫视
	25 选 7			1			1		1			
	20 选 5		1	1	1	1	1		1			
宁夏	双色球	18:50		1		1			1	直播	20:30	中国教育电视台
	3D	19:30	1	1	1	1	1	1	1			中央人民广播电台
	36 选 7	19:00	1		1		1			录播	22:50	甘肃卫视
	25 选 7			1			1		1			
	20 选 5		1	1	1	1	1		1			
新疆	3D	20:00	1	1	1	1	1	1	1	直播	20:30	中央人民广播电台
	25 选 7	20:20			1			1			21:00	新疆人民广播电台
	10 选 7	19:30	1				1			录播	20:00	新疆电视台
	18 选 7		1				1					
	35 选 7		1				1					

（中国福利彩票发行管理中心供稿）

2005 年全国电脑体育彩票游戏品种一览表

List of Computerized Sports Lottery Games

省市	玩法	停止销售时间	开奖日（星期）一	二	三	四	五	六	日	开奖方式	开奖时间	媒体
北京	36 选 7	17:00		1			1			摇奖、录播	18:30	北京电视台 6 套
	排列 3、排列 5	18:30	1	1	1	1	1	1	1		21:10	旅游卫视
	七星彩			1			1		1			
	篮彩		1	1	1	1	1	1	1	比赛结果	14:30	
	足彩胜负(包括任选九场)		1							比赛结果	10:30	广东卫视
	足彩进球		1									
	足彩单场竞猜	根据比赛时间										
天津	6 + 1	18:30	1			1		1		录播	19:30	天津广播台
	21 选 5		1	1	1	1	1	1	1			
	排列 3、排列 5		1	1	1	1	1	1	1		21:10	旅游卫视
	七星彩			1			1		1			
	篮彩		1	1	1	1	1	1	1	比赛结果	14:30	
	足彩胜负（包括任选九场）		1								10:30	广东卫视
	足彩进球		1									
河北	22 选 5	18:30	1	1	1	1	1	1	1	摇奖、录播	22:30	山东卫视
	29 选 7		1			1		1				
	排列 3、排列 5		1	1	1	1	1	1	1		21:10	旅游卫视
	七星彩			1			1		1			
	篮彩		1	1	1	1	1	1	1	比赛结果	14:30	
	足彩胜负（包括任选九场）		1								10:30	中央电视台 5 套、旅游卫视
	足彩进球		1									
山西	22 选 5	18:30	1	1	1	1	1	1	1	摇奖、录播	22:30	山东卫视
	29 选 7		1			1		1				
	排列 3、排列 5		1	1	1	1	1	1	1		21:10	旅游卫视
	七星彩			1			1		1			
	篮彩		1	1	1	1	1	1	1	比赛结果	14：30	
	足彩胜负（包括任选九场）		1								10：30	中央电视台 5 套、旅游卫视
	足彩进球		1									
内蒙古	22 选 5	16:30	1	1	1	1	1	1	1	摇奖、录播	22:30	山东卫视
	29 选 7		1			1		1				
	33 选 7			1			1		1			辽宁卫视
	排列 3、排列 5		1	1	1	1	1	1	1		21:10	旅游卫视
	七星彩			1			1		1			
	篮彩		1	1	1	1	1	1	1	比赛结果	14:30	

续表

省市	玩法	停止销售时间	开奖日(星期) 一	二	三	四	五	六	日	开奖方式	开奖时间	媒体
内蒙古	足彩胜负(包括任选九场)	16:30	1							比赛结果	10:30	广东卫视
	足彩进球		1									
辽宁	22选5	18:30	1	1	1	1	1	1	1	摇奖、录播	22:30	山东卫视
	29选7		1			1		1			23:30	
	33选7		1			1		1				辽宁卫视
	排列3、排列5		1	1	1	1	1	1	1		21:10	旅游卫视
	七星彩			1			1		1		21:10	
	篮彩		1	1	1	1	1	1	1	比赛结果	14:30	
	足彩胜负(包括任选九场)		1								10:30	中央电视台5套、旅游卫视
	足彩进球		1									
吉林	22选5	18:30	1	1	1	1	1	1	1	摇奖、录播	22:30	山东卫视
	29选7		1			1		1			23:30	
	排列3、排列5		1	1	1	1	1	1	1		21:10	旅游卫视
	七星彩			1			1		1		21:10	
	篮彩		1	1	1	1	1	1	1	比赛结果	14:30	
	足彩胜负(包括任选九场)		1								10:30	中央电视台5套、旅游卫视
	足彩进球		1								10:30	
黑龙江	6+1	18:30		1			1			摇奖、录播	19:00	黑龙江电视台女性频道
	22选5		1	1	1	1	1	1			22:30	山东卫视
	29选7		1			1		1				
	36选7		1		1		1				22:00	广东卫视
	排列3、排列5		1	1	1	1	1	1	1		21:10	旅游卫视
	七星彩			1			1		1			
	篮彩		1	1	1	1	1	1	1	比赛结果	14:30	
	足彩胜负(包括任选九场)		1								10:30	中央电视台5套、旅游卫视
	足彩进球		1									
上海	36选7,1月1日~5月1日	18:00		1			1			摇奖、录播	20:00	上海电视台体育频道
	36选7,5月2日~12月31日		1		1		1					广东卫视
	22选5		1	1	1	1	1	1	1			上海电视台体育频道
	七星彩			1			1		1			
	排列3、排列5		1	1	1	1	1	1	1		21:10	旅游卫视
	篮球单场胜负比分,3月20日~12月30日			1		1		1		比赛结果	15:00	新闻媒体
	篮彩(全国联网),3月20日~11月1日		1	1	1	1	1	1	1		14:30	旅游卫视
	足彩胜负(包括任选九场)		1								10:30	中央电视台5套、旅游卫视
	足彩进球		1									

续表

省市	玩法	停止销售时间	开奖日(星期)							开奖方式	开奖时间	媒体
			一	二	三	四	五	六	日			
江苏	7 位数	20:00		1	1		1		1	录播	19:20	江苏教育电视台
	22 选 5		1	1	1	1	1	1	1			
	排列 3、排列 5		1	1	1	1	1	1	1		21:10	旅游卫视
	篮彩		1	1	1	1	1	1	1	比赛结果	14:30	
	足彩胜负（包括任选九场）		1								10:30	中央电视台 5 套、旅游卫视
	足彩进球		1									
浙江	6＋1	17:00		1			1		1	摇奖、录播	17:20	浙江卫视
	29 选 7		1		1	1		1				
	20 选 5		1	1	1	1	1	1	1			
	排列 3		1	1	1	1	1	1	1		21:10	旅游卫视
	足彩胜负（包括任选九场）	17:30	1							比赛结果	18:00	中央电视台 5 套、旅游卫视
	足彩进球		1									
安徽	22 选 5	19:40	1	1	1	1	1	1	1	摇奖、录播	22:30	山东卫视
	29 选 7		1			1		1				
	21 选 5		1	1	1	1	1	1	1		24:00	（2005 年 6 月 30 日停售）
	快乐 3、4、5		1	1	1	1	1	1	1			（2005 年 4 月 9 日停售）
	七星彩			1			1		1	录播	21:10	旅游卫视
	排列 3、排列 5		1	1	1	1	1	1	1			
	篮彩		1	1	1	1	1	1	1	比赛结果		
	足彩胜负（包括任选九场）		1								18:00	中央电视台 5 套、旅游卫视
	足彩进球		1									
福建	36 选 7	冬季：18:00 夏季：18:30		1		1		1		摇奖、录播	19:30	福建电视台 8 套和 4 套
	31 选 7		1		1		1		1			
	22 选 5		1	1	1	1	1	1	1			
	七星彩			1			1		1		21:10	旅游卫视
	排列 3、排列 5		1	1	1	1	1	1	1			
	篮彩		1	1	1	1	1	1	1	比赛结果	14:30	
	足彩胜负（包括任选九场）		1								10:30	中央电视台 5 套、旅游卫视
	足彩进球		1									
江西	20 选 5	18:30	1	1	1	1	1	1	1	摇奖、录播	22:30	江西电视台 3 套(9—11 月分别被 22 选 5 和 29 选 7 代替)
	28 选 7			1		1		1				
	22 选 5		1	1	1	1	1	1	1			山东卫视
	29 选 7		1			1		1				
	七星彩			1			1		1		21:10	旅游卫视
	排列 3、排列 5		1	1	1	1	1	1	1			
	篮彩		1	1	1	1	1	1	1	比赛结果	14:30	
	足彩胜负（包括任选九场）		1								10:30	中央电视台 5 套、旅游卫视
	足彩进球		1									

续表

省市	玩法	停止销售时间	开奖日(星期)							开奖方式	开奖时间	媒体
			一	二	三	四	五	六	日			
山东	22 选 5	18:30	1	1	1	1	1	1	1	摇奖、录播	22:30	山东卫视
	29 选 7		1			1		1				
	七星彩			1			1		1		21:10	旅游卫视
	排列 3、排列 5		1	1	1	1	1	1	1			
	篮彩		1	1	1	1	1	1	1	比赛结果	14:30	
	足彩胜负（包括任选九场）		1								10:30	中央电视台 5 套、旅游卫视
	足彩进球		1									
河南	21 选 5	18:30	1	1	1	1	1	1	1	摇奖、录播	22:50	河南电视台 1 套
	排列 3、排列 5		1	1	1	1	1	1	1		21:10	旅游卫视
	七星彩			1			1		1			
	篮彩		1	1	1	1	1	1	1	比赛结果	14:30	
	足彩胜负（包括任选九场）		1								10:30	中央电视台 5 套、旅游卫视
	足彩进球		1									
湖北	36 选 7	19:30	1		1		1			摇奖、录播	21:10	广东卫视
	22 选 5		1	1	1	1	1	1	1			山东卫视
	排列 3、排列 5		1	1	1	1	1	1	1			旅游卫视
	七星彩			1			1		1			
	足彩胜负（包括任选九场）		1							比赛结果	10:30	中央电视台 5 套、旅游卫视
	足彩进球		1									
	篮彩		1	1	1	1	1	1	1		14:30	旅游卫视
湖南	29 选 7	18:00		1		1		1		摇奖、录播	21:10	山东卫视
	36 选 7		1		1		1					广东卫视
	22 选 5		1	1	1	1	1	1	1			山东卫视
	排列 3、排列 5		1	1	1	1	1	1	1			旅游卫视
	七星彩			1			1		1			
	同花 5		1	1	1	1	1	1	1			《三湘都市报》、《潇湘晨报》
	足彩胜负（包括任选九场）		1							比赛结果	10:30	中央电视台 5 套、旅游卫视
	足彩进球		1									
	篮彩		1	1	1	1	1	1	1		14:30	旅游卫视
广东	36 选 7	18:30	1		1		1			摇奖、录播	20:30	广东卫视
	排列 3、排列 5		1	1	1	1	1	1	1		21:10	旅游卫视
	七星彩			1			1		1			
	篮彩		1	1	1	1	1	1	1	比赛结果	14:30	
	足彩胜负（包括任选九场）		1								10:30	中央电视台 5 套、旅游卫视
	足彩进球		1									

续表

省市	玩法	停止销售时间	开奖日（星期）							开奖方式	开奖时间	媒体
			一	二	三	四	五	六	日			
广西	36 选 7	18:30	1		1		1			摇奖、录播	20:30	广东电视台
	排列 3、排列 5		1	1	1	1	1	1	1		21:10	旅游卫视
	七星彩			1			1		1			
	篮彩		1	1	1	1	1	1	1	比赛结果	14:30	
	同花 5		1	1	1	1	1	1	1	摇奖、录播	21:10	
	足彩胜负（包括任选九场）		1							比赛结果	10:30	中央电视台 5 套、旅游卫视
	足彩进球		1									
海南	排列 3、排列 5	18:30	1	1	1	1	1	1	1	摇奖、录播	21:10	旅游卫视
	七星彩			1			1		1			
	22 选 5		1	1	1	1	1	1	1		22:20	山东卫视
	36 选 7		1		1		1				23:15	广东卫视
	篮彩		1	1	1	1	1	1	1	比赛结果	14:30	旅游卫视
	足彩胜负（包括任选九场）		1								10:30	
	足彩进球		1									
重庆	36 选 7	18:30	1		1		1			摇奖、录播	23:15	旅游卫视
	排列 3、排列 5		1	1	1	1	1	1	1		21:10	
	七星彩			1			1		1			
	篮彩		1	1	1	1	1	1	1		14:30	
	同花 5		1	1	1	1	1	1	1		21:10	海南卫视
	足彩胜负（包括任选九场）		1							比赛结果	10:30	中央电视台 5 套、旅游卫视
	足彩进球		1									
四川（西藏）	四花选四	18:30	1	1	1	1	1	1	1	摇奖、录播	20:00	新闻媒体
	排列 3、排列 5		1	1	1	1	1	1	1		21:10	旅游卫视
	七星彩			1			1		1			
	22 选 5		1	1	1	1	1	1	1		22:20	山东卫视
	36 选 7		1		1		1				23:15	广东卫视
	足彩胜负（包括任选九场）		1							比赛结果	10:30	中央电视台 5 套、旅游卫视
	足彩进球		1									
	篮彩		1	1	1	1	1	1	1		14:30	
贵州	排列 3、排列 5	19:40	1	1	1	1	1	1	1	摇奖、录播	21:10	旅游卫视
	七星彩			1			1		1			
	36 选 7		1		1		1				18:00	广东卫视
	同花 5		1	1	1	1	1	1	1		21:10	昆明卫视 4 套
	足彩胜负（包括任选九场）	18:30	1							比赛结果	10:30	中央电视台 5 套、旅游卫视
	足彩进球		1									
	篮彩		1	1	1	1	1	1	1		14:30	

续表

省市	玩法	停止销售时间	开奖日(星期)							开奖方式	开奖时间	媒体
			一	二	三	四	五	六	日			
云南	30选7	19:40			1			1		摇奖、录播	22:35	昆明卫视4套
	排列3、排列5		1	1	1	1	1	1	1		21:10	旅游卫视
	七星彩			1			1		1			
	同花5（13选5加4选1）及附加千喜乐（13选5）	17:40	1	1	1	1	1	1	1			昆明卫视4套
	36选7	19:40	1		1		1			比赛结果	22:55	广东卫视
	足彩胜负（包括任选九场）		1								10:30	中央电视台5套、旅游卫视
	足彩进球		1									
	篮彩		1	1	1	1	1	1	1		14:30	
陕西	22选5	19:40	1	1	1	1	1	1	1	摇奖、录播	22:30	山东卫视
	29选7		1			1		1				
	排列3、排列5		1	1	1	1	1	1	1		21:10	旅游卫视
	七星彩			1			1		1			
	篮彩		1	1	1	1	1	1	1	比赛结果	14:30	
	足彩胜负（包括任选九场）		1								10:30	中央电视台5套、旅游卫视
	足彩进球		1									
甘肃	22选5	18:30	1	1	1	1	1	1	1	摇奖、录播	22:50	山东卫视
	29选7		1			1		1				
	排列3、排列5		1	1	1	1	1	1	1			旅游卫视
	七星彩			1			1		1		21:10	
	篮彩		1	1	1	1	1	1	1	比赛结果		
	足彩胜负（包括任选九场）		1									中央电视台5套、旅游卫视
	足彩进球		1								18:00	
青海	22选5	18:30	1	1	1	1	1	1	1	摇奖、录播	22:25	山东卫视
	29选7		1			1		1				
	排列3、排列5		1	1	1	1	1	1	1		21:10	旅游卫视
	七星彩			1			1		1			
	篮彩		1	1	1	1	1	1	1	比赛结果	14:30	
	足彩胜负（包括任选九场）		1								10:30	中央电视台5套、旅游卫视
	足彩进球		1									

续表

省市	玩法	停止销售时间	开奖日(星期)							开奖方式	开奖时间	媒体
			一	二	三	四	五	六	日			
宁夏	22选5(西北联网截至3月5日)	18:30	1	1	1	1	1	1	1	摇奖、录播	22:45	陕西卫视
	35选7,1月1日~3月5日		1		1		1					旅游卫视
	29选7		1		1		1					
	22选5(全国联网)										21:45	旅游卫视
	排列3、排列5		1	1	1	1	1	1	1		21:10	
	七星彩			1			1		1			中央电视台5套、旅游卫视
	篮彩		1	1	1	1	1	1	1	比赛结果		
	足彩胜负(包括任选九场)		1								14:30	
	足彩进球		1								10:30	
新疆	22选5	18:30	1	1	1	1	1	1	1	摇奖、录播	22:30	山东卫视、旅游卫视
	29选7		1			1		1				
	35选7		1		1		1					
	排列3、排列5		1	1	1	1	1	1	1		21:10	旅游卫视
	七星彩			1			1		1			
	篮彩		1	1	1	1	1	1	1	比赛结果	14:30	
	足彩胜负(包括任选九场)		1								10:30	中央电视台5套、旅游卫视
	足彩进球		1									

(国家体育总局体育彩票管理中心供稿)

2005年全国即开型福利彩票游戏品种一览表

List of Welfare Lottery Instant Win Games

地区	彩票品种
天津	灵活设奖　喜洋洋－1、金猴送福－2、金猴送福－9
河北	灵活设奖　丰收的果实、喜洋洋－3、金猴送福－2、金猴送福－9、趣味麻将 网点票　招财进宝
山西	灵活设奖　十二生肖、唐马之一、喜洋洋－2、现代兵器之二、趣味麻将、金猴送福－4
内蒙古	灵活设奖　趣味麻将、同心曲之七、喜洋洋－1、喜洋洋－3、金猴送福－2、金猴送福－4、金猴送福－6、金猴送福－8
辽宁	灵活设奖　金猴送福－9 网点票　开心宾果、麻将－万福、即开－3D、勇士闯关－4、棒球小子、百变扑克－1、F－1赛车－1
吉林	灵活设奖　喜洋洋－1、喜洋洋－3、金猴送福－4、金猴送福－6 网点票　开心宾果、麻将－万福、即开－3D、棒球小子、勇士闯关－4
黑龙江	灵活设奖　心心相印、卡通火车、同心曲之四、趣味麻将、麻将对对和 网点票　勇士闯关4－1、麻将－万福－1
上海	灵活设奖　同心曲之四、喜龙门之二、04上海风采、趣味麻将 网点票　开心宾果、麻将－万福、F－1赛车、即开－3D、棒球小子、和谐浦东、新普陀风貌、爱心闸北、长宁风采、青浦风采、春在杨浦、和谐松江、06年上海风采
江苏	灵活设奖　卡通车 摩托、卡通车 火车、赛马、马术、珍禽、十二生肖、生肖兔之四、同心曲、中华瑰宝之一、喜洋洋－2、喜洋洋－4、珍爱健康、扑克、幸运魔方、趣味麻将、金猴送福－4、金猴送福－6、金猴送福－8、金猴送福－9、和气生财、招财进宝、幸运台球、数字游戏、动物图形、恭喜发财、小猫钓鱼、勇士闯关－2、金鸡唱晓、百变扑克、麻将－万福、即开－3D、棒球小子、勇士闯关4－1、喜庆吉祥、开心宾果
浙江	灵活设奖　同心曲、新天地、喜龙门、卡通摩托、卡通汽车、硕果累累、现代兵器、趣味麻将、唐马之二、名马、福临门－羊、心心相印、喜洋洋－1、喜洋洋－5、喜洋洋－7、喜洋洋－6、绿色希望、珍爱健康、金猴送福－1、金猴送福－2
安徽	灵活设奖　卡通摩托、彩蝶之二、趣味扑克、十二生肖、趣味麻将、幸运魔方
福建	灵活设奖　趣味麻将、福临门－羊、趣味麻将、唐马之一
江西	灵活设奖　趣味麻将、卡通摩托、金猴送福－2
山东	灵活设奖　九龙壁、现代兵器、同心曲、鞭蝴蝶鱼、趣味麻将、卡通古典车、喜洋洋－2、喜洋洋－4、喜洋洋－6、中华瑰宝之三、中华瑰宝之四、绿色希望、金猴送福－3、金猴送福－5、金猴送福－6 网点票　水浒人物、羊年吉祥、旅游山东－交通、旅游山东－景点、幸运台球、喜从天降、和气生财、黑桃皇后、招财进宝、迷宫寻金、小猫钓鱼、六六大顺、三星高照、神秘纸牌、动物图形、星光彩－1、星光彩－2、金猴献瑞

续表

地区	彩票品种
河南	灵活设奖　金猴送福－5 网点票　戏剧脸谱
湖北	灵活设奖　趣味麻将 网点票　五子登科、请您开奖、勇士闯关、幸运八、即刻乐透、猜大小、一条龙、开心宾果、百变扑克、麻将－万福、即开－3D、棒球小子、勇士闯关－4、麻将－万福－1、喜庆吉祥
湖南	灵活设奖　金猴送福－2、金猴送福－5、趣味麻将 网点票　招财进宝、和气生财、勇士闯关－2、麻将－万福、即开－3D、棒球小子、百变扑克、勇士闯关－4
广东	灵活设奖　鞭蝴蝶鱼、喜洋洋－8、中华瑰宝之三、喜洋洋－6、喜洋洋－4、中华瑰宝之一、中华瑰宝之四、幸运魔方、同心曲之四、同心曲之七、生活天地二、丰收的果实、十二生肖、九龙壁、趣味扑克、现代兵器一、现代兵器二、名马、马术、趣味麻将、中华风采－名山大川、金猴送福－7、金猴送福－8 网点票　点石成金、麻将－万福、F－1赛车、即开－3D、勇士闯关－4、百变扑克－1、开心宾果、棒球小子、喜庆吉祥
深圳	灵活设奖　中华瑰宝之二
广西	灵活设奖　中华瑰宝之三、绿色希望、喜洋洋－6、喜龙门－2、喜龙门、金猴送福－3、趣味麻将、金猴送福－7
海南	灵活设奖　十二生肖、世界公园、同心曲、京城夜景、福禄寿喜、九龙壁
重庆	灵活设奖　三朵金花、扑克开金花、幸运魔方 网点票　动物图形、变幻魔方
四川	灵活设奖　十二生肖、恭喜发财、同心曲、趣味麻将、喜洋洋－4、开金花
贵州	灵活设奖　热气球、连年有余、幸运魔方、珍爱健康、中华瑰宝之一、趣味麻将 网点票　即开－3D、勇士闯关－4、麻将－万福－1、棒球小子
云南	灵活设奖　趣味麻将、金猴送福－5
西藏	灵活设奖　金猴送福－5
陕西	灵活设奖　趣味麻将、喜洋洋－1、幸运魔方
甘肃	灵活设奖　趣味麻将
青海	灵活设奖　新天地－1、现代兵器、连年有余 网点票　小猫钓鱼、幸运台球、黑桃皇后、迷宫寻金、招财进宝
宁夏	灵活设奖　鞭蝴蝶鱼、新天地一、新天地二、生活天地三、喜洋洋－3、趣味麻将 网点票　幸运台球、招财进宝、和气生财、动物图形、恭喜发财
新疆	灵活设奖　新疆风光、新天地、同心曲、同心乐 网点票　喜从天降、招财进宝、迷宫寻金、幸运台球、恭喜发财、热气球－2、热气球系列－2

（中国福利彩票发行管理中心供稿）

2005年全国即开型体育彩票游戏品种一览表

List of Instant Win Games of Sports Lottery

彩票名称	枚数/套
猴年生肖	30
乒乓擂台	1
高台之花	1
高尔夫球	1
钓鱼	1
大丰收	1
同花顺	1
捉虫虫	1
21点	1
全家福	1

注：即开型体育彩票由国家体育总局体育彩票管理中心统一印制，全国各地区销售的即开型体育彩票品种相同。

（国家体育总局体育彩票管理中心供稿）

（六）其他统计资料

2005年全国各地区彩票机构代扣代缴中奖奖金个人所得税情况一览表

Table of Individual Income Tax from Lottery Winners With held by Lottery Organizations in Different Regions in 2005

单位：元
Unit: Yuan

地 区	所得税额		合计
	福利彩票机构	体育彩票机构	
北 京	73 781 534.40	43 090 000.00	116 871 534.40
天 津	7 599 396.00	47 202 157.00	54 801 553.00
河 北	25 774 811.80	17 013 594.20	42 788 406.00
山 西	16 853 200.00	7 578 945.00	24 432 145.00
内蒙古	20 142 716.05	7 790 903.40	27 933 619.45
辽 宁	88 250 681.00	20 291 723.65	108 542 404.65
吉 林	21 945 292.89	19 389 100.00	41 334 392.89
黑龙江	27 727 883.00	13 200 000.00	40 927 883.00
上 海	55 075 472.00	26 800 000.00	81 875 472.00
江 苏	31 464 970.38	69 876 151.20	101 341 121.58
浙 江	43 177 508.00	84 885 156.00	128 062 664.00
安 徽	20 719 786.80	15 641 447.20	36 361 234.00
福 建	12 130 336.68	81 458 930.20	93 589 266.88
江 西	17 910 203.00	21 331 378.31	39 241 581.31
山 东	106 472 597.41	16 883 800.00	123 356 397.41
河 南	32 508 937.00	33 400 000.00	65 908 937.00
湖 北	77 241 450.00	40 161 035.00	117 402 485.00
湖 南	28 955 237.62	16 438 914.00	45 394 151.62
广 东	132 030 785.40	5 487 804.00	137 518 589.40
广 西	27 081 374.00	4 000 000.00	31 081 374.00
海 南	4 700 020.00	3 247 011.80	7 947 031.80
重 庆	21 245 906.00	7 129 121.00	28 375 027.00
四 川	24 802 273.60	34 176 000.00	58 978 273.60
贵 州	33 768 463.00	10 729 234.20	44 497 697.20
云 南	27 225 883.70	26 629 448.20	53 855 331.90
西 藏	1 748 714.00	200 473.40	1 949 187.40
陕 西	25 574 257.62	10 324 000.00	35 898 257.62
甘 肃	11 023 459.86	4 821 623.20	15 845 083.06
青 海	3 896 460.40	4 500 000.00	8 396 460.40
宁 夏	6 228 217.42	3 478 850.80	9 707 068.22
新 疆	26 512 878.60	11 079 681.40	37 592 560.00
合 计	1 053 570 707.63	708 236 483.16	1 761 807 190.79

（中国福利彩票发行管理中心、国家体育总局体育彩票管理中心供稿）

2005年全国各地区福利彩票中百万元以上大奖情况统计表

Statistical Table of Prize Winners with Award of over One Million Yuan in Welfare Lottery in Different Regions in 2005

单位：元

Unit: Yuan

地区	100万－200万元		201万－500万元		500万元以上	
	注数	中奖额（元）	注数	中奖额（元）	注数	中奖额（元）
北京	32	40 846 386	7	17 845 856	38	190 000 000
天津	3	4 257 271	1	3 365 044	2	10 000 000
河北	10	6 272 935	13	65 000 000	0	0
山西	12	8 863 849	2	10 000 000	7	42 704 365
内蒙古	3	4 221 900	11	5 500 000 000	0	0
辽宁	11	13 890 000	24	120 000 000	0	0
吉林	6	5 269 889	9	5 000 000	0	0
黑龙江	12	18 260 842	2	5 525 780	13	65 000 000
上海	11	15 790 047	29	134 715 991	3	25 306 547
江苏	7	9 324 605	3	6 239 228	17	85 000 000
浙江	6	8 604 544	8	34 082 008	13	65 389 277
安徽	6	7 861 378	15	75 000 000	0	0
福建	3	4 436 741	1	2 128 694	5	25 000 000
江西	3	4 406 027	0	0	8	40 000 000
山东	48	62 640 012	26	72 159 160	22	112 659 221
河南	6	7 424 061	5	25 000 000	5	25 654 472
湖北	20	23 864 278	3	8 313 610	13	65 000 000
湖南	4	4 543 697	3	10 617 147	13	65 000 000
广东	17	22 026 565	71	319 202 772	0	0
深圳	9	13 257 320	18	82 711 942	0	0
广西	3	4 086 032	13	58 450 170	5	25 834 059
海南	2	303	1	500	0	0
重庆	3	4 013 969	9	43 363 844	2	10 129 875
四川	4	4 622 285	6	30 000 000	6	30 518 196
贵州	2	2 483 377	8	35 855 812	3	15 427 447
云南	6	6 745 401	0	0	17	50 000 000
西藏	0	0	0	0	1	5 003 405
陕西	12	14 620 345	2	6 403 971	14	70 000 000
甘肃	2	3 339 436	1	3 217 615	7	35 066 553
青海	5	5 658 715	1	5 000 000	0	0
宁夏	0	0	4	20 000 000	0	0
新疆	3	4 590 163	3	7 789 544	22	110 000 000

（中国福利彩票发行管理中心供稿）

2005 年全国各地区体育彩票中百万元以上大奖情况统计表

Statistical Table of Winners with Award over One Million Yuan in Sports Lottery in Different Regions in 2005

序号	地区	100 万 - 200（不含）万元		200 万 - 500（不含）万元		500 万元		一次独中 500 万元以上	
		注数	中奖额（元）	注数	中奖额（元）	注数	中奖额（元）	人数	中奖额（万元）
1	北京	11	12 918 457	7	27 717 692	15	75 000 000		
2	天津	6	7 863 496	9	32 025 657	25	125 000 000	4	3 500、2 000、1 000、1 000
3	河北	5	7 026 032	1	2 999 926	3	15 000 000		
4	山西	1	1 374 941	1	2 247 730	1	5 000 000		
5	内蒙古	1	1 853 749	0	0	2	10 000 000		
6	辽宁	14	17 182 406	5	17 666 338	8	40 000 000		
7	吉林	4	5 060 924	3	8 566 419	4	20 000 000		
8	黑龙江	2	2 500 000	3	10 690 000	10	50 000 000		
9	上海	7	8 087 123	4	14 697 753	8	40 000 000	1	1 000
10	江苏	8	10 029 097	0	0	39	195 000 000		
11	浙江	14	17 052 699	15	40 738 412	48	240 000 000	3	2 500、1 000、1 000
12	安徽	1	1 120 000	1	2 330 000	6	30 780 000		
13	福建	32	42 369 418	13	37 774 906	33	165 000 000	1	1 500
14	江西	4	4 286 292	1	2 758 809	1	5 000 000		
15	山东	14	17 339 837	2	6 905 008	0	0		
16	河南	6	7 467 059	4	16 656 739	15	75 000 000		
17	湖北	6	7 413 325	1	3 774 139	13	65 000 000		
18	湖南	8	8 987 788	5	17 667 425	1	15 000 000		
19	广东	32	41 589 932	20	74 351 984	27	135 000 000		
20	广西	3	3 601 325	0	0	0	0		
21	海南	1	1 128 148	0	0	1	5 000 000		
22	重庆	1	1 541 937	0	0	1	5 000 000		
23	四川	2	3 125 666	3	10 666 910	15	75 000 000		
24	贵州	1	1 374 941	1	3 697 547	5	25 000 000		
25	云南	7	10 499 663	3	13 432 046	12	60 000 000		
26	西藏	0	0	0	0	0	0		
27	陕西	5	6 496 843	1	4935 066	1	5 000 000		
28	甘肃	0	0	0	0	1	5 000 000		
29	青海	1	1 000 000	0	0	3	15 000 000		
30	宁夏	2	3 111 378	0	0	0	0		
31	新疆	4	4 600 000	1	2 400 000	1	5 000 000		
合计		203	258 002 526	104	354 700 506	299	1 505 780 000	9	

（国家体育总局体育彩票管理中心供稿）

2005年全国各地区彩票机构投注终端数量一览表

Table of the Quantity of Lottery Sales Terminals in Different Regions

单位：台

地 区	投注终端机 福利彩票机构	投注终端机 体育彩票机构	合计
北 京	1 860	1 822	3 682
天 津	1 071	968	2 039
河 北	3 300	1 814	5 114
山 西	1 477	1 020	2 497
内蒙古	1 337	923	2 260
辽 宁	4 600	2 750	7 350
吉 林	2 143	1 655	3 798
黑龙江	5 200	1 831	7 031
上 海	1 650	1 126	2 776
江 苏	3 715	4 299	8 014
浙 江	3 048	1 642	4 690
安 徽	3 000	1 546	4 546
福 建	1 256	3 157	4 413
江 西	1 758	1 583	3 341
山 东	7 832	3 010	10 842
河 南	3 173	2 602	5 775
湖 北	3 460	2 355	5 815
湖 南	3 600	1 647	5 247
广 东	7 223	4 993	12 216
广 西	2 800	591	3 391
海 南	400	257	657
重 庆	1 465	914	2 379
四 川	2 500	1 543	4 043
贵 州	1 290	765	2 055
云 南	1 780	1 458	3 238
西 藏	91	30	121
陕 西	2 378	1 311	3 689
甘 肃	1 226	768	1 994
青 海	350	210	560
宁 夏	473	340	813
新 疆	2 513	984	3 497
合 计	77 969	49 914	127 883

（中国福利彩票发行管理中心、国家体育总局体育彩票管理中心供稿）

八、彩票票样

爱心闸北
爱心大放送
慈善超市
老人看闸北
交通商务区
心系灾区
明天更美好

春
在杨浦
spring in yangpu

和谐松江
松江老城区
松江工业区
佘山
市民广场
松江新城
松江大学城

和谐浦东
shanghai today
PUDONG

"上海风采"福利彩票·青浦专题小常识

青浦风采

青浦总面积为669.7平方公里，占上海市总面积的十分之一。青浦就像一只美丽的蝴蝶展翅飞舞，轻盈可爱。为了她自由的呼吸、自由的飞舞，我们应该把她建成与国际中心城市相适应的现代化的上海西大门和后花园。

让每一个青浦人共同努力吧——

"上海风采"福利彩票·长宁专题小常识

长宁风采

长宁区位于上海中心城区西部，面积38平方公里，辖9个街道和1个镇，常住人口70多万人。

长宁区地理位置优越，区内有虹桥国际机场，立体交通网络，是人流、物流、信息流、资金流的汇聚之地。虹桥经济技术开发区涉外经贸与商务主导功能不断拓展，成为推动上海与长江三角洲联动发展的重要服务功能区。

长宁区生态与居住环境良好，教育文化发达，虹桥路、新华路是市级景观道路，浓郁的人文景观形成别具特色的文化走廊。

新普陀风貌

中国福利彩票
面值壹元
小猫钓鱼
失去耐心
小猫追蝶
妈妈教诲
啊！我钓了条大鱼！

中国福利彩票
即开
3D
大奖
开出的奖号
5 1 8
保安区刮开无效

中国福利彩票
点石成金
大奖
88888
元
保安区刮开无效

中国福利彩票
勇士闯关
大奖50000元
保安区刮开无效
0000011-023

中国福利彩票
游场机会
收获多多！
棒球小子
保安区刮开无效

中国福利彩票
Bingo
开心宾果
保安区刮开无效

Great Wall 长城 | GOT高腾

◎ 历届入选的体育彩票销售终端机指定供货商

◎ 连续9年全国体育彩票销售终端机市场销量领先

◎ 全国客户服务热线：**400-811-1188**

CP86彩票终端机

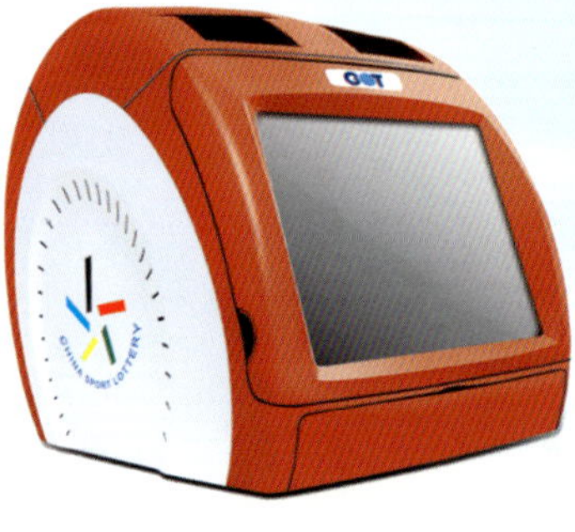

CJ3000彩票终端机

EV08数字媒体播放机

值得信赖的合作伙伴

Your partner for success!

北京长城高腾信息产品有限公司

BEIJING GREATWALL GOT INFORMATION PRODUCTS CO.,LTD.

地址：北京市海淀区中关村东路62号长城大厦12层　邮编：100080

电话：86-10-62670011　传真：86-10-62670022

网址：www.got.cn

厦门安妮企业有限公司
XIAMEN ANNE CORPORATION CO.,LTD.

特种印务专家——

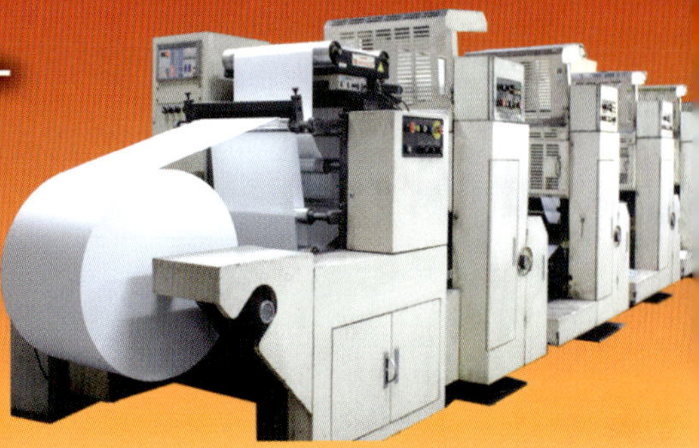

优质的品质·完善的服务·不懈的努力

为福彩事业贡献力量!

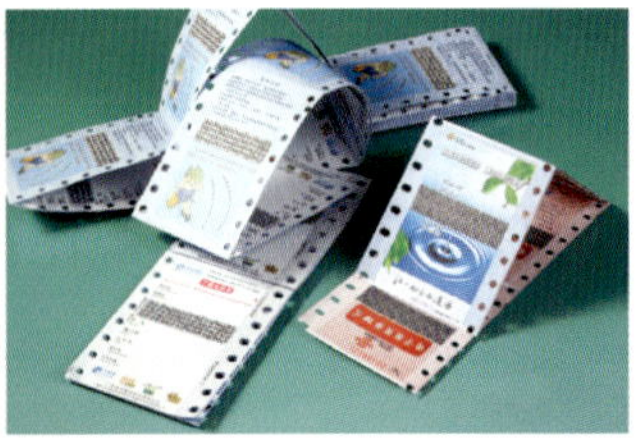

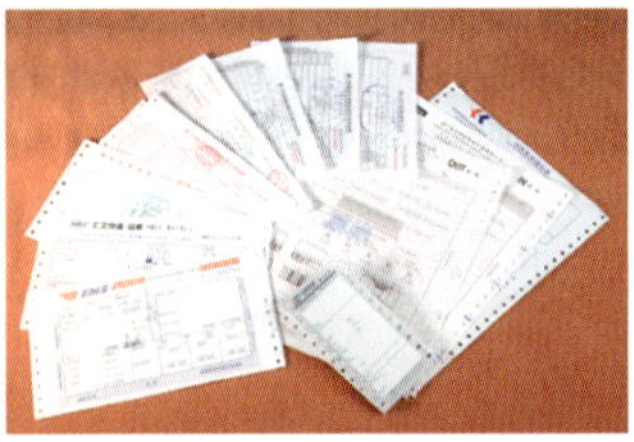

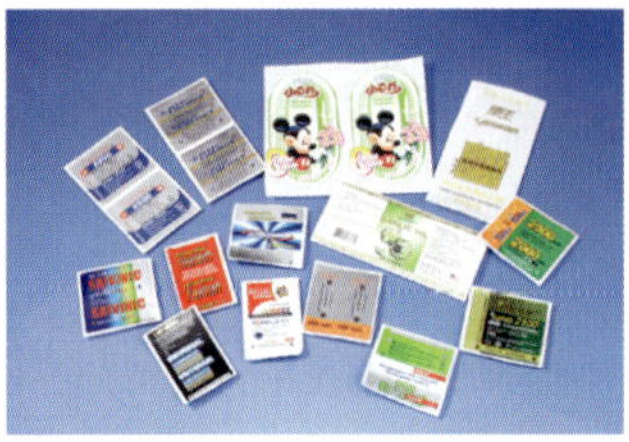

安妮企业是安妮股份旗下以商业票据印刷与热敏纸印刷为核心业务的全资子公司，公司生产高质量的福利彩票、税务发票、财政票据、商业票据、快递单、ATM凭条、POS单等各种彩印产品和热敏传真纸、复印纸、打印纸等办公耗材。安妮企业的产品不仅在中国有着广阔的市场，同时还远销欧、美、日本，以及东南亚等国家和地区，并与国外知名企业保持着长期的合作关系。

安妮股份是一家综合经营植树、造纸、科研、热敏纸生产、加工、印刷、进出口贸易的专业集团公司，在热敏纸的科研、生产和印刷上具有强大的技术实力。多年来安妮企业在中国电脑福利彩票印制中积累了丰富的彩票印刷、制作经验并充分应用技术专长优势，将热敏纸印刷和制作有机结合，充分体现了安妮企业的技术的先进性和产品的可靠性。

在未来，安妮企业将继续保持锐意进取的精神，与时俱进、不断开拓，为社会和广大用户提供更多更好的产品与服务。

地 址：厦门市集美区杏林锦园南路99号 电 话：0592－3152322 传 真：0592－3152321 www.anne.com.cn

上海马克热敏纸品有限公司

INTRODUCTION

上海马克热敏纸品有限公司是澳大利亚马克热敏有限公司控股的中澳合作企业。上海马克1995年底开始运转，注册资金455万美元，现有员工65人，其中各类工程技术人员15人。公司位于上海市闵行区，厂房面积4500m^2，并在成都、北京等地设有办事处。

上海马克公司经营范围涉及彩票、车船票、高速公路票据、停车票及剧院票和体育场馆入场券、航空登记牌、航空行李标牌、超市条形码标签、各类医用记录纸、地震气象测量绘图纸、银联自动取款机收据及防伪标贴、热敏防伪油墨等相关热敏产品领域。

上海马克公司凭澳马克的资金、技术优势和自身优质的服务在中国取得了良好的市场声誉。1999年作为第一家为中国彩票行业提供热敏彩票票据的生产厂家，被中国福利彩票发行管理中心指定为电脑福利彩票销售系统热敏打印纸生产供应定点厂，并通过投标的方式成为"上海风采"彩票全热线热敏打印纸供应商。至今，上海马克公司的电脑福利彩票打印纸已被上海、广州、天津、四川、浙江、辽宁、重庆、广西、沈阳、湖南、新疆、西藏、河北、湖北等十多个省、市、自治区的福利彩票发行中心所采用，累计供应了4 888 142卷，约36 514 037.68平方米的打印纸卷。

2002年澳马克投资300万美元在上海闵行区建成了新的热敏涂布生产线，该设备具有单机流程进行双面多道涂布或印刷的功能，可一次生产多达七种颜色的票据，适用于薄纸、卡纸及胶片等多种基材。目前上海马克已实现了部分原材料本地采购，从而降低了生产成本，使公司产品在价格上能令客户更为满意，同时我们在企业内部管理上设立了产品质量保证体系和安全控制系统，为满足客户提供了品质保证。

实践证明马克公司产品质量、性能安全可靠，其服务令用户满意。我们将一如既往地本着"以用户为中心，最大程度地使客户满意，实现客户的成功才是我们的成功"的经营理念，为众多用户提供更优质、更完善的服务。

地址：上海市闵行区华中路465弄65号　邮编：201101　网址：www.mark-sensing.com.cn
电话：021-54866535　传真：021-54866537